Das große Mac-Buch für Einsteiger und Umsteiger

von

Jörg Rieger und Markus Menschhorn

Liebe Leserin, lieber Leser,

schillernd in seinen Möglichkeiten, mit einem geradezu unverschämt spielerisch leichten Design – dafür steht Ihr neuer Mac und strahlt das förmlich aus jeder Pore. Soeben bei Ihnen eingezogen, wartet er nun wie selbstverständlich darauf, von Ihnen in Betrieb genommen zu werden. Da ist ein wenig Fremdeln auf Ihrer Seite etwas ganz Natürliches. Doch keine Sorge, schließen Sie erst einmal näher Bekanntschaft mit dieser interessanten Persönlichkeit, wird sie sich als ebenso unterhaltsamer wie zuverlässiger Gefährte bei Ihrer Arbeit und in der Freizeit erweisen.

Dass Sie als Computerneuling oder als Umsteiger von Windows bald den Dreh raus haben, dafür sorgt unser erfahrenes Autoren-Duo Jörg Rieger und Markus Menschhorn. Die überzeugten Mac-Pioniere machen Sie binnen Kurzem mit allen Qualitäten und Eigenheiten eines Macs und des neuen Betriebssystems macOS Catalina bekannt. Sie zeigen Ihnen, wie Sie sich mit Trackpad und Magic Mouse ganz leicht auf der Benutzeroberfläche bewegen, Programme starten oder auch neue installieren. Sie schreiben E-Mails, surfen im Internet und haben über die iCloud alle Dateien, Ihre Musik und Kontakte auch auf Ihren mobilen Apple-Geräten iPhone und iPad stets parat. Sie richten Benutzerkonten für die Familie ein und sorgen mit der »Bildschirmzeit« auch einmal für Mac-freie Zeiten. Und mit den leicht verständlichen Anleitungen der beiden Autoren bringen Sie auch Ihre Fotosammlung schnell auf Hochglanz. Wem das immer noch zu »unpersönlich« ist, der erfährt, wie er sich seinem Mac gleich über die Sprachassistentin Siri verständlich macht.

Dieses Buch wurde mit größter Sorgfalt geschrieben und hergestellt. Sollten Sie dennoch einmal einen Fehler finden oder inhaltliche Anregungen haben, freue ich mich, wenn Sie mit mir in Kontakt treten. Für Kritik bin ich dabei ebenso offen wie für lobende Worte. Doch nun wünsche ich Ihnen viel Vergnügen mit Ihrem Mac und dieser unterhaltsam geschriebenen Anleitung!

Ihre Isabella Bleissem

Lektorat Vierfarben

isabella.bleissem@rheinwerk-verlag.de

Auf einen Blick

Wir hoffen, dass Sie Freude an diesem Buch haben und sich Ihre Erwartungen erfüllen. Ihre Anregungen und Kommentare sind uns jederzeit willkommen. Bitte bewerten Sie doch das Buch auf unserer Website unter **www.rheinwerk-verlag.de/feedback**.

An diesem Buch haben viele mitgewirkt, insbesondere:

Lektorat Isabella Bleissem
Korrektorat Friederike Daenecke, Zülpich
Herstellung Denis Schaal, Maxi Beithe
Typografie und Layout Vera Brauner, Maxi Beithe
Einbandgestaltung Bastian Illerhaus
Coverbilder Shutterstock: 231744127 © Alexander Image, 1379454761 © Ivan_Shenets, 246099871 © best pixels; 123RF: 39646062 © tomertu
Satz weiss.design / zienke.design, Thomas Weiß
Druck und Bindung mediaprint solutions, Paderborn

Dieses Buch wurde gesetzt aus der TheSans (9,5 pt/13,25 pt) in Adobe InDesign CC 2019.
Gedruckt wurde es auf mattgestrichenem Bilderdruckpapier (115 g/m²).
Hergestellt in Deutschland.

Bibliografische Information der Deutschen Nationalbibliothek:
Die Deutsche Nationalbibliothek verzeichnet diese Publikation in der Deutschen Nationalbibliografie; detaillierte bibliografische Daten sind im Internet über *http://dnb.d-nb.de* abrufbar.

ISBN 978-3-8421-0700-7

1. Auflage 2020

Vierfarben ist eine Marke des Rheinwerk Verlags. Der Name Vierfarben spielt an auf den Vierfarbdruck, eine Technik zur Erstellung farbiger Bücher. Der Name steht für die Kunst, die Dinge einfach zu machen, um aus dem Einfachen das Ganze lebendig zur Anschauung zu bringen.

Informationen zu unserem Verlag und Kontaktmöglichkeiten finden Sie auf unserer Verlagswebsite **www.rheinwerk-verlag.de**. Dort können Sie sich auch umfassend über unser aktuelles Programm informieren und unsere Bücher und E-Books bestellen.

Inhalt

Willkommen
Mit nur wenigen Schritten kannst du deinen Mac registrieren und konfigurieren.

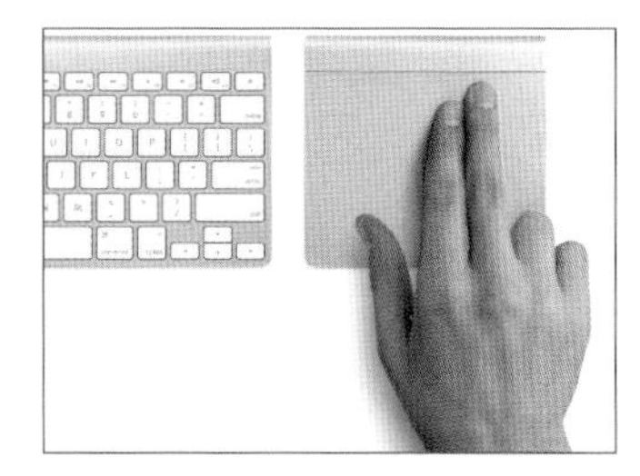

Auf „Hey Siri" achten

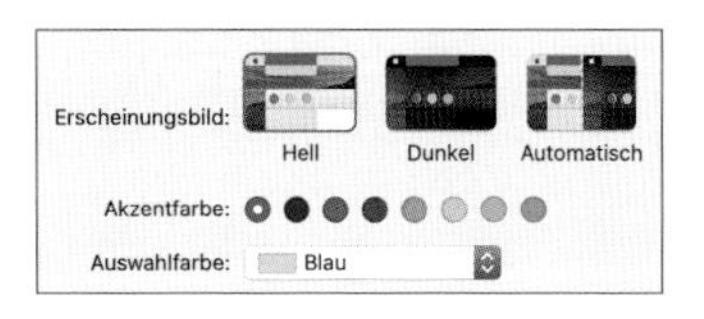

5 Mit Programmen arbeiten – die Apps am Mac 119

6 Den Überblick behalten: Dateien, Ordner, Laufwerke 141

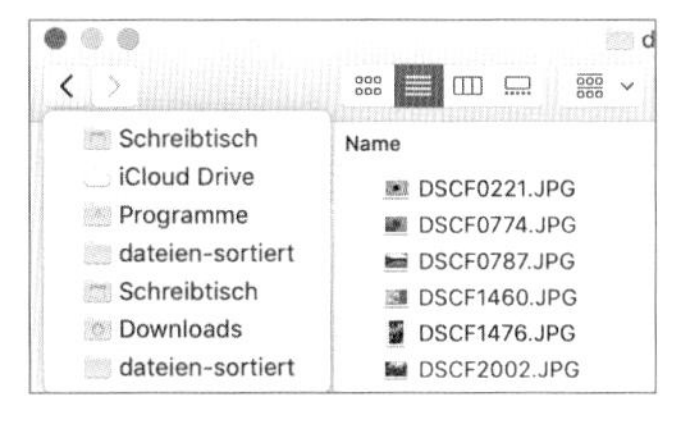

7 Texte schreiben, gestalten und ausdrucken ... 173

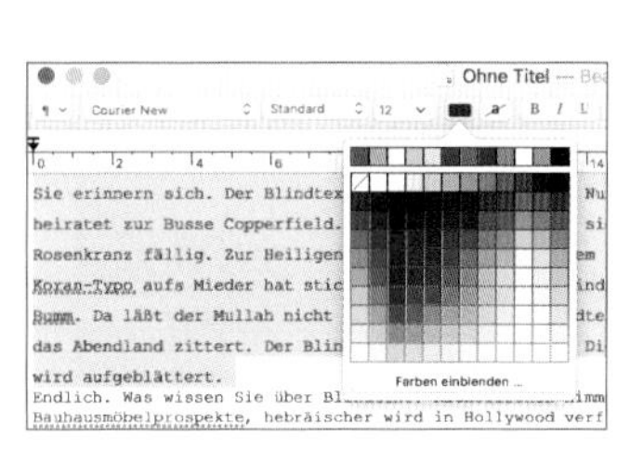

Sicherheit
Sicherheit
Datenschutz
Websites
Erweiterungen

September 2019
Mo
Christian G. Urlaub 16.8. bis 2.9. - 12 Tage
Oktoberfest...
Irmi Menschhorn
Regelmäßige kurz...

Markus Menschhorn
Details
Das freut mich aber sehr!

Apple Music
Für dich
Entdecken
Radio

Zuletzt gehört
BELLA CIAO
HUGEL REMIX
House is a Feeling
Dance Brandneu
Bella Ciao (HUGEL Remix)
El Profesor, HUGEL
House is a Feeling
PLAYLIST
Dance Brandneu
PLAYLIST

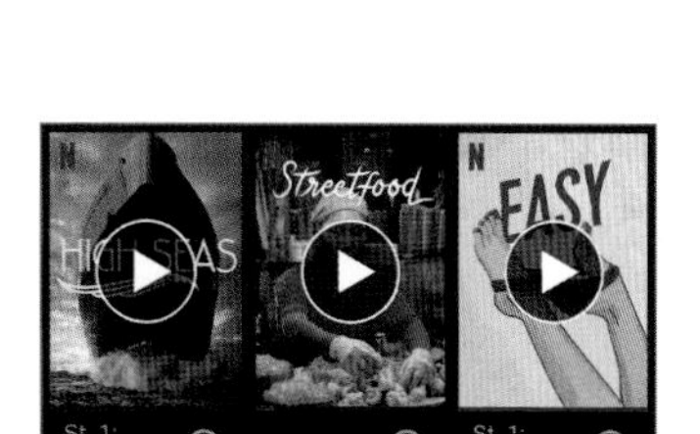
Streetfood
EASY
St. 1:
Flg. 4
St. 1:
Flg. 2

Vorwort

Die rasante Entwicklung im Bereich der Computertechnik ist ungebrochen – immer schneller werden noch mehr Innovationen auf den Markt gebracht, und die Hersteller überbieten sich dabei. Apple bildet hier natürlich keine Ausnahme – im Gegenteil. Vor allem Apple hat mit seinen zahlreichen Entwicklungen die Computer- und Kommunikationswelt verändert, und iPhone und iPad sowie die Dienstleistungen iCloud und Apple Music sind im alltäglichen Gebrauch kaum mehr wegzudenken.

Die Besonderheit der Apple-Geräte liegt in der nahtlosen Zusammenarbeit zwischen Computer, iPhone und iPad, aber auch der Apple Watch. Mit einem virtuellen Datenspeicher kann zentral auf alle Dateien, Passwörter und Kontaktdaten zugegriffen werden. Vieles davon läuft völlig automatisiert im Hintergrund – Sie werden diese Funktionen lieben, ohne komplizierte Einrichtungen vornehmen zu müssen.

Nach wie vor ist der Mac mit seinem Betriebssystem macOS Catalina, nunmehr in seiner 16. überarbeiteten Version, extrem benutzerfreundlich und sicher. Vor allem wenn Sie von Windows umsteigen, werden Sie an vielen Stellen überrascht sein, wie problemlos doch die Bedienung eines Computers sein kann. Im vorliegenden Buch finden Sie hierzu immer wieder entsprechende »Umsteigerhinweise« sowie am Ende ein extra Kapitel zu diesem Thema, damit alles reibungslos funktioniert.

Auch für Computereinsteiger ist der Mac ideal und die richtige Wahl, um im Internet zu surfen, Briefe zu schreiben, Fotos zu bearbeiten, mit Freunden in Kontakt zu bleiben oder Musik zu hören.

Natürlich gibt es auch unter macOS Catalina noch genügend Themen, die einer Erklärung bedürfen. Dies haben wir mit diesem Buch erneut in Angriff genommen und versucht, Ihnen ganz ohne Fachchinesisch die zahlreichen praktischen Funktionen nahezubrinen.

Wir wünschen Ihnen mit diesem Buch viel Freude und viele lehrreiche Stunden.

Markus Menschhorn und **Jörg Rieger**

1 Welcher Mac darf es denn sein?

Sie haben sich dieses Buch als Vorabinfo gekauft und besitzen noch gar keinen Mac? Dann sind diese kleinen Kaufentscheidungsseiten genau das Richtige für Sie. Hier zählen wir Ihnen die großen und kleinen Unterschiede der einzelnen Mac-Computer auf und beraten Sie ein wenig, welcher Computer zu Ihnen passen könnte. Denn tatsächlich unterscheiden sich die Geräte in Sachen Preis und Leistung erheblich, und das erschließt sich nicht unbedingt auf den ersten Blick. Außerdem werfen wir einen kurzen Blick auf iPad, Apple Watch und iPhone. Ansonsten lohnt sich im Anschluss daran der Gang ins Fachgeschäft, um die letzten brennenden Fragen loszuwerden. Wir verzichten hier absichtlich auf zu viel Fachchinesisch und gehen daher lieber von dem aus, was Sie mit dem Gerät machen wollen. Sie werden sehen, dass Sie ganz schnell »Ihren« Mac finden werden.

< Abbildung 1.1
Das Betriebssystem macOS Catalina ist bei jedem Mac bereits vorinstalliert – doch welches Gerät soll es sein? (Foto: Apple)

Wie viel Festplattenplatz?

Fast alle Macs verfügen über 500 Gigabyte oder gar 1 Terabyte Festplattenspeicher. Sie können aber ganz beruhigt sein – auch mit den 128 Gigabyte Plattenplatz des kleinsten MacBook Air könnten Sie Zehntausende Bilder oder Musiktitel abspeichern, und es wäre immer noch Platz übrig. Anders bei Videos: Wenn Sie Hobbyfilmer sind, sind 500 Gigabyte Plattenplatz genau richtig, denn Filme in HD-Qualität benötigen sehr viel Speicherplatz.

Grundsätzliches vorab, wenn Sie sich fragen, warum so ein Mac-Computer eigentlich deutlich teurer ist als Windows-PCs, die im Elektronik-Fachmarkt stehen:

- **Verarbeitung und Haltbarkeit:** Die Apple-Computer sind aus hochwertigen Materialien hergestellt, zumeist Aluminium. Daher erzielt man, wenn man sein Goldstück tatsächlich einmal verkaufen möchte, mit einem Mac noch sehr gute Preise. In Sachen Haltbarkeit können wir als Autorenteam aus eigener Erfahrung sprechen – ein acht Jahre altes MacBook Pro ist, mittlerweile verschenkt, noch immer im Einsatz und läuft selbst mit aktuellster Software noch richtig flott.
- **Design:** Klar, Macs sind immer ein Hingucker und einfach schön. Das lässt sich Apple natürlich auch bezahlen.
- **Durchdachte Konstruktion:** Die Komponenten in jedem Mac sind aufeinander und auf das Betriebssystem macOS abgestimmt. So ist garantiert, dass alles perfekt zusammenpasst und optimal funktioniert. Sie werden vom iMac, MacBook und erst recht vom Mac Pro selten einen Laut hören, wenn die Geräte in Betrieb sind. Apple konstruiert die Geräte so, dass sie nur bei sehr hoher Auslastung den Lüfter einschalten. Schon das ist den Aufpreis wert.
- **Zusammenarbeit mit anderen Apple-Geräten:** Da Apple Software- und Hardwarehersteller in einem ist, arbeiten die verschiedenen Produkte untereinander sehr zuverlässig und in vielen Fällen vollautomatisch zusammen. »Stressfrei« ist hier das Stichwort. Egal, ob iMac, iPhone, iPad oder Apple Watch – Ihre Geräte »verstehen« sich untereinander perfekt. Beispielsweise werden Adressen, Termine, Text- und Sprachnachrichten, Passwörter und besuchte Webseiten automatisch auf allen verbundenen Geräten ausgetauscht und abgeglichen. Im Buch zeigen wir Ihnen, wie Sie dieses Komfortplus effektiv einsetzen.
- **Software:** Jeder Mac hat bereits viele Programme/Apps mit an Bord, die zum Starten benötigt werden, und das sind wirklich ausgefeilte und raffinierte Lösungen. Sie müssen kaum oder gar keine zusätzliche Software kaufen, um zu Hause gleich durchstarten zu können.

Zusammengefasst lässt sich sagen, dass ein Mac seinen höheren Preis durchaus wert ist und Sie damit nicht nur den Namen kaufen.

Das MacBook Air für den ganz mobilen Nutzer

Wenn Sie oft unterwegs sind und nur wenig Gepäck mitnehmen möchten, ist das MacBook Air die richtige Wahl. Das ultraleichte und superdünne Notebook bietet alles, was man unterwegs braucht.

Die Festplatte hat keine mechanischen Bauteile und ist vom Prinzip her eher eine XXL-Speicherkarte, wie man sie von der Digitalkamera her kennt. Hier spricht man jedoch von einer *Solid-State-Disk* (siehe den Kasten »Solid-State-Disk (SSD)« unten rechts). Die Kapazitäten sind nicht ganz so üppig. Sie beginnen bei 128 Gigabyte, bei Bedarf gibt es gegen Aufpreis aber mehr Platz. Beim Bildschirm gibt es nur ein 13-Zoll-Display. Damit ist das Gerät ungefähr so groß wie eine DIN-A4-Seite, und dadurch ist es ein perfekter mobiler Begleiter. Auch in Sachen Gewicht ist das MacBook Air ziemlich luftig – es wiegt nur 1,25 Kilogramm. Mit Akkulaufzeiten von bis zu zwölf Stunden kann man auch Langstreckenflüge ganz ohne Ladegerät überbrücken.

Retina-Display

Alle MacBooks besitzen ein hochauflösendes Retina-Display. Diese Displays stammen ursprünglich aus der Smartphone-Produktion und liefern extrem brillante Bilder. Pixel sind hier kaum mehr zu erkennen, und die Auflösung ist fast doppelt so hoch wie bei herkömmlichen LCD-Displays.

< **Abbildung 1.2**
Schlank – das MacBook Air ist flach und extrem leicht. (Foto: Apple)

Durch die ultrakompakte Bauweise des MacBook Air sind die Möglichkeiten, das Gerät später nachzurüsten, begrenzt. Arbeitsspeicher und Festplatte sind auf der Platine integriert. Daher sollten Sie schon beim Kauf überlegen, ggf. gleich 16 Gigabyte Arbeitsspeicher und die größere Festplatte mit 256 Gigabyte zu wählen.

Bei den vorhandenen Schnittstellen setzt Apple ausschließlich auf *Thunderbolt 3*, auch *USB-C* genannt. Diese universelle Schnittstelle hat große Vorteile: Man kann hier sowohl ein Netzteil als auch Festplatten, Monitore oder andere Geräte anschließen und sogar in Reihe schalten. Einen Kartenleser für Fotospeicherkarten oder einen normalen USB-Anschluss für USB-Sticks sucht man vergebens, das muss man über Adapter lösen (siehe dazu auch die Ausführungen auf Seite 27).

Solid-State-Disk (SSD)

Die Zukunft der Festplatte ist klein, leise und kommt ohne sich drehende Magnetscheiben aus. Solid-State-Disks sind im Vergleich zu herkömmlichen Festplatten schneller und deutlich unempfindlicher gegen mechanische Beschädigung. Sie sind allerdings auch deutlich teurer.

Abbildung 1.3
Flachmann – mit nur rund 1,5 Zentimetern ist das MacBook Air wirklich kompakt.

Für wen geeignet?

Das MacBook Air ist für den mobilen Benutzer und als »Zweit-Mac« für unterwegs sowie als Surf- und Office-Station für zu Hause geeignet. Anspruchsvollere Aufgaben wie Videoschnitt oder das Ausführen von Windows als virtuelles System sollten Sie mit anderen Macs erledigen.

Das MacBook Pro – mobil mit mehr Komfort

Abbildung 1.4
Die MacBook-Pro-Serie ist leistungsstark. (Foto: Apple)

Das MacBook Pro ist in eine formschöne Aluhülle gepackt und kommt in drei Größen auf den Ladentisch: 13 Zoll, 15 Zoll und 16 Zoll. Alle Modelle verfügen über ein hochauflösendes Retina-Display. Dieses ist ähnlich brillant wie der Bildschirm der iPhones, sprich, man sieht keine Pixel mehr. Das kleinste MacBook Pro ist für rund 1.500 € zu haben, für ein vollaufgerüstetes Topmodell kann man auch locker 4.000 € investieren.

Alle Modelle haben die Touchbar integriert. Sie ersetzt die Funktionstasten auf der Tastatur und stellt hier interaktiv, je nach geöffnetem Programm, häufig benötigte Funktionen bereit. Beispielsweise werden beim Musikprogramm Abspielbuttons eingeblendet, beim Surfen im Internet die aktuell geöffneten Webseiten. Im Buch stellen wir Ihnen die Touchbar auf Seite 52 im Detail vor.

Abbildung 1.5
Die Touchbar ist ein Mini-Touchscreen über der Tastatur und zeigt dort oft benötigte Funktionen an. Sie ist bei allen MacBook Pros inklusive. (Foto: Apple)

Manche mögen's heiß

Die MacBooks kühlen über das Gehäuse. Damit sind sie im normalen Betrieb leise, weil der Lüfter kaum zum Einsatz kommt. Dafür werden die Geräte schnell sehr warm, bei hoher Belastung sogar heiß. Das ist kein Grund zur Beunruhigung, aber beim Arbeiten unangenehm, da beim Schreiben die Hände direkt auf dem Notebook liegen.

Insgesamt sind die MacBook-Pro-Modelle richtig fix unterwegs und ein vollwertiger Ersatz für einen Desktop-Computer. Schnelle Prozessoren und großzügige Grafikkarten zeichnen die Pro-Serie aus. Dafür sorgen u. a. die serienmäßig verbauten SSD-Festplatten bis 4 Terabyte Kapazität, die ohne mechanische Bauteile auskommen und daher extrem schnell arbeiten.

Auch beim MacBook Pro hat Apple die Schnittstellen auf Thunderbolt 3 reduziert. Sprich, für USB-Sticks, Speicherkarten, HDMI-Bildschirme, normale externe Festplatten – für alles werden Adapterstecker benötigt, die leider ziemlich teuer sind.

Für wen geeignet?

Ein MacBook Pro ist dann prima, wenn Sie Wert auf eine schicke und kraftvolle Reisebegleitung legen und auch zu Hause keinen zusätzlichen Desktop-Rechner haben wollen. Die MacBook-Pro-Notebooks sind schnell und mit sehr guten Grafikkarten ausgerüstet, mit denen man sogar ein Spielchen unter einem virtuellen Windows wagen kann. Auch Videoschnitt und anspruchsvolle Fotobearbeitung bringen diese Computer nicht ins Schwitzen. In Sachen Arbeitsspeicher sind die MacBooks mit bis zu 32 Gigabyte ausgestattet, was auch für anspruchsvollste Tätigkeiten ausreicht. Wer auch bei den 13-Zoll-Modellen mehr Power will, sollte sich dann aber direkt beim Kauf 16 Gigabyte gönnen, da ein späteres Nachrüsten nicht machbar ist.

8 Gigabyte Arbeitsspeicher

Alle MacBook Pros haben 8 Gigabyte Arbeitsspeicher serienmäßig an Bord. Reicht das aus? Ja, in den meisten Fällen sind Sie damit gut bedient. Nur wenn Sie eine anspruchsvolle Videobearbeitung vornehmen oder zusätzlich Windows ausführen möchten, sind 16 oder sogar 32 Gigabyte sinnvoll.

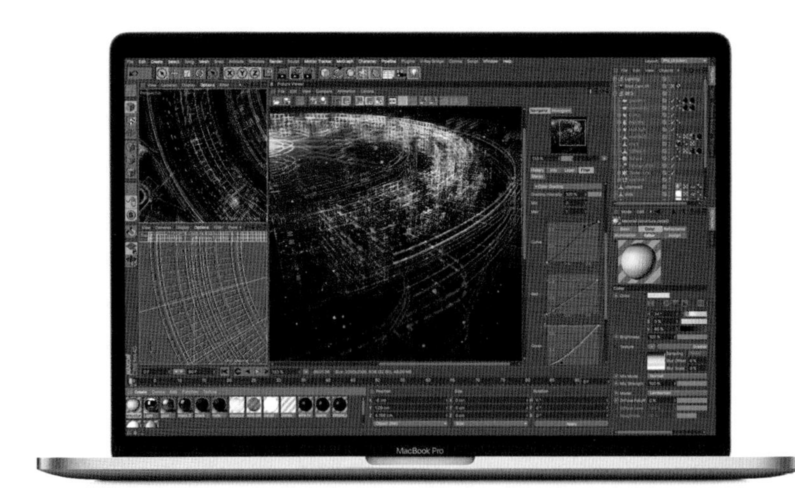

< Abbildung 1.6
Volle Power mit dem MacBook Pro – ein echter Ersatz für einen klassischen Desktop-Computer

Der Mac mini – der Kleinste mal ganz groß

Der Mac mini ist der kompakteste Desktop-Computer von Apple und wurde nach einem langen Dornröschenschlaf ordentlich auf Vordermann gebracht. Dank seiner kompakten Abmessungen passt er auf den kleinsten Schreibtisch. Das Gerät ist dann ideal, wenn Sie schon ein gutes Display besitzen und auch gerne Ihre vorhandene Maus und Tastatur (Sie können problemlos PC-Geräte nehmen) verwenden wollen und viel Rechenpower benötigen.

Apple-Server

Das Betriebssystem macOS Catalina hat Serverfunktionen integriert, um jeden Mac-Computer in einen vollwertigen Server zu verwandeln. Die Einrichtung und der Betrieb eines sog. *NAS-Systems* von anderen Herstellern ist aber in vielen Fällen die bessere und preiswertere Wahl. NAS-Systeme sind, vereinfacht gesagt, »aufgemotzte« externe Festplatten, teilweise sogar mit sicherer Spiegelung auf eine zweite oder dritte Festplatte. Der unschlagbare Vorteil: Diese Systeme sind auch ohne tiefgreifende Serverkenntnisse innerhalb von Minuten startklar und arbeiten mit Apple-Computern und Windows-PCs reibungslos zusammen.

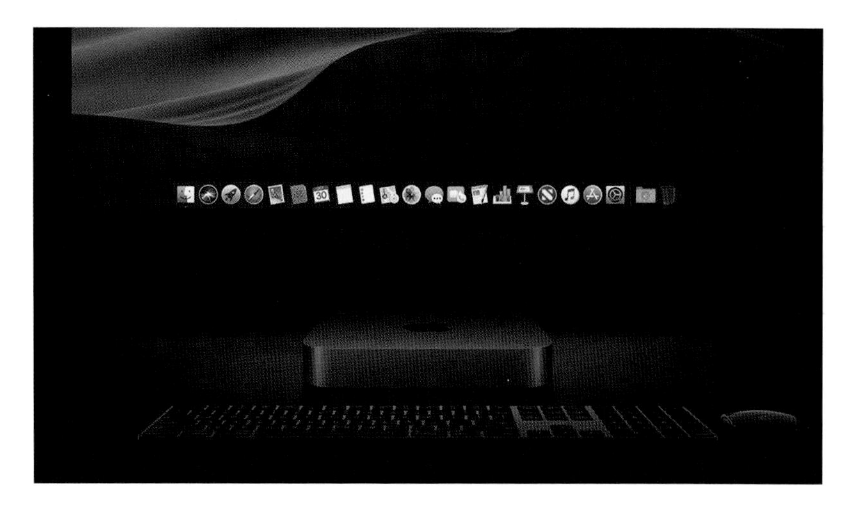

∧ Abbildung 1.7
Der Mac mini im schicken dunkelgrauen Gehäuse passt wirklich auf jeden Schreibtisch. (Foto: Apple)

Die serienmäßig integrierten 8 Gigabyte Arbeitsspeicher beim kleinsten Modell sind für die meisten Tätigkeiten ausreichend. Erfreulicherweise kann bei Bedarf nachgerüstet werden, der Mac mini fasst bis zu 64 Gigabyte Arbeitsspeicher. Bei der Festplatte hat man die Wahl ab eher dürftigen 128 Gigabyte und kann je nach Geldbeutel bis zu 2 Terabyte auswählen. Ähnliches gilt bei den Prozessoren – die aktuell vier verschiedenen Modelle bieten sowohl für den normalen Hausgebrauch als auch für den Profieinsatz genügend Leistungsreserven.

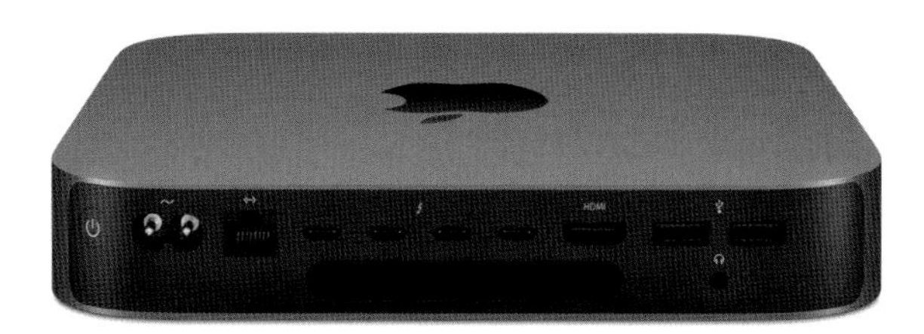

∧ Abbildung 1.8
Viele Anschlüsse sind beim Mac mini mit dabei. (Foto: Apple)

∧ Abbildung 1.9
Der bessere Server – ein NAS-System wie das von Synology – ist für zu Hause und für kleine Büros die preiswertere und unkompliziertere Alternative zum Apple-Server. (Foto: Synology)

Der kleinste Mac mini startet bei knapp 900 €, für etwas mehr Arbeitsspeicher und eine größere Festplatte sollten Sie rund 1.500 € kalkulieren. 4.000 € für die Maximalausstattung sind eher nicht notwendig.

Für wen geeignet?

Der Mac mini ist hübsch anzuschauen und eine perfekte Wahl, wenn man schon einen großen Bildschirm besitzt oder immer zu wenig Platz auf dem Schreibtisch hat. Trotz kompakter Abmessungen erhalten Sie je nach Modell eine echte Powermaschine, mit der Sie auch anspruchsvolle Tätigkeiten wie Videoschnitt locker meistern können. Der Unterschied zu einem MacBook Pro: mehr Leistung und mehr Schnittstellen zum Anschluss verschiedenster Komponenten.

iMac – der Mac

In den 1990ern fing alles mit einem All-in-one-Computer mit 15-Zoll-Röhrenbildschirm an. Der erste quietschbunte iMac brachte Apple zurück auf die Erfolgsspur, und ab da folgte mit jedem neuen Modell ein weiterer Designklassiker.

Der aktuelle iMac ist als 21,5-Zoll- und sogar 27-Zoll-Variante mit einem hochauflösenden Retina-Display erhältlich. In Sachen Leistung ist er vergleichbar mit den MacBook-Pro-Computern. Zudem ist er eine Augenweide auf jedem Schreibtisch. Durch das kompakte Design gibt es kaum Kabelgewirr.

∧ **Abbildung 1.10**
Der iMac der ersten Generation (Foto: Apple)

< **Abbildung 1.11**
Der iMac macht auf jedem Tisch eine gute Figur. (Foto: Apple)

Für einen guten iMac müssen Sie mit einer Investition von ungefähr 2.000 € rechnen. Zwar gibt es diese Computer schon ab 1.300 €, dann aber mit folgenden Nachteilen:

Augen auf beim Keyboard

Apple liebt es kabellos und gibt daher jedem iMac ungefragt eine abgespeckte Funktastatur mit, das *Magic Keyboard*. Nicht wirklich magisch ist, dass der Ziffernblock fehlt und die Tastenbelegung extrem eng ist. Hier lohnt es sich, die optionale große Tastatur zu wählen. Das Magic Keyboard mit Ziffernblock kostet 50 € mehr, bietet aber auch mehr Komfort – eben Ziffernblock, gut positionierte Pfeiltasten und mehr Funktionstasten.

- Kein Retina-Display. In den kleinsten iMac ist ein ziemlich lasches Standard-Display eingebaut. Bilder und Videos wirken eher flau und nicht wirklich scharf. 200 € Aufpreis müssen Sie für das viel bessere Retina-Display einplanen.
- Keine SSD-Festplatte. Apple baut in seine günstigeren iMacs nach wie vor langsame Standardfestplatten ein. Das bremst die Geräte unnötig aus, außerdem sind diese Datenspeicher im Betrieb deutlich zu hören. Übrigens ist auch der sog. *Fusion-Drive* eine Mogelpackung – hier ist nur ein winziger Teil der Festplatte schnell, ansonsten werkelt auch hier wieder eine Uralt-Festplatte. Achten Sie darauf, dass Ihr iMac eine echte SSD-Festplatte besitzt. Der Aufpreis für einen schnellen Datenspeicher liegt bei ungefähr 250 €.
- Zu kleiner Arbeitsspeicher. 8 Gigabyte Arbeitsspeicher sind für einen Desktop-Computer aktuell ausreichend. Da dieser aber fest im iMac integriert ist, kann man später nicht aufrüsten. Daher lohnt es sich, in die Zukunft zu denken und das Gerät mit 16 Gigabyte Arbeitsspeicher auszustatten. Auch hier werden erneut 240 € fällig.

Anschlussmöglichkeiten bietet dieser Mac-Computer immerhin in jeder Ausstattung mehr als ausreichend: Neben vier USB-Anschlüssen gibt es zwei Thunderbolt-3- bzw. USB-C-Anschlüsse für separate Bildschirme und andere Geräte, die diesen Standard unterstützen (siehe auch den Kasten »Thunderbolt und USB-C« auf Seite 27). Das Topmodell mit einer Bildschirmdiagonale von 27 Zoll und einem Retina-Display mit extrem hoher Auflösung kostet rund 2.600 €. Dafür bekommt man allerdings auch ein unglaublich schnelles System und eine brillante Bildschirmdarstellung, wie man sie aktuell von den neuesten Smartphones kennt – also pixelfrei und extrem kontraststark.

< Abbildung 1.12
Die iMacs sind echte Design-Klassiker. (Foto: Apple)

Für wen geeignet?

Der iMac ist Ihr Mac, wenn Sie einen schnellen und schönen Mac-Computer für zu Hause möchten und kein mobiles Gerät für die Arbeit unterwegs brauchen.

Mac Pro und iMac Pro – Leistung zum Kleinwagenpreis

Für den Profi-Einsatz oder wenn Geld keine Rolle spielt, hat Apple gleich zwei Rechenmonster im Angebot. Zum einen gibt es den iMac Pro, der sich vom normalen iMac nur durch die dunklere Gehäusefarbe und natürlich sein Innenleben unterscheidet. Den Mac Pro gibt es im Alu-Look, der wenig schmeichelhaft direkt bei seiner Präsentation als »Käsereibe« bezeichnet wurde. Tatsächlich sind gewisse optische Ähnlichkeiten nicht von der Hand zu weisen.

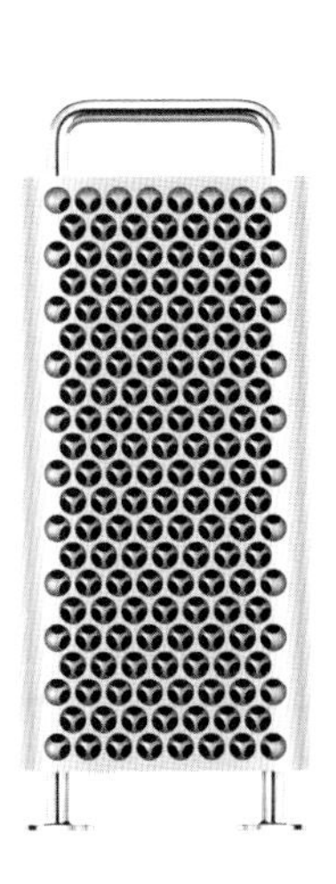

< **Abbildung 1.13**
Die teuerste »Käsereibe« der Welt – für den Mac Pro kann man gut und gerne 20.000 € investieren.

Die Zielgruppe für beide Geräte sind Video- und Musikproduzenten, denen es auf jede Sekunde ankommt und die einfach das Maximum an Rechenpower fordern. In diesem Segment spielt der Anschaffungspreis ab 5.000 € für das Basismodell keine Rolle. In Vollausstattung werden beim Mac Pro schnell Preise über 20.000 € fällig – damit hat man allerdings auch tatsächlich den schnellsten Desktop-Computer der Welt am Start.

Ganz ehrlich: Für den Heimbedarf und selbst für die meisten gewerblichen Anwendungen sind diese Macs schlichtweg mit zu viel Leistung unterwegs.

Für wen geeignet?

Der Mac Pro und der iMac Pro sind perfekt, wenn 3D-Animation Ihr Hobby ist, Sie mit Vorliebe Filme in Spielfilmlänge schneiden oder einfach gerne Ihre Freunde beeindrucken möchten.

Abbildung 1.14 >
Der neue iMac Pro im dunklen Gehäuse ist in der Vollausstattung so teuer wie ein Kleinwagen. (Foto: Apple)

iPad und iPad Pro als Computerersatz?

∧ Abbildung 1.15
Das iPad sieht wie ein ganz flacher Mac aus und ist sogar mit einer klappbaren Tastatur und einem Eingabestift verfügbar. (Foto: Apple)

Apples iPads werden in der aktuellsten Generation tatsächlich immer mehr zu einem »Computerersatz«. Grundsätzlich handelt es sich bei den Tablets um vergrößerte Smartphones: Touch-Bedienung und die App-Funktionalität sind identisch mit iPhone & Co. Aber natürlich kann man aufgrund des größeren Bildschirms mit dem iPad viel bequemer arbeiten und beispielsweise auch lesen oder auf der Couch im Internet surfen. Da Apple dem aktuellen iPad Air sogar ein deutlich stärker entspiegeltes Display spendiert hat, macht das Bücherverschlingen endlich auch im Freien Freude. Auch kleine Spiele können auf dem iPad laufen, Sie können mit ihm E-Mails abrufen, und kleine Texte zu schreiben klappt ebenfalls.

Natürlich sind iPads über die Apple-ID auch nahtlos mit iPhone und Mac verbunden.

Das iPad Pro schickt sich nun langsam an, die Grenzen zwischen Computer und Tablet zu verwischen. Das Gerät bewegt sich in der Leistung, aber auch im Preis in den Regionen eines MacBooks. Und zum vernünftigen Schreiben braucht man nach wie vor eine externe Tastatur. Wer schon einmal versucht hat, auf dem iPad ein längeres Dokument zu schreiben, der weiß, wovon wir sprechen.

Abbildung 1.16
iPads von 8 bis 13 Zoll Größe (Foto: Apple)

Das iPad als zweiter Bildschirm

Ihr iPad wird unter macOS Catalina zum zweiten Bildschirm und zum praktischen Eingabegerät. Wie das genau funktioniert, zeigen wir Ihnen im Abschnitt »Sidecar« auf Seite 430.

Abbildung 1.17
Touchscreen, Stift und ganz schön handzahm – das iPad mini ist ein ständiger Begleiter, aber doch noch kein Computerersatz.

Abbildung 1.18
Das iPad Pro ist fast so leistungsfähig wie ein MacBook Pro und mit 13-Zoll-Display oder 11-Zoll-Display erhältlich. (Foto: Apple)

Für wen geeignet?

Wer nur ein wenig im Web surfen und ab und an mal eine Mail schreiben möchte, kann getrost ein iPad kaufen. Im Normalfall ist das Apple-Tablet aber einfach eine perfekte Ergänzung zu Ihrem großen Apple-Computer und für unterwegs ein praktisches Must-have.

Abbildung 1.19
iPhone und Apple Watch sind die Bindeglieder zwischen dem Mac und den mobilen Apple-Geräten. (Foto: Apple)

Apple Watch und iPhone – das Leben aufzeichnen

Die Apple Watch ist der neueste Spross von Apples Mobilgeräten. Die Uhr ist natürlich weit mehr als nur ein Zeitmesser. Sie zeichnet Herzfrequenz, zurückgelegte Kilometer und Schlafphasen auf und verfügt neuerdings über ein EKG. Außerdem meldet sie Anrufe, zeigt Mails und SMS oder WhatsApp-Nachrichten an. Durch viele Apps, wie man sie auch vom Smartphone kennt, wird die Uhr so schnell zum Multitalent.

Wir erwähnen die Apple Watch hier nur der Vollständigkeit halber, denn natürlich kann die Uhr keinen Computer ersetzen.

Das gilt auch für das Produkt, mit dem Apple am meisten verdient und das mit jedem neuen Modell eine ganze Geräteklasse revolutioniert: Das iPhone leistet mittlerweile mehr als ein ganzer Raum voller iMacs der ersten Generation und kostet auch je nach Ausstattung so viel wie ein kleiner Mac-Computer. Mithilfe seiner Apps gibt es eigentlich nichts, was dieses Smartphone nicht kann. Aber auch hier gilt: Es ist selbst mit externer Bluetooth-Tastatur einfach kein Computerersatz. Trotzdem ist das iPhone allgegenwärtig und eine perfekte Ergänzung. Im weiteren Verlauf des Buches geben wir Ihnen daher immer wieder Tipps, wie Sie die zusätzlichen Apple-Geräte perfekt mit macOS Catalina und Ihrem Mac einsetzen.

Selbst schrauben? Lieber nicht!

Bei Windows-PCs kennt man das: Funktioniert das Ding nicht, kommt der gute Freund eines Freundes, schraubt das Gerät auf, tauscht allerlei aus, und dann läuft es unter Umständen wieder. Beim Mac kommt ein Hardwareausfall zum Glück recht selten vor, und falls doch, bitten wir Sie eindringlich: *Finger weg vom Innenleben Ihres Macs!* Die Computer für den Hausgebrauch sind ultrakompakt aufgebaut und folglich im Innenleben extrem verschachtelt. Man könnte es auch »nicht wartungsfreundlich« nennen – einer der wenigen Minuspunkte der Apple-Geräte. Das ist der Tribut an sehr kompaktes und schönes Design. Zudem kann man gerade die neuen MacBooks nicht mehr aufrüsten, da alles auf einer Platine fest verbaut ist. Aber mal ehrlich, würden Sie ernsthaft auf die Idee kommen, Ihren LCD-Fernseher oder Ihr Soundsystem zu zerlegen?

Wir empfehlen Ihnen daher, beim Kauf eines Macs noch das sog. *Apple-Care-Paket* zu erwerben. Es kostet einen je nach Mac unterschiedlichen Aufpreis. Dafür haben Sie aber dann drei Jahre Garantie, in denen das Gerät kostenfrei repariert wird.

Beim Mac mini und Mac Pro kann man hingegen noch ein wenig nachrüsten, beispielsweise mehr Arbeitsspeicher oder eine größere Festplatte. Dann bringen Sie das Gerät am besten zu einem Mac-Händler vor Ort. Natürlich müssen Sie für den Einbau zahlen, aber der Fachmann hat das richtige Werkzeug und erledigt den Tausch normalerweise im Bruchteil der Zeit, die Sie benötigen würden. Letztlich kann man mittels YouTube-Anleitung zwar erstaunlich viel selbst tauschen und umbauen, aber eben ohne jene Garantie, die man beim Computerfachmann hat. Und die Schweißperlen, die man angesichts der vier noch übrig gebliebenen Schrauben auf der Stirn hat, sind das gesparte Geld nicht wert.

Thunderbolt und USB-C

Apple ist mit der Schnittstelle *Thunderbolt* 3 auf der Überholspur – diese Anschlussmöglichkeit ersetzt den bekannten USB-Anschluss und wird von anderen Herstellern auch als *USB-C* bezeichnet. Über diese Schnittstelle können sämtliche Geräte wie Festplatten, Monitore, Drucker und vieles mehr angeschlossen werden. Gerade bei externen Festplatten ist der Geschwindigkeitsschub enorm. Beim MacBook wird über diese Schnittstelle sogar der Akku geladen. Thunderbolt ist superschnell, aber leider kosten Adapter und passende Geräte richtig viel Geld. Und Adapter sind unabdingbar, denn weder ein normaler USB-Stick noch ein Speicherkartenleser oder eine Festplatte können direkt angeschlossen werden.

2 Den Mac in Betrieb nehmen

Da steht er nun, Ihr Mac. Ist er an den Strom angeschlossen, sind Tastatur und Maus vorbereitet (bzw. sind Batterien bei den kabellosen Geräten eingelegt)? Prima, dann geht es jetzt ans Einschalten. Bei den iMacs und Mac minis finden Sie den Einschaltknopf an der Rückseite des Computers; bei den MacBooks sitzt er rechts oben an der Tastatur; bei MacBooks mit Touchbar ist er rechts oben unter dem Feld für den Fingerabdruck versteckt – hier einfach kräftig reindrücken.

Schon fortgeschritten?

Wenn Sie sich mit Computern bereits ein wenig auskennen, können Sie die ersten Kapitel recht schnell durcharbeiten. Hier gehen wir explizit auf jene Anwender ein, die noch keinerlei Computererfahrung haben, und vermitteln ihnen die Grundlagen. In Kapitel 4, »Die Benutzeroberfläche kennenlernen«, ab Seite 81 geht es dann aber richtig rund!

Abbildung 2.1
Ihren Apple-Computer müssen Sie nicht unbedingt im beeindruckenden Apple Store (hier in Mailand) gekauft haben. Auch ohne dieses Einkaufserlebnis ist Ihr Mac ein tolles Gerät. (Foto: Apple)

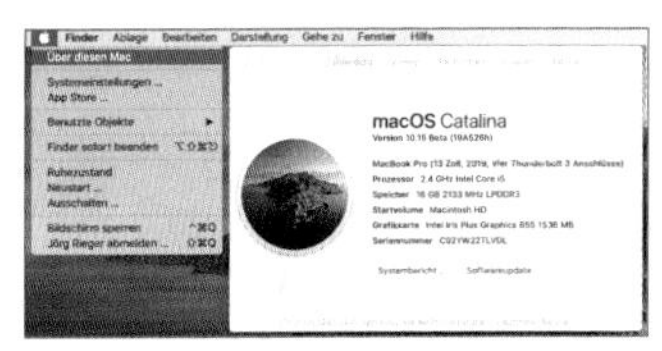

Abbildung 2.2
Sie haben vielleicht einen gebrauchten Mac gekauft? Über das Apfel-Menü und »Über diesen Mac« erfahren Sie mit einem Klick, ob das System Catalina installiert ist.

Bei allen Macs ist das Betriebssystem macOS Catalina bereits vorinstalliert und muss nur noch mit mehreren Schritten eingerichtet werden.

Diese sind notwendig, damit wir Ihnen das Basiswissen rund um diesen Computer vermitteln können. Wir lotsen Sie nun ganz gezielt durch die verschiedenen Aufgaben, auch wenn Sie bisher noch gar nichts mit einem Computer zu tun hatten. Die kleinen Hürden meistern wir gemeinsam. In den folgenden Abschnitten gehen wir dann detailliert auf die Grundbegriffe und Bedienungsgrundlagen ein.

Per »Du« mit Ihrem Mac

Ganz schön mutig für den deutschen Sprachraum: Apple setzt mit macOS Catalina konsequent auf »Du«. Was im Englischen durchaus üblich ist, wirkt im Deutschen ziemlich aufgesetzt. Aber nun gut, betrachten Sie Ihren Mac einfach als guten Freund, dann irritiert es weniger.

Sie werden im Laufe des Buches immer wieder feststellen, dass Sie ohne eine sog. *Apple-ID* in der Arbeit mit Ihrem Mac stark eingeschränkt sind. Mit der kostenlosen Apple-ID können Sie nicht nur Programme im App Store oder Musik im nun in die Musik-App integrierten iTunes Store kaufen, sondern auch Ihre Apple-Geräte, also iPad, iPhone und Apple Watch, synchronisieren bzw. miteinander verbinden. Vieles davon ist komplett automatisiert und passiert im Hintergrund – ein echtes Komfortplus. Daher zeigen wir Ihnen bei der Ersteinrichtung des Macs, wie man eine solche ID anlegt. Sie können natürlich auch ohne diese Anmeldung mit Ihrem Computer arbeiten und sie später nachholen. Doch die Einschränkungen im Komfort sind recht massiv, wodurch Apple möglichst viele Anwender zur Einrichtung einer Apple-ID bewegen will. Die Apple-ID ist grundsätzlich kostenlos, als einzige Voraussetzung wird eine Internetverbindung benötigt.

Sprecherziehung

Wundern Sie sich nicht – Ihr Mac kann sprechen. Machen Sie zu Beginn der Installation mehrere Minuten keine Eingabe, geht Apple davon aus, dass Sie die Hinweise nicht lesen können. Daher beginnt Ihr Computer, Hilfe per Sprachsteuerung anzubieten. Wenn Sie mit der Tastatur, der Maus oder dem Trackpad klicken, geht es aber ganz normal weiter.

Schritt 1: Herzlich willkommen

Während des ersten Startvorgangs werden Sie von Apple ein wenig auf die Folter gespannt – der weiße Apfel ist erstaunlich lange zu sehen. Aber das ist beim ersten Start völlig normal. Sobald macOS einmal istalliert ist, wird er bei künftigen Startvorgängen nur ganz kurz zu sehen sein.

Abbildung 2.3 >
Ganz schön dunkel – nach dem Einschalten sehen Sie zunächst den monochromen Apfel.

Im folgenden Bildschirm begrüßt Apple Sie mit der Frage nach der Sprache, in der Ihr Computer alle Meldungen und das gesamte Betriebssystem anzeigen soll. Standardmäßig ist hier Ihr Land vorausgewählt, in unserer Abbildung **Deutschland**. Auf Wunsch kann auch eine andere Region ausgewählt werden. Wie das geht? Fahren Sie mit dem Mauszeiger auf den gewünschten Eintrag, und klicken Sie darauf. Der Eintrag wird markiert und ist damit aktiviert ①. Fahren Sie nun mit dem Mauszeiger auf den Pfeil ②, und klicken Sie darauf. Der nächste Bildschirm wird geladen.

< **Abbildung 2.4**
Herzlich willkommen am Mac – die freundliche Begrüßung ist hier inklusive. Im ersten Schritt wird nach Ihrem Land gefragt.

Schritt 2: Geschriebene und gesprochene Sprache

Ihr Mac kann über Tastatur und Sprache bedient werden. Daher bietet in diesem Bildschirm macOS auch eine entsprechende Auswahl an. Die Standardauswahl ist hier **Deutsch** (③ auf Seite 32). Wenn Sie mehrere Sprachen sprechen oder beispielsweise eine Tastatur mit einem anderssprachigen Layout haben, dann fügen Sie mit einem Klick auf **Einstellungen anpassen** ④ beliebige weitere Sprachen hinzu. Übrigens, bei der Tastatur meint Apple mit **ABC** ⑤, dass ein deutsches Tastaturlayout gewählt ist; bei jeder anderen Sprache erscheint die Landesflagge. Ein Mausklick auf **Fortfahren** ⑥ bringt Sie zum nächsten Abfragebildschirm.

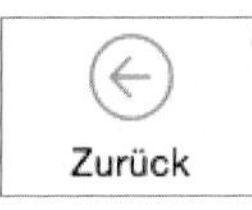

^ **Abbildung 2.5**
Sie können mit einem Mausklick auf »Zurück« jederzeit zum vorherigen Bildschirm zurückkehren und Ihre Eingabe abändern.

Abbildung 2.6 >
Sprechen Sie ausschließlich Deutsch? Dann passt diese Auswahl perfekt.

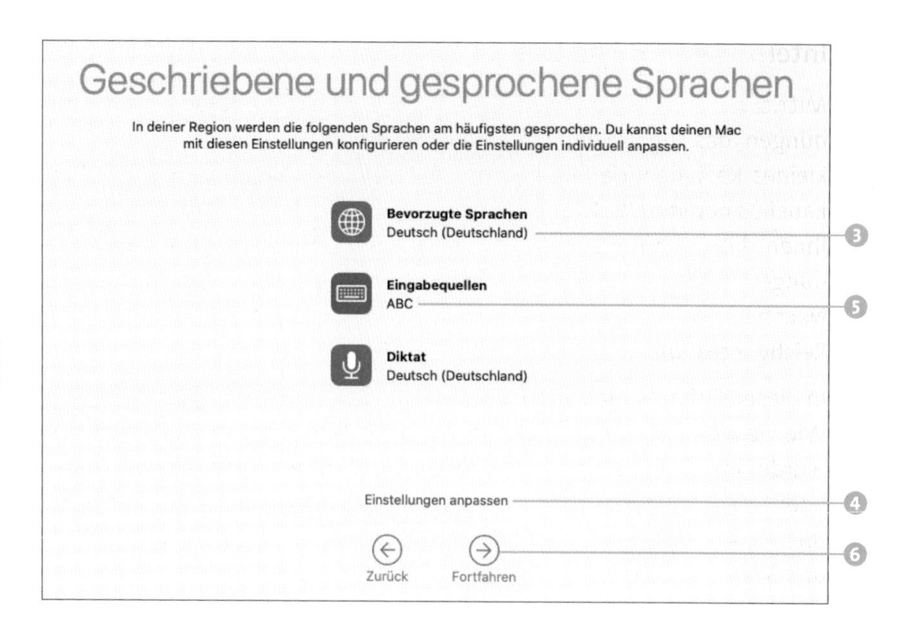

Sprache und Tastaturlayout

Sie können Ihren Mac in deutscher Sprache eingerichtet haben und trotzdem mit einer anderssprachigen Tastatur arbeiten. Das klappt völlig problemlos.

Schritt 3: Internetverbindung

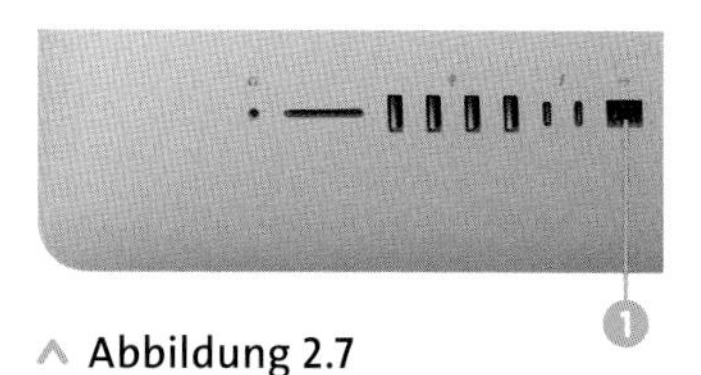

Abbildung 2.7
Viele Anschlüsse, doch momentan interessiert uns nur der Netzwerkanschluss ❶.

In Ihrem Haushalt ist bereits eine Internetverbindung vorhanden? Wunderbar, denn damit lassen sich viele Zusatzfunktionen Ihres Apple-Computers nutzen. Ist Ihr Computer per Ethernet-Kabel verbunden, fahren Sie einfach mit Schritt 4 fort, denn dann wird Ihnen dieser Schritt erst gar nicht angezeigt. Kann macOS keine Internetverbindung herstellen bzw. erfolgt die Verbindung über ein passwortgeschütztes *WLAN* (Drahtlosnetzwerk), dann erscheint folgender Bildschirm. Klicken Sie hier auf **WLAN-Netzwerk** ❷.

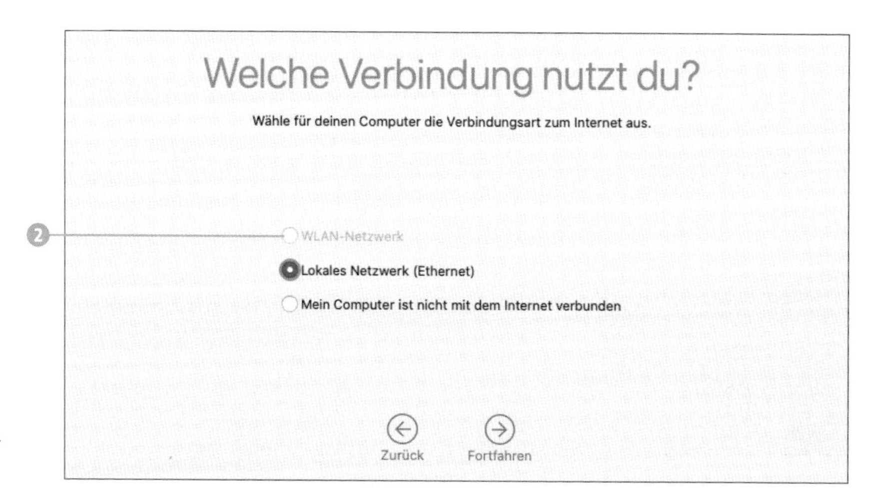

Abbildung 2.8 >
Findet macOS keine direkte Internetverbindung, wird nachgefragt.

Internetverbindung über WLAN

Mittlerweile wird die Internetverbindung meist über drahtlose Verbindungen, das sog. *WLAN*, hergestellt. Neben Ihrem Telefon haben Sie ein kleines Kästchen (den *Router*) mit Antenne, das die Internetverbindung kabellos bereitstellt. Das nimmt der Computer als Standard an und zeigt Ihnen daher im folgenden Bildschirm alle verfügbaren Drahtlosverbindungen in Ihrer Umgebung. Dabei kann auch durchaus das Internet des Nachbarn in der Liste erscheinen, da die Funknetze eine unterschiedliche Reichweite haben.

In dieser Aufstellung sollte idealerweise auch Ihr WLAN aufgelistet sein. Wie dieses heißt, hängt davon ab, wie das Internet bei Ihnen eingerichtet wurde. Im Zweifelsfall müssen Sie hier bei Ihrem Anbieter nachfragen oder einen Computerexperten zurate ziehen. Mehr zum Thema Internet und WLAN finden Sie in Kapitel 8, »Ich geh' online – mit meinem Mac und Safari«, ab Seite 197.

Sie haben Ihre Verbindung gefunden? Markieren Sie diese bitte wieder mit einem Klick in der Liste ③, und geben Sie in das Kennwortfeld mit der Tastatur das **Passwort** ④ für Ihren Internetzugang ein. Das Passwort haben Sie entweder bereits über Ihren Internetanbieter erhalten oder bei der Einrichtung des drahtlosen Internets selbst festgelegt. Zumeist ist es sogar auf einem Aufkleber auf der Rückseite des Internetrouters zu finden und wird dort als *WPA2-Passwort* oder *SSID-Passwort* bezeichnet. Hat die Eingabe geklappt, gelangen Sie über **Fortfahren** ⑤ zum nächsten Schritt.

»Blinde« Eingabe

Bei der Passworteingabe zeigt der Computer nur Punkte an. Das dient der Sicherheit, und daher müssen Sie das Kennwort besonders sorgfältig »blind« eintippen sowie auf Groß- und Kleinschreibung achten.

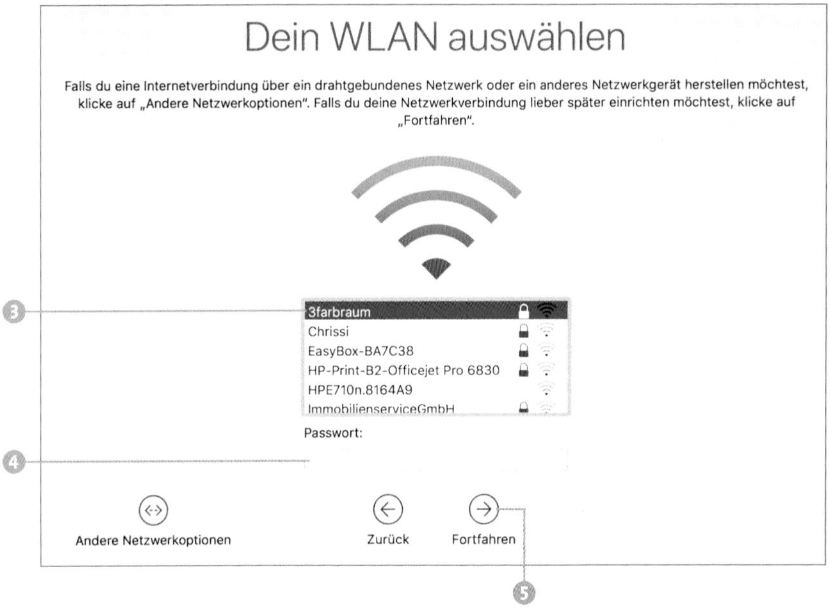

Abbildung 2.9
Jetzt geht's online – wenn Sie mit Ihrem Mac drahtlos online gehen möchten, sind Sie hier richtig.

Kein Internet? Kein Problem!

Wenn bei Ihnen im Haus gar kein Internetzugang vorhanden ist, wählen Sie einfach **Mein Computer ist nicht mit dem Internet verbunden** aus (siehe Abbildung 2.8 auf Seite 32). Allerdings können Sie ohne Internetzugang nur einen Bruchteil des macOS-Systems nutzen.

Im Anschluss erhalten Sie noch Informationen rund um den Datenschutz. Auch hier klicken Sie bitte auf **Fortfahren**.

Abbildung 2.10
Datenschutz wird bei Apple tatsächlich großgeschrieben.

Schritt 4: Daten von einem anderen Mac übertragen

Daten übertragen

Wie Sie Ihre Daten bei einem Umzug auf einen neuen Computer mitnehmen, zeigen wir Ihnen im Abschnitt »Datensicherung mit Time Machine« ab Seite 394.

Ihr neuer Computer ist ein intelligentes Kerlchen. Wenn Sie schon vorher im Besitz eines Macs waren, könnten Sie hier, um sich trotz des neuen Computers gleich wieder heimisch zu fühlen, sämtliche Einstellungen des alten Geräts, also Programme, Dokumente und vieles mehr, mit einem Mausklick übertragen. Da wir aber jetzt davon ausgehen, dass dieses hier Ihr erster Apple-Computer ist, markieren Sie den Eintrag **Jetzt keine Informationen übertragen** 1 und klicken anschließend wieder auf

Fortfahren ②. Auch von einem PC ③ könnten Sie theoretisch Daten auf den Mac übertragen, was wir an dieser Stelle aber nicht ausführlicher behandeln können. Fakt ist: Diese Datenübertragung können Sie jederzeit auch nach der Installation über den *Migrationsassistenten* erledigen. Sie finden ihn im Ordner *Dienstprogramme* in Ihrem *Programme*-Ordner.

Abbildung 2.11
Momentan noch nicht interessant – diese Abfrage richtet sich ausschließlich an jene Anwender, die schon vorher einen Mac oder auch PC hatten.

Schritt 5: Die Apple-ID

Für den Einkauf von digitaler Musik im iTunes Store der Musik-App, von Apps im App Store von Apple sowie für den Dienst iCloud und viele weitere Funktionen von macOS benötigt man eine sog. *Apple-ID* mit Passwort und Benutzernamen. Falls vorhanden, tragen Sie sie bitte in die entsprechenden Felder ein (① auf Seite 36).

Sie haben noch keine Apple-ID? Klicken Sie einfach auf **Neue Apple-ID erstellen** ②, und folgen Sie den Anweisungen. Sie benötigen dazu lediglich eine eigene E-Mail-Adresse. Die ID-Anmeldung kostet zunächst einmal gar nichts – trotzdem müssen Sie bei der Anmeldung eine Zahlungsmöglichkeit hinterlegen, beispielsweise Ihre Kreditkarte.

Expresskonfiguration ohne Apple-ID

Haben Sie keine Apple-ID erstellt, wird im Rahmen der Expresskonfiguration (siehe dazu ab Seite 47) lediglich gefragt, ob Sie verschiedenen Apps und macOS erlauben, Ihren Standort zu bestimmen, z. B. für eine exakte Wettervorhersage oder Routenplanung. Zudem können Sie es Apple auch untersagen, Ihr Nutzungsverhalten zu analysieren. Das klappt im gleichnamigen Dialog unter **Einstellungen anpassen**.

Abbildung 2.12 >
Keine Apple-ID? Kein Problem, die Registrierung ist kostenlos und zu empfehlen.

^ Abbildung 2.13
In den »Systemeinstellungen« im Bereich »iCloud« können Sie sich später jederzeit auch nach der Betriebssysteminstallation eine Apple-ID holen.

Natürlich besteht die Möglichkeit, diesen Vorgang mit **Später einrichten** 3 zu überspringen. Das ist im Alltag aber nicht sinnvoll, da Sie dann selbst kostenlose Apple-Services nicht nutzen können. Wollen Sie Ihre Apple-ID also neu anlegen, klappt das über **Neue Apple-ID erstellen** mit folgenden drei Schritten:

1. Geburtsdatum

Aus Gründen des Jugendschutzes müssen Sie zunächst Ihr Geburtsdatum eingeben – denn sowohl im App Store als auch im Musikshop iTunes sind Programme bzw. Musiktitel teilweise erst ab 16 Jahren verfügbar.

Abbildung 2.14 >
Geben Sie Ihr Geburtsdatum ein.

2. Persönliche Daten

Geben Sie nun Ihren Namen ④ an und am besten eine bereits bestehende E-Mail-Adresse ⑤, auf die Sie problemlos zugreifen können. Legen Sie ein Passwort fest ⑥, und klicken Sie auf **Fortfahren**.

Sollten Sie noch keine E-Mail-Adresse haben, können Sie sich auch bei Apple ein kostenloses digitales Postfach anlegen, das dann immer mit *@icloud.com* endet ⑦.

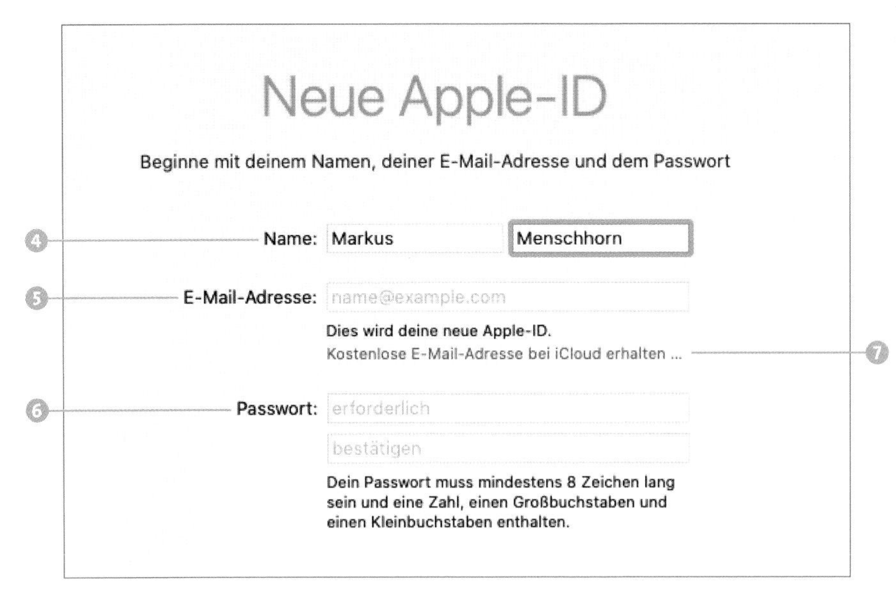

Abbildung 2.15
Formalitäten für die Apple-ID

3. Bitte kompliziert: Passwort wählen

Wählen Sie nun ein möglichst komplexes Passwort, das man nicht auf Anhieb erraten kann. Laut internationalen Studien ist »12345« noch immer mit Abstand der Spitzenreiter. Seien Sie also ein wenig origineller; Tipps zum perfekten Passwort geben wir im Kasten »Kreativ beim Passwort« auf Seite 40. Die E-Mail-Adresse für die Wiederherstellung sollte eine andere sein als jene, die Sie für Ihre Apple-ID verwenden. So können Sie im Falle eines Falles Ihr Passwort zurücksetzen lassen.

Doch damit nicht genug: Im nächsten Fenster müssen Sie zusätzlich Sicherheitsfragen festlegen. Auch diese sind dazu gedacht, dass Sie Ihr Passwort unkompliziert zurücksetzen können, wenn Sie es einmal vergessen haben.

Praktische Datenverfolgung

Apple sammelt – wie Google und Facebook auch – Ihre »Bewegungsdaten« vom Mac, Smartphone und Tablet. Letztlich ist das aber verdammt praktisch: Apple lernt beispielsweise auf diese Weise, wo Sie arbeiten, und zeigt Ihnen morgens beim Aufwachen an, wie lange Sie mit dem Auto in die Firma benötigen – Stauprognose inklusive.

Schritt 6: Telefonnummer und Bestätigung

Zur Sicherheit steht nun die Eingabe einer Telefonnummer an, unter der Sie erreichbar sind. Wir empfehlen eine Handynummer, es kann aber auch ein normaler Festnetzanschluss sein. Apple schickt Ihnen dann einen Zahlencode entweder als SMS oder als Sprachnachricht.

Abbildung 2.16
Eine Telefonnummer ist erforderlich, sonst geht es nicht weiter.

Diesen Zahlencode geben Sie in das Feld ein, das bei einem Klick auf **Fortfahren** erscheint:

Abbildung 2.17
Hier tippen Sie die Ziffern des Bestätigungscodes mit Ihrer Tastatur ein.

Sollten Sie weder einen Anruf noch eine Textnachricht mit den Ziffern erhalten haben, prüfen Sie nochmals genau, ob die Telefonnummer richtig eingegeben wurde 1. Falls sich ein Tippfehler eingeschlichen hat, klicken Sie einfach auf **Zurück** und korrigieren die Eingabe.

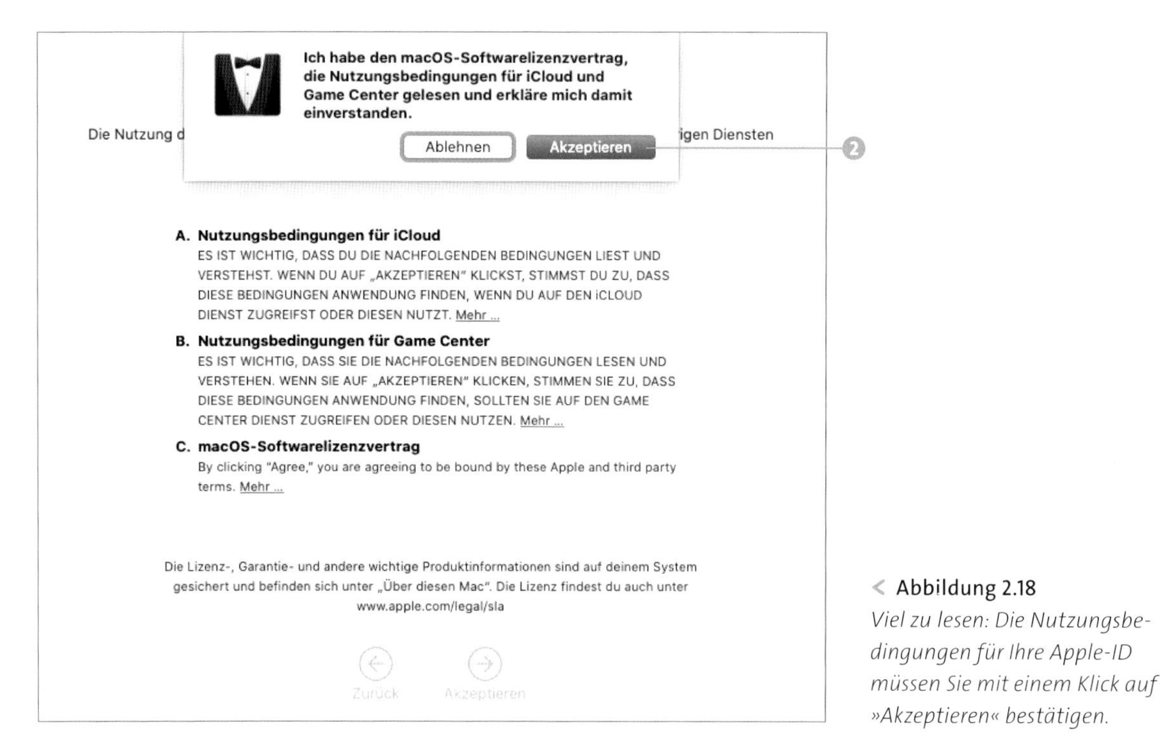

Abbildung 2.18
Viel zu lesen: Die Nutzungsbedingungen für Ihre Apple-ID müssen Sie mit einem Klick auf »Akzeptieren« bestätigen.

Abschließend folgt, wie so üblich, noch ein ganzer Berg an »digitalem Papierkram«, d.h. Nutzungsbedingungen zu verschiedensten Apple-Services. Hier klicken Sie auf **Akzeptieren** 2, ansonsten wird auch keine Apple-ID erstellt.

Schritt 7: Softwarelizenzvertrag akzeptieren

Nun präsentiert Apple eine Menge Kleingedrucktes für den App Store, macOS Catalina, iCloud und, und, und ... Um das System weiter einrichten zu können, müssen Sie diese Lizenzbedingungen natürlich akzeptieren 3.

Abbildung 2.19
Klicken Sie auch hier auf »Akzeptieren«, um die Installation fortzuführen.

Schritt 8: Benutzer anlegen

Kreativ beim Passwort

Ihr Kennwort sollte nach Möglichkeit nicht allzu leicht zu erraten sein und keinesfalls »Passwort« oder »1234« lauten. Verwenden Sie am besten eine Kombination aus Ziffern und Buchstaben, z. B. Ihr Geburtsjahr und dazwischen Ihren Vornamen in ungewöhnlicher Groß- und Kleinschreibung: 19tiMo69. Da wird es für andere schon recht schwierig, Ihr Passwort zu erraten.

Im nächsten Schritt der macOS-Installation wird ein neuer Benutzeraccount für Ihren Apple-Computer eingerichtet. Über diesen allerersten Account haben Sie vollen Zugriff auf alle Funktionen und dürfen sämtliche Änderungen am Betriebssystem und an Programmen vornehmen. Weitere Computeraccounts, die vielleicht nur bestimmte Programme starten dürfen und nicht befugt sind, Daten zu löschen, können später angelegt werden – wie das geht, erfahren Sie in Kapitel 17, »Familien-Mac: Benutzerkonten einrichten«, ab Seite 367. Ein Passwort ist hier zwingend notwendig, da macOS ja auf Ihre gesamten Daten aus der Apple-ID zugreift und diese logischerweise geschützt werden sollen.

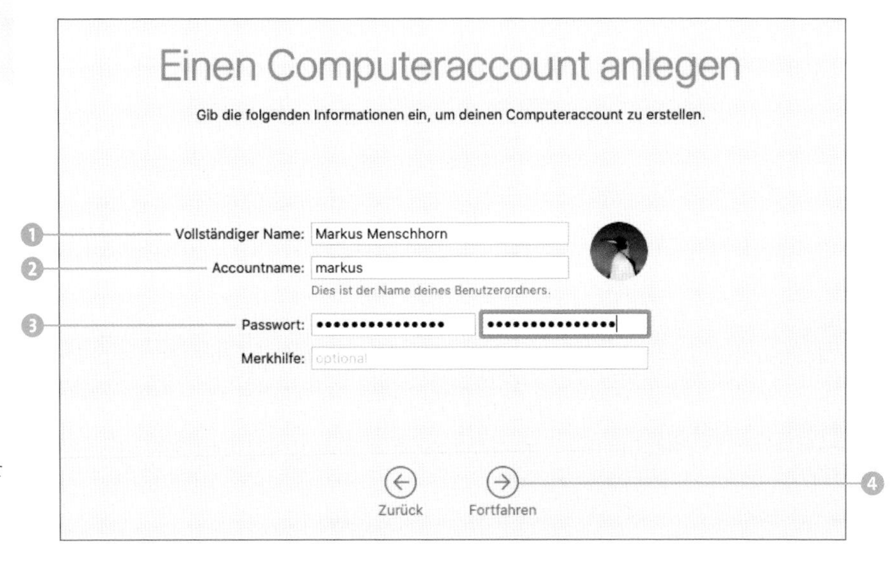

Abbildung 2.20 >
Hier sagen Sie »Hallo« zum Mac und schützen ihn vor unbefugtem Zugriff.

^ **Abbildung 2.21**
Passwort verpflichtet – beim Systemstart und nach dem »Aufwachen« aus dem Standby-Modus verlangt macOS Ihr separates Computerpasswort.

Tragen Sie in das Feld **Vollständiger Name** 1 einfach Ihren vollständigen Namen ein, sofern Apple das nicht schon für Sie erledigt hat. Denn mit der Apple-ID kennt der Apfelkonzern Ihre Daten praktisch schon in- und auswendig. Als **Accountname** 2 können Sie z. B. Ihren Vornamen oder Ihre Initialen verwenden. Sie müssen also nicht den von macOS vorgeschlagenen Namen nehmen.

Egal, welche Variante Sie bevorzugen, das **Passwort** 3 wird immer beim Systemstart und vor der Installation neuer Programme oder Daten aus dem Internet abgefragt. Damit schiebt Apple der unbefugten Benutzung Ihres Computers und Ihrer Daten einen Riegel vor und schützt Sie vor Programmen, die Sie möglicherweise gar nicht haben möchten. Ein Klick auf **Fortfahren** 4 bringt Sie zu den abschließenden Einstellungen. Sie haben es bald geschafft!

Schritt 9: iCloud-Schlüsselbund

Ganz schön raffiniert: iCloud, Apples Onlinespeicher, kann alle Ihre Kennwörter zentral abspeichern. (Der Service iCloud wird übrigens mit dem Anlegen einer Apple-ID automatisch aktiviert, Sie müssen nichts extra einstellen.) Doch warum die Kennwörter zentral ablegen? Zum einen hat es damit natürlich die NSA leichter ..., zum anderen gibt es tatsächlich einen praktischen Nutzen für Sie. Denn wenn Sie mit Safari beispielsweise auf Ihrem Mac surfen und die Login-Daten für häufig besuchte Seiten speichern, können Sie diese zukünftig auch auf Ihrem iPhone oder iPad nutzen – Sie brauchen sich auf diese Weise keine Benutzernamen, Passwörter oder Kreditkartennummern mehr zu merken. Es ist also ein echter Komfortgewinn. Sie müssen nur den *Schlüsselbund*, wie Apple diese Funktion nennt, einrichten.

Klicken Sie hier lediglich auf **Fortfahren** und alles andere erledigt Ihr Computer für Sie.

Einstellungen werden übernommen

Sie besitzen bereits eine Apple-ID und ein anderes Apple-Gerät wie ein iPhone oder iPad? Dann wird Apple je nach Ihren dort getätigten Einstellungen das eine oder andere Fenster gar nicht anzeigen. Beispielsweise wird die Einstellung für den Schlüsselbund immer so übernommen, wie Sie sie auf dem anderen Gerät bereits eingerichtet haben.

Abbildung 2.22
Alle Kennworte in der Wolke? Mit dem Schlüsselbund ist das gar kein Problem, super praktisch und sicher.

Schritt 10: Suchen

Apple weist Sie in diesem Fenster darauf hin, dass Ihr Mac dank Apple-ID im Falle eines Verlustes gesucht werden kann, dafür aber einige Daten übermittelt werden. Diese Funktion lassen Sie bitte unverändert und klicken einfach auf **Fortfahren**.

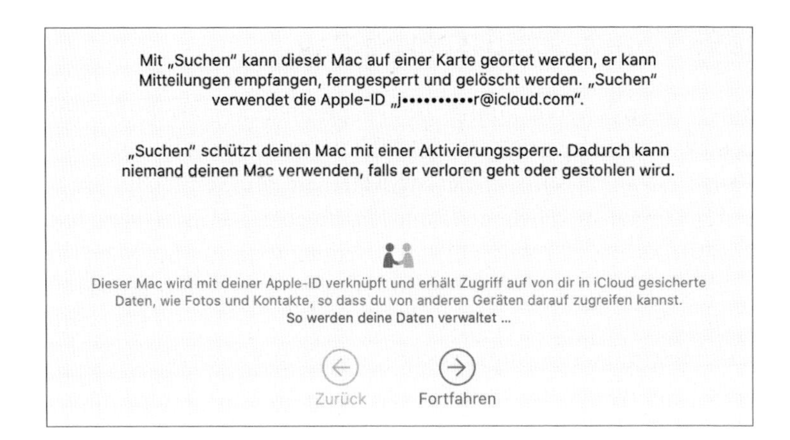

Abbildung 2.23 >
Suchen, finden und Diebe aussperren. Das klappt ganz einfach.

Schritt 11: Bildschirmzeit

Kaum sitzt man am Mac, schon vergeht die Zeit wie im Fluge, oder? Damit das nicht ganz unkontrolliert bleibt, bietet Apple die Bildschirmzeit als kleinen erhobenen Zeigefinger an. Mit diesem Werkzeug wird im Hintergrund aufgenommen, wie viel Zeit Sie mit was an Ihrem Mac verbringen. Zusätzlich können Sie sich selbst Limits für die Computernutzung oder einzelne Apps setzen oder auch Ruhepausen festlegen. Wie das im Detail funktioniert, zeigen wir in Kapitel 17, »Familien-Mac: Benutzerkonten einrichten«, ab Seite 372. Hier klicken Sie zunächst auf **Fortfahren**.

Abbildung 2.24 >
Damit der Mac nicht zum Zeitfresser wird, hat Apple jede Menge praktische Hilfsmittel zur Selbstkontrolle mit eingebaut.

Schritt 12: Touch-ID und Apple Pay

Besitzen Sie einen Mac-Computer mit Fingerabdrucksensor, der sog. *Touch-ID*, dann wird diese jetzt eingerichtet. Grundsätzlich wird die Touch-ID als Ersatz zur Passworteingabe verwendet. Nur in seltenen Fällen verlangt macOS dann doch noch das klassische Benutzerkennwort. Für die Touch-ID verwenden Sie einen beliebigen Finger. In diesem Schritt legen Sie den Finger mehrfach auf den Fingerabdrucksensor rechts oben ①.

Abbildung 2.25
Hier wird ein beliebiger Finger erkannt und eingelesen.

Abbildung 2.26
Nie wieder Passwort – dennoch hinkt diese Funktion der noch praktischeren Face-ID am iPhone etwas hinterher.

Insgesamt ist Touch-ID eine praktische Sache und vielen vom iPhone bekannt. Dort ist die Entwicklung bei den aktuellen Geräten aber schon wieder eine Stufe weiter: Mit Face-ID wird das Gesicht statt des Fingerabdrucks als Passwortschutz verwendet.

Der nächste Bildschirm gehört zur Touch-ID dazu. *Apple Pay*, der Bezahldienst von Apple, möchte Zahlungen per Touch-ID ermöglichen. Leider unterstützen aktuell nur wenige Kreditkarteninstitute diesen Zahlungsdienst. Klicken Sie in diesem Fall auf **Später einrichten** ②. Sollte Ihre Kreditkarte Apple Pay als Zahlungsmöglichkeit akzeptieren, klicken Sie auf **Fortfahren**, um diese einzurichten.

Abbildung 2.27
Ohne Kreditkarte, die Apple Pay unterstützt, kann die Funktion auch nicht eingerichtet werden. Ansonsten halten Sie Ihre Kreditkarte lediglich in die Kamera des Macs, und schon ist alles erledigt.

Abbildung 2.28 >
Auch das Bezahlen klappt per Fingerabdruck, eine mit Apple Pay kompatible Kreditkarte vorausgesetzt.

Schritt 13: iCloud-Analyse

Nun geht es um die Analyse Ihrer iCloud, also Ihres »Allround«-Speichers für Daten, Einstellungen und Dokumente. Wenn Sie die Analysedaten teilen möchten, setzen Sie hier einen Haken 3, ansonsten klicken Sie einfach auf **Fortfahren**.

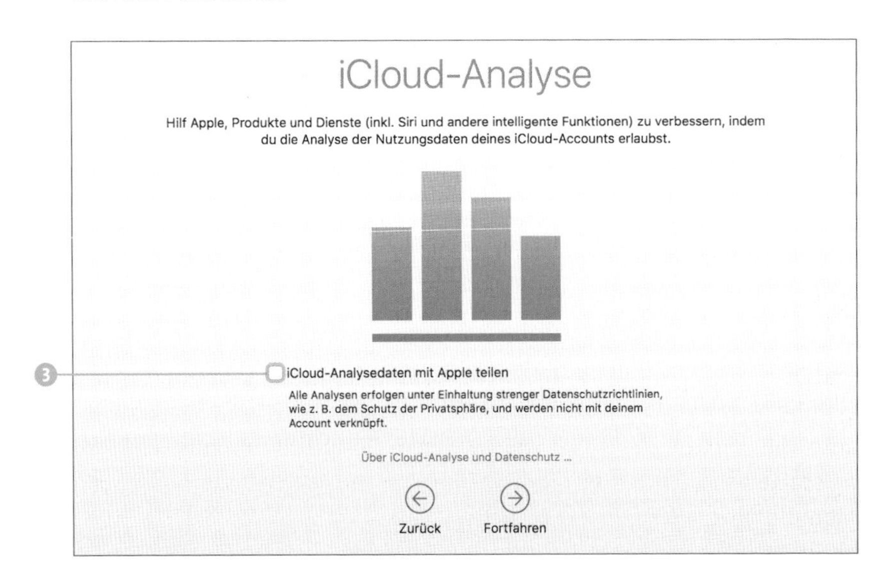

Abbildung 2.29 >
Es hat sicherlich einen Grund, warum hier nochmals nach dem Zugriff auf Analysedaten gefragt wird.

Schritt 14: Siri aktivieren

In diesem Schritt bittet Apple noch darum, Siri, die Sprachassistentin, zu aktivieren. Keine Sorge, hier werden nicht Ihre Dokumente weitergegeben, sondern Ihre gesprochenen Nachrichten an die Sprachassistentin Siri ④. Diese werden zu Apple gesendet und dort blitzschnell analysiert, damit die Antworten von Siri möglichst sinnvoll und intelligent ausfallen. Im Anschluss werden Sie aufgefordert, ein paar Sätze nachzusprechen, damit sich die digitale Sprachassistentin an die Besonderheiten Ihrer Stimme gewöhnt.

Keine Apple-ID – weniger Fragen

Wenn Sie keine Apple-ID eingegeben haben, erscheinen die Abfragen zu Siri und der iCloud natürlich nicht.

Abbildung 2.30
Siri muss separat aktiviert werden.

Schritt 15: Den Look auswählen

macOS hat für Sie zwei unterschiedliche Darstellungen parat: zum einen eine helle Benutzeroberfläche und zum anderen eine sehr dunkle Variante. Hier können Sie wählen, mit welchem Design Ihr Computer zukünftig starten soll. Zum Bearbeiten und Betrachten von Fotos ist der dunkle Modus sehr gut geeignet. Den hellen Modus wählen Sie eher, wenn Sie im Internet surfen oder Briefe schreiben. Diese Entscheidung ist nicht endgültig, später wechseln Sie zwischen beiden Darstellungsarten per Mausklick. Oder lassen Sie je nach Tageszeit wechseln (siehe dazu die Anleitung im Abschnitt »Licht und Schatten – macOS in Hell und Dunkel« auf Seite 115).

Abbildung 2.31 >
Geschmackssache: Entscheiden Sie sich für »Hell«, »Dunkel« oder »Automatisch«.

Schritt 16: Ja zum Mac – endlich fertig

Nun erfolgt die abschließende Systemeinrichtung, die je nach Mac einen kleinen Moment in Anspruch nimmt.

Abbildung 2.32 >
Gleich ist es geschafft!

Jetzt ist Ihr Computer bereit für die folgenden Lektionen. Nun erscheint direkt der *Schreibtisch*, also die Arbeitsoberfläche.

Abbildung 2.33
Der Schreibtisch ist der Ausgangspunkt für alle Ihre Aktivitäten am Mac.

Die einzelnen Elemente der Benutzeroberfläche erklären wir in Kapitel 4, »Die Benutzeroberfläche kennenlernen«, ab Seite 81 ganz genau – auf den folgenden Seiten werden wir Ihnen aber zunächst einige grundsätzliche Bedienhinweise näherbringen.

Expresskonfiguration

Datenschutz ist immer wieder ein Thema, und auch Apple muss hier vor dem Zugriff fragen. Die nun angezeigte Expresskonfiguration legt automatisch fest, dass diverse Apple-Dienste Ihren Computerstandort erkennen dürfen. Das macht für die Wetter-App, den Routenplaner oder die App zum Wiederfinden eines gestohlenen Macs absolut Sinn. Wir empfehlen einen Klick auf **Fortfahren**.

Wenn Sie hier spezifische Zugriffe einstellen wollen, gehen Sie auf **Einstellungen anpassen** (1). Sie können diese ganzen Datenzugriffe aber auch später noch in den Systemeinstellungen (siehe dazu Kapitel 19, »Systemeinstellungen im Überblick«, ab Seite 403) komfortabel einrichten.

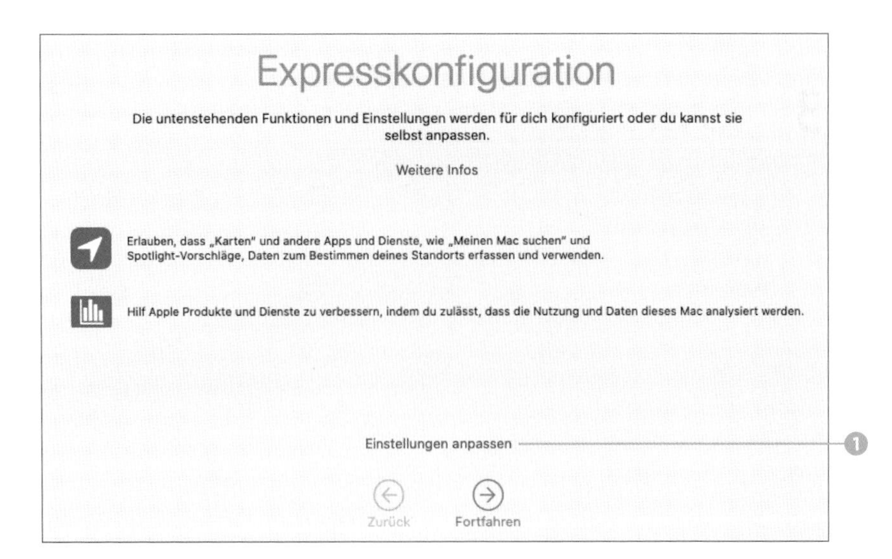

Abbildung 2.33 >
Datenschutz im Schnelldurchlauf – hier hat Apple schon alles Notwendige vorbereitet.

3 Den Mac bedienen – Tastatur, Trackpad und Maus

Die sog. Eingabegeräte für den Mac sind natürlich zum einen die Tastatur, auch Keyboard genannt, zum anderen die Maus und schließlich das Trackpad. Apple hat diesen Geräten spannende Funktionen verliehen, die sich allerdings nicht immer auf den ersten »Klick« erschließen. Daher zeigen wir Ihnen in diesem Kapitel, wie Sie mit Tastatur, Trackpad und Co. ganz schnell zum Eingabeprofi werden. Darüber hinaus hat macOS auch Siri an Bord – vielen schon vom iPhone und iPad bekannt. Die Sprachassistentin ermöglicht die Steuerung Ihres Macs per Spracheingabe. Mehr dazu lesen Sie im Abschnitt »Hey Siri – den Mac per Sprache steuern« ab Seite 75.

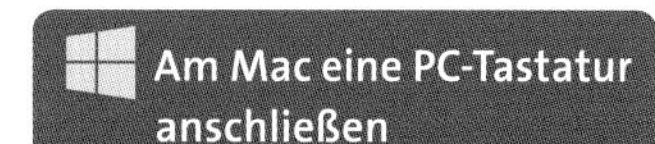

Am Mac eine PC-Tastatur anschließen

Es ist problemlos möglich, eine vorhandene PC-Tastatur mit USB-Anschluss auch am Mac anzuschließen. Achtung: Das kann für Einsteiger verwirrend werden, da viele Sonderzeichen nicht auf den Tasten liegen, wo sie der Mac erwartet. Machen Sie Ihre ersten Gehversuche daher lieber erst einmal mit der original Apple-Tastatur.

Die besonderen Tasten im Überblick

Ihre Mac-Tastatur gibt es von Apple in zwei Versionen: einmal als abgespeckte und »sofataugliche« Variante ohne Nummernblock auf der rechten Seite. Diese entspricht ziemlich genau dem Keyboard, das auch in den Apple-Notebooks (MacBook Air und MacBook Pro) eingebaut ist. Die ausgewachsene Tastatur, das Magic Keyboard inklusive Nummernblock, gibt es beim iMac, Mac mini oder Mac Pro nur auf ausdrücklichen Wunsch und gegen Aufpreis mit dazu. Beide Varianten sind kabellos und funktionieren mit aufladbarer Batterie. Doch egal, welche Tastatur Sie besitzen – sie funktionieren vom Ansatz her beide gleich.

Auf der Apple-Tastatur finden Sie in der oberen Reihe zahlreiche Funktionstasten, mit denen Sie Ihren Computer direkt steuern können. Die Reihenfolge und Anordnung sind, je nachdem, welchen Mac Sie besitzen, teilweise etwas anders als hier auf der größten Apple-Tastatur dargestellt.

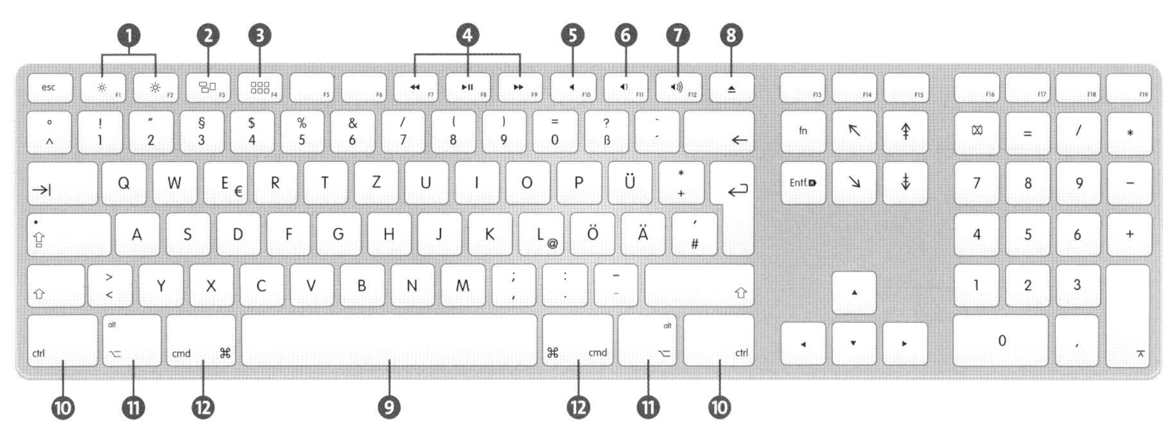

Abbildung 3.1
Die große Apple-Tastatur

Abbildung 3.2
Die Helligkeit wird über die Tastatur geregelt.

Abbildung 3.3
Wird die Lautstärke über die Tastatur eingestellt, zeigt der Mac den momentanen Status am Bildschirm an.

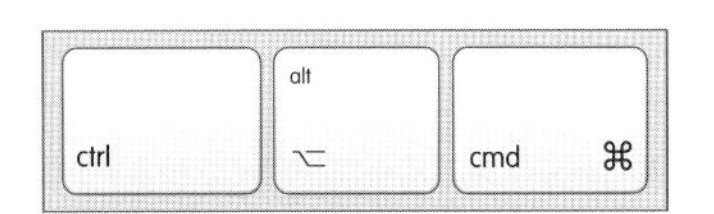

Abbildung 3.4
Tasten für weitere Funktionen auf älteren Mac-Tastaturen

❶ Damit wird die Helligkeit des Bildschirms geregelt. Stellen Sie den Wert so ein, dass die Helligkeit für Ihre Augen angenehm ist. Standardmäßig sind die LCD-Displays immer sehr hell eingestellt, was oft zu Kopfschmerzen führt. Ein Wert bei ungefähr ¾ ist meist die richtige Wahl.

❷ Mission Control – ein Tastendruck genügt, und alle geöffneten Programmfenster werden schön sortiert nebeneinander angezeigt. Sie können per Mausklick zum gewünschten Fenster wechseln.

❸ Das Launchpad ist der Schnellstart zu allen Programmen auf Ihrem Mac. Mehr dazu lesen Sie in Kapitel 5, »Mit Programmen arbeiten – die Apps am Mac«, ab Seite 119.

❹ Die folgenden Tasten sind zum Abspielen digitaler Musik gedacht. Merken Sie sich diese Tasten bitte für später, wenn wir uns mit dem Musikprogramm am Mac beschäftigen.

❺ Ton ausschalten leicht gemacht – mit dieser Taste schalten Sie Musik und Sound komplett auf stumm. Ein erneuter Druck auf diese Taste schaltet sie wieder ein.

❻ Die Lautstärke der eingebauten Lautsprecher wird hier verringert ...

❼ ... und mit der Taste daneben bis auf das Maximum gebracht. Die Änderung wird akustisch mit einem sanften Klacken sowie optisch am Bildschirm mit einer hübschen Grafik angezeigt.

❽ Wenn sich eine CD oder DVD im Laufwerk Ihres Computers befindet, kann sie mit dieser Taste problemlos und schnell ausgeworfen werden. Mehr zum Thema Laufwerke erfahren Sie in Kapitel 6, »Den Überblick behalten: Dateien, Ordner, Laufwerke«, ab Seite 141. Auf den Tastaturen derjenigen Mac-Notebooks, die über kein Laufwerk mehr verfügen, befindet sich hier ein Ein-Aus-Schaltknopf ⏻.

Wenn Sie Ihren Blick nun auf die untere Reihe der Tastatur richten, sehen Sie links und rechts neben der Leertaste ❾ einige zusätzliche Tasten, und zwar control ⑩, alt bzw. ⌥ ⑪ und command bzw. ⌘ ⑫. Sie sind nur aus Komfortgründen rechts und links der Leertaste zu finden, die Funktionalität ist auf beiden Seiten gleich.

Beachten Sie, dass diese Tasten auf einigen Tastaturen noch statt control abgekürzt ctrl, statt command entsprechend cmd und statt option auch alt heißen. Doch was stellt man mit ihnen an?

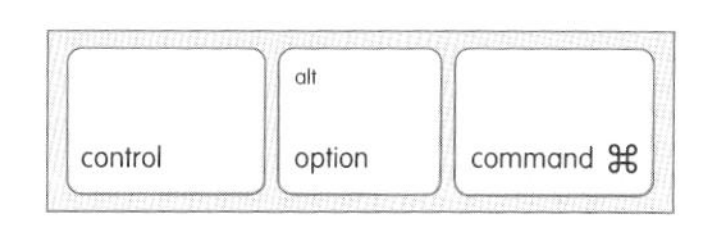

Abbildung 3.5
So sehen die drei Spezialtasten auf den aktuellen Tastaturen aus.

Die Control-Taste

Die control-Taste, auf dem PC oftmals auch als Strg (Steuerung) bekannt, dient am Mac dazu, die zweite Maustaste zu simulieren, und zur Arbeit mit Tastaturkürzeln. Für welche Funktionen die rechte Maustaste überhaupt herhalten muss, erfahren Sie im Abschnitt »Der rechte oder sekundäre Klick« auf Seite 57.

Die Option-Taste – es gibt immer eine Alternative

Die option-Taste erfüllt an Ihrem Computer eine wichtige Funktion – mit ihr kann man die als Alternative auf Ihrer Tastatur angegebenen Symbole (daher auch alt-Taste) aktivieren. Dazu zählen z. B. das €-Zeichen und das @-Symbol. Am PC wird diese Taste immer »Alt«-Taste genannt, auch bei einigen Mac-Tastaturen wird sie so noch bezeichnet.

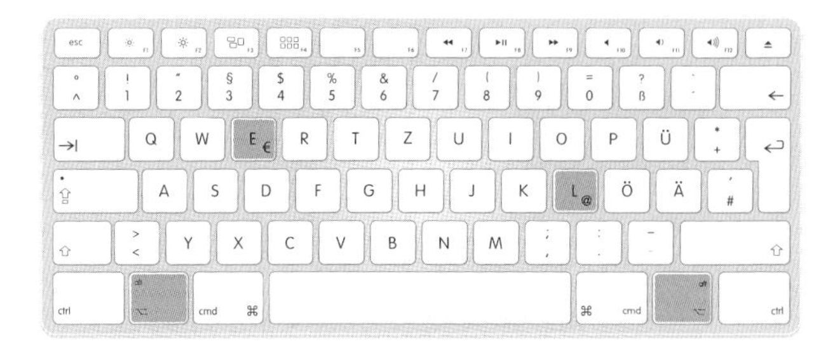

Abbildung 3.6
Die »option«-Taste (»alt«-Taste) bringt €- und @-Zeichen auf den Bildschirm.

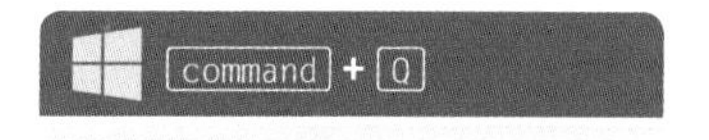

Das @-Zeichen hat sich auf der Mac-Tastatur an anderer Stelle eingenistet. Mit dem von Windows ähnlich gewohnten Tastaturkürzel command + Q beenden Sie am Mac eine Anwendung, statt einen »Klammeraffen« auf den Schirm zu bringen. Also – aufgepasst!

Die Command-Taste

Die command-Taste, zu Deutsch: »Befehlstaste«, hat eine lange Tradition am Mac – das Symbol ⌘, ähnlich einem kleinen Propeller, hat die Jahre unbeschadet überstanden. Die command-Taste ist dazu da, Befehle per Tastatur zu ermöglichen. In vielen Programmen ist es z. B. üblich, dass man wiederkehrende Befehle nicht nur über ein Menü, sondern direkt mit einer Tastenkombination aufrufen kann. Auch im Betriebssystem selbst werden Tastenkürzel verwendet.

Die Touchbar

Abbildung 3.7
Neues Eingabewerkzeug – die Touchbar am MacBook Pro

Die Touchbar ❶ ist in allen MacBook-Pro-Modellen eingebaut. Statt der Funktionstasten (❶ bis ❽ in Abbildung 3.1 auf Seite 50) sitzt an dieser Stelle ein kleines Touchdisplay. Je nach gestartetem Programm ändern sich die hier angezeigten Funktionstasten. Das bedeutet: Für jede App sind die wichtigsten Aufgaben hier abgebildet und können per Fingertipp aufgerufen werden. Abbildung 3.8 zeigt die Touchbar so, wie sie beim Systemstart im Finder aussieht.

Abbildung 3.8
Die Touchbar beim MacBook Pro offeriert je nach App ganz unterschiedliche Funktionen.

Zum Vergleich hier die Touchbar bei geöffneter Fotos-App:

Abbildung 3.9
Die Touchbar hat für die Fotos-App komplett andere Funktionen parat.

Abbildung 3.10
Egal, in welcher App Sie sich befinden – auf der rechten Seite bleibt der Zugriff auf Helligkeit, Ton und Siri immer erhalten. Ein Klick auf den kleinen Pfeil ❸ blendet die gesamten Funktionstasten ein.

Sie können aber jederzeit die Basisfunktionen des Systems wie Bildschirmhelligkeit, Lautstärke oder Siri aufrufen ❷. Klicken Sie einfach auf den kleinen Pfeil ❸, und schon sind die Standardsymbole wieder aktiviert. Wie Sie die Touchbar auf Ihre Wünsche einstellen, zeigen wir Ihnen in Kapitel 19, »Systemeinstellungen im Überblick«, auf Seite 425.

Wie man mit Tastenkürzeln arbeitet

Tastenkürzel sind eine praktische Sache, deshalb wollen wir den Umgang mit ihnen gleich zu Beginn an einem kurzen Beispiel trainieren. Auch später im Buch werden wir immer wieder Hinweise auf Tastenkürzel geben. Versuchen Sie, sich die wichtigsten einzuprägen, denn beim täglichen Gebrauch bringen sie oft einen enormen Zeitvorteil!

1. Finder öffnen

Gehen Sie mit dem Mauszeiger auf das Finder-Symbol, also auf das lachende Gesicht im Dock am unteren Bildschirmrand, und klicken Sie einmal darauf. Nun öffnet sich der *Finder* mit der Dokumentübersicht **Zuletzt benutzt**. Dort werden später alle Ihre Bilder, Dokumente, Filme und Musik in jener Reihenfolge erscheinen, in der Sie sie aufgerufen haben. Ist Ihr Mac brandneu, ist diese Liste natürlich noch leer.

∧ Abbildung 3.11
Immer wieder: Klicken Sie auf das Finder-Symbol.

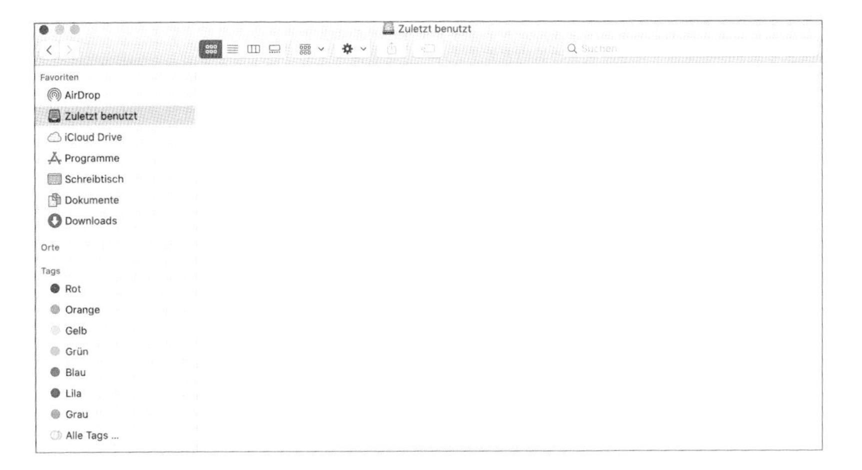

< Abbildung 3.12
Ein Klick auf das Finder-Icon öffnet immer diese Ansicht mit den zuletzt benutzten Dokumenten. Bei einem neuen Mac herrscht logischerweise noch gähnende Leere.

Daher klicken Sie mit einem primären Mausklick einfach links in die Seitenleiste auf **Programme**, um die folgende Ansicht zu erhalten:

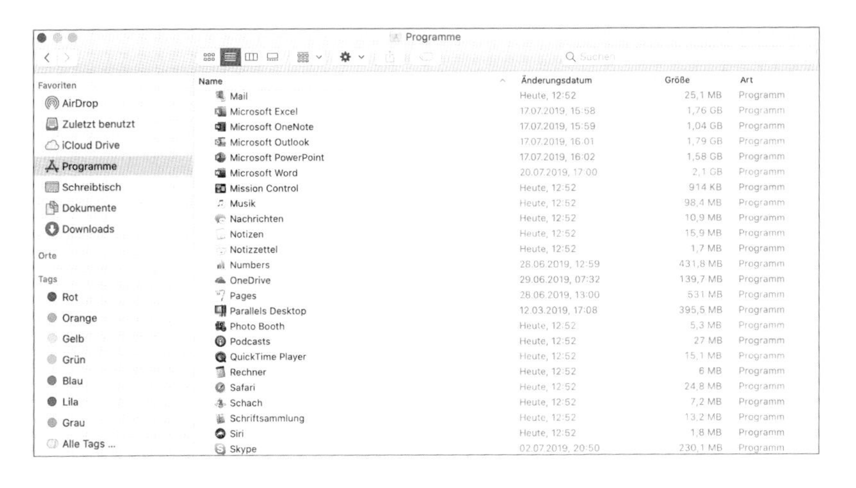

< Abbildung 3.13
Schon besser – im »Programme«-Ordner sind viele Symbole sichtbar.

2. Command-Taste drücken

Halten Sie nun die [command]-Taste gedrückt, während Sie dabei gleichzeitig die Taste [4] drücken, und lassen Sie dann beide Tasten wieder los. Die ursprünglichen Ordnersymbole erscheinen jetzt in der sogenannten

Galerie-Ansicht. Diese ist besonders geeignet, um später durch Bilder- oder Videosammlungen zu blättern.

∧ **Abbildung 3.15**
Mit [command] + [4] *sollte Ihr Finder nun so aussehen.*

3. Zurück in die Symbolansicht

Zurück in die Symbolansicht geht es mit [command] + [1]. Drücken Sie doch auch mal [command] + [2] und [command] + [3], dann haben Sie alle Darstellungsmöglichkeiten ausprobiert.

Zudem ist die [command]-Taste dazu da, um einzelne Objekte aus einer Liste auszuwählen. Das trainieren wir aber im Abschnitt »Klicks und Tastatur kombinieren – mehrere Dateien auswählen« ab Seite 68, da hierzu noch eine gehörige Portion »Maus-Know-how« erforderlich ist.

Neue Ansichten auch per Mausklick

Sie können natürlich auch mit der Maus die Ansichtsoptionen mit einem Klick auf die entsprechenden Symbole umschalten (siehe Kapitel 6, »Den Überblick behalten: Dateien, Ordner, Laufwerke«, ab Seite 141).

∧ **Abbildung 3.14:**
Die Ansicht können Sie natürlich auch über die entsprechenden Symbole in der Finder-Leiste wechseln.

Maus am MacBook

Natürlich kann an jedes MacBook eine zusätzliche Maus angeschlossen werden. Das ist besonders dann sinnvoll, wenn Sie exakt arbeiten möchten und das Trackpad nicht gewohnt sind. Sie können das MacBook dann sowohl damit als auch über das Trackpad steuern.

Klicken mit Trackpad und Maus – die Grundlagen

Mit der Maus oder dem Trackpad haben Sie macOS Catalina voll im Griff. Da sich beide Eingabegeräte in der Bedienung im Detail jedoch gewaltig unterscheiden, werden wir Ihnen zunächst die Grundlagen für beide Geräte vermitteln. Achtung: Wenn Sie eine PC-Maus mit mehreren Tasten besitzen, kommt hier momentan nur die linke Taste zum Einsatz!

Der einfache oder primäre Klick zum Bestätigen

Mit dem einfachen Klick erledigt man unter macOS beispielsweise folgende Aufgaben:

- Auswählen und Markieren von Dateien
- Starten von Programmen und Öffnen von Fenstern aus dem Dock
- Bestätigen von Eingabefeldern

Bei der Magic Mouse klicken Sie einfach zentral auf die Mitte der Maus. Am Apple-Computer wird dieser einfache Klick vielfach auch *primärer Mausklick* genannt.

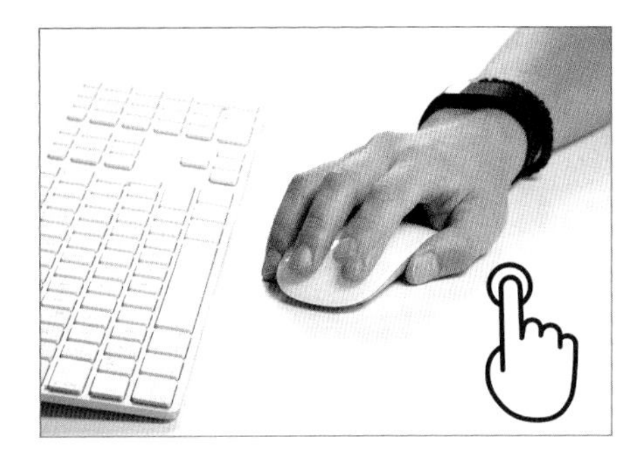

< Abbildung 3.16
Der einfache, primäre Klick mit der Magic Mouse

Auf dem Trackpad erfolgt der Klick direkt an jeder beliebigen Stelle – einfach mit dem Zeigefinger den Klick per Tippen auslösen, wie Sie es vielleicht von einer normalen Computermaus her kennen. Sollte das nicht funktionieren, müssen Sie die Funktion in den Systemeinstellungen aktivieren, die Sie über das Zahnradsymbol im Dock aufrufen. Dort gehen Sie in den Bereich **Trackpad** und setzen im Bereich **Zeigen und Klicken** ein Häkchen bei **Klicken durch Tippen**.

Das üben Sie direkt, indem Sie die Schaltzentrale am Mac, den Finder, öffnen. Klicken Sie *einmal* mit Ihrer Maus auf das Gesicht im Dock, und warten Sie, was passiert. Es öffnet sich das Finder-Fenster mit Ihren Dateien, wie in Abbildung 3.18 gezeigt.

^ Abbildung 3.17
Zentraler einfacher Mausklick auf das Finder-Symbol

Die PC-Maus

Die wenig ergonomische Apple-Maus ist nicht jedermanns Sache. Aber Sie können Ihre PC-Maus problemlos am Mac anschließen und verwenden. Sie müssen lediglich das »Feintuning« in den Systemeinstellungen vornehmen, damit die Maus korrekt funktioniert – gerne blockiert macOS nämlich standardmäßig den Rechtsklick (siehe dazu auch ab Seite 58).

Abbildung 3.18 >
Ein Klick auf das Finder-Gesicht bringt den Ordner mit Ihren gesammelten Dokumenten auf den Schirm.

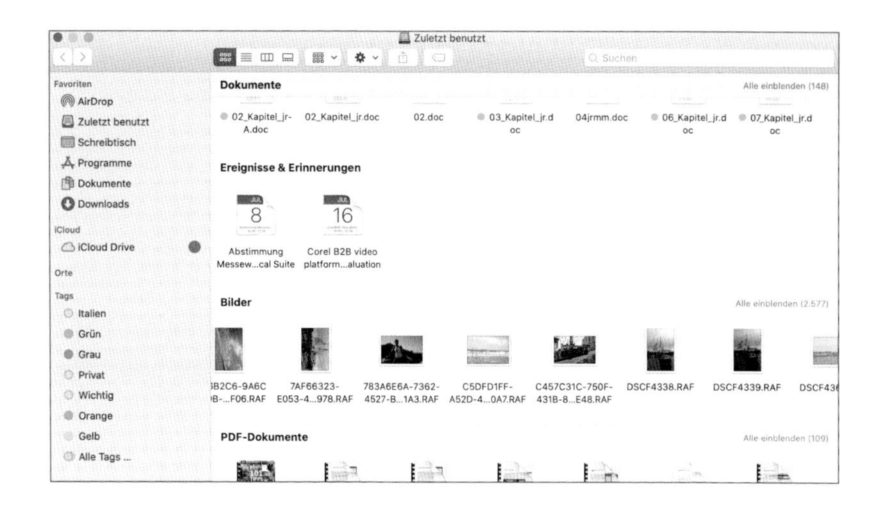

Doppelklick mit der Maus

Die Doppelklickgeschwindigkeit mit der Maus ist beim Apple-Computer voreingestellt, und es wird erwartet, dass Sie den Doppelklick genau in diesem Zeitraum ausführen. Beim Trackpad und bei Apple-Mäusen ist die Toleranz automatisch geregelt, folglich haben Sie mit diesen Geräten auch nicht diese Einstellungsmöglichkeit. Haben Sie eine andere Maus im Einsatz, klappt das Klicken nach Wunsch aber problemlos: Klicken Sie hierzu auf das Symbol für die Systemeinstellungen im Dock und im nächsten Fenster auf das Maussymbol. Hier finden Sie unter **Doppelklick-Intervall** die Möglichkeit, die Geschwindigkeit mit dem Schieberegler perfekt anzupassen.

Der doppelte Klick

Mit dem doppelten Mausklick können Sie am Mac folgende Aufgaben durchführen:

- Starten von Programmen aus dem Ordner *Programme*
- Öffnen von Dateien aus dem Finder
- Markieren eines einzelnen Wortes in der Textverarbeitung

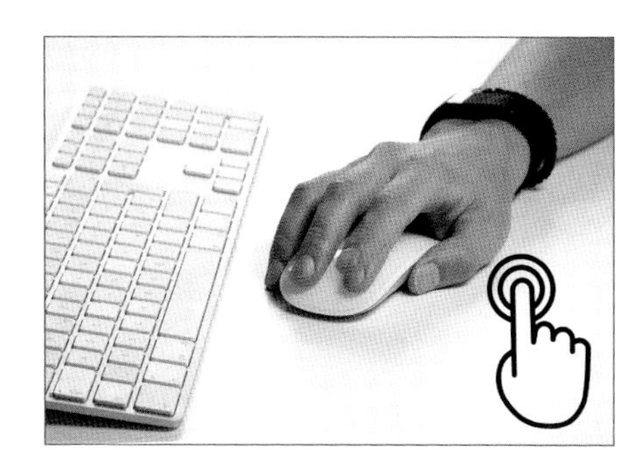

< Abbildung 3.19
Der doppelte Klick

Der Doppelklick wird ebenfalls mit der linken oder mit der zentralen Maustaste oder dem Trackpad ausgeführt. Er kommt dann zum Einsatz, wenn der einfache Klick schon mit anderen Funktionen belegt ist. So können Sie z.B. eine Datei mit einem einfachen Mausklick markieren. Zum Öffnen ist dann aber ein Doppelklick notwendig. Anders im Dock und im Launchpad – in ihnen kann man die Programme lediglich starten, daher genügt dort ein einfacher Mausklick.

Der dreifache Klick

Ja, es gibt ihn, den »Triple-Klick«. Er ist aber speziell und daher selbst fortgeschrittenen Anwendern nur selten bekannt. Man erleichtert sich damit aber das Computerleben erheblich, besonders wenn es um das Markieren ganzer Textzeilen oder das Surfen im Internet geht. Der dreifache Mausklick kann folgende Aufgaben erledigen:

- Markieren ganzer Textzeilen in der Textverarbeitung
- Markieren ganzer Webadressen im Eingabefeld des Internetbrowsers

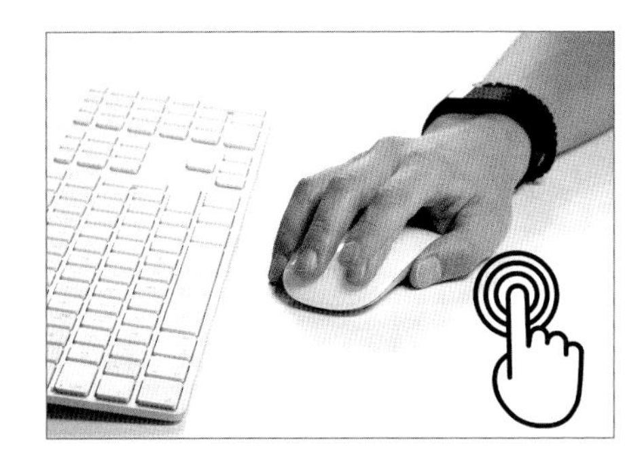

< Abbildung 3.20
Der dreifache Klick

Der rechte oder sekundäre Klick

Mit dem rechten Klick, am Mac auch *sekundärer Klick* genannt, rufen Sie in jeder Anwendung zusätzliche Funktionen auf. Dann klappt immer ein sog. *Kontextmenü* auf, das Ihnen die verschiedenen Funktionen auflistet. Diese werden wiederum mit dem zentralen oder linken Klick angewählt und aktiviert. Probieren Sie es doch mal auf dem leeren Schreibtisch aus.

- **Trackpad-Anwender:** Mit dem Trackpad klicken Sie einfach mit zwei Fingern statt mit einem. So einfach geht das.
- **Maus-Anwender:** Der sekundäre Klick wird bei den Mäusen standardmäßig über einen ganz normalen Klick, verbunden mit gedrückter control-Taste, aktiviert. Das ist zugegebenermaßen nicht gerade komfortabel.

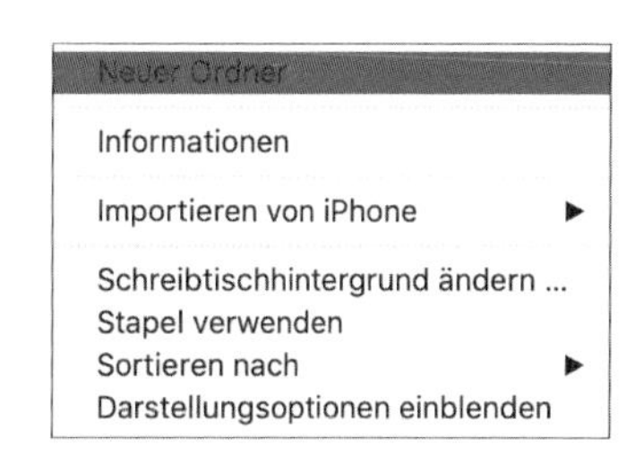

∧ Abbildung 3.21
Das Kontextmenü erscheint mit einem Rechtsklick oder über control *+ primärer Klick*

Besitzer der Magic Mouse können probieren, ob ein Klick auf die rechte Mausseite etwas bewirkt. Es passiert gar nichts? Dann müssen Sie den rechten Klick zuerst aktivieren – standardmäßig ist er nämlich abgeschaltet. Das ist eine Altlast, denn bis vor einigen Jahren gab es am Apple keine rechte Maustaste, und anscheinend versucht macOS, dies auch weiterhin zu verheimlichen.

< Abbildung 3.22
Die Magic Mouse beherrscht den rechten, sekundären Mausklick. Man muss ihn nur aktivieren.

Den sekundären Mausklick aktivieren

So bringen Sie Ihrer Maus – übrigens nicht nur der Apple Magic Mouse, sondern auch allen anderen Mäusen – den im wahrsten Sinne des Wortes »rechten« Klick einfach selbst bei:

Andere Maus?

Achtung: Wenn Sie eine andere Maus angeschlossen haben, kann das Fenster für die Mauseinstellungen ein wenig anders aussehen (siehe Abbildung 3.23 unten).

1. Systemeinstellungen »Maus« aufrufen
Mit einem einfachen Klick auf das Zahnradsymbol im Dock starten Sie die Systemeinstellungen. Das ist die Steuerungszentrale im Hintergrund Ihres Computers, die die Einstellungen für fast alle Geräte und für die gesamte Bedienung bereithält. Klicken Sie nun einmal auf das Maussymbol – die Einstellungen für Ihr Eingabegerät werden geladen.

Linkshänder

Linkshänder können die Tasten hier auf Wunsch auch einfach andersherum belegen und den primären Mausklick nach rechts umschalten.

2. Rechten, sekundären Mausklick einstellen
Den Sekundärklick sollten Sie auf die rechte Taste legen. Klicken Sie einfach **Sekundärklick** an, und wählen Sie dann die Belegung, also **Rechts klicken** oder **Links klicken**.

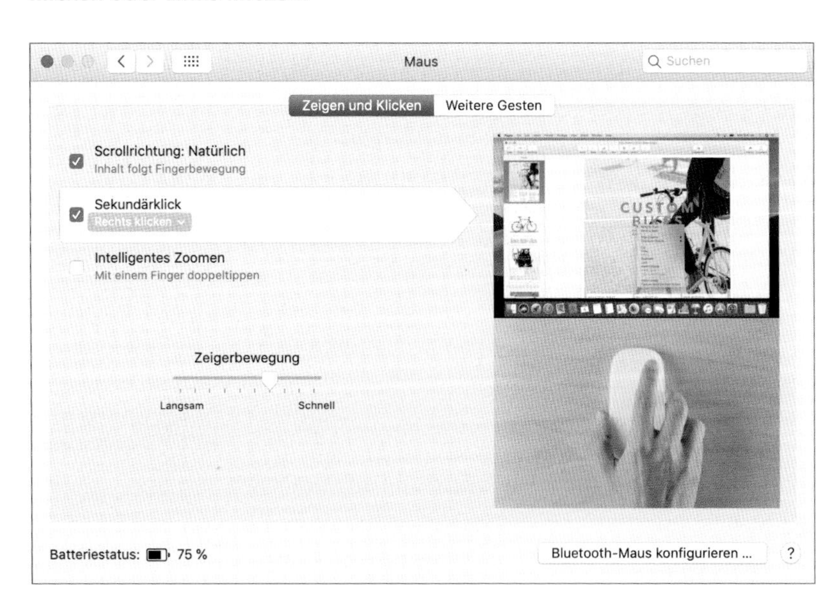

Abbildung 3.23 >
Hier bestimmen Sie, wo der Rechtsklick liegen soll.

Wischen und Scrollen mit dem Touchpad/Trackpad

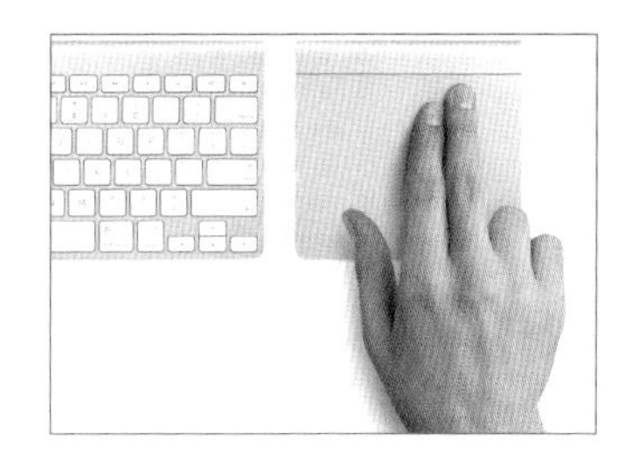

∧ Abbildung 3.24
Das Magic Trackpad sorgt für Touch-Komfort auch an iMac und Mac Pro. (Foto: Apple)

Das Trackpad, teilweise auch Touchpad genannt, ist in allen MacBooks eingebaut und kann die Maus vollständig ersetzen; es bietet sogar noch weitaus mehr Möglichkeiten. Es wäre ja auf Reisen auch höchst unpraktisch, irgendwo in der Economy-Class nach einer Mausablage zu suchen. Das Trackpad der aktuellen Notebook-Serien von Apple sieht unscheinbar aus, kann aber eine ganze Menge. Damit steuern Sie den Mauszeiger auf dem Bildschirm, führen sowohl primäre als auch sekundäre Mausklicks aus, können scrollen, Bilder drehen und, und, und.

Dieses Multifunktionswerkzeug macht in der Bedienung so viel Spaß, dass Apple das Trackpad als separates Eingabegerät auch für den iMac, Mac mini und den Mac Pro anbietet. Eine Alternative zur Maus, über die man nachdenken sollte.

∧ Abbildung 3.25
Das Icon der Systemeinstellungen

Damit Sie mit dem Trackpad die Funktionen von macOS Catalina voll nutzen und per »Fingerwisch« ausführen können, zeigen wir Ihnen auf den folgenden Seiten verschiedene Möglichkeiten. Mit ein wenig Übung macht das sogar richtig Spaß – Sie müssen diese Tipps auch nicht gleich umsetzen, sondern können sich das für später vormerken, wenn Sie mit Ihrem Mac vertrauter geworden sind.

Wenn Sie das Trackpad individuell konfigurieren möchten, geht das immer über einen Klick auf **Systemeinstellungen** (Zahnradsymbol) im Dock. Wählen Sie in den Systemeinstellungen den Eintrag **Trackpad** mit einem Klick auf die primäre Maustaste oder durch Tippen auf Ihr Trackpad aus.

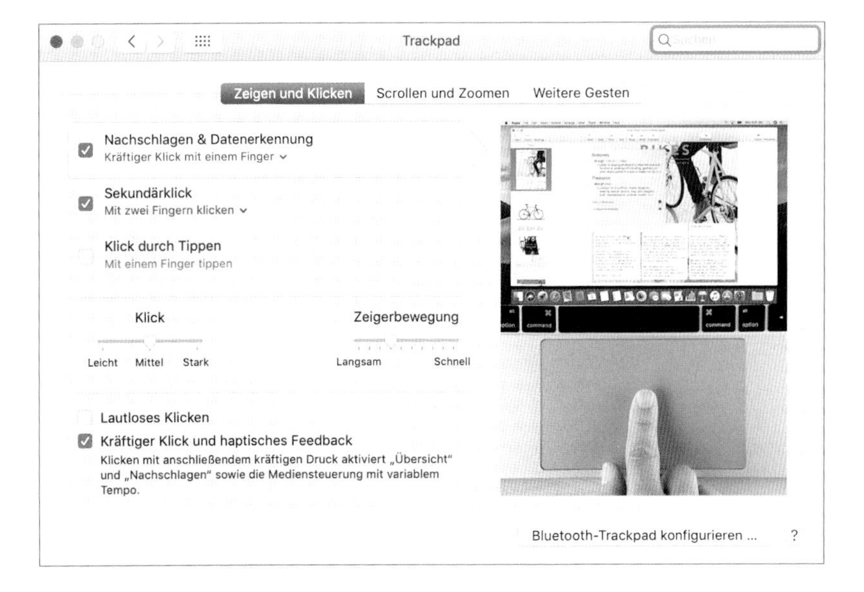

< Abbildung 3.26
Ganz einfach – die Trackpad-Einstellungen inklusive Animation

Dort stehen Ihnen nun alle Funktionen zur Verfügung, um das Zeigegerät nach Wunsch einzurichten und nachzuschauen, wie man die eine oder andere Funktion ausführt. Apple hat hier jeweils kleine Animationen integriert, die die Funktionsweise grafisch erläutern.

Scrollen mit dem Trackpad

Scrollen wie gewohnt

Bei Apple wird anders gescrollt – hier zeigen wir Ihnen aber, wie Sie die Scrollrichtung dahingehend ändern, wie Sie es gewohnt sind.

Mit zwei Fingern verschieben Sie Bildschirminhalte, der Inhalt folgt dabei der Fingerbewegung, wie Apple es nennt. Wenn Sie ein Smartphone besitzen, dürfte Ihnen diese Art des Scrollens vertraut sein. Sollte Ihnen diese Richtung unsympathisch sein, hilft ein Klick in die Systemeinstellungen wie im vorangegangenen Abschnitt beschrieben. Im Bereich **Trackpad > Scrollen und Zoomen** entfernen Sie einfach das Häkchen bei **Inhalt folgt Fingerbewegung**.

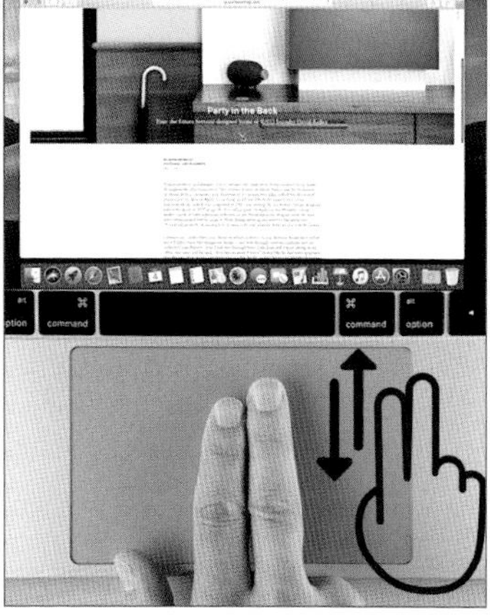

Abbildung 3.27 >
Ganz elegant durch Seiten scrollen

Navigieren mit dem Trackpad

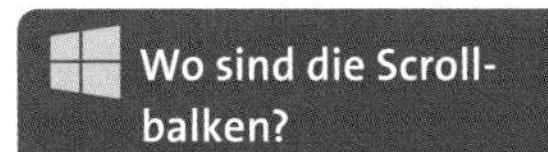

Wo sind die Scrollbalken?

Von Windows und auch früheren Versionen von macOS ist man gewohnt, dass Scrollbalken erscheinen, sobald Inhalte nicht mehr in das Fenster passen. Beim aktuellen macOS werden sie nur noch eingeblendet, wenn Sie in dem jeweiligen Fenster tatsächlich scrollen.

Geblättert wird ebenfalls mit zwei Fingern, hier aber horizontal statt vertikal. Damit können Sie in PDF-Dokumenten oder Webseiten wie in einem Buch blättern. Probieren Sie es am besten in Safari aus, und ziehen Sie zwei Finger mit Schwung über das Trackpad. Von links nach rechts blättern Sie zurück, von rechts nach links geht es vorwärts.

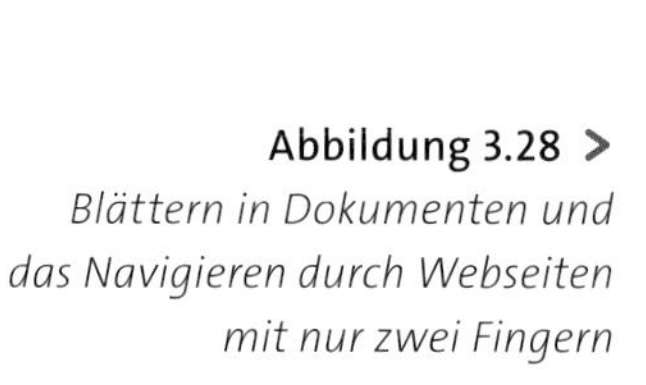

Abbildung 3.28 >
Blättern in Dokumenten und das Navigieren durch Webseiten mit nur zwei Fingern

Zoomen und Drehen mit dem Trackpad

Wenn Sie in macOS Catalina Bilder betrachten, z. B. in *Fotos* (siehe Kapitel 15, »Bessere Fotos mit der Fotos-App«, ab Seite 325) oder in der

Vorschau, bringen Sie mit dem Daumen und einem zweiten Finger die Schnappschüsse auf das gewünschte Format. Ziehen Sie beide Finger auseinander, wird das Foto größer, beim Zusammenziehen wird es verkleinert. Dies funktioniert übrigens auch perfekt bei Internetseiten, um einen Ausschnitt ganz genau zu betrachten.

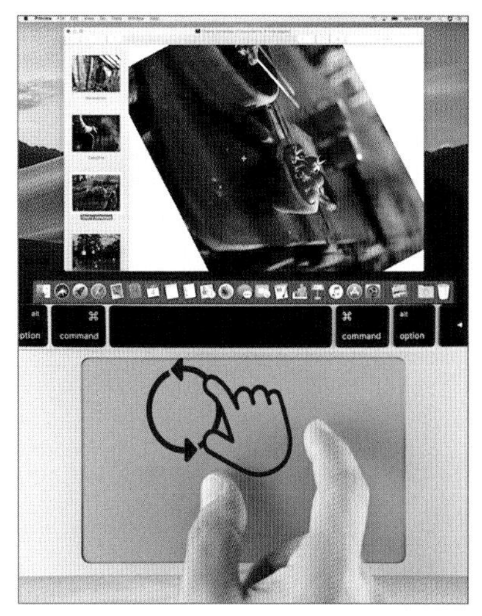

<< Abbildung 3.29
Ganz groß – einfach mit den Fingern auseinanderstreichen

< Abbildung 3.30
Bilder drehen leicht gemacht – mit zwei Fingern auf dem Trackpad

Auch das Drehen von Bildern klappt mit den zwei Fingern – die Bewegung gleicht hier der Drehbewegung, mit der man eine Flasche auf- oder zuschraubt. Probieren Sie es einfach aus.

Force Touch nutzen

In den aktuellen MacBook-Modellen wurde mit dem Feature *Force Touch* eine erweiterte Touchpad-Variante eingebaut, die zusätzlich noch misst, wie stark gedrückt wird, und dadurch noch mehr Bedienungsmöglichkeiten bietet. Apple nennt dies **Kräftiger Klick und haptisches Feedback** (❸ in Abbildung 3.32 auf Seite 62). Sie spüren auch beim Drücken, dass es hier zwei Stufen gibt. Stufe eins ist der normale Klick, den Sie aktuell schon fleißig nutzen, ein wenig kräftiger und länger gedrückt, wird Force Touch aktiviert.

In der Praxis funktioniert Force Touch so: Wenn Sie beispielsweise die Schnellansicht eines Dokuments oder eines Bildes im Finder sehen wollen, genügt ein kräftiger primärer Klick auf das Trackpad, um diese Ansicht zu aktivieren.

Verwenden Sie die gleiche Technik beispielsweise in Safari auf einem Button oder Link, wird die dahinter stehende Webseite nicht direkt, sondern nur als Vorschaubild geladen. Üben Sie diese Funktion ein wenig – am Anfang scheint es ungewohnt, neben mehreren Fingern nun auch noch mit der Stärke des Klicks neue Funktionen zu erhalten; letztlich macht es aber viel Spaß.

∧ Abbildung 3.31
Die Force-Touch-Funktion des Trackpads zeigt im Internetprogramm Safari beim kräftigen Klick auf einen Link ❶ die dahinter stehende Webseite als Vorschau ❷ an.

Für ungeübte Anwender ist es eventuell sinnvoll, diese Funktion zu Beginn auszuschalten. Sie finden sie im Reiter **Zeigen und Klicken**.

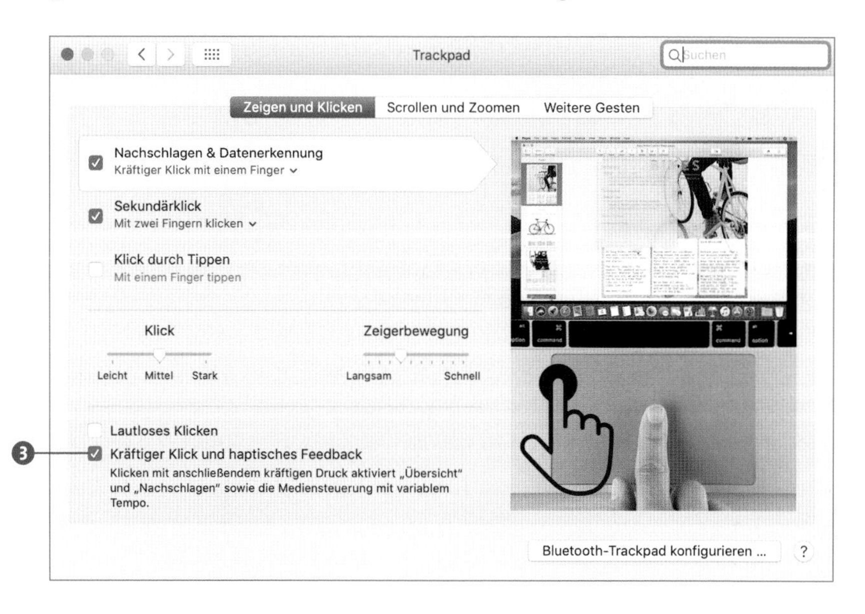

Abbildung 3.32 >
Force Touch ist bei neuen MacBooks und dem MacBook Pro eine praktische Erweiterung der Trackpad-Funktionen.

Mission Control mit dem Trackpad aufrufen

Mission Control (siehe Kapitel 4, »Die Benutzeroberfläche kennenlernen«, ab Seite 95) holen Sie ebenfalls per Fingerstrich auf das Display. Diese praktische Anwendung sortiert in Windeseile sämtliche geöffneten Apps und Fenster und ermöglicht Ihnen damit eine schnelle Übersicht. Streichen Sie mit drei Fingern auf dem Trackpad nach oben, um Mission Control zu starten. Streichen Sie nach unten, verschwindet diese Ansicht wieder.

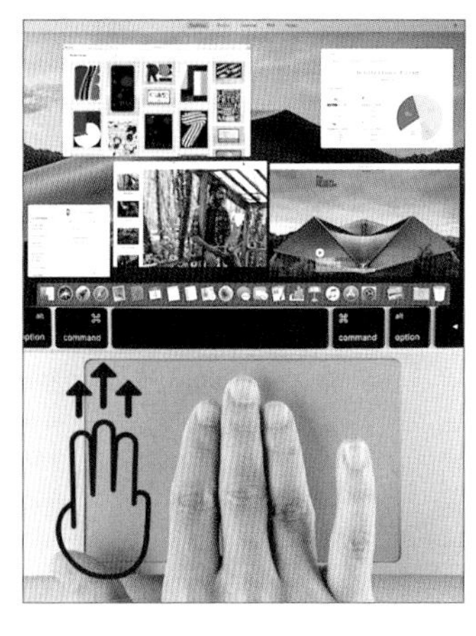

∧ **Abbildung 3.33**
Energisch nach oben streichen – und schon kommt Mission Control auf den Schirm.

Launchpad mit dem Trackpad aufrufen

Ihre »Programmschnellstartzentrale« kommt dank Ihrer Fingerfertigkeit noch schneller bildschirmfüllend auf Ihren Computer. Ziehen Sie einfach den Daumen und drei weitere Finger auf dem Trackpad leicht zusammen, und schon wird das *Launchpad* aktiviert. Hier können Sie jetzt Ihre Lieblings-App starten oder mit der gleichen Geste das Launchpad wieder schließen. Mehr zum Launchpad und zum Umgang mit Programmen erfahren Sie in Kapitel 5, »Mit Programmen arbeiten – die Apps am Mac«, ab Seite 119.

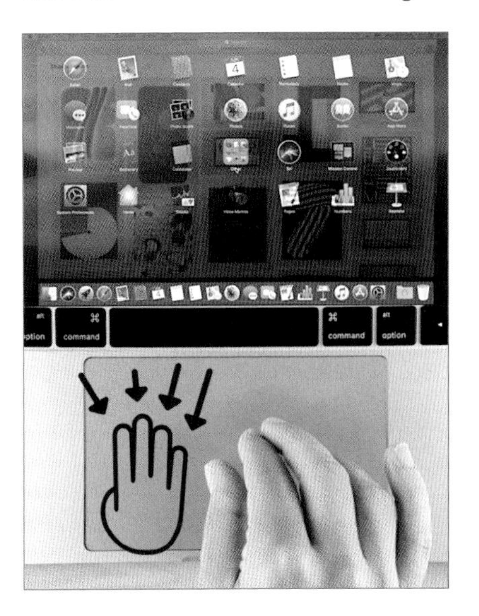

< **Abbildung 3.34**
Sieht nach Fingerverrenkung aus, funktioniert aber eigentlich ganz einfach.

Wischen und Scrollen mit der Magic Mouse

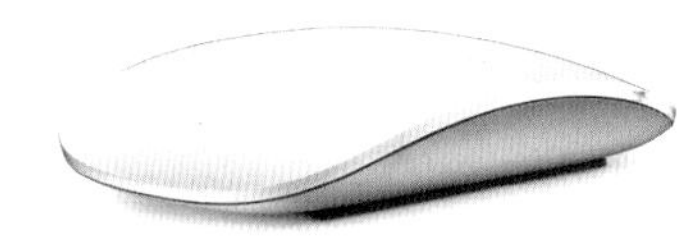

∧ **Abbildung 3.35**
Die Magic Mouse hält die Tasten »unsichtbar« unter ihrer hübschen Oberfläche verborgen und ist auch separat käuflich zu erwerben. (Foto: Apple)

Die beim iMac und MacPro mitgelieferte Magic Mouse hat keine Tasten im klassischen Sinne, wie man sie von einer konventionellen Computermaus her kennt. Trotzdem birgt dieses Eingabegerät mehr Möglichkeiten und Funktionen, als es Ihnen auf den ersten Blick erscheinen mag.

Sie haben sicherlich beim Einrichten Ihres Macs schon ganz intuitiv einfach »drauflosgeklickt«. Trotzdem – im Vergleich zum Trackpad muss dieses Eingabegerät mit weniger Funktionen auskommen.

Das Scrollrad oder Scrollen per Fingerbewegung

Besonders umfangreichen Internetseiten ist es zu verdanken, dass die Computermaus zusätzlich zu den Tasten noch eine *Scrollfunktion* (Bewegungsfunktion) besitzt, mit der man durch Dokumente, Listen oder eben Internetseiten blättern kann. Das funktioniert in jeder Anwendung, egal, ob in der Textverarbeitung, im Betriebssystem selbst oder im Internet.

Wie die Tasten ist auch das Scrollrad unter der Mausoberfläche verborgen. Zum Testen der Funktionalität öffnen Sie am besten den Finder über einen primären Mausklick und gehen dann in der linken Spalte auf **Programme** ❶. Dort stehen so viele Anwendungen in einer Liste, dass Sie scrollen müssen, um ans Ende der Liste zu gelangen.

∧ Abbildung 3.36
Über die Maus streichen und dabei scrollen – die Magic Mouse liebt Streicheleinheiten.

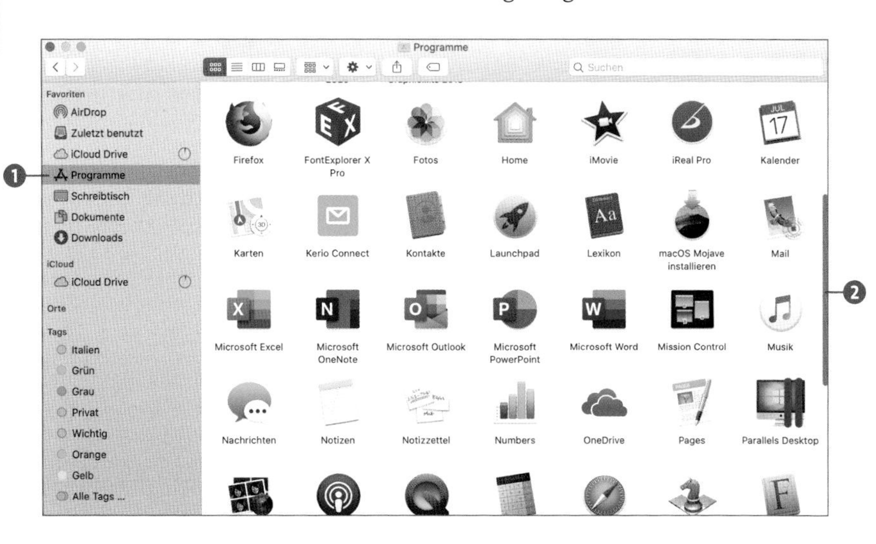

∧ Abbildung 3.37
Das passt perfekt – der Ordner »Programme« muss gescrollt werden, um auch alles sehen zu können.

Und so funktioniert es: Fahren Sie mit dem Zeigefinger in der Mitte der Maus nach vorn und nach hinten, und schon fährt der Scrollbalken ❷ und damit auch die Seite nach oben oder nach unten. Je schneller Sie mit dem Finger fahren, desto schneller wird auch gescrollt.

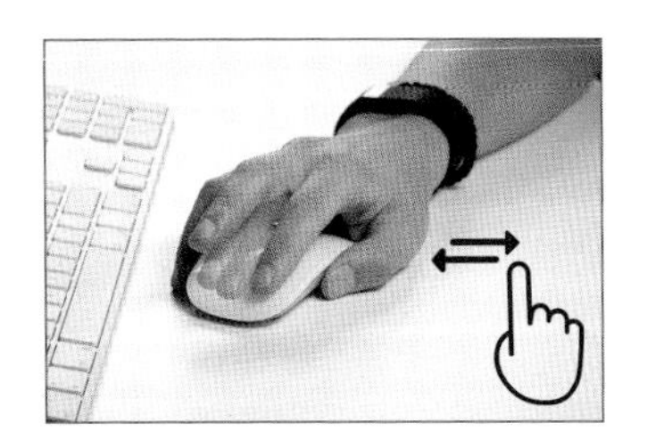

∧ Abbildung 3.38
Horizontal scrollen klappt besonders gut mit dem Zeigefinger.

Jetzt setzen wir noch eins drauf – man kann mit dieser Maus auch horizontal scrollen. Dazu setzen Sie ebenfalls Ihren Zeigefinger ein, mit dem Sie nun allerdings nicht nach oben oder nach unten fahren, sondern von links nach rechts oder umgekehrt über die Maus streichen. Auch das können Sie im momentanen Fenster oder einem anderen Ordner nach Wahl ausprobieren. Klicken Sie zunächst auf die Galerie-Ansicht ❸. Was diese im Detail kann, erfahren Sie im gleichnamigen Abschnitt auf Seite 145.

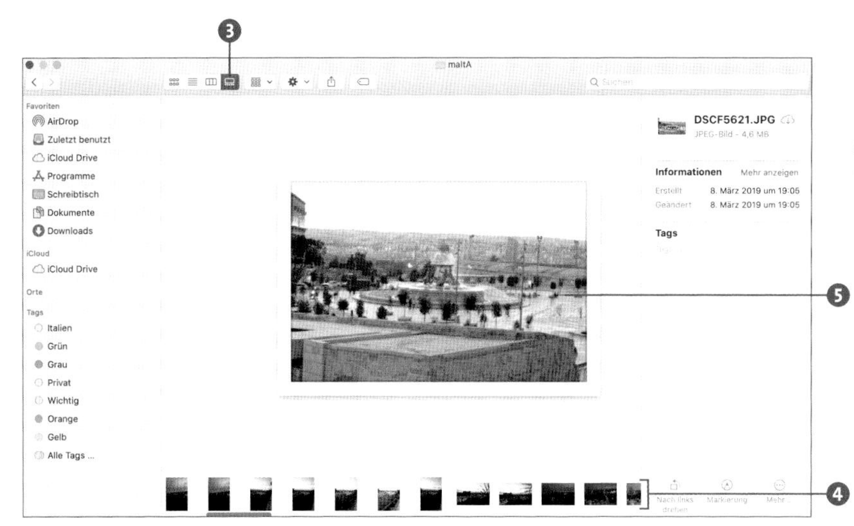

Abbildung 3.39
In der Galerie-Ansicht kann man gemütlich per Maus horizontal durch die Voransichten blättern.

Und jetzt probieren Sie das Scrollen direkt einmal aus. Sie verschieben damit die kleinen Vorschausymbole ❹ und laden per Klick die große Ansicht ❺. Hat es geklappt? Dann können Sie wieder zurück in die Listenansicht schalten.

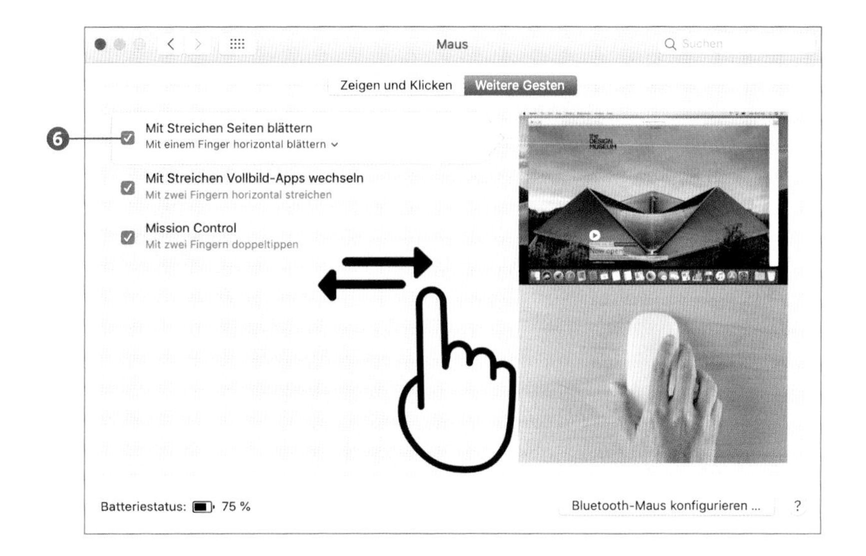

Abbildung 3.40
Um in Dokumenten zu blättern, wischen Sie mit einem Finger nach links bzw. rechts. Die Funktion »Mit Streichen Seiten blättern« ❻ muss aber in den Systemeinstellungen aktiviert sein.

Batterien bereithalten!

Sie haben sich für eine kabellose Maus entschieden? Dann heißt es bei älteren Modellen oft Batterien bereithalten, denn je nach Computernutzung benötigen Sie ungefähr alle sechs Wochen Nachschub. Immerhin, Ihr Mac weist Sie auf den bevorstehenden Wechsel hin.

Navigieren mit der Maus

Blättern, beispielsweise Webseiten vor- und zurückblättern, funktioniert bei der Magic Mouse mit einem Fingerstrich nach links oder rechts. Achtung: Horizontales Scrollen, wie gerade mit der Galerie-Ansicht im Finder beschrieben, funktioniert beim Surfen im Internet leider nicht. Hier wird immer eine komplett neue Seite geladen.

^ **Abbildung 3.41**
Wenn Sie mit zwei Fingern doppelt tippen, erscheint Mission Control.

Mission Control mit der Maus aufrufen

Mit zwei Fingern doppelt auf die Mausoberfläche getippt (Achtung, nicht klicken!), und schon erscheint Mission Control. Ein weiterer Doppeltipp lässt den Schreibtisch wieder erscheinen.

Andere Mäuse am Mac: USB und Bluetooth

Die Apple-Mäuse sind nicht jedermanns Sache – für große Hände sind sie oftmals zu filigran geraten, und in Sachen Ergonomie waren die schicken Mäuse noch nie wirklich groß. Da macht das aktuelle Modell leider keine Ausnahme. Aber keine Sorge, Sie können jederzeit mit einer anderen Maus am Mac arbeiten. Bei einer Maus mit USB-Anschluss gilt: Schließen Sie sie einfach am vorgesehenen Steckplatz an Ihrer Tastatur oder am Mac-Computer selbst an, und warten Sie einige Sekunden – fertig! Übrigens können Sie auch auf diesem Wege jederzeit ein anderes Keyboard anschließen, die Vorgehensweise ist identisch. Auch bei Funkmäusen, die einen separaten USB-Stecker haben, ist die Installation mit dem Einstecken des kleinen Zusatzes und dem Einschalten der Maus direkt erledigt.

^ **Abbildung 3.42**
Kein Problem – Ihr Mac kommt auch mit Mäusen »ohne angebissenen Apfel« problemlos zurecht. (Foto: Microsoft)

^ **Abbildung 3.43**
Tastaturen anderer Hersteller sind den Apple-Eingabegeräten in Sachen Ergonomie um Welten voraus – und problemlos an Ihren Mac anzuschließen. (Foto: Microsoft)

^ **Abbildung 3.44**
Funkmäuse mit separatem USB-Bluetooth-Stecker lassen sich unkompliziert am Mac installieren. (Foto: Logitech)

Eine Funkmaus mit dem Mac verbinden

Bei einer Funkmaus (Bluetooth) ohne separaten USB-Stecker wird es etwas komplizierter, denn diese Maus wird nicht automatisch erkannt. Eine Ausnahme bilden jene Mäuse, die einen separaten Bluetooth-Empfänger als USB-Stecker mitliefern. Ansonsten ist die Vorgehensweise hier wie folgt:

1. Funkmaus einschalten

Aktivieren Sie die neue Funkmaus (Bluetooth) – das geht zumeist automatisch durch das Einlegen von Batterien. Eventuell muss noch ein Einschaltknopf an der Unterseite der Maus betätigt werden.

2. Bluetooth aktivieren

Werfen Sie einen Blick in die Menüleiste rechts oben. Ist das Bluetooth-Symbol ❶ bereits schwarz, also aktiv? Perfekt, machen Sie direkt mit Schritt 3 weiter! Falls es hellgrau und somit noch nicht eingeschaltet ist, fahren Sie mit Ihrer alten, noch angeschlossenen Maus auf das Bluetooth-Symbol und klicken einmal darauf. Das Menü wird aufgeklappt. Wählen Sie **Bluetooth aktivieren** aus, Bluetooth ist nun aktiviert ❷.

Fehlt das Bluetooth-Symbol in der Menüleiste rechts oben?

In diesem Fall klicken Sie auf das Zahnradsymbol im Dock und gehen dort auf den Punkt **Bluetooth**. Hier setzen Sie dann bei **Bluetooth in der Menüleiste anzeigen** ein Häkchen.

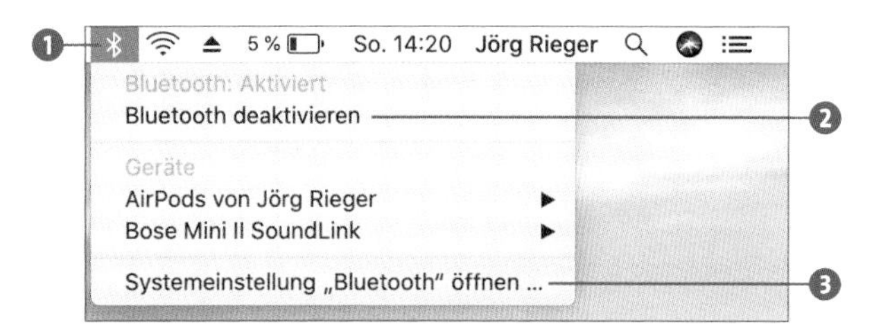

< Abbildung 3.45
Neue Geräte erscheinen nicht automatisch in der Auswahlliste, sondern müssen erst über die Systemeinstellungen verbunden (»gekoppelt«) werden.

3. Bluetooth-Gerät verbinden

Klicken Sie nun erneut auf das Bluetooth-Menü und dann auf **Systemeinstellung „Bluetooth" öffnen** ❸. Ein neues Fenster öffnet sich und zeigt Ihnen alle in der näheren Umgebung verfügbaren Bluetooth-Geräte an. In dieser Liste kann auch ein Mobiltelefon oder ein anderer Computer aufgeführt sein, da Bluetooth eine hohe Reichweite hat. Ihre Maus wird automatisch erkannt und steht nun als solche in der Liste. Jetzt wählen Sie sie mit einem Mausklick aus und klicken anschließend auf die Schaltfläche **Verbinden** ❹.

Alte Maus notwendig

Wenn Sie Ihre neue Funkmaus installieren möchten, muss bis zum Abschluss dieses Vorgangs die vorhandene Maus am Mac angeschlossen bleiben.

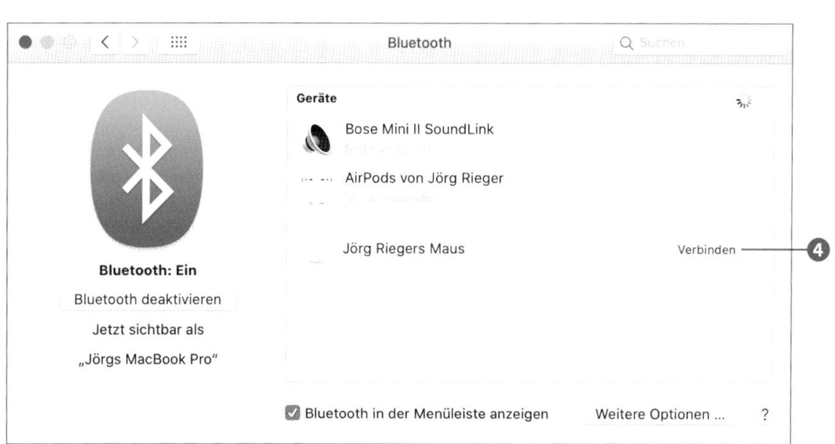

< Abbildung 3.46
Alle erkannten und bereits installierten Bluetooth-Geräte in Ihrer näheren Umgebung werden aufgelistet.

^ Abbildung 3.47
Wie praktisch – ist die Magic Mouse einmal verbunden, sehen Sie im Bluetooth-Menü immer den aktuellen Ladezustand des Akkus.

4. Konfiguration abschließen

Den Rest erledigt Apple von selbst: Die Maus wird konfiguriert und eingestellt, die Funkmaus ist startklar. Die alte Maus können Sie nun gefahrlos vom Anschluss trennen. Schließen Sie die Systemeinstellungen über das rote Icon links oben.

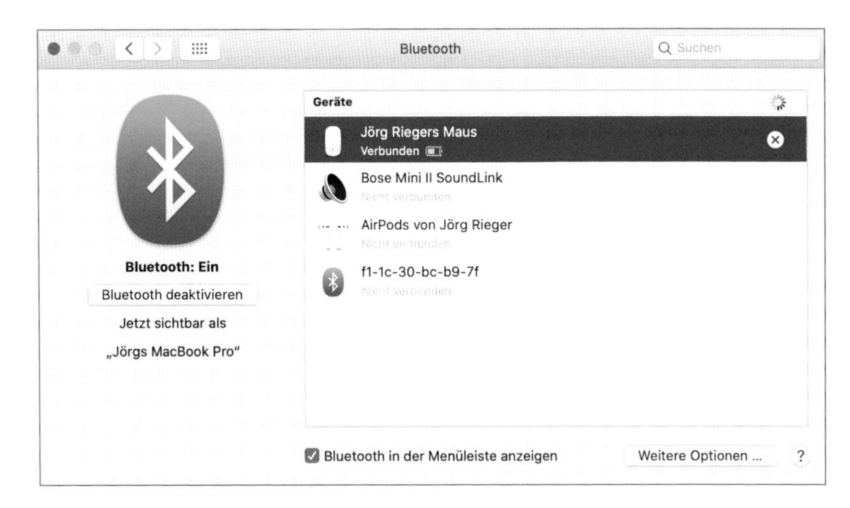

^ Abbildung 3.48
Jetzt ist Ihre Bluetooth-Maus startklar.

Die meisten Fremdmäuse haben ein Scrollrad auf ihrer Oberfläche und klar getrennte Maustasten. Daher ist deren Bedienung auch klar zu durchschauen. Weitere Möglichkeiten der Funktionstasten finden Sie im **Maus**-Einstellungsmenü in den Systemeinstellungen. Voraussetzung ist, dass die Maus korrekt vom Mac erkannt wurde.

Maus umbenennen

Die Maus trägt standardmäßig entweder den vom Hersteller oder den vom vorherigen Benutzer vergebenen Namen. Möchten Sie den Namen ändern, klicken Sie nach erfolgter Verbindung per sekundären Klick auf den Namen und wählen **Umbenennen** aus.

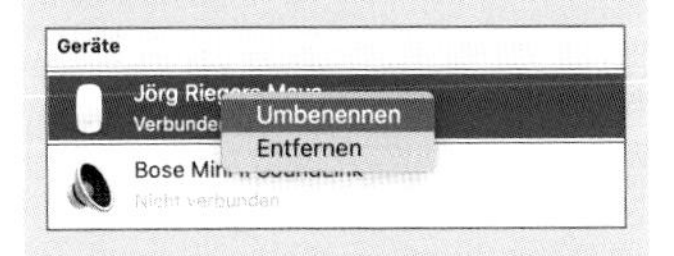

^ Abbildung 3.49
Die Bluetooth-Maus kann ganz einfach einen neuen Namen erhalten. Besonders praktisch ist das, wenn man mehrere Macs und Mäuse in der Nähe hat.

Klicks und Tastatur kombinieren – mehrere Dateien auswählen

Die Maus und das Trackpad können in Verbindung mit gedrückten Tasten Ihrer Tastatur noch weit mehr Funktionen durchführen. Auch diese werden Sie täglich benötigen. Da das jedoch in allen Programmen identisch funktioniert, ist es gar nicht schwierig zu erlernen. Und wenn Sie es »draufhaben«, haben Sie mindestens 60 % aller Computerbenutzer etwas voraus, versprochen!

Sie können mit einem Klick und der passenden Tastenkombination mehrere Dateien auswählen. Zum Ausprobieren öffnen Sie über einen einfachen, primären Mausklick den Finder im Dock. Sie landen automatisch im Ordner **Zuletzt benutzt**, wo im Idealfall auch schon einige Dateien vorhanden sind – ist Ihr Mac ganz neu, sind hier zumindest einige Basisdateien von macOS Catalina zu finden, mit denen Sie unsere Anleitung ausprobieren können. Auch ein Blick in den *Dokumente*-Ordner kann hier alternativ lohnen.

Nicht zusammenliegende Objekte auswählen

Sie möchten gerne einige Dokumente auswählen, die nicht hintereinander, sondern am Anfang, am Ende und in der Mitte des Fensters aufgelistet sind? Gut. Wie man eine Datei auswählt, wissen Sie bereits – ein primärer Klick, schon ist das Objekt ausgewählt.

Wenn Sie nun darüber hinaus noch weitere Objekte auswählen möchten, drücken Sie jetzt die [command]-Taste und klicken auf das nächste Objekt. Sie können dann die [command]-Taste wieder loslassen. Erst wenn Sie ein weiteres Objekt zusätzlich auswählen möchten, drücken Sie wieder *zuerst* die [command]-Taste und wählen es dann mit einem primären Klick aus.

∧ Abbildung 3.50
Ein Objekt ist jetzt markiert.

< Abbildung 3.51
Perfekt gewählt – mehrere ausgewählte Objekte

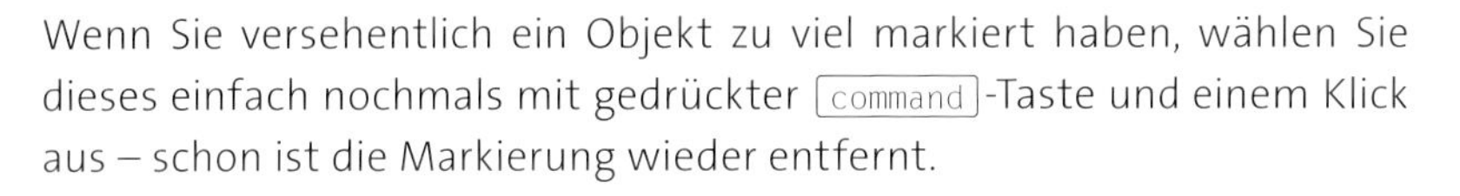
Wenn Sie versehentlich ein Objekt zu viel markiert haben, wählen Sie dieses einfach nochmals mit gedrückter [command]-Taste und einem Klick aus – schon ist die Markierung wieder entfernt.

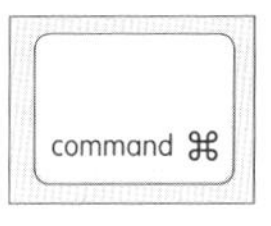

∧ Abbildung 3.52
Die [command]-Taste befindet sich gleich links und rechts neben der Leertaste auf Ihrer Tastatur. Je nach Tastatur ist »command« auch mit »cmd« abgekürzt.

Zusammenliegende Objekte auswählen

Sie möchten mehrere Dateien oder Objekte auswählen, die jetzt aber *hintereinander* in einer Liste stehen: Auch hier ist der erste Schritt der Klick mit der primären oder linken Maustaste. Allerdings ist der nun gezeigte

Weg in der vorgegebenen Ansicht mit den Symbolen nicht machbar – das ist zwar unlogisch, aber Fakt. Schalten Sie daher zunächst einmal auf die Listenansicht ❶ um.

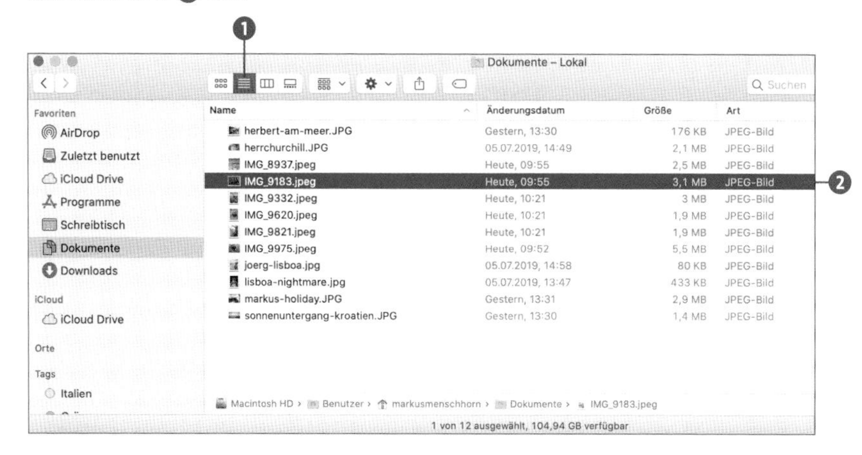

Abbildung 3.53 >
Erst in der Listenansicht kann man komfortabel ganze Listen markieren.

Wählen Sie nun das erste Objekt aus, das Sie markieren möchten ❷. Dann drücken Sie die [⇧]-Taste (Umschalt- oder Großschreibtaste) und klicken das letzte Objekt in der Liste ❸ an. Sie sehen, dass nun alle sich dazwischen befindenden Dateien markiert sind.

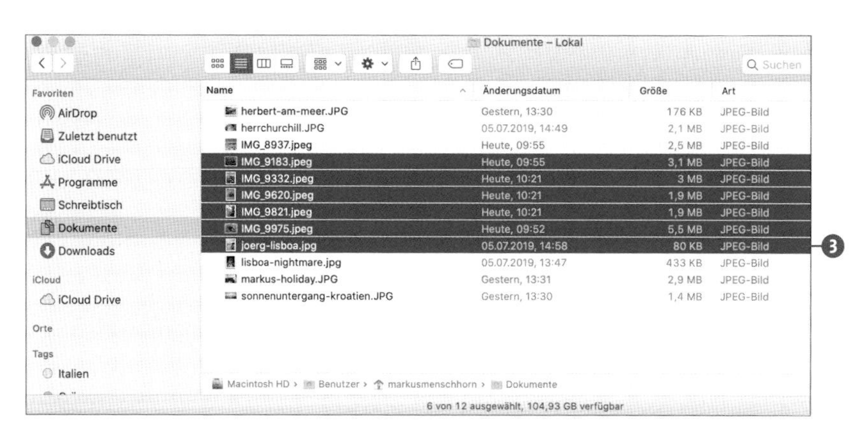

∧ Abbildung 3.54
Ganz schnell markiert sind Dateien, die hintereinanderstehen.

∧ Abbildung 3.55
Die Umschalttaste finden Sie links und rechts auf Ihrer Tastatur.

Wenn Sie zu viele Dateien ausgewählt haben, können Sie die Liste mit gedrückter [⇧]-Taste und linkem Mausklick beliebig verlängern oder verkürzen. Natürlich besteht zudem die Möglichkeit, einzelne Objekte der Liste mit der gedrückten [command]-Taste und einem Mausklick von der Auswahl auszuschließen.

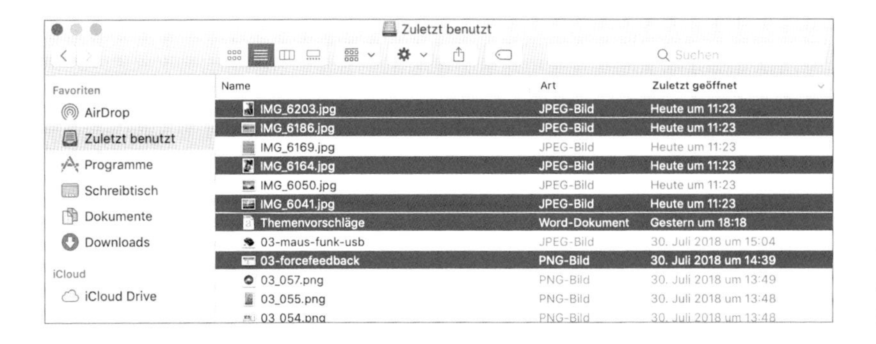

< **Abbildung 3.56**
Auch solch eine Dateiauswahl ist problemlos machbar.

Die wichtigsten Tastenkürzel

Tastenkürzel erleichtern das Leben am Mac ungemein. Anstatt lange in Menüs zu suchen, ist der Weg über das Keyboard eine gelungene Abkürzung. Wir stellen Ihnen hier einige ausgewählte Tastenkürzel vor, die man einfach kennen muss. Es gibt natürlich noch unzählige weitere sog. *Shortcuts*, auf die wir hier aber bewusst verzichten.

Finder-Tricks

Speziell für die Arbeit mit dem Finder gibt es einige Tastenkürzel, die Sie kennen sollten:

- **Neues Finder-Fenster:** command + N
  Der Finder ist ein eigenwilliges Wesen – ist irgendein Finder-Fenster bereits geöffnet, nutzt auch ein Klick in das Dock auf das grinsende Gesicht nichts, es erscheint einfach kein neues Standardfenster.

  Dagegen gibt es ein Tastenkürzel. Klicken Sie den Finder im Dock einmal an, und drücken Sie dann auf der Tastatur command + N, schon ist das neue Standardfenster geladen.
- **Neuer Ordner:** command + ⇧ + N
  Um im Finder einen neuen Ordner zu erstellen, drücken Sie einfach command + ⇧ + N – das spart den Umweg über das Menü **Vorgänge** in der Finder-Leiste (Zahnradsymbol) und ist deutlich schneller.
- **Schnellansicht/Übersicht:** Leertaste Force/Touch-Klick am Trackpad
  Unserer Ansicht nach ist das der Powertrick in macOS Catalina schlechthin. Sie können im Finder jedes beliebige Bild, PDF oder Dokument und selbst Videos und Musik ohne den Start einer App betrachten. Einfach das Objekt anklicken ❶ und die Leertaste drücken, schon

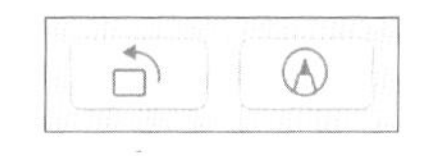

∧ **Abbildung 3.57**
In der Übersicht stehen je nach Dokument direkt Werkzeuge zur Bearbeitung bereit.

erscheint es vergrößert am Bildschirm ❷. Dies nennt sich bei Apple *Übersicht*, »Express-Vorschau« trifft es wohl besser. Je nach geöffnetem Dokument sind sogar direkt Änderungen möglich. Bilder können gleich kommentiert oder gedreht werden. Mit einem MacBook können Sie alternativ den Force-Touch-Klick (siehe ab Seite 61) nutzen.

Abbildung 3.58 >
Schnell angezeigt – mit der Leertaste entfällt bei vielen Dokumenten der lästige Start einer App

Alle Apps – systemübergreifend

Da Sie natürlich nicht nur mit dem Finder, sondern mit einer Menge unterschiedlicher Programme arbeiten, gibt es auch systemübergreifende Shortcuts, die in mehr als einem Zusammenhang genutzt werden können:

- **Fenster schließen:** [command] + [W]
  Jedes Fenster kann per [command] + [W] geschlossen werden. Das Tastenkürzel ersetzt damit den Klick auf das rote Symbol links oben.
- **App schließen:** [command] + [Q]
  Um eine App endgültig zu schließen, ist [command] + [Q] die richtige Wahl. Sollten Daten noch nicht gesichert sein, kommt natürlich auch bei der Abkürzung über die Tastatur noch eine Nachfrage.
- **Bildschirmfoto:** [command] + [⇧] + [3]
  Sie möchten den Inhalt des Displays als Bild haben? Nichts leichter als das. Für einen sog. *Screenshot* des gesamten Displays drücken Sie [command] + [⇧] + [3]. Das »Foto« wird zunächst als kleines Motiv rechts über dem Papierkorb angezeigt. Klicken Sie das Motiv jetzt an, erscheint es in vergrößerter Ansicht inklusive Bearbeitungswerkzeugen ❶. Wählen Sie einen Ausschnitt, kommentieren Sie, oder fügen Sie Pfeile oder andere Symbole hinzu.

∧ Abbildung 3.59
Nach erfolgter Aufnahme landet das Bildschirmfoto erst einmal über dem Dock. Ein Klick ermöglicht die Bearbeitung.

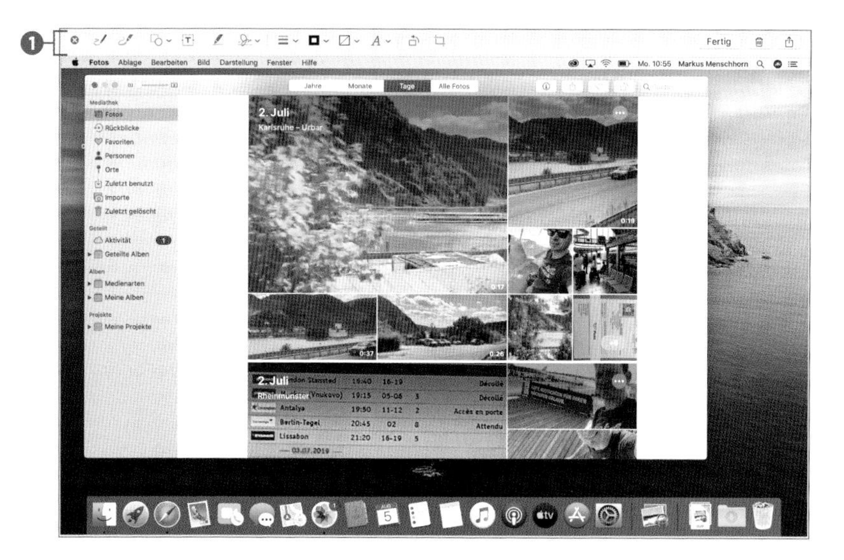

< Abbildung 3.60
Bildschirmfotos sind direkt per Klick bearbeitbar.

∧ Abbildung 3.61
macOS legt die Screenshots als Datei ab.

Möchten Sie das Bild nicht bearbeiten, warten Sie einfach einen Moment. Es wird dann auf dem Schreibtisch als Dateisymbol und im Dateiformat PNG abgelegt. Der Dateiname entspricht dem Aufnahmedatum.

- **Bildschirmfoto eines bestimmten Ausschnitts:** command + ⇧ + 4
  Um nur einen Ausschnitt des Bildschirminhalts zu fotografieren, drücken Sie command + ⇧ + 4. Mit dem Fadenkreuz ziehen Sie über jenen Bereich, den Sie gerne als Datei haben möchten, und lassen dann die Maus- oder Trackpad-Taste los. Wie vorher beschrieben, besteht nun die Möglichkeit der direkten Bearbeitung. Ansonsten wird auch hier das Foto als separate Datei auf dem Schreibtisch abgelegt.

< Abbildung 3.62
So können Sie ganz bequem per Fadenkreuz **2** *nur einen bestimmten Teil Ihres Bildschirms abfotografieren, wie hier beispielsweise den Ausschnitt eines YouTube-Videos.*

Um exakt nur ein Programmfenster ohne »Drumherum« zu fotografieren, nutzen Sie die obige Tastenkombination, drücken die Leertaste, fahren dann auf das gewünschte Fenster mit der Maus (Fotosymbol ❸ erscheint) und klicken dann einmalig primär.

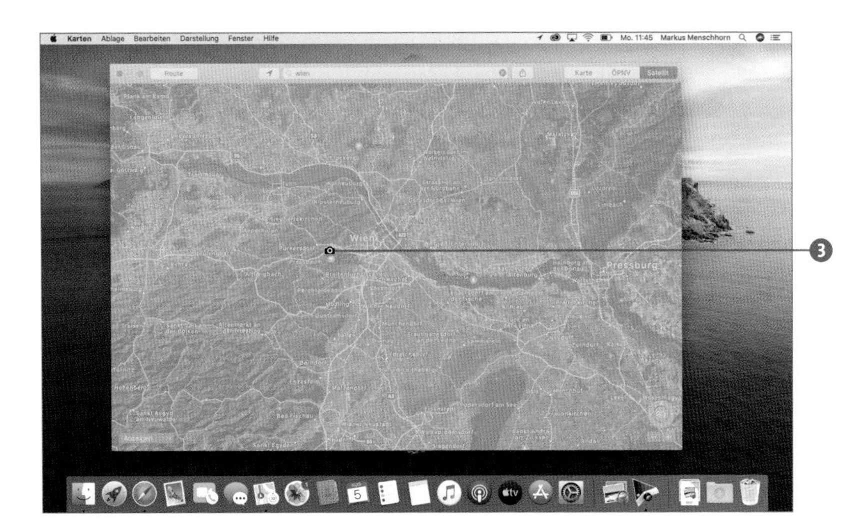

Abbildung 3.63 >
Es besteht die Möglichkeit, auch nur ein Programmfenster ganz ohne »Drumherum« unter macOS abzulichten.

^ Abbildung 3.64
Hier können Sie nicht nur Bildschirmfotos, sondern auch Videos aufnehmen.

- **Video und mehr aufnehmen:** `command` + `⇧` + `5`
Sie wollen sich keine Tastenkombinationen merken oder wünschen sich noch mehr Bildschirmfoto-Optionen? Dann hilft `command` + `⇧` + `5` – damit blendet macOS zunächst ein Fenster ein, in dem Sie sämtliche zuvor beschriebene Optionen als Symbole anwählen können ❹. Auch zeitverzögerte Bildschirmfotos sowie u. a. die Abbildung des Mauszeigers oder auch des Speicherorts der Fotos stellen Sie hier ein ❺.

Abbildung 3.65 >
Für den perfekten Bildschirm-Schnappschuss hat Apple das passende Werkzeug am Start.

Als besonderes Highlight hat Apple hier aber die Aufnahme von Bildschirmvideos versteckt. Das ist ideal, wenn Sie jemand anderem eine spezielle Funktion oder einen Kniff in einem Programm zeigen wollen. Und so funktioniert es: Wählen Sie entweder eine komplette Bildschirmaufnahme ❻ oder einen beliebigen Bereich ❼, und klicken Sie dann auf **Aufnehmen** ❽. Die Aufnahme startet umgehend und wird über einen Klick auf das Stopp-Symbol ❾ in der Menüleiste beendet. Wie auch die Bildschirmfotos landet das fertige Video auf dem Schreibtisch als Datei.

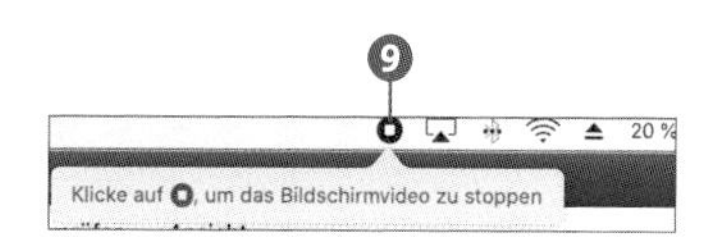

∧ **Abbildung 3.66**
Hier wird die Videoaufnahme des Bildschirms gestoppt.

- **Kopieren und Einfügen:** command + C und command + V
  Kopieren und Einfügen von Text, Bildern, Dateien und vielem mehr klappt in nahezu jeder App über das jeweilige **Bearbeiten**-Menü. Schneller geht es aber mit den wirklich in jedem Programm gültigen Tastenkürzeln. Einfach wie gewohnt das gewünschte Objekt markieren, dann command + C drücken. Damit landet es in der Zwischenablage. Über command + V wird es an einer beliebigen Stelle eingefügt. Mehr dazu lesen Sie übrigens in Kapitel 6, »Den Überblick behalten: Dateien, Ordner, Laufwerke«, ab Seite 141.

Zunächst mag es mit diesen Tastaturbefehlen etwas holprig gehen, aber wenn der Bewegungsablauf einmal »drin ist«, werden Sie diese »Abkürzungen« nicht mehr missen wollen.

Hey Siri – den Mac per Sprache steuern

Siri ist die intelligente Spracheingabe-Funktion, die Apple schon seit Jahren in allen iPhones und iPads mit mehr oder weniger großem Erfolg integriert hat. Die Hemmschwelle, mit Maschinen zu sprechen, ist doch weitaus größer als vielleicht gedacht. Fakt ist, dass Siri durchaus intelligent versteht, was Sie möchten. Es war daher ein logischer Schritt, dass diese Funktion nun auch unter macOS verfügbar ist. Zumal Microsoft in Windows 10 mit Cortana ebenfalls eine ganz ähnliche Steuerung eingebaut hat.

∧ **Abbildung 3.67**
Ganz schön bunt erscheint Siri am Mac.

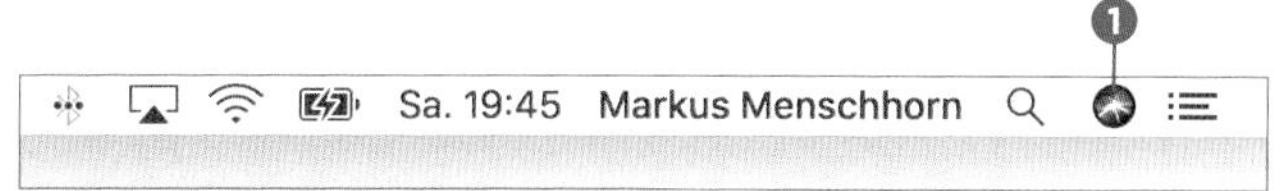

< **Abbildung 3.68**
Siri ist immer »ansprechbar« ❶.

Siri ist normalerweise direkt aktiviert und rechts oben im Bildschirm zu sehen. Falls nicht, gehen Sie in die **Systemeinstellungen** und dort auf **Siri**. Hier gibt es einen Haken, um Siri zu aktivieren ❷ – damit bleibt das Werkzeug immer startklar in der oberen Menüleiste Ihres Macs.

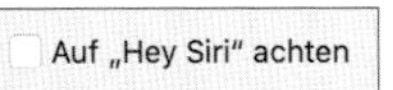

^ Abbildung 3.69
Siri hört mit: Wenn Sie hier einen Haken setzen, dann startet Siri, sobald Sie »Hey Siri« sagen – ganz so, wie Sie es vielleicht von Ihrem iPhone her kennen.

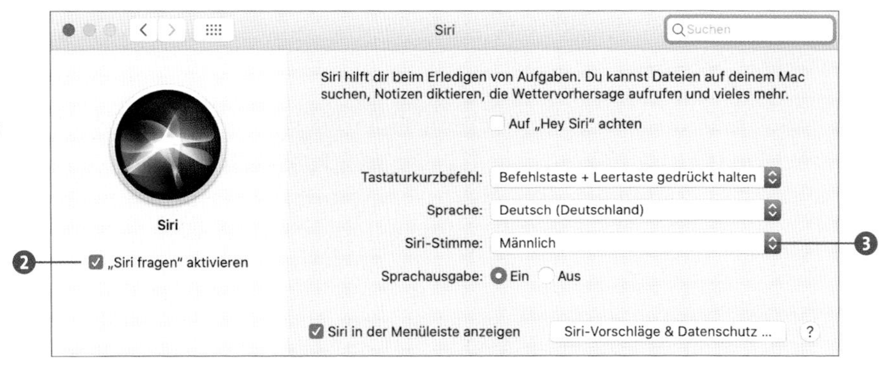

^ Abbildung 3.70
Die Einstellungen für Siri – wenn es dann doch lieber ein Mann sein soll ...

Außerdem können Sie die Stimme von Siri von weiblich auf männlich umschalten, ganz nach Belieben ❸. Erstaunlich ist, dass beide Stimmen wirklich sehr natürlich klingen. So legen Sie mit Siri direkt los:

1. Klicken Sie das bunte Symbol rechts oben auf Ihrem Bildschirm an. Nun erscheint das folgende Eingabefeld:

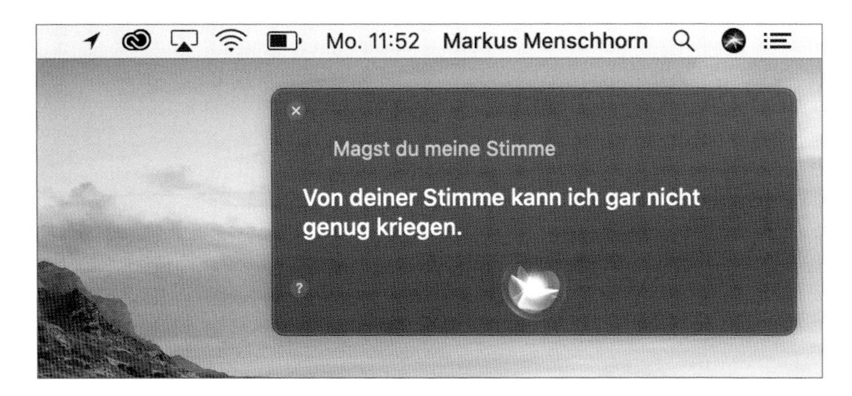

^ Abbildung 3.71
Siri ist bereit für Ihre Befehle und durchaus charmant am Start.

2. Jetzt können Sie mit Siri sprechen. Schweigen Sie zu lange, gibt es direkt ein paar Anregungen, was Sie alles fragen können. Unser Tipp: Starten Sie mit einfachen Aufgaben zum Ausprobieren. Beispielsweise: »Wie ist das Wetter in Wien?« ❹. Natürlich können Sie das Ganze noch verfeinern mit »Wie ist das Wetter in Wien in einer Woche?« ❺ – und Sie sehen, das klappt hervorragend.

^ Abbildung 3.72
Siri weiß alles – hier das tagesaktuelle Wetter …

^ Abbildung 3.73
… und hier noch für eine Woche später.

^ Abbildung 3.74
Sprachlos? Dann gibt Siri direkt ein paar Tipps, wie man mit ihr kommunizieren kann.

Siri kann natürlich noch viel mehr. Routenplaner, Restaurantsuche, Dokumentrecherche auf Ihrem Mac, Erstellen von Terminen und Erinnerungen – die Möglichkeiten sind vom Prinzip her nahezu unbegrenzt. Allerdings kann Siri doch nicht alles: Zwar lassen sich Apps per Sprachbefehl starten (»Starte Vorschau«), das Beenden von Apps ist inkonsequenterweise nicht machbar. Dafür kann Siri viele andere praktische Dinge – beispielsweise alle Fotos aus der Fotos-App von einem Aufnahmeort oder Datum anzeigen, Kalendereinträge vornehmen, nach Routen suchen und, und, und.

^ Abbildung 3.75
Geht nicht – Siri weigert sich, Apps per Sprachbefehl zu schließen. Stattdessen zeigt sie, wie es manuell funktioniert.

Diktieren am Mac

Tatsächlich könnte man meinen, Siri ließe sich auch Texte diktieren. Das allerdings klappt leider nicht, wie Sie schnell feststellen werden. Aber macOS kann das schon recht lange, und es funktioniert richtig gut. Sie müssen die Funktion in den Systemeinstellungen unter dem Bereich **Tastatur > Diktat** mit einem Klicken auf **Ein** ❶ nur aktivieren.

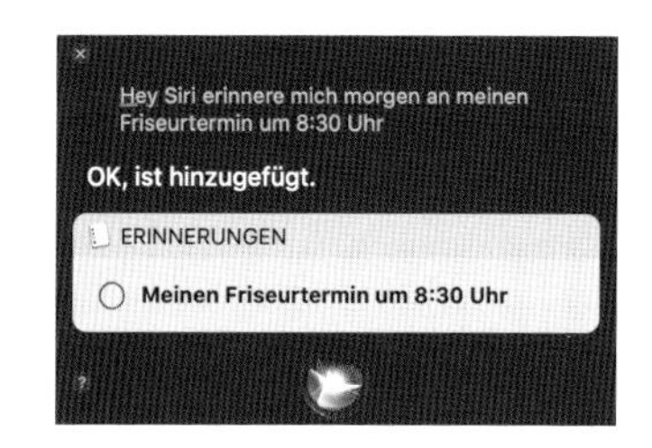

^ Abbildung 3.76
Erinnerungen werden direkt und korrekt umgesetzt.

Abbildung 3.77 >
Aktivieren Sie hier ❶ *das Diktat.*

Starten Sie jetzt beispielsweise *TextEdit*, und aktivieren Sie die Diktierfunktion durch zweimaliges Drücken der Taste [fn]. Punkt und Komma müssen Sie natürlich mitsprechen, damit diese auch gesetzt werden. Wenn Sie nicht gerade tiefsten Dialekt sprechen, sollte nun Wort für Wort im Dokument erscheinen. Pausen müssen Sie übrigens nicht machen. Sprechen Sie einfach flüssig und ganz normal.

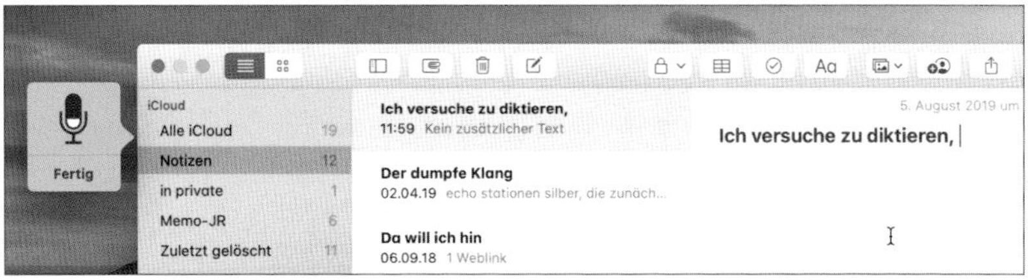

Abbildung 3.78 >
Die Notizen-App ist nun zum Diktat bereit.

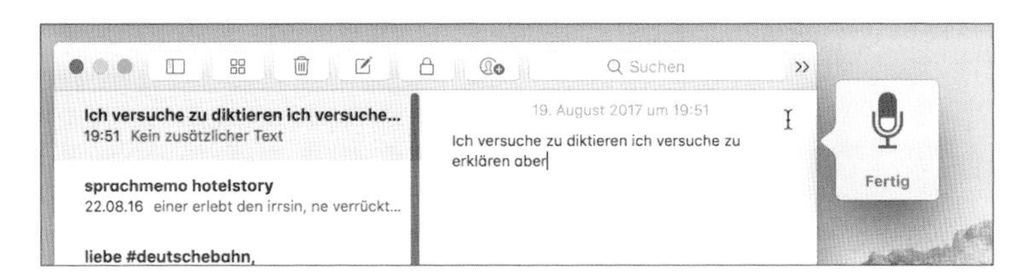

Abbildung 3.79 >
Probieren Sie die Diktatfunktion einfach aus – womöglich haben Sie damit ganz ohne Siri die deutlich praktischere Spracheingabefunktion von macOS entdeckt.

Den Mac per Sprache steuern – wenn die Mausbenutzung schwerfällt

Apple setzt sich schon seit Jahren für Bedienhilfen ein, damit auch Menschen mit körperlichen Einschränkungen mit macOS arbeiten können. Brandneu in macOS Catalina ist nun aber die Sprachsteuerung. Diese wurde bewusst nicht mit Siri verbunden, sondern muss separat aktiviert werden.

1. Starten Sie die **Systemeinstellungen** im Dock oder über den *Programme*-Ordner, und wählen Sie die **Bedienungshilfen** aus.

^ Abbildung 3.80
Hier sind alle Werkzeuge versammelt, die die Bedienung Ihres Mac erleichtern.

2. In diesem Bereich scrollen Sie auf der linken Seite bis zur **Sprachsteuerung** ❶ und aktivieren diese rechts ❷. Setzen Sie hier auch noch einen Haken beim Signalton ❸. Es werden im Anschluss einige Daten aus dem Internet geladen, danach steht die Sprachsteuerung per Symbol ❹ bereit.

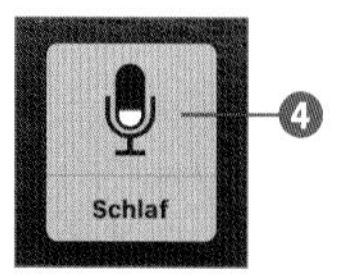

^ Abbildung 3.81
Die Sprachsteuerung wartet auf erste Befehle. Ein Klick auf »Schlaf« schaltet die Sprachsteuerung vorübergehend ab.

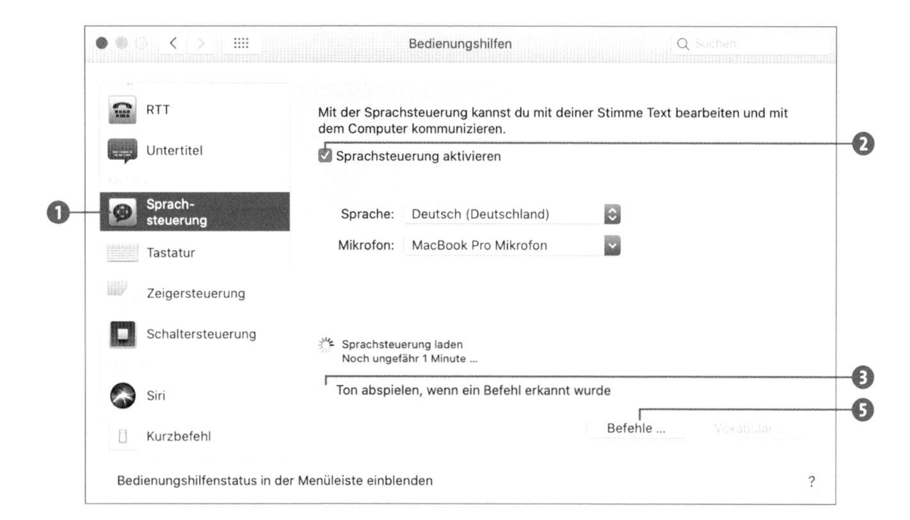

< Abbildung 3.82
Die Sprachsteuerung ermöglicht es, den Mac nahezu ohne Mausbenutzung zu steuern.

3. Klicken Sie nun auf die Schaltfläche **Befehle** ❺, um sich einen Überblick über bereits vorgefertigte Kommandos zu verschaffen. Denn anders als Siri erwartet die Sprachsteuerung ziemlich konkrete Befehle. Profis können hier auch weitere Befehle einprogrammieren.

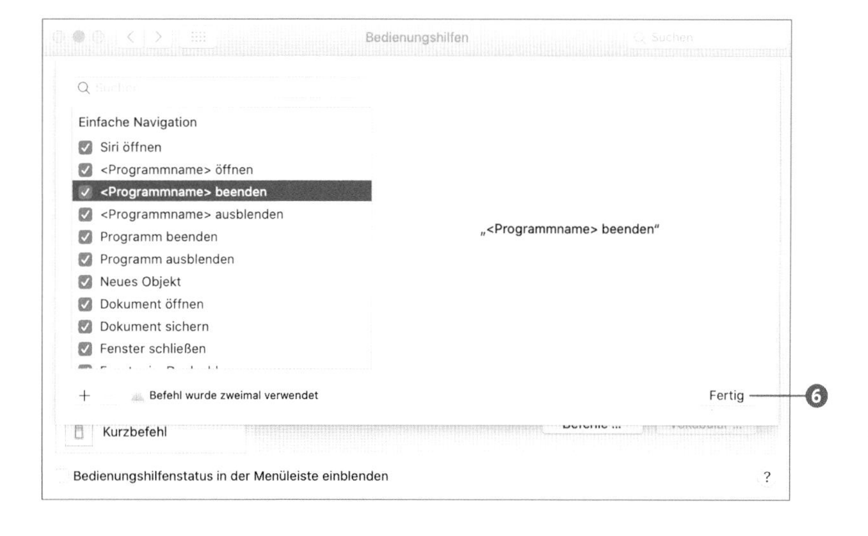

< Abbildung 3.83
Die Sprachsteuerung hat viele Befehle schon fest einprogrammiert.

An dieser Stelle beenden Sie aber bitte die Einstellungen mit einem Klick auf **Fertig** (❻ auf Seite 79). Damit ist die Sprachsteuerung startklar.

Apps beenden klappt doch

Anders als Siri kann die Sprachsteuerung alle Apps ohne Probleme beenden und den Computer sogar in den Ruhezustand versetzen.

Ganz ohne »Hey Siri« reagiert die Sprachsteuerung ab sofort direkt auf Ihre Kommandos. Wurde ein Befehl verstanden, wird dies durch einen Ton signalisiert und danach die Ausführung gestartet. Im Beispiel wurde etwa in Textedit ein Absatz per Sprache markiert:

Abbildung 3.84
Klappt super – die Sprachsteuerung versteht Befehle, zeigt sie an und erledigt sie umgehend.

Wenn Sie bei eingeschalteter Sprachsteuerung ein Menü öffnen, wird dieses nummeriert. Sprechen Sie einfach nur die Nummer, die Sie am entsprechenden Menübefehl finden. Dieser wird dann umgehend ausgeführt.

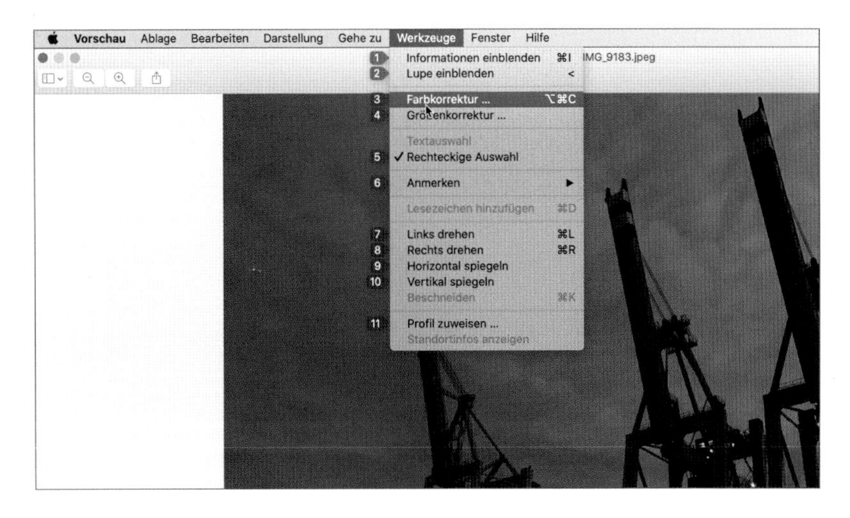

Abbildung 3.85
Jedes Menü in jeder App reagiert per Sprachsteuerung – Sie müssen nur die entsprechende Nummer sagen.

Während Siri noch als nette Spielerei anzusehen ist, ist die Sprachsteuerung für Menschen mit körperlichen Einschränkungen eine echte Hilfe im Alltag. Es gibt in den Bedienungshilfen noch jede Menge weiterer Hilfsmittel wie eine Bildschirmlupe oder die Sprachausgabe. Mehr dazu finden Sie in Kapitel 19, »Systemeinstellungen im Überblick«, ab Seite 416.

4 Die Benutzeroberfläche kennenlernen

Sie haben auf den ersten Seiten dieses Buches schon in viele Bereiche der Benutzeroberfläche von macOS hineingeschnuppert. Das grafische System blickt in seinen Grundlagen schon auf über ein Vierteljahrhundert Entwicklungsgeschichte zurück. Schon am ersten Mac gab es eine Maus und eine grafische Benutzeroberfläche mit Symbolen. Übrigens war beim PC zu diesem Zeitpunkt gerade mal MS-DOS mit kryptischen Kommandozeilen aktuell. Das Apple-Gerät löste damals, trotz des hohen Preises, eine Revolution aus, und noch heute findet sich z. B. ein Papierkorb auf jeder Computer-Benutzeroberfläche wieder.

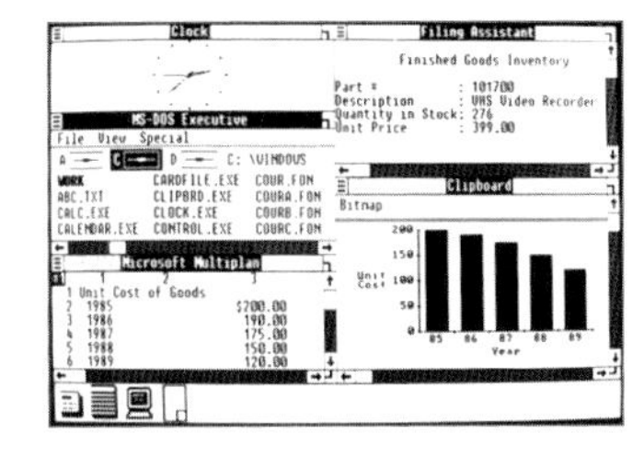

∧ **Abbildung 4.1**
Microsoft stellte rund zwei Jahre nach Apple ein System namens Windows 1.0 vor. (Foto: Microsoft Press Kit)

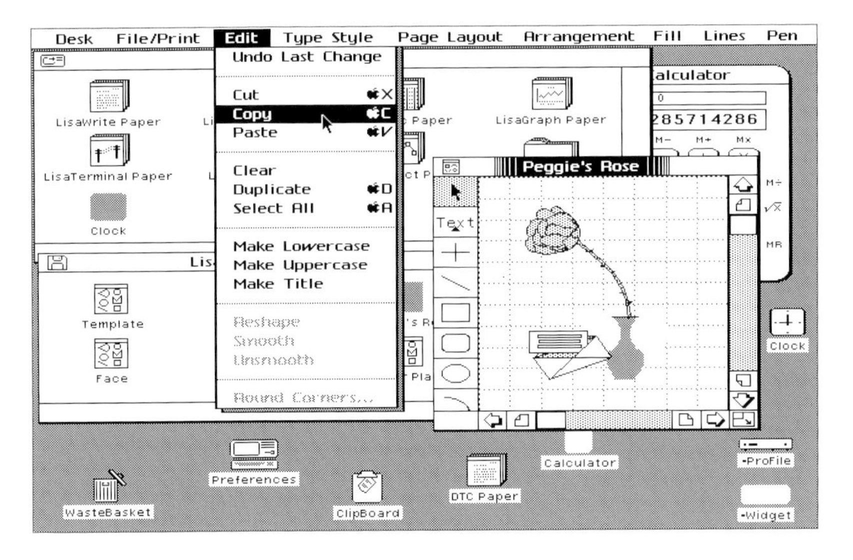

∧ **Abbildung 4.3**
Die Benutzeroberfläche von Apple Lisa aus dem Jahr 1983

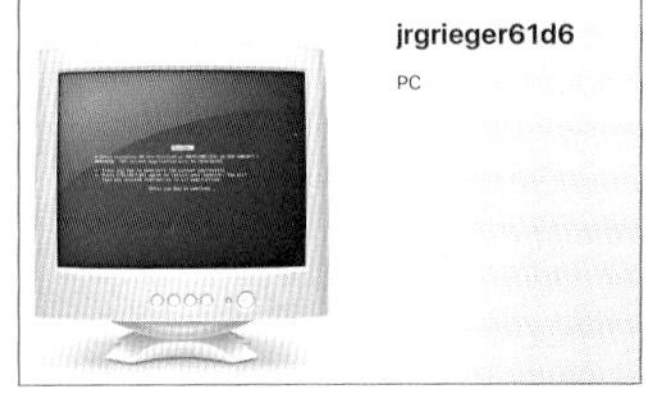

∧ **Abbildung 4.2**
Seitenhieb von Apple – noch heute werden PCs, die per Netzwerk mit Ihrem Mac verbunden sind, mit einem Röhrenbildschirm und dem fiesen »Blue Screen«-Absturzbildschirm von Windows im Kommandozeilenlook dargestellt.

Natürlich kann man den Funktionsumfang eines Computers der 1980er-Jahre nicht mit dem Mac von heute vergleichen, aber es ist doch erstaunlich, dass trotz rasanter Entwicklung auch in der Computerwelt einige Dinge Bestand haben. Doch zurück zu Ihrem aktuellen Computer mit dem aktuellen Betriebssystem macOS Catalina. Damit Sie die Elemente von macOS besser verstehen, zeigen wir Ihnen auf den folgenden Seiten Finder, Schreibtisch und Laufwerke im Detail und gehen auf die richtige Benutzung ein.

Der Schreibtisch im Überblick

Der Schreibtisch ist Ihre Arbeitsoberfläche und der Hintergrund für alle Aktivitäten an Ihrem Mac. Der Schreibtisch ist eine perfekte Ablage für alles, was man gerade nicht einsortieren möchte, und der Hintergrund für alle Programme. In diesem Abschnitt zeigen wir Ihnen den Schreibtisch im Überblick und erklären dabei seine verschiedenen Elemente. Das ist deshalb wichtig, weil Sie ihn als Basis Ihrer Arbeit mit dem Mac immer wieder benötigen.

Abbildung 4.4
Der Schreibtisch und seine verschiedenen Elemente

1. Die obere Leiste beinhaltet das Apple-Menü, das immer vorhanden ist, egal in welchem Programm oder Fenster Sie sich gerade bewegen. Dort können Sie z. B. Ihren Mac ausschalten oder ihn in den Ruhezustand versetzen.
2. Ein Programm wird in einem Fenster geladen. Hier haben wir stellvertretend die Fotos-App geladen.
3. Alles, was mit Dateien und Laufwerken zu tun hat, wird über das Finder-Fenster erledigt. In der Seitenleiste sehen Sie Links zu den wichtigsten Ordnern und Daten sowie die Geräte, also alle Laufwerke, die mit dem Mac verbunden sind. Auch *iCloud Drive*, der virtuelle Datenspeicher, ist hier erreichbar. Im Finder-Fenster werden die Inhalte von Laufwerken und Ordnern angezeigt und können auch verändert werden.
4. Rechts oben sehen Sie viele kleine Symbole, die sog. *Menulets*. Sie zeigen z. B. an, ob eine Internetverbindung aktiv ist. Zudem stellen sie die Lupe zum Suchen von Dateien oder ganz einfach Datum und Uhrzeit dar. Der bunte Kreis startet Siri, die Assistentin zur Steuerung des Macs per Sprache (siehe den Abschnitt »Hey Siri – den Mac per Sprache steuern« ab Seite 75). Ganz rechts außen sitzen die Mitteilungen, die Termine, neue E-Mails, Chat-Nachrichten und vieles mehr in der Übersicht anzeigen.
5. Das Dock ist das zentrale Bedienelement, um ausgewählte Programme schnell starten zu können.
6. In diesem Bereich werden häufig benutzte Programme automatisch abgelegt.
7. Den Schnellzugriff auf Ihre Downloads erhalten Sie hier.
8. Im Dock befindet sich auch der Papierkorb – hier fliegt alles rein, was gelöscht werden soll.

Der Schreibtisch ist somit als Ausgangspunkt für alle Aktivitäten zu verstehen. Natürlich kann man ihn auch als Ablage- und Speicherort für Daten aller Art verwenden.

Schreibtisch vs. Windows-Desktop

Sie sind Umsteiger und kommen frisch von Windows? Dann haben wir hier den perfekten Einstieg, damit Sie sich mit macOS direkt heimisch fühlen. Sie werden feststellen, dass sich der Mac-Schreibtisch vom Windows-Desktop nicht sonderlich unterscheidet. Wenn Sie von Windows 8 auf macOS umsteigen, werden Sie allerdings den Startbildschirm mit seinen Kacheln vermissen ... oder auch nicht. Nachweislich klicken ihn die meisten Computernutzer ohnehin weg; darüber hinaus gehört die Kacheloptik eher aufs Smartphone. Daher ist dieses Bedienelement in Windows 10 auch der Vollbildansicht im sog. *Tabletmodus* vorbehalten und nur noch teilweise im neuen Startmenü präsent. macOS hat kein vergleichbares Pendant auf Lager – hier lautet die Philosophie, dass zwar alles miteinander arbeiten, deswegen aber nicht identisch aussehen muss.

Abbildung 4.5
macOS Catalina mit Dock, Safari und Finder

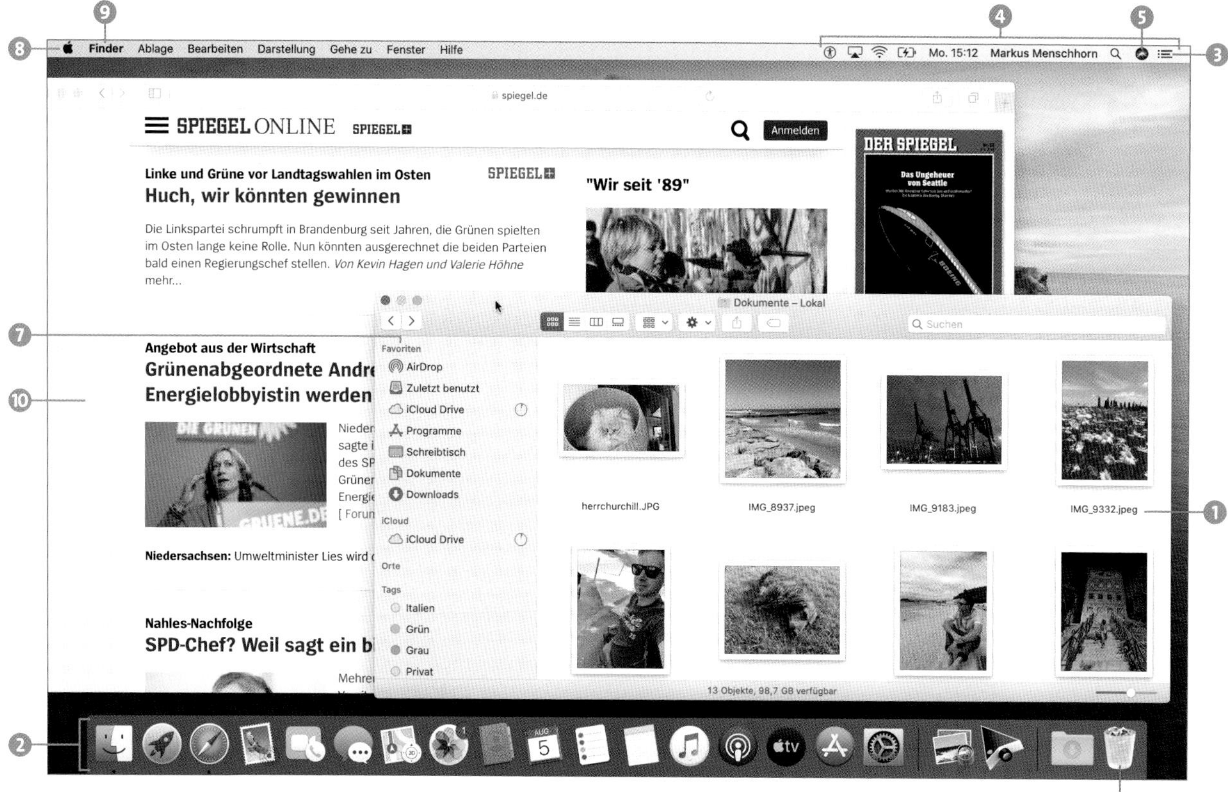

Dennoch finden sich viele Elemente aus Windows in macOS wieder, wenn auch teils an ungewohnter Stelle. In Abbildung 4.5 oben und in Abbildung 4.6 auf der folgenden Seite sehen Sie die wichtigsten Elemente der Benutzeroberflächen im Vergleich:

1. Finder (vergleichbar mit dem Explorer)
2. Dock (entspricht dem Startmenü bzw. der Taskleiste)
3. Mitteilungen (entspricht den Benachrichtigungen)
4. Menulets (entspricht dem Infobereich der Taskleiste)
5. Siri (entspricht Cortana)
6. Papierkorb

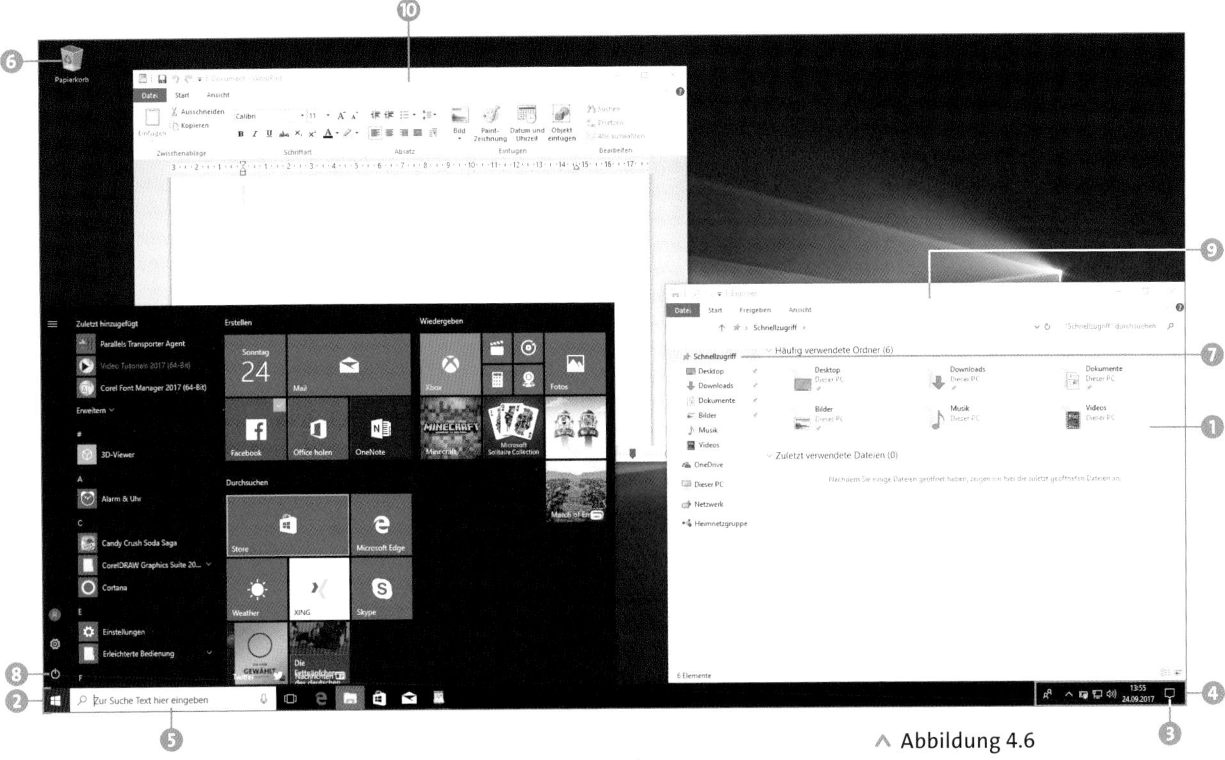

∧ **Abbildung 4.6**
Der Windows-10-Desktop im Vergleich

7 Favoriten (sind vergleichbar mit dem Schnellzugriff)

8 Ausschalten, Neustart, Ruhezustand, Benutzer abmelden (unter Windows Energie sparen, Herunterfahren, Neu starten, Abmelden)

9 Aktives Programmfenster

10 Geöffnetes Programm

Der Finder, Ihr Freund und Helfer bei der Dateiverwaltung

Der Finder ist das zentrale Bedienelement am Mac. Er ist grundsätzlich geladen und damit das eigentliche »Hirn« Ihres Betriebssystems. Der Finder stellt alle notwendigen Anwendungen und Steuerungen bereit, damit das Gerät funktioniert.

Den Finder finden Sie zentral im Dock abgelegt, ganz links außen. Sobald Ihr Mac gestartet ist, zeigt auch hier das blaue Symbol unter dem Finder, dass er startklar ist. Sobald Sie auf den Finder klicken, landen Sie direkt in **Zuletzt benutzt**. Dort werden die Dateien in einer auf den ersten Blick doch recht willkürlichen Reihenfolge angezeigt (siehe Abbildung 4.8). Um

Neues Finder-Fenster

Ist bereits ein Finder-Fenster geöffnet, bekommen Sie über den Klick auf das Finder-Symbol im Dock leider kein frisches Fenster, sondern nur das bereits angezeigte präsentiert. Hier hilft ein Trick: Finder im Dock oder den Schreibtisch anklicken und dann die Tastenkombination [command] + [N] drücken. Schon bekommen Sie ein neues Finder-Fenster.

Abbildung 4.7
Die Ansicht im Finder kann nach Belieben eingerichtet werden.

eine sinnvolle Sortierung zu erzielen, klicken Sie in das Menü **Darstellung** und wählen hier **Gruppen verwenden** ①. Dann schaut es gleich viel ordentlicher aus, und das Beste ist, dass sich der Finder diese Einstellung merkt und beim nächsten Klick in **Zuletzt benutzt** diese Ansicht beibehält.

Die Ansicht in **Zuletzt benutzt** ist aber lediglich eine Sammlung, die permanent aktualisiert wird, und kein direkter Ablageort. Wirklich gespeichert sind Ihre Daten auf der Festplatte in entsprechenden Ordnern, die Sie z. B. über die Randleiste mit einem Klick auf den Eintrag **Dokumente** erreichen können. Die Daten können aber auch in **iCloud Drive** abgelegt sein. Das ist der virtuelle Datenspeicher von Apple, der die Daten geräteübergreifend bereitstellt (mehr dazu in Kapitel 11, »Die Apple-ID – Daten, Termine, Musik und das ganze Leben synchronisiert«, ab Seite 257). macOS unterscheidet in diesem Fenster nicht zwischen Computer und Datencloud.

Alle Befehle in der linken Spalte für den Schnellzugriff werden mit einem primären oder linken Mausklick aktiviert. Diese Befehle schauen wir uns nun genauer an.

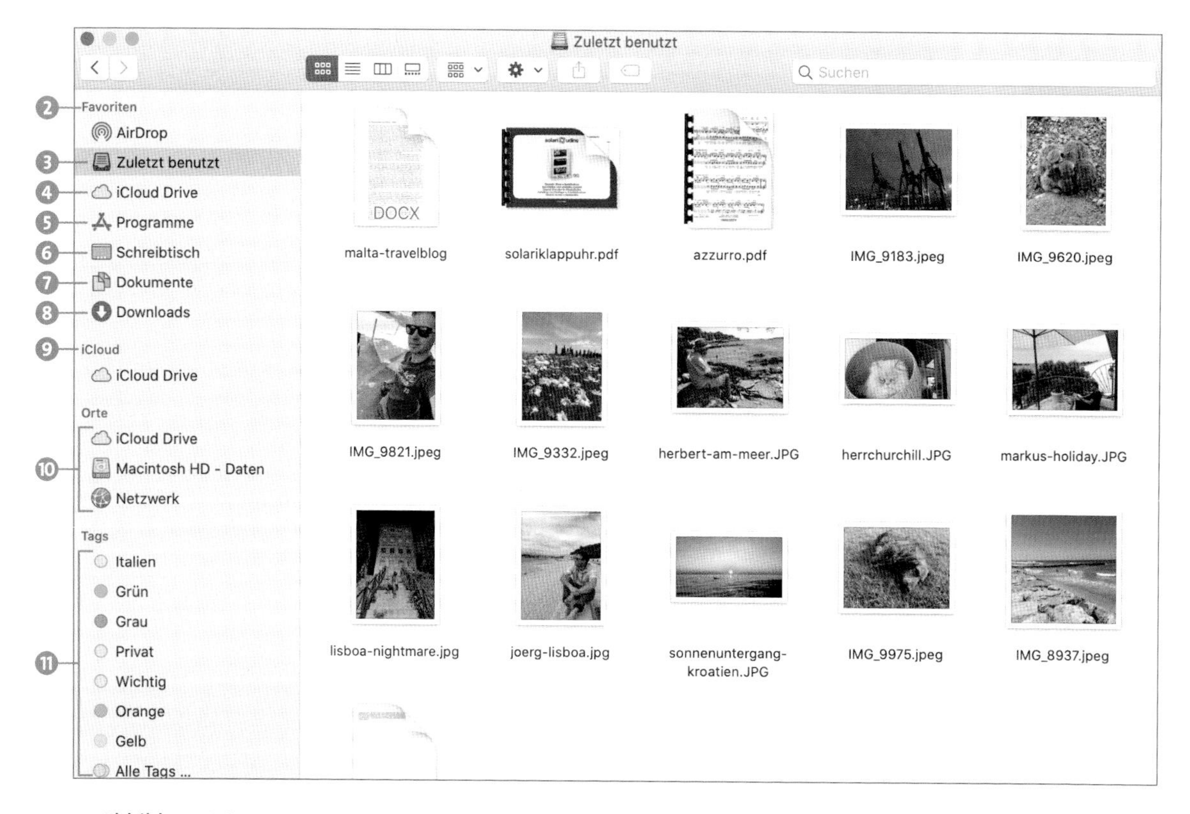

Abbildung 4.8
Das Finder-Fenster beinhaltet Ordner und Dateien und wirkt auf den ersten Blick etwas ungeordnet.

2 Unter **Favoriten** finden Sie Direktlinks zu verschiedenen Orten auf Ihrem Computer und der iCloud. Mehrere Macs im Haushalt? **AirDrop** ist für den schnellen Datenaustausch zwischen Macs vorbereitet, ohne dass Sie komplizierte Netzwerkeinstellungen vornehmen müssen. Weitere Informationen dazu finden Sie im Abschnitt »Mit AirDrop Dateien austauschen« ab Seite 164.

3 Gut sortiert präsentiert **Zuletzt benutzt** sämtliche selbst erstellten Dokumente nach Textdokumenten, Musik, Bildern und Videos unterteilt – unabhängig davon, wo auf dem Mac sie abgespeichert wurden.

4 Ganz virtuell – in **iCloud Drive** speichern Sie Dokumente, Fotos und Musik auf Ihrem persönlichen Datenspeicher. Mehr dazu erfahren Sie ab Seite 264.

5 **Programme:** Hier sind sämtliche Programme abgelegt, die auf Ihrem Mac installiert sind. Etwas verwirrend – Apple spricht selbst eigentlich gar nicht mehr von Programmen, sondern nur noch von »Apps«. Das wurde vom iPhone und iPad übernommen. Warum hier dennoch im Finder der Begriff »Programme« steht, bleibt ein Rätsel.

6 **Schreibtisch:** Ein Klick darauf öffnet Ihre Schreibtischoberfläche im Finder-Fenster und zeigt die dort abgelegten Dateien an.

7 In **Dokumente** werden standardmäßig alle Ihre selbst erstellten Texte oder Office-Dokumente abgelegt. Haben Sie einen ganz neuen Mac, herrscht dort allerdings gähnende Leere.

8 Ähnlich erfolglos werden Ihre Bemühungen bei den **Downloads** sein – macOS gibt Ihnen hier die Möglichkeit, schnell nach allen Dingen zu suchen, die Sie aus dem Web heruntergeladen haben, also Apps, Dokumente, Bilder und vieles mehr. Sie werden erstaunt sein, was sich hier nach ein paar Wochen und Monaten so ansammelt.

9 **iCloud:** Der virtuelle Datenspeicher von Apple sichert beliebige Dateien in der »Cloud«, sprich auf einem Server im Internet. Das hat den Vorteil, dass Sie, egal an welchem Mac, iPhone oder iPad Sie sich mit Ihrer Apple-ID anmelden, Zugriff auf diese Daten haben. Eine Internetverbindung ist dafür natürlich erforderlich.

10 Unter **Orte** sind alle Laufwerke aufgelistet, die gerade am Mac angeschlossen sind, also USB-Sticks, externe Festplatten oder auch DVD-Laufwerke. Auch die Verbindungen zu Netzwerken, freigegebenen Ordnern anderer Computer oder Netzwerkdruckern werden hier aufgelistet.

11 Die **Tags** sind nicht nur farbige Markierungen für Ordner und Dateien, sondern auch ein intelligentes Verschlagwortungssystem. Mehr dazu folgt im Abschnitt »Die Finder-Tags: Farbe mit System« ab Seite 158.

Neues in der Seitenleiste

Die Seitenleiste hat Platz für Ihre eigenen Favoriten. Genau in diesem Bereich können Sie per Drag & Drop z. B. häufig benötigte Ordner oder Unterordner ablegen. Sie sparen sich damit viele Klicks. Ziehen Sie einfach den gewünschten Ordner in die Favoriten. Möchten Sie einen Ordner entfernen, ziehen Sie ihn einfach aus der Leiste und lassen die Maus- oder Trackpad-Taste los.

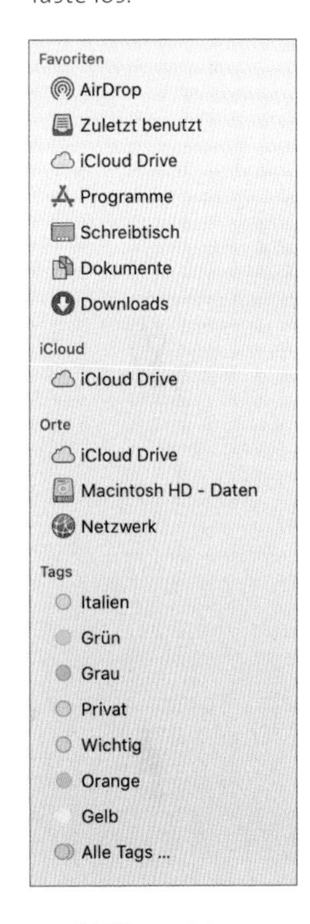

Abbildung 4.9
In der Finder-Seitenleiste finden Sie Verknüpfungen zu Ordnern, sehen alle Laufwerke und können intelligente Suchvorgänge starten.

Sie können in der Finder-Leiste gefahrlos klicken, es kann gar nichts passieren. Im Zweifelsfall schließen Sie einfach das Finder-Fenster über die rote Schaltfläche oben links und öffnen es wieder über das Finder-Symbol im Dock. So einfach ist das.

Sollten in der Seitenleiste plötzlich komplette Rubriken fehlen, ist das kein Grund zur Panik. Wahrscheinlich haben Sie versehentlich auf **Ausblenden** ⑫ hinter der entsprechenden Rubrik geklickt.

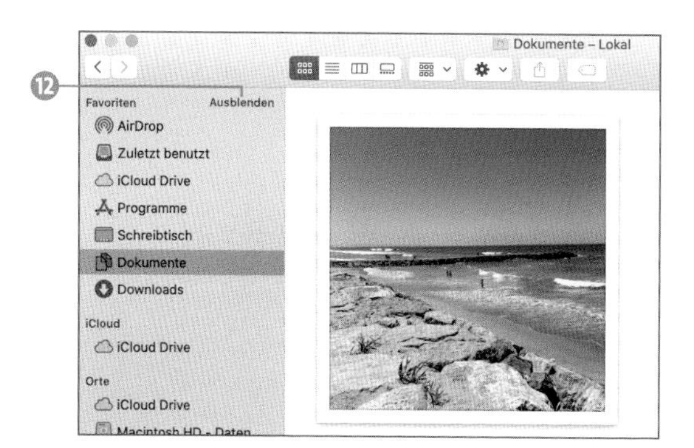

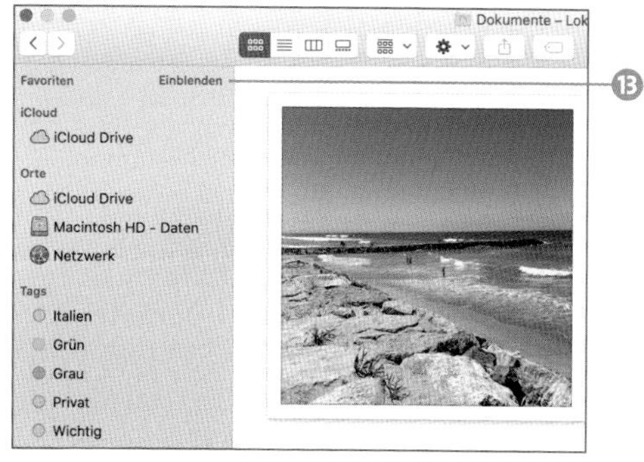

Abbildung 4.10
Tückisch – der »Ausblenden«-Befehl erscheint nur, wenn man mit dem Cursor darauf »landet«.

Abbildung 4.11
Wo sind die Favoriten hin? Keine Sorge, ein Klick auf »Einblenden« bringt sie wieder zum Vorschein.

Dieser Befehl erscheint nur, wenn Sie mit dem Mauszeiger darüberfahren, daher wird er oft übersehen. Mit **Einblenden** ⑬ sind alle Elemente aber wieder schnell am Start.

Fenster öffnen

macOS ist ein grafisches Betriebssystem wie Windows oder Linux. Fast alles läuft über Fenster, die Programme, Informationen, Dateien, Bilder und vieles mehr beinhalten. Diese Fenster kann man auf unterschiedlichste Art und Weise öffnen, bewegen, ablegen oder schließen, meist in Verbindung mit Maus oder Tastatur.

Abbildung 4.12
Bitte recht freundlich – der Finder, Ihre Schaltzentrale am Computer, wird per Klick auf dieses Symbol angezeigt.

Da in diesem Buch immer wieder darauf Bezug genommen wird, werden wir diese Grundlagen nun ein wenig mit Ihnen trainieren, bevor Sie die einzelnen Programme und Profi-Funktionen kennenlernen. Dazu öffnen Sie am besten ein Finder-Fenster.

Links oben am Fensterrahmen finden Sie drei bunte Punkte in Ampelfarben. Das sind die zentralen Steuerelemente für sämtliche Fenster am Mac. Sie sind überall, d. h. in jedem Programm, gleich.

Fenster schließen

Die Signalfarbe schlechthin – ein einfacher Mausklick auf das rote Symbol ❶ schließt das Fenster. Einfach ausprobieren – und schon ist es geschlossen. Das klappt übrigens auch mit einer Tastenkombination. Drücken Sie auf Ihrer Tastatur [command] + [W], das hat genau denselben Effekt.

Wie Sie es wieder öffnen, wissen Sie ja noch, oder? Dann schnell ausführen, um die anderen zwei Symbole kennenzulernen (ansonsten einfach einen Blick auf Abbildung 4.12 werfen).

Abbildung 4.13
Ein Klick – und weg ist das Fenster.

Fenster verkleinern und im Dock ablegen

Mit dem gelben Knopf ❷ in der Mitte verkleinert man ein Programmfenster und legt es im unteren Bildschirmbereich ab. Es bleibt hier jederzeit griffbereit, wenn es später einmal benötigt wird. Probieren Sie es einfach aus, und bewundern Sie den schicken grafischen Effekt, wenn das Fenster nach rechts unten in das sog. *Dock* »fliegt«.

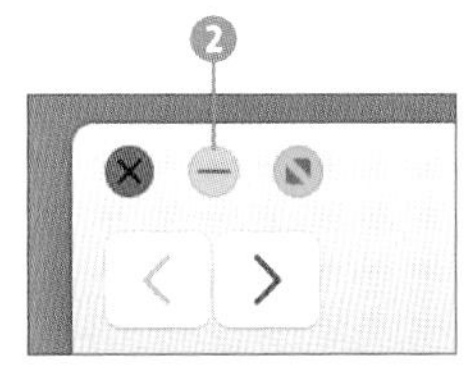

Abbildung 4.14
Der kleine gelbe Button minimiert Programmfenster.

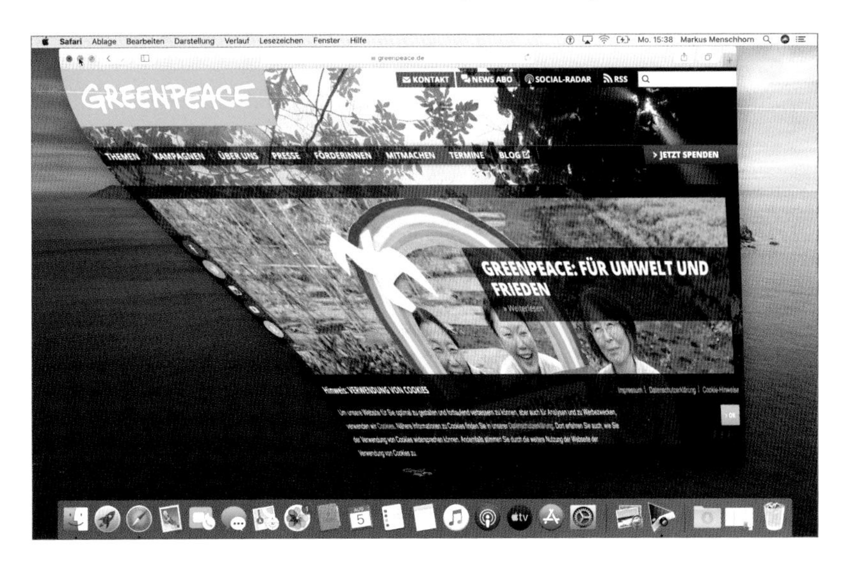

Abbildung 4.15
Mit Gelb werden Fenster ganz einfach verkleinert.

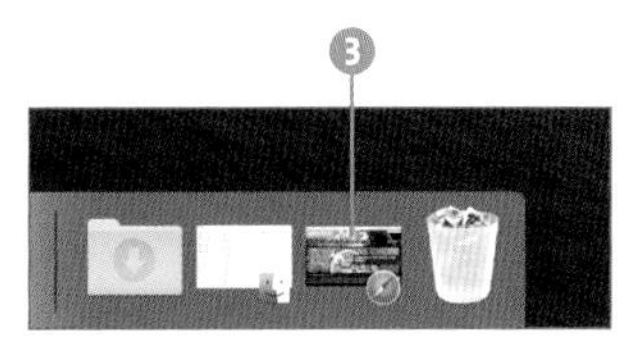

Abbildung 4.16
Rechts im Dock werden verkleinerte Fenster abgelegt.

Dort sehen Sie das Programmfenster nun als Miniatur ❸. Mit einem Klick darauf wird es wieder so groß wie gehabt und landet genau dort, wo Sie es verkleinert haben.

Fenster im Vollbildmodus

Irgendwie hat man immer zu viele Fenster geöffnet und Apps laufen – für das Arbeiten ohne Ablenkung und die maximal mögliche Bildschirmfläche gibt es deshalb den Vollbildmodus. Dieser bringt die aktuelle App ganz groß raus: Das Dock und alle anderen Elemente werden ausgeblendet, und wirklich jeder Zentimeter Ihres Displays wird ausgenutzt. Dies klappt ganz einfach mit dem grünen Button ❶.

Abbildung 4.17
Grün macht's groß, und zwar so richtig. Hier geht es in den Vollbildmodus.

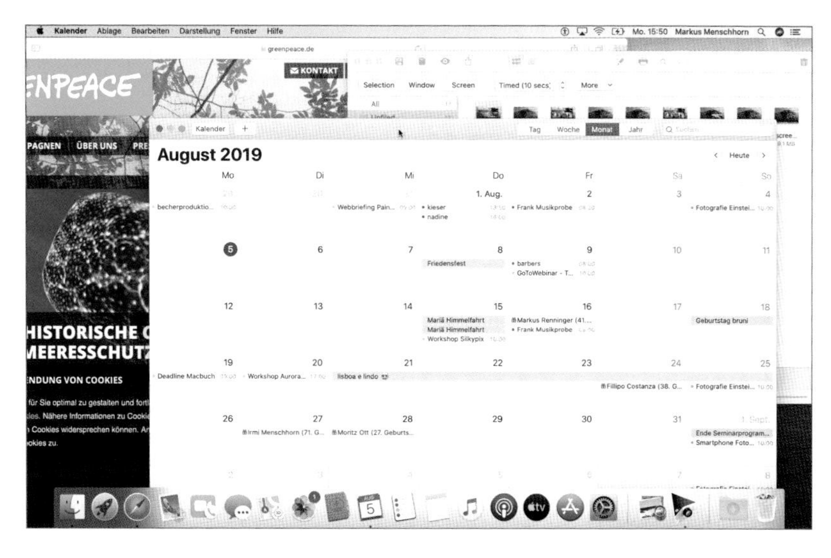

Abbildung 4.18
Kalender im »Gewimmel«

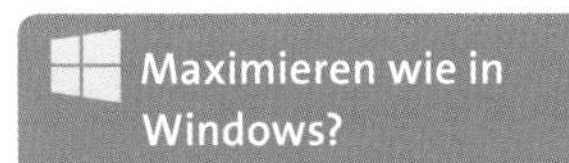

Maximieren wie in Windows?

Sie kennen als Windows-Umsteiger sicherlich die Icons, um Programmfenster zu vergrößern oder zu verkleinern? Diese Funktionalität erhalten Sie unter macOS nur dann, wenn Sie den grünen Button bei gleichzeitig gedrückter `option`-Taste anklicken. Die Schaltfläche verändert sich dann direkt in ein Plussymbol.

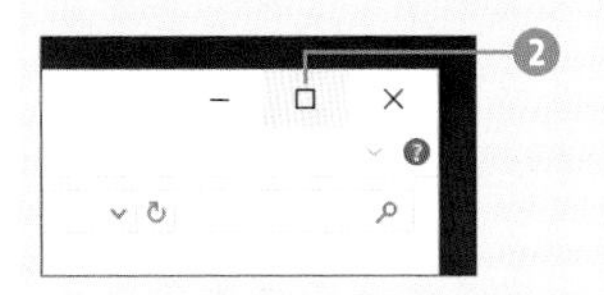

Abbildung 4.19
Unter Windows kann man ein Fenster problemlos per Klick maximieren ❷.

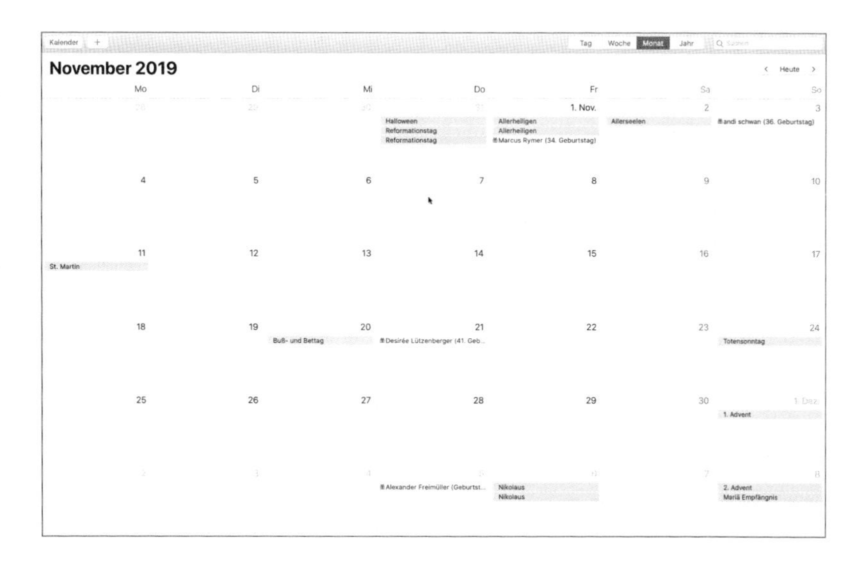

Abbildung 4.20 >
Der Kalender im Vollbildmodus, ohne Ablenkung durch andere Fenster oder das Dock

Starten Sie zum Ausprobieren den Kalender, das digitale Organisationstalent von Apple, aus dem Dock, und klicken Sie das Vollbildsymbol ❸ an. Jetzt ist nur das gerade gewählte Programm (siehe Abbildung 4.20) sichtbar; selbst die Menü- und Symbolleiste fehlen. Diese wird aber eingeblendet, sowie Sie mit dem Mauszeiger nach oben an den Bildschirmrand fahren. Mit einem Druck auf die [esc]-Taste verlassen Sie die Ansicht wieder und kehren zum normalen Modus mit allen gewohnten Bedienelementen zurück. Alternativ fahren Sie mit dem Mauszeiger wieder ganz nach oben, bis die Apple-Menüleiste erscheint, und klicken dann den grünen Button links erneut an.

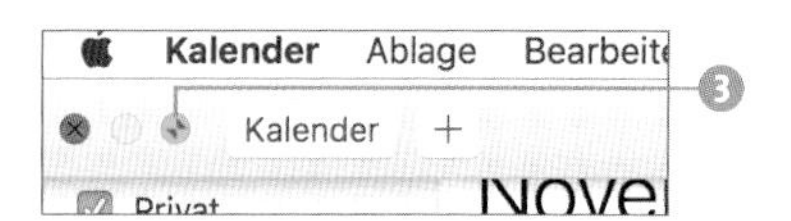

Abbildung 4.21
Zwischen Fenstermodus und Vollbildmodus umschalten

Mehrere Apps im Vollbildmodus

In der Vollbildansicht können Sie auch mehrere Programme gleichzeitig laden und bequem hin und her wechseln. Ihre berechtigte Frage an dieser Stelle: »Wie kann ich ein zusätzliches Programm starten, wenn das Dock fehlt?« Apple liefert hier die Antwort mit *Mission Control* (siehe dazu den Abschnitt »Mission Control – die neue Fensterordnung« ab Seite 95). Diese Funktion starten Sie per Tastatur über die Taste [F3]. Sie haben dann Zugriff auf alle geöffneten Apps und das Dock. Per Trackpad wischen Sie einfach mit drei Fingern nach oben. In Mission Control wählen Sie nun das zusätzliche Programm und bringen auch dieses in den Vollbildmodus.

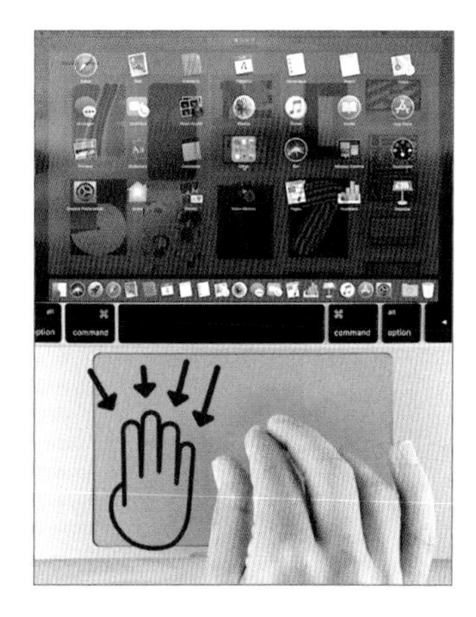

Abbildung 4.22
Gar nicht so dramatisch – die Geste zum Aufrufen des Launchpads, um Apps zu starten

Das Springen zwischen den Vollbild-Apps klappt mit dem Trackpad ganz simpel mit einem Wischer mit drei Fingern. Mausanwendern bleibt hingegen nur der umständlichere Weg über Mission Control. Wenn Sie lediglich eine neue App starten möchten, können Sie das Launchpad mit allen installierten Programmen am Notebook mit dem Trackpad über eine weitere Geste aufrufen: Mit Daumen und drei weiteren Fingern auf der Touchfläche »verkleinern« Sie die Ansicht, und schon ist das Launchpad einblendet.

Geteilte Ansicht gleich doppelte Freude?

Sie können die Vollbildansicht auch für die Ansicht zweier Programme nebeneinander verwenden, beispielsweise für den Kalender und Safari, TextEdit und das Mailprogramm – Sie können hier frei kombinieren.

1. Öffnen Sie zunächst jene Programme oder Finder-Fenster, die Sie geteilt sehen wollen. In unserem Beispiel haben wir Safari und den Kalender genommen.

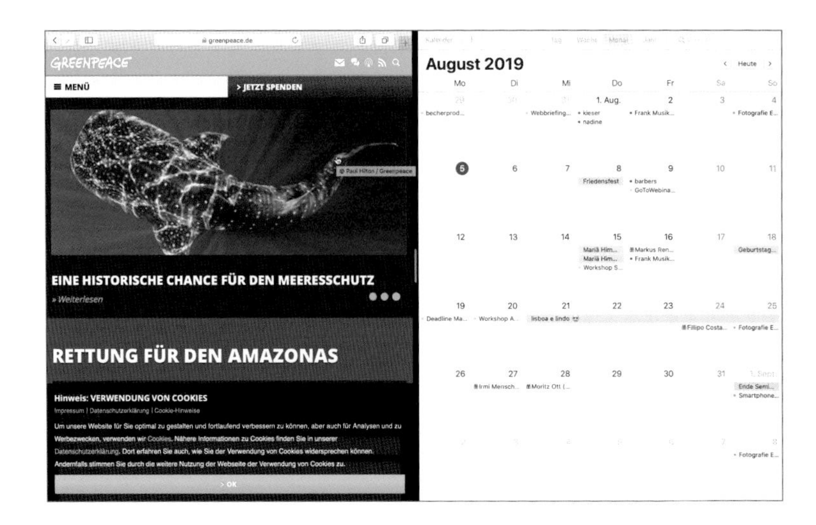

Abbildung 4.23 >
Der geteilte Vollbildmodus im Einsatz

2. Klicken Sie nun bei einer der Apps länger auf den grünen Vergrößern-Button ❶ – ein neues Menü erscheint. Entscheiden Sie sich nach Belieben für eine Anordung links ❷ oder rechts ❸.

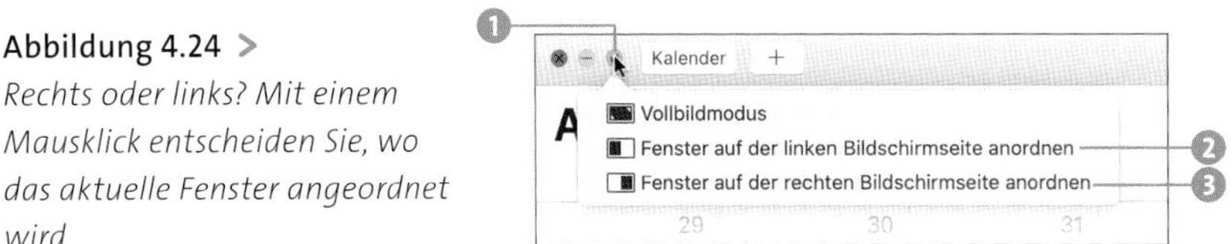

Abbildung 4.24 >
Rechts oder links? Mit einem Mausklick entscheiden Sie, wo das aktuelle Fenster angeordnet wird.

3. Das gewählte Programmfenster nimmt jetzt die Hälfte des Displays ein ❹. Auf der anderen Seite stehen die noch verfügbaren Fenster zur Auswahl ❺. Wählen Sie eines per primärem Mausklick aus.

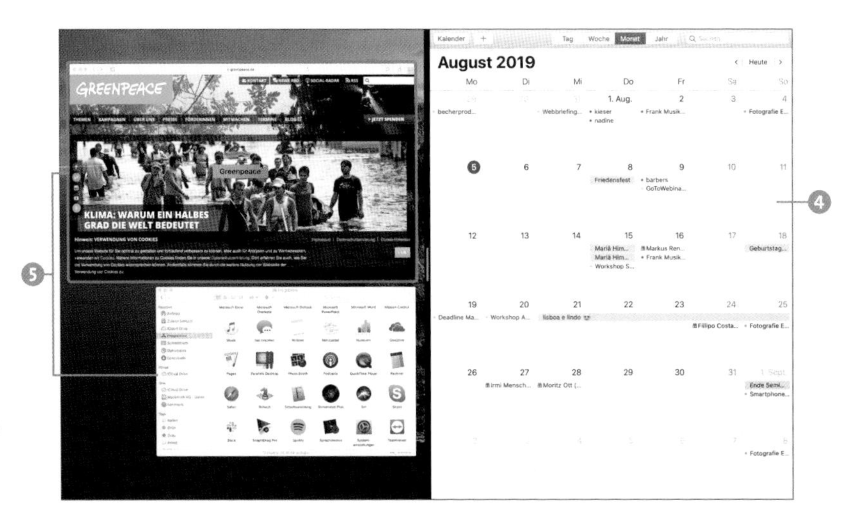

Abbildung 4.25 >
Rechts steht der Kalender schon im halben Vollbild und Safari links oben folgt per Mausklick.

Und schon haben Sie die in Abbildung 4.23 gezeigte geteilte Vollbildansicht. Wenn Sie eine dieser Apps oder den Vollbildmodus beenden, wie vorangehend gezeigt, nimmt das verbleibende Fenster den kompletten Bildschirm ein.

Fenster frei vergrößern und verkleinern

Ein Fenster kann unter macOS nicht nur vergrößert oder in das Dock verkleinert, sondern auch ganz frei skaliert, also groß oder klein gemacht werden. Warum? Die Frage ist berechtigt. Beispielsweise ist dies wichtig, wenn man zwei Fenster nebeneinanderstellen möchte, um Dateien zu kopieren oder zwei Fotos nebeneinander zu betrachten. Wie das geht, erfahren Sie später. Jetzt geht es aber darum, ein einzelnes Fenster individuell zu vergrößern und zu verkleinern.

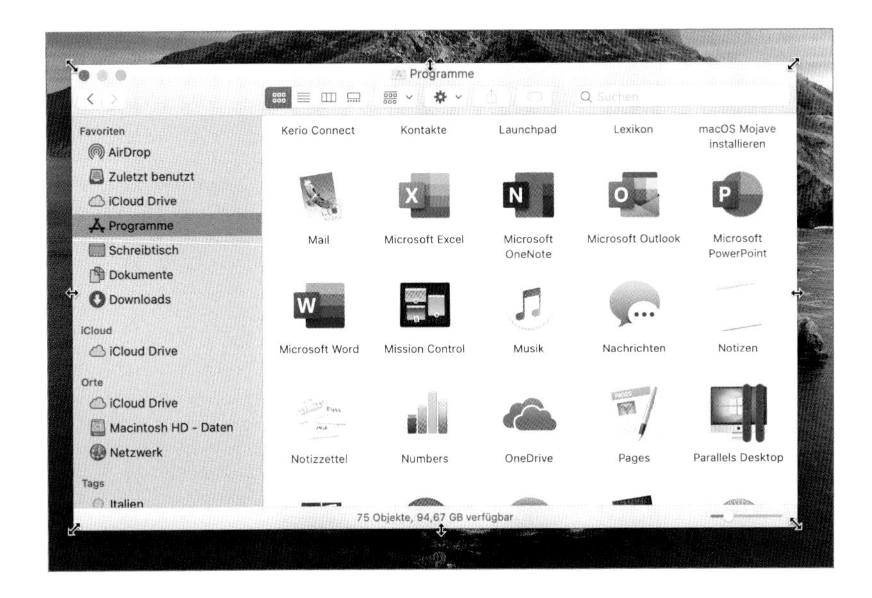

Abbildung 4.26
Ein Fenster kann unter macOS an jeder Ecke und an den Seiten vergrößert und verkleinert werden.

Packen Sie das Fenster einfach an jener Seite mit gedrückter Maustaste am Rand an, an der Sie die Größenänderung vornehmen möchten, und ziehen Sie in die gewünschte Richtung. Sie erkennen, dass dabei das Fenster in seiner Größe dynamisch verändert wird. Das klappt wirklich an jeder Fensterseite. Wenn das Fenster die gewünschte Größe erreicht hat, lassen Sie einfach die Maustaste los – fertig.

Wichtig: Die schwebenden Fenster sind nicht fixiert, sondern können mit Klick auf den oberen grauen Rahmen und gedrückter Maustaste bewegt und an jeder Außenseite vergrößert oder verkleinert werden.

Ein komplettes Fenster verschieben

Man kann nicht nur die Größe der Fenster verändern, sondern auch das komplette Programmfenster auf dem Mac-Schreibtisch an jede beliebige Position verschieben. Sie ahnen es bereits, wir brauchen dafür wieder ein Fenster, das wir durch Aufruf des Finders öffnen.

Bewegen Sie den Mauszeiger auf den grauen Rahmenbereich neben den drei Symbolen. Ob er links oder rechts neben dem Fenstertitel positioniert wird, ist dabei völlig egal. Halten Sie nun die Maustaste gedrückt, und schieben Sie das Fenster nach links, rechts, oben und unten – es bewegt sich, und sobald Sie die Maustaste loslassen, bleibt es an der entsprechenden Stelle stehen.

Fensterverschiebung per Trackpad

Wenn Sie möchten, können Sie auch mit dem Trackpad am Notebook Fenster verschieben. Dazu benötigen Sie zwei Finger. Fahren Sie zunächst mit dem Mauszeiger auf den grauen Rahmenbereich des Fensters. Dann drücken Sie mit dem Daumen das Trackpad durch, halten es gedrückt und bewegen das Fenster mit dem Zeigefinger.

Die Finder-Tabs

Sie kennen die Tabs schon vom Surfen im Internet? Mit Strg + T am PC oder command + T am Mac kann man in sämtlichen Browsern neue Fenster als sog. *Tabs* öffnen ❶. Alternativ klappt das auch mit einem Klick auf das **+**-Symbol rechts außen ❷. So wird nicht jedes Mal ein neues Fenster geöffnet, und Sie können bequem zwischen den aufgerufenen Seiten hin und her schalten.

Abbildung 4.27 > *Die Tabs im Safari-Browser*

Genauso komfortabel geht das mit dem Finder. Öffnen Sie statt einem neuen Finder-Fenster mit dem Befehl command + N einfach einen neuen Tab mit command + T, oder nutzen Sie auch hier den **+**-Button ❸.

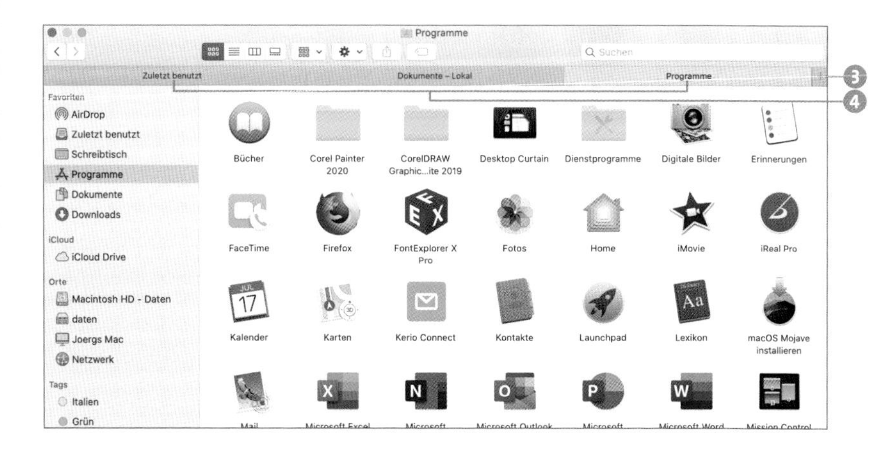

Abbildung 4.28 > *Die Tabs im Finder sind praktisch, um den Überblick über verschiedene Ordner zu behalten.*

Neues Fenster aus einem Tab

Möchten Sie einen Tab doch lieber als komplett eigenständiges Fenster sehen? Dann ziehen Sie den Tab oben an der Beschriftung (❻ auf Seite 95) einfach heraus und lassen die Maustaste los. Das funktioniert sowohl im Finder als auch in Safari.

Die Finder-Tabs sehen denen aus Safari sehr ähnlich ④. Mit einem Klick in die Tabs wechseln Sie die Ansicht. Ein Klick auf das kleine Kreuz ⑤ schließt den entsprechenden Tab. Es erscheint allerdings nur, wenn Sie mit dem Mauszeiger in den Tab fahren.

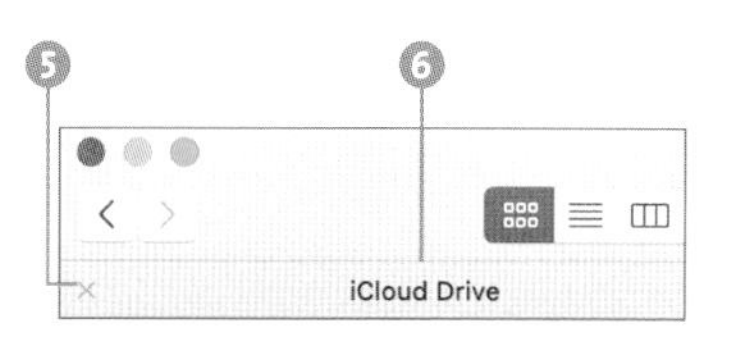

Abbildung 4.29
Wenn Sie über einen Tab fahren, wird das Kreuz zum Schließen eingeblendet.

Mission Control – die neue Fensterordnung

In diesem Abschnitt werden wir Ihnen *Mission Control* vorstellen, das den Alltag am Mac erheblich erleichtert. Auf dem Trackpad wischen Sie einfach mit drei Fingern nach oben, und schon wird Mission Control aktiv. Die Finder-Fenster mit ihren verschiedenen Knöpfen und Funktionen haben Sie ja bereits bestens im Griff. Doch was tun gegen ein Fensterchaos, wie es in Abbildung 4.31 dargestellt ist? Mit dieser Funktion behalten Sie immer den Überblick, auch wenn 20 Fenster geöffnet sind.

Abbildung 4.30
Bei der Magic Mouse rufen Sie die Mission Control über einen doppelten »Tab« mit zwei Fingern auf die Maus auf – also nur antippen, nicht klicken.

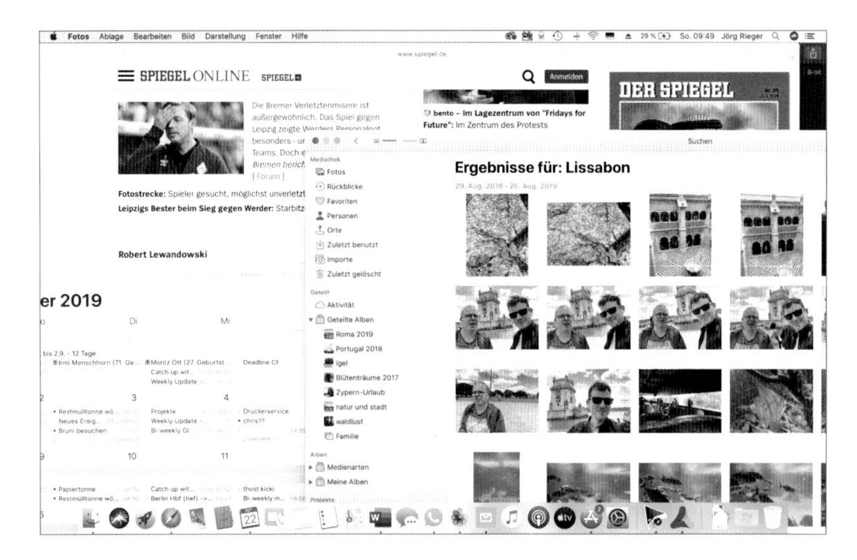

Abbildung 4.31
Wer blickt hier noch durch?

So etwas geht schneller, als man denkt: Hier kurz ein Bild oder einen Ordner geöffnet, das Adressbuch geladen, und schon kennt man sich nicht mehr aus. »Wo war doch gleich das Word-Dokument?« Statt umständlich die Fenster hin und her zu schieben, hat macOS mit Mission Control eine digitale »Putzkolonne« parat, die Ihnen auf Wunsch alle geöffneten Fenster und Programme sortiert anzeigt.

Abbildung 4.32
Mission Control ist auch auf der Touchbar verfügbar.

Abbildung 4.33
Mission Control gibt es auf dem Apple-Keyboard per Tastendruck.

Auf der Apple-Tastatur wird Mission Control per Tastendruck geladen. Ihr Bildschirm sieht dann plötzlich ganz schön übersichtlich aus. Allerdings – vorab gehen Sie bitte in die **Systemeinstellungen** und zum Punkt **Mission Control**. An einer Stelle fehlt dort nämlich ein Haken. **Fenster nach Programm gruppieren** ❶ ist hier unbedingt erforderlich, sonst wird es auch mit Mission Control arg unübersichtlich.

Abbildung 4.34
Setzen Sie in den Systemeinstellungen bei Mission Control unbedingt den Haken bei »Fenster nach Programm gruppieren«.

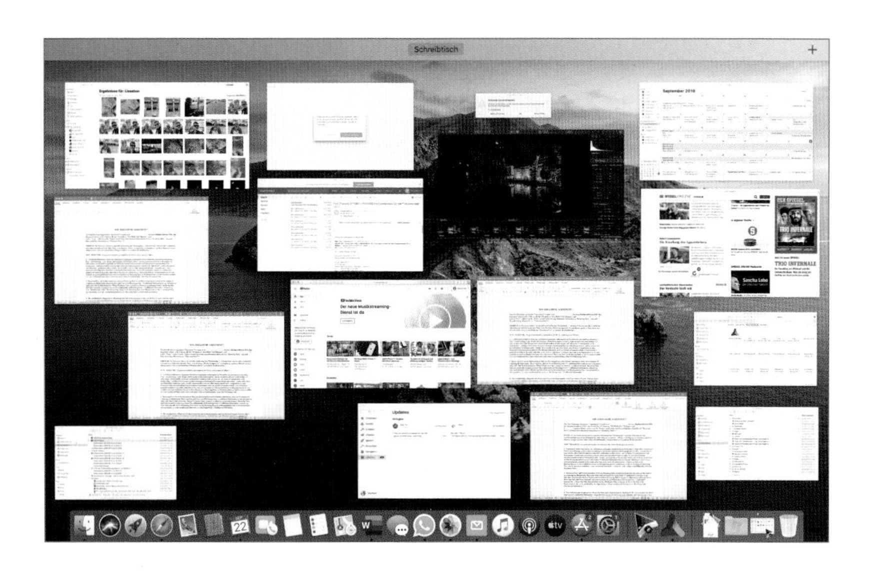

Abbildung 4.35
Fehlt der Haken, bringt auch Mission Control keine wirkliche Übersicht.

Abbildung 4.36
Ist »Fenster nach Programm gruppieren« gesetzt, sieht es schon viel übersichtlicher aus.

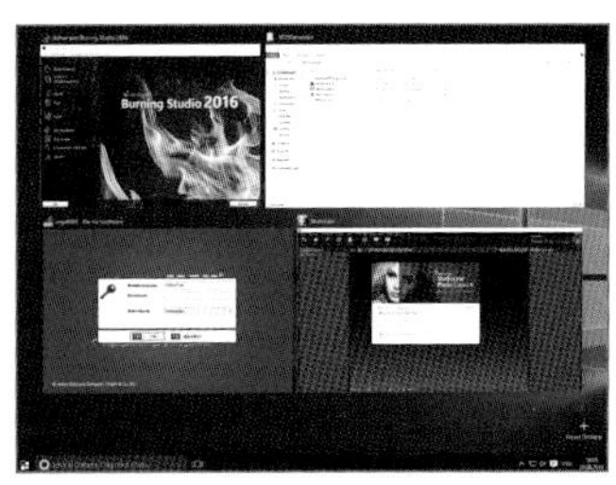

Abbildung 4.37
Bei Windows 10 gibt es mit der Taskansicht eine ähnliche Funktion, um alle Fenster schnell im Überblick zu haben.

Abbildung 4.38
Die Taskansicht wird in Windows 10 per Button gestartet.

Mission Control hat alle geöffneten Fenster übersichtlich nach Programmen sortiert ❷. Im oberen Bereich sehen Sie stets alle Vollbildprogramme, in diesem Fall ist das der **Schreibtisch** ❸. Fahren Sie nun mit Trackpad oder Maus auf jenes Programm, mit dem Sie weiterarbeiten möchten.

Abbildung 4.39
Ihre Auswahl in Mission Control ist blau markiert.

Die gewählte App oder das gewählte Fenster ist nun blau markiert, und mit einem primären Mausklick springen alle Fenster wieder in die ursprüngliche Position zurück. Das gewählte aber bleibt im Vordergrund.

Apps auf verschiedenen Schreibtischen

Sie können verschiedene Schreibtische mit unterschiedlichen Inhalten einrichten. So kann ein Schreibtisch für den Finder reserviert sein, der zweite für Musik- und Video-Programme und einer für die Fotobearbeitung. Wie das genau geht, zeigen wir Ihnen im folgenden Abschnitt ab Seite 101.

Abbildung 4.40 ›
Und voilà, das gewählte Fenster ist vorne.

Wenn Sie von einer App mehrere Fenster geöffnet haben, beispielsweise verschiedene Webseiten in Safari, erscheinen diese auch in Mission Control übereinandergestapelt.

⌄ Abbildung 4.41
Und wie kommt man nun zum hinteren Fenster? Per Fingerstrich auf dem Trackpad oder der Magic Mouse gelangen Sie zum Ziel. Hier sind dann die eigentlich hintereinander versteckten Fenster plötzlich übersichtlich aufgereiht.

Mit dem Trackpad oder der Magic Mouse bringen Sie hier aber schnell Übersicht hinein. Wählen Sie, wie vorhin beschrieben, ein Fenster eines Programms aus, und streichen Sie nun mit zwei Fingern nach oben. Sie sehen: Die Fenster dieses Programms springen übersichtlich auf, und die Auswahl fällt mit einem einfachen Klick sehr leicht.

Wer keine Apple-Tastatur, kein Trackpad oder keine Magic Mouse hat und Mission Control lieber anders aktivieren will, dem bieten sich im Dialogfenster **Systemeinstellungen** zahlreiche Möglichkeiten, um dieses Werkzeug nach Wunsch zu konfigurieren. Starten Sie es daher einfach aus dem Dock, und klicken Sie im Fenster dann auf **Mission Control** ①.

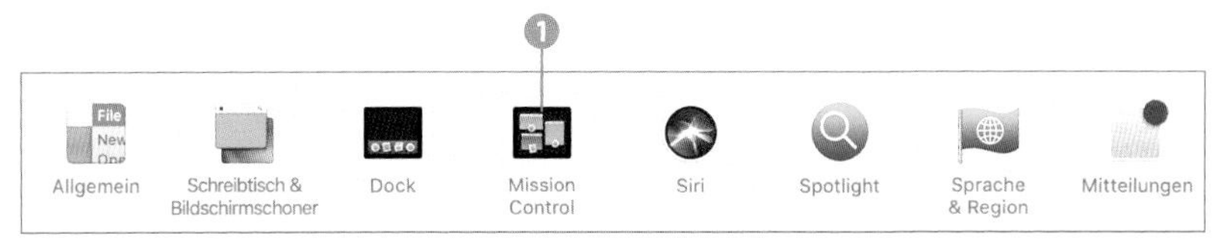

Abbildung 4.42
Unter »Mission Control« kann man den »Fensterflug« kontrollieren.

Abbildung 4.43
Hier ist wieder ein Klick auf »Systemeinstellungen« notwendig.

Die Häkchen im oberen Bereich lassen Sie bitte gesetzt ②, die Einstellungen hier sind für das Arbeiten perfekt. Auch die Tastatur- und Mausbefehle ③ sind als Standard gesetzt und sollten nicht geändert werden.

Abbildung 4.44
Die Systemeinstellungen für Mission Control sind komplex.

Weitaus interessanter wird es im Bereich **Aktive Ecken** ④. Hier legen Sie fest, ob Mission Control an den Bildschirmecken aktiviert werden soll, wenn dort mit der Maus »angestoßen« wird. Pro Bildschirmecke kann man die in Abbildung 4.45 gezeigten Aktionen aus den Rollout-Menüs wählen, die wir im Folgenden näher erläutern.

Aktive Ecken benutzen

Um die aktiven Ecken zu benutzen, fahren Sie später einfach mit etwas Schwung mit der Maus in die jeweilige Bildschirmecke – fertig!

Abbildung 4.45 >
Jede Bildschirmecke kann mit diesen Funktionen belegt werden.

- **Mission Control:** Diese Funktion haben Sie schon auf den vorherigen Seiten kennengelernt – wenn Ihnen die Möglichkeiten per Keyboard oder Trackpad zum Aufrufen nicht genügen, gibt es hier die dritte Möglichkeit.
- **Programmfenster:** Hier zeigt man Ihnen alle Fenster des gerade aktiven Programms in einer Übersicht an wie in Mission Control.
- **Schreibtisch:** Dieser Befehl räumt den Blick auf Ihren Schreibtisch frei und blendet alle Fenster und Anwendungen vorübergehend aus.
- **Mitteilungszentrale:** Hier werden die Benachrichtigungen aus den Programmen E-Mail, Kalender und Nachrichten eingeblendet. Das funktioniert aber über den Klick in das Icon rechts oben bei den Menulets deutlich komfortabler.
- **Launchpad:** Die Schaltzentrale zur App-Auswahl rufen Sie nicht nur über das Dock, sondern auf Wunsch auch über eine Bildschirmecke auf.
- **Bildschirmschoner:** Bildschirmschoner sind Relikte vergangener Tage: Als Energiesparen noch ein Fremdwort war, sorgten die Bildschirmschoner dafür, dass das Bild bei über längere Zeit eingeschalteten Bildschirmen nicht »einbrannte«. Heute ist das nicht mehr zeitgemäß; Ihr Mac schaltet automatisch nach einigen Minuten Untätigkeit in den Energiesparmodus.
- **Ruhezustand für Monitor:** Die Ökovariante für das Display heißt Ruhezustand – damit wird es »schlafen gelegt« und spart Strom.
- **Bildschirm sperren:** Hier wird das Anmeldefenster mit Passworteingabe eingeblendet. So kann niemand unbefugt an Ihren Mac.

- **(Keine Funktion):** Wenn Sie gar keine Funktion in die Monitorecken legen möchten, müssen Sie den letzten Eintrag auswählen.

Für den Einstieg empfehlen wir Ihnen, einfach **Programmfenster** in eine Bildschirmecke zu legen. Das kann dann z. B. so aussehen wie in Abbildung 4.46 dargestellt.

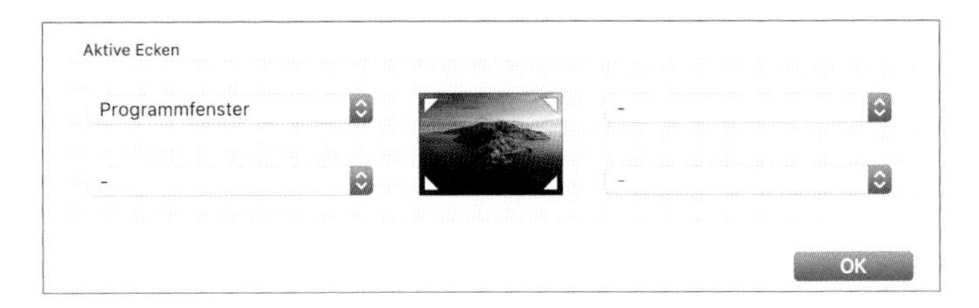

Abbildung 4.46
Alle Fenster sind schon da – wenn Sie zukünftig in die linke obere Bildschirmecke fahren.

Schließen Sie im Anschluss daran die Systemeinstellungen, und probieren Sie gleich aus, ob die aktive Ecke nun funktioniert: Die Maus mit Schwung in die Ecke setzen, und schon sind alle geöffneten Fenster einer App schön sortiert auf dem Schirm, wie Sie es vorhin schon per Tastendruck ausprobiert haben.

Fenster per Mission Control auf einen neuen Schreibtisch legen

Für Ordnungsfanatiker hat Mission Control noch ein weiteres Highlight parat. Sie können beliebige Programmfenster auf verschiedene Schreibtische verteilen. Tatsächlich können Sie es sich bildlich so vorstellen, dass Ihr macOS einfach einen neuen Schreibtisch bereithält, wenn der alte »überläuft«. Praktisch, wenn man das im wahren Leben auch so machen könnte, oder? Unter macOS Catalina können Sie das aber problemlos tun und damit auf einem Schreibtisch Ihr Mailprogramm, Facebook und die Nachrichten-App ablegen, auf dem nächsten Word und wiederum auf einem anderen die Dateiverwaltung mit dem Finder erledigen.

Und so einfach funktioniert es:

1. Öffnen Sie zunächst die Apps bzw. das Fenster, das auf einem neuen Schreibtisch platziert werden soll.

2. Starten Sie Misson Control über die Taste auf Ihrer Tastatur oder mit einem »Dreifingerwisch« auf Ihrem Trackpad.

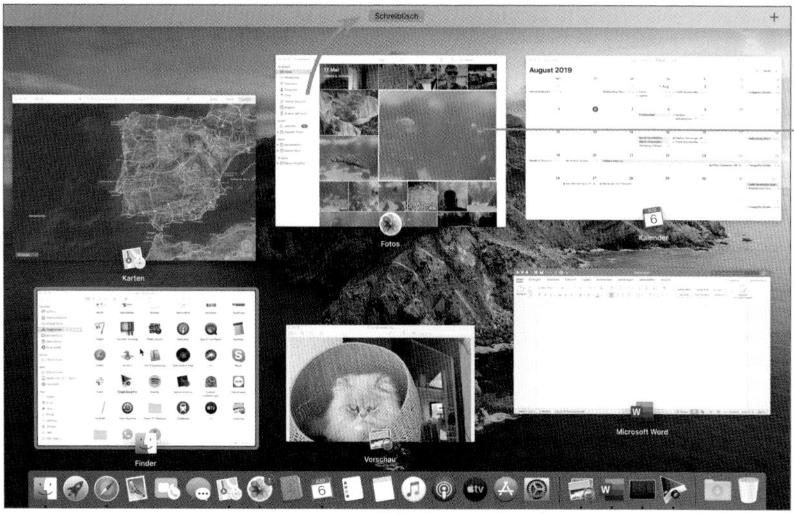

Abbildung 4.47
Das kennen Sie schon – Mission Control mit sortierten Fenstern. In unserem Beispiel wollen wir die Fotos-App ❶ auf einen neuen Schreibtisch befördern.

3. Ziehen Sie nun jenes App-Fenster, das auf einen neuen Schreibtisch gelegt werden soll, ganz nach oben. Es erscheinen ein +-Symbol ❷ und ein neuer Schreibtisch. Einfach das Programmsymbol fallen lassen und fertig.

Abbildung 4.49
Einfach das gewünschte Fenster nach oben ziehen, um einen neuen Schreibtisch anzulegen

Split View – zwei Apps parallel anzeigen

Jetzt wird es verrückt – macOS bietet die Möglichkeit, auf einem neuen Schreibtisch zwei Apps im geteilten Bildschirm anzuzeigen, beispielsweise rechts die Nachrichten-App und links den Safari-Webbrowser. Oder links YouTube mit Ihren Lieblingsvideos und rechts die langweilige Onlinepräsentation von Ihrem Chef. Das klappt ganz einfach: Ziehen Sie hierfür ein weiteres Fenster über Mission Control auf einen bestehenden Schreibtisch. Das funktioniert allerdings nur mit jenen Apps, die Split View auch unterstützen.

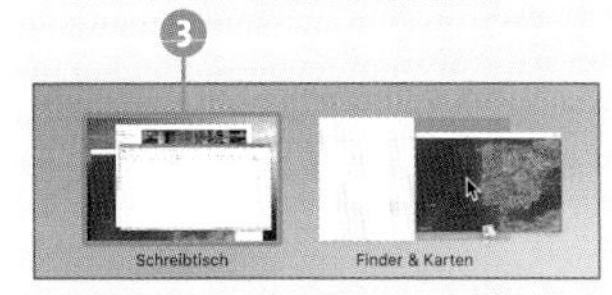

Abbildung 4.48
Ziehen Sie einfach ein weiteres Fenster auf den neu angelegten Schreibtisch ❸, um die Split View zu aktivieren.

Das Fenster ist nun auf einem separaten Schreibtisch abgelegt.

4. Sie wechseln zwischen den Schreibtischen auf dem Trackpad einfach per dreifachem Fingerwisch nach rechts oder links oder über den oberen Bereich von Mission Control.

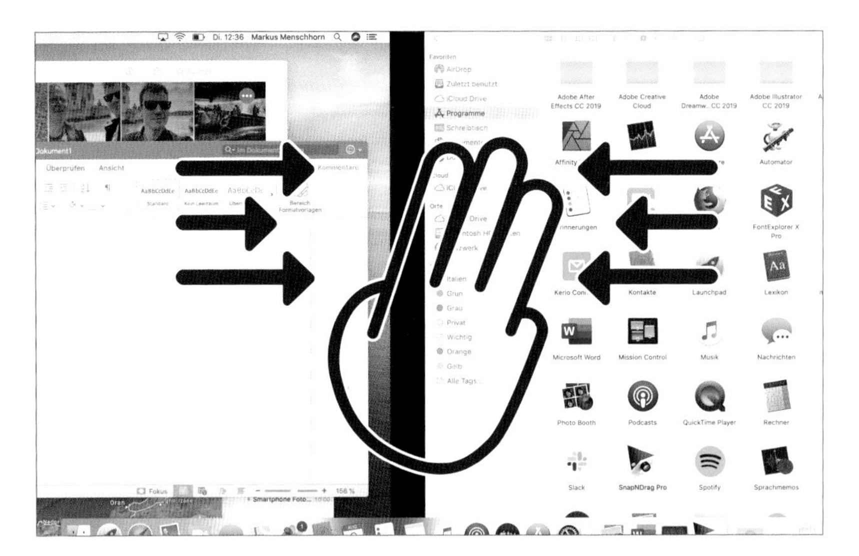

< **Abbildung 4.50**
Zwischen den Vollbild-Apps und Schreibtischen wechseln Sie per Dreifingerwisch.

5. Wenn Sie die Schreibtische entfernen wollen, so funktioniert das wieder über Mission Control. Rufen Sie sie auf, und ziehen Sie den jeweiligen Schreibtisch einfach beherzt nach unten, oder klicken Sie auf das kleine Symbol am oberen Rand des Schreibtischs, das erscheint, wenn Sie den Schreibtisch mit dem Mauszeiger berühren ④. Egal welchen Weg Sie wählen – die zusätzliche Ablage wandert somit wieder ins macOS-interne »Möbellager« und das Programmfenster wieder auf den Hauptbildschirm zurück.

∧ **Abbildung 4.51**
Split View im Einsatz: die Fotos-App und YouTube parallel auf einem Bildschirm

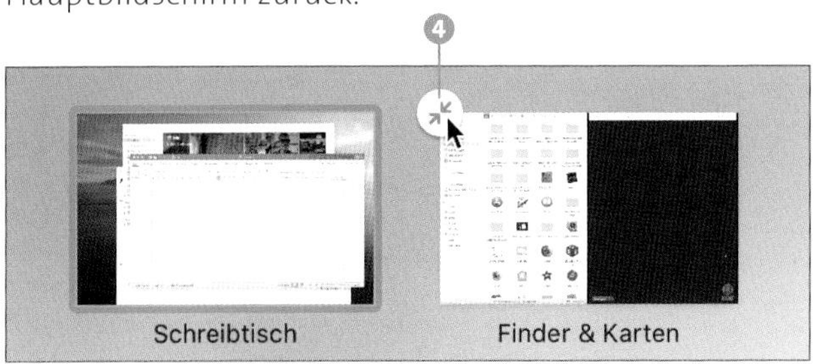

< **Abbildung 4.52**
Über das kleine Symbol in der oberen Ecke des Schreibtischs wird dieser wieder in den Hauptbildschirm integriert.

Sie sehen, dass Mission Control Ihnen zahlreiche Möglichkeiten gibt, Ihr »Fenster-Leben« zu organisieren. Was Sie letztlich im Alltag brauchen oder als nützlich erachten, das werden Sie beim Arbeiten mit dem Mac schnell für sich herausfinden.

Für Chaoten – die praktischen Stapel auf dem Schreibtisch

Die Rede ist hier natürlich vom Schreibtisch bei macOS; wobei – bei einem der beiden Autoren sieht auch der echte Schreibtisch so aus.

Abbildung 4.53 >
Ordnung auf dem Schreibtisch sieht anders aus …

Immerhin – für den macOS-Schreibtisch gibt es eine vollautomatische Aufräumfunktion. Bildlich gesprochen kann macOS von unterschiedlichen Dateisorten übersichtliche Stapel erzeugen. Und so einfach funktioniert es:

1. Klicken Sie mit einem sekundären Mausklick auf einen leeren Flecken im Schreibtisch-Chaos, und wählen Sie **Stapel verwenden** ❶ aus.

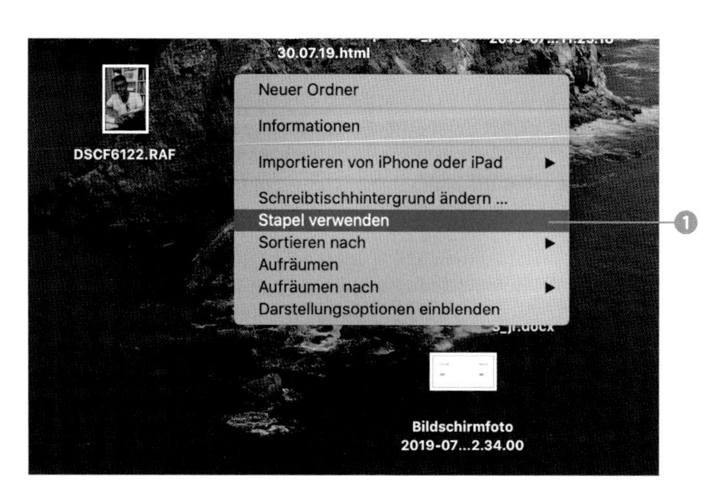

Abbildung 4.54 >
Die digitale Reinigungsfachkraft ist nur einen Klick entfernt.

2. Sofort ändert sich der Anblick des Schreibtischs, und alles sieht wohlstrukturiert aus. Hier hat macOS aber tatsächlich nur die Ansicht verändert, alle Dateien sind nach wie vor vorhanden.

∧ **Abbildung 4.56**
Gleiche Dateimenge, aber nach der Umsortierung durch die Stapel in macOS

∧ **Abbildung 4.55**
Die Stapel beinhalten viele Dateien.

3. Sie sehen nun auf der rechten Seite neue Symbole, die sog. *Stapel*. In unserem Fall wurden **Bilder**, **PDF-Dokumente** und **Filme** erkannt. Je nachdem, welche Daten Sie auf dem Schreibtisch abgelegt haben, werden noch weitere Stapel angelegt.

4. Um die Dateien zu betrachten oder zu verwenden, die in einen Stapel einsortiert wurden, klicken Sie den entsprechenden Stapel ❷ an. Sofort klappen alle darin enthaltenen Dokumente auf. Ein weiterer Klick auf den Stapel schließt die Ansicht wieder.

< **Abbildung 4.57**
Ein geöffneter Stapel zeigt alle einsortierten Dateien an.

Insgesamt ist die Stapel-Ansicht für den Schreibtisch eine echte Hilfe, den Überblick zu bewahren. Trotzdem empfehlen wir Ihnen dringend, ab und an mal das Chaos selbst zu sortieren, nicht benötigte Daten zu löschen und die übrigen beispielsweise im Dokumentenordner oder in der iCloud abzulegen.

Die Mitteilungszentrale: alle Informationen auf einen Blick

Der Mac-Computer hat mittlerweile sehr viele Attribute von Apples mobilen Endgeräten geerbt, also vom iPhone und iPad. Die Mitteilungszentrale gehört definitiv dazu. Was man an diesen Geräten per Fingerwisch nach unten startet, wird unter macOS über das Icon in den Menulets rechts oben im Bildschirm aufgerufen (❶ in Abbildung 4.60 auf Seite 107). Standardmäßig werden hier aktuelle Termine, ungelesene Chat-Nachrichten, aktuell gespielte Musiktitel sowie E-Mails, verpasste Anrufe, Facebook-Nachrichten und SMS angezeigt. Zusätzlich werden wichtige Neuigkeiten parallel als kleine Nachrichten eingeblendet.

Praktisch – ein Klick auf eine Mitteilung öffnet direkt das passende Programm. Im Falle einer SMS oder iMessage können Sie mit der Nachrichten-App direkt antworten und sogar klassische SMS direkt versenden oder über das Notebook »ganz normal« zurückrufen. Hierzu ist natürlich ein iPhone erforderlich, das in diesem Fall zwar nicht direkt benutzt wird, aber trotzdem den Anruf ausführt bzw. die Nachricht versendet. Bei einer Facebook-Nachricht wird natürlich Facebook über Safari geladen.

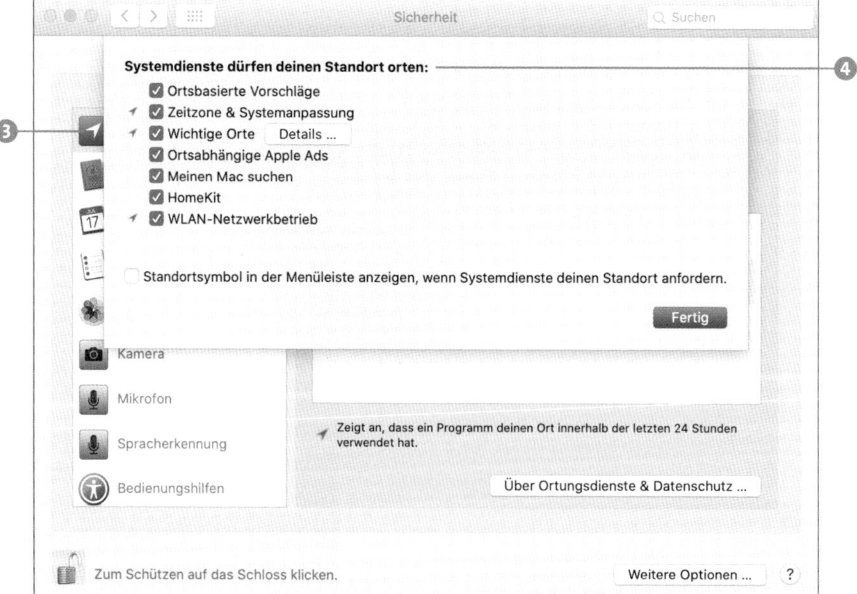

Abbildung 4.58 >
Ihnen fehlt die Wetterinfo wie in Abbildung 4.60 angezeigt ❷? Dann müssen Sie die Ortungsdienste ❸ in den Systemeinstellungen unter dem Punkt »Sicherheit« aktivieren. Unter »Systemdienste« ❹ können Sie dann spezifische Einstellungen zur Ortung vornehmen.

^ Abbildung 4.59
Die Ortungsdienste können Sie auch global aktivieren ❺ oder deaktivieren.

Aktuelle Informationen werden im **Heute**-Bereich ❻ eingeblendet. Alle noch nicht gelesenen Mitteilungen und Infos finden Sie im Bereich **Mitteilungen** ❼. Die jeweiligen Apps müssen dazu nicht aktiv sein.

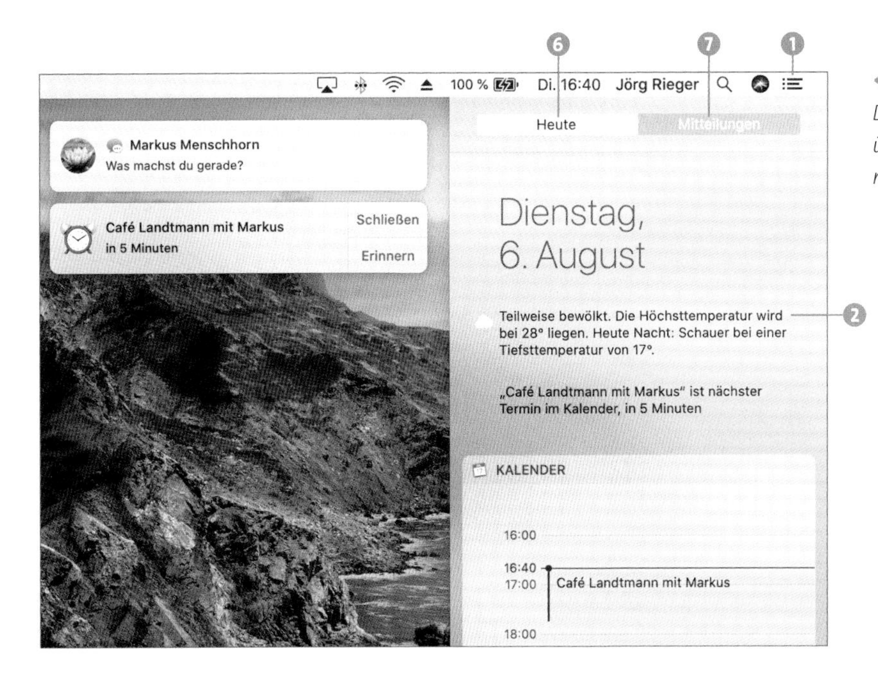

Abbildung 4.60
Die Mitteilungszentrale zeigt übersichtlich an, was für Sie interessant ist.

Bei Apple hat übrigens wirklich jede Nachricht Priorität und wird standardmäßig als gleich wichtig eingeblendet. Das kann auf Dauer ziemlich nerven, aber Sie können dies in den Systemeinstellungen nach Belieben konfigurieren. Gehen Sie dort auf den Punkt **Mitteilungen** ⑧.

Abbildung 4.61
Im Menü »Mitteilungen« konfigurieren Sie alle Dienste, die Sie über neue Ereignisse informieren.

Im Fenster **Mitteilungen** sehen Sie links jene Dienste, die auch in der Mitteilungsliste aufgeführt sind. Das können Programme, aber auch Webseiten sein. Klicken Sie beispielsweise auf **Kalender** (⑨ auf Seite 108), um diesen nun nach Wunsch einzustellen. Sie können den Termin entweder nur stumm in die Liste der Mitteilungen aufnehmen ⑩ oder ihn, wenn er akut wird, als Banner ⑪ erscheinen lassen. Diese Einblendung ist aber tatsächlich nur wenige Sekunden am Bildschirm zu sehen und verschwindet dann in der Liste der Mitteilungen. Effektiver ist der Warnhinweis ⑫, der erst per Mausklick ausgeblendet wird, wenn Sie ihn explizit angeklickt haben. Dies können Sie auch für die Mail-Software, für Nachrichten, Erinnerungen und alle anderen Dienste einstellen. Ein Klick auf die rote Schaltfläche ⑬ genügt, um die Einstellungen zu übernehmen, es muss nicht eigens gespeichert werden.

Woher kommen die Nachrichten?

Wie Sie Ihren Kalender bedienen, erfahren Sie in Kapitel 11, »Die Apple-ID – Daten, Termine, Musik und das ganze Leben synchronisiert« ab Seite 257. Bereits in Kapitel 10, »E-Mails – denn Briefe waren gestern«, ab Seite 241 konfigurieren Sie das E-Mail-Programm. Die Nachrichten werden in Kapitel 13, »In Kontakt bleiben: Nachrichten und Videotelefonie«, ab Seite 287 besprochen.

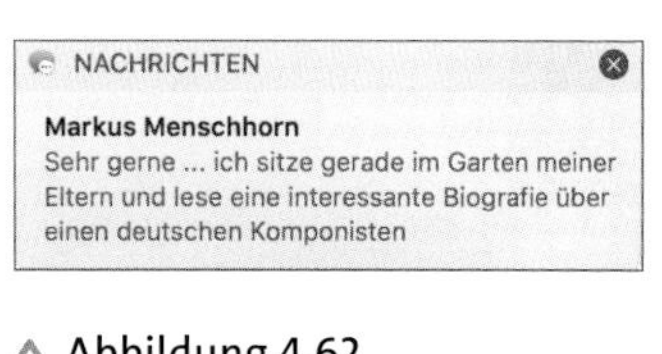

∧ **Abbildung 4.62**
Ein Hinweis aus der Mitteilungszentrale

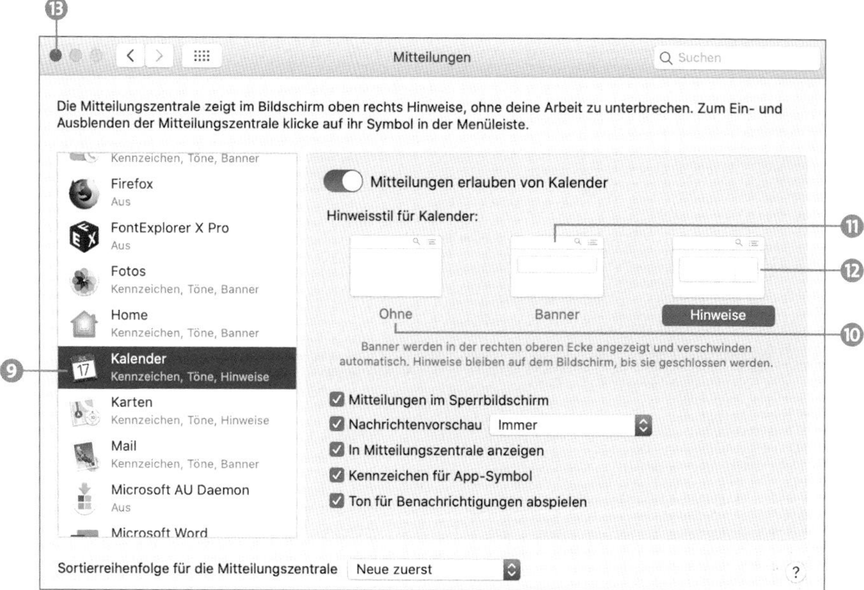

Abbildung 4.63 >
Mitteilungen werden individuell eingestellt.

Über iMessage versendete Nachrichten sind übrigens komplett »vernetzt« – sprich, wenn Sie Nachrichten am Mac schreiben, werden diese automatisch auch auf Ihrem iPhone oder iPad unter **Nachrichten** hinterlegt.

Besser schlafen mit Night Shift und Nicht stören

Sie kennen es vielleicht – nachts ermüden die Augen am Bildschirm recht schnell und hindern einen danach am Einschlafen. Das hat u. a. mit den Farbeinstellungen zu tun. Es ist wissenschaftlich erwiesen, dass die tendenziell eher hellen und kalten Farben der Computer- oder Handydisplays vor dem Einschlafen dem Gehirn signalisieren, dass noch immer heller Tag ist. Daher gibt es, gut in der Mitteilungszentrale versteckt, mit *Night Shift* ❶ die Möglichkeit, den Bildschirm auf angenehme Farben umzustellen.

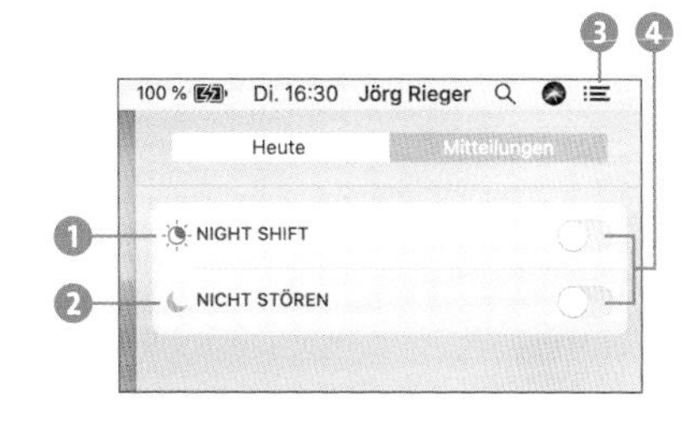

∧ **Abbildung 4.64**
Besser schlafen mit zwei raffinierten Funktionen

Ebenfalls per Klick können Sie alle Mitteilungen oder Anrufe mit der Funktion *Nicht stören* ❷ ins Leere laufen lassen. Perfekt, wenn Sie einfach Ihre Ruhe vor dem Kalender, der Verwandtschaft oder lästigen E-Mails haben wollen. Und so geht's:

1. Öffnen Sie die Mitteilungszentrale ❸ über die Menüleiste.

2. Scrollen Sie mit Maus oder Touchpad nach oben. Schon erscheinen die beiden neuen Funktionen.

3. Stellen Sie mit gedrückter Maustaste die Regler ④ nach rechts, um die Funktionen zu aktivieren. Ein Verschieben nach links deaktiviert die Funktionen entsprechend.

Probieren Sie vor allem Night Shift unbedingt aus – Sie werden den Unterschied sofort bemerken.

Abbildung 4.65
Deutlicher Unterschied – Night Shift verändert die Farben merklich, die Augen empfinden das abends als viel angenehmer. Fotos sollte man in diesem Modus aber besser nicht bearbeiten.

Grundeinstellungen für komfortables Arbeiten

Damit Sie sich an Ihrem Computer wie zu Hause fühlen, gibt es ein paar Tricks und Kniffe, die das Leben mit dem Mac vereinfachen. Wir bewegen uns hier in Menüs und Anwendungen, die wir uns später noch im Detail ansehen. In diesem Abschnitt geht es darum, zunächst die Grundvoraussetzungen für komfortables Arbeiten zu schaffen.

Den Schreibtischhintergrund einrichten

Sie sollen sich wohlfühlen mit Ihrem Apple-Computer – und das Hintergrundbild trägt eindeutig dazu bei. Wenn Ihnen das Catalina Island, wild-romantisch vor Arizona gelegen, das dem aktuellen macOS Catalina seinen Namen verlieh, gefällt, dürfen Sie die folgende Anleitung gerne überspringen. Alle anderen Anwender richten den neuen Hintergrund ganz individuell ein.

Klicken Sie mit der sekundären Maustaste (oder `control` + Mausklick) auf einen beliebigen Ort auf Ihrem Schreibtisch. Es öffnet sich ein Kontextmenü mit unterschiedlichen Funktionen. Wählen Sie nun **Schreibtischhintergrund ändern** ① mit primärer oder zentraler Maustaste aus.

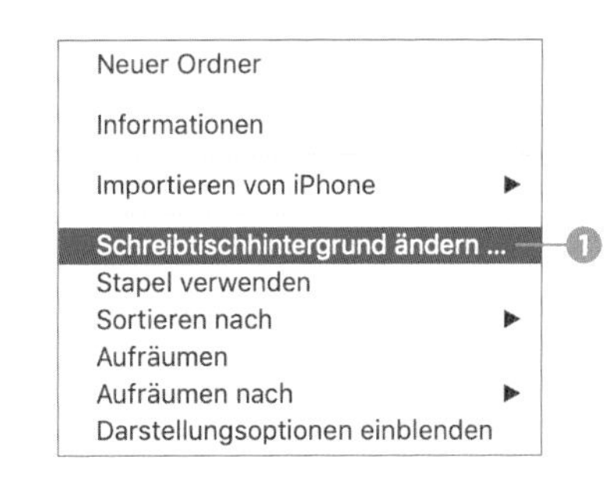

Abbildung 4.66
Tapetenwechsel – ganz einfach!

Es öffnet sich ein neues Fenster: Nun ist Entschlusskraft gefragt – was ist Ihr liebster Hintergrund? Apple stellt Ihnen gleich mehrere Dutzend neuer Schreibtischhintergründe zur Auswahl. Standardmäßig sind drei dynamische Hintergründe am Start – diese wechseln tatsächlich je nach Uhrzeit auch ihre Darstellung und werden dunkler oder heller. Passend

Automatischer Bildwechsel

Wenn Sie möchten, lädt macOS in von Ihnen festgelegten Zeitabständen automatisch das Hintergrundbild. Die Einstellungen hierzu finden Sie in **Bild ändern** 3.

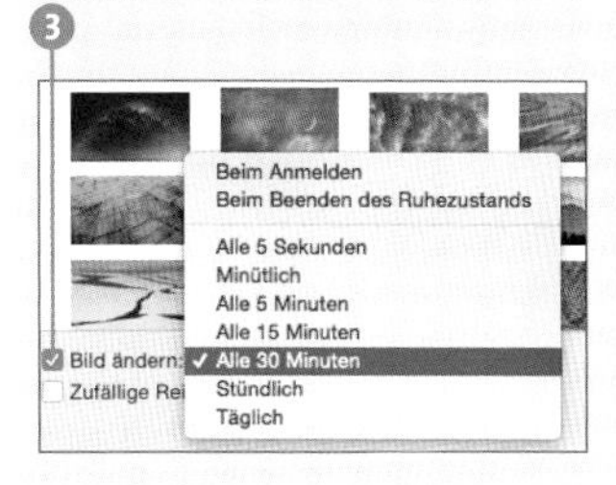

^ **Abbildung 4.67**
Zu viele schöne Bilder, als dass man immer nur eines als Hintergrund haben möchte

dazu kann auch die gesamte macOS-Optik angepasst werden (siehe ab Seite 115). Mit einem Mausklick auf den blauen Ordner auf der linken Seite 2 gelangen Sie in weitere Kategorien mit Hintergrundmotiven. Dort markieren Sie einfach mit einem Mausklick das gewünschte Bild und sehen sofort die Änderung auf Ihrem Bildschirm. Wenn das Wunschbild ausgewählt ist, einfach das Fenster über den roten Knopf links oben schließen.

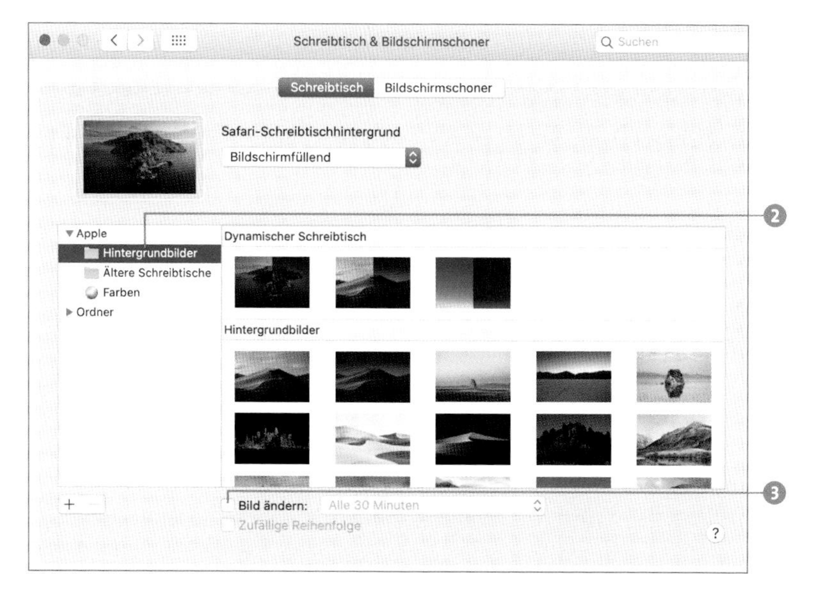

^ **Abbildung 4.68**
Was soll es denn sein? Apple bietet eine vielfältige Auswahl an schönen und auffälligen, aber auch an ganz schlichten Hintergründen.

Fenster verkleinern per Doppelklick

Sie haben schon gelernt, wie man ein Fenster ganz komfortabel über den gelben Minusknopf im Dock ablegt. Es geht aber noch praktischer, und zwar per Doppelklick auf den oberen grauen Rahmen. Diese Funktion war in den ersten Programmversionen von macOS serienmäßig aktiviert, nun aber nicht mehr. Wir finden das schade und zeigen Ihnen daher, wie Sie diese Funktion aktivieren.

Gehen Sie über das Dock in die Systemeinstellungen, und klicken Sie dort auf **Dock**. Hier brauchen wir **Doppelklick auf Titelleiste eines Fensters: Im Dock ablegen** 1. Auch hier wurde ein Häkchen vergessen, hat das bei macOS etwa System? In jedem Fall setzen Sie hier das Häkchen per Mausklick.

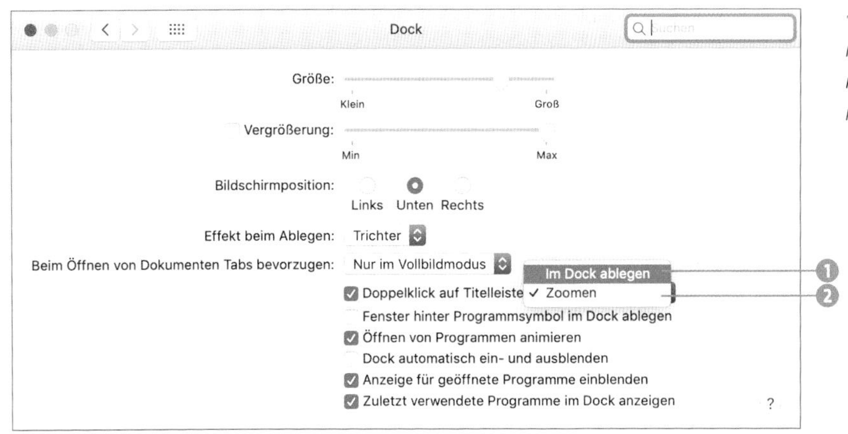

Abbildung 4.69
Häkchen setzen und zukünftig noch eleganter die Fenster ablegen

Doch was ist nun der praktische Nutzen? Öffnen Sie doch einfach ein Finder-Fenster oder ein Programm. Doppelklicken Sie nun in den grauen Bereich am oberen Fensterrand. Sie sehen, das gesamte Fenster verschwindet daraufhin ganz elegant ins Dock.

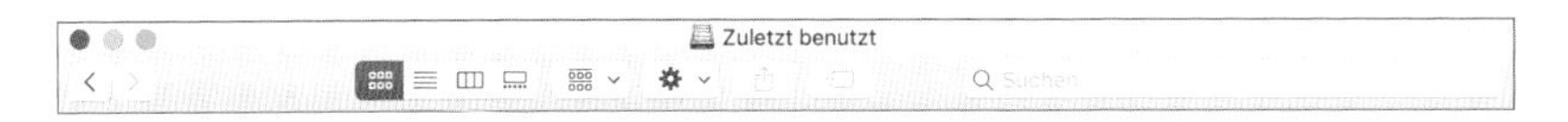

Abbildung 4.70
Hier klicken Sie in den grauen Bereich, um das Fenster ins Dock zu befördern.

Dies ist zwar nur ein kleiner Komfortgewinn, aber wir schätzen und lieben ihn umso mehr. Wenn Sie diese Funktion nicht mögen, können Sie natürlich auch weiterhin den gelben Button benutzen oder beide Möglichkeiten ganz nach Lust und Laune kombinieren.

Maximum per Doppelklick

Die alternative Auswahl **Zoomen** 2 hat nichts mit der Vergrößerung des Inhalts eines Programmfensters zu tun, sondern tatsächlich mit dem Programmfenster selbst. Wenn Sie diese Option wählen, wird das Programmfenster per Doppelklick auf maximale Bildschirmgröße gebracht, statt im Dock abgelegt.

Festplatten einblenden

Standardmäßig zeigt das Betriebssystem macOS Catalina weder die Systemfestplatte noch externe Festplatten auf dem Schreibtisch an. Externe Festplatten werden nur in der Seitenleiste des Finder-Fensters unter **Geräte** angezeigt, die Systemfestplatte werden Sie dort allerdings auch nicht finden. Da der Zugriff auf Wechseldatenträger wie eine DVD oder eine Fotospeicherkarte über den Schreibtisch aber viel schneller als über die Seitenleiste des Finders ist, wollen wir die Anzeige anpassen:

1. Finder aktivieren

Klicken Sie auf den Schreibtischhintergrund oder das Finder-Symbol im Dock, damit oben die Finder-Menüleiste erscheint. Klicken Sie dort auf **Finder** und dann auf **Einstellungen**.

Warum Apple die Systemfestplatte versteckt

macOS ist ein benutzerfreundliches System und möchte vermeiden, dass man durch unbedachtes Klicken Einstellungen verändert. Daher ist die Festplatte *Macintosh HD*, auf der standardmäßig alle Daten gesichert sind, nicht direkt erreichbar, sondern nur einzelne Speicherorte für Ihre Daten.

2. Häkchen setzen

Klicken Sie, falls das entsprechende Menü nicht sowieso schon eingeblendet ist, auf den Button **Allgemein**. Bei **Diese Objekte auf dem Schreibtisch anzeigen** sehen Sie es schon: Es fehlen die Häkchen bei **Festplatten**, **Externe Festplatten** und **CDs, DVDs und iPods**. Also, Häkchen wie gewünscht setzen ❶ und danach das Fenster über das rote Icon schließen.

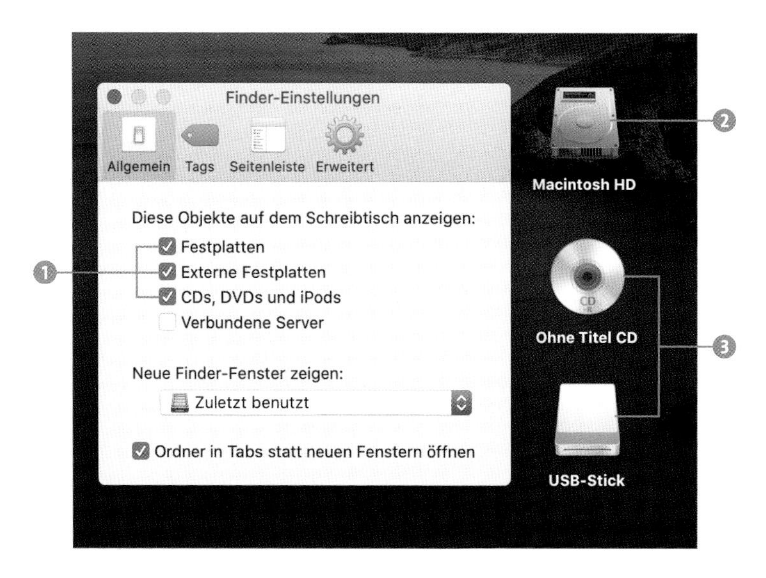

Abbildung 4.71
Die Finder-Einstellungen mit der Möglichkeit, wirklich alle Laufwerke auf dem Schreibtisch sichtbar zu machen

3. Festplatte bestaunen

Wie von Zauberhand erscheinen nun die für den direkten Zugriff vorbereitete Macintosh HD ❷ und externe Laufwerke ❸ auf Ihrem Schreibtisch!

Egal, was Sie in den Finder-Einstellungen als sichtbar oder unsichtbar markieren, in der linken Seitenleiste des Finder-Fensters werden die Laufwerke trotzdem immer angezeigt – mit Ausnahme der *Macintosh HD*.

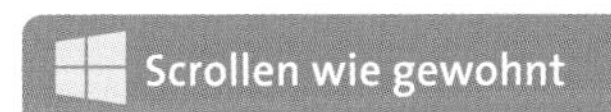

Bei Apple wird anders gescrollt – hier zeigen wir Ihnen aber, wie Sie die Scrollrichtung dahingehend ändern, wie Sie es gewohnt sind.

Die Scrollrichtung ändern

Maus und Trackpad funktionieren in macOS wie bei einem iPad oder iPhone und damit genau entgegengesetzt zu dem, was man vielleicht von anderen Computern her kennt. Sprich: Das Scrollen nach unten bewegt die Seite nach oben, das Scrollen nach oben bewegt die Seite nach unten. Genauso verhält es sich beim Trackpad: Nach oben wischen scrollt Listen nach unten und umgekehrt. Das kann unter Umständen, gerade wenn Sie es anders gewohnt sind, ganz schön nerven.

Aber kein Problem, Sie können die Scrollrichtung verändern, und zwar wieder über die Systemeinstellungen. Je nach Eingabegerät müssen Sie entweder auf **Trackpad** oder **Maus** klicken.

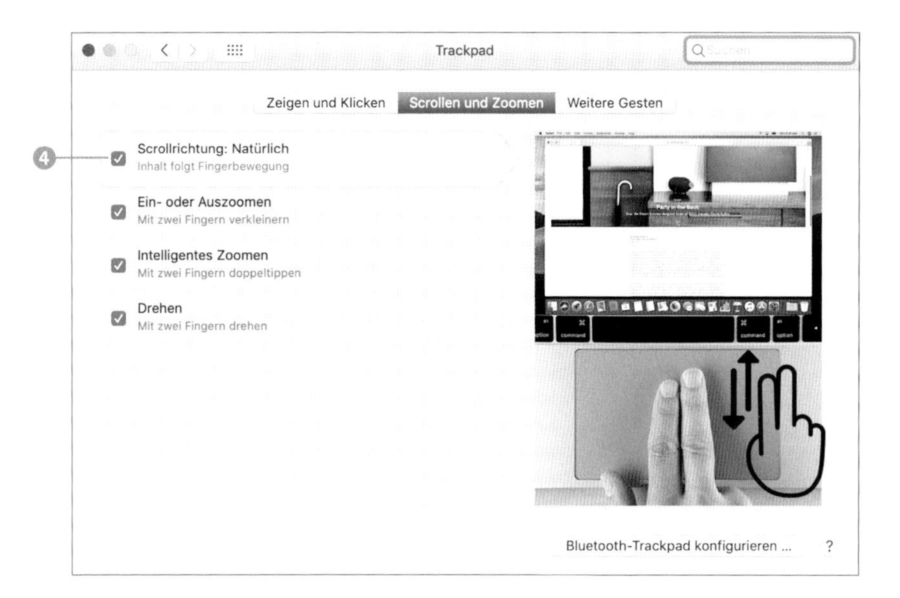

Abbildung 4.72
Wirklich natürlich? Die Scrollrichtung kann ganz schön irritieren.

Die Scrollrichtung ④ ist standardmäßig auf **Natürlich** eingestellt. Für viele Anwender ist genau das aber ziemlich unnatürlich. Wenn Sie den Haken entfernen, funktioniert das Scrollen dann in allen macOS-Apps wieder so, wie Sie es ggf. bisher gewohnt waren.

Eigenwillig – die Rechtschreibkorrektur

Apple meint es ja nur gut mit Ihnen und hat die automatische Rechtschreibkorrektur aus dem iPhone und iPad direkt in macOS Catalina eingebaut. Diese Funktion ist ziemlich praktisch, denn egal, ob Sie eine E-Mail schreiben oder mit Safari im Web surfen, macOS ist hier der Retter der deutschen Sprache und korrigiert neben Groß- und Kleinschreibung auch Buchstabendreher und anderweitig falsch geschriebene Wörter. Zudem korrigiert die Funktion auch in Fremdsprachen. Beginnen Sie einen Satz in einer offensichtlich anderen Sprache, reagiert das System sofort. Leider ist diese Korrektur insgesamt etwas eigenwillig, um es vorsichtig auszudrücken. Fakt ist: macOS korrigiert automatisch, wenn Sie nicht eingreifen. Möchten Sie eine Korrektur nicht, müssen Sie das per Klick auf das Kreuzchen ① mit Maus oder Trackpad unterbinden. Zudem

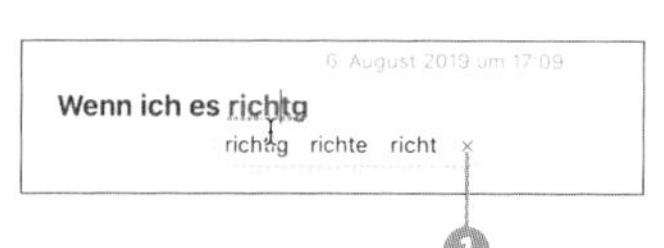

Abbildung 4.73
macOS Catalina korrigiert direkt bei der Eingabe von Text. Nicht gewollte Vorschläge müssen mit einem Klick auf das Kreuzchen abgewählt werden.

Abbildung 4.74
Auch in der Touchbar werden Rechtschreibvorschläge gemacht.

Wörter lernen

Schon ärgerlich, wenn macOS Begriffe ändert, die gar nicht geändert werden sollen. Das kann man ändern: Erst das Wort nicht korrigieren lassen, wie in Abbildung 4.73 gezeigt. Mit sekundärem Mausklick wählen Sie es nun aus und gehen auf **Schreibweise lernen**. Künftig wird das Wort nicht mehr mit der Autokorrektur geändert.

kommt die Überprüfung beim schnellen Schreiben teilweise nicht hinterher, und Fehler bleiben einfach stehen.

Wenn Ihnen dieser kleine automatische Besserwisser von macOS Catalina lästig wird, öffnen Sie die Systemeinstellungen und klicken dort auf **Tastatur**. Ein Klick auf den Reiter **Text** ❷ öffnet ein neues Fenster. Dort wählen Sie **Automatische Korrektur** ❸ ab, und fortan können Sie wieder nach Herzenslust schreiben.

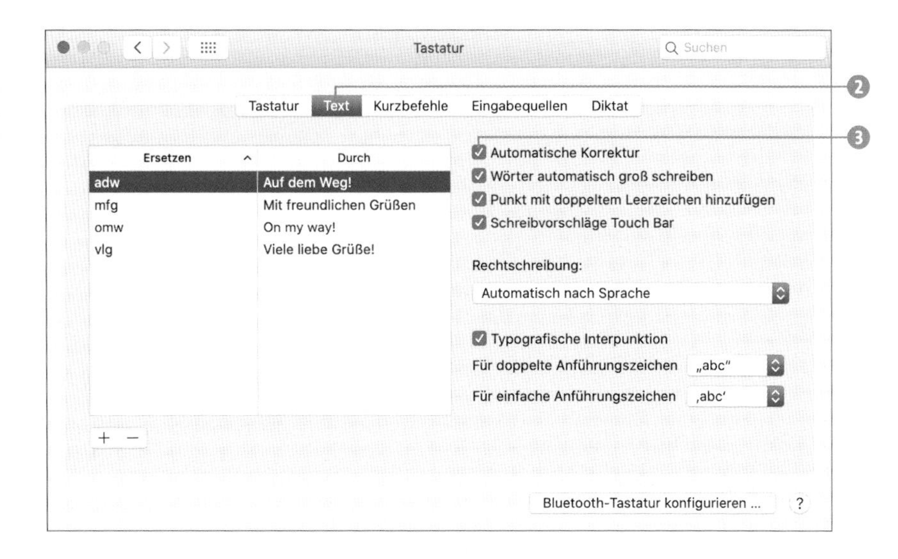

Abbildung 4.75 >
Selbst ist der Mac-User – mit der Abwahl der automatischen Rechtschreibkorrektur können Sie wieder so schreiben, wie Sie möchten.

Bildschirmschoner mit Passwortschutz

Sicherlich ist es Ihnen schon aufgefallen – aus Sicherheitsgründen verlangt Ihr Mac nach jedem Aufwachen aus dem Standby-Betrieb wieder Ihr Benutzerkennwort oder möchte per Touch-ID Ihren Fingerabdruck fühlen. Damit soll verhindert werden, dass sich jemand unberechtigt an Ihrem Mac zu schaffen macht. Im Büro mag diese Einstellung perfekt sein, für zu Hause ist sie aber in der Regel ein wenig übertrieben.

Allerdings sollten Sie sich über Folgendes im Klaren sein: Haben Sie Ihren Mac mit Ihrer Apple-ID eingerichtet, kann man über Ihren Mac auf sämtliche Daten zugreifen, die auch in Ihrem iPhone oder iPad abgelegt sind. Daher ist der Passwortschutz unter Umständen durchaus angebracht, um Ihre Privatsphäre zu schützen.

In den Systemeinstellungen können Sie unter **Sicherheit** den Passwortschutz im Bereich **Allgemein** abschalten. Entfernen Sie den Haken bei **Passwort erforderlich** ❶, und künftig werden Sie nur noch bei

Programminstallationen und natürlich beim Start des Computers nach Ihrem Passwort gefragt.

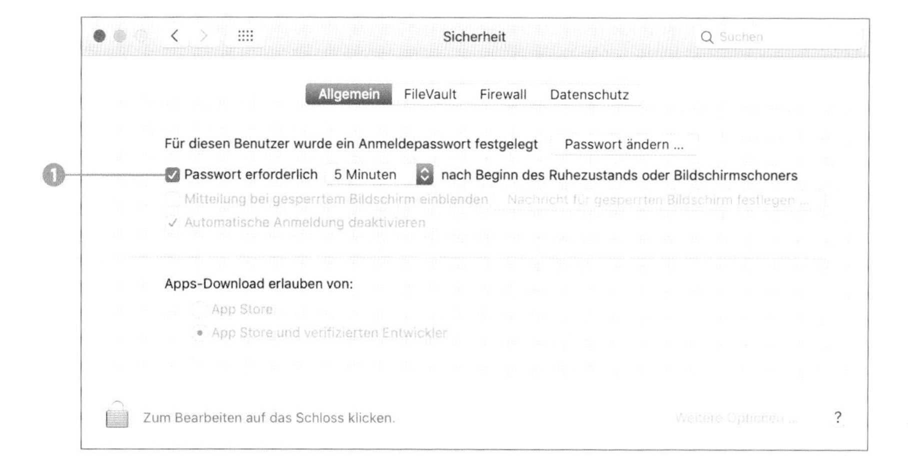

Abbildung 4.76
Zu viel Sicherheit – standardmäßig fragt macOS doch etwas zu häufig nach Ihrem Kennwort.

Licht und Schatten – macOS in Hell und Dunkel

Mit dem aktuellen macOS Catalina können Sie erstmals die Optik des Betriebssystems per Mausklick radikal verändern. Gehen Sie dazu in die **Systemeinstellungen > Allgemein**. Hier finden Sie bereits ganz oben das **Erscheinungsbild**.

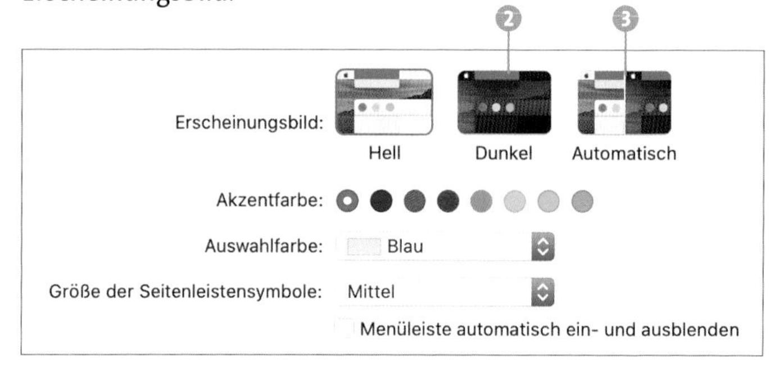

Abbildung 4.77
Je nach Geschmack – helle oder dunkle Darstellung von macOS per Mausklick – oder einfach nach Uhrzeit im Wechsel

Aktivieren Sie hier mit einem Mausklick **Dunkel** 2 – und schon erscheinen das gesamte Betriebssystem und sämtliche Programmfenster in neuer Optik. Besonders wenn man gerne Bilder betrachtet oder bearbeitet, ist die dunkle Optik aufgrund des besseren Kontrasts bestens geeignet. Auf Wunsch können Sie die Systemoberfläche auch **Automatisch** 3 anpassen lassen. Je nach Uhrzeit wechselt dann macOS von Hell auf Dunkel und umgekehrt.

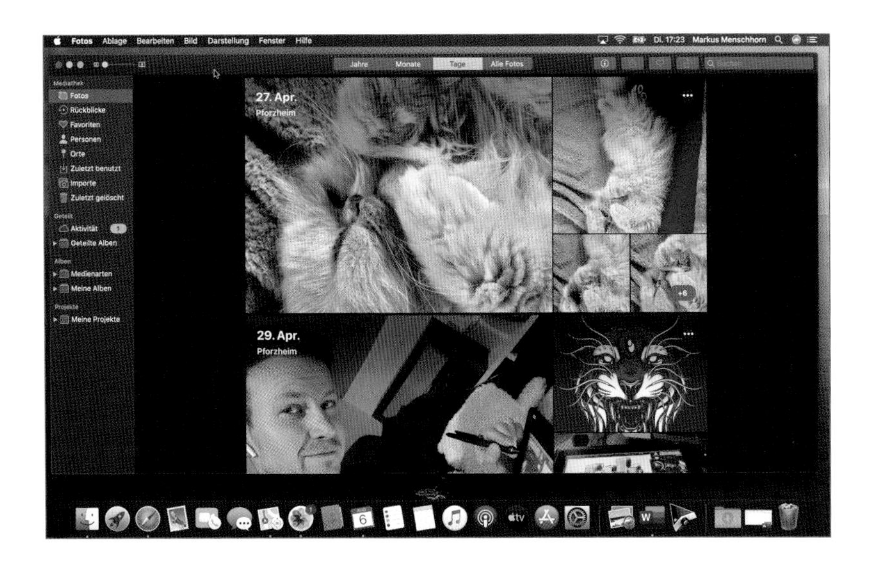

Abbildung 4.78 >
Mit dem dunklen Erscheinungsbild kommen Fotos so richtig zur Geltung.

Einschalten, Ausschalten, Ruhezustand

Eingeschaltet ist Ihr Mac ja bereits, auch wenn der Einschaltknopf an den Geräten teils sehr gut versteckt ist. Doch wie schaltet man den Computer wieder aus? Das klappt ganz einfach mit einem Klick auf das Apfelsymbol ganz links oben ❶. Dadurch klappt das in Abbildung 4.79 gezeigte Menü auf.

Die Einstellung **Ruhezustand** ❷ bringt Ihren Computer in den Energiesparmodus – Monitor, Festplatten und Prozessor werden »schlafen gelegt«. Aber schon mit einem Tastendruck auf Ihre Tastatur wacht der Mac innerhalb von Sekunden genau an jener Stelle wieder auf, an der Sie ihn schlafen gelegt haben. Der Startvorgang entfällt hier komplett. Natürlich verbraucht der Mac auch in diesem Standby-Betrieb ein wenig Strom. Dieser Modus ist aber ideal, wenn Sie den Mac tagsüber mal für eine Stunde allein lassen. Und selbst wenn er längere Zeit in diesem Modus verbringt, ist das aufgrund des wirklich lächerlich niedrigen Energieverbrauchs absolut vertretbar.

Der Punkt **Neustart** ❸ setzt Ihren Mac zurück und startet das Betriebssystem neu. Dies ist beispielsweise dann notwendig, wenn neue Software installiert wurde oder ein Programm einmal »hängen« bleibt und nicht mehr starten möchte, was aber sehr selten vorkommt.

Der Neustart wird allerdings nicht direkt beim Anwählen durchgeführt – zur Sicherheit erscheint noch folgende Meldung, die Ihnen knapp 60 Sekunden Entscheidungsfreiheit gönnt.

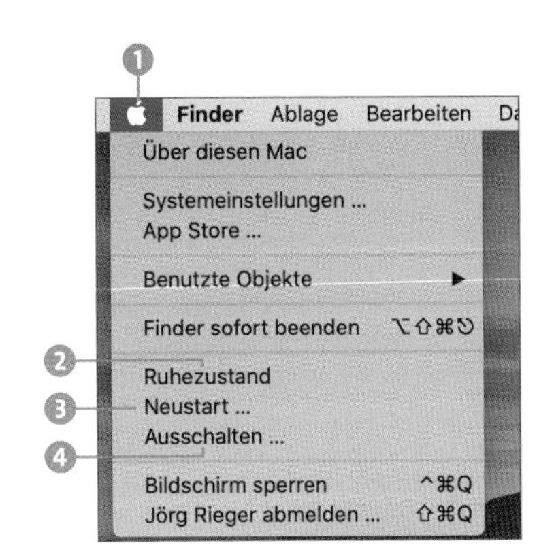

∧ Abbildung 4.79
Abschalten leicht gemacht – oder doch lieber schlafen gehen, in den Ruhezustand?

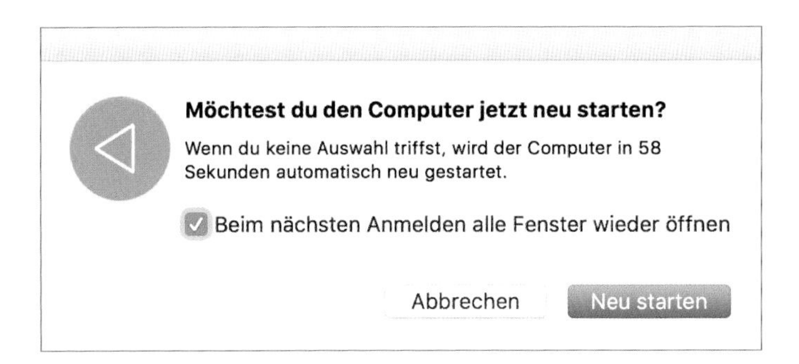

< **Abbildung 4.80**
Eine Minute Zeit, die Entscheidung zu bereuen

Mit **Ausschalten** (4 in Abbildung 4.79) werden alle offenen Programme beendet, und der Mac wird komplett abgeschaltet. Sollten noch Dateien geöffnet sein, werden auch diese direkt von macOS zwischengespeichert. Zunächst kommt aber noch ein Hinweis für Unentschlossene. Der Ausschalten-Vorgang kann während dieses Hinweises jederzeit mit **Abbrechen** gestoppt werden.

Sie können den Ausschalten-Vorgang auch über einen Druck auf den Einschaltknopf Ihres Macs aufrufen. Bitte nur einmal kurz drücken. Wenn Sie nämlich länger als drei Sekunden drücken, wird das System abgewürgt und alle nicht gesicherten Informationen gehen verloren.

Achtung bei mehreren Benutzern!

Sind im Hintergrund noch andere Benutzer angemeldet, wird macOS Ihnen das direkt sagen und einen Neustart oder das Ausschalten zunächst verweigern. Sie müssen zunächst alle anderen Benutzer abmelden oder alternativ das Administratorpasswort eingeben. Ungesicherte Dokumente in den anderen Benutzeraccounts gehen dann aber verloren!

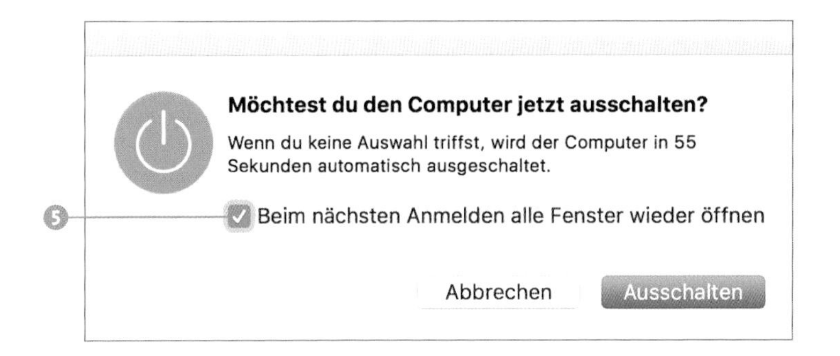

< **Abbildung 4.81**
Wenige Sekunden bis zum Ausschalten des Macs

Sowohl beim Ausschalten als auch beim Neustarten bietet Ihnen macOS die Möglichkeit, alle Programmfenster anschließend wieder so herzustellen, wie sie gerade geöffnet sind. Sprich: Wenn Sie gerade im Internet surfen, parallel einen Brief schreiben und vielleicht noch Ihr Fotoprogramm geöffnet haben, wird alles nach dem Neustart oder Abschalten so aussehen wie vorher, und Sie können einfach weiterarbeiten. Klicken Sie dazu einfach die Option **Beim nächsten Anmelden alle Fenster wieder öffnen** 5 an. Sie werden bald merken – das ist verdammt praktisch.

5 Mit Programmen arbeiten – die Apps am Mac

Dank iPhone und Co. werden Software und Programme auch am Mac-Computer mittlerweile *App* genannt. Daher werden Sie diesen Begriff in den folgenden Kapiteln häufiger finden. App ist übrigens nichts weiter als die Abkürzung des englischen Wortes *Application*, zu Deutsch »Anwendung«. Alles, was Sie am Mac machen können, wird also mit Apps erledigt. Viele sind schon standardmäßig im Betriebssystem vorhanden, Tausende andere können Sie nach Bedarf zusätzlich aufspielen. Die Auswahl ist nahezu unbegrenzt, und für fast jeden Anwendungszweck gibt es das passende »Werkzeug« – und natürlich auch jede Menge Spiele. In diesem Kapitel werden wir Ihnen zeigen, wie Sie am praktischsten mit den Anwendungen umgehen, sie starten, beenden und auch deinstallieren können.

Viele Programme für den Mac

Ihr Mac bietet bereits viele Programme. Sie können aber jederzeit neue Software kaufen und installieren. Auch Microsoft Office ist für macOS verfügbar, allerdings nicht im Lieferumfang enthalten. Wichtig: Achten Sie beim Kauf darauf, dass die Software für macOS geeignet ist. Windows-Programme funktionieren am Mac ganz easy mit Zusatztools (siehe Kapitel 20, »Windows auf dem Mac: das perfekte Team«, ab Seite 437). Unser Tipp: Schauen Sie zuerst in den App Store – dort finden Sie fast alle Mac-Programme und können zudem sichergehen, dass diese auch einwandfrei funktionieren, da Apple jede Anwendung vor der Veröffentlichung prüft. Selbst kostenfreie Apps sind über diese Anwendung verfügbar. Starten Sie den Store einfach aus dem Dock heraus. Wie das genau funktioniert, verraten wir ab Seite 131.

Programme starten

Im Apple-Computer sehen Sie im Dock, d. h. im unteren Bildschirmbereich, zahlreiche bunte Symbole. Jedes dieser Symbole repräsentiert eine App. Diese Apps sind bereits »ab Werk« vorinstalliert. Hier befinden sich jedoch nicht alle Apps, sondern nur eine individuelle Auswahl, quasi ein »Best of«. Wenn Sie wissen möchten, welche App sich hinter welchem Symbol verbirgt, fahren Sie einfach mit dem Mauszeiger darüber – macOS blendet dann sofort den entsprechenden Namen ein.

Abbildung 5.1
Das Dock enthält ausgewählte Apps (Programme) für den schnellen Zugriff. Was hier genau angezeigt wird, das entscheiden später Sie.

Abbildung 5.2
Sichere Sache – der App Store von Apple garantiert geprüfte Programme.

Gestartet wird ein Programm aus dem Dock mit einem primären Mausklick. Probieren Sie es doch einfach einmal mit dem Programm Safari (1 auf Seite 119) aus. Das ist der Internetbrowser von macOS Catalina. Das gestartete Programm hängt dann »schwebend« über Ihrem Schreibtischmotiv.

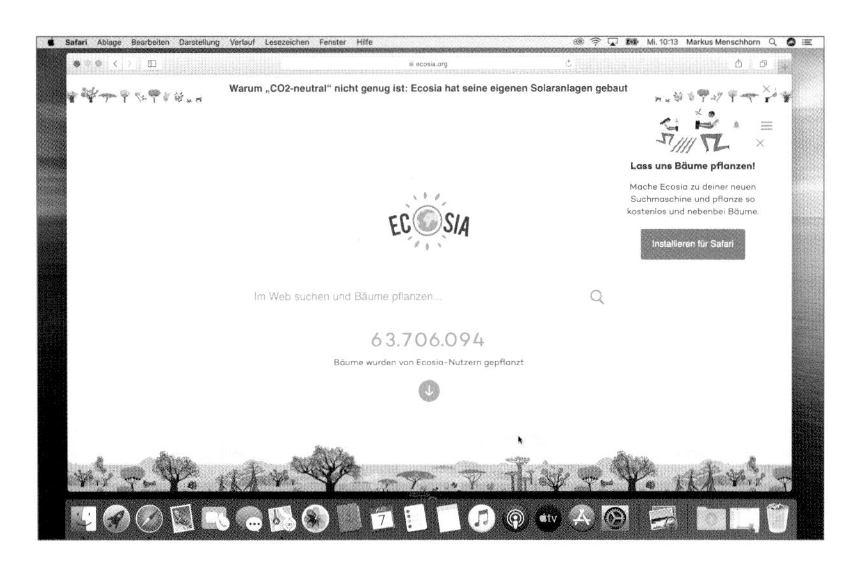

Abbildung 5.3
Auch Safari ist eine App – mit einem Klick wird sie geladen.

Dass Sie gerade in Safari arbeiten, sehen Sie an der geänderten Menüleiste ganz oben im Bildschirm. Das Apfelsymbol wird immer angezeigt, die restlichen Menüpunkte ändern sich je nach App, in diesem Fall also im Hinblick auf Safari.

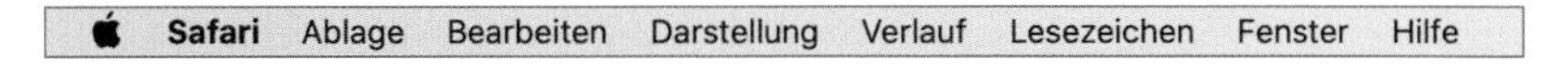

Abbildung 5.4
Sie wissen nicht, in welchem Programm Sie gerade sind? Ein Blick neben den Apfel genügt.

Aufgepasst: Wenn Sie versehentlich auf Ihren Schreibtisch klicken, verlassen Sie kurzfristig auch Safari. Das sieht man aber nur daran, dass sich die Menüleiste ändert, wie Sie direkt erkennen können.

Abbildung 5.5
Hier ist nun der Finder aktiv.

Abbildung 5.6
Aktive Anwendungen erkennt man am schwarzen Punkt.

Zurück zu Safari oder einem beliebigen anderen Programm geht es wieder per Mausklick – entweder auf das Safari-Fenster oder einfach auf das

Symbol im Dock. Der schwarze Punkt ② unter dem Symbol gibt übrigens an, dass das Programm bereits aktiv ist.

Programme beenden

Ist die Arbeit getan, sollte das Programm auch beendet werden – gerade wenn die Programme viel Leistung fordern, wird mit jeder geöffneten Anwendung auch der Computer etwas langsamer. Werfen Sie einfach einen Blick in Ihr Dock: Viele schwarze Punkte unter den Icons bedeuten, dass viele Apps aktiviert sind. Daher: Programme, die nicht gebraucht werden, sollten beendet werden.

Ein Programm beendet man am Mac aber normalerweise nicht, wie es auf den ersten Blick scheinen mag, mit einem Klick auf die rote Schaltfläche am Fenster, wie Sie es in den vorangegangenen Abschnitten erfahren haben. Probieren Sie es direkt aus, beispielsweise mit Safari. Das Fenster, in diesem Fall eine Webseite, ist jetzt zwar weg, oben steht aber noch immer die Safari-Menüleiste; unten im Dock ist auch der schwarze Punkt noch zu erkennen. Also – Sie sehen zwar von Safari nichts mehr, geladen ist die App jedoch trotzdem noch.

Komplett beendet wird eine Anwendung immer über das Menü direkt neben dem Apfel – es trägt die Bezeichnung des jeweiligen Programms, hier **Safari**; im Erinnerungen-Programm wäre es dann **Erinnerungen** etc. In diesem Menü finden Sie unterschiedliche Grundeinstellungen, aber auch immer den Befehl **[Programm] beenden** ③. Damit wird die jeweilige Anwendung endgültig geschlossen. Ist eine bearbeitete Datei, beispielsweise ein Textdokument oder ein Foto, noch nicht abgespeichert worden, erfolgt hierbei sicherheitshalber immer eine Rückfrage vom Programm, was damit passieren soll.

Software, Programm, App?

Egal, ob man am Computer von Programm, Applikation, Software oder App spricht, man meint immer das Gleiche: ein digitales Werkzeug, das für einen bestimmten Einsatzzweck parat steht. Wundern Sie sich also nicht, wenn wir hier im Buch ab und zu verschiedene Begriffe verwenden; das hat nur stilistische Gründe. Abgesehen davon ist sich Apple auch nicht ganz einig – die Apps liegen nämlich alle im *Programme*-Ordner.

Beenden per Tastenkürzel

Sie mögen nicht in Menüs klicken? Dann merken Sie sich die Tastenkombination `command` + `Q` – damit kann jedes Programm beendet werden. Auch hier erfolgt natürlich eine Nachfrage, sollten noch nicht gespeicherte Dokumente geöffnet sein.

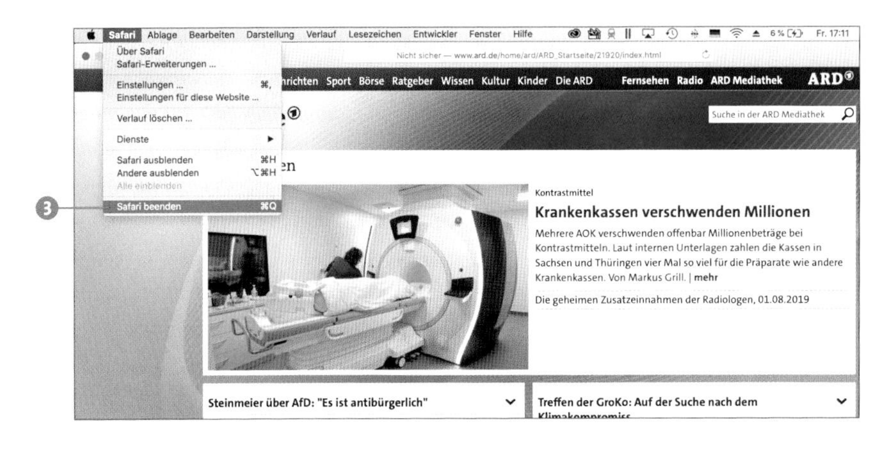

< Abbildung 5.7
Alle Programme, wie auch Safari, schließt man über »Beenden« im Programmmenü komplett.

Zwischen Programmen wechseln

Abbildung 5.8
Schnell gewechselt mit »command« und der Tab-Taste

Haben Sie alle Apps beendet, starten Sie bitte **Kontakte** und **Safari**. Jetzt sind mit dem Finder bereits drei Anwendungen aktiv. Da macOS ein sog. Multitasking-System ist, wären theoretisch auch 30 parallel laufende Apps möglich, abhängig von Computer und Arbeitsspeicher.

Die beweglichen Fenster sind von Vorteil, wenn Sie z. B. im linken Bildschirmbereich das E-Mail-Programm und im rechten Bildschirmbereich das Internetprogramm Safari geöffnet haben. So haben Sie den E-Mail-Eingang im Blick und können nebenbei bequem surfen. Das macht zwar bei einem Notebook weniger Sinn als am schicken 27-Zoll-iMac, aber wir versprechen Ihnen, dass Sie im Laufe des Buches von uns noch viele Ideen vermittelt bekommen, wie Sie zwei nebeneinander geöffnete Programme sinnvoll nutzen können.

Tipp: Split View einsetzen

Der ewige Wechsel zwischen zwei Programmen macht Ihnen keinen Spaß? Wie in Kapitel 4 im Abschnitt »Fenster per Mission Control auf einen neuen Schreibtisch legen« ab Seite 101 ausführlich erläutert, können Sie mit Split View über Mission Control (drei Finger nach oben streichen am Trackpad oder Symbol auf der Tastatur drücken) zwei Apps direkt nebeneinander ausführen.

Der Wechsel zwischen den Anwendungen erfolgt entweder mit einem Klick auf das Programm-Icon im Dock oder indem Sie das Fenster des gewünschten Programms an beliebiger Stelle anklicken. Wenn Sie schneller zwischen Ihren Programmen wechseln wollen, dann probieren Sie die Tastenkombination [command] + [⇥] aus: Halten Sie die [command]-Taste gedrückt, und drücken Sie dann die [⇥]-Taste so oft, bis in dem neu eingeblendeten Menü das Programm Ihrer Wahl dunkelgrau hinterlegt ist.

Zugriff auf alle Programme

Wie in diesem Kapitel bereits erwähnt wurde, ist im Dock nur eine kleine Anzahl der tatsächlich auf Ihrem Mac installierten Anwendungen vertreten. Was hier im Dock zu sehen ist, ist auch nicht die jeweilige App selbst, sondern nur eine Verknüpfung zu jenem Ort auf der Festplatte, an dem die App eigentlich abgelegt ist. Die Apps befinden sich alle im Ordner *Programme* auf Ihrer Festplatte.

Abbildung 5.9
Über den Finder geht es ganz fix in den Ordner »Programme«.

Klicken Sie auf das Finder-Symbol im Dock, ein entsprechendes Fenster wird geöffnet. Zunächst interessiert uns aber nur die linke Seitenleiste. Hier gibt es in der Kategorie **Favoriten** den Eintrag **Programme** – klicken Sie darauf ❶, und schon wird jener Ordner geöffnet, der alle Anwendungen Ihres Macs enthält. Das ist schon ganz schön viel, oder?

In diesem Ordner können die Programme per Doppelklick auf das entsprechende Symbol gestartet werden. Ist die Anwendung gestartet, ist sie, solange sie geöffnet ist, auch im Dock als Symbol sichtbar.

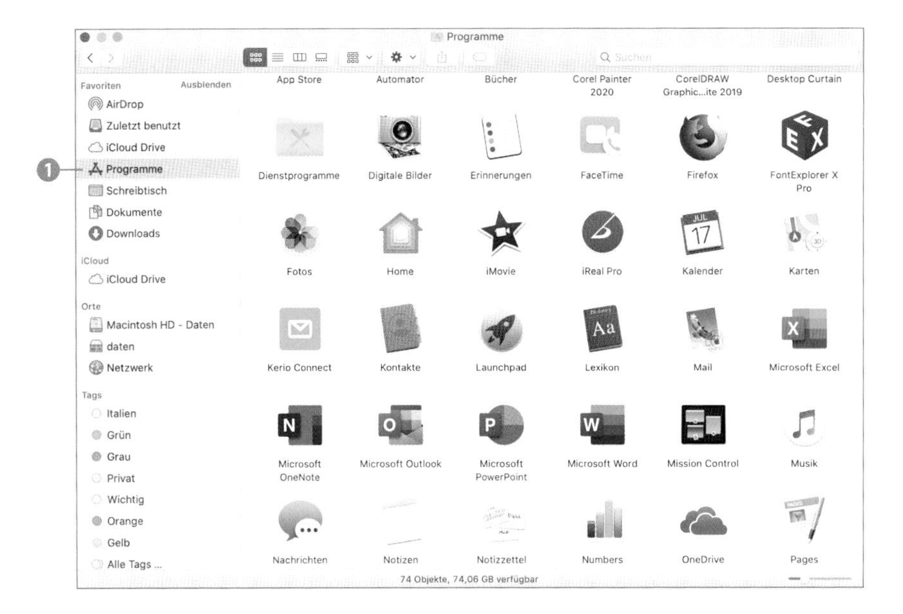

< **Abbildung 5.10**
Viele Programme warten darauf, von Ihnen entdeckt zu werden. Gestartet werden sie per Doppelklick.

Programme im Launchpad

Wenn es darum geht, schnell aus der Fülle der Anwendungen, die sich im Laufe der Zeit und besonders nach der Lektüre dieses Buches auf Ihrem Mac ansammeln werden, eine zu wählen und zu starten, gibt es auch noch einen direkteren Weg als den *Programme*-Ordner oder das Dock.

∧ **Abbildung 5.11**
Über das Launchpad werden Apps besonders fix gestartet.

Im Dock finden Sie links außen ein raketenähnliches Symbol, das sog. *Launchpad*. Übersetzt heißt das so viel wie »Startrampe«; hier starten Sie aber keine Raketen, sondern Ihre Apps. Starten Sie das Launchpad mit primärem, einfachem Mausklick – ganz ohne Ablenkung ist der Bildschirm nun mit allen Programmsymbolen gefüllt. Am Notebook und beim Trackpad starten Sie das Launchpad auch alternativ per »Verkleinerungs-Fingergeste«, also indem Sie den Daumen und drei weitere Finger zusammenziehen.

Mit dem Trackpad können Sie nun im Launchpad per Links- oder Rechtswisch elegant zwischen den Bildschirmen wechseln. Das gilt übrigens auch für die Besitzer der Magic Mouse. Der elegante Wisch klappt aber nur dann, wenn auch genügend Programme installiert sind, sodass sie nicht mehr auf eine Oberfläche passen. Mit einer normalen Maus klicken Sie einfach auf die Punkte (2 auf Seite 124), um zwischen den Bildschirmen zu wechseln.

Vom iPad abgeguckt

Wenn Sie ein iPhone oder ein iPad besitzen, werden Ihnen Optik und Funktionsweise des Launchpads sehr vertraut vorkommen. Hier haben sich die Entwickler von macOS einfach bedient und die »App-Funktionsweise« auf den Mac übertragen. Gar nicht so schlecht, wie wir finden.

Abbildung 5.12
Das Launchpad in macOS – hier werden die Apps besonders schön und übersichtlich angezeigt.

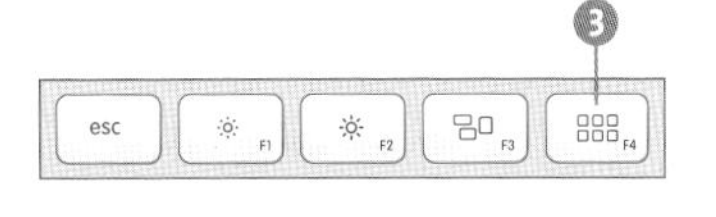

Abbildung 5.13
Das Launchpad kann auch per Knopfdruck über die Tastatur gestartet werden ❸.

Im Gegensatz zu der eingangs beschriebenen Vorgehensweise über den *Programme*-Ordner werden die Programme hier mit einem einfachen Klick gestartet. Das ist vielleicht verwirrend, aber wenn man die Herkunft des Launchpads kennt (siehe den Kasten »Vom iPad abgeguckt« auf dieser Seite), ist es auch wieder logisch.

Launchpad-Symbole anordnen

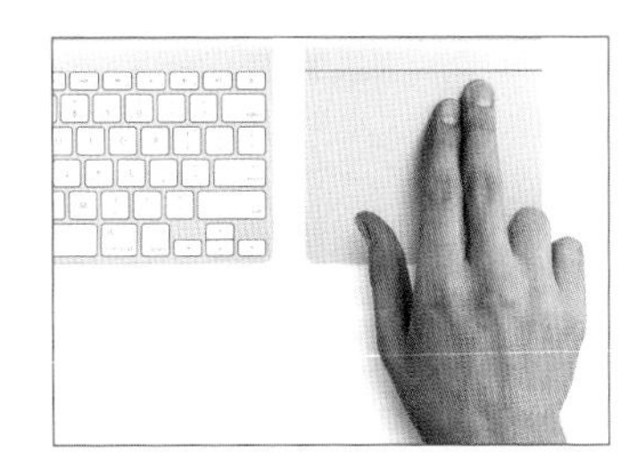

Abbildung 5.14
Das Launchpad lässt sich mit dem Trackpad an Ihrem MacBook oder dem Trackpad für den iMac am besten bedienen.

Schön, Sie können die Programme im Launchpad so zurechtschieben und anordnen, wie es für Sie am praktischsten ist – einfach das entsprechende Symbol anklicken, Maustaste gedrückt halten, an die gewünschte Position verschieben und die Maustaste wieder loslassen. Etwas komplizierter wird es, wenn ein Symbol den Weg auf eine andere Seite des Launchpads finden soll. Mit einem Trackpad schnappen Sie das Programm und schubsen es an den rechten Rand (oder den linken, je nachdem, wo der neue Standort sein soll). Der nächste Bildschirm wird geladen, und Sie können das Programm dann ablegen.

Mit einer Maus funktioniert das ganz genauso: Ziehen Sie mit gedrückter primärer Maustaste das gewünschte Programmsymbol einfach an den neuen Ort, und lassen Sie die Taste dann los. Um ein Symbol auf eine neue Launchpad-Seite zu verschieben, ziehen Sie es einfach an den rechten oder linken Bildschirmrand. Die neue Seite wird dann direkt angezeigt und eine Platzierung ermöglicht.

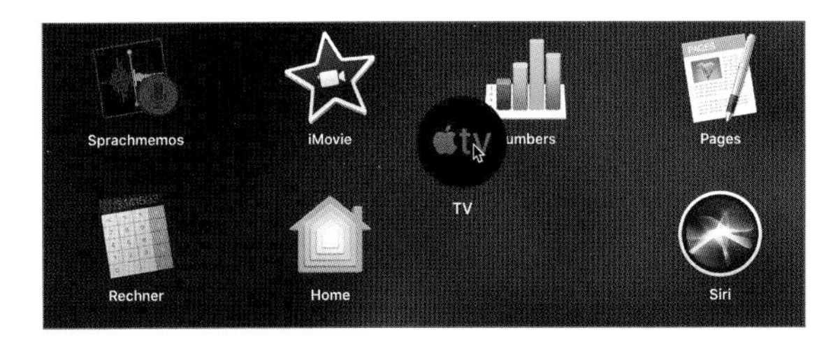

Abbildung 5.15
Die Symbolreihenfolge im Launchpad kann ganz einfach mit gedrückter Maustaste geändert werden.

Wollen Sie im Launchpad gar keine Anwendung starten, so beenden Sie es einfach mit einem Klick auf den Hintergrund oder jeden Bereich, in dem kein Programm-Icon sichtbar ist. Auch die esc-Taste auf der Tastatur hilft hier auf schnellem Weg weiter.

Programme im Dock ablegen

Möchten Sie ein gerade geöffnetes Programm zukünftig ganz schnell über das Dock starten, klicken Sie mit der rechten Maustaste auf das Symbol und wählen im folgenden Kontextmenü unter **Optionen** einfach **Im Dock behalten** 1. Dadurch wird das Programm auch nach dem Beenden zum schnellen Aufrufen im Dock verbleiben.

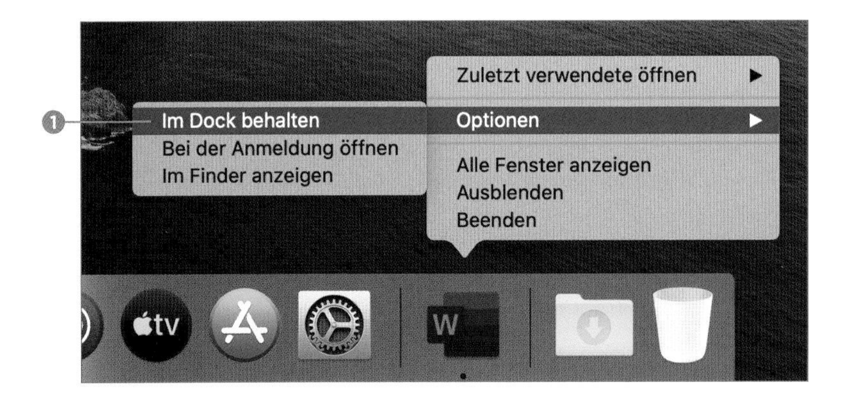

Abbildung 5.16
Programme, die Ihnen lieb und teuer sind, können Sie direkt im Dock behalten.

Sie können alternativ jede Anwendung aus dem *Programme*-Ordner mit gedrückter zentraler Maustaste einfach in das Dock ziehen und an der Stelle fallen lassen, an der es platziert werden soll.

Drag & Drop

Man kann sich am Computer nicht dagegen wehren: Früher oder später tauchen einfach ein paar englische Begriffe auf, die man kennen muss. Mit *Drag & Drop* bezeichnet man die Aktivität, ein Objekt mit der Maustaste anzupacken, die Maustaste gedrückt zu halten und das Objekt dabei an einen anderen Ort zu verschieben. Ist es am Zielort angelangt, kann die Maustaste losgelassen werden. Das funktioniert mit Dateien, Programmsymbolen, Ordnern und eigentlich fast allem am Computer. Ins Deutsche übersetzt, würde es wohl »Ziehen & Fallenlassen« heißen – dann doch lieber »Drag & Drop«, oder?

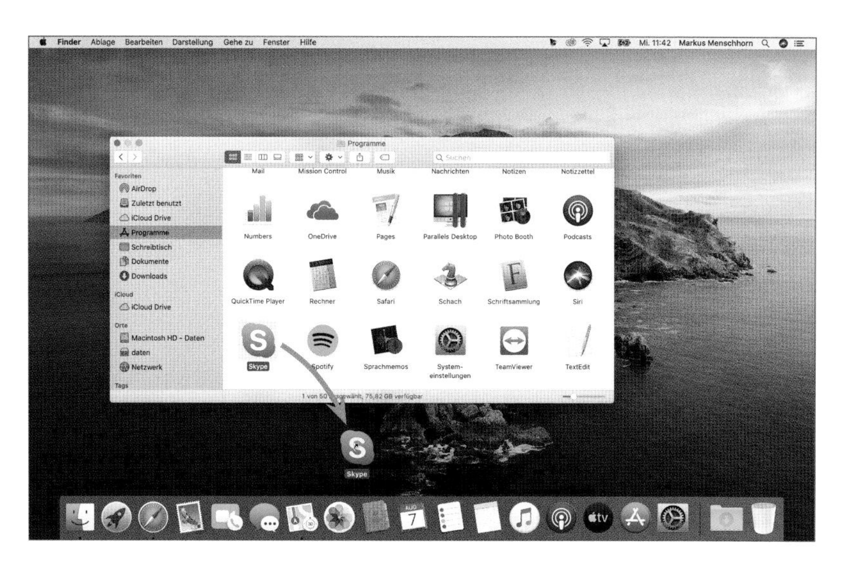

Abbildung 5.17
Ziehen Sie einfach die gewünschte App aus dem Ordner »Programme« per Drag & Drop in das Dock.

Wenn Sie gerade im Launchpad unterwegs sind, ziehen Sie auch hier einfach die gewünschte Anwendung in das Dock, so wie es vorangehend beschrieben wurde.

Abbildung 5.18
Auch aus dem Launchpad kommen die Apps ins Dock.

Sicherheit eingebaut

Damit Sie nicht mit einer unbedachten Mausbewegung Ihr Dock durcheinanderbringen, müssen Sie das Symbol, das Sie entfernen wollen, mindestens so weit nach oben ziehen wie in Abbildung 5.19 gezeigt.

Programme aus dem Dock entfernen

Irgendwann kommt der Zeitpunkt, an dem Ihr Dock zu voll wird oder Sie etwas aufräumen möchten. Das klappt ganz unkompliziert: Ziehen Sie das nicht mehr benötigte Programmsymbol einfach mit gedrückter zentraler Maustaste so weit aus dem Dock heraus, bis **Entfernen** erscheint, und lassen Sie die Maustaste dann los – das Symbol verschwindet und wird das Dock nicht mehr blockieren.

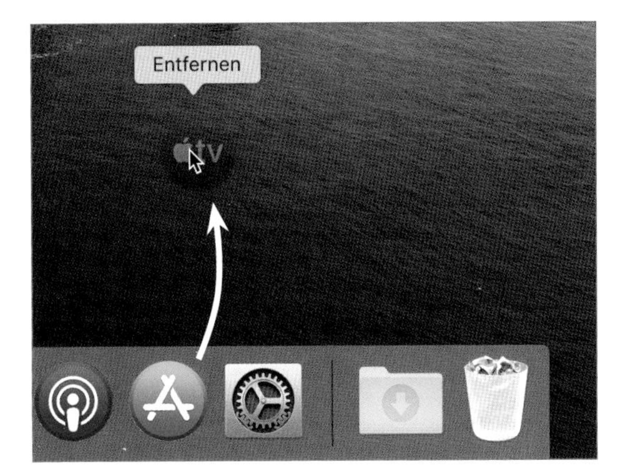

Abbildung 5.19
Programme verschwinden ganz einfach aus dem Dock.

Wichtig: Sie löschen damit lediglich das sog. *Alias*, also die Verknüpfung zu Ihrem Programm, nicht die Anwendung selbst. Es kann also nichts verloren gehen. Wenn Sie ein Programm auf diesem Wege versehentlich aus dem Dock entfernt haben, ziehen Sie es einfach, wie vorher beschrieben, wieder in das Dock zurück.

Alias – die schnelle Verknüpfung

Sie können von jedem Objekt auf Ihrem Mac – egal ob Programm, Bild oder Textdokument – ein Alias erzeugen. Das ist eine »Abkürzung« zum Originalobjekt, die Sie überall hinlegen können, z. B. auf Ihren Mac-Schreibtisch, um von dort mit einem Doppelklick ein häufig benötigtes Dokument zu starten, das eigentlich in einer ganzen Ordner- und Unterordnerstruktur vergraben ist. So funktioniert es: Einfach das gewünschte Objekt anwählen und `command` + `L` drücken. Das Alias wird erzeugt (sichtbar am kleinen Pfeilsymbol) und kann nun an einen beliebigen Platz geschoben werden. Wenn Sie das Alias löschen, bleibt das damit verknüpfte Objekt natürlich erhalten.

Abbildung 5.20
Ein Alias, quasi ein Wegweiser zur eigentlichen App, erkennt man an dem kleinen Pfeil.

Wenn gar nichts mehr geht: Programme »abwürgen«

Auch unter einem so stabilen Betriebssystem wie macOS Catalina kann es passieren, dass sich eine Anwendung einfach »aufhängt«, also auf keine Eingabe mehr reagiert und über die rote Schaltfläche oder das Menü auch nicht mehr beendet werden kann. Das ist kein Grund zur Sorge, denn ist eine Anwendung nicht mehr zu bedienen, ist der Rest des Systems meist nicht betroffen.

Sie können das Programm mit einer speziellen Tastenkombination sofort beenden. Aber ganz wichtig: Nicht gespeicherte Änderungen in der Anwendung gehen dann verloren.

Drücken Sie `command` + `option` + `esc`, so erscheint ein Fenster mit allen gerade geöffneten Programmen. Ein nicht mehr funktionierendes Programm wird immer mit **... (reagiert nicht)** gekennzeichnet ❶. Wählen Sie

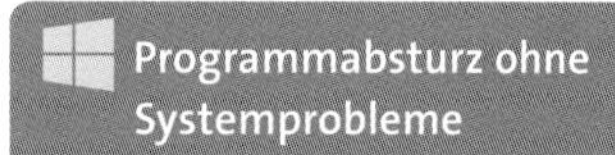

Programmabsturz ohne Systemprobleme

Unter macOS Catalina laufen alle Apps in einem separaten Prozess unabhängig vom Betriebssystem. Hängt sich eine App auf, kann sie beendet werden, ohne das restliche System zu beeinträchtigen. Dass das komplette System hängen bleibt, wie das gerne bei älteren Windows-Versionen der Fall war, kommt unter macOS äußerst selten vor.

aus dieser Liste den »Absturzkandidaten« mit einem primären Mausklick aus, und gehen Sie dann auf **Sofort beenden** ❷. »Hängt« der Finder, gibt es stattdessen die Möglichkeit, ihn mit **Neu starten** zur Mitarbeit zu bewegen. Hier wird nicht der komplette Computer neu gestartet, sondern nur die Dateiverwaltung.

Abbildung 5.21
Hier werden Programme sofort beendet, ohne Rücksicht auf eventuell noch nicht gesicherte Daten.

Der Task-Manager und Strg + Alt + Entf

Unter Windows kann man auf ganz ähnliche Weise hängen gebliebene Programme beenden. Über den Task-Manager sind auch hier alle Programme aufgelistet und können einzeln beendet werden.

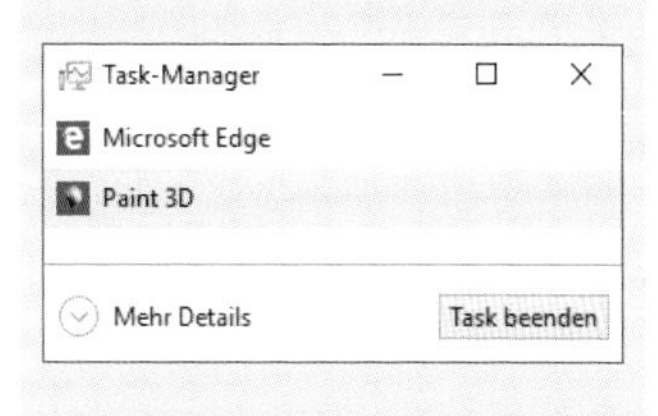

Abbildung 5.22
Der Task-Manager unter Windows 10 bietet die gleiche Funktionalität wie »Programme sofort beenden« am Mac.

Zur Sicherheit wird diese Eingabe im folgenden Fenster nochmals abgefragt ❸, damit Sie ja nicht das falsche Programm schließen.

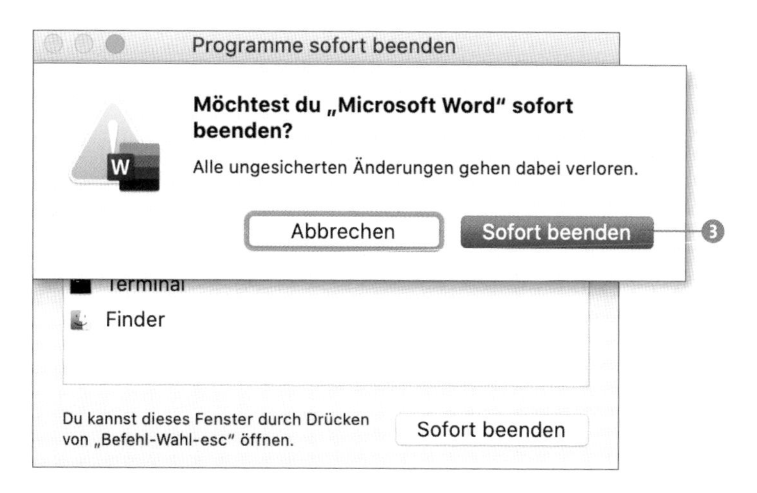

Abbildung 5.23
Ganz sicher – bevor das Programm intern »abgewürgt« wird, lässt sich macOS diesen Vorgang nochmals bestätigen.

Nach dieser Bestätigung wird die ausgewählte Anwendung radikal von macOS Catalina geschlossen. Alle anderen Anwendungen laufen aber ungehindert weiter.

Kein Neustart erforderlich

Die Programme im Apple-Betriebssystem laufen alle in separaten »Käfigen«. Stürzt eine Software ab, sind die anderen davon nicht betroffen. Es ist also nicht notwendig, nach einem Programmabsturz das gesamte System neu zu starten.

Programme installieren

An Ihrem Mac sind bereits viele Programme vorinstalliert. Doch natürlich gibt es noch viele weitere Anwendungen am Markt, die vielleicht den Weg auf Ihren Mac finden werden. Wir zeigen Ihnen, wie Sie die Installation durchführen und nicht mehr benötigte Anwendungen komfortabel vom Computer entfernen.

Gatekeeper – Wächter über Programme

macOS hat mit dem *Gatekeeper* einen ziemlich »scharfen Wachhund« an Bord, der alle Programminstallationen überwacht. Damit soll verhindert werden, dass Schadsoftware auf Ihrem Computer installiert wird. Damit Programme anderer Anbieter standardmäßig nicht geblockt werden, muss sich der Hersteller von Apple zertifizieren lassen oder die App über den App Store anbieten. Da das Geld kostet und sich gerade bei kostenloser Software nicht immer lohnt, kann auch bei harmlosen Apps Ihr macOS erst einmal die »Handbremse anziehen«. Glücklicherweise können Sie sie auch wieder lösen.

Erhalten Sie bei der Installation eines Programms die Meldung, dass die Installation nicht möglich sei, so wie in Abbildung 5.25 gezeigt, gehen Sie wie folgt vor:

Windows-Blockade

Auch unter Windows gibt es eine ähnliche »Blockade-Funktion«, die nicht autorisierte Programme an der Installation hindert und erst vom Anwender eine Eingabe fordert.

Abbildung 5.24
Die Benutzerkontensteuerung unter Windows 10 sorgt ebenfalls dafür, dass Programme nicht ohne Abfrage installiert werden.

Abbildung 5.25
Der Gatekeeper blockiert hier eine Programminstallation. Sie wissen zwar, dass es ungefährlich ist, der Gatekeeper schiebt hier trotzdem zuerst einen Riegel vor. In diesem Fall handelt es sich um eine interne Vorabversion einer Software, die von Apple daher noch nicht freigegeben wurde.

1. Starten Sie die Systemeinstellungen, und gehen Sie auf den Punkt **Sicherheit > Allgemein** ①. Dort finden Sie im unteren Bereich die Einstellungen zum Gatekeeper. Die Option, dass Installationen aus dem App Store und von verifizierten Entwicklern erlaubt sind ②, ist die »freizügigste« Variante und standardmäßig aktiviert.

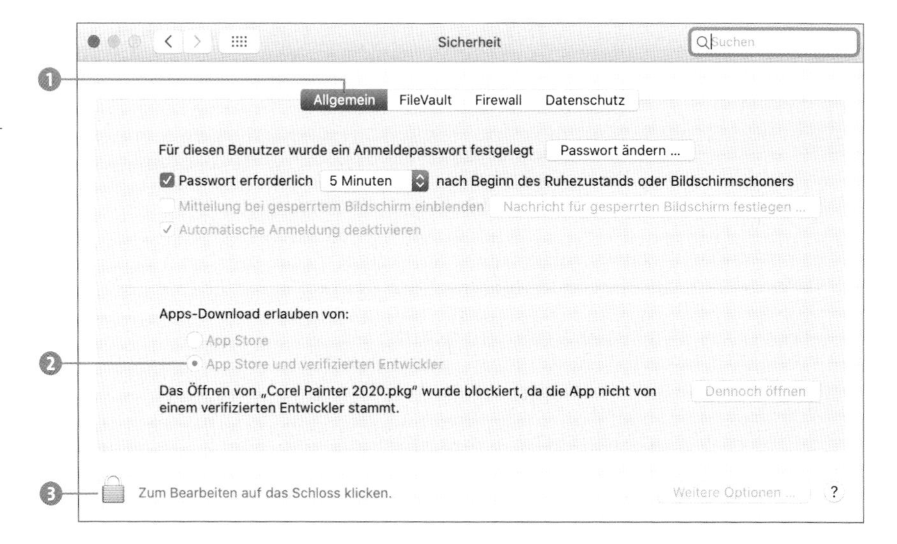

Abbildung 5.26 >
Die Sicherheitseinstellungen von macOS sind umfangreich und regeln auch die Software-Installation.

2. Nun entsperren Sie die Funktionen von Gatekeeper mit einem Klick auf das Vorhängeschloss ③. Je nach Computer wird die Eingabe des Passworts oder einfach Ihr Fingerabdruck verlangt.

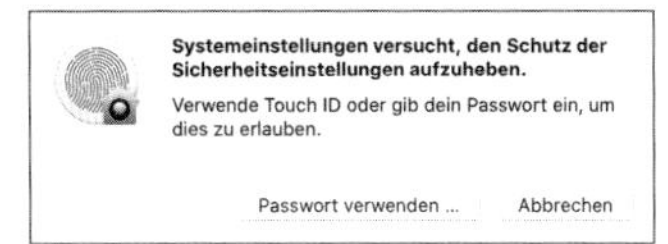

∧ Abbildung 5.27
Sicherheit geht vor, und so sind auch die Sicherheitseinstellungen mit Passwort oder Fingerabdruck geschützt.

3. Klicken Sie anschließend auf **Dennoch öffnen** ④.

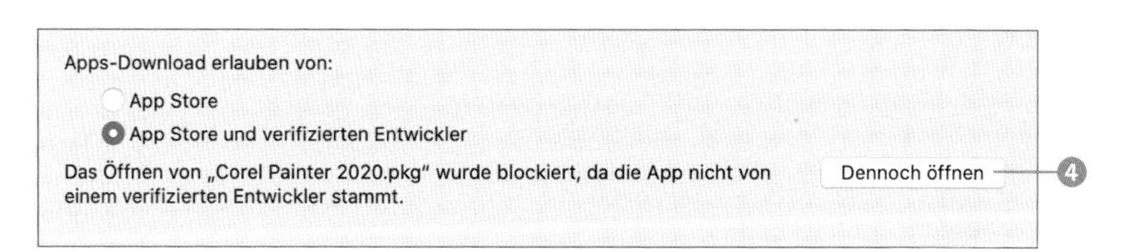

∧ Abbildung 5.28
Hat Gatekeeper eine Software-Installation blockiert, kann diese trotzdem über »Dennoch öffnen« zugelassen werden.

4. Nun starten Sie Ihre App-Installation erneut. Wieder wird macOS einen Hinweis auf Schadsoftware anzeigen. Dieses Mal steht Ihnen aber die Schaltfläche **Öffnen** ⑤ zur Verfügung – ein Klick darauf startet dann den Installationsvorgang.

Sicherheit geht vor

Es mag vielleicht lästig erscheinen, dass macOS Sie dazu zwingt, eine Software, die nicht von Apple offiziell verifiziert wurde, so kompliziert freizugeben. So wird aber effektiv verhindert, dass Schadsoftware »heimlich« installiert wird.

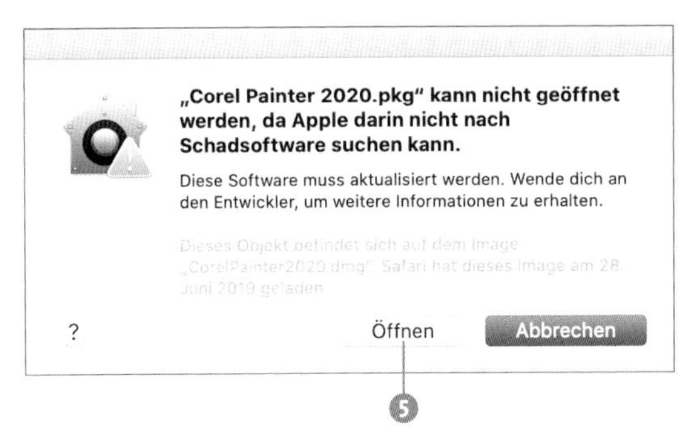

< Abbildung 5.29
Endlich startklar – ist macOS überzeugt, dass Sie von der Installation einer Software überzeugt sind, wird die Installation gestartet.

Installation aus dem App Store

Der App Store von Apple bietet Tausende Applikationen für Ihren Mac. Sie können auch ohne Anmeldung zunächst die gesamte Vielfalt durchforsten und Ihre Lieblingssoftware finden. Starten Sie hierzu den App Store einfach über das Dock oder das Launchpad.

Apple zufolge gehört Software auf CD oder DVD der Vergangenheit an. Abgesehen davon ist das Angebot an Mac-Apps in normalen Elektronikmärkten eher mager. Daher macht das Angebot, hier per Mausklick Apps zu kaufen, durchaus Sinn. Übrigens sind viele kleine Apps sogar kostenlos im App Store erhältlich. Für alle anderen müssen Sie über Ihren Apple-Account bezahlen. Die Anmeldung und die Angabe der Zahlungsmöglichkeiten sind recht unkompliziert. Wie das im Detail funktioniert, zeigen wir Ihnen anhand des Kaufs eines Musiktitels im digitalen »Musikladen« in der Musik-App, der dieselben Angaben benötigt (siehe den Abschnitt »Musik kaufen im iTunes Store«, ab Seite 312).

∧ Abbildung 5.30
Der App Store ist Apples Einkaufsparadies für neue Anwendungen..

Eine App für alle Macs

Wenn Sie mehrere Macs besitzen, beispielsweise ein MacBook und einen iMac, dann müssen Sie die Software auch nur einmal kaufen. Die Apps stehen im App Store unter **Gekauft** bereit und können installiert werden. Voraussetzung ist natürlich, dass Sie an den verschiedenen Geräten mit der gleichen Apple-ID angemeldet sind.

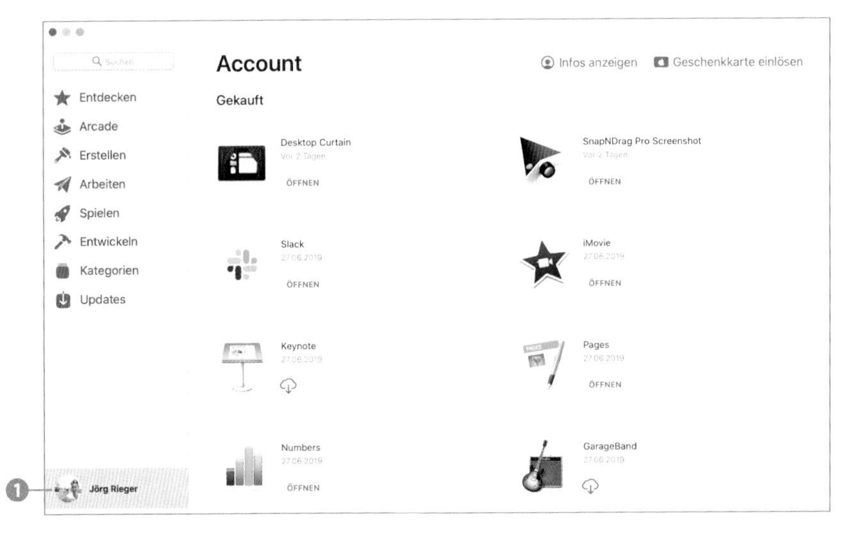

< Abbildung 5.31
Hier sehen Sie, welche Apps Sie bereits gekauft und installiert haben. Klicken Sie für diese Ansicht auf Ihren Profilnamen links unten 1.

Im App Store finden Sie auch den Bereich **Updates** ②. Dieser wird in den meisten Fällen aber genauso leer sein wie auf unserem Bildschirmfoto. Denn standardmäßig installiert macOS automatisch sämtliche Aktualisierungen im Hintergrund, ohne dass Sie das großartig bemerken. Mehr dazu lesen Sie in Kapitel 18, »Updates, Problemlösung, Datensicherung«, ab Seite 383.

Abbildung 5.32 >
Keine Updates – in der Regel installiert macOS alle Aktualisierungen im Hintergrund.

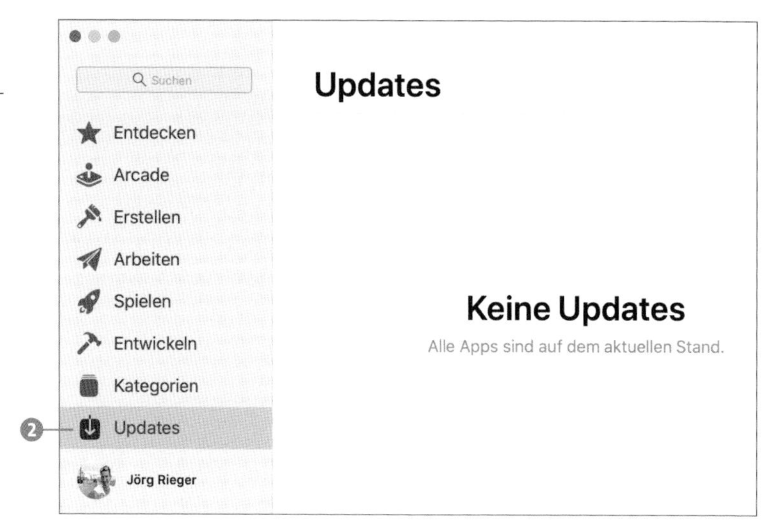

Programme aus dem App Store erneut installieren

Die gute Nachricht: Gelöscht ist nicht gleich gelöscht. Alle Apps, die Sie im App Store von Apple erworben haben, stehen dort jederzeit für Sie bereit.

Abbildung 5.33 >
Keine Panik – nach einer Neuinstallation, nach dem Löschen einer App oder auch auf einem zusätzlichen Computer stehen alle gekauften Apps jederzeit wieder bereit.

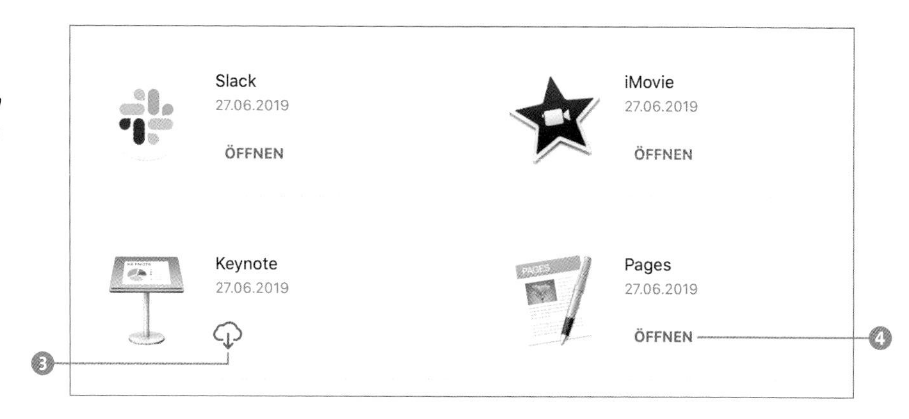

Haben Sie ein Programm von Ihrem Mac entfernt, steht dieses im App Store im Bereich **Gekauft** per Klick auf Ihren Profilnamen links unten weiterhin zur Verfügung und kann per Mausklick erneut installiert werden. Das Wolkensymbol ❸ zeigt an, dass die App heruntergeladen werden kann, aber nicht installiert wurde. Steht hingehen **Öffnen** ❹ an der App, ist diese bereits voll funktionsfähig.

Programme aus dem Internet

Das Internet liefert verlockende Angebote, darunter auch Software, Programme und oftmals Testversionen, die Sie gratis laden und installieren können und die nicht über den Apple App Store selbst verfügbar sind. Ein Download direkt aus dem Internet ist daher notwendig. Deshalb greifen wir in diesem Abschnitt schon etwas vor. Wenn Sie sich noch nicht mit dem Surfen im Web auskennen, empfehlen wir Ihnen zunächst die Lektüre von Kapitel 8, »Ich geh' online – mit meinem Mac und Safari«, ab Seite 197. Wie Sie generell zwischen seriösen und dubiosen Angeboten unterscheiden, dazu schlagen Sie schon mal kurz im Abschnitt »Goldene Regeln für die Sicherheit im Web« ab Seite 223 nach.

Wie funktioniert nun ein sog. *Download*, also das Herunterladen von Programmen? Der Anbieter stellt die Anwendung zumeist als Installationspaket auf seinem Server bereit. Sie können auf dieses Download-Paket zugreifen, indem Sie die entsprechende Internetseite besuchen. Gerade bei Testversionen teurerer Programme müssen Sie sich zuerst kostenlos mit Namen und E-Mail-Adresse registrieren, um den Download-Link zu erhalten. Ein Klick auf den entsprechenden Button oder Link startet dann den Download. Das heißt, die Installationsdatei wird auf Ihren Rechner kopiert.

Geprüfte Software?

Oft wird der App Store kritisiert, weil jede Anwendung für macOS, aber auch für das iPhone und iPad erst von Apple geprüft und dann freigegeben wird. Das ist vor allem den freien Medien ein Dorn im Auge, die tatsächlich zensiert werden – alles, was nicht der doch deutlich prüderen amerikanischen Norm entspricht, darf nicht veröffentlicht werden. Allerdings hat die Kontrolle durch Apple einen entscheidenden Vorteil: Schadsoftware, z. B. zum Ausspionieren von Passwörtern, gibt es im App Store nicht, auch die kostenlosen Apps sind daraufhin gecheckt. Software, die nicht offiziell geprüft wurde, provoziert eine Sicherheitsmeldung, wie auf Seite 129 beschrieben (siehe Abbildung 5.25). Das bedeutet aber nicht, dass es sich hierbei in jedem Fall um Schadsoftware handelt.

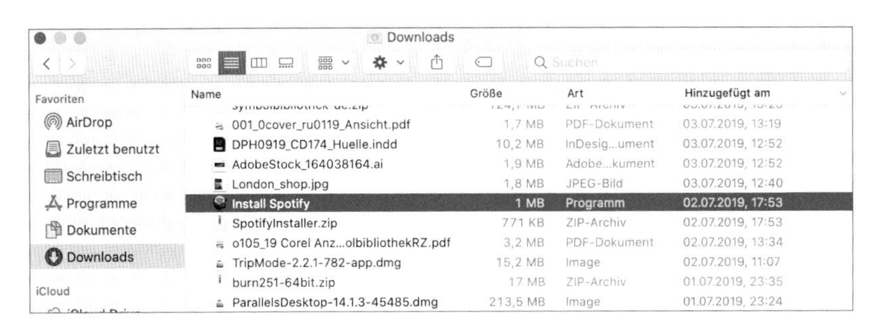

Abbildung 5.34
Im »Downloads«-Bereich werden alle heruntergeladenen Daten abgelegt.

Grundsätzlich legt Safari, aber auch alle anderen Internetbrowser, heruntergeladene Dateien im *Downloads*-Ordner ab. Diesen erreichen

Sie über einen Klick im Finder in den Favoriten. Ihr Programm ist damit noch nicht installiert, sondern muss in der Regel noch per Doppelklick gestartet werden.

So laden Sie eine Anwendung aus dem Internet

Doch genug der Theorie, jetzt zeigen wir Ihnen, wie man in der Praxis ein Programm aus dem Internet lädt. Als Beispiel nehmen wir den Download des Internetbrowsers Firefox, ebenfalls ein Programm, mit dem Sie ins Internet gehen können. Dieses Programm wird kostenlos angeboten und stellt eine gute Alternative zu Safari dar. Er ist gerade in Sachen Geschwindigkeit dem Apple-Programm etwas überlegen. Und alle, die von Windows umsteigen und Firefox von dort kennen, arbeiten gern mit dem gewohnten Programm weiter und können über das Firefox-Konto auf Lesezeichen und gesicherte Webseiten-Zugangsdaten zugreifen. Ausprobieren schadet also nichts, und im folgenden Abschnitt zeigen wir Ihnen, wie Sie mit diesem Programm ins Internet kommen.

1. Webseite aufrufen

Gehen Sie mit Safari ins Internet, und laden Sie die Site *www.mozilla.org* über die Adressleiste. Es wird die Firefox-Seite aufgerufen. An der prominenten blauen Schaltfläche ❶ sehen Sie sicherlich schon die Download-Möglichkeit für Ihren Mac – es ist alles vorbereitet, klicken Sie darauf, und schon startet der Download.

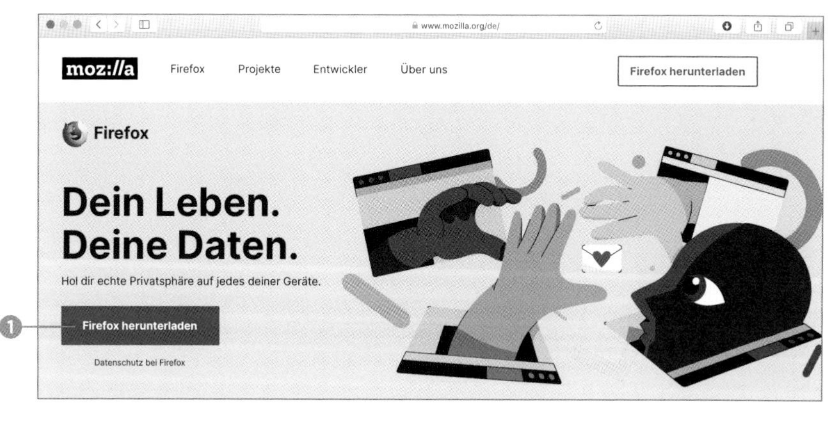

Abbildung 5.35 >
Der Download wird meist über einen Klick auf eine Schaltfläche gestartet. Hier ist sie blau und nicht zu übersehen.

∧ Abbildung 5.36
Auch im Finder-Fenster wird der Download-Fortschritt im Ordner »Downloads« angezeigt.

2. Herunterladen

Rund 70 Megabyte müssen nun auf Ihren Mac geladen werden. Die Download-Anzeige von Safari in der rechten oberen Ecke gibt Auskunft darüber, wie lange Sie sich noch gedulden müssen. Ein Klick auf das winzige Symbol ❷ gibt noch mehr Informationen preis.

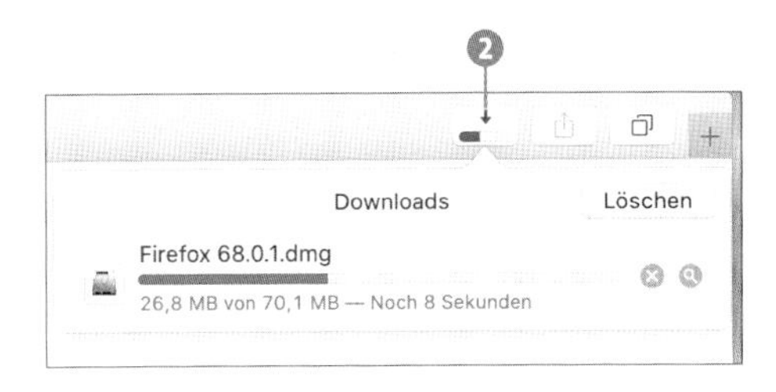

∧ **Abbildung 5.37**
Sie können sich über die Größe und die verbleibende Dauer des Downloads informieren.

3. Firefox installieren

Hat der Download geklappt, klicken Sie auf das kleine Fortschrittssymbol. In dem daraufhin angezeigten Fenster doppelklicken Sie auf das Symbol vor der Installationsdatei ❸. Damit wird das sog. *Installations-Image* wie eine kleine Festplatte oder eine Speicherkarte in das System geladen.

∧ **Abbildung 5.38**
Ist der Download abgeschlossen, geht es an die Installation

Wenn Sie auf das Finder-Symbol im Dock klicken, sehen Sie, dass das Installations-Image Firefox wie ein USB-Stick bzw. wie eine Speicherkarte erkannt wurde ❹. Klicken Sie darauf, öffnet sich nach einer kurzen Sicherheitsprüfung von macOS der Installationsordner. Parallel hat Firefox genau diesen Ordner sowieso automatisch geöffnet ❺ und als Image auf den Schreibtisch geladen ❻. Da dies aber nicht bei allen Apps der Standard ist, wollten wir Ihnen hier auch den umständlichen, aber immer funktionierenden Weg zeigen.

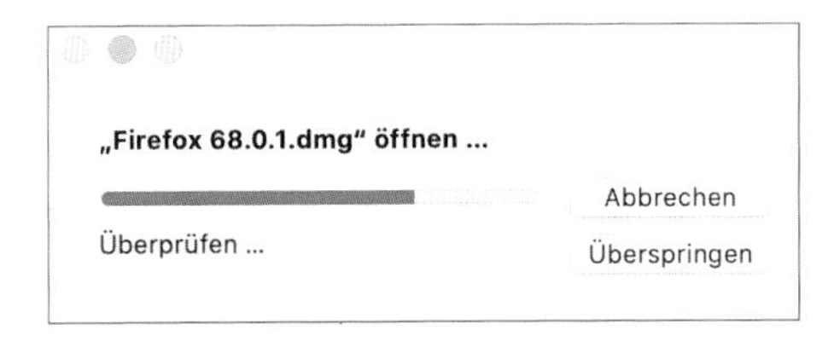

∧ **Abbildung 5.39**
Bevor das Installations-Image bereitgestellt wird, checkt macOS automatisch auf Schadsoftware.

Abbildung 5.40 >
Sogenannte Images erscheinen in der Finder-Leiste unter »Orte«, aber auch prominent auf dem Schreibtisch als Icon.

Damit Firefox im *Programme*-Ordner installiert wird, ziehen Sie das Firefox-Symbol mit gedrückter primärer Maustaste einfach auf den angezeigten blauen **Programme**-Ordner ⑦ und lassen es los, sobald das grüne Plussymbol ⑧ erscheint. Im Anschluss daran wird Firefox kopiert.

Abbildung 5.41
Das Plus signalisiert Ihnen, wann Sie die Maustaste loslassen können.

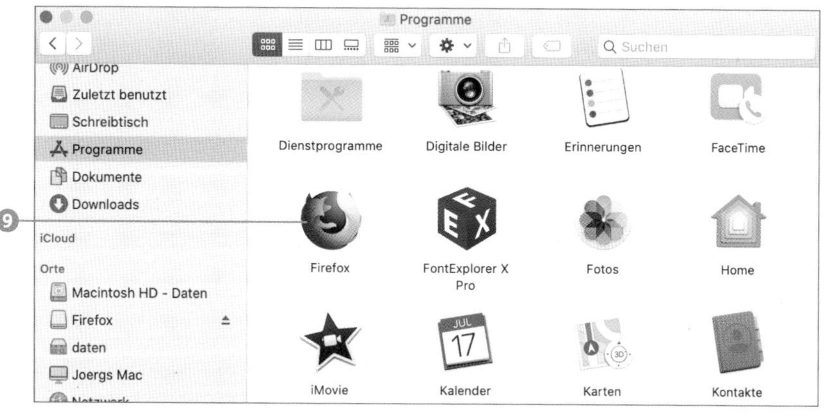

Abbildung 5.42
Nach erfolgter Installation landet Firefox im Finder-Fenster in dem Ordner »Programme«.

4. Programm starten

Gehen Sie nun über den Finder in Ihren **Programme**-Ordner, und starten Sie Firefox per Doppelklick ⑨. Alternativ geht es natürlich auch über das Launchpad, in dem die App automatisch hinterlegt wurde.

Abbildung 5.43
Firefox ist automatisch im Launchpad zu finden.

5. Sicherheitsrisiko

Jetzt werden Sie mit einer Warnmeldung von macOS Catalina gebremst. Diese Sicherheitsabfrage erscheint übrigens immer beim allerersten Programmstart einer Software, die aus dem Internet geladen wurde. Damit soll verhindert werden, dass Sie versehentlich eine App ausführen, die Sie eigentlich gar nicht haben wollten oder die vielleicht sogar einen schädlichen Code enthält.

Da Sie sich in unserem Beispiel mit Firefox aber sicher sind, welche Anwendung Sie geladen haben, gehen Sie hier auf **Öffnen** ⑩, und Firefox wird gestartet.

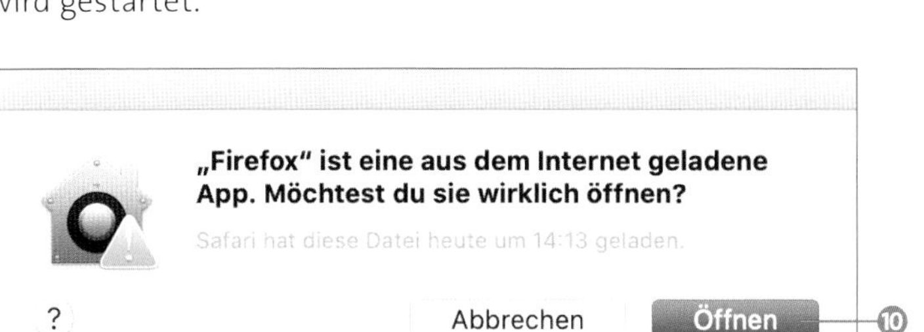

Abbildung 5.44
Apple erinnert Sie an ein mögliches Sicherheitsrisiko.

6. Volume auswerfen

Abschließend können Sie das Volume/Gerät aus der Seitenleiste per Klick auswerfen ⑪, da Sie die App-Installation erfolgreich vorgenommen haben. Ebenso kann die Installationsdatei aus dem *Downloads*-Ordner gelöscht werden.

Das war doch gar nicht schwer, oder? Nach diesem Prinzip können Sie fast alle Softwareanwendungen aus dem Internet laden und auf Ihrem Mac installieren.

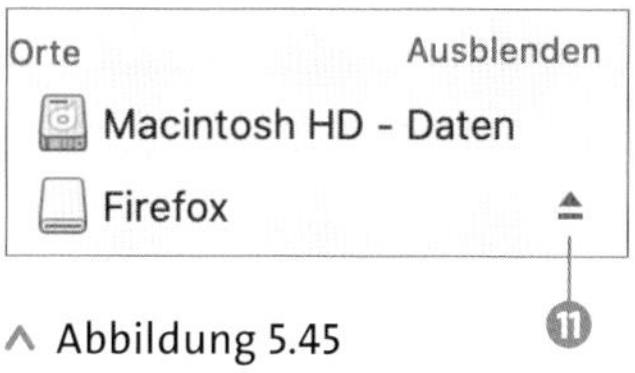

Orte Ausblenden
Macintosh HD - Daten
Firefox
⑪

Abbildung 5.45
Das Installations-Image wird nicht mehr benötigt.

Installation von CD oder DVD

Wenn Sie eine Software auf CD oder DVD erhalten, müssen Sie diese in das Laufwerk einlegen. Der eingelegte Datenträger erscheint dann im Finder-Fenster im Abschnitt **Orte** und als Symbol auf dem Schreibtisch. Klicken Sie das Laufwerk ① hier einmal an, um darauf zugreifen zu können. In den meisten Fällen finden Sie im Ordner auch schon direkt ein Programmsymbol ②, das Sie ganz einfach, wie vorhin schon bei Firefox gezeigt, in den blauen *Programme*-Ordner ziehen.

Externes Laufwerk

Sämtliche Macs neueren Datums verfügen über kein CD- oder DVD-Laufwerk mehr. Sie müssen daher bei Bedarf ein externes Laufwerk anschließen. Dieses gibt es schon für unter 30 €, und es wird über den USB-Anschluss angedockt. Bei allen aktuellen MacBooks benötigen Sie dann noch einen Adapter zwischen dem USB-C-/Thunderbolt-Anschluss des Macs und dem USB-Anschluss des Laufwerks.

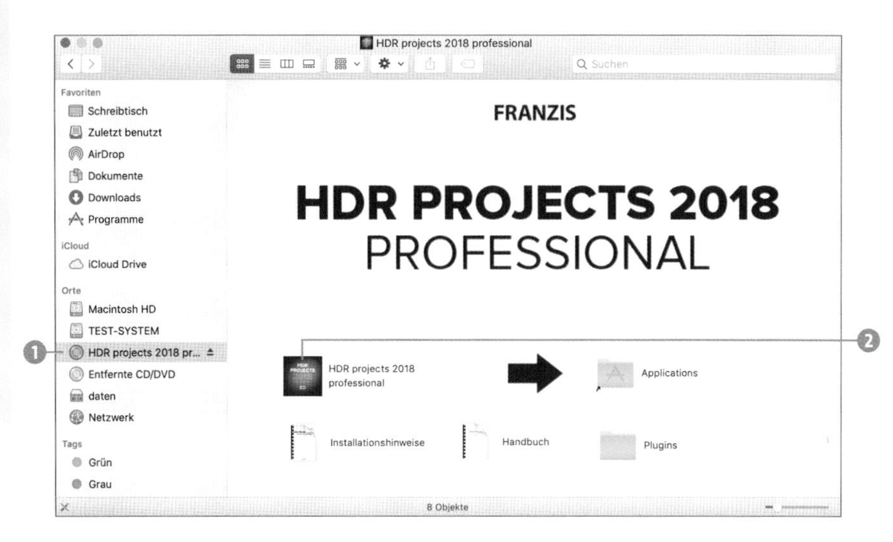

Abbildung 5.46
Die Installation einer Software direkt von CD oder DVD funktioniert ganz einfach.

Je nach Software kann aber auch per Doppelklick eine Installationsroutine mit mehreren Abfragen folgen. Hier heißt es dann: durchklicken. Bevor die App überspielt wird, erscheint die übliche Abfrage von macOS nach Ihrem Computerkennwort. Das dient der Sicherheit, damit niemand unberechtigterweise Software auf Ihrem Mac installieren kann.

Programme laden

Wenn Sie Ihr E-Mail-Programm sowieso immer gleich nach dem Start des Computers laden, kann das auch macOS für Sie übernehmen. In den Systemeinstellungen unter **Benutzer & Gruppen > Anmeldeobjekte** legen Sie fest, welche Anwendungen sofort und ohne Ihr Zutun geladen werden sollen.

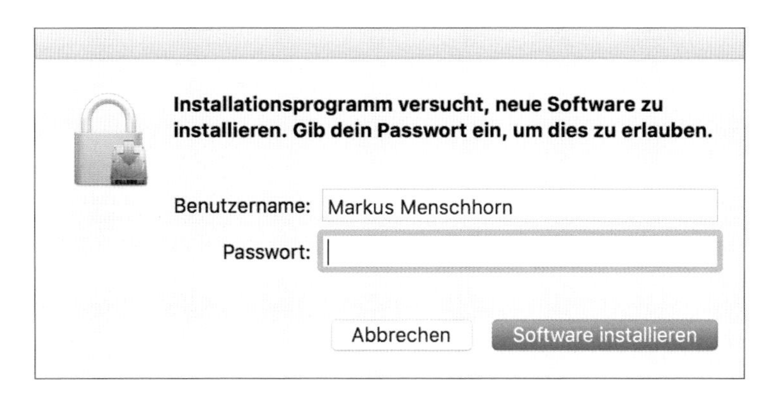

Abbildung 5.47
Passwort erforderlich – wie bei vielen Systemvorgängen wird auch bei der Installation einer App von CD oder DVD Ihr Passwort benötigt.

Nach erfolgreichem Abschluss der Installation finden Sie die neue Software immer im Ordner *Programme*. Möchten Sie sie auch im Dock haben, muss das separat erledigt werden, wie im Abschnitt »Programme im Dock ablegen« ab Seite 125 erläutert.

Programme vom Mac entfernen

Es kommt sicherlich der Zeitpunkt, an dem Sie eine Anwendung nicht mehr benötigen. Dann sollten Sie sie auch vom Mac löschen, um Speicherplatz zu schaffen. Das funktioniert unter macOS recht unkompliziert. Gehen Sie in den **Programme**-Ordner im Finder, und suchen Sie jenes Programm aus, das überflüssig geworden ist. Ist nur ein Programmsymbol verfügbar, wählen Sie dieses einfach aus und ziehen es per Drag & Drop in den Papierkorb. Nun folgt noch die Abfrage nach Ihrem Computerkennwort bzw. nach Ihrem Fingerabdruck, und damit ist die Deinstallation auch schon abgeschlossen. Auch bei größeren Anwendungen funktioniert die Deinstallation meist nach diesem Prinzip. Wenn Sie ehemaliger Windows-Anwender sind, erfordert diese Art des Löschens sicherlich etwas Überwindung – denn diese Art der Programmdeinstallation quittiert das »Fenster-System« mit Instabilität und Funktionsfehlern.

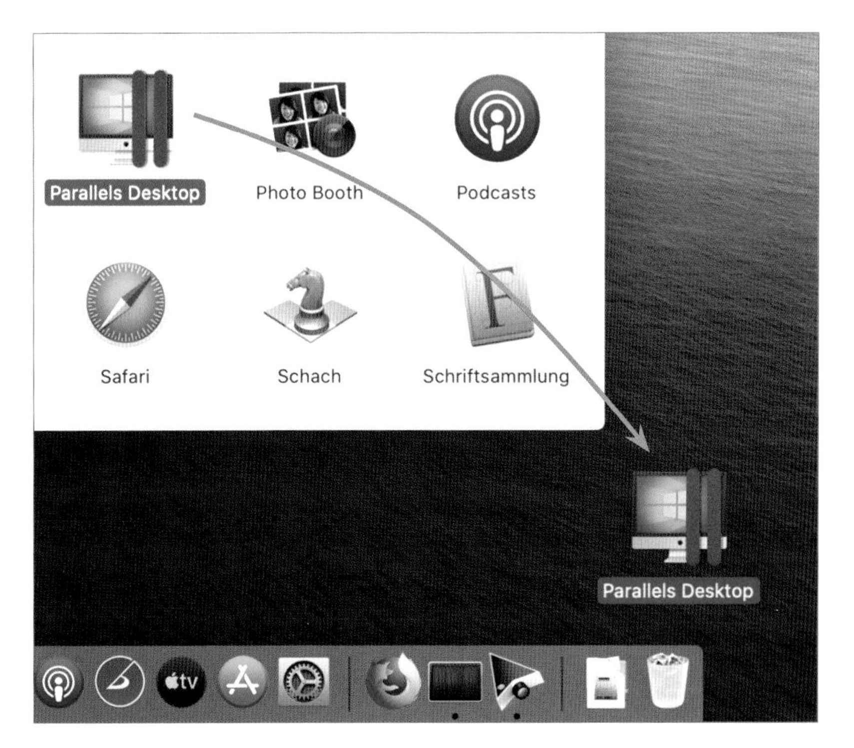

Abbildung 5.48
Wie üblich – der Finder verlangt vor dem Löschen einer App das Computerkennwort oder Ihren Fingerabdruck.

Abbildung 5.49
Ganz einfach – nicht mehr benötigte Programme werden aus dem »Programme«-Ordner auf den Papierkorb gezogen. Ein Deinstallationsprogramm wie bei Windows gibt es bei macOS nicht.

Einige Programme liefern allerdings auch unter macOS eine Deinstallationsanwendung mit. Diese befindet sich meist in einem Unterordner und muss dann dort gestartet werden.

Aber – sollten Sie einmal übersehen, dass die Software ein separates »Entfernungsprogramm« hat, und daher das zu löschende Objekt einfach so in den Papierkorb geworfen haben, nimmt macOS Ihnen dies auch nicht wirklich übel. Es bleiben dann lediglich einige Datenreste auf der Festplatte in Unterordnern zurück, die ansonsten mit entfernt worden wären. Für den laufenden Betrieb Ihres Systems ist das aber ohne jede Bedeutung.

Wenn Sie die App, die nun gelöscht wurde, zusätzlich im Dock abgelegt haben, müssen Sie das Symbol dort natürlich ebenfalls entfernen. Markieren Sie das entsprechende Symbol, und ziehen Sie es in den Papierkorb. Im Launchpad werden die »App-Leichen« hingegen spätestens beim nächsten Neustart automatisch entsorgt.

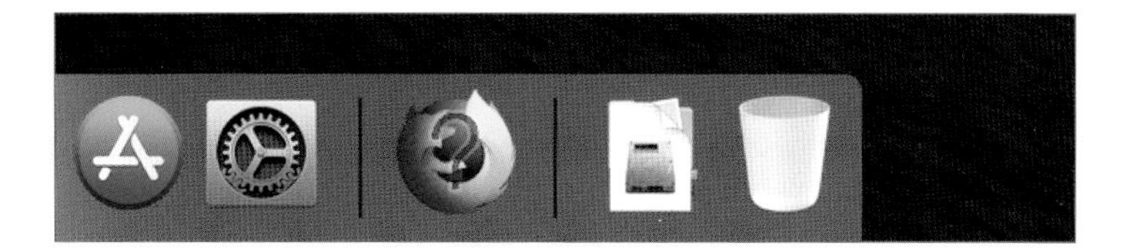

Abbildung 5.50 >
Das große Fragezeichen – ist die App gelöscht, erscheint sie beim Anklicken im Dock nur noch mit Fragezeichen.

6 Den Überblick behalten: Dateien, Ordner, Laufwerke

Sie haben im vorangegangenen Kapitel viel über Ihren Mac erfahren und grundsätzliche Bedienelemente kennengelernt. Hier schließen wir nun direkt an. Viele der folgenden Infos werden immer wieder benötigt, z. B. dann, wenn Sie Dateien kopieren, Ordner zur Sortierung anlegen oder Fotos auf einen USB-Stick kopieren möchten. Daher unsere Empfehlung: Lesen Sie zunächst rein, und wenden Sie die Anleitungen an, wenn Sie das entsprechende Wissen benötigen. Außerdem verraten wir Ihnen hier einige Tricks und Tipps, mit denen Sie auch vor erfahrenen Mac-Anwendern glänzen können. Auch für Windows-Anwender lohnt ein Blick in dieses Kapitel, um die kleinen (mitunter gemeinen) Unterschiede zu Windows kennenzulernen, damit sie nicht zu Fallstricken werden.

Ansichtsoptionen im Finder

Bekanntlich ist ja alles Ansichtssache – auch im Finder von macOS gilt diese Devise. Nur dass Sie hier immer gleich vier verschiedene »Sichtweisen« per Klick parat haben, und zwar ganz unkompliziert. In jedem Ordner kann man die Ansichten per Mausklick über die Symbolleiste ändern.

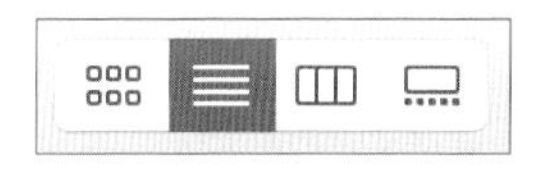

∧ **Abbildung 6.1**
So wechselt man am Mac seine Ansichten: Symbol-, Listen-, Spalten- und Galerie-Ansicht.

Damit Sie besser vergleichen können, zeigen wir Ihnen die verschiedenen Möglichkeiten anhand eines Ordners, den wir angelegt haben. Sie können das im Finder aber mit jedem beliebigen Ordner ausprobieren.

Symbolansicht

In der Symbolansicht (❶ auf Seite 142) sehen Sie alle Dateien und Programme eines Ordners mit kleinen Symbolen im geöffneten Finder-Fenster. Je nachdem, ob macOS die angezeigten Dateien von Haus aus unterstützt, werden die Dokumente sogar mit einer kleinen Vorschau angezeigt. Möchten Sie in diesem Modus den Inhalt eines Ordners sehen, klappt das ganz einfach mit einem Doppelklick auf genau diesen Ordner. Möchten Sie wieder in die ursprüngliche Ebene zurückkehren, verwenden Sie am besten den Pfeil nach links ❷.

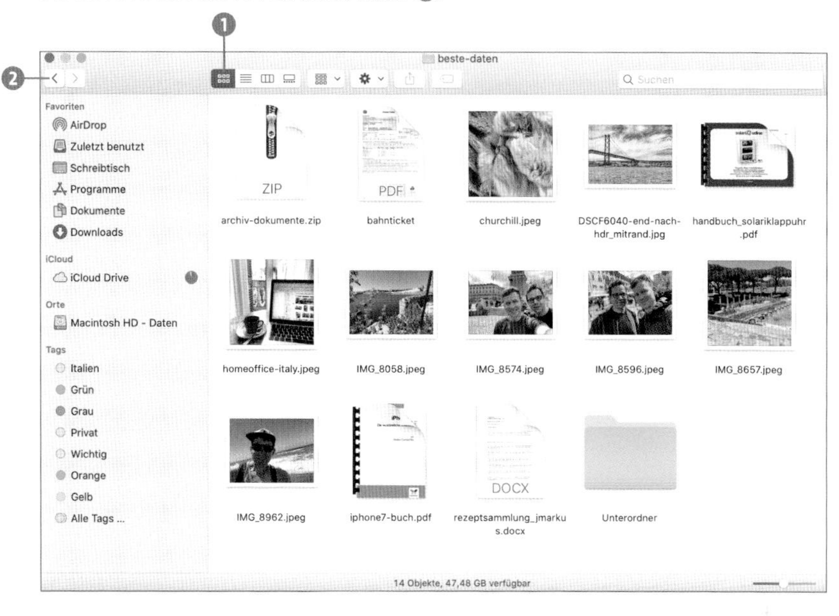

Abbildung 6.2
Die Symbolansicht ist praktisch, um viele Dateien schon vor dem Öffnen über ein Vorschaubild zu betrachten.

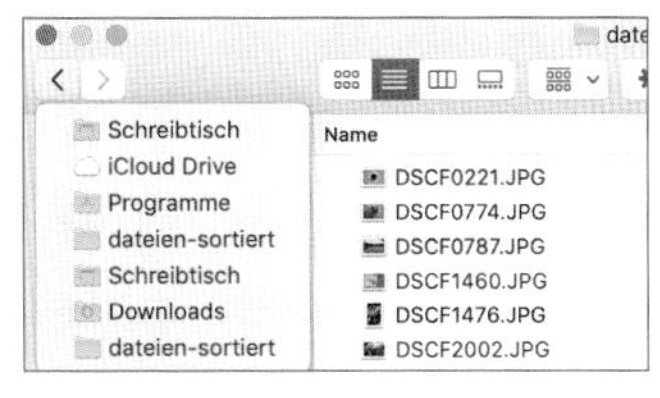

Abbildung 6.3
macOS merkt sich in jedem Fenster, in welchen Ordnern Sie gestöbert haben.

Wenn Sie den Pfeil nach links länger drücken, klappt ein Feld mit den zuletzt benutzten Ordnern auf – Sie können also ohne Umwege per Mausklick dorthin springen. Allerdings hat macOS Catalina hier ein stark eingeschränktes Gedächtnis. Nach dem Schließen des jeweiligen Fensters sind auch die benutzten Ordner vergessen.

Listenansicht

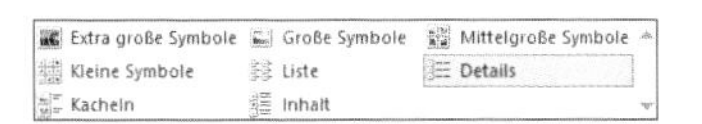

Abbildung 6.4
Unter Windows gibt es ebenfalls verschiedene, ganz ähnliche Darstellungsmöglichkeiten.

Die Listenansicht ❸ eignet sich für Ordnungsfanatiker und für große Dateimengen. Diese werden hier ordentlich aufgelistet und mit kleinen Symbolen präsentiert. Hinter den jeweiligen Dateinamen finden Sie in separaten Spalten ❹ zudem eine Menge Detailinformationen über diese Daten, beispielsweise das Änderungsdatum oder die Dateigröße.

Auch hier ist es möglich, einen Ordner per Doppelklick zu öffnen. Viel besser ist aber die Option, den Ordner im angezeigten Fenster zu öffnen und den jeweiligen Inhalt zusätzlich anzeigen zu lassen. Klicken Sie dazu am gewünschten Ordner einfach auf das Dreiecksymbol ❺, schon offenbart sich Ihnen der Inhalt. Ein erneuter Klick schließt den Ordner wieder. Sie sehen bereits: Der Vorteil dieser Ansicht besteht darin, dass Sie beliebig viele Unterordner und Ordner in einer Liste geöffnet haben können, ohne den Überblick zu verlieren.

Ordner aufklappen

Am Mac klappt man die Ordner meistens über das Dreiecksymbol auf, wenn man deren Inhalt sehen möchte.

Abbildung 6.5
Ordner aufklappen leicht gemacht

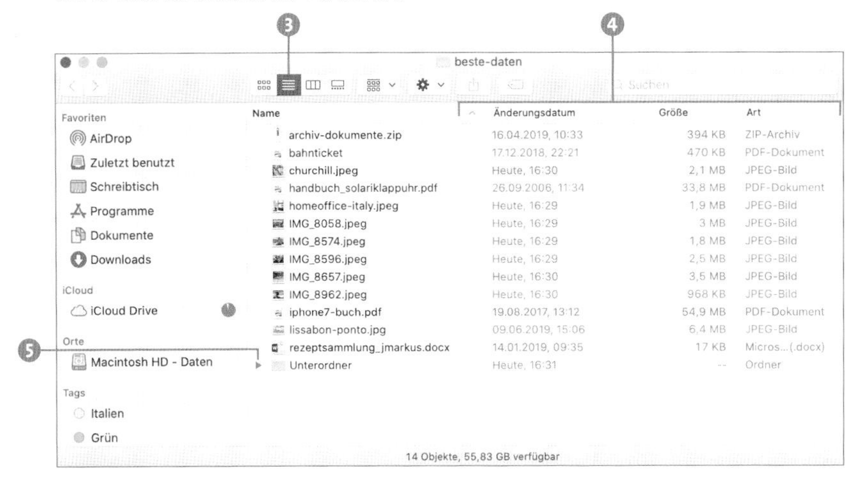

Abbildung 6.6
Ganz schön detailliert, was die Listenansicht preisgibt.

Abbildung 6.7
Die Spaltenbreite passen Sie an, indem Sie den Trennstrich zwischen den Spaltenbeschriftungen verschieben.

In Abbildung 6.7 sehen Sie, dass die Dateinamen und weitere Infos gut zu lesen sind. Das ist aber nicht immer der Fall: Je nach Fenstergröße sind die Spalten zu knapp bemessen, und wichtige Infos werden abgeschnitten. Sie können die Spaltenbreite aber selbst anpassen. Klicken Sie dazu in der Zeile mit den Spaltenbeschriftungen auf die entsprechende Trennline ❻, und ziehen Sie diese mit gedrückter primärer Maustaste nach links oder rechts.

Spaltenansicht

Die Spaltenansicht (❶ auf Seite 144) ist eine ganz spezielle Art, um sich Dateien anzeigen zu lassen. Sie sehen in diesem Modus nur die Datei- und Ordnernamen, weitere Informationen werden erst per Mausklick auf ein Symbol angezeigt. Die Ordnerstruktur klappt zudem nicht nach unten, sondern zur Seite auf – eben in Spalten. Ordner offenbaren mit einem einfachen Mausklick ihre Inhalte, die dann rechts angezeigt werden. Unterverzeichnisse klappen beim Anklicken dann noch eine Spalte weiter nach rechts auf. Die Vorschau einer angeklickten Datei und noch weitere Detailinfos werden, Sie ahnen es, wiederum eine Spalte weiter angezeigt ❷. Per Trackpad und Magic Mouse »wischen« Sie übrigens ganz komfortabel von links nach rechts und umgekehrt.

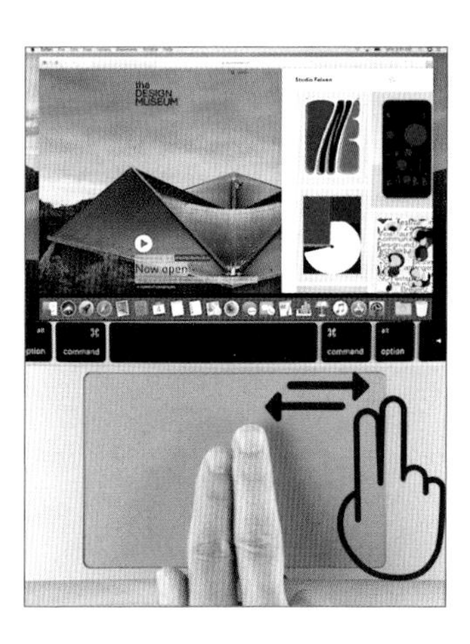

Abbildung 6.8
Zwei Finger auf dem Trackpad …

Abbildung 6.9
… oder einer auf der Magic Mouse ermöglichen komfortables Scrollen in der Spaltenansicht.

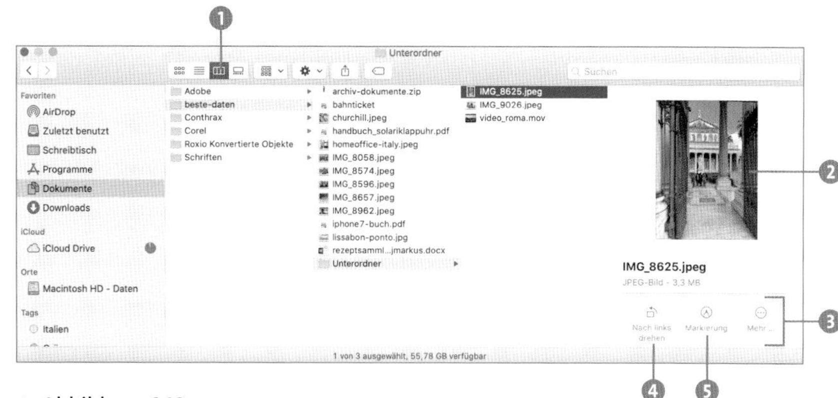

Abbildung 6.10
Die Spaltenansicht zeigt Ordner und Dateien im Querformat – ungewöhnlich, aber richtig praktisch.

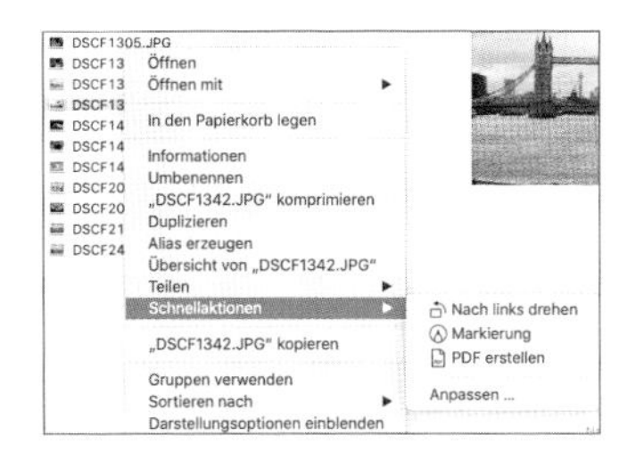

Abbildung 6.11
Die Schnellaktionen sind in jeder Finder-Ansicht auch direkt per sekundärem, also rechtem Mausklick aufrufbar.

In der Spaltenansicht öffnen sich, sofern auch das Fenster breit genug aufgezogen ist, unter den Detailinfos die sog. *Schnellaktionen* ❸. Bei Bildern können Sie diese direkt drehen ❹ und über **Markierung** ❺ weitergehend bearbeiten. Dann öffnet sich direkt eine Vorschau mit zahlreichen Editierfunktionen (siehe unten). Wichtig: Alles, was Sie hier an Ihren Bildern bearbeiten, wird zusätzlich als separate Sicherheitskopie abgelegt. Mit einem Klick auf **Letzte Version** ❻ setzen Sie alle gerade vorgenommenen Änderungen zurück. Ein Klick auf **Fertig** ❼ bindet die neuen Elemente in Ihr Bild ein, und es geht zurück zur Spaltenansicht. Wie Sie die Änderungen an diesem Punkt rückgängig machen, erfahren Sie in Kapitel 18, »Updates, Problemlösung, Datensicherheit«, ab Seite 383.

Abbildung 6.12
Über die Schnellaktionen können Sie tatsächlich recht schnell Markierungen in Bilder und PDF-Dokumente einfügen.

Galerie-Ansicht

Die Galerie-Ansicht ist für die Betrachtung von Bildern gut geeignet. Allerdings ist diese Möglichkeit noch nicht wirklich ausgefeilt. Möchten Sie hier wirklich Bilder anschauen, sollten Sie in jedem Fall in den dunklen Modus von macOS wechseln (siehe dazu Seite 115), damit die Motive brillant zur Geltung kommen.

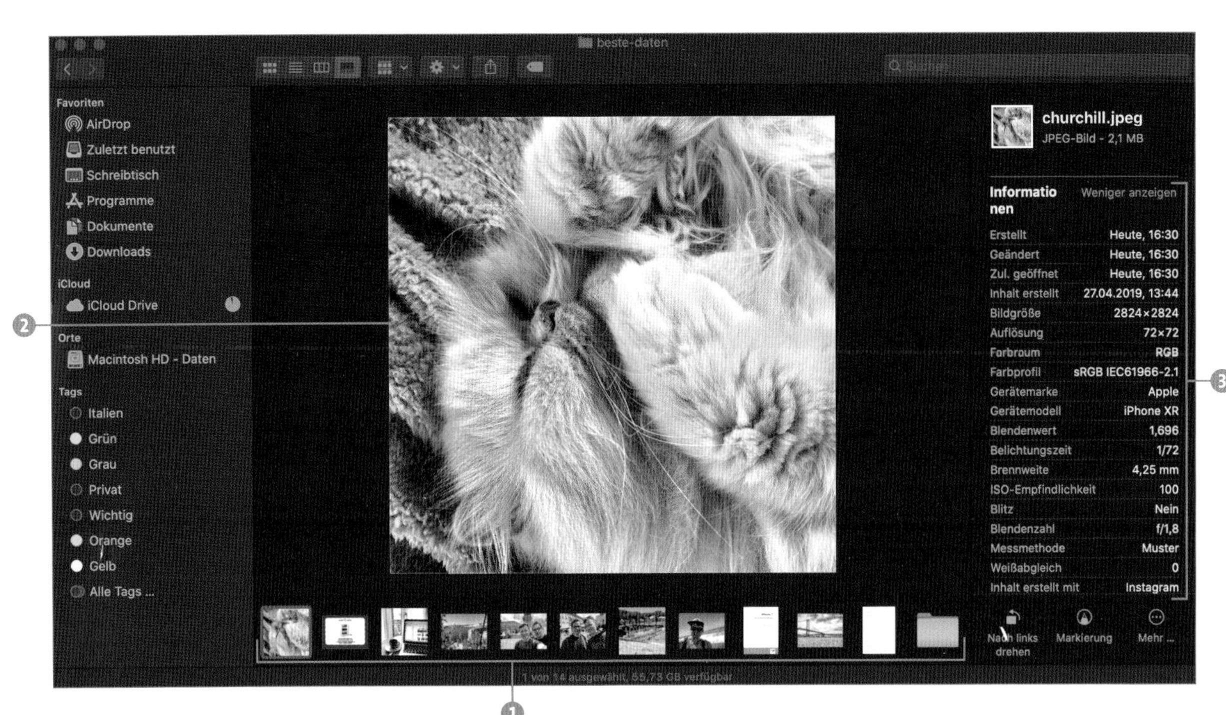

Abbildung 6.13
Die Galerie-Ansicht ist eigentlich nur im dunklen Modus von macOS sinnvoll.

In dieser Ansicht scrollen Sie über die kleinen Vorschaubilder ❶ durch Dokumente, Videos, Musik und Bilder. Mit dem Trackpad und der Magic Mouse wischen Sie mit zwei Fingern, um durch die Dateien zu »fliegen«. Leider scrollt die große Vorschau ❷ nicht mit, Sie müssen das jeweilige Objekt immer einmal anklicken, damit es groß angezeigt wird. Auch hier gilt: Ist das Fenster breit aufgezogen, erfahren Sie auf der rechten Seite noch jede Menge Wissenswertes zur jeweiligen Datei ❸. In unserem Fall, bei einem Digitalfoto, mit welcher Kamera, welchem Objektiv und in welcher Auflösung es aufgenommen wurde.

In jeder Dateiansicht können Sie eine zusätzliche Sortierung starten. Hierzu nutzen Sie die Schaltfläche **Objektausrichtung ändern** ❹ in der Finder-Leiste.

Abbildung 6.14
Noch mehr Ordnung – mit der Funktion »Objektausrichtung« können Sie nach weiteren Kriterien sortieren.

Neue Ordner anlegen

Neue Ordner werden benötigt, um Ordnung innerhalb der Datenvielfalt am Computer zu schaffen. Angenommen, Sie haben bisher alle Dokumente und Daten einfach nur im *Dokumente*-Ordner abgelegt, dann ist das auf Dauer nicht gerade übersichtlich. Um hier eine Struktur zu schaffen, gibt es die Möglichkeit, zusätzliche Ordner und Unterordner anzulegen und die Daten darin zu sortieren. Man kann sich das am besten im Vergleich mit einem Kleiderschrank vorstellen – auch dort sind ja nicht die Unterhosen, Jeans und Hemden in einer Abteilung, sondern in getrennten Fächern untergebracht. Und diese Fächer sind am Mac und bei Computern allgemein die Ordner. Einen Ordner kann man auf jedem Laufwerk und in jedem Ordner anlegen, selbst auf dem Schreibtisch kann man einen Ordner erstellen. Von Letzterem würden wir Ihnen aber abraten – da wird es ganz schnell unübersichtlich.

< Abbildung 6.15
Ziemlich praktisch – mit Ordnern auf dem Mac schafft man Ordnung, ganz wie mit den guten alten Karteikästen. (Foto: Fotolia: © Sashkin)

Eigene Apple-Ordnung

Apple versucht mit jeder Betriebssystemversion einmal mehr, die Ordnerstruktur zu sprengen – viele Daten werden insbesondere von den Apple-eigenen Programmen in einer ganz eigenen Systematik abgelegt. Beispielsweise speichert die Fotos-App (siehe auch Kapitel 15, »Bessere Fotos mit der Fotos-App«, ab Seite 325) Daten, wenn man sie im Finder betrachtet, chaotisch, im Programm selbst aber aufgeräumt, strukturiert und sortiert. Noch extremer ist die Situation am iPhone oder iPad, wo Apple gar keinen Einfluss auf die Ablageorte der Daten zulässt.

Zum Ausprobieren wollen wir einmal Ordner in Ihrem *Dokumente*-Verzeichnis anlegen: Gehen Sie über die Finder-Seitenleiste in dieses Verzeichnis. Hier haben Sie eventuell schon Dokumente abgelegt, macOS und einige Apps haben zudem schon bei der Installation ein paar eher unwichtige Dateien hineingespeichert. Übrigens ist es egal, in welcher Finder-Ansicht Sie sich gerade befinden – diese Vorgehensweise ist immer gleich, auch wenn wir sie hier nur in der Symbolansicht erläutern.

Sie haben nun mehrere Möglichkeiten, einen neuen Ordner zu erstellen. Diese werden wir Ihnen in den folgenden Abschnitten näher erläutern.

Ordner erstellen über das Aktionsmenü (Zahnradmenü)

Sicherlich haben Sie sich schon gefragt, was es mit dem Zahnrad im Finder-Fenster auf sich hat. Damit können Sie u. a. neue Ordner erstellen.

1. Aktionsmenü aufrufen

Klicken Sie in das Menü **Aktion** ❶ im Finder-Fenster. Daraufhin öffnet sich ein Menü mit zahlreichen Funktionen.

2. Neuer Ordner

Für uns ist allerdings nur **Neuer Ordner** ❷ interessant. Diese Option wählen Sie mit einem einfachen Mausklick aus.

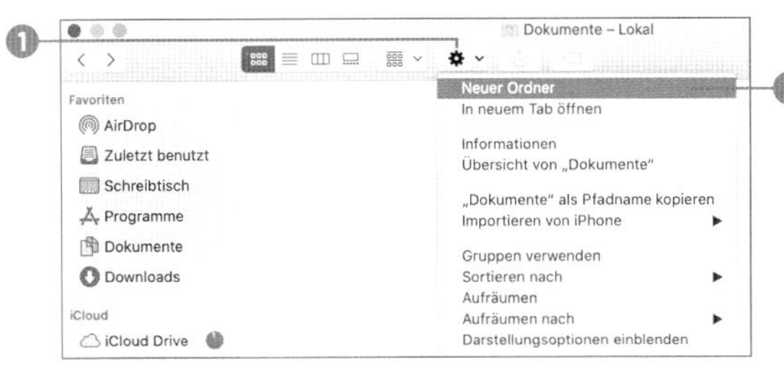

< Abbildung 6.16
Das Zahnradmenü bietet viele nützliche Optionen. Hier interessiert uns erst einmal nur »Neuer Ordner«.

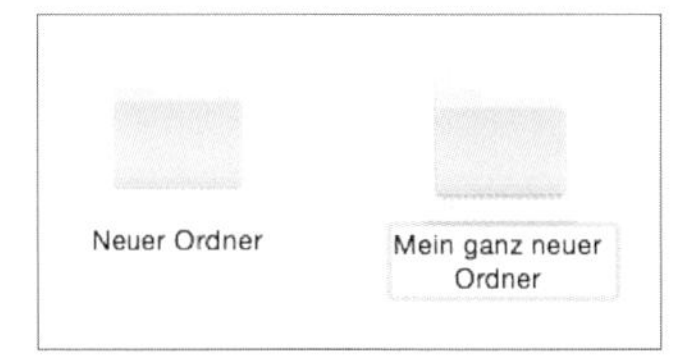

∧ Abbildung 6.17
Sie sollten Ordner sofort benennen. »Mein ganz neuer Ordner« ist dabei aber keine besonders gute Wahl.

Sofort erscheint ein neues Ordnersymbol im geöffneten Finder-Fenster. Der Text ist blau unterlegt und kann direkt, ohne zusätzliches Markieren, mit einem Namen nach Wunsch überschrieben werden. Wenn Sie fertig sind, drücken Sie einfach die [↵]-Taste oder klicken mit der Maus in die leere Fläche des Finders. Damit ist der neue Ordner auch schon einsatzbereit.

Neuer Ordner über das Kontextmenü

Alternativ kann ein neuer Ordner auch über einen sekundären Mausklick in die freie Fläche des gewünschten Finder-Fensters erzeugt werden. In dem Kontextmenü, das sich nun öffnet, wählen Sie auch **Neuer Ordner** aus. Die weitere Vorgehensweise entspricht der soeben beschriebenen.

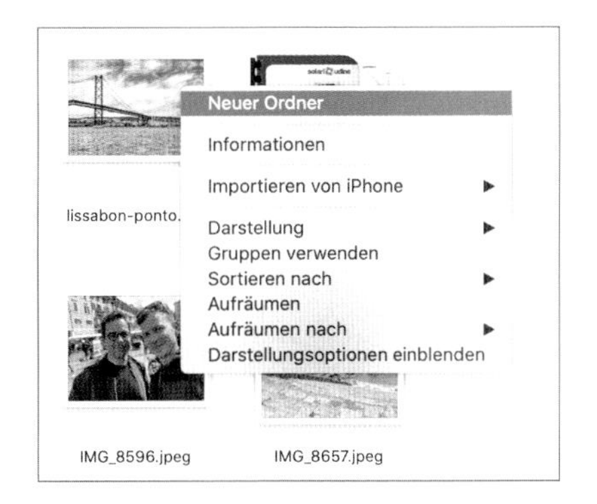

Abbildung 6.18 >
Kontextmenüs gibt es an vielen Stellen. Hier wurde mit rechts auf den weißen Hintergrund geklickt.

Ordner umbenennen

Möchten Sie einen Ordner nachträglich umbenennen, markieren Sie ihn und klicken erneut mit der primären Maustaste auf die Beschriftung des Ordners. Diese wird dann blau markiert, und Sie können einfach den neuen Namen eintippen.

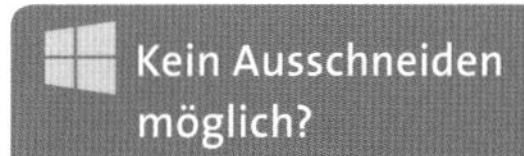

Kein Ausschneiden möglich?

Sie sind es vielleicht von Windows gewohnt, dass man Dateien an einer Stelle ausschneiden (Strg + X) und dann einfach an beliebiger Stelle wieder einsetzen kann. Diese Funktion gibt es leider unter macOS nicht so offensichtlich. Wahrscheinlich um zu verhindern, dass man damit versehentlich Dateien ins Jenseits befördert, ist das »Ausschneiden« von Dateien nicht dokumentiert. So klappt es aber auch mit macOS: Mit command + C kopieren Sie die gewünschten Dateien. Am Speicherort drücken Sie dann command + C + V – die Dateien werden dann verschoben und nicht kopiert. Lesen Sie hierzu auch unseren Tipp im Abschnitt »Verschieben statt Kopieren« ab Seite 151.

Abbildung 6.19
Was Windows problemlos beherrscht, ist bei macOS mit einem kleinen Umweg möglich.

Ordner erstellen per Tastenkürzel

Ein Ordner kann auch per Tastenkürzel erstellt werden. Nutzen Sie hierzu command + ⇧ + N, und schon ist der Ordner da.

Damit haben Sie die Möglichkeiten kennengelernt, mit denen neue Ordner erstellt werden. Doch wie kommen die Dateien dort hinein? Und wie kann man Dateien kopieren und verschieben? Diese Fragen werden im folgenden Abschnitt beantwortet.

Dateien und Ordner kopieren und verschieben

Sie wissen jetzt schon, wie man einzelne Dateien auswählt, das haben wir Ihnen im Abschnitt »Klicks und Tastatur kombinieren – mehrere Dateien auswählen« ab Seite 68 bereits gezeigt. Doch nun geht es an die praktische Umsetzung. Nach dem Markieren von Dateien kann man diese an einen anderen Ort kopieren, verschieben oder auch löschen.

Der Unterschied zwischen Kopieren und Verschieben von Dateien ist folgender: Beim Kopieren werden die Daten dupliziert. Das ist immer dann der Fall, wenn Dateien von einem Gerät auf ein anderes kopiert werden, z. B. aus Ihrem *Dokumente*-Ordner auf einen USB-Stick. Findet der Kopiervorgang auf dem gleichen Laufwerk oder Gerät statt, ist Vorsicht angebracht – hier werden die Daten nicht dupliziert, sondern an einem Ort entfernt und an einem neuen Ort platziert, also verschoben.

So kopieren Sie Dateien mit der Maus

Für die folgenden Schritte sollten Sie einen USB-Stick oder eine Speicherkarte parat und diese in den Rechner gesteckt haben. Wie das genau funktioniert, erfahren Sie im Abschnitt »Dateien auf den Mac übertragen – Laufwerke und Datenträger anschließen« ab Seite 161. Sie erhalten aber auch hier alle notwendigen Infos, um diese Übung zu meistern.

1. Finder öffnen
Öffnen Sie zunächst den Ursprungsordner ❶ mit jenen Dateien, die kopiert werden sollen. Ob das Dokumente, Bilder oder andere Daten sind, spielt hier keine Rolle.

2. Zweites Fenster öffnen
Jetzt öffnen Sie ein zweites Finder-Fenster mit der Tastenkombination command + N und klicken auf Ihren USB-Stick in der Finder-Leiste ❷ oder

öffnen den USB-Stick über einen Doppelklick auf das entsprechende Volume-Symbol am Schreibtisch.

3. Fenster anordnen

Ordnen Sie beide Finder-Fenster nebeneinander an, damit sie nicht überlappen. Sollten die Fenster zu groß sein, um auf Ihrem Bildschirm nebeneinander angeordnet zu werden, müssen Sie sie verkleinern. Das geht am einfachsten über die untere rechte Ecke des jeweiligen Fensters.

Abbildung 6.20
So sollte Ihre Benutzeroberfläche jetzt aussehen.

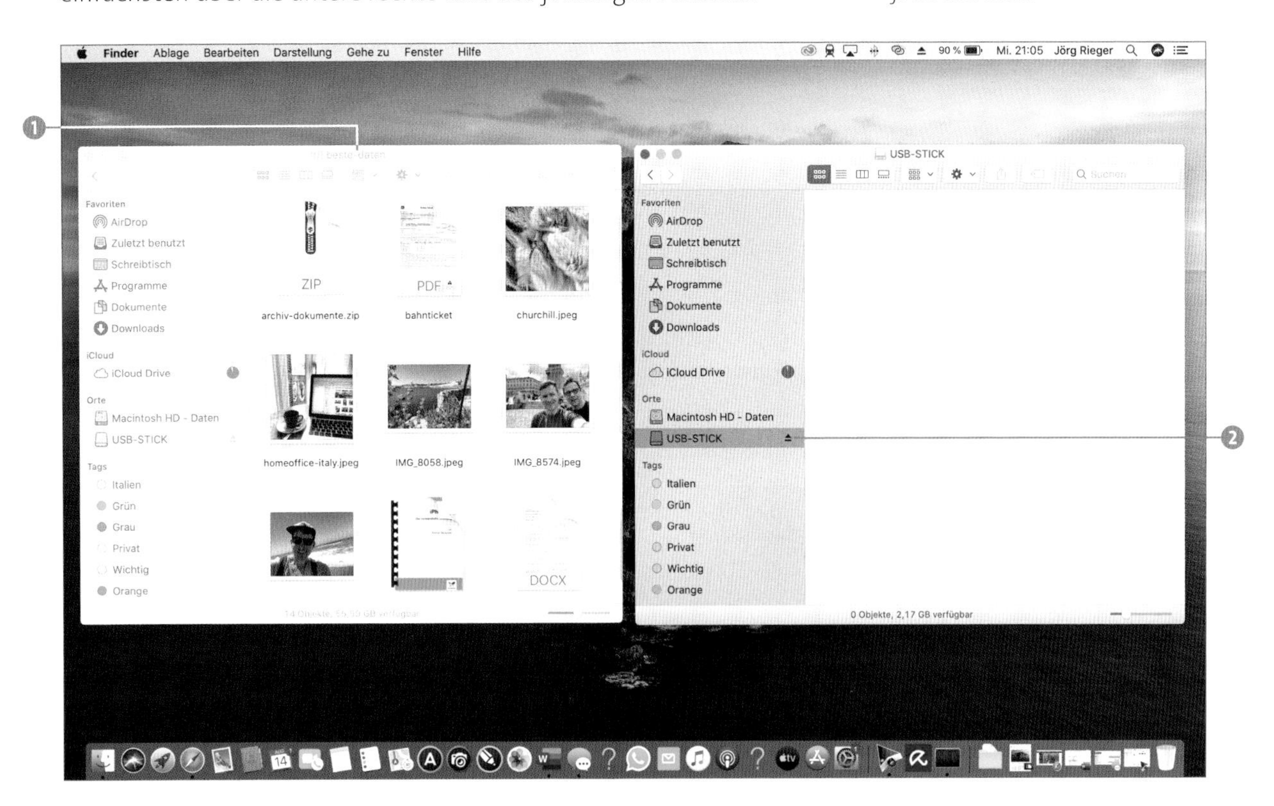

4. Dateien markieren

Jetzt markieren Sie jene Dateien, die auf den USB-Stick kopiert werden sollen.

Abbildung 6.21
Nicht zusammenliegende Dateien werden einzeln bei gedrückter »command«-Taste angeklickt.

5. Kopieren
Klicken Sie mit der primären Maustaste auf eine der markierten Dateien, halten Sie sie gedrückt, und ziehen Sie sie dann auf das geöffnete Finder-Fenster des USB-Sticks. Sobald das grüne Plussymbol ❸ erscheint, lassen Sie die Taste los. Der Kopiervorgang wird gestartet.

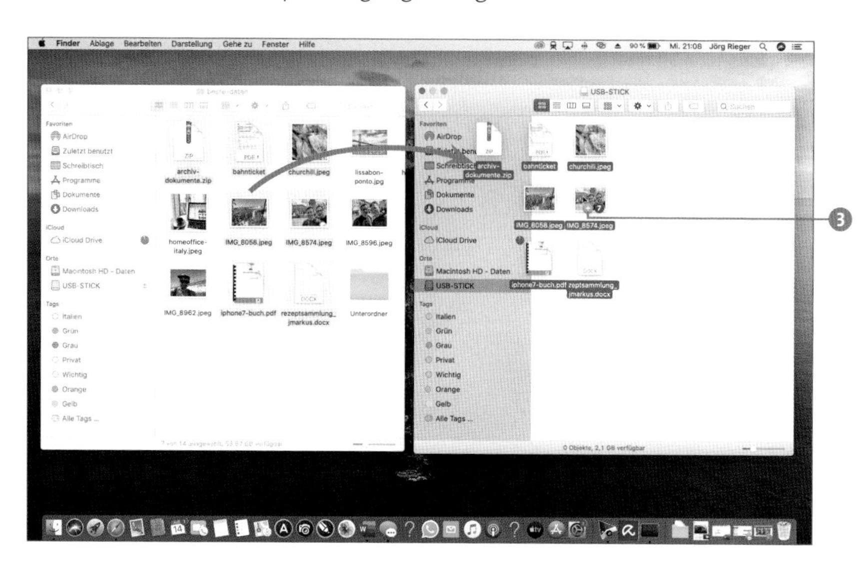

Abbildung 6.22 >
Neben dem Plussymbol zeigt ein weiteres Symbol, wie viele Dateien kopiert werden.

Haben Sie die Maustaste losgelassen, gibt Ihnen macOS zusätzlich Auskunft darüber, wie viele Daten kopiert werden und wie lange der Vorgang dauert.

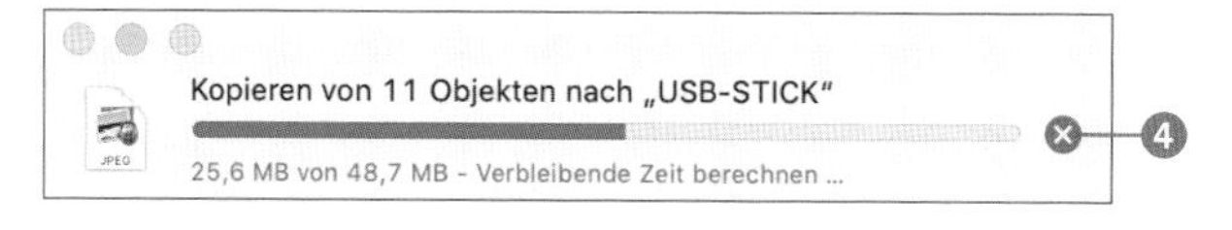

^ Abbildung 6.23
macOS zeigt Ihnen exakt an, wie lange das Kopieren dauert.

Rückgängig möglich

Sie haben sich »verkopiert«, oder es ist im Finder etwas anderes schiefgelaufen? Kein Problem, im **Bearbeiten**-Menü können Sie jederzeit mit **Rückgängig** die getätigte Aktion zurücksetzen. Alternativ klappt das auch mit den Tasten `command` + `Z`.

Mit einem Klick auf das Kreuz ❹ kann das Kopieren übrigens jederzeit abgebrochen werden. Bereits überspielte Dateien werden aber nicht zurückgenommen. Diese müssen dann manuell auf dem Ziellaufwerk oder im Zielordner gelöscht werden.

Kopieren nur mit Tastenkürzeln

Alternativ kann das Kopieren auch ohne Maus erfolgen: Dazu wählen Sie einfach die gewünschten Dateien aus und drücken `command` + `C` (für *Copy*, also Kopieren). Nun gehen Sie auf den Zielordner. Sobald er aktiviert ist, drücken Sie command + V; der Kopiervorgang wird gestartet. Warum ausgerechnet V? Wenn schon Englisch, dann würde man ja vielleicht P für *Paste* (wie Einfügen) erwarten. Leider gibt es hier keine eindeutige Erklärung. Die logischste und vielleicht pragmatischste – C und V liegen auf dem Keyboard nebeneinander. So kann man komfortabel arbeiten. Und mit ein wenig Fantasie sieht das V auch wie eine Einfügemarke oder ein Korrekturzeichen für einzufügenden Text aus.

Wenn Sie die Funktion für das Ausschneiden so wie bei Windows, also Strg + X, vermissen, gibt es eine gute Nachricht: Das klappt auch am Mac. Grundsätzlich bedeutet das Ausschneiden von Daten, dass diese am Ursprungsort gelöscht und am Zielort eingefügt werden. Das ist mitunter natürlich deutlich praktischer, als die Dateien erst zu kopieren und dann anschließend zu löschen. macOS hat diese Funktion aber nicht sonderlich gut dokumentiert, und im Vergleich zu Windows geht es doch etwas anders:

1. Dateien auswählen und kopieren
Suchen Sie die Dateien, die Sie ausschneiden wollen, und markieren Sie sie. Drücken Sie nun command + C, um sie zu kopieren.

2. Zielort wählen und ausschneiden
Gehen Sie nun in jenen Ordner, in dem die soeben kopierten Dateien abgelegt werden sollen. Per command + C + V werden diese eingefügt und am Ursprungsort automatisch gelöscht.

Tastenkürzel – die richtige Reihenfolge

Die Frage ist berechtigt – wenn hier drei Tasten gedrückt werden sollen, welche denn bitte zuerst? Die klare Regel lautet: Immer zuerst die Befehls- oder Auswahltaste, dann erst C, V, X oder was auch immer. Die Erklärung ist logisch: Wenn Sie zuerst eine der Befehlstasten drücken, weiß der Computer, dass Sie keine Buchstaben schreiben wollen. So wird verhindert, dass in Ihrem Word-Dokument plötzlich ungewollt Buchstaben auftauchen.

Verschieben statt Kopieren

Wenn Sie Dateien mit der Maus kopieren, müssen Sie aufpassen, wenn auf *demselben* Laufwerk gearbeitet wird. Dann werden die Daten nämlich standardmäßig verschoben und nicht kopiert. Der Computer geht davon aus, dass Sie lediglich Ordnung schaffen wollen. Sprich, Sie haben sich z. B. im *Dokumente*-Ordner einen neuen Ordner *Privat* angelegt und möchten nun alle passenden Briefe in ihn einsortieren. Diese Briefe möchten Sie natürlich nur verschieben und nicht zusätzlich in den *Privat*-Ordner duplizieren.

Übrigens: Auch wenn Sie Daten auf dem Schreibtisch in Ihren *Dokumente*-Ordner ziehen, werden diese verschoben und nicht kopiert. Sie sehen das schon daran, dass das grüne Plussymbol nicht erscheint. Aber das Kopieren kann man, falls gewünscht, erzwingen. Halten Sie beim Verschieben einfach die option-Taste gedrückt, und schon wird definitiv kopiert.

Ordner kopieren

Kopieren und verschieben kann man nicht nur Dateien, sondern auch ganze Ordner.

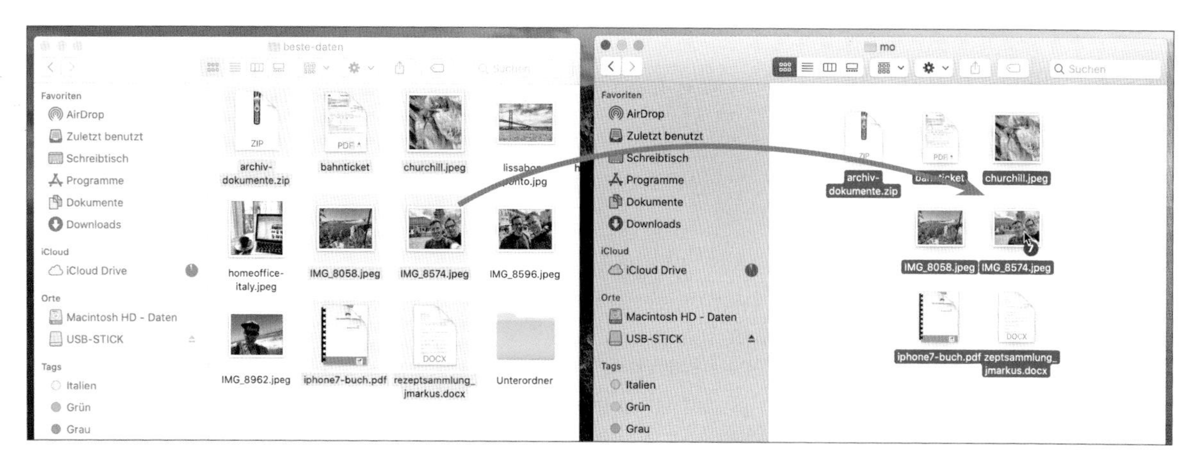

∧ **Abbildung 6.24**
Beim Verschieben von Dateien fehlt das Plussymbol, hier müssen Sie aufpassen!

Dateien und Ordner löschen – der Papierkorb

∧ **Abbildung 6.25**
Ganz rechts im Dock steht der Papierkorb.

Sicherlich sind Sie schon sehr gespannt, wie man nicht mehr benötigte Dokumente und Ordner am Mac loswird. Vielleicht möchten Sie Platz schaffen oder einfach überflüssige Daten aussortieren – dazu ist am Mac der Papierkorb da.

Der Papierkorb befindet sich ganz rechts außen im Dock und hat am Mac eine lange Tradition. Schon der erste Mac-Computer hatte ein entsprechendes Symbol auf dem Mini-Röhrenbildschirm, damals aber noch nicht so schön in Farbe wie bei macOS.

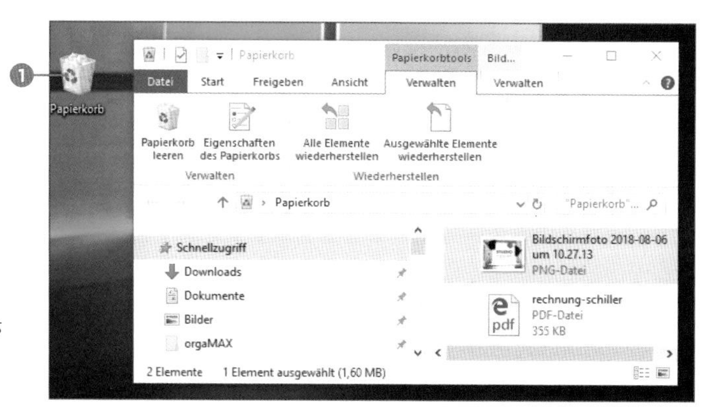

Abbildung 6.26 >
Alter Bekannter – unter Windows funktioniert der Papierkorb ❶ *ganz ähnlich wie unter macOS.*

Dateien zu löschen ist ganz einfach: Markieren Sie die unerwünschten Dateien und Ordner, und ziehen Sie sie mit gedrückter Maustaste in den

Papierkorb. Lassen Sie dann die Maustaste wieder los. Mit einem kleinen Rascheln sind die Daten dann im »Müll« gelandet und im Finder nicht mehr vorhanden. Allerdings ist zu diesem Zeitpunkt noch nichts verloren. Der Papierkorb kann tatsächlich jetzt noch »durchwühlt« werden, falls Sie doch etwas wieder herausholen möchten.

Dateien wiederherstellen

Klicken Sie dazu einfach den Papierkorb im Dock an ❷. Es erscheint daraufhin der gesamte Inhalt in einer ausführlichen Liste.

∧ Abbildung 6.27
Schon vor 30 Jahren gab es am Apple-Computer einen digitalen Papierkorb, wenn auch ausgesprochen pixelig.

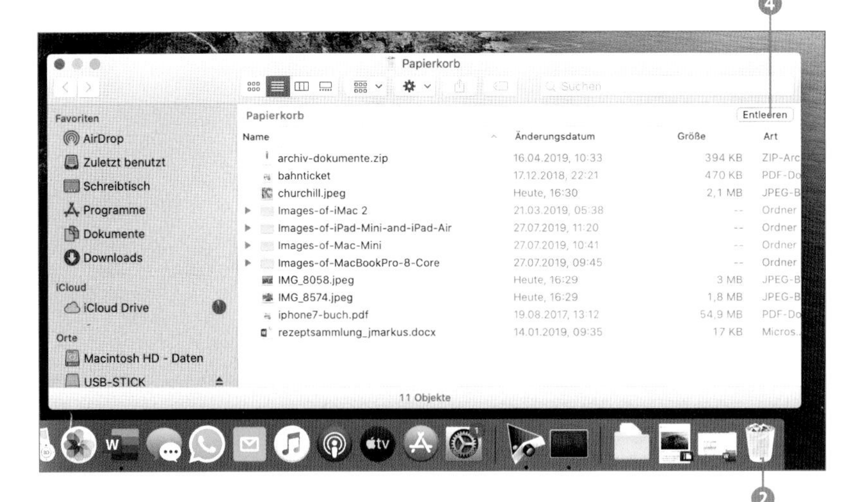

< Abbildung 6.28
Der Inhalt des Papierkorbs – hier hat jemand fleißig »entsorgt«.

Nun besteht die Möglichkeit, aus diesem Fenster doch noch benötigte Daten einfach herauszuziehen, wie wir es vorhin beim Verschieben gezeigt haben. Hier wird tatsächlich immer verschoben, da Sie die Daten ja aus dem Papierkorb herausnehmen und schließlich an einem anderen Platz ablegen. Praktischerweise können Sie über einen rechten Mausklick die Dateien auch **Zurücklegen** ❸. Das bedeutet: Auch wenn Sie in verschiedenen Ordnern Dateien gelöscht haben, werden diese exakt dort wieder abgelegt.

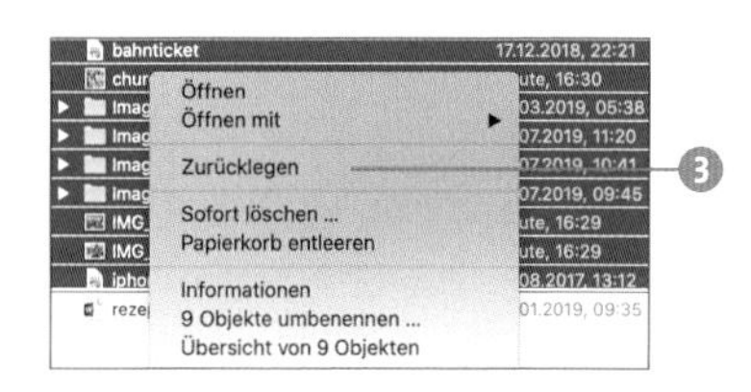

∧ Abbildung 6.29
Bei großem Durcheinander im Papierkorb ist »Zurücklegen« die bessere Alternative.

Den Papierkorb leeren

Doch wie können Sie den virtuellen Mistkübel komplett entleeren, damit die Dateien keinen Speicherplatz mehr belegen und endgültig weg sind? Glücklicherweise streitet sich in macOS niemand darüber, wer den Müll hinuntertragen muss. Sie geben ganz einfach die Anweisung – entweder direkt im gerade gezeigten Fenster über **Entleeren** ❹ (siehe Abbildung 6.28 oben) oder mit einem rechten Mausklick auf den Papierkorb und dann mit dem Befehl **Papierkorb entleeren** ⑤, wie es in Abbildung 6.30 zu sehen ist.

Doch bevor Ihre Dateien von der Festplatte gelöscht werden, kommt eine Sicherheitsmeldung, die bestätigt werden muss. Für den Fall nämlich, dass Sie den Papierkorb gar nicht entleeren wollten.

Abbildung 6.30
So trägt man heute den Müll runter.

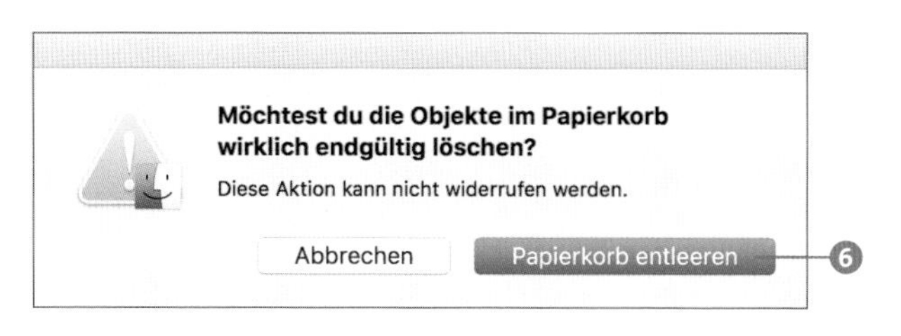

Abbildung 6.31
Der virtuelle Papierkorb wird nun ausgeleert.

Wenn Sie auf **Papierkorb entleeren** ⑥ klicken, werden die Daten nun endgültig gelöscht. Nach diesem Vorgang sind sie nur mit extrem hohem Aufwand und damit verbundenen Kosten wiederherzustellen.

Dokumente schnell wiederfinden: die Suchfunktionen unter macOS

Bald wird der Zeitpunkt kommen, an dem Sie ein bestimmtes Dokument auf Ihrem Mac suchen. »Irgendwo hatte ich es doch abgespeichert …« – doch wo? Diese Frage stellt sich jeder Computerbenutzer, da müssen Sie sich keine Gedanken machen. Eine kurze Unaufmerksamkeit beim Abspeichern eines Fotos, eines Schriftstücks oder einer Grafik, und schon ist das Dokument in einem völlig anderen Ordner abgelegt als gedacht.

Abbildung 6.32
Das Suchfeld gibt es in allen Finder-Fenstern.

Doch während sich die einen stundenlang durch sämtliche Ordner klicken, steht Ihnen die Suchfunktion des Finders zur Verfügung. Die Fahndung nach Dateien und Ordnern kann in jedem Finder-Fenster gestartet werden. Besonders praktisch: macOS sucht nicht nur nach dem Dokumentnamen, sondern durchforstet auch die Dateiinhalte selbst nach dem gesuchten Begriff. Der Vorteil liegt auf der Hand: Wenn Sie einen Brief suchen, dessen Dateinamen aber nicht wissen, geben Sie einfach ein eindeutiges Wort aus dem Inhalt des Briefes in die Suche ein, und macOS wird sicherlich das passende Ergebnis liefern.

Die Suche ist sehr unkompliziert: Geben Sie einfach in das Suchfenster den Begriff, ein eindeutiges Wort oder auch einen ganzen Satz ein. macOS bringt in Echtzeit die passenden Ergebnisse auf den Bildschirm. Wie Sie sehen, hat macOS tatsächlich auch die Dokument- und Nachrichteninhalte durchsucht: Der Suchbegriff »Rieger« taucht noch nicht einmal in Dateinamen auf, aber offensichtlich auch immer im Inhalt. Dabei spielt es keine Rolle, ob nur ein Teil des Namens vorkommt oder die richtige Reihenfolge eingehalten wurde, es werden alle »Vorkommen« gesucht. Wichtig ist, dass Sie den Ort bestimmen, an dem gesucht werden soll. Wird Ihr Mac also einmal nicht fündig, vergewissern Sie sich, dass **Diesen Mac** ❶ aktiviert ist.

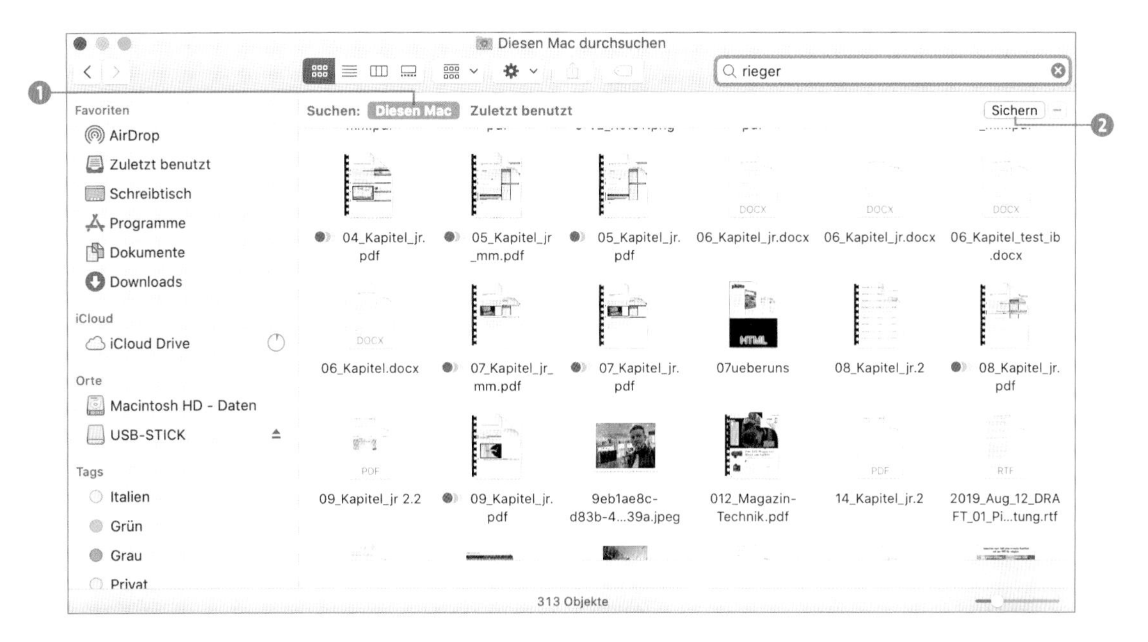

Abbildung 6.33
Jede Menge Dokumente und Chats wurden gefunden.

In dieser Liste können Sie das gewünschte Dokument dann einfach wie gewohnt per Doppelklick laden. Zusätzlich kann die Suche für einen Schnellzugriff gespeichert werden ❷, sie erscheint dann in der linken Finder-Leiste ❸ und kann hier jederzeit angeklickt werden.

Abbildung 6.34
Gespeicherte Suchen erkennen Sie am Zahnradsymbol.

Wenn Sie ein Dokument oder Bild suchen, das Sie erst vor Kurzem geöffnet oder erstellt haben, genügt übrigens zumeist ein Blick in **Zuletzt benutzt** in der Finder-Leiste. Dort sind alle aktuellen Dateien streng nach Datum sortiert und ebenfalls ganz fix gefunden, da macOS Catalina hier sämtliche Daten auflistet, unabhängig davon, wo sie letztlich abgespeichert wurden. Für noch mehr Übersichtlichkeit nutzen Sie über das Zahnradsymbol die Funktion **Gruppen verwenden** ❹. Im selben Menü können Sie über **Gruppieren nach** ❺ bestimmen, nach welchen Kriterien gruppiert wird. Wir empfehlen hier **Art**: Damit werden Bilder, PDFs, Word-Dokumente und Videos getrennt aufgelistet.

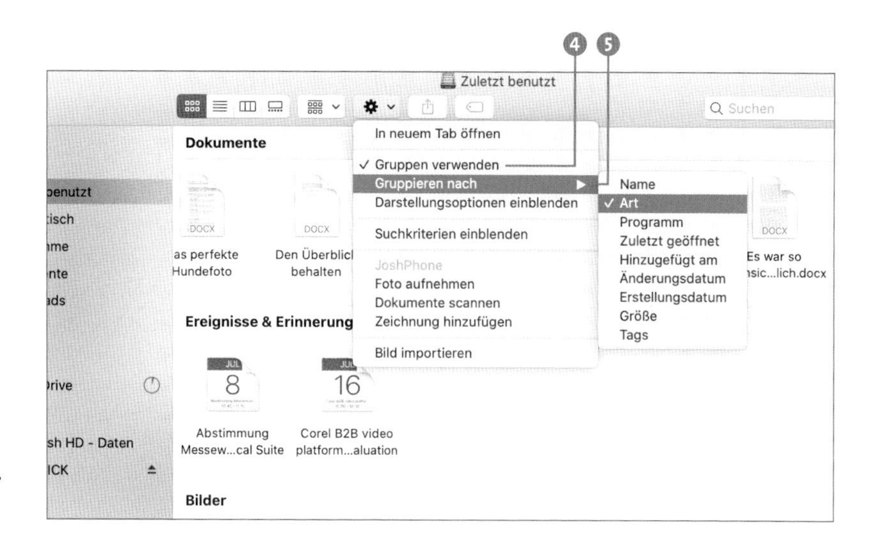

Abbildung 6.35 >
Eher manuell, aber ebenfalls effektiv ist die Dokumentensuche über »Zuletzt benutzt«.

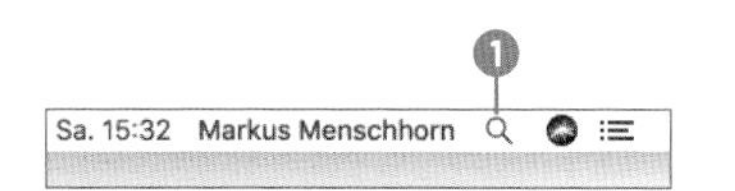

^ Abbildung 6.36
Wird gerne übersehen – die Spotlight-Suche, symbolisiert durch eine Lupe.

Die Spotlight-Suche

Wenn Sie nicht nur in Ihren Dokumenten und Dateien, sondern etwa auch im Adressbuch, im Web und in Wikipedia nach einem Begriff Ausschau halten, lohnt der Klick in die Spotlight-Suche. Sie finden Spotlight als kleines Lupensymbol ❶ rechts oben in der Finder-Leiste.

Sobald Sie die Lupe anklicken, erscheint der folgende Bildschirm, der Ihnen die wirklich fantastischen Funktionen der Spotlight-Suche nahebringt.

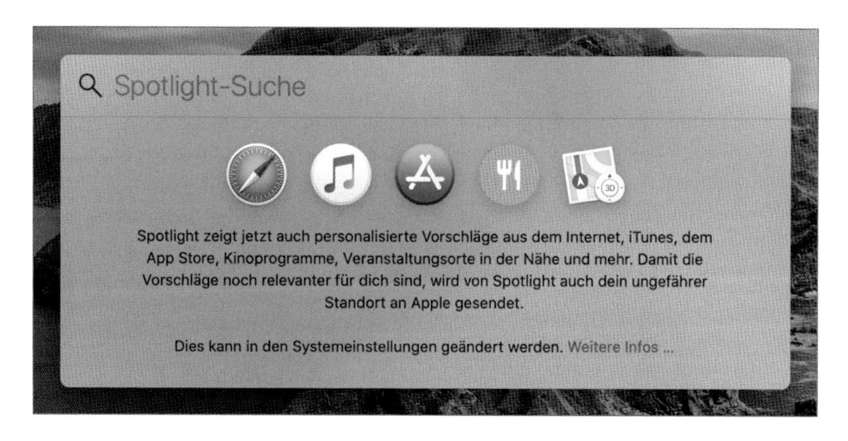

Abbildung 6.37 >
Kann so ziemlich alles finden – die Spotlight-Suche in macOS.

Tippen Sie in das Suchfeld ❷ einfach den gewünschten Suchbegriff ein, macOS präsentiert dann direkt die passenden Ergebnisse und ergänzt im Suchfeld beim Anklicken eines Elements den Suchnamen. In unserem Fall hatten wir nur nach »joerg« gesucht. Dieses Mal werden aber Browserverlauf, Adressbuch, Internet, SMS und Kalender mit durchforstet. Wenn

Sie mit dem Mauszeiger auf ein Ergebnis klicken, dann präsentiert die Suche direkt eine Vorschau des Dokuments, Bildes ❸ oder Kalenderereignisses. Ein Doppelklick auf den Namen ❹ in der Liste öffnet das gewählte Element direkt im zugehörigen Programm.

Keine richtige Größenänderung

Sie haben in Spotlight keine Möglichkeit, das Suchfeld ordentlich zu vergrößern. Lediglich das Verlängern der Liste ist, wie gewohnt bei Dateifenstern, machbar. Das Verbreitern oder Umschalten ins Vollbild geht nicht.

< **Abbildung 6.38**
Sehr übersichtlich – Spotlight ist die umfassende Suchfunktion.

So eine umfassende Suchfunktion ist aber unter Umständen nicht immer gewünscht. In Kapitel 19, »Systemeinstellungen im Überblick«, ab Seite 410 zeigen wir Ihnen, wie Sie Spotlight passend konfigurieren und beispielsweise Ordner oder Laufwerke aus der Suche ausschließen, um das Ganze etwas übersichtlicher zu gestalten. Auch die Sicherheitseinstellungen können Sie hier einfach konfigurieren, damit Apple keine Userdaten auswertet.

Verloren in der Ordnerstruktur?

Am Mac kann man mit Ordnern und Unterordnern eine tolle Struktur aufbauen, indem man beispielsweise den *Dokumente*-Ordner in *Privat* und dort wiederum in *Briefe*, *Glückwunschkarten* und *Sonstiges* unterteilt und hierunter dann jeweils die Dokumente passend abspeichert. Auch kann man jederzeit weitere Unterordner erstellen.

^ **Abbildung 6.39**
Wenn Sie mit gedrückter »command«-Taste auf den Ordnernamen am oberen Finder-Rand klicken, sehen Sie die übergeordneten Ordner.

Wenn Sie im Finder unterwegs sind, stellt sich allerdings die Frage, auf welcher Ordnerebene Sie sich eigentlich befinden. Hier gibt es ein praktisches Hilfsmittel: die Pfadleiste (siehe Abbildung 6.41 auf der folgenden Seite). Sie zeigt Ihnen in jedem Ansichtsmodus am unteren Rand eines

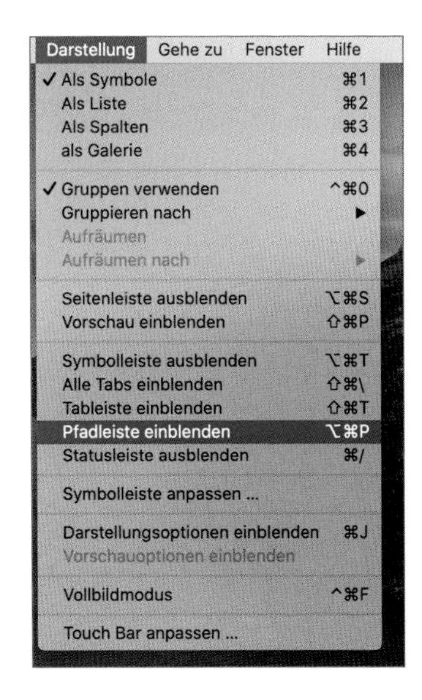

Abbildung 6.40
Die Pfadleiste wird im Finder eingeblendet.

Finder-Fensters an, wo in der Ordnerhierarchie Sie sich gerade genau befinden. Die Pfadleiste wird im Finder über das Menü **Darstellung** und den Menüpunkt **Pfadleiste einblenden** aktiviert.

Für unser Beispiel haben wir zusätzlich zur Pfadleiste ❶ noch die Statusleiste mit interessanten Informationen über den Speicherplatzverbrauch ❷ und die im jeweiligen Ordner enthaltenen bzw. markierten Objekte ❸ eingeblendet.

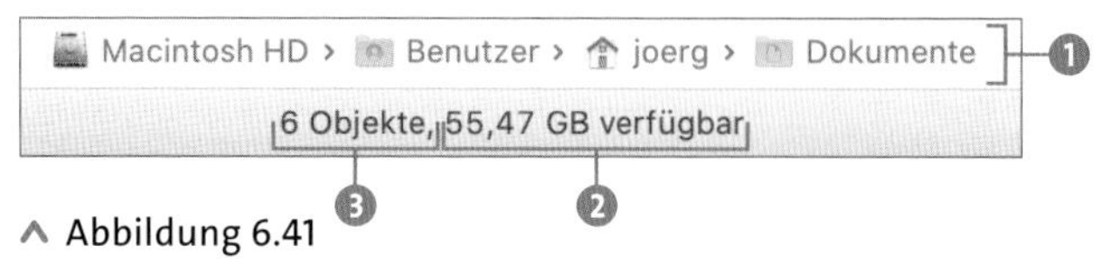

Abbildung 6.41
Die Pfadleiste ist enorm hilfreich, um den Überblick zu behalten. Auch die Statusleiste darunter gibt Interessantes preis.

In unserem Beispiel sehen Sie, dass Sie sich im Ordner **Dokumente** befinden, der auf der **Macintosh HD** im Ordner **Benutzer** und **joerg** abgelegt ist.

Die Finder-Tags: Farbe mit System

Sicherlich kennen Sie das – man verfasst ein Schreiben, eine weitere Version davon und dann noch eine. Natürlich lässt man alles Korrektur lesen und verliert so langsam den Überblick darüber, was korrigiert wurde und was nicht. Wie kann man dem entgehen?

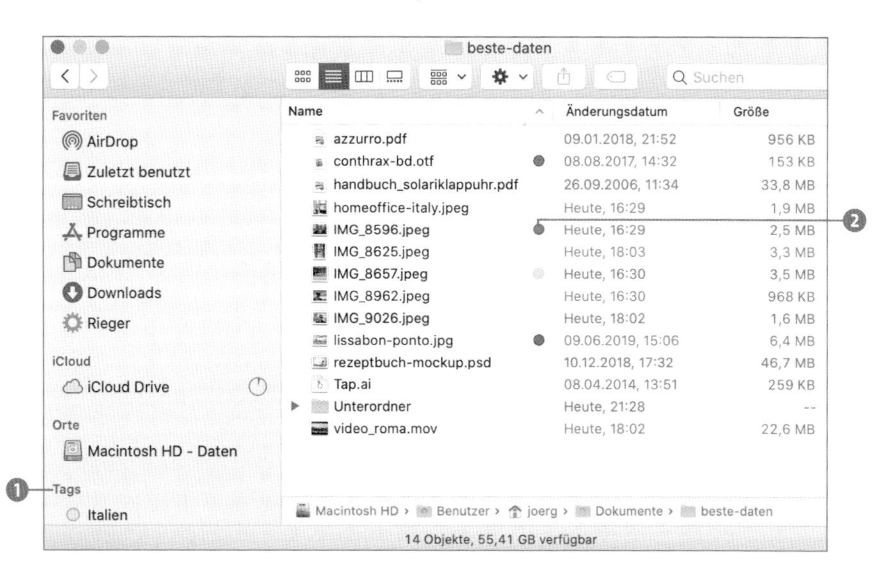

Abbildung 6.42
Die bunten Tags bringen Ordnung in den Finder.

Apple hat dieses Problem schon vor Jahren erkannt und *Tags* (englisch für *Etiketten*) eingeführt (❶ auf Seite 158 unten). Mit ihnen können jede Datei und jeder Ordner farbig markiert werden ❷. Vorteile bringt das genug – Übersichtlichkeit ist wohl der allergrößte. Sicher werden Sie diese Funktion bald nicht mehr missen wollen.

Sehen wir uns nun aber die Praxis an: Wählen Sie per Maus jene Dateien aus, die Sie farbig markieren möchten. Klicken Sie dann auf das Zahnradsymbol in der Finder-Leiste ❸ oder alternativ mit der rechten Maustaste auf eines der ausgewählten Objekte ❹. In beiden Menüs finden Sie die **Tags** ❺. Wählen Sie Ihre Wunschfarbe aus – das war es dann auch schon. Zukünftig finden Sie Ihre farbig markierten Dateien und Ordner leicht wieder auf. Sollen Dateien wieder entfärbt werden, gehen Sie genauso vor wie eben beschrieben und klicken unter **Tags** einfach auf die gleiche Farbe.

Daten an Windows-Anwender weitergeben

Wenn Sie Ihre Dateien an einen Windows-Anwender weitergeben, sieht dieser Ihre Markierungen nicht, denn das Betriebssystem unterstützt die farbige Anzeige nicht.

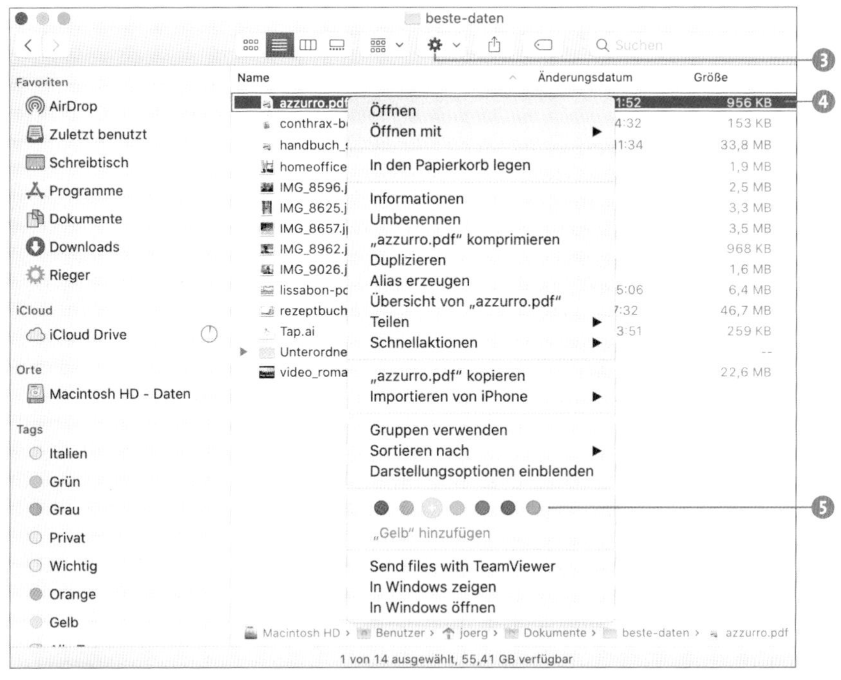

Abbildung 6.43
Im Kontextmenü können Sie die Farbe des Tags für die gewählten Dateien aussuchen.

Abbildung 6.44
Auch Ordner können unter macOS farbig markiert werden.

Auf diesem Wege können Sie auch Laufwerke und Ordner farbig kennzeichnen. Eine weitere Möglichkeit ist der Klick auf das **Tags bearbeiten**-Symbol (❻ auf Seite 160) in der Finder-Leiste, das die identische Funktionalität bietet.

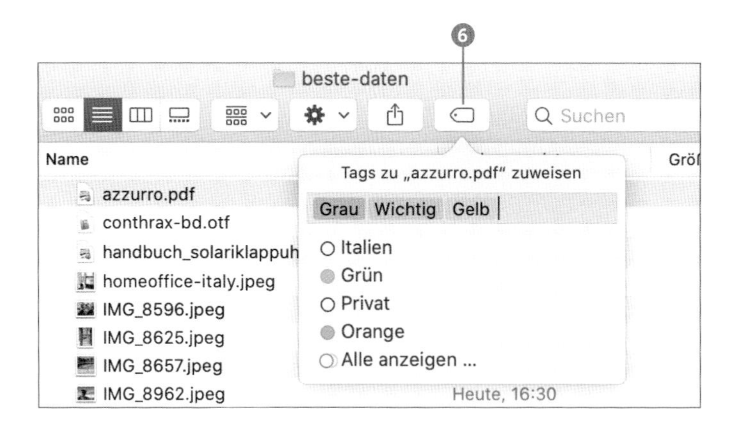

Abbildung 6.45 >
Völlig unkompliziert bietet das Menü »Tags« die Möglichkeit, farbig zu markieren und gleich mehrere Markierungen auf einen Schlag zuzuweisen.

Tags in der Wolke

Auch die Tags sind, eine Apple-ID vorausgesetzt, geräteübergreifend verfügbar. Einmal angelegt, erscheint ein individuelles Tag automatisch sowohl auf Ihrem Desktop-Mac als auch auf dem MacBook.

Anstelle der vorgegebenen Tags können Sie auch eigene Begriffe anlegen. Das klappt aber nur über den gerade erwähnten Button und nicht über die Seitenleiste oder das Kontextmenü. Dazu müssen Sie, anstatt eine Farbe auszuwählen, einfach in das leere Feld klicken und einen neuen Namen eintippen ❼. Das Problem ist allerdings, dass Sie damit beliebige Dateien markieren können, die Markierung aber nicht farbig angezeigt wird. Über die Seitenleiste im Finder und einen sekundären Mausklick auf das jeweilige Tag können Sie den Namen wieder ändern.

Praktisch kann das »Tagging« mit eigenen Begriffen trotzdem sein: In der Seitenleiste im Finder links finden Sie alle Tags gelistet. Ein Klick auf das jeweilige Tag zeigt sämtliche damit markierten Elemente an, egal auf welchem Laufwerk sie gesichert wurden.

∧ Abbildung 6.46
Sie können eigene Tags anlegen, diesen aber keine Farbe zuweisen.

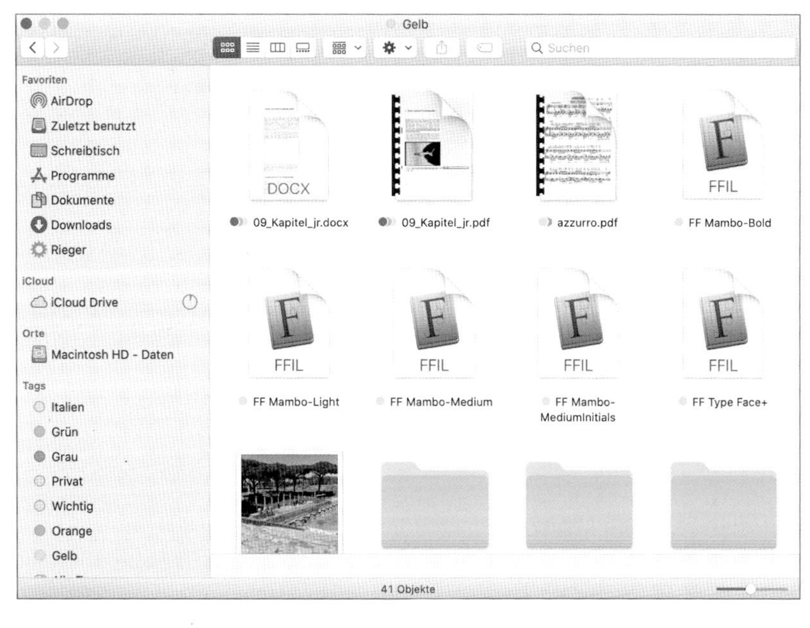

Abbildung 6.47 >
Die Suche mithilfe von Tags klappt über die Seitenleiste und laufwerksübergreifend.

Dateien auf den Mac übertragen – Laufwerke und Datenträger anschließen

Um Daten abzuspeichern, benötigt auch ein Mac Laufwerke oder Datenträger. Intern arbeitet in jedem Apple-Computer eine Festplatte, die Macintosh HD. Diese Festplatte ist fest installiert und hat Kapazitäten im Bereich von vielen Hundert Gigabyte – genügend Platz für Bilder, Filme, Dokumente und Anwendungen aller Art.

Abbildung 6.48
Kleiner Datenriese – aktuelle USB-Sticks sichern locker 32 Gigabyte und mehr Daten. (Foto: Sandisk)

Doch was, wenn die Daten mitgenommen werden sollen? Sei es, dass Sie Ihren Freunden Digitalfotos mitbringen möchten, Musik an Freunde weitergeben oder einfach Dokumente mit in die Firma nehmen wollen – in diesen Fällen kommen externe Speicherlösungen zum Zuge. Die bekanntesten sind:

1. externe Festplatten
2. USB-Sticks
3. digitale Speicherkarten
4. CDs und DVDs

CD- und DVD-Rohlinge nehmen eine Sonderstellung ein – denn die Silberscheiben werden, ganz spitzfindig von den anderen Speicherlösungen getrennt, als Datenträger bezeichnet und nicht als Laufwerke. Warum, ist schnell erklärt: CDs und DVDs benötigen zusätzlich ein Laufwerk, um gelesen werden zu können. Das gilt übrigens auch für Disketten, die aber am Mac schon seit fast 20 Jahren keine Verwendung mehr finden. Auch CDs und DVDs sind am Mac offiziell seit mehreren Jahren Geschichte – es wird einfach kein Laufwerk mehr eingebaut.

Volume oder Laufwerk?

Geräte zur Speicherung von Daten werden am Mac als *Volume* oder *Gerät* bezeichnet. Daher verwenden wir hier im Buch häufig diese Begriffe anstelle der Bezeichnungen »Laufwerk« und »Datenträger«. Einen Unterschied gibt es aber nicht.

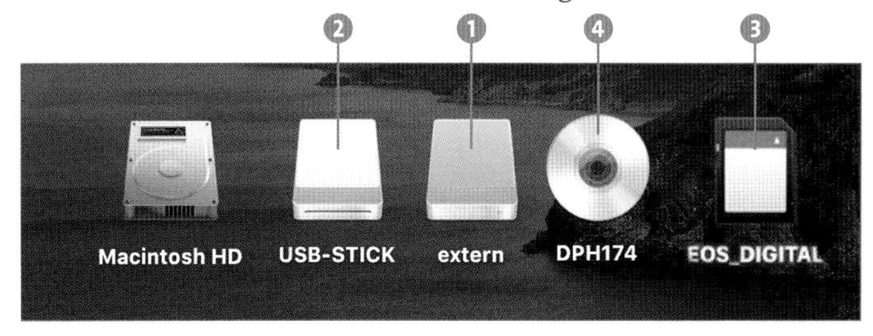

Abbildung 6.49
Alle Arten von Geräten, Laufwerken und Volumes vereint

Abbildung 6.50
In der Seitenleiste sind die Volumes ziemlich nüchtern dargestellt.

Im ersten Schritt trainieren wir den Umgang mit USB-Sticks und externen Festplatten. Für diesen kleinen Exkurs sollten Sie zumindest eines dieser Geräte besitzen.

Abbildung 6.51
Der Unterschied ist deutlich – links der klassische USB-Anschluss, rechts USB 3.1 bzw. Thunderbolt. (Foto:Belkin)

Als MacBook-Besitzer haben Sie das Vergnügen, dass Apple hier ausschließlich Thunderbolt-Anschlüsse, auch USB-C genannt (aktuell USB 3.1), verbaut. Der Vorteil: Die Datenübertragung der mit diesem neuen Anschluss ausgestatteten externen Festplatten und USB-Sticks ist blitzschnell, und es können sogar mehrere Geräte hintereinandergeschaltet werden. Der Nachteil: Diese Geräte sind erheblich teurer als die immer noch verbreiteten älteren USB-Sticks und externen Festplatten. Um diese anzuschließen, benötigen Sie einen entsprechenden Adapter aus dem Fachhandel.

Volume anschließen

Schließen Sie das Gerät an die USB-Schnittstelle Ihres Macs an – Sie finden diesen Anschluss bei MacBooks an den Gehäuseseiten, beim iMac und Mac mini hinten am Gehäuse.

Disketten, CDs und DVDs am Mac

Sie haben noch einige Disketten und CDs, vielleicht von einem alten PC, und möchten die darauf befindlichen Daten auf Ihren Mac kopieren? Da der Mac schon seit Jahren kein Diskettenlaufwerk und CD-Laufwerk mehr an Bord hat, müssen Sie hierfür eine externe Lösung kaufen. USB-Diskettenlaufwerke und CD-Laufwerke kosten rund 30 € und funktionieren am Mac ganz ohne Treiber.

Volume öffnen

Wurde das USB-Laufwerk bzw. -Volume erkannt, erscheint es direkt als neues Gerät in der Seitenleiste des Finders ❶ und automatisch auf dem Schreibtisch. Mit einem Doppelklick auf das Symbol auf dem Schreibtisch ❷ wird das Volume geöffnet, in der Seitenleiste genügt ein einfacher Klick. Damit ist das Gerät sofort einsatzbereit. Jetzt können Daten direkt darauf gesichert werden. Das geht ganz einfach, indem Sie die betreffenden Dateien markieren und per Drag & Drop auf das Gerät ziehen.

Abbildung 6.52
Ein angeschlossenes Volume erscheint direkt im Finder in der Seitenleiste.

Volume auswerfen

Wenn Sie das Volume nicht mehr benötigen und vom Mac entfernen möchten, geht das nur über einen kleinen Umweg: Sie müssen das Gerät auswerfen. Damit kann das System Daten, die eventuell noch nicht übertragen wurden, abschließend überspielen, und das externe Laufwerk kann dann ohne Datenverlust entfernt werden. Klicken Sie zum Auswerfen des Geräts auf den **Auswerfen**-Button ❸. Alternativ, wenn das Gerät auf dem Schreibtisch angezeigt wird: Ziehen Sie das Volume-Symbol mit gedrückter Maustaste auf den Papierkorb im Dock.

∧ Abbildung 6.53
Um ein externes Volume vom Mac zu trennen, muss es zuerst über den Button vom System ausgeworfen werden.

Der Papierkorb ändert daraufhin sein Aussehen und wird zum [⏏]-Symbol. Lassen Sie nun die Maustaste los – das Volume verschwindet vom Schreibtisch und aus dem Finder. Jetzt können Sie das Gerät vom Computer abnehmen.

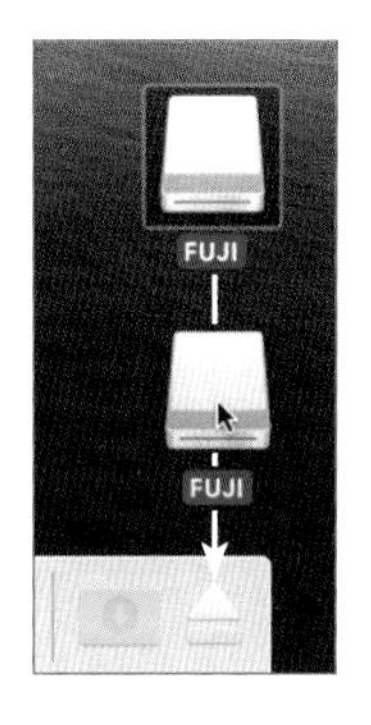

∧ Abbildung 6.54
Auch über das Dock und den Papierkorb kann ein Volume ausgeworfen werden.

Beschäftigt: Volume in Verwendung

Haben Sie eine Datei auf einem externen Gerät geöffnet, kann das Volume nicht ausgeworfen werden. macOS quittiert dies mit einer entsprechenden Meldung auf dem Bildschirm. Damit Sie wissen, welches Programm das Auswerfen blockiert, wird das entsprechend angezeigt ❹.

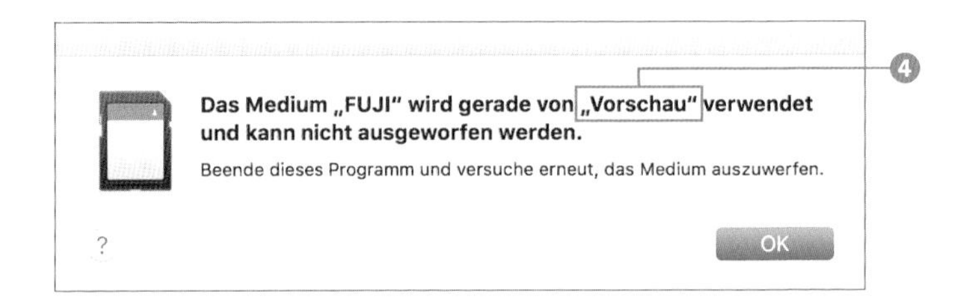

< Abbildung 6.55
Wird eine Datei von einem externen Volume verwendet, kann man es nicht auswerfen.

Wechseln Sie in das angezeigte Programm – hier sind dann sicherlich noch eine oder mehrere Dateien geöffnet, die auf dem externen Gerät gespeichert sind. Wenn diese geschlossen werden, klappt im nächsten Anlauf auch das Auswerfen. Sie sehen, die Art des Auswerfens eines Geräts bzw. Volumes am Mac ist absolut sinnvoll, um Datenverluste zu vermeiden. Wenn Sie trotzdem ein Volume einfach vom Mac entfernen, meckert macOS ziemlich deutlich:

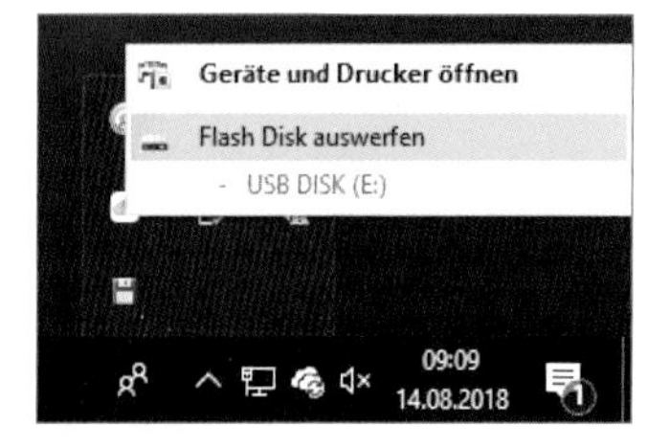

∧ Abbildung 6.56
Auch bei ehemaligen Windows-Anwendern bekannt – das Auswerfen von Datenträgern ist auch hier erforderlich.

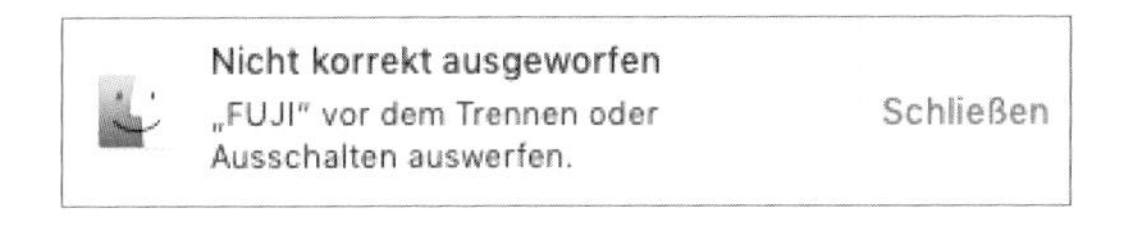

∧ Abbildung 6.57
So bitte nicht – macOS ist der Lehrmeister in Sachen Laufwerksauswurf.

NTFS-Festplatten am Mac

Wenn Sie mit Windows-Anwendern zusammenarbeiten oder selbst noch einen Windows-Computer haben, müssen Sie vielleicht einfach mit NTFS am Mac arbeiten. Hier gibt es eine Lösung: *Paragon NTFS*. Unter *www.paragon-software.com* kann diese kleine Erweiterung gekauft werden. Nach der Installation kann macOS auch mit NTFS-Festplatten ohne Einschränkungen umgehen.

Volumes löschen und in ein anderes Datenformat konvertieren

Sie haben eine neue externe Festplatte gekauft und können sie am Schreibtisch nicht sehen oder keine Daten darauf kopieren? Dann liegt das zumeist daran, dass diese Festplatte für Windows im NTFS-Dateisystem formatiert ist. Dieses Dateisystem bringt unter Windows-Systemen große Vorteile, für den Mac bedeutet das aber: Das Lesen von Daten ist möglich, aber kein Abspeichern. Daher müssen Sie zuerst eine neue leere Festplatte initialisieren. Das geht mit dem *Festplattendienstprogramm*. Im Abschnitt »Aufräumen und Löschen: das Festplattendienstprogramm« ab Seite 390 zeigen wir Ihnen, wie es funktioniert.

Mit AirDrop Dateien austauschen

Wenn Sie zusammen mit einer weiteren Person an verschiedenen Macs im Haushalt arbeiten, kann es ja immer wieder vorkommen, dass Sie Dateien untereinander austauschen möchten. Dafür hat macOS eine ganz einfache Möglichkeit vorgesehen, fernab von komplizierter Netzwerkkonfiguration – *AirDrop*. Einzige Voraussetzung: Alle Macs, iPhones oder iPads müssen im gleichen Netzwerk, also per Ethernet, WLAN oder Bluetooth, ins Web gehen. Wie Sie das bewerkstelligen, erfahren Sie in Kapitel 8, »Ich geh' online – mit meinem Mac und Safari«, ab Seite 197. Zudem ist es zwingend erforderlich, dass alle Geräte mit einer Apple-ID angemeldet sind.

1. AirDrop aufrufen

Klicken Sie im Dock auf den Finder, und wählen Sie **AirDrop** ❶ in der Seitenleiste. Rechts sehen Sie im unteren Bereich mit dem blauen Symbol sich selbst ❷, im oberen Bereich alle in der Nähe befindlichen Mac-Computer mit einem Apple-Betriebssystem ab Version 10.10 sowie iPhones oder iPads mit mindestens iOS 8 ❸. Es werden nur jene Macs angezeigt, die AirDrop im Finder aktiviert und dieses Fenster tatsächlich geöffnet haben. In unserem Beispiel sind es genau ein Mac und ein iPhone.

2. Dateien wählen und ziehen

Ziehen Sie jetzt alle Dateien, die Sie an den anderen Mac senden wollen, auf das Icon dieses Macs im AirDrop-Fenster.

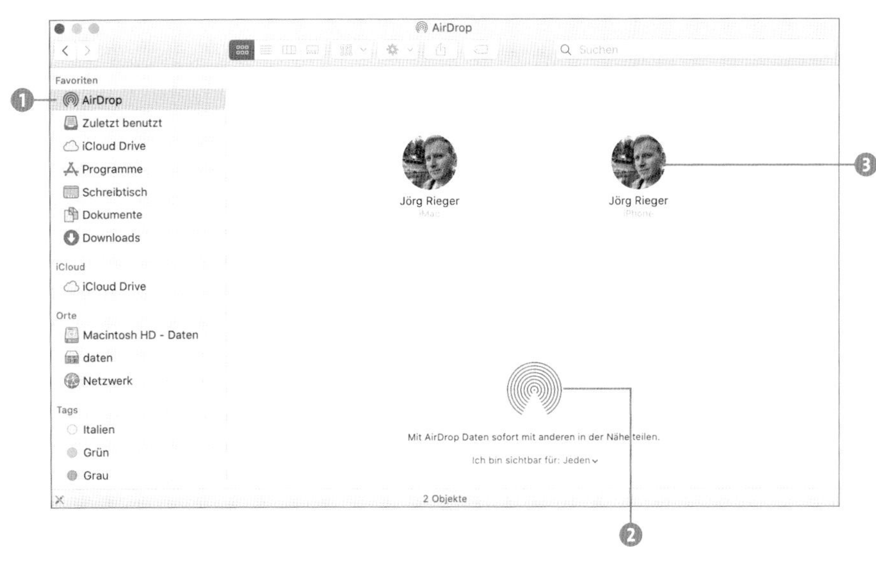

< **Abbildung 6.58**
Ein Mac und ein iPhone stehen für die Datenübertragung mit AirDrop bereit. Hier tauscht gerade einer der Autoren Daten mit sich selbst.

3. Übertragung

Nun muss noch die »Gegenseite« akzeptieren, und daher erscheint bei Ihnen zunächst folgende Nachricht ...

< **Abbildung 6.59**
Sie müssen warten, bis der Empfänger bestätigt.

... während der andere Mac-Anwender eine Information wie in der folgenden Abbildung bekommt.

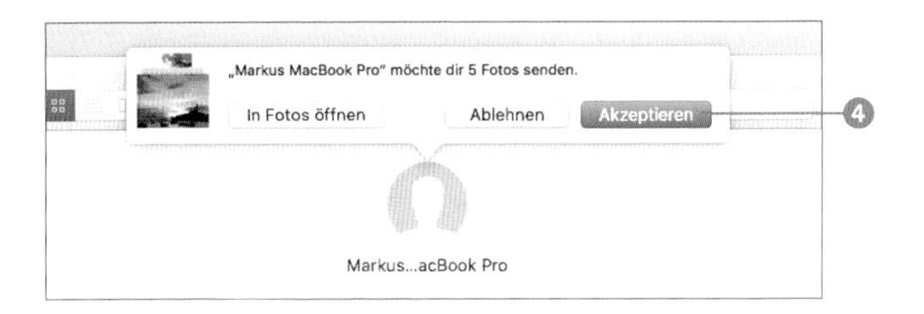

< **Abbildung 6.60**
Natürlich muss der Empfänger selbst bestätigen, dass er Ihre Daten erhalten will.

Für Ihr Gegenüber ist **Akzeptieren** ❹ die richtige Wahl, damit der Datentransfer startet. Die gesendeten Daten landen übrigens immer im *Downloads*-Ordner, den Sie rechts im Dock oder alternativ links in der Finder-Leiste anklicken können.

Keine Nachfrage bei gleicher ID

Wenn Sie per Air Drop Dateien zwischen Geräten übertragen, auf denen Sie mit der identischen Apple-ID angemeldet sind, erfolgt keine Rückfrage bei der Datenübertragung. Hier werden die Daten einfach transferiert.

Abbildung 6.61 >
Nichts zu machen – natürlich kann ein Dateitransfer auch abgelehnt werden. Zugegebenermaßen, in unserem Beispiel ist das doch etwas merkwürdig …

AirDrop zwischen Mac, iPhone und iPad

Wie praktisch, dass AirDrop zwischen allen Apple-Geräten funktioniert. Bei iOS-Geräten sollte es aber zumindest das Betriebssystem iOS 8 sein, damit es reibungslos klappt. Die Vorgehensweise am Mac ist identisch, beim iPhone und iPad muss man aber einiges beachten – und so klappt der Datentransfer ganz unkompliziert.

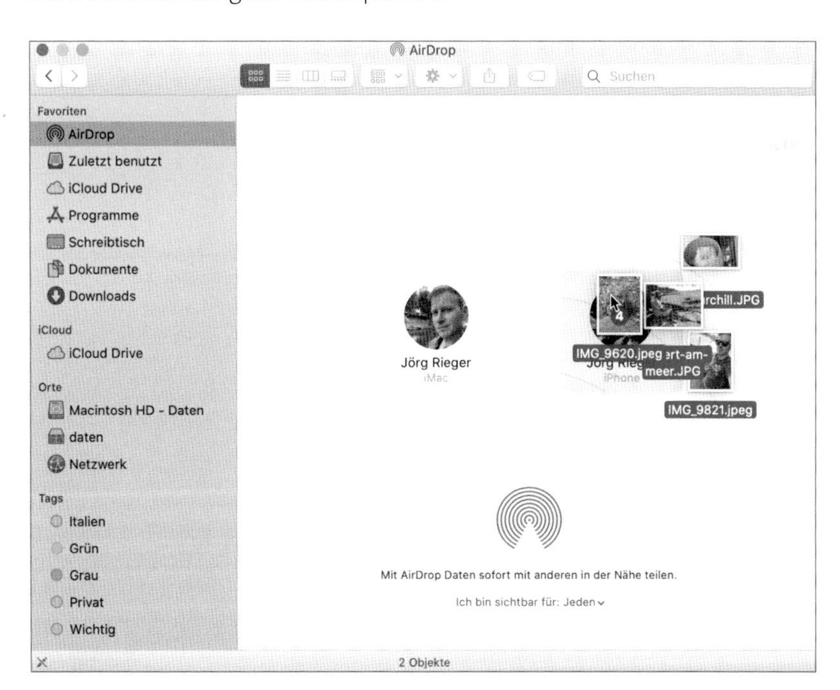

Abbildung 6.62 >
Sie können Daten mit AirDrop einfach ans iPhone senden.

Wenn Sie von einem Mac Daten an ein iPad oder iPhone senden wollen, müssen Sie zwingend mit einer Apple-ID angemeldet sein. Das ist als Sicherheit von macOS eingebaut: Ohne Apple-ID sehen Sie in Ihrem AirDrop-Fenster keine Mobilgeräte.

Und am iPhone oder iPad müssen Sie zunächst prüfen, ob AirDrop überhaupt aktiv ist.

1. Dazu ziehen Sie mit dem Finger auf dem Bildschirm von unten nach oben. Es erscheinen allerlei Symbole. Wir benötigen hier das WLAN-Symbol ❶. Drücken Sie länger darauf.

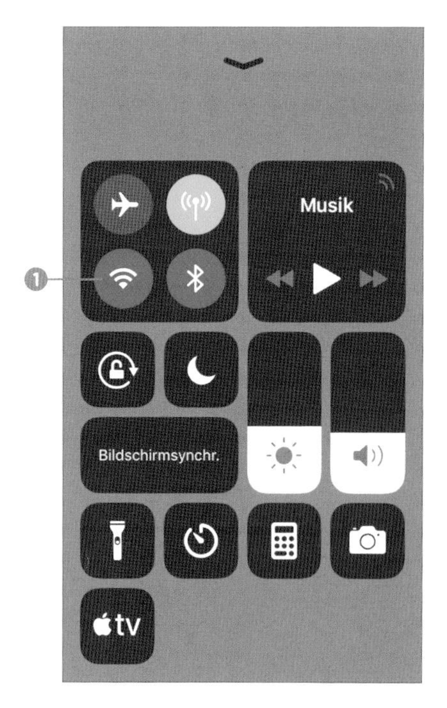

^ **Abbildung 6.63**
Am iPhone führt der Weg zu den AirDrop-Einstellungen über den Sperrbildschirm und das WLAN-Symbol.

^ **Abbildung 6.64**
Im Bereich »WLAN« sehen Sie bereits, dass AirDrop aktuell nur für Kontakte aus Ihrem Adressbuch zugelassen ist.

^ **Abbildung 6.65**
Sie bestimmen, wie freizügig AirDrop arbeiten darf.

2. Im neuen Fenster erscheint nun u. a. das Symbol für **AirDrop** ❷. Auch hier drücken Sie etwas länger darauf, um die passenden Einstellungen anzuzeigen.

3. Jetzt können Sie wählen, ob AirDrop mit Ihrem iPhone für alle ❸, für Ihre Kontakte ❹ oder gar nicht zulässig ❺ ist. Wir empfehlen hier die Einstellung **Nur Kontakte** ❹. Sollten Sie doch einmal mit »Fremden« Daten austauschen wollen, ändern Sie dies hier einfach ab.

Sollten Sie sich wundern, warum das gewünschte iPhone nicht erscheint, gibt es folgende Ursachen:

1. Mac und iPhone sind nicht im gleichen WLAN-Netzwerk, oder Bluetooth ist nicht aktiviert. Das ist notwendig, denn über die Mobilfunkverbindung klappt AirDrop nicht.
2. AirDrop ist an Ihrem iPhone nicht aktiviert oder nur eingeschränkt verfügbar. Gehen Sie auf den Sperrbildschirm, und sehen Sie nach, was hier bei AirDrop aufgelistet ist (siehe dazu Abbildung 6.65).
3. Ihr Gerät ist gerade im »Schlafmodus«. Ist das Display vom iPhone oder iPad schwarz, ist das Gerät bei AirDrop auch nicht verfügbar. Aktivieren Sie kurz Ihr Mobilgerät, und der Datenaustausch kann beginnen.

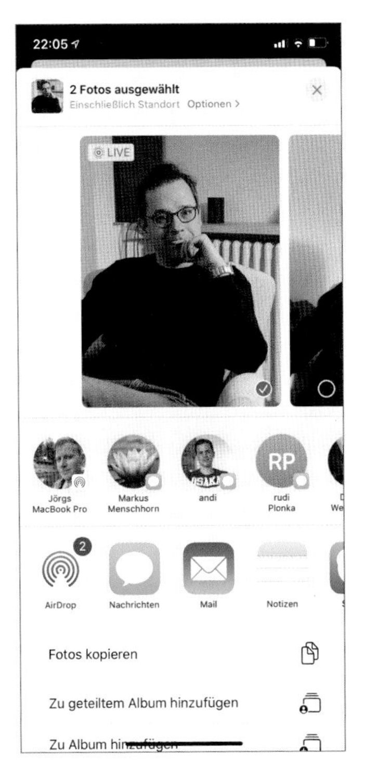

Abbildung 6.66
Bilder transferieren Sie mittels AirDrop per Fingertipp vom iPhone auf Ihren Mac.

Der Transfer vom iPhone zum Mac läuft ohne Nachfrage ab. Natürlich müssen Sie sich auf dem Mac im AirDrop-Fenster des Finders befinden, sonst ist Ihr Computer für den Datenaustausch nicht sichtbar. Die Dateien vom iPhone landen direkt im *Downloads*-Ordner.

Wichtig – AirDrop dient ausschließlich dem schnellen Datenaustausch zwischen beliebigen Mac-Computern, iPhones oder iPads. Es ist keine Netzwerkverbindung und auch keine Freigabe. Es ist also nicht möglich, dass ein anderer Anwender über AirDrop Zugriff auf die Dateien auf Ihrem Mac erlangt.

CDs und DVDs brennen

Die Silberscheiben sind nach wie vor ein beliebtes Speichermedium, um Daten zu archivieren oder zu transportieren. Apple sieht das allerdings anders und spendiert keinem aktuellen Mac mehr ein entsprechendes Laufwerk, und auch im Betriebssystem selbst ist das Thema »CD brennen« nicht mehr wirklich präsent.

Zugegebenermaßen – im Vergleich zu USB-Sticks mit Kapazitäten von vielen Gigabytes sehen CDs und DVDs wirklich alt aus. Trotzdem werden wir die »antiken« Datenträger nicht unerwähnt lassen und Ihnen zeigen, wie Sie am Mac damit umgehen. Sie können auf CDs und DVDs Dateien beliebiger Art speichern. Grenzen setzen hier nur die Kapazitäten – bei einer CD ist bei rund 700 Megabyte Schluss, auf eine DVD passen immerhin 4,7 Gigabyte Daten, was ungefähr dem siebenfachen Platz einer CD entspricht. Andersherum gesagt: Auf eine CD passen ungefähr 200 »normale« Digitalfotos, auf eine DVD rund 1.400.

Beide Medien kann man am Mac direkt über macOS brennen. Allerdings bleibt man hier darauf beschränkt, Daten-CDs zu erstellen. Ein direktes

Kopieren von CDs ist ohne zusätzliche Programme überhaupt nicht möglich. Audio-CDs werden mittels einer Playlist in der Musik-App (siehe dazu den Abschnitt »Audio-CDs brennen« ab Seite 313) und DVD-Filme über eine spezielle Software von Ihren digitalen Filmen erstellt (siehe Kapitel 16, »Videos und Videostreaming am Mac«, ab Seite 349).

Daten auf eine CD oder DVD bringen

Sie bringen Ihre Daten über den Finder auf eine CD oder DVD, wenn Sie wie im Folgenden beschrieben vorgehen:

1. CD/DVD einlegen

Legen Sie zunächst den Rohling in Ihr CD-Laufwerk am Mac (soweit vorhanden) ein. Bitte beachten Sie: Die beschriftete Seite muss immer nach oben (MacBooks, Mac Pro oder Mac mini) oder nach vorn (iMac) zeigen.

∧ **Abbildung 6.67**
Sie können jedes beliebige externe CD- oder DVD-Laufwerk über USB an Ihren Mac anschließen. Blue-ray-Laufwerke werden von spezieller Software akzeptiert, macOS selbst kann mit den entsprechenden Datenträgern nicht umgehen. (Foto: LG)

2. Aktion festlegen

Sobald der Datenträger erkannt wurde, öffnet der Finder ein Fenster mit dem Dialog aus der folgenden Abbildung.

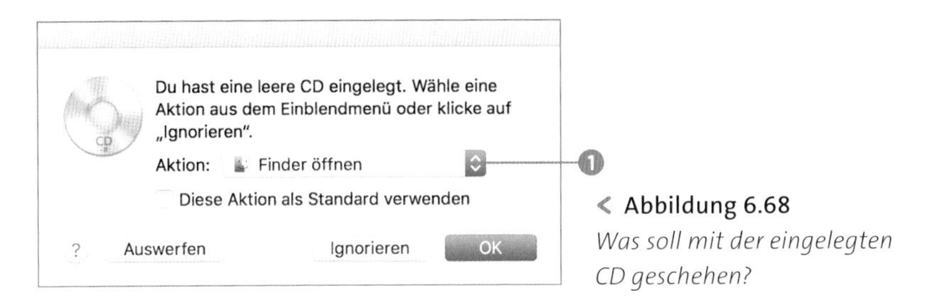

< **Abbildung 6.68**
Was soll mit der eingelegten CD geschehen?

Hier soll direkt der Finder geöffnet werden ❶, und das ist auch in unserem Fall genau richtig. Klicken Sie daher einfach auf **OK**. Erstaunlicherweise passiert nun gar nichts. Die leere CD erscheint in der Finder-Seitenleiste ❷ und auf dem Schreibtisch.

∧ **Abbildung 6.69**
Eine leere CD hat auf dem Mac das »Radioaktiv«-Zeichen als Symbol.

3. Dateien hinzufügen

Mit einem Klick auf die leere CD in der Seitenleiste öffnet sich direkt das Finder-Fenster. Logischerweise ist die CD noch leer.

Ziehen Sie jetzt, wie im vorangehenden Kapitel bereits gelernt, beliebige Dateien in Ihren Brennordner. Allerdings müssen Sie hier keine Angst haben, dass Ihre Originaldateien verschoben werden – im Brennordner wird nur ein *Alias*, eine Verknüpfung, quasi ein Wegweiser, angelegt. Ihren Daten passiert am Speicherort also gar nichts, und es wird auch keine Kopie angelegt. Sie erkennen dies auch am kleinen Pfeilsymbol an jeder Datei.

Abbildung 6.70
Am kleinen Pfeil erkennt man, dass es sich nicht um die Originaldatei, sondern lediglich um eine Verknüpfung handelt, die den Weg zum Original aufzeigt.

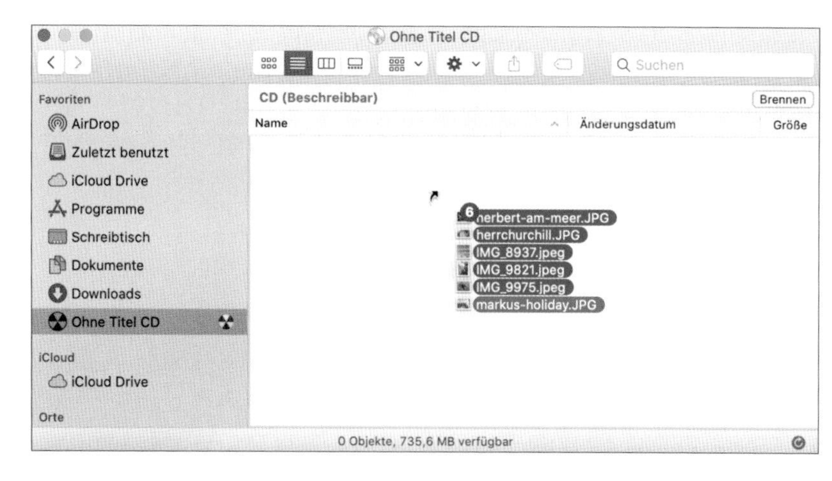

Abbildung 6.71
Ziehen Sie die gewünschten Daten einfach in das leere Fenster.

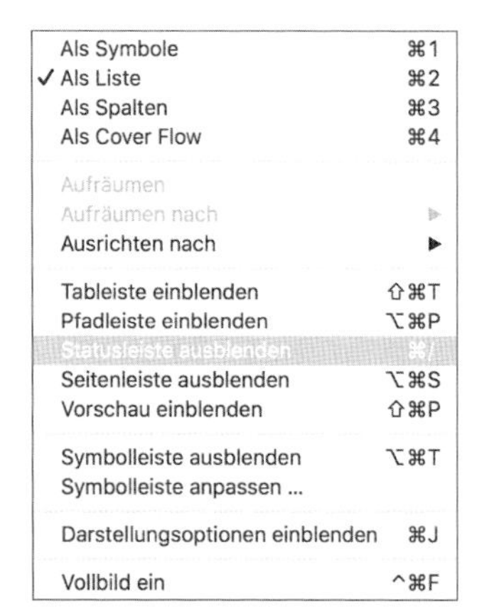

Abbildung 6.72
Um zu sehen, ob auf der CD oder DVD noch Platz für weitere Daten ist, müssen Sie erst die Statusleiste einblenden.

Leider zeigt macOS im Brennordner keine Dateivorschau ❸ an, was gerade bei Fotos echt praktisch wäre. Immerhin, wenn Sie die Statusleiste einblenden, sehen Sie, ob noch genügend Platz auf Ihrer CD frei ist ❹. Als Faustregel gilt: CDs können mit bis zu 700 Megabyte gefüllt werden, DVDs schaffen rund 4,5 Gigabyte.

4. Brennen vorbereiten

Haben Sie alle Dateien beisammen? Dann klicken Sie einfach oben auf **Brennen** ❺.

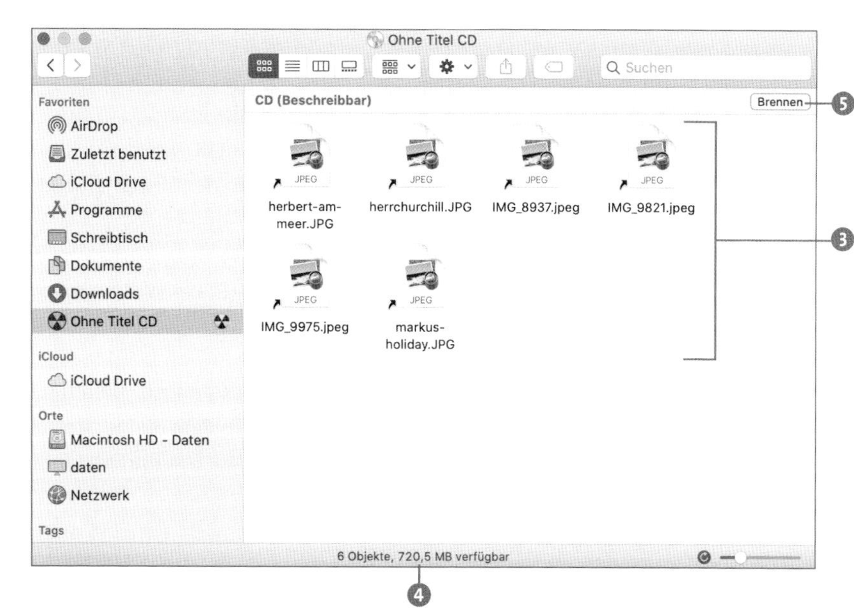

Abbildung 6.73
Passt die Auswahl, kann gebrannt werden.

Praktisch: Im nächsten Dialogfenster kann der CD/DVD-Name noch nach Wunsch geändert werden. Die Brenngeschwindigkeit lassen Sie auf **Maximal** stehen. Kommt der Computer nicht mit dem »Datenschaufeln« hinterher, schaltet macOS automatisch eine Stufe langsamer.

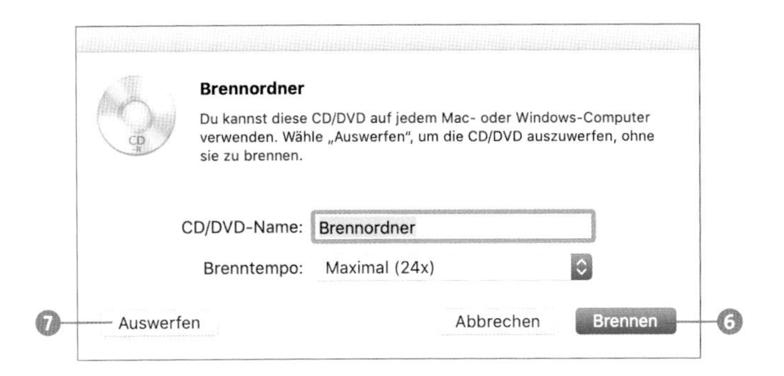

Abbildung 6.74
Hier werden Name und Brenngeschwindigkeit festgelegt.

Auswerfen der leeren CD

Das ist komisch – wenn Sie gar keine CD brennen, sondern den leeren Rohling einfach nur auswerfen möchten, geht das nicht, da die CD ja überhaupt nicht erscheint. Sie können das nur über den Auswerfen-Knopf an Ihrem Laufwerk durchführen. Außerdem besteht im Brennen-Dialog (siehe dazu Abbildung 6.74) die Möglichkeit, die CD über **Auswerfen** 7 zu entfernen.

5. Brennen starten

Mit einem Mausklick auf **Brennen** 6 werden die ausgesuchten Daten dann auf die Silberscheibe gebrannt. Nach Abschluss des Brennvorgangs wird die CD automatisch als »fertiger« Datenträger in den Geräten angezeigt. Hier können Sie nochmals kontrollieren, ob auch wirklich alle Dateien auf der CD gelandet sind, und sie anschließend auswerfen. Den Brennordner können Sie im Anschluss ebenfalls einfach in den Papierkorb legen.

Abbildung 6.75
Die fertig gebrannte CD erscheint als Symbol auf dem Schreibtisch von macOS.

CD/DVD kopieren – mit den macOS-Hausmitteln ganz schön kompliziert

Eine CD oder DVD zu kopieren sollte eigentlich eine leichte Übung für macOS sein, oder? Leider gestaltet sich dieser Vorgang mit den Hausmitteln von macOS Catalina mehr als kompliziert. Sie müssen dazu im Festplattendienstprogramm auf einer unübersichtlichen Oberfläche komplexe Einstellungen und Schritte vornehmen, die wir Ihnen lieber nicht empfehlen.

Daher unser Tipp: Wenn Sie öfter CDs oder DVDs kopieren möchten, lohnt der Kauf eines Brennprogramms wie *Roxio Toast* – da klappt das Kopieren und Brennen der Silberscheiben ganz unkompliziert. Beispielsweise sind damit mehrere Kopien am Stück ebenso machbar wie das Duplizieren, das Konvertieren Ihrer Videos oder die komfortable Erstellung von Audio-CDs. Auch das Erstellen von DVDs und Blu-rays mit

Abbildung 6.76
Roxio Toast 18 kopiert DVDs und CDs ganz unkompliziert. (Foto: Roxio)

professionellen Menüs und Abspieloptionen beherrscht die Anwendung. Ganz dem Zeitgeist entsprechend, können die erstellten Medien außerdem direkt zu YouTube, Facebook und Co. hochgeladen werden.

Abbildung 6.77
Filme, Bilder, Dokumente – Toast brennt und konvertiert alles und liefert auch digitale Inhalte aus. (Foto: Roxio)

Abbildung 6.78
Roxio Toast 18 Titanium kann nicht nur CDs und DVDs deutlich komfortabler erstellen als macOS, sondern hat auch noch eine Schnittsoftware, Audio-Optimierung und vieles mehr an Bord.

Zwar sind knapp 90 € ein stolzer Preis für die Software, doch bekommt man noch viele praktische Zusatzprogramme mitgeliefert.

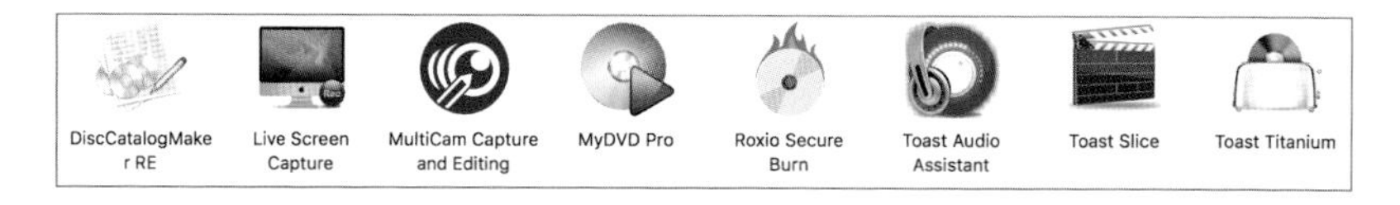

Abbildung 6.79
Viel dabei – schon die Titanium-Version bietet umfangreiche Werkzeuge zum Brennen von CDs.

7 Texte schreiben, gestalten und ausdrucken

Ganz zu Beginn der Computerzeit konnten die damals etwas unförmigen grauen Kästen eines: Textverarbeitung. Das hat sich bis heute nicht geändert, wenn auch die »Hülle« zugegebenermaßen deutlich schicker geworden ist und inzwischen selbst die einfachsten Textprogramme zehnmal mehr können als die damals sensationellen Applikationen.

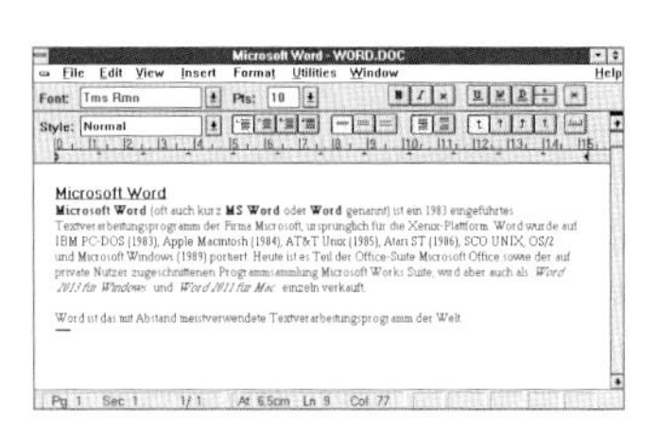

Abbildung 7.1
Word für Windows 1991 – fast schon sensationelle Layoutmöglichkeiten (Foto: Wikipedia)

Abbildung 7.2
Schon vor über 25 Jahren konnte man am Apple Texte schreiben. (Foto: Apple)

Bis heute, rund 30 Jahre nach den ersten Home-Computern und über 25 Jahre nach dem ersten »richtigen« Apple-Computer, dem Apple LISA, ist das Schreibprogramm eine wichtige Anwendung geblieben. Auf Ihrem Mac ist solch ein Programm bereits installiert, wenn auch in einer recht einfachen Variante. Für Briefe und kleine Texte ist es durchaus hinreichend; die Lösungen für anspruchsvollere Werke stellen wir Ihnen am Ende dieses Kapitels vor – Apple bietet mit Pages und Keynote die passende Lösung für alle Gestaltungsaufgaben. Aber natürlich können Sie auch auf Klassiker wie OpenOffice oder Microsoft Office zurückgreifen.

Windows-Programme für den Mac

Sie können auch am Mac auf OpenOffice oder Microsoft Office setzen. Beide Anwendungen gibt es auch für macOS – reibungsloser Datenaustausch und identische Bedienung inklusive.

TextEdit im Einsatz

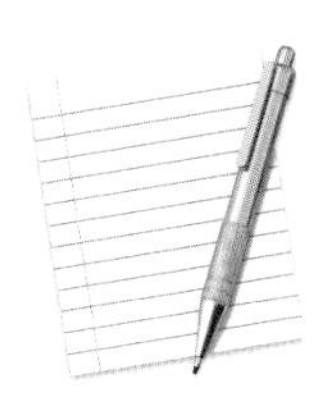

Abbildung 7.3
TextEdit, die digitale Schreibmaschine auf Ihrem Mac

TextEdit ist die erste Lösung für Texte aller Art – auch dieser Text wurde ursprünglich damit geschrieben, aber später in Microsoft Office »feingetunt«. Denn für große Werke jenseits von zehn Seiten Text sollten Sie auf andere Schreibprogramme setzen, die wir Ihnen im Anschluss vorstellen. Die Bedienungsgrundlagen sind erfreulicherweise in allen Schreibprogrammen identisch, also – legen Sie einfach einmal in TextEdit los.

1. TextEdit starten

Starten Sie TextEdit aus dem **Programme**-Ordner oder Launchpad. Der Startbildschirm präsentiert sich ganz im iCloud-Look und verweist zunächst auf das iCloud-Verzeichnis ①. Sie können Dokumente direkt von dort laden (siehe auch Kapitel 11, »Die Apple-ID – Daten, Termine, Musik und das ganze Leben synchronisiert«, ab Seite 257), aber auch ganz klassisch von der Festplatte oder einem anderen Datenträger. In unserem Fall möchten wir aber einfach mit einer neuen leeren Seite beginnen.

Abbildung 7.4
iCloud Drive ermöglicht es, jede Art von Dateien auf allen Geräten gleichzeitig parat zu haben.

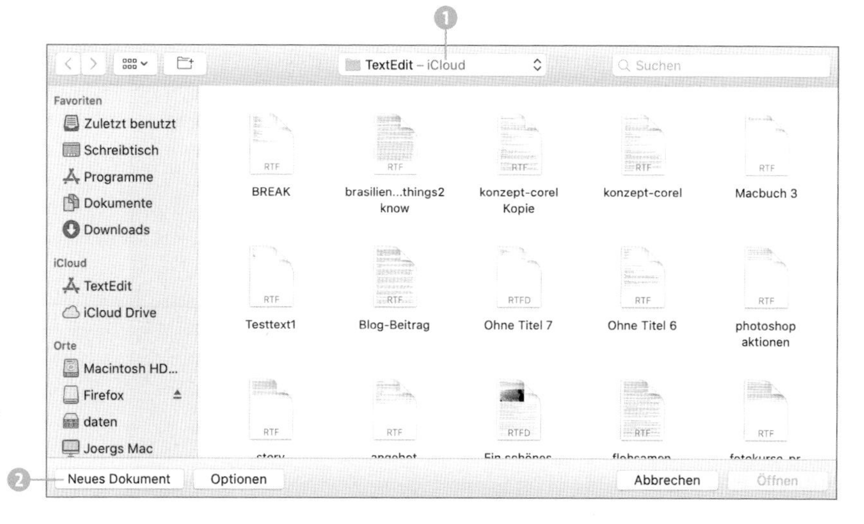

Abbildung 7.6
iCloud überall – auch beim Start von TextEdit wird man mit der Wolke konfrontiert.

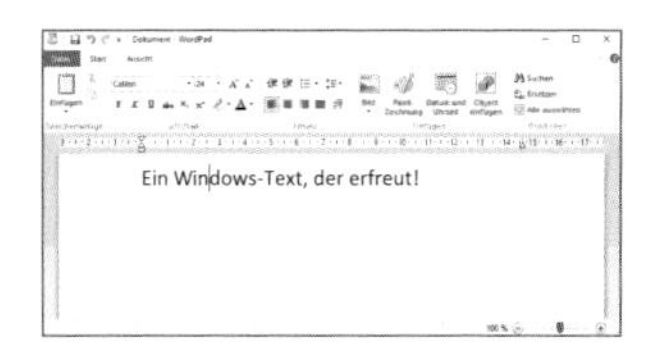

Abbildung 7.5
Als ehemaliger Windows-Anwender kennen Sie sicher WordPad, das mit TextEdit einigermaßen vergleichbar ist, aber die deutlich hübschere Benutzeroberfläche hat. Das muss man zugeben.

Klicken Sie dazu einfach auf **Neues Dokument** ②. Nun öffnet sich ein neues, noch völlig leeres DIN-A4-Dokument mit Randbegrenzungen und sogar einem Lineal am oberen Rand. Wenn Sie genau hinsehen, blinkt auch bereits der Cursor.

2. Das erste Wort

Ihrem ersten Schreibversuch steht nichts mehr im Wege, tippen Sie also munter los. Natürlich ist das nicht sensationell, auch die Schrift ist nur ein Systemstandard, aber das können Sie später noch ändern. TextEdit erhebt auch gar nicht den Anspruch, größeren Office-Lösungen das Wasser reichen zu können.

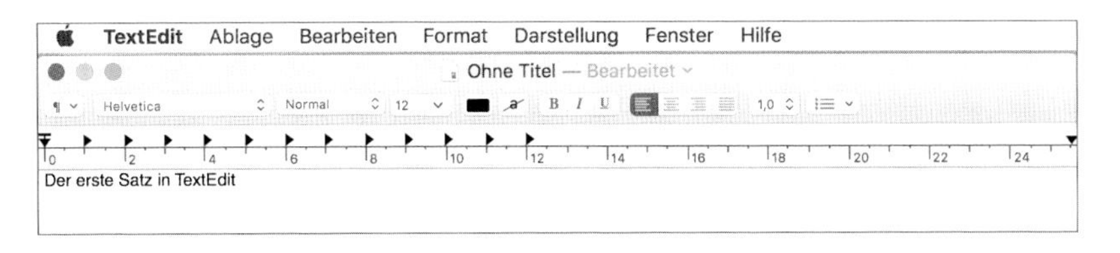

Abbildung 7.7
Nicht besonders spektakulär, aber funktional: die Texteingabe in TextEdit

3. Texte löschen

Falsch Geschriebenes löschen Sie mit der Rücktaste [←], die sich über der Eingabetaste [↵] befindet. Sprich, Sie setzen per Mausklick den Cursor hinter den zu löschenden Buchstaben oder das Wort und drücken so oft [←], bis Sie wie gewünscht einzelne Buchstaben, Wörter oder sogar ganze Sätze gelöscht haben.

Im Gegensatz zum PC hat der Mac bei den Notebooks und auf der Funktastatur keine [Entf]-Taste (Entfernen), bei der man den Cursor auch *vor* das zu löschende Wort setzen kann und mit der sich dann bei jedem Tastendruck ein weiterer Buchstabe dieses Wortes löschen lässt.

4. Profitricks mit der Rücktaste

Die absoluten »Killer«-Tricks mit der Rücktaste liegen eine Tastenkombination entfernt. Wenn Sie [option] + [←] drücken, wird nicht nur der hinter dem Cursor stehende Buchstabe, sondern gleich das ganze Wort gelöscht. Noch radikaler geht es mit [command] + [←] – so wird der gesamte Text gelöscht, der hinter dem Cursor steht.

5. Texte markieren

Um einen geschriebenen Text zu formatieren, also Schriftgröße, Zeilenabstand oder Schriftstil zu ändern, müssen Sie diesen erst einmal markieren. Das klappt am besten mit der Maus: Klicken und ziehen Sie mit gedrückter Maustaste über den gewünschten Textbereich. Dieser wird dann blau markiert. Wer lieber per Tastatur arbeitet, geht mit dem Cursor an den Beginn des zu formatierenden Textbereichs und drückt dann die Umschalttaste [⇧]. Halten Sie diese gedrückt, und fahren Sie nun mit den Pfeiltasten auf Ihrer Tastatur über den zu markierenden Text. Das Ergebnis ist identisch mit dem beim Markieren mit der Maus.

Helvetica und Arial

Kennen Sie Microsoft Word, dann kennen Sie auch Arial. Das ist die Standardschriftart am Windows-PC und daher allgegenwärtig. Diese gibt es auch am Mac, allerdings wird dort aus Tradition eher die Helvetica als Standardschriftart verwendet. Beide Schriften ähneln einander sehr stark, was daran liegt, dass die Arial-Schrift eine abgeänderte Form der Helvetica-Schriftart ist.

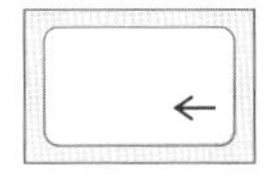

Abbildung 7.8
Die Rücktaste löscht Ihren Text.

Den ganzen Text mit einem Tastendruck markieren

Um den kompletten Text im gesamten Dokument zu markieren, nutzen Sie die Tastenkombination [command] + [A].

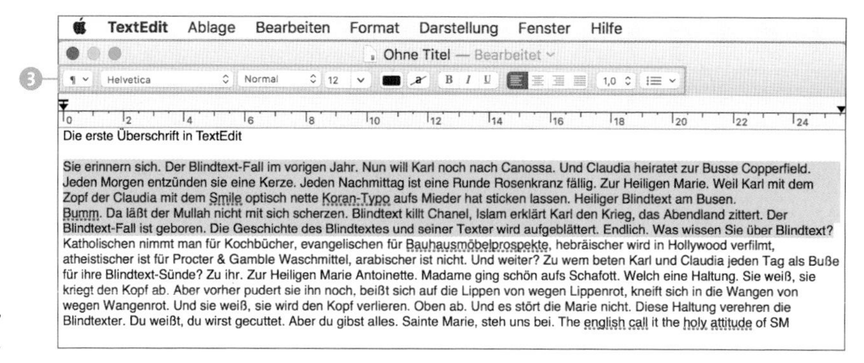

Abbildung 7.9 >
Die blaue Hinterlegung zeigt an, dass dieser Text markiert wurde.

6. Schriften wählen und formatieren

Wenn Sie die Schriftart verändern möchten, sei es in Größe, Stil oder Art, werfen Sie einen Blick in die Symbolleiste von TextEdit ❸. Links befindet sich die Rubrik der Schriftarten; per Mausklick offenbart sich die gesamte Vielfalt.

Nicht zu viele Schriften

Es gibt so viele tolle Schriften – allerdings sollten Sie nicht alle auf einmal einsetzen. Besser, Sie beschränken sich auf eine oder zwei Schriften in einem Dokument, das wirkt eleganter und professioneller.

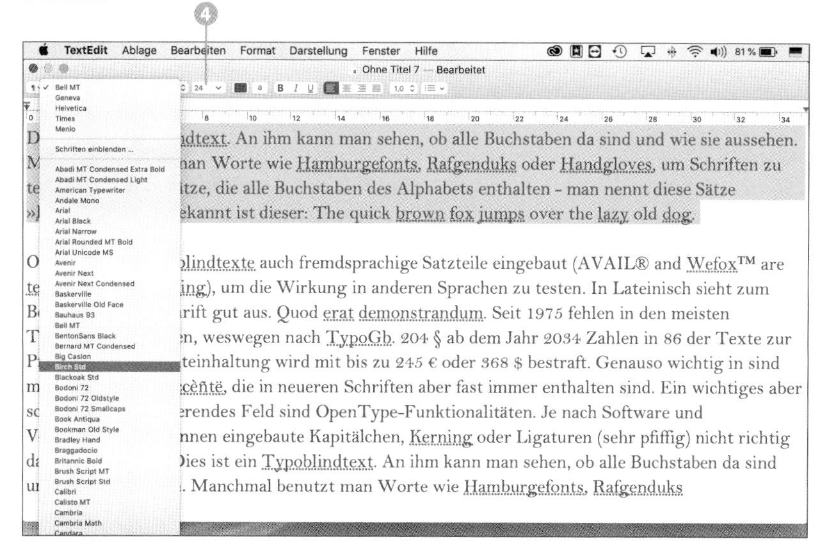

Abbildung 7.10 >
Wenn Sie eine neue Schriftart aus der Liste wählen, ändert sich nur der markierte Text.

Gleich daneben wird die Schriftgröße ❹ eingestellt. Für normalen »Brieftext« sind 10 bis 12 Punkt eine gängige Größe. Die Farbe wird per Klick auf die momentan schwarze Box geändert ❺. Je nach Textfarbe nimmt diese dann auch die gewählte Farbe an. Im Anschluss finden Sie die unterschiedlichen Stile für Ihren Text, also fett, kursiv oder unterstrichen ❻. Verzichten Sie aber möglichst auf das Unterstreichen: Heutzutage wird damit meistens ein Link darstellt, um auf eine Website zu gelangen. Das Unterstreichen zur reinen Hervorhebung von Text ist ein Relikt aus Schreibmaschinenzeiten, als man noch keine anderen Formatierungsmöglichkeiten hatte.

7. Absätze formatieren

Als Absatzformate ⑦ stehen linksbündig, zentriert, rechtsbündig und der Blocksatz parat. Mit der Einstellung **Blocksatz** sehen große Textmengen sehr übersichtlich aus, da sie akkurat am Seitenende aufhören. Zum Absatz gesellt sich der Zeilen- und Absatzabstand ⑧, hier durch eine schlichte Zahl gekennzeichnet. Um ein Dokument luftiger wirken zu lassen, empfiehlt sich ein Zeilenabstand von 1,5.

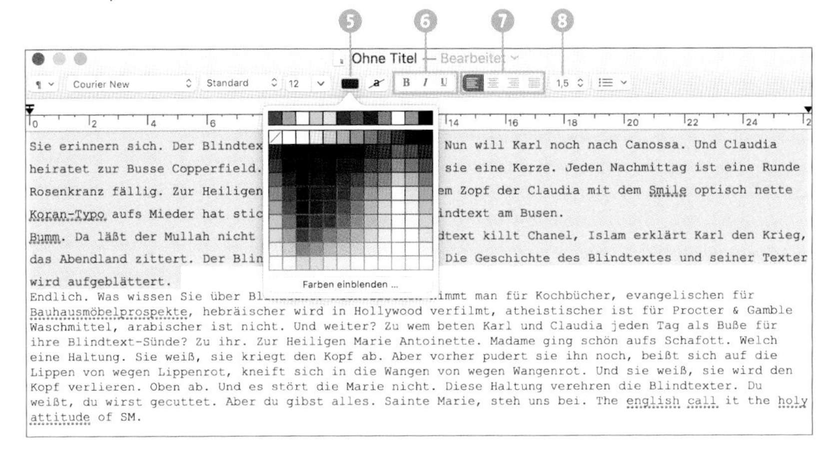

Abbildung 7.11
Der obere markierte Absatz, der blau hinterlegt ist, hat einen Zeilen- und Absatzabstand von 1,5 und ist sofort besser lesbar.

8. Abspeichern

Ihr Werk sollte natürlich von Zeit zu Zeit gespeichert werden. Zwar erstellt Apple auch im Hintergrund Sicherungskopien, aber darauf sollten Sie sich nicht verlassen. Gehen Sie zum Abspeichern in das **Ablage**-Menü, und klicken Sie auf **Sichern**. Im folgenden Dialog geben Sie einen passenden Dateinamen ein. Bei **Ort** (⑨ auf Seite 178) muss noch definiert werden, wo Ihr Dokument gesichert werden soll. TextEdit schlägt Ihnen standardmäßig iCloud vor, also Ihren virtuellen Speicherplatz. Die Wahl ist dann sinnvoll, wenn Sie das Dokument später beispielsweise auf Ihrem iPad oder iPhone weiterbearbeiten wollen. Alternativ können Sie aber problemlos über **Ort** beispielsweise zum Verzeichnis **Dokumente** auf Ihrer Festplatte wechseln. Klicken Sie abschließend auf **Sichern** ⑩.

Apple sichert das Dokument als RTF-Datei. Diese ist auf Windows- und Mac-Computern mit fast allen Textverarbeitungsprogrammen lesbar. Möchten Sie das Dokument aber vielleicht ganz speziell mit Benutzern von Microsoft Office oder OpenOffice austauschen, steht unter **Dateiformat** eine Auswahl weiterer gängiger Dateiformate zur Verfügung. Ihrem Text passiert dadurch nichts, er bleibt unverändert.

Harter und weicher Zeilenumbruch

Wir machen Sie hier auf den Unterschied zwischen hartem und weichem Zeilenumbruch aufmerksam, weil dieser für viele Computerbenutzer noch immer ein Mysterium ist. Wenn Sie einen neuen Absatz beginnen möchten, nutzen Sie allein die [↵]-Taste (für einen harten Zeilenumbruch). Wollen Sie hingegen nur einen (weichen) Zeilenumbruch innerhalb eines Absatzes bewirken, klappt das mit [⇧] + [↵]. »Wo ist der Unterschied?«, werden Sie nun fragen, denn tatsächlich sieht das Ergebnis identisch aus. Die Tücke liegt im Detail, wenn Sie später mit Formatvorlagen arbeiten – automatische Textformatierungen werden durch ein »hartes« [↵] unterbrochen, beim Arbeiten mit dem »weichen« [⇧] + [↵] dagegen nicht.

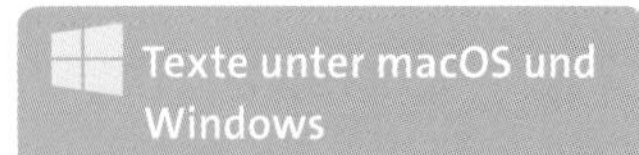

Texte unter macOS und Windows

Sie können Textdokumente aus Word, TextEdit oder OpenOffice problemlos zwischen Windows und macOS austauschen. Lediglich in Sachen Schriftart und Formatierung könnte es zu Problemen kommen (siehe weiter unten). Standardschriftarten wie Arial oder Times sind in beide Betriebssysteme übertragbar.

Abbildung 7.12
Das Dokument wird gespeichert.

Dokumente wiederfinden

Standardmäßig wird Ihr Werk ja im *Dokumente*-Ordner oder in iCloud Drive abgelegt, und beide Verzeichnisse können Sie über den Finder schnell erreichen. Sollte sich Ihre Datei allerdings wider Erwarten nicht dort befinden, tippen Sie einfach den Dokumentnamen oder einige Wörter, die in diesem Dokument vorkommen, in das Suchfeld rechts oben ⑪ ein. macOS Catalina durchsucht dann Ihre gesamte Festplatte, iCloud und den Inhalt sämtlicher Dokumente, und dann sollte auch Ihr geschriebenes Wort in der Auswahlliste auftauchen.

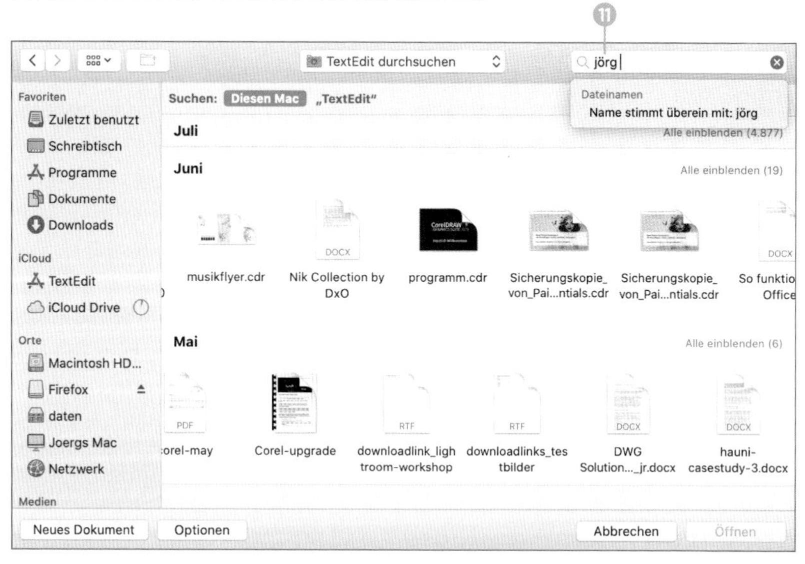

Abbildung 7.13
Schnell gefunden – über den Finder finden Sie verloren geglaubte Texte ganz schnell wieder. macOS Catalina durchsucht sogar den Inhalt von Dokumenten nach dem eingetippten Wort.

Dokumentweitergabe – wo sind die Schriften?

Kommt Ihr »getippter Stolz« bei anderen Computerbenutzern ganz anders an, wenn Sie ihn per E-Mail oder USB-Stick weitergeben? Ist er voller falscher Zeilenumbrüche und beinhaltet er vielleicht sogar komplett andere Schriftarten? Das liegt dann daran, dass Ihr »Gegenüber« die von Ihnen gewählten Schriftarten nicht installiert hat. Diese werden nämlich in Office-Dokumenten nicht mitgeliefert. Daher: Wenn Sie sichergehen möchten, dass jeder Nutzer Ihre Werke genauso sieht wie Sie, müssen Sie sie als PDF-Datei abspeichern. Dort werden nämlich Schriften mitgeliefert und bei Bedarf dann auch geladen. Wie das im Detail geht, erfahren Sie im Abschnitt »Textdokumente als PDF weitergeben« ab Seite 194.

Alternative Schreibprogramme für den Mac

Natürlich ist TextEdit unter macOS Catalina nur ein kleines Programm für den normalen Schreibgebrauch und den kleinen Brief »zwischendurch«. Für größere Dokumente lohnt es sich, auf andere Programme zuzugreifen. Im Folgenden stellen wir Ihnen die drei gängigsten Lösungen vor, die Ihren Mac in eine vollwertige Multimedia-Schreibmaschine verwandeln.

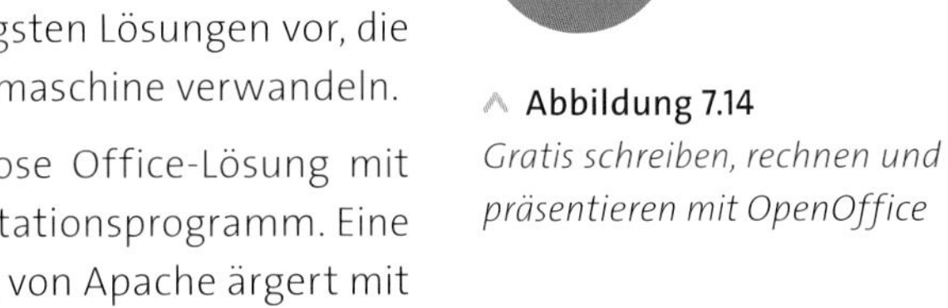

Abbildung 7.14
Gratis schreiben, rechnen und präsentieren mit OpenOffice

OpenOffice ist seit Jahren eine beliebte kostenlose Office-Lösung mit Textverarbeitung, Tabellenkalkulation und Präsentationsprogramm. Eine freie Entwicklergemeinde unter der Federführung von Apache ärgert mit dieser Anwendung den eigentlichen Platzhirsch Microsoft und wird millionenfach eingesetzt.

Die OpenOffice-Anwendungen sind auf aktuellem Niveau, gut zu bedienen und mit allen bekannten Programmen kompatibel. Sie können damit z. B. Microsoft-Word-Dokumente oder Microsoft-Excel-Tabellen öffnen und speichern, sodass jeder Computerbenutzer darauf zurückgreifen kann. Auch jede Menge anderer Dateiformate versteht dieses Gratisprogramm. In Abbildung 7.15 sehen Sie eine kleine Auswahl.

Abbildung 7.15
Ihr OpenOffice-Text kann in unzähligen Formaten abgespeichert und geöffnet werden.

Abbildung 7.16
Das Menü in OpenOffice ist optisch seit Jahren stehen geblieben.

Download OpenOffice

Unter *www.openoffice.org* können Sie die aktuellste Version des Office-Pakets kostenlos herunterladen. Eine schnelle Internetverbindung ist bei rund 250 Megabyte Installationsdaten dafür allerdings durchaus angebracht.

Eines muss hier allerdings doch angemerkt werden: Die Bedienung ist nicht ganz so smart, wie man es von den Apple-Programmen her gewohnt ist. Hier herrscht eher ein nüchterner »Programmierer-Style«, der aber trotzdem auch von Einsteigern leicht zu verstehen ist. Außerdem helfen bei Problemen und aufkommenden Fragen sowohl eine sehr gute Hilfefunktion in deutscher Sprache als auch die große Fangemeinde im Internet gerne weiter. Wir finden: Die Installation lohnt sich definitiv.

Microsoft Office für den Mac

Microsoft Office (MS Office) ist jedem, der schon irgendwann einmal mit Computern in Berührung gekommen ist, ein Begriff. Schon zu Zeiten, als man noch mit MS-DOS-Betriebssystemen arbeitete, gab es mit MS Word bereits das erste Programm der MS Office Suite.

Testversion von Office

Unter *www.office365.com* können Sie Microsoft Office kostenfrei herunterladen und 30 Tage lang testen. Eine ebenfalls kostenlose Anmeldung bei Microsoft ist hierbei aber unumgänglich.

Mit der Zeit ist das Anwendungspaket stark gewachsen, und seit einigen Jahren ist es auch für Apple-Computer erhältlich. Neben dem Schreibprogramm Word sind zudem auch Excel als Tabellenkalkulation und PowerPoint als Präsentationsprogramm mit an Bord. Outlook, das E-Mail- und Organisationstool, ist in der deutlich teureren Business-Edition erhältlich. Für den Hausgebrauch ist Apple Mail aber eine ganz hervorragende Alternative (siehe Kapitel 10, »E-Mails – denn Briefe waren gestern«, ab Seite 241). Office 365 ist das Abo-Modell von Microsoft, hier ist in der Home-Edition auch Outlook mit dabei. Für nur 99 € im Jahr können Sie die Software abonnieren, Office auf bis zu fünf Macs (und zudem Tablets bzw. Smartphones, also auch auf dem iPad und iPhone als mobile Version) installieren und sind immer auf dem aktuellsten Softwarestand. Zudem steht pro Benutzer 1 Terabyte Online-Speicherplatz parat.

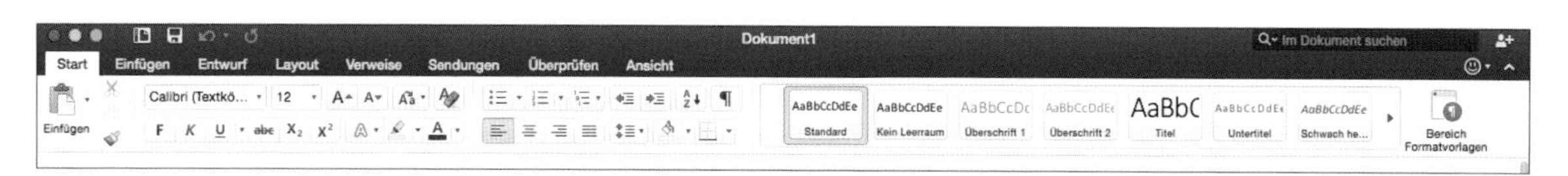

Abbildung 7.17
Microsoft Word im neuen Look für den Mac

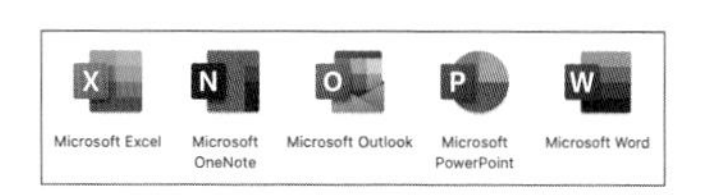

Abbildung 7.18
Die Office-Programmsymbole auf dem Mac

Wer Office vom PC her kennt, wird sich am Mac kaum umgewöhnen müssen, denn der Funktionsumfang ist nahezu identisch und Menüs und Anordnungen sind in Office 365 in beiden Betriebssystemen gleich aufgebaut. Auch die Zusammenarbeit zwischen Office für Windows und seinem Mac-Pendant klappt ganz hervorragend; selbst Makros, also die kleinen Helferlein mit hinterlegten Aktionen, funktionieren unter macOS. Daher werden Ihre Freunde und Bekannten die von Ihnen erstellten Office-Dokumente ganz problemlos öffnen können.

Alles in allem ist MS Office für den Mac daher eine prima Anwendung und eine Komplettlösung weit über einen Brief oder eine kleine Tabellenkalkulation hinaus – also genau richtig, wenn Sie nicht nur reinen Text schreiben, sondern auch kreativ tätig werden möchten. Preislich ist es mit den rund 100 € Abo-Gebühr im Jahr für bis zu fünf Computer im Haushalt ein echtes Schnäppchen. Wer wirklich nur eine Lizenz benötigt, kann zusätzlich 30 € sparen.

Apple iWork: Pages, Numbers und Keynote

Sie möchten lieber Apple-Programme nutzen? Dann sind die Office-Tools von Apple für Sie die richtige Wahl. Mit Pages, Numbers und Keynote sind Sie in der Lage, dank zahlreicher professioneller Vorlagen schnell sehr ansprechende Arbeiten zu erstellen.

Ob Briefbogen, Einladung oder die ansprechende Präsentation der Haushaltskasse – alles geht mit wenigen Mausklicks und sehr eleganten Effekten. Bei einem neuen Mac sind diese Apps standardmäßig an Bord, ansonsten stehen sie im App Store gratis zum Herunterladen bereit. Ein weiterer, wirklich unschlagbarer Vorteil ist, dass die Apps auch online in Ihrem iCloud-Account zur Verfügung stehen (siehe dazu Kapitel 11, »Die Apple-ID – Daten, Termine, Musik und das ganze Leben synchronisiert«, ab Seite 257) und Sie auf diese Art Texte schreiben, Tabellen erzeugen oder eindrucksvolle Präsentationen erstellen können, ohne die Programme installieren zu müssen. Solche online erstellten Dokumente werden ständig automatisch gesichert und auf allen Ihren Apple-Geräten zur Verfügung gestellt. Auf iPhone oder iPad sind die Apps ebenfalls verfügbar, gleichfalls kostenlos, und ermöglichen das Bearbeiten und Erstellen von Dokumenten über den iCloud-Speicher.

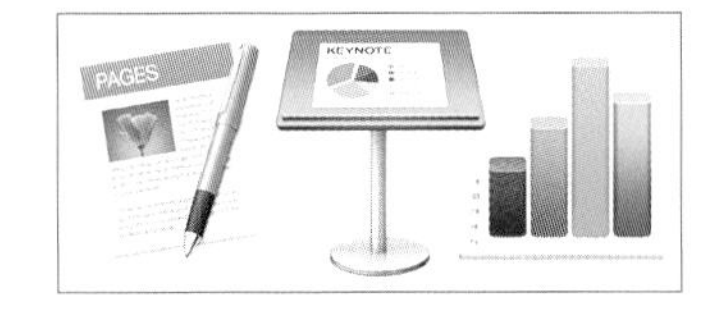

Abbildung 7.19
Die drei Office-Apps von Apple sind unter macOS und auch für die mobilen Betriebssysteme von Apple verfügbar.

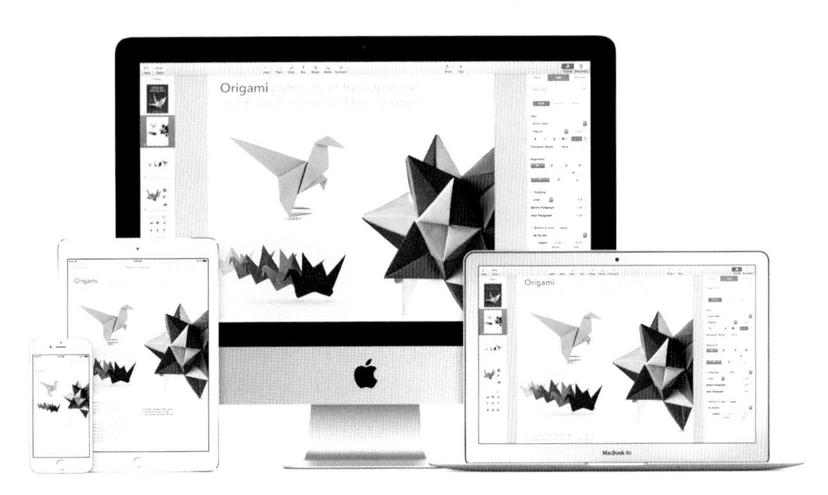

Abbildung 7.20
Die Office-Programme von Apple sind auf dem Mac, dem iPhone und dem iPad verfügbar.

Mit den Programmen zu arbeiten macht Ihnen sicher Spaß, da hier auch Einsteiger schnell zu wirklich guten Ergebnissen gelangen. Grundsätzlich kann man alle mit den Apps erzeugten Dokumente so abspeichern, dass sie beispielsweise auch von PC-Benutzern mit Windows geöffnet werden können. Allerdings sind dann nicht immer alle grafischen Effekte verfügbar. Aber aufgepasst: Die Apple-Office-Programme sind nicht als Ersatz für Lösungen wie Microsoft Office oder OpenOffice zu verstehen. Dafür ist ihr Funktionsumfang doch zu sehr auf den »Heimanwender« abgestimmt. Ihr echter Vorteil ist, wie gesagt, dass Sie alle drei Programme als App für das iPhone und iPad nutzen und so die Dokumente also auch mit diesen Geräten problemlos bearbeiten und betrachten können. Und bei jedem neuen Mac sind die Apps bereits vorinstalliert und kostenfrei verfügbar.

Drucker installieren

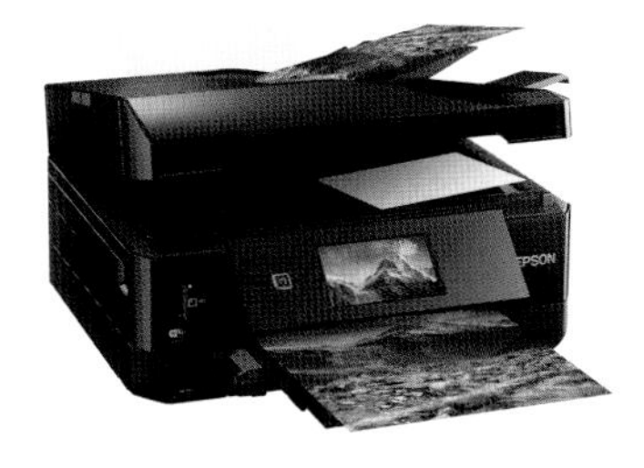

Abbildung 7.21
Starker Ausdruck – mit einem Drucker ist das am Mac kein Problem. (Foto: Epson)

Das papierlose Büro oder Home-Office ist eine Illusion aus den 1990er-Jahren. Heutzutage wird mehr Papier bedruckt denn je. Fakt ist: Es geht doch nichts über gedruckte Dokumente. Und eine Glückwunschkarte muss natürlich auf Papier oder, besser noch, auf Fotokarton gebracht werden, um die gewünschte Wirkung zu erzielen. In diesem Abschnitt lotsen wir Sie daher von der Druckerinstallation bis zum perfekten Ausdruck von Dokumenten und Fotos. Sie werden sehen, das ist kein Hexenwerk. Im unmittelbar folgenden Abschnitt zeigen wir Ihnen, wie Sie einen USB-Drucker installieren, der von macOS nicht automatisch erkannt wird. Nach einigen Einstellungen geht es dann um die Installation eines Druckers über Wi-Fi (WLAN), das fast alle aktuellen Geräte unterstützen.

Einen USB-Drucker installieren

Sie haben sich zusammen mit dem Mac gleich einen neuen Drucker gekauft oder ein solches Gerät separat erworben? Packen Sie es aus, und schließen Sie es einfach an. Beachten Sie aber trotzdem in jedem Fall die jeweilige Bedienungsanleitung. Aktivieren Sie den Finder auf dem Mac, und verbinden Sie den Drucker per USB-Kabel mit Ihrem Mac. Den passenden Anschluss finden Sie an der Gehäuserückseite bzw. bei den MacBooks an der Seite. USB-Drucker sind weit verbreitet und stellen die gängigste Druckersorte dar. Auf Netzwerkdrucker gehen wir etwas später noch ein.

macOS Catalina erkennt in vielen Fällen Ihren Drucker, und Sie können sich umständliche Installationsroutinen sparen. Die Voraussetzung hierfür ist jedoch eine Internetverbindung. Ist der Drucker voll kompatibel, passiert einfach gar nichts, nachdem der Drucker angeschlossen wurde. Ist das bei Ihnen auch der Fall, gehen Sie bitte direkt weiter zum Abschnitt »Systemeinstellungen für das Drucken« ab Seite 184, um nachzuschauen, ob die Installation erfolgreich war.

Benötigt Ihr Drucker einen Treiber vom Hersteller, erscheint die Meldung aus Abbildung 7.22 auf Ihrem Monitor.

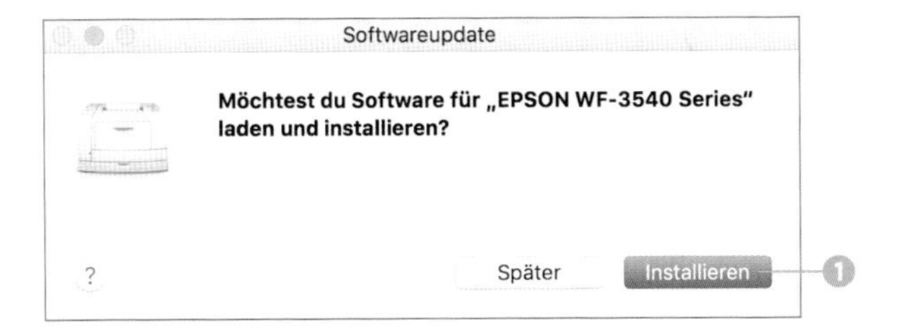

Abbildung 7.22
Ein neuer Drucker wurde erkannt.

Mit einem Klick auf **Installieren** ① wird die notwendige Software direkt aus dem Internet geladen, und der neue Drucker wird eingerichtet.

Abbildung 7.23
Ganz unkompliziert lädt macOS die notwendigen Treiber aus dem Web.

Um zu erfahren, ob die Installation erfolgreich war, öffnen Sie die **Systemeinstellungen** über das Dock oder über den *Programme*-Ordner. In diesem Fenster klicken Sie auf das Icon **Drucker & Scanner** ②. Wenn Ihr Drucker im nächsten Fenster direkt mit seinem Namen und einem grünen Symbol angezeigt wird, war die Installation erfolgreich – in unserem Beispiel wurde der Epson-Drucker erkannt und eingerichtet.

Kaufberatung für Druckerr

Ein Tintenstrahldrucker ist immer eine gute Wahl, wenn Sie nicht allzu viel Text, aber auch Bilder drucken möchten. Gute Geräte sind schon ab 70 € zu haben. Für brillante Drucke mit Fotoqualität lohnt die Investition in einen Drucker mit wenigstens sechs Farben. Wenn Sie täglich viele Dokumente in Schwarz-Weiß ausdrucken, ist ein Laserdrucker empfehlenswert. Schon für knapp 200 € erhält man gute Bürogeräte. Aber: Fotodruck ist hier nicht machbar. Das gilt auch für die Farblaserdrucker – selbst Modelle für 1.000 € können in der Bildqualität einem Tintenstrahldrucker, der auf Fotopapier druckt, nicht das Wasser reichen. Farblaser sind hingegen für Grafiken und bunte Texte sehr gut geeignet. Allerdings warten die Geräte im Bereich bis 500 € oft mit hohen Folgekosten auf – der Toner ist beim Neugerät nie ganz voll, die Tonerkartusche im Nachkauf teuer.

Abbildung 7.24
Das Icon für die Systemeinstellungen im Dock

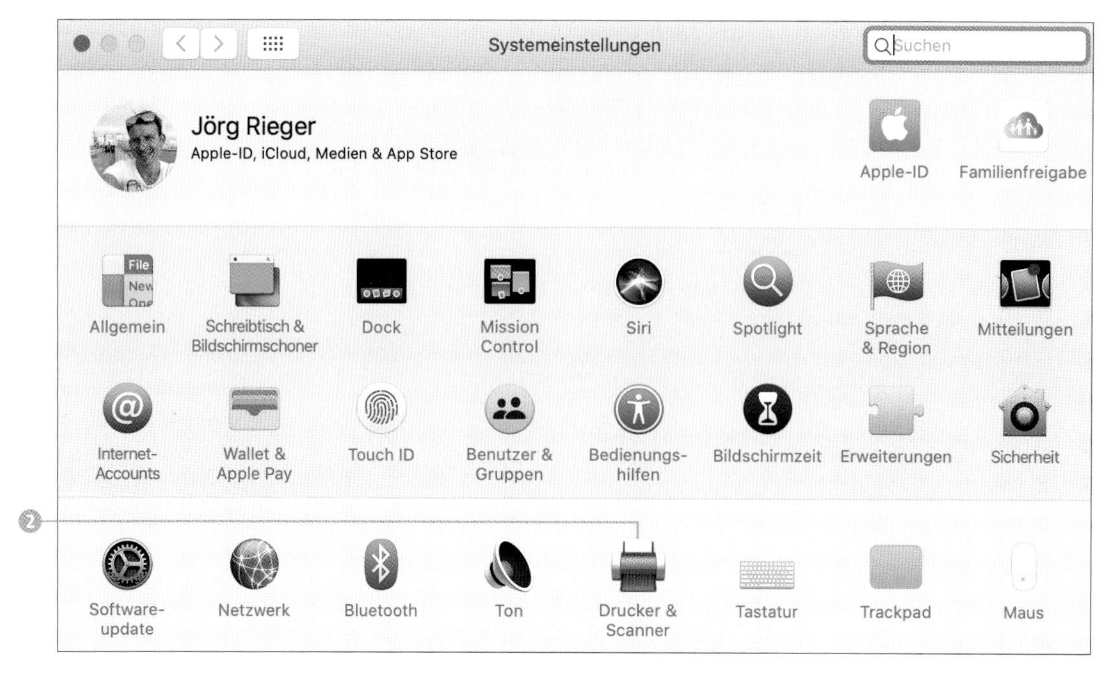

Abbildung 7.25
Hier gelangen Sie zu den Druckereinstellungen.

Falls Ihr Drucker in dem genannten Menü nicht sichtbar ist, muss er manuell installiert werden. Das ist meist nur bei sehr alten oder exotischen Modellen der Fall. Sie müssen dann die Software in der Regel von den Internetseiten der Hersteller herunterladen (siehe dazu den Abschnitt, »Programme installieren« ab Seite 129). Dort finden Sie meistens unter den Menüpunkten »Support« oder »Download« die passenden, ganz aktuellen Treiber für Ihren Drucker. Achten Sie bei der Auswahl jedoch unbedingt darauf, dass der Treiber für macOS Catalina geeignet ist.

Systemeinstellungen für das Drucken

Falls noch nicht geschehen, öffnen Sie jetzt die **Systemeinstellungen** und klicken dort auf **Drucker & Scanner**. In diesem Fenster können Sie Ihren Drucker nun noch, sofern er das unterstützt, über **Optionen & Füllstände** ① konfigurieren, beispielsweise für ein zweites Ausgabefach oder eine Duplexeinheit für automatischen doppelseitigen Druck, und überprüfen, wie viel Tinte oder Toner noch verfügbar ist. Mit **Drucker-Warteliste öffnen** ② haben Sie immer im Blick, welche Dokumente gerade auf ihren Ausdruck warten. Das wird automatisch bei jedem Ausdruck auch im Dock angezeigt.

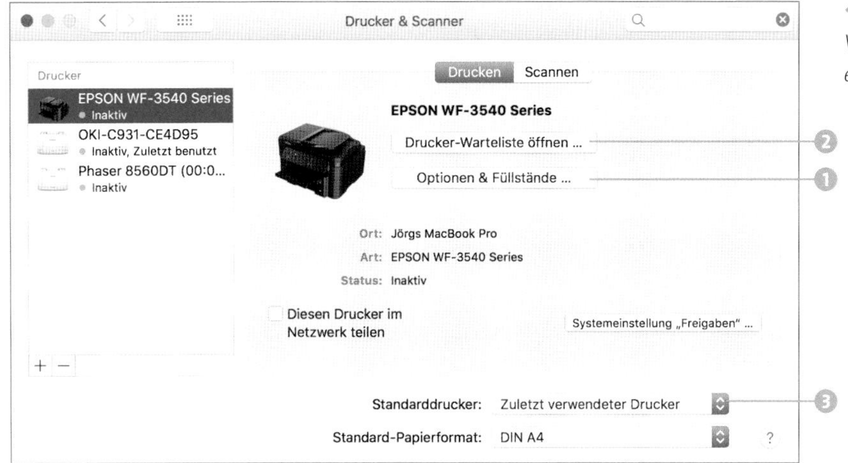

< **Abbildung 7.26**
Voilà – der Drucker wurde einwandfrei installiert.

Wenn Sie mehrere Drucker an Ihrem Mac angeschlossen haben, können Sie in diesem Fenster außerdem noch den Standarddrucker festlegen, also jenes Gerät, das Sie am häufigsten verwenden. Klicken Sie hierzu in das Rollout-Menü **Standarddrucker** ③, und wählen Sie dort den gewünschten Drucker aus.

< **Abbildung 7.27**
Wählen Sie hier Ihren Standarddrucker aus.

Jetzt schließen Sie die Einstellungen für Ihren Drucker einfach über einen Klick auf das rote Icon, und es kann mit dem ersten Ausdruck losgehen.

Drucker über Wi-Fi und Air Print installieren

Viele Drucker unterstützen das Drucken ganz ohne Kabel über Wi-Fi, also über eine WLAN-Verbindung. Das sorgt für Ordnung auf dem Schreibtisch, und der Drucker kann auch ganz woanders in der Wohnung stehen und von allen Familienmitgliedern genutzt werden. Dafür sind nur zwei Voraussetzungen zu erfüllen:

1. Ihr Drucker unterstützt den Druck über WLAN/Wi-Fi.
2. Sie haben zu Hause über Ihren Router WLAN/Wi-Fi aktiviert.

Damit sind Sie nur wenige Mausklicks vom kabellosen Druckerglück entfernt:

1. Sie müssen die Funktion zunächst an Ihrem Drucker einrichten. Bei vielen Modellen klappt das direkt am Gerät. Je nach Modell sieht die Einrichtung anders aus, in jedem Fall müssen Sie sich mit Ihrem Heimnetzwerk verbinden, dieses auswählen und das passende Kennwort eintippen (mehr dazu lesen Sie in Kapitel 8, »Ich geh' online – mit meinem Mac und Safari«, ab Seite 197).

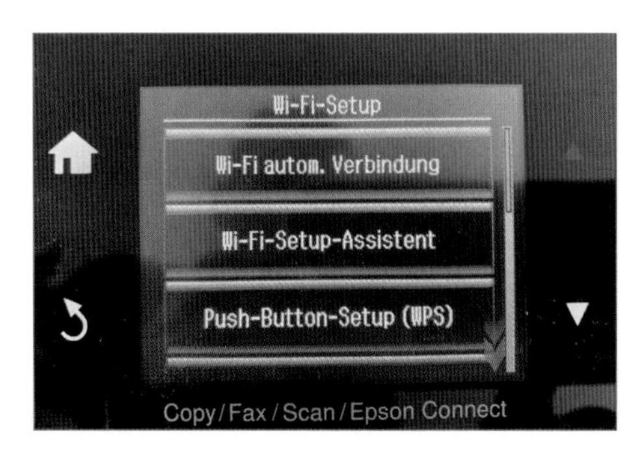

Abbildung 7.28
Wenn Ihr Drucker über eine WLAN-Funktionalität verfügt, steht dem kabellosen Druckspaß nichts im Wege.

Ist diese Arbeit erfolgreich abgeschlossen, gehen Sie einfach in die **Systemeinstellungen**. Im Idealfall ist der Drucker im Bereich **Drucker & Scanner** schon aufgeführt. Falls nicht, klicken Sie auf das **+**-Symbol ①.

Abbildung 7.29
Ein Wi-Fi-Drucker wird ganz einfach installiert.

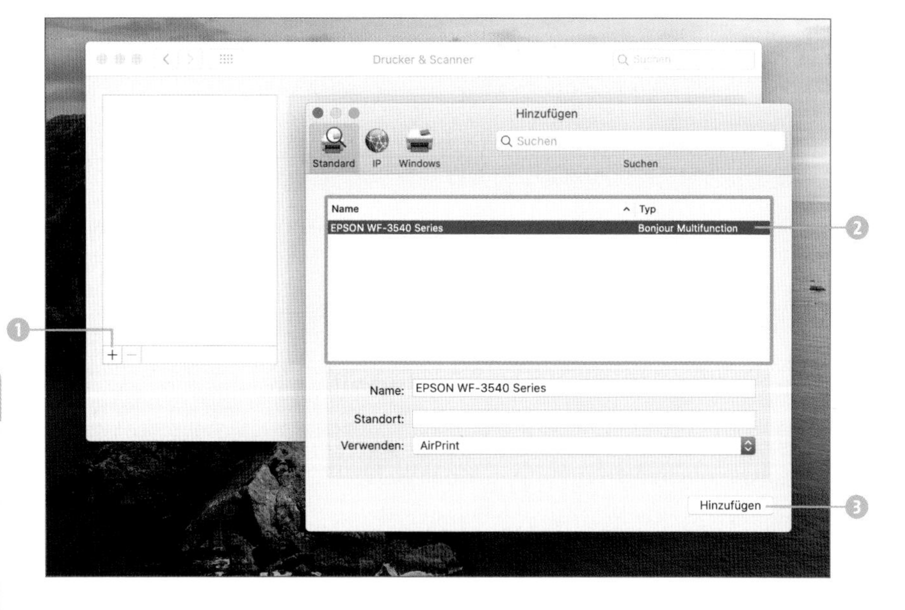

Drucker nicht da?

Wird Ihr kabelloser Drucker nicht gefunden, ist in den meisten Fällen die Konfiguration des Wi-Fi am Gerät selbst nicht korrekt. Prüfen Sie in diesem Fall, ob dort das korrekte WLAN und Kennwort eingetragen sind und ob am Drucker die WLAN-Funktion überhaupt aktiviert ist.

2. In dem Fenster, das nun erscheint, sehen Sie alle verfügbaren Drucker. Auch Ihr WLAN-Drucker sollte hier aufgelistet sein ②. Mit einem Mausklick wählen Sie ihn aus, und mit **Hinzufügen** ③ steht er anschließend zur Verfügung.

Die richtigen Einstellungen für den Druck

Ihr Drucker ist jetzt eingerichtet, und dem ersten Ausdruck steht nichts mehr im Wege. Anhand eines kleinen Dokuments aus TextEdit zeigen wir Ihnen, wie das Drucken funktioniert. Dieser Vorgang funktioniert in allen anderen Programmen ganz ähnlich. Zu Beginn erstellen Sie in TextEdit ein kleines Textdokument, gerne auch bunt, mit beliebigem Inhalt.

Gehen Sie in das **Ablage**-Menü, und klicken Sie dort auf **Drucken**. Daraufhin öffnet sich ein übersichtliches neues Fenster mit allen wichtigen Informationen rund um Ihren Ausdruck.

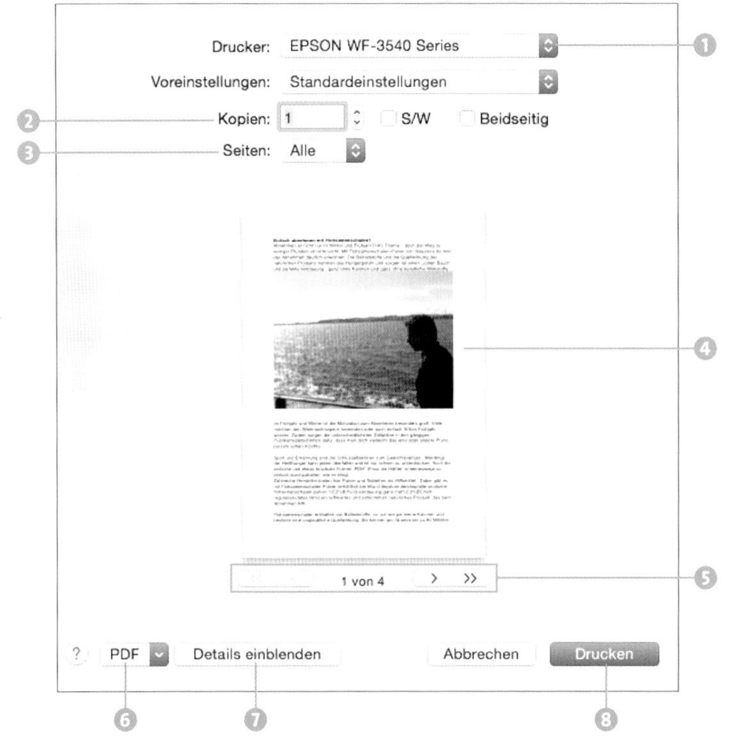

Abbildung 7.30
Der Standard-Druckdialog bietet noch recht wenige Einstellungsmöglichkeiten.

1. Hier sehen Sie, welcher **Drucker** gerade ausgewählt ist. Per Klick auf dieses Rollout-Menü können Sie ihn auch wechseln.
2. Die Anzahl der **Kopien** wird entweder direkt per Tastatur eingetragen oder über die kleinen Pfeile bestimmt.
3. Wenn Sie nur ausgewählte **Seiten** Ihres Dokuments drucken wollen, müssen Sie dies hier angeben.
4. Die Ganzseitenvorschau zeigt das Dokument zur Kontrolle an. Über die Pfeile 5 können Sie bei mehrseitigen Werken auch die anderen Seiten vor dem Ausdruck nochmals kontrollieren.

6 Aus dem Druckmenü kann man auch **PDF**-Dokumente erzeugen. Mehr dazu erfahren Sie im Abschnitt »Genauere Einstellungen vornehmen«.

7 Mit **Details einblenden** haben Sie Zugriff auf alle Einstellungsmöglichkeiten zu Ihrem Drucker wie Papiersorte, Druckqualität und Ähnlichem.

8 Über den Button **Drucken** wird der Ausdruck direkt ohne weitere Nachfrage gestartet.

An dieser Stelle könnten Sie den Ausdruck mit einem Klick auf **Drucken** direkt starten. Allerdings haben Sie bislang weder die Papiersorte noch die Druckqualität bestimmt. Gerade bei Tintenstrahldruckern, die sowohl auf Normalpapier als auch auf Fotopapier drucken können, sollten Sie unbedingt zunächst die **Details einblenden** und entsprechende Einstellungen vornehmen.

Genauere Einstellungen vornehmen

Das Fenster, das sich nach einem Klick auf **Details einblenden** öffnet, bietet deutlich mehr Einstellungsmöglichkeiten. Sie wirken allerdings auf den ersten Blick etwas unübersichtlich. Ganz links sehen Sie die Vorschau 1. Je nach Umfang des Textdokuments steht hier schon die Gesamtanzahl der Seiten 2. Mit den Bedienelementen 3 ist es möglich, vorab durch alle Seiten zu blättern.

Rechts geht es ausschließlich um die Druckeinstellungen. Im Feld **Drucker** 4 ist immer Ihr Standarddrucker aktiviert. Um zu einem anderen Gerät zu wechseln, klicken Sie in dieses Feld und wählen den gewünschten Drucker aus.

Im Feld **Voreinstellungen** 5 ist immer **Standardeinstellungen** gesetzt. Später können Sie hier, wenn Sie z. B. alle Einstellungen für einen Ausdruck in Fotoqualität getätigt haben, diese mit dem Befehl **Aktuelle Einstellungen als Voreinstellung sichern** festlegen, aus dem Rollout-Menü ablegen und anschließend immer wieder mit einem Mausklick aktivieren.

Klar, das Feld für **Kopien** 6 gibt an, wie oft das Dokument gedruckt werden soll. Bei **Seiten** 7 werden in der Standardeinstellung immer alle Seiten gedruckt. Ein Eintrag in den zwei Feldern **Von** und **bis** lässt hier aber Spielraum für Ihren ganz persönlichen Druckwunsch. Bei umfangreichen Dokumenten können Sie nur einen bestimmten Seitenabschnitt drucken (z. B. die Seiten 4 bis 10).

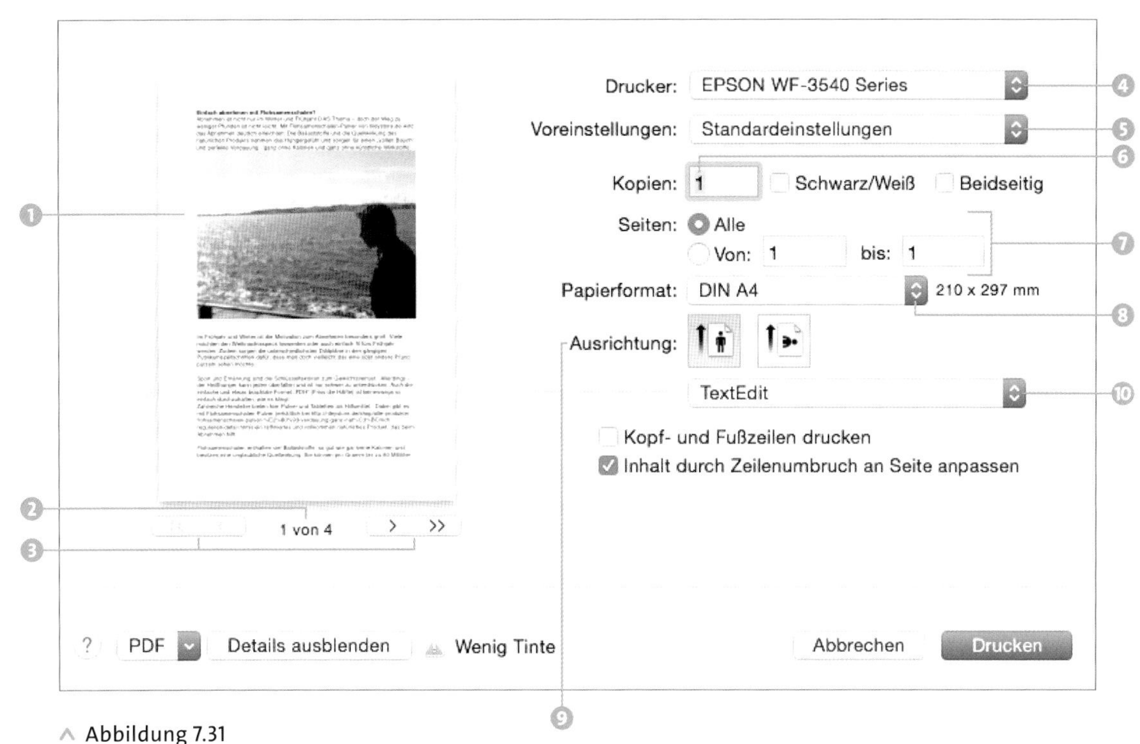

Abbildung 7.31
Das Apple-Druckmenü mit eingeblendeten Details

Bei **Papierformat** ⑧ werden Sie meistens **DIN A4** wählen, ein Wechsel ist aber per Mausklick schnell erledigt. Hier sind alle Papierformate aufgelistet, die Ihr Drucker unterstützt. Mit der **Ausrichtung** ⑨ in Hoch- oder Querformat definieren Sie, in welcher Form das Dokument gedruckt werden soll.

Das nächste Feld, **TextEdit** ⑩, wirkt unscheinbar, enthält aber weitere wichtige Druckeinstellungen. Dieses Feld ist übrigens immer unterschiedlich benannt und heißt im Safari-Browser **Safari** oder in Word entsprechend **Word**. Klicken Sie darauf, um weitere Einstellungen an Ihrem Drucker vorzunehmen. Hier können Sie u.a. entscheiden, ob Ihr Dokument farbig oder schwarz-weiß gedruckt werden soll.

Welche Menüpunkte im unteren Bereich des Menüs **TextEdit** erscheinen, kann je nach Druckertyp etwas variieren. Davon unabhängig sind die Punkte der ersten Abteilung, die immer gleich aussehen, egal in welchem Programm Sie sich befinden oder welcher Drucker angeschlossen ist.

Wir betrachten im Folgenden nun genau die Einstellungen, die Sie für die Druckausgabe vornehmen müssen.

DIN A3
✓ DIN A4
DIN A5
DIN B5 Umschlag
DIN C5 Umschlag
DIN Lang Umschlag
JIS B5
US #10 Umschlag
US Executive
US Lang
US Letter
US Monarch Umschlag
US Tabloid
Eigene Papierformate ...

Abbildung 7.32
Auswahl einiger Papierformate

Perfektes Layout, um Papier zu sparen

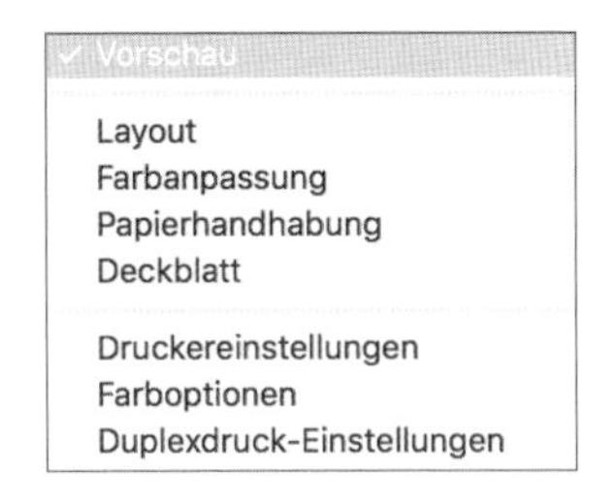

Abbildung 7.33
Zahlreiche Einstellungsmöglichkeiten für den perfekten Druck

Papiersparen ist besonders beim Ausdruck umfangreicher Dokumente sinnvoll, vor allem wenn man sie vielleicht nur zum schnellen Durchsehen benötigt. In jedem Programm haben Sie daher die Möglichkeit, dies über **Layout** zu bestimmen. Und so geht es:

Aktivieren Sie den Punkt **Layout**. Im nun sichtbaren Menüfeld bestimmen Sie, wie viele **Seiten pro Blatt** ❶ gedruckt werden sollen. Beispielsweise ordnen Sie ein umfangreiches Dokument dann ganz professionell mit vier Seiten pro DIN-A4-Blatt an. Der Wert im Feld **Seitenfolge** ❷ lässt sich ganz nach individuellen Lesegewohnheiten definieren. Der **Rahmen** kann die so angeordneten Seiten auf Wunsch mit unterschiedlichen Trennlinien separieren ❸. Beherrscht Ihr Drucker sogar den automatischen Duplexdruck, kann zudem die Option **Beidseitig** ❹ aktiviert werden, um Vorder- und Rückseite des Papiers zu bedrucken.

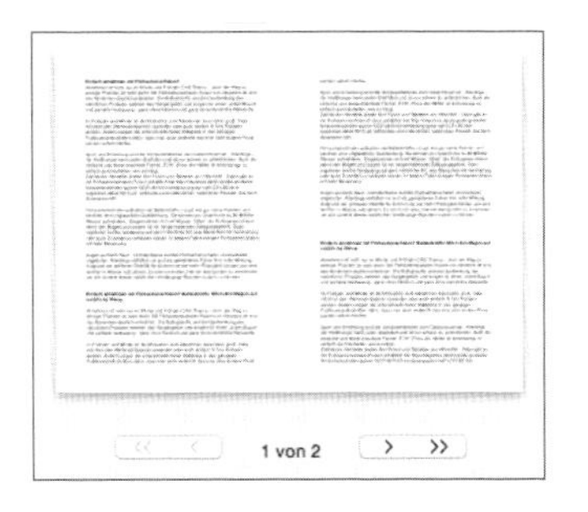

Abbildung 7.34
Sparen Sie Papier, indem Sie mehrere Seiten auf ein Blatt verkleinern.

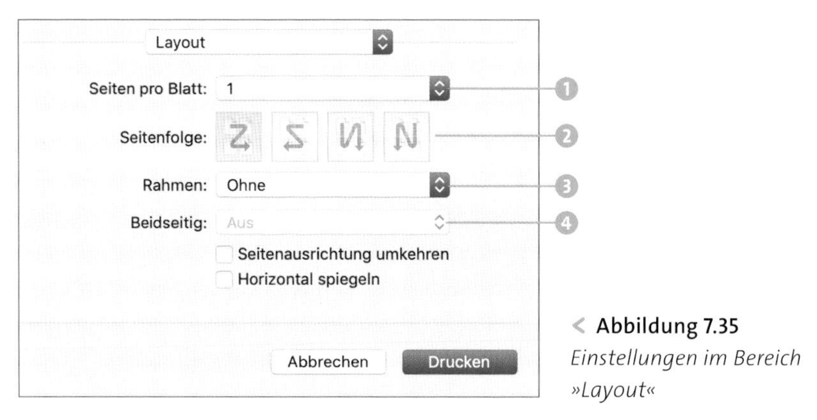

Abbildung 7.35
Einstellungen im Bereich »Layout«

Farbanpassung

Im nächsten Feld des Rollout-Menüs, **Farbanpassung**, hat man als Heimanwender wenige Möglichkeiten. Das sog. *Farbmanagement*, das die farbgetreue Wiedergabe von Bildern, Fotos und Grafiken an Bildschirm und Drucker bestimmt, ist mit Hausmitteln nur begrenzt möglich. Daher sollten Sie hier alle Einstellungen wie vorgegeben stehen lassen.

Papierhandhabung

Die Papierhandhabung eröffnet viele Möglichkeiten bei der Seitenausgabe. Mit **Zu druckende Seiten** ❺ werden beispielsweise nur gerade oder nur ungerade Seiten gedruckt. Wenn Sie **An Papierformat anpassen** ❻ aktivieren, ist es möglich, beispielsweise ein DIN-A3-formatiges Dokument auf DIN A5 oder DIN A4 zu verkleinern.

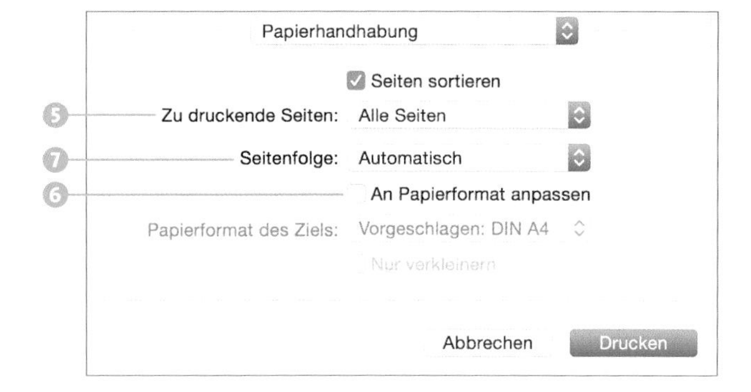

Abbildung 7.36
Sie bestimmen, welche Seiten der Drucker in welcher Reihenfolge ausdrucken soll.

Die **Seitenfolge** 7 wird automatisch vorgegeben, kann aber ebenfalls geändert werden. So können Sie beispielsweise festlegen, dass zuerst die letzte Seite eines Dokuments gedruckt werden soll.

Deckblatt

Der Punkt **Deckblatt** (siehe Abbildung 7.33 auf Seite 190 oben) ist für den Hausgebrauch auch eher uninteressant. Sie benötigen für Ihre Dokumente sicher kein automatisch erstelltes Deckblatt mit Beschriftungen wie »Geheim« oder »Vertraulich«. Daher dürfen Sie diesen Punkt ebenfalls ignorieren.

Spezifische Druckereinstellungen

In der zweiten Sektion der Rollout-Menüs finden Sie nun Einstellungen, die immer speziell für Ihren Drucker gelten. Die Menüpunkte können teilweise anders benannt sein, auch die Funktionen können an anderen Stellen verstreut sein. Hier können wir Ihnen daher nur ganz allgemeingültige Regeln nennen: Für unseren Beispieldrucker können Sie unter **Medien & Qualität** einstellen, welches Papier Sie im Drucker eingelegt haben und mit welcher Qualität Sie drucken möchten. Für den normalen Textdruck sind diese Einstellungen, **Standardpapier** 1 und **Normal** im Bereich **Qualität** 2, genau richtig. Wenn Sie das Dokument komplett in Schwarz-Weiß drucken möchten, genügt ein Häkchen bei der entsprechenden Option.

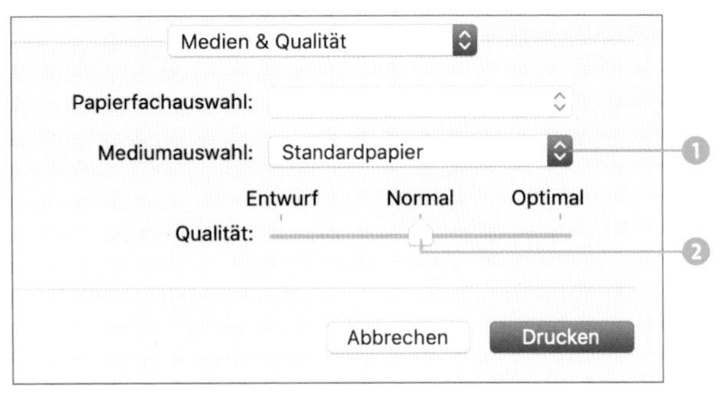

Abbildung 7.37
Wichtig: Die Einstellungen zu Qualität und Druckmedium sind für den perfekten Ausdruck unumgänglich – hier der Blick in die Einstellungen eines EPSON-Druckers.

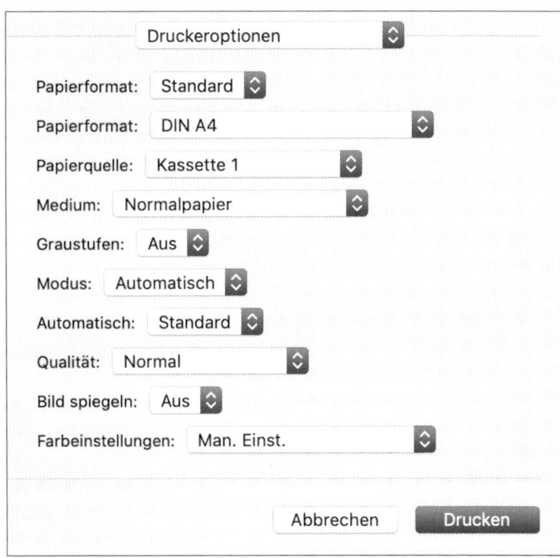

Abbildung 7.38
Ganz anders und doch ähnlich – die Qualitätseinstellungen bei einem anderen Druckermodell

Und zum Vergleich sehen Sie in Abbildung 7.38 die Einstellungen eines anderen Druckertyps, die zusätzlich mit **Druckeroptionen** auch noch anders benannt sind.

Je nach Druckermodell werden hier weitere Einstellungsmöglichkeiten des entsprechenden Geräts wie Papierfachwahl oder Farbeinstellungen angezeigt. Diese werden aber tatsächlich immer variieren; im Zweifelsfall hilft ein Blick auf die Internetseite des Druckerherstellers im Bereich *Support*.

Drucken endgültig starten

Wenn Sie möchten, können Sie nun den ersten Druck starten – das Dokument wird Ihnen direkt ausgegeben. Das ist perfekt für Textdokumente und wenn die Qualität nicht der entscheidende Faktor ist.

Drucken vom iPhone und iPad

Ist Ihr Drucker über Wi-Fi/WLAN und Air Print installiert (siehe dazu ab Seite 185), dann steht er Ihnen auch am iPad und am iPhone zur Verfügung, um Bilder, Mails, Dokumente oder Webseiten auszudrucken. Dies klappt mit beinahe jeder App und jedem aktuellen Drucker, eine separate Treiberinstallation ist nicht erforderlich.

So einfach geht der Ausdruck z. B. in der Fotos-App am iPhone:

^ **Abbildung 7.39**
Unter iOS verstecken sich hinter dem kleinen Icon mit Pfeil alle Möglichkeiten zur Weitergabe. Das Drucken gehört auch dazu.

1. Öffnen Sie die Fotos-App am iPhone, und suchen Sie ein beliebiges Bild aus. Am unteren Bildschirmrand erscheint direkt das Symbol zur Weitergabe ① – tippen Sie es direkt an. Dann erscheinen alle verfügbaren Optionen.

2. Möchten Sie mehrere Bilder ausdrucken, scrollen Sie per Fingerwisch in der Fotovorschau durch Ihre Motive ② und fügen per Fingertipp weitere hinzu. Ausgewählte Schnappschüsse erhalten einen blauen Haken ③. Passt Ihre Auswahl, dann finden Sie die Drucken-Funktion im unteren Bereich der Symbolleiste. Allerdings müssen Sie hier per Fingerwisch von links nach rechts durch die Symbole scrollen. **Drucken** ④ ist relativ weit hinten angeordnet und zunächst gar nicht sichtbar.

< **Abbildung 7.40**
In diesem Dialogfeld wählen Sie auf Wunsch beliebig viele Dateien für den anschließenden Druck aus.

^ **Abbildung 7.41**
Die Drucken-Funktion ist beim iPhone und iPad ziemlich gut versteckt.

3. Nachdem Sie auf **Drucken** getippt haben, erscheint ein neuer Bildschirm. Auf ihm sehen Sie, welcher Drucker aktiv ⑤ ist und wie viele Seiten ⑥ insgesamt gedruckt werden. Passt alles, tippen Sie auf **Drucken** ⑦, und der Vorgang wird gestartet.

Eher einfache Druckfunktion

Alles einfach – iOS auf dem iPhone und iPad liebt es unkompliziert. Erweiterte Druckfunktionen wie unter macOS suchen Sie hier vergeblich.

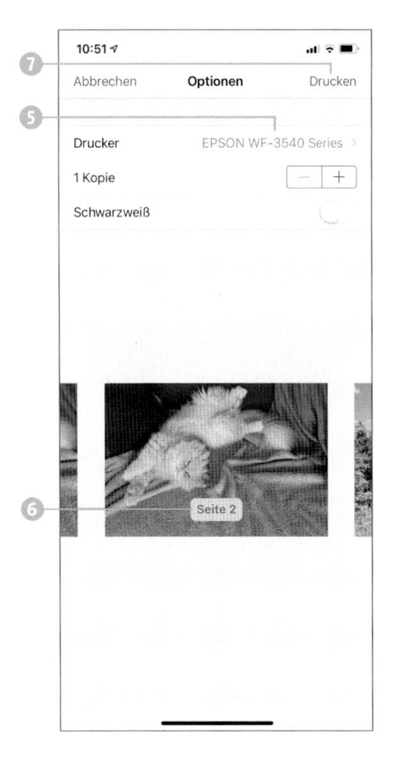

Abbildung 7.42
Alles prima? Dann kann der Ausdruck gestartet werden.

4. Sie sehen, dass macOS und iOS wunderbar zusammenarbeiten und die Grenzen fließend sind, auch beim Ausdruck von Dokumenten, Bildern oder E-Mails.

Textdokumente als PDF weitergeben

Wie kann man ein Dokument, sei es mit TextEdit, Microsoft Office oder einem anderen Programm geschrieben, am besten weitergeben? Klar, die erste Möglichkeit, den Ausdruck, haben Sie bereits kennengelernt. Natürlich kann man auch per E-Mail, USB-Stick oder CD Dokumente weitergeben. Wenn der Empfänger aber keinen Mac oder keine passende Software besitzt, kann er das Dokument gar nicht öffnen oder erhält eine veränderte Darstellung des Originals. Beim Versand per E-Mail kommt hinzu, dass die Dokumente auch nicht allzu groß sein sollten, damit die Übertragung schnell geht und das Postfach des Empfängers nicht überläuft.

PDF als Problemlöser für die Dokumentweitergabe

Hier springt ein sehr praktisches Datenformat ein, das PDF. In ihm können Texte, Bilder und mittlerweile sogar Multimedia-Inhalte eingefügt sein. Ein PDF kann am Mac aus jedem beliebigen Programm erzeugt und als fertige PDF-Datei an jeden beliebigen Computerbesitzer weitergegeben werden. Fast jeder Computer, egal ob er mit Windows, macOS oder Linux läuft, kann ein PDF anzeigen – und zwar exakt so, wie Sie das Dokument erzeugt haben. Darstellungsfehler gibt es hier nicht, denn ein PDF hat Schriftarten, Bilder und Grafiken komplett mit an Bord. Zudem kann man nicht so einfach wie bei einem normalen Textdokument eingreifen und Änderungen vornehmen. Dafür ist Spezialsoftware notwendig, wie z. B. Acrobat DC von Adobe. Ihr Dokument ist daher auch besser vor unerwünschten Veränderungen und Eingriffen geschützt.

PDF erzeugen leicht gemacht

Laden Sie zunächst das gewünschte Dokument – ob das nun ein Dokument in Pages, TextEdit, OpenOffice oder eine einzelne Internetseite ist, spielt gar keine Rolle, denn wirklich jedes dieser Dokumente kann in ein PDF verwandelt werden.

1. Druckdialog

Starten Sie nun in Ihrer Software den Druckdialog, zumeist über **Ablage > Drucken** oder über das Tastenkürzel [command] + [P].

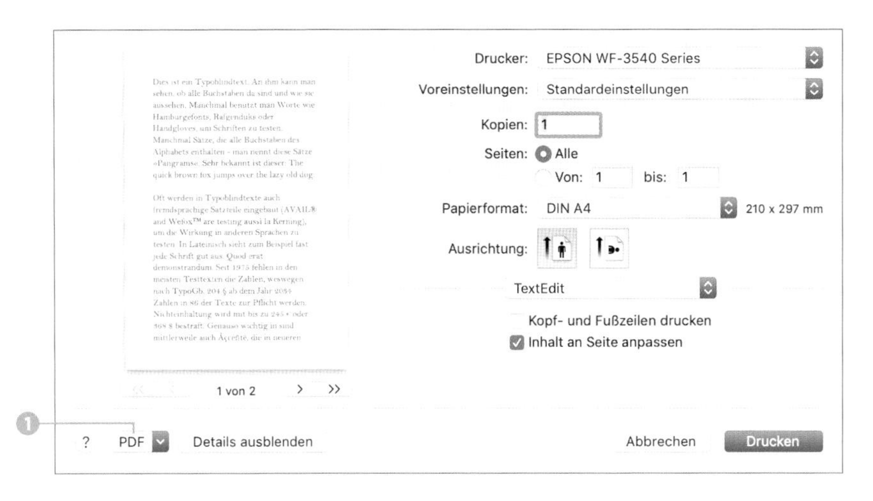

Abbildung 7.43
Um ein PDF zu erstellen, starten Sie den Druckdialog.

Abbildung 7.44
PDF heißt das Zauberwort für unkomplizierte Dokumentweitergabe. Im Finder sehen Sie direkt eine Vorschau des jeweiligen Dokuments (PDF von DigitalPHOTO). Ist die Vorschau beim Anklicken nicht sichtbar, aktivieren Sie diese über das Finder-Menü, indem Sie »Darstellung« und anschließend »Vorschau einblenden« anklicken.

2. Einstellungen

Jetzt nehmen Sie die Einstellungen für die Seitenbereiche sowie die Seitenanordnung ganz so vor, als würden Sie einen Ausdruck vorbereiten. Klicken Sie nun aber nicht auf **Drucken**, sondern auf den Button **PDF** (1). Daraufhin erscheint die Auswahlliste aus Abbildung 7.45.

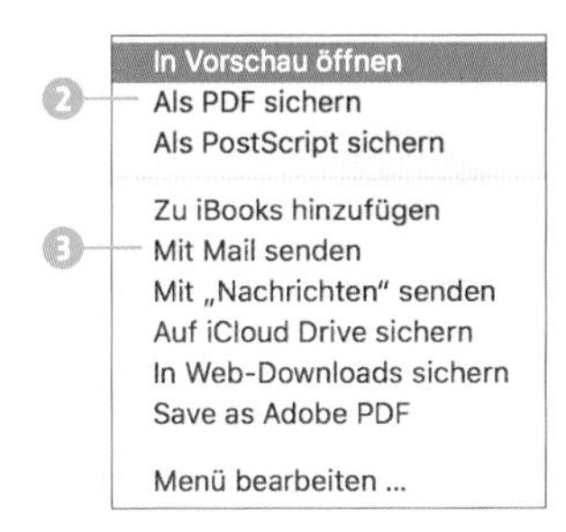

Abbildung 7.45
Möglichkeiten, um ein PDF zu erzeugen

3. PDF erzeugen

Die Auswahl **Als PDF sichern** (2) ist genau richtig, wenn Sie aus Ihrem Dokument eine PDF-Datei erzeugen und diese auf Festplatte, USB-Stick oder CD kopieren möchten. Wenn das PDF per E-Mail verschickt werden soll, wählen Sie **Mit Mail senden** (3) aus. Das PDF wird dann direkt einer neuen E-Mail-Nachricht hinzugefügt, und Apple Mail wird gestartet. Voraussetzung hierfür ist, dass Ihr E-Mail-Programm richtig konfiguriert ist (siehe Kapitel 10, »E-Mails – denn Briefe waren gestern«, ab Seite 241).

8 Ich geh' online – mit meinem Mac und Safari

Das Internet ist aus dem täglichen Leben nicht mehr wegzudenken. Das glauben Sie nicht? Spätestens mit dem Kauf Ihres Apple-Computers haben Sie bereits einen entscheidenden Schritt in diese Richtung getan. Denn macOS Catalina ist erst dann richtig leistungsfähig, wenn es permanent mit dem Internet verbunden ist – am besten über DSL oder per Kabelanschluss. Die meiste Zeit arbeitet das System im Hintergrund, lädt Systemaktualisierungen aus dem Web, kümmert sich um Ihre Musiksammlung und lädt Titel und CD-Cover nach oder liefert minutenaktuelle Wetterberichte und News. Auch kostenloses Telefonieren ist dank Internet möglich.

Grundsätzlich können Sie Ihren Mac (und natürlich dieses Buch) auch ohne Internetverbindung nutzen oder einfach erst nach einem gewissen Zeitraum, wenn Sie sich mit allen anderen Funktionen Ihres Computers vertraut gemacht haben, online gehen. Aber ohne Internet ist die Funktionalität Ihres Macs doch stark eingeschränkt.

Flatrate

Man hört es überall: »Flatrate« – damit werden Tarife bezeichnet (egal, ob Internet, Telefon oder Mobilfunk), für die man eine Monatspauschale zahlt, aber unbegrenzt Leistung in Anspruch nehmen kann. Das bedeutet also: unbegrenzt surfen und/oder telefonieren. Beim Internetzugang lohnt eine Flatrate immer, beim Telefon müssen Sie selbst entscheiden, ob Sie so viel telefonieren, dass sich so eine »Plauderpauschale« für Sie rechnet.

Grundvoraussetzung: der Internetanschluss

Damit Sie das Internet am Mac nutzen können, benötigen Sie einen Internetanschluss in Ihrem Haus. Hier gibt es folgende gängige Möglichkeiten:

- Einwahlmodem über die normale Telefonleitung (analog/ISDN)
- DSL-Verbindung
- Kabelverbindung
- mobile Verbindung über UMTS- oder LTE-Surfstick
- mobile Verbindung direkt über Ihren iPhone-Datentarif (Hotspot)

Unser Tipp: Suchen Sie sich je nach Anschlussart den passenden Anbieter, denn die Tarife sind doch recht unterschiedlich, und ein Preisvergleich lohnt sich.

DSL

DSL ist das schnelle Internet über die Telefonleitung. Hier gibt es zahlreiche Telekommunikationsanbieter, die alle das perfekt laufende Internet versprechen. Grundsätzlich ist die DSL-Verbindung nur mit einem Telefonanschluss möglich, da mit diesem die Daten übertragen werden. Die Angebotspalette ist dann aber vielfältig und von Anbieter zu Anbieter unterschiedlich. Immer gleich ist mittlerweile, dass Sie per DSL ohne Grenzen im Internet surfen können – weder die Nutzungszeit noch die übertragene Datenmenge sind von Bedeutung, Sie zahlen immer denselben Tarif. Zudem ist DSL unabhängig von der Telefonleitung – Sie können also während des Surfens im Internet problemlos telefonieren.

Schummelt Ihr Anbieter?

Sie haben den Internetturbo gebucht, aber beim Surfen im Internet fühlt es sich doch eher nach Pferdefuhrwerk an? Dann hilft ein Klick auf *http://www.speedmeter.de* – hier können Sie einfach prüfen, wie schnell Ihr Internetanschluss wirklich ist. Achtung – häufig ist die gebuchte Geschwindigkeit beim Anbieter ein Richtwert und nicht garantiert. Sind die Abweichungen aber massiv, sollten Sie ruhig einmal die Hotline anrufen. Übrigens kann eine verminderte DSL-Geschwindigkeit auch an Ihrem Router liegen.

Bei der Geschwindigkeit gibt es aber durchaus verschiedene Abstufungen. Im ländlichen Raum bietet die Telekom beispielsweise als »Notbehelf« DSL light mit 320 Kilobit (ca. 0,3 Megabit) an, das ist immerhin schon sechsmal so schnell wie ein normales Modem. Standard sind allerdings Verbindungen im Bereich von 2 bis 100 Megabit Datenübertragungsrate. Wer gerne Videos im Internet ansehen möchte, sollte in jedem Fall einen DSL-Anschluss mit über 16 Megabit Datenübertragungsrate wählen, damit die Daten flüssig heruntergeladen werden. Ein Aufrüsten auf einen schnelleren Zugang ist bei allen Tarifen möglich, sofern die vorhandene Infrastruktur Ihrer Region die gewünschte Geschwindigkeit ermöglicht.

Kabelanschluss

Die Kabelanbieter bringen nicht nur Fernsehen, sondern seit einigen Jahren auch pfeilschnelles Internet ins Haus. Über das Leitungsnetz werden Daten mit bis zu 400 Megabit übertragen – selbst das vergleichsweise teure VDSL erreicht nur maximal 150 Megabit. Ansonsten ist es reine Geschmackssache, ob man sich für Kabel oder DSL entscheidet. Wer bereits Kabelfernsehen hat, erhält das Internet und Telefon fast gratis als Paket dazu. Entgegen vieler Aussagen gibt es übrigens bei den Kabelanbietern das Internet- und Telefonpaket auch ohne Fernsehen, da muss man einfach etwas konkreter nachfragen und kann so einige Euros im Monat sparen.

Beim Kabelanschluss hat man natürlich auch Telefon und kann normalerweise die vorhandene Festnetzrufnummer mitnehmen.

UMTS- oder LTE-Surfstick

Für alle, die mobil unterwegs sind oder bei sich zu Hause weder Kabel- noch DSL-Anschluss erhalten, ist ein Surfstick eine gute Alternative. Zudem kann man damit überall ins Internet, was besonders für Besitzer von MacBooks außerordentlich praktisch ist.

Die Surfsticks gibt es bei allen Mobilfunkanbietern, mit Vertrag bereits ab 10 € pro Monat oder per Prepaid-Angebot. Mit einem solchen Surfstick machen Sie Ihren Mac über das Mobilfunknetz und LTE, UMTS bzw. GPRS mobil. Beides sind Datenübertragungsstandards, die aber je nach Verfügbarkeit entweder DSL-Geschwindigkeit oder Modemgeschwindigkeit anbieten.

Bei den Surfsticks sind die zugehörigen Tarife meist volumengebunden, beispielsweise mit einem Limit bei 2 Gigabyte Datentransfer pro Monat. Nach Verbrauch dieses Volumens kann man zwar in der Regel weitersurfen, jedoch deutlich langsamer als zuvor. In jedem Fall sind Sie damit besser bedient als mit einem Einwahlmodem. Allerdings: Lassen Sie beim Mobilfunkanbieter Ihrer Wahl zuerst prüfen, ob Ihre Wohnung im Empfangsgebiet liegt und ob eine stabile Verbindung möglich ist. Übrigens ist der Stick auch für unterwegs eine gute Wahl, selbst im europäischen Ausland.

Aufgepasst – die Surfsticks haben in der Regel einen normalen USB-Anschluss, für die meisten mobilen Mac-Computer brauchen Sie daher einen Adapterstecker, der den USB-C- mit dem gängigen USB-Port verbindet.

Surfstick im Ausland

Natürlich funktioniert ein Surfstick auch im Ausland. Und solange Sie in der EU bleiben, surfen Sie auch dort zu den identischen Konditionen wie in Ihrem Heimatland. Sprich, Ihre Datenflat ist auch dort ohne Einschränkung gültig. Vorsicht – die Schweiz ist bei fast allen Anbietern außen vor, und schon wenige Megabyte Daten brauchen Ihr Guthaben auf. Informieren Sie sich vorab. Gleiches gilt übrigens wahrscheinlich auch für Großbritannien, sollte es aus der EU austreten. Unser Buch war zum Tag der Entscheidung schon im Druck, daher dies nur als Hinweis.

∧ Abbildung 8.1
Surfsticks, wie hier von 1und1, sind perfekt, wenn es keine »normale« Internetverbindung gibt. (Foto: 1und1)

Das Smartphone als mobiler Hotspot

Nahezu jedes Smartphone, das iPhone natürlich inklusive, ist mit einem Internetdatenpaket unterwegs – anderenfalls könnten Sie es gar nicht ausgiebig verwenden. Dieses Datenpaket kann man nutzen, um mit dem Mac-Computer überall mobil online zu sein. Bei Apple heißt das *mobiler Hotspot*, Ihr Telefon wird damit zum schnellen LTE- oder UMTS-Modem, je nach Anbieter und iPhone. Wie das Ganze im Detail funktioniert, zeigen wir Ihnen im Abschnitt »Das iPhone als WLAN-Hotspot benutzen« ab Seite 205.

Internet-by-Call-Tarife

Unter *https://www.teltarif.de/internet/by-call/* erhalten Sie eine stets aktuelle Übersicht darüber, welcher Anbieter gerade den günstigsten Einwahltarif hat.

Einwahlmodem

Über jeden Telefonanschluss ist es möglich, per Einwahlmodem ins Internet zu gehen. Das Modem muss als Zubehör aber separat gekauft werden. Fakt ist – das Einwahlmodem ist ein schlechter, langsamer

Kompromiss, wenn wirklich keine andere Möglichkeit besteht, ins Internet zu kommen. Vernünftiges Arbeiten ist damit unmöglich.

Die weiteren Nachteile: Bei einer analogen Leitung ist das Festnetz blockiert, während Sie online sind. Zudem ist die Datenübertragungsrate so niedrig, dass viele Internetseiten nur schleppend angezeigt werden. An das Betrachten von Videos oder das Hören von Webradio ist erst gar nicht zu denken. Auch das Versenden und Empfangen von Bildern ist mit einem Modem eine Geduldsprobe. Wenn Apple für macOS Catalina neue System-Updates bereitstellt, kann man diese kaum mit einem Modem herunterladen. Diese Datenpakete sind meist mehrere Gigabyte groß, der Download würde locker einen Tag und mehr dauern. Die Alternative zum Modem, wenn z. B. in Ihrer Region gar keine Highspeed-Internetzugänge per Kabel oder DSL verfügbar sind, ist ein mobiler UMTS-Surfstick, den wir bereits vorgestellt haben.

Das Internet einrichten

Abbildung 8.2
Ein sog. Router sorgt für eine schnelle Internetverbindung. (Foto: AVM)

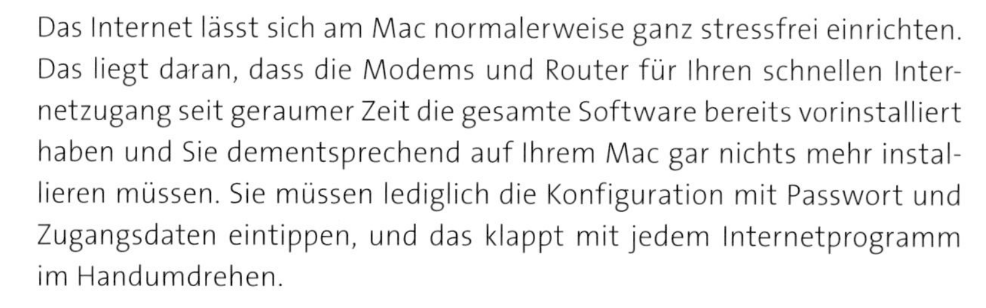

Das Internet lässt sich am Mac normalerweise ganz stressfrei einrichten. Das liegt daran, dass die Modems und Router für Ihren schnellen Internetzugang seit geraumer Zeit die gesamte Software bereits vorinstalliert haben und Sie dementsprechend auf Ihrem Mac gar nichts mehr installieren müssen. Sie müssen lediglich die Konfiguration mit Passwort und Zugangsdaten eintippen, und das klappt mit jedem Internetprogramm im Handumdrehen.

Auf den folgenden Seiten geben wir Ihnen Hinweise und Tipps, wie Sie den Weg ins Netz einfach und bequem finden. Bitte beachten Sie, dass wir aufgrund der vielen unterschiedlichen Anbieter und Konfigurationsmöglichkeiten hier nur allgemeine Hinweise geben können. Für die genaue Einstellung von Modems, Passwörtern und Zugangskonfigurationen liegt aber von Ihrem Internetanbieter immer eine kleine Anleitung bei; wenn es gar nicht klappt, hilft ein Telefonat mit dem entsprechenden Service.

WLAN bzw. Wi-Fi – kabellos ins Netz

Über WLAN kommen Sie am unkompliziertesten ins Internet. Für diese Art Internetzugang benötigen Sie DSL oder Kabel sowie einen *Router*, der das WLAN-Signal ausstrahlt. Den Router, quasi den »Verteiler« zwischen Telefon- und Internetsignalen, gibt es bei allen Internetanbietern mit dazu, WLAN wird eigentlich bei allen Geräten unterstützt.

Zu Hause müssen Sie den Router nur noch konfigurieren. Hier gibt es in der Regel zwei Vorgehensweisen. Die erste ist am unkompliziertesten und trifft meist auf alle Router zu, die man vom Internetanbieter mitgeliefert bekommt. Hier müssen Sie Ihren Router nur anschließen, das WLAN ist standardmäßig aktiviert, und das entsprechende Passwort ist auf der Rückseite des Geräts aufgedruckt. In diesem Fall können Sie die folgenden Abschnitte überspringen und direkt bei den Erklärungen zu Abbildung 8.6 auf Seite 202 weitermachen.

Wi-Fi und WLAN

Mit *Wi-Fi* oder *WLAN* bezeichnet man im Allgemeinen den drahtlosen Zugang zum Internet über Funktechnologie. Der Router sendet die Signale über eine kleine Antenne in den Raum, alle Geräte mit WLAN-Funktionalität können dann darauf zugreifen. Sicherheit wird durch Passwörter und Verschlüsselung gewährleistet.

Etwas komplexer ist die Konfiguration bei Routern, die man selbst kauft oder in denen eben noch keine Zugangsdaten voreingestellt sind. Für diese Basiskonfiguration müssen Sie die Box einmalig per Kabel (Netzwerk- oder USB-Kabel) mit Ihrem Mac verbinden. Die Einstellungen für den Router erreichen Sie fast immer über Safari (das Internetprogramm Ihres Macs) und durch die Eingabe einer Nummer, der IP-Adresse bzw. eines Namens, beispielsweise »FRITZ.Box«.

Das ist aber alles im Handbuch Ihres Routers genau beschrieben. Wichtig ist, dass für die Konfiguration Safari aus dem Dock gestartet wird. In die Adressleiste geben Sie die IP-Adresse ein und drücken dann die [↵]-Taste, um die Konfigurationsseite Ihres Routers aufzurufen.

< Abbildung 8.3
In die Adressleiste von Safari geben Sie die IP-Adresse des Routers ein. Das kann eine Nummer oder ein Name sein.

Dort geben Sie dann noch Ihre Daten ein, die benötigt werden, um die Internetverbindung herzustellen. Hier wird auch ein Name verlangt. Vergeben Sie diesen bitte eindeutig, damit Sie sich später mit dem richtigen Netzwerk verbinden und nicht lange suchen müssen. Zusätzlich ist zu beachten, dass Sie das WLAN aktivieren. Nur dann können Sie das Internet später auch ohne Kabel erreichen. Hier wird es dann etwas kompliziert, da der Router zusätzliche Passwörter verlangen wird. Warum? Ganz einfach: Wenn kein Passwort für das WLAN vergeben wird, kann die ganze Nachbarschaft mitsurfen. Und das muss ja nun wirklich nicht sein, oder? Daher achten Sie also stets darauf, dass das WLAN mit einem Passwort geschützt wird. Statt Passwort wird hier auch gerne der Begriff

Verschlüsselung verwendet, dies ist aber im Prinzip genau das Gleiche. Merken Sie sich dieses Passwort gut, denn um die drahtlose Verbindung mit dem Mac-WLAN herzustellen, wird es erneut benötigt.

Ist die Konfiguration erfolgreich abgeschlossen, trennen Sie die Netzwerkkabelverbindung von Router und Mac und schließen das Safari-Programm. Ab sofort klappt der »Drahtlosbetrieb«.

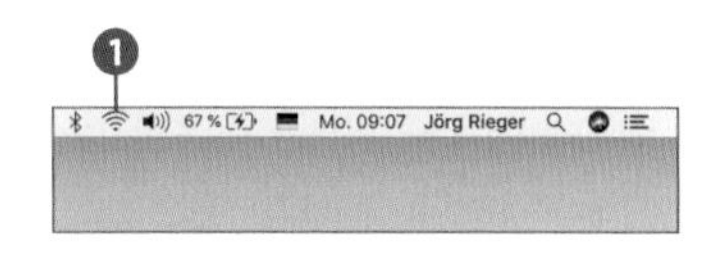

Abbildung 8.4
Hier ist WLAN schon aktiviert und voller Empfang gegeben.

Gehen Sie nun in den Finder, oder klicken Sie auf den Schreibtisch. In der Menüleiste finden Sie, ganz wie bei Ihrem Handy, eine Anzeige zur Signalstärke ❶.

Beim Mac geht es natürlich um die Empfangsstärke des drahtlosen Internets. Je nach Konfiguration ist das WLAN deaktiviert; in diesem Fall müssen Sie auf das graue, leere Symbol klicken und **WLAN aktivieren** ❷ anwählen.

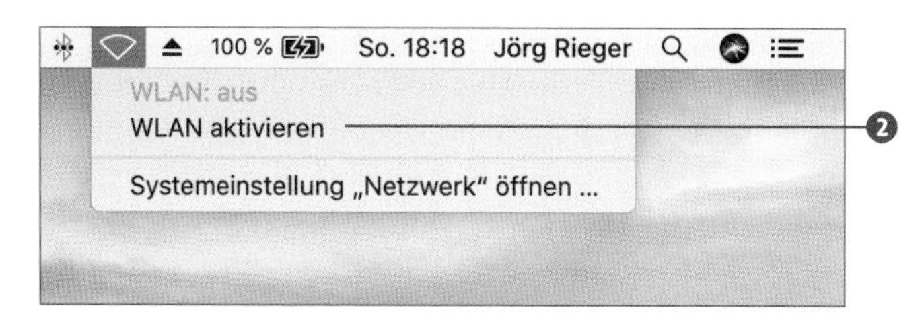

Abbildung 8.5
WLAN muss hier zunächst aktiviert werden.

Verbindung ganz automatisch per iPhone

Haben Sie sich per iPhone schon mit Ihrem Heimnetzwerk verbunden, werden Sie diese Anleitung gar nicht benötigen, da über die Apple-ID auch die Zugangsdaten zum WLAN einfach weitergeleitet werden. Sprich, Sie haben dann am Mac direkt Internetzugang.

Ist WLAN, also quasi die Antenne für das drahtlose Internet, aktiviert, erhalten Sie über einen Mausklick auf das Symbol eine ganze Liste der in der Umgebung verfügbaren Netzwerke. Ganz schön viele, oder? In Abbildung 8.6 sind auch fast alle Verbindungen passwortgeschützt, was man am Schlosssymbol hinter dem Namen erkennen kann. Die Signalstärke dahinter gibt an, ob eine Verbindung möglich wäre. In der Liste sehen Sie, dass nicht alle Verbindungen über WLAN in Reichweite sind: Die »Empfangsstriche« befinden sich teilweise nur am unteren Ende.

Abbildung 8.6
Ganz schön was los – die verfügbaren WLAN-Netzwerke in der Umgebung werden hier angezeigt.

Ist Ihr Funknetz schon mit dabei? Falls nicht, deaktivieren Sie die WLAN-Funktion einfach noch einmal, und aktivieren Sie sie erneut. Es kann sein, dass Ihr Mac beim ersten Mal ein wenig Zeit braucht, um das neue Netzwerk zu finden. Klicken Sie nun Ihr WLAN an – es erscheint sofort das Feld von macOS Catalina, in das Sie das Passwort eintragen müssen, das Sie sich ja hoffentlich notiert haben.

Zur besseren Übersicht bei den oft sehr langen Kennwörtern sieht man über **Passwort einblenden** ❸ ausnahmsweise mal statt schwarzer Punkte tatsächlich die eingegebenen Buchstaben und Ziffern. Wenn Sie fertig sind, klicken Sie auf **Verbinden** ❹, und dann sollte Ihr Internet eigentlich startklar sein. War das Passwort falsch, wird macOS Catalina Ihnen das melden, und Sie können es nochmals versuchen. Wenn Sie Safari nun erneut aufrufen, begrüßt Sie die Apple-Startseite – Sie sind damit definitiv im Internet angekommen. Glückwunsch!

< **Abbildung 8.7**
Hier müssen Sie das Passwort für Ihre drahtlose Verbindung eingeben.

Per Ethernet-Kabel ins Internet

Wer nicht per WLAN und mit der damit verbundenen Funkstrahlung ins Internet will, kann die Verbindung bei allen Routern auch über ein ganz normales Netzwerkkabel herstellen. Dieses kann locker zehn Meter lang sein, Rechner und Router müssen also nicht zwingend nebeneinanderstehen. Ein sog. *Ethernet-Kabel* gibt es in jedem Elektronik-Fachmarkt. Ganz wichtig – die MacBooks haben alle keinen Netzwerkanschluss mehr, hier benötigt man einen Adapter. Entweder auf USB oder auf USB-C, je nachdem, welchen dieser mobilen Computer Sie besitzen.

∧ **Abbildung 8.8**
Für die MacBooks benötigen Sie einen Adapter, um ein Netzwerkkabel anschließen zu können – hier der klassische USB-Adapter. (Foto: Belkin)

Die Basiskonfiguration von Kabel- oder DSL-Zugang funktioniert zunächst wie beim WLAN: Sie verbinden Ihren Mac mithilfe des Ethernet-Kabels mit dem Router und starten dann über Ihren Safari-Browser das Einstellungsprogramm für die Internetverbindung. Die IP-Adresse, die Sie hier eingeben müssen, erhalten Sie immer von Ihrem Anbieter.

∧ **Abbildung 8.9**
Für das neue MacBook Pro und MacBooks, die nur noch eine USB-C-Schnittstelle haben, ist ein anderer Adapter notwendig, der diesen kleinen Anschluss unterstützt. (Foto: Belkin)

Im Konfigurationsprogramm geben Sie dann alle geforderten Informationen ein. Das WLAN kann hier aber, wenn danach gefragt wird, komplett deaktiviert werden.

An dieser Stelle steht die Internetverbindung schon bereit. Das kann man am Mac ganz einfach überprüfen. Aktivieren Sie die **Systemeinstellungen** (über das Zahnradsymbol im Dock). Im darauf folgenden Fenster aktivieren Sie **Netzwerk** ❶.

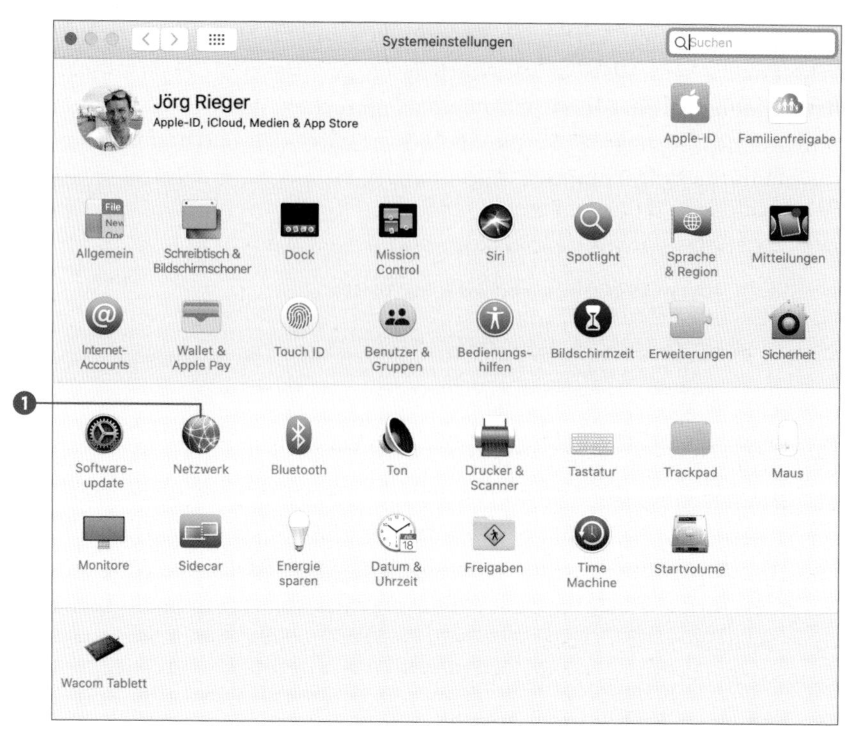

Abbildung 8.10 >
Hier müssen Sie »Netzwerk« auswählen.

^ Abbildung 8.11
Öffnen Sie die »Systemeinstellungen«, um die Verbindung zu prüfen.

Das nächste Fenster zeigt Ihnen an, über welche Verbindungsarten Sie gerade erfolgreich mit dem Internet verbunden sind.

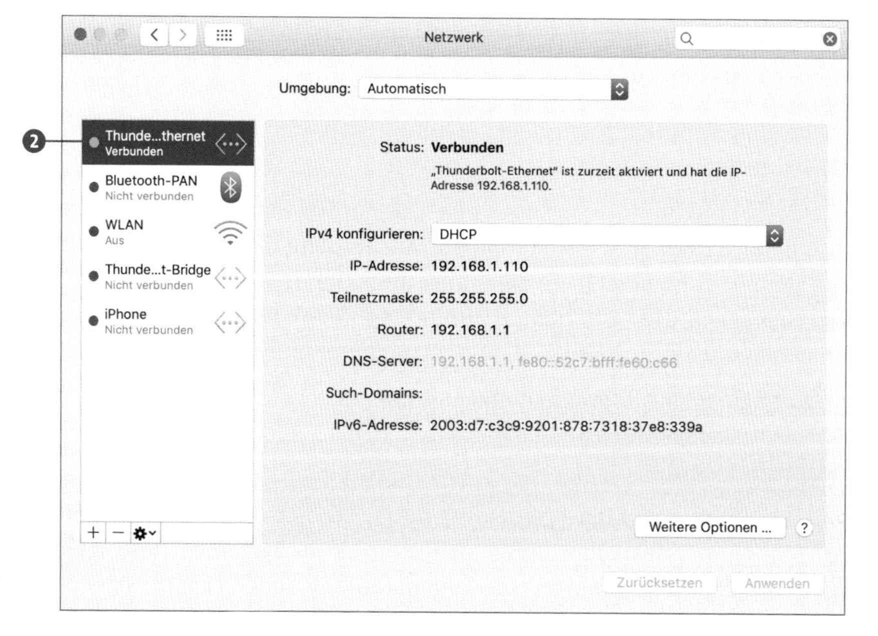

Abbildung 8.12 >
Ein grüner Punkt bedeutet, dass die Verbindung steht.

Für die erfolgreiche Verbindung per Netzwerkkabel zu Ihrem Router muss bei **Ethernet** bzw. **Thunderbolt-Ethernet** ein grüner Punkt erscheinen ❷. Falls das der Fall ist, starten Sie einfach Safari – nun sollte standardmäßig die Apple-Website erscheinen. Ist der Punkt orange, hat Ihr Mac zwar eine Verbindung ins Web gefunden, darf aber nicht rein. Hier ist meist ein falsch eingetragenes Passwort die Ursache. Führen Sie dann nochmals die Router-Konfiguration durch, sicherlich war es nur ein Tippfehler. Steht das Symbol auf Rot, liegt das Problem beim Anbieter Ihres Internetzugangs – rufen Sie in diesem Fall bei der Hotline an, womöglich ist Ihr Zugang noch gar nicht umgestellt worden.

Per Modem oder USB-Surfstick online gehen

Bei der Einwahl über Modem oder USB-Surfstick sind die Möglichkeiten so vielfältig, dass wir hier nicht detailliert darauf eingehen können. Sowohl beim Modem als auch beim Stick muss eine zusätzliche Software auf Ihren Mac gespielt werden. Halten Sie sich hier an die Anleitungen Ihres Anbieters, und fragen Sie unbedingt vor dem Kauf eines dieser Geräte nach, ob es auch Software für macOS Catalina gibt.

Das iPhone als WLAN-Hotspot benutzen

Sie können das Internetdatenpaket Ihres iPhones dazu nutzen, auch mit Ihrem Mac-Computer mobil und überall ins Internet zu gehen. Bei Apple heißt das *mobiler Hotspot*, Ihr Telefon wird damit zum schnellen Internetmodem. Das iPhone kann sich auf folgende Weise mit Ihrem Mac verbinden:

- per Bluetooth
- per Wi-Fi (WLAN)

Das Beste ist – sind Sie am Mac und iPhone mit der identischen Apple-ID angemeldet, müssen Sie das iPhone nur in die Nähe Ihres Macs halten, und schon erscheint der folgende Hinweis:

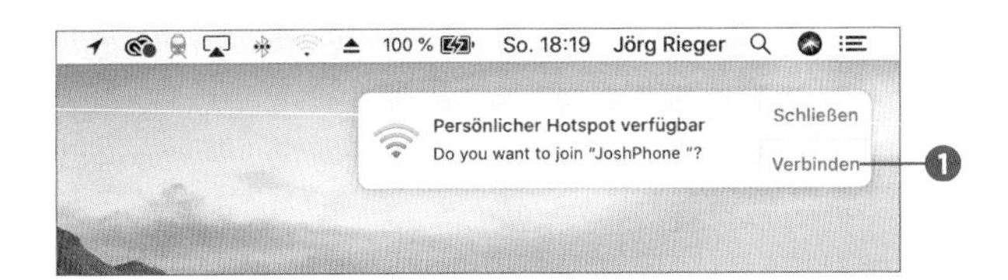

∧ Abbildung 8.13
Wollen Sie dabei sein? Bei identischer Apple-ID wird Ihr iPhone oder iPad zum direkten Datenlieferanten.

Achtung, Datenverbrauch!

Bei einem Smartphone ist immer auch eine Internetdatennutzung mitgebucht. Ohne diesen Datentarif könnten Sie viele Apps und auch das mobile Internet nicht nutzen. Trotz dieser »Flatrate« ist das Datenvolumen vom Anbieter eingeschränkt. Ist es aufgebraucht, wird die Geschwindigkeit der Verbindung erheblich gedrosselt. Daher sollten Sie aufpassen, wenn Sie das Smartphone für das Surfen mit dem Mac verwenden – schon ein YouTube-Video kann schnell mal 250 Megabyte und mehr Datenvolumen »fressen«.

∧ Abbildung 8.14
Die Hotspot-Verbindung baut sich nur dann automatisch auf, wenn Sie das iPhone ganz nah an den Computer halten.

Automatisch nur »ohne«

Die Voraussetzung für die automatische Hotspot-Verbindung ist, dass aktuell keine Internetverbindung aktiv ist.

Klicken Sie in diesem Fenster einfach auf **Verbinden** (❶ auf Seite 205), schon steht die Internetverbindung über Ihr Smartphone.

Wenn Sie unterwegs Ihrem Mac über das Smartphone Internetzugang gewähren, kann das schnell zum Problem werden, wie im Kasten »Achtung, Datenverbrauch!« auf Seite 205 beschrieben. Denn macOS interessiert es nicht, wie die Internetverbindung aufgebaut wird, und folglich laden alle Apps einfach wie gewohnt alles herunter. Das können schnell mehrere Hundert Megabyte sein. Sollten Sie oft mobil unterwegs sein, lohnt daher die Investition in die kleine App *Trip Mode*, die es im App Store zu kaufen gibt. Nach dem Start ist sie im Menulets-Bereich abgelegt. Schalten Sie sie bei Bedarf ein, also wenn Sie per Hotspot online gehen ❷. Per Klick legen Sie fest, welche App überhaupt ins Web darf. Bei mobiler Verwendung sollten Sie in jedem Fall den App Store ausklammern. Hinter jeder App sehen Sie zudem den aktuellen Datenverbrauch ❸. Trip Mode ist übrigens auch zu Hause interessant, wenn Sie einfach einmal wissen wollen, wie viel Gigabyte Daten Sie mit Safari so am Tag »versurfen«.

∧ Abbildung 8.15
Funktioniert nicht nur beim Zugfahren – Trip Mode schaltet beim mobilen Surfen den Datenverbrauch aufs Minimum.

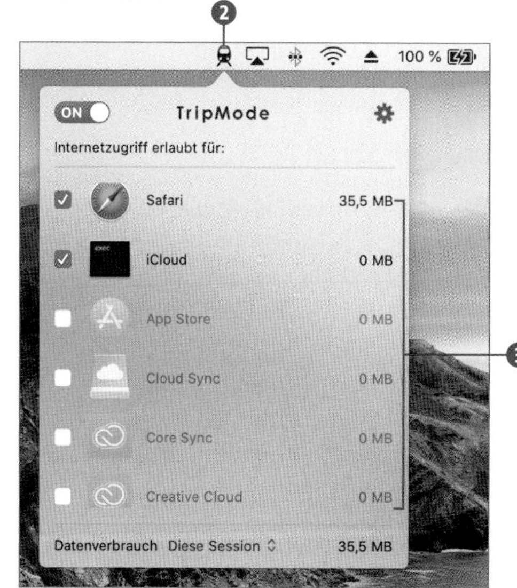

< Abbildung 8.16
Trip Mode ist ideal für unterwegs, um datenfressende Apps zu deaktivieren.

Anderes Smartphone?

Natürlich können auch andere Smartphones mit Android- oder Windows-Betriebssystem einen Hotspot für Ihren Mac-Computer bereitstellen. Die Vorgehensweise ist hier ganz ähnlich.

Möchten Sie das Internet über Ihr iPhone einem Mac zur Verfügung stellen, ist folgender Weg notwendig:

1. Hotspot aktivieren

Tippen Sie an Ihrem iPhone unter **Einstellungen** auf die Funktion **Persönlicher Hotspot** ❶ (ab iOS 11). Sie gelangen dann in das entsprechende Menü, in dem Sie den Schalter ❷ aktivieren können.

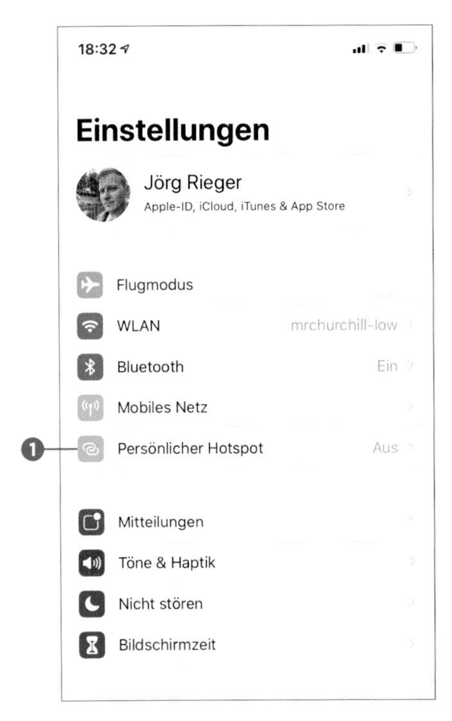

∧ Abbildung 8.17
Der persönliche Hotspot kann in den Einstellungen aktiviert werden.

∧ Abbildung 8.18
Der Hotspot kann nun verwendet werden.

2. WLAN-Verbindung herstellen

Da Ihr Hotspot nun eingerichtet wurde, können Sie Ihr iPhone als Modem benutzen und darüber auch mit Ihrem Mac ins Internet gehen. In macOS gehen Sie nun ganz genauso vor wie bei der WLAN-Aktivierung, die wir im Abschnitt »WLAN bzw. Wi-Fi – kabellos ins Netz« ab Seite 200 beschrieben haben, und schon sind Sie auch auf Ihrem Mac mit macOS Catalina über Ihr Smartphone online.

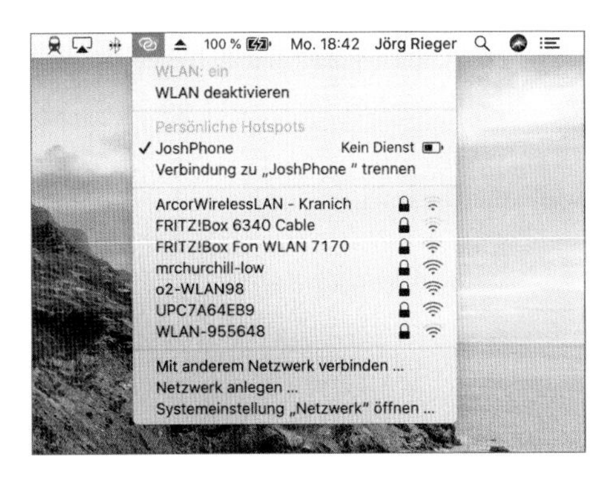

< Abbildung 8.19
Ihr Smartphone als WLAN-Zugang

∧ Abbildung 8.20
Am Smartphone wird angezeigt, wenn eine Verbindung hergestellt wurde.

Ins Internet mit Safari

Abbildung 8.22
Das Safari-Icon

Haben Sie die Einrichtung des Internets erfolgreich vorgenommen? Dann steht einem ersten Ausflug ins World Wide Web nichts mehr im Wege, denn natürlich können Sie in macOS selbst ins Internet gehen und drauflossurfen. Standardmäßig übernimmt Apple Safari das Kommando.

Abbildung 8.21
Das Internet wird am Mac mit dem Safari-Programm erkundet. Hier beispielsweise, um die neuesten, zugegebenermaßen nicht ganz ernst gemeinten Nachrichten zu erfahren.

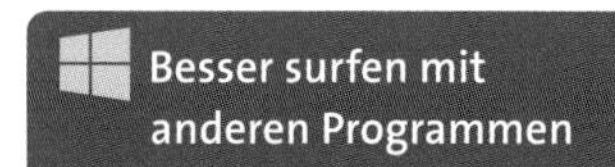

Sie kennen den Internet Explorer bzw. Microsoft Edge vom Windows-Computer? Diese gibt es leider nicht am Mac. Immerhin kann man Google Chrome und den Firefox-Browser auch unter macOS Catalina installieren – wie das geht und wie Letzterer funktioniert, erfahren Sie zum einen im Abschnitt »Programme aus dem Internet« ab Seite 133 und zum anderen im Abschnitt »Firefox statt Safari – freies Surfen für alle« ab Seite 239.

Das Programm-Icon gleicht einem Kompass und ist schon im Dock als Programmsymbol angelegt. Mit einem Mausklick wird der sog. *Browser* gestartet und begrüßt Sie mit einer schicken Animation. Und dann kann's losgehen, Safari ist einsatzbereit.

Eine Internetseite aufrufen

Der erste Schritt im Internet muss nicht zwangsläufig auf der Apple-Website stattfinden, die hier standardmäßig mit den neuesten Innovationen lockt. Um auf eine andere Internetseite zu wechseln, tippen Sie ganz oben in die Adressleiste ❶ einfach eine andere Adresse ein. Diese beginnt normalerweise mit »www«. Das können Sie sich aber in den meisten Fällen sparen, der Browser ergänzt das automatisch.

Der erste Ausflug führt daher am besten einfach zur Internetsuchmaschine Google. Tippen Sie in die Adressleiste »www.google.de« ein, und bestätigen Sie mit der [↵]-Taste. Die spartanisch gestaltete Seite wird daraufhin in wenigen Augenblicken geladen.

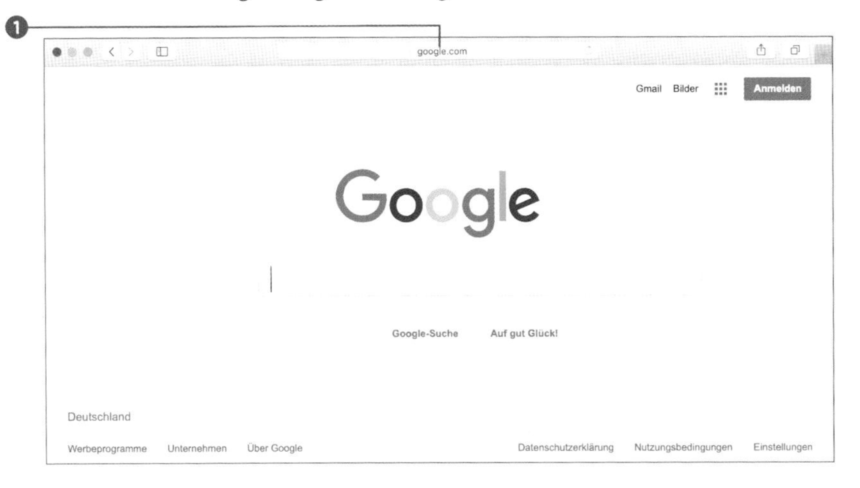

Googeln ganz ohne Google

Um einen Begriff in Google zu suchen, müssen Sie normalerweise gar nicht auf die Google-Seite gehen. Tragen Sie den Suchbegriff einfach in die Adressleiste von Safari ein, und drücken Sie [↵] – damit werden im Hintergrund automatisch die Google-Ergebnisse geladen..

< **Abbildung 8.23**
Googeln Sie los!

Damit ist Ihre erste selbst aufgerufene Internetseite geladen. Und genau nach diesem Prinzip können Sie jede andere Webseite der Welt aufrufen.

Vor und zurück per Trackpad oder Magic Mouse

Wie Sie in Kapitel 3, »Den Mac bedienen – Tastatur, Trackpad und Maus«, ab Seite 49 gelernt haben, können Sie auch ganz bequem per Fingergesten im Internet eine Seite vor oder zurück navigieren.

Browserfunktionen und Symbole

Surfen im Internet ist mit Safari und macOS Catalina eine einfache, komfortable und auch sichere Angelegenheit. Hacker und Viren haben, und das kann man nicht oft genug betonen, am Mac kaum Chancen. Hier zeigen wir Ihnen nun, was Sie über Safari wissen müssen, um bequem im Web navigieren zu können.

Zwischen bereits geladenen Seiten navigieren Sie mit den Pfeilen am linken oberen Rand Ihres Fensters ❷. Mit dem Button **Seitenleiste einblenden** ❸ erhalten Sie ein Menü, um Ihre Lieblingswebseiten bequem abzulegen und andere Seiten für das spätere Durchforsten vorzumerken.

In die Adressleiste ❹ wird die gewünschte Internetadresse oder ein Teil davon eingetragen. Über den runden Pfeil ❺ wird die gerade aufgerufene Seite aktualisiert; das ist z. B. bei einer News-Seite sinnvoll, die ständig neue Nachrichten anzeigt. Diese werden dann per Klick auf diesen Pfeil entsprechend aktualisiert.

∨ **Abbildung 8.24**
Das Handwerkszeug für das richtige Surfen liegt hauptsächlich in der Safari-Leiste.

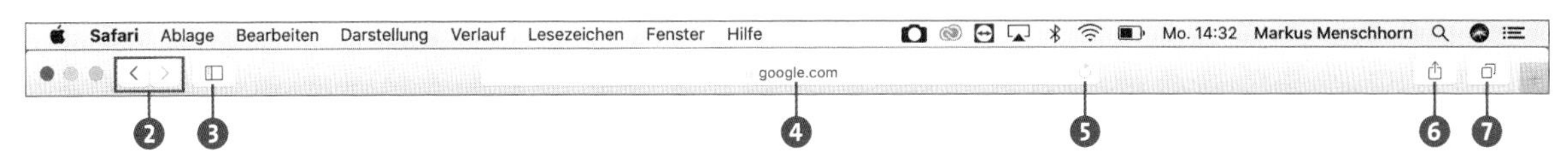

Mit **Senden** ❻ verschicken Sie den Link der gerade aufgerufenen Seite per E-Mail oder als Nachricht, teilen ihn via Facebook oder legen ihn in Ihren

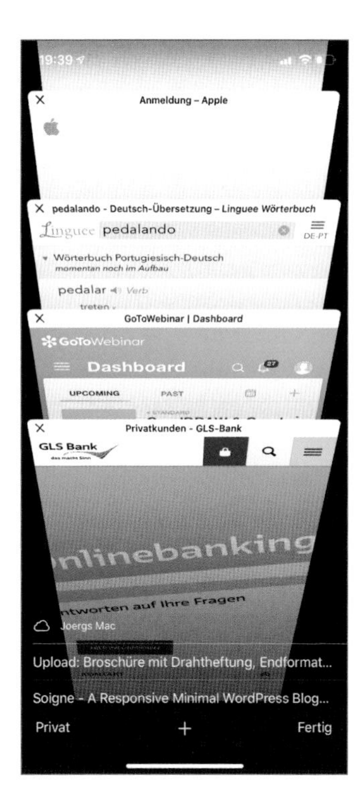

∧ Abbildung 8.25
Die Tabs auf dem iPhone …

Lesezeichen ab. Auch das Teilen per Twitter oder als Sofortnachricht ist machbar. Ganz rechts finden Sie noch **Alle Tabs einblenden** ❼. Ein Klick auf diesen Button zeigt Ihnen alle aktuell geöffneten Browsertabs an – unabhängig davon, auf welchem Gerät Sie gesurft haben. Sprich, Sie haben hier eine schnelle Übersicht über Ihre Tabs in Safari auf Ihrem Mac, Ihrem iPhone und Ihrem iPad. Das ist enorm praktisch und erspart mühsames »Webseitenmerken«. Tabs sind übrigens eine hochpraktische Angelegenheit – mehr dazu erfahren Sie im Abschnitt »Fensterchaos vermeiden: Webseiten in Tabs öffnen« ab Seite 212.

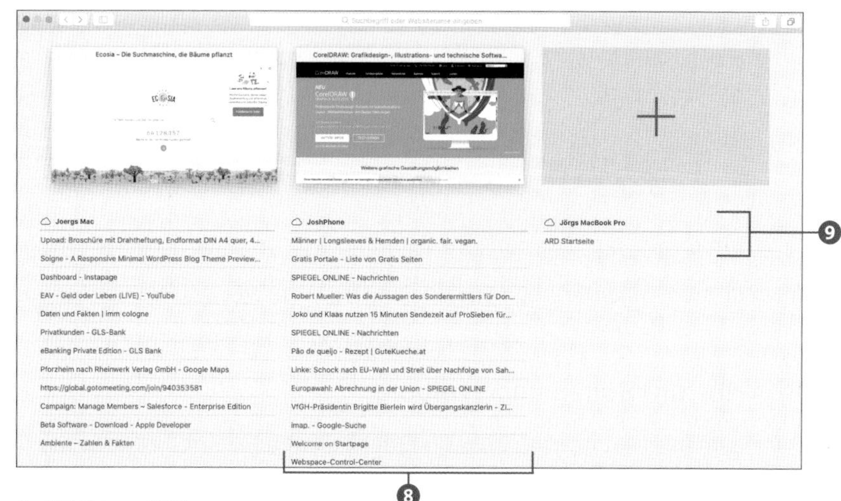

∧ Abbildung 8.26
… werden über »Tabübersicht anzeigen« direkt auf Ihrem Mac angezeigt ❽. Auch die geöffneten Tabs von einem anderen Computer ❾ sind sichtbar.

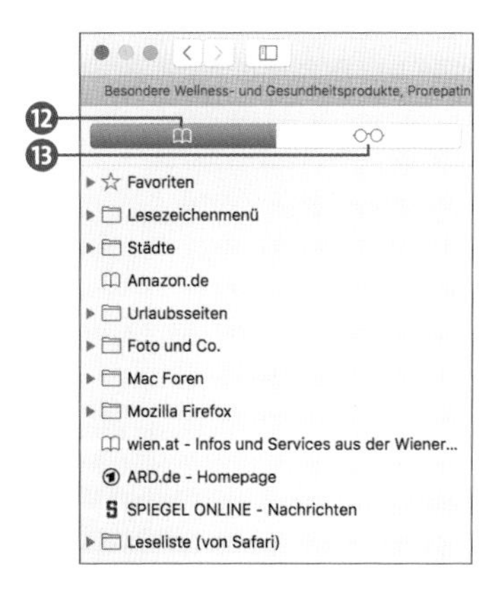

∧ Abbildung 8.27
Googeln Sie los! Die Seitenleiste in Safari ermöglicht das Ablegen von Favoriten (sog. »Lesezeichen«) ⓬, die eine schnelle Ablage von Internetseiten zum späteren Durchsehen in der Leseliste ⓭ erlauben.

Das Pfeilsymbol im rechten Bereich ❿ ist nur dann sichtbar, wenn Sie ein Programm oder eine Datei herunterladen.

Wer mehr wissen will, kann direkt auf das Icon klicken. Safari blendet dann beispielsweise die geschätzte Dauer und die Dateigröße des Downloads ein. Gerade bei großen Datenmengen ist diese Fortschrittsanzeige sehr praktisch und informativ. Nach erfolgtem Herunterladen bringt Safari Sie übrigens mit dem Lupensymbol ⓫ direkt in den Finder zum »Ort des Geschehens« – mühseliges Suchen nach der Datei entfällt also.

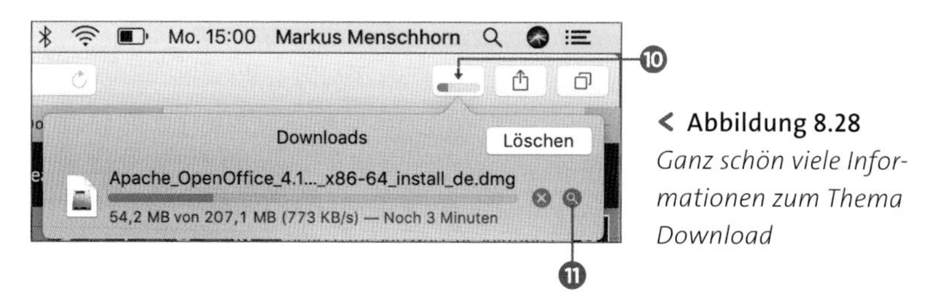

< Abbildung 8.28
Ganz schön viele Informationen zum Thema Download

Natürlich will man nicht immer nur eine einzige Webseite betrachten oder sich mit den Navigationspfeilen behelfen. Ein neues Browserfenster muss her! Dazu gehen Sie auf das **Datei**- oder **Ablage**-Menü (je nach Browser) und klicken dort auf **Neues Fenster**. Schneller klappt das auch mit dem Tastenkürzel [command] + [N].

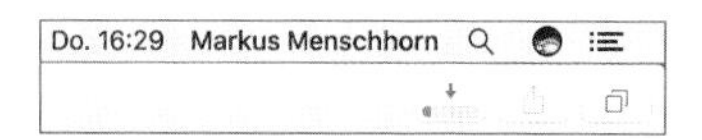

Abbildung 8.29
Der Download-Fortschritt wird direkt in Safari angezeigt.

Suchen in Safari

Sie kennen sicherlich die klassische Websuche über *www.google.de* – dies ist meist auch die erste von uns aufgerufene Webseite, wenn wir mal Informationen benötigen.

Mit Safari können Sie sich diesen Schritt aber zukünftig sparen. Geben Sie zunächst den Suchbegriff oder die Wortfolge einfach direkt in die Adressleiste ein, Google wird daraufhin sofort aktiviert und präsentiert die Ergebnisse ❶. Auch für die Begriffssuche auf einer geöffneten Internetseite klappt dieser Vorgang; parallel durchforstet Safari auch den Browserverlauf und Ihre Lesezeichen ❷ – auch hier arbeitet die App, sofern Sie weitere Apple-Geräte über die Apple-ID miteinander verbunden haben, übergreifend und nutzt das »Wissen« der mobilen und der weniger mobilen Endgeräte.

Abbildung 8.30
Die Google-Suche ist bei Safari integriert.

Wählen Sie das gewünschte Ergebnis mit einem Mausklick aus, oder drücken Sie [↵], wenn es markiert ist. Schon werden die passenden Ergebnisse im Google-Browserfenster geladen.

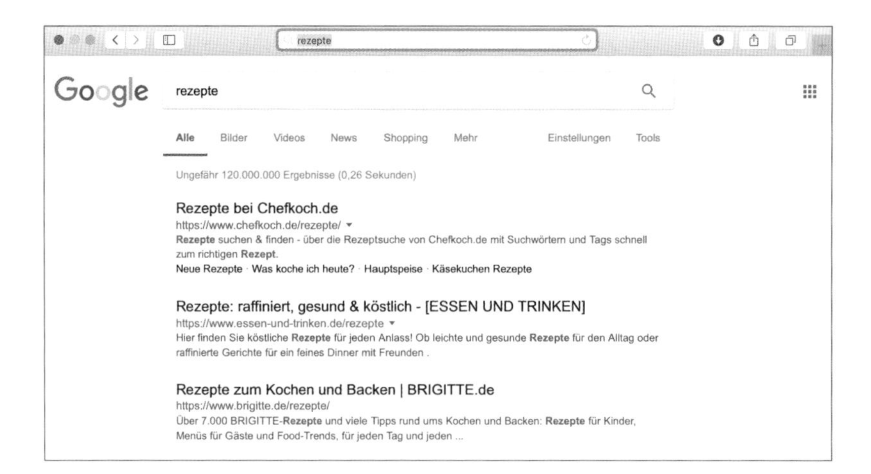

Abbildung 8.31 >
Das Suchergebnis wird in Google angezeigt, der Suchbegriff wurde jedoch in der Browserleiste von Safari eingefügt.

Fensterchaos vermeiden: Webseiten in Tabs öffnen

Tabs stummschalten

In Safari können Sie den Ton nicht nur global über die Tastatur für alle Anwendungen regeln, sondern schnell mal einen Tab, beispielsweise mit einem YouTube-Video, stummschalten. Fahren Sie dazu einfach in die Adressleiste, und klicken Sie. Schon ist der Tab ohne Ton. Ein weiterer Klick schaltet ihn wieder an.

Diesen Tab stummschalten

^ Abbildung 8.32
Schnell mal stummschalten gelingt in Safari per Mausklick.

Wenn man im Internet unterwegs ist und z. B. für eine Reise das passende Hotel sucht, hat man schnell unzählige Browserfenster geöffnet – wirklich übersichtlich ist das nicht. Anstatt immer ein neues Browserfenster zu öffnen oder gar im gleichen Bildschirm stets vor- und zurückzuspringen, gibt es in allen Browsern am Mac eine tolle Alternative.

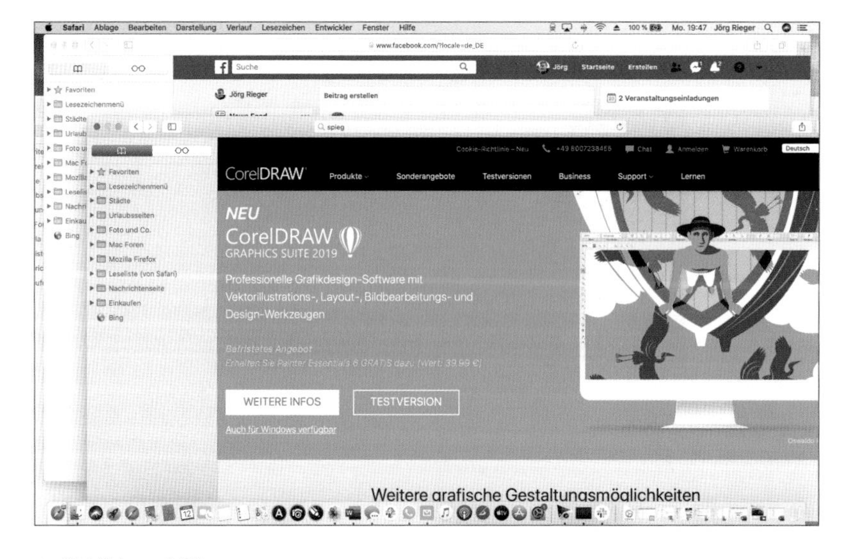

^ Abbildung 8.33
Wenn Sie jede Seite in separaten Fenstern öffnen, ist dies unübersichtlich und verwirrend.

Mit dem sog. *Tabbed Browsing* können Sie viele Seiten öffnen und behalten dabei den Überblick. Das funktioniert sowohl in Safari als auch in Firefox, den wir in diesem Kapitel noch für einige spezielle Funktionen nutzen. Grundsätzlich: Anstatt neue Seiten zu öffnen, können Sie einen neuen Tab öffnen. Das funktioniert am besten mit dem Tastenkürzel [command] + [T] (oder manuell über das **Datei**- bzw. **Ablage**-Menü). In Ihrem Browser sieht das dann so aus, wie Abbildung 8.34 zeigt.

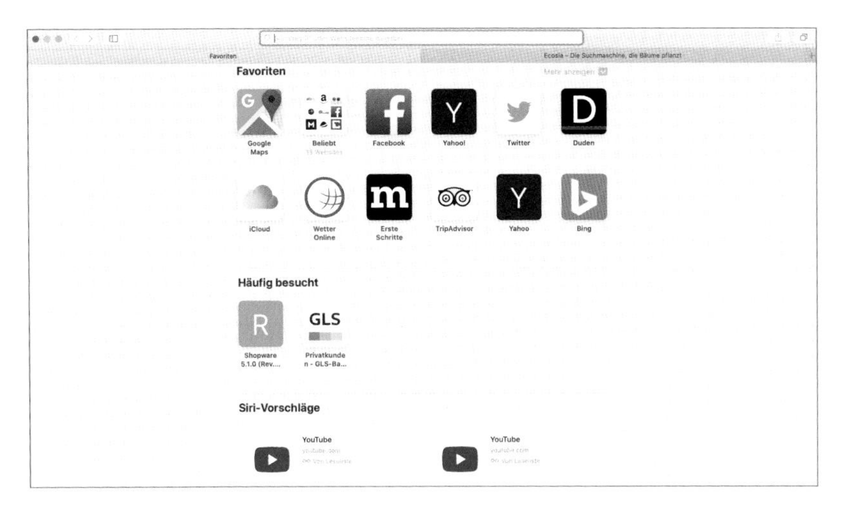

Abbildung 8.34
Ein neuer Tab in Safari kommt gleich mitsamt Ihren Lieblingsseiten auf den Bildschirm.

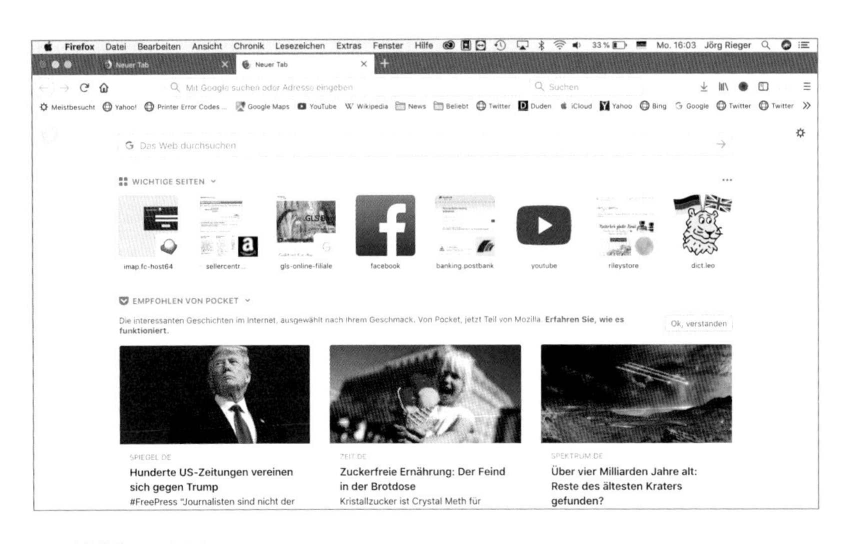

Abbildung 8.35
Firefox ist eine perfekte Alternative zu Safari, wenn man auf die geräteübergreifende Synchronisierung des Webseitenverlaufs und aller Passwörter verzichten möchte.

Abbildung 8.36
Auch Firefox bringt die meistbesuchten Webseiten in einem neuen Tab auf den Bildschirm und zeigt zudem News an.

Tabs schließen

Sie möchten nur einen Tab schließen? Aktivieren Sie dazu den gewünschten Tab, und klicken Sie im Reiter oben auf das kleine Kreuz. Alternativ kann das gerade angezeigte Fenster auch über `command` + `W` geschlossen werden.

Per Klick auf die Reiter ❶ schalten Sie ganz unkompliziert zwischen den Seiten hin und her, egal wie viele Tabs Sie geöffnet haben. Bei einem neuen Tab gehen Sie einfach wie üblich vor und geben die gewünschte Webseite in die Adressleiste ein – fertig! In Abbildung 8.37 sehen Sie das eingangs gezeigte »Chaosbild« nun in der aufgeräumten Tab-Version.

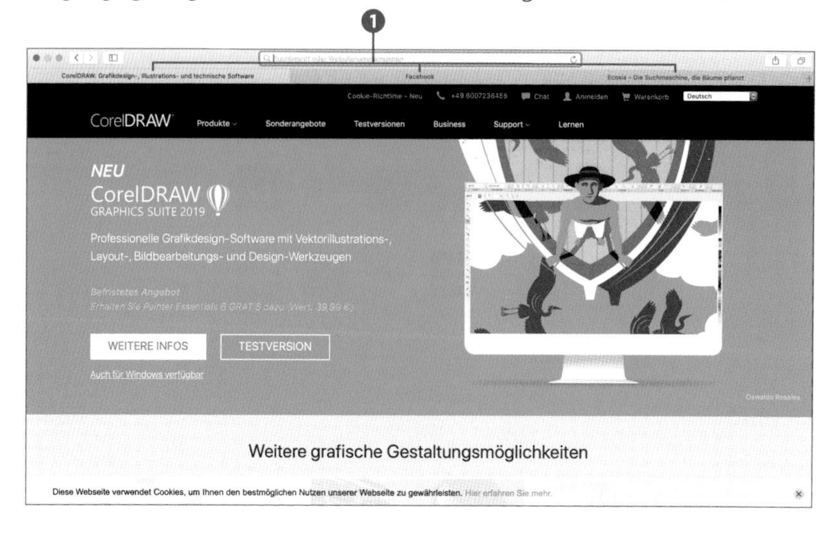

Abbildung 8.37
Es geht auch geordnet, wie dieses Bildschirmfoto beweist.

Tabs in Fenster umwandeln und umgekehrt

Möchten Sie nun doch eine Seite separat haben, beispielsweise um Preise für eine Ferienwohnung auf zwei Portalen nebeneinander zu vergleichen, geht das ganz einfach: In Firefox wie auch in Safari ziehen Sie den Tab einfach mit gedrückter Maustaste aus dem Browserfenster heraus und lassen dann los – schon wird der Tab zum »echten« separaten Fenster.

Umgekehrt können Sie Ihr »Fensterdurcheinander« auch ganz schnell in Tabs ordnen. Dazu gehen Sie ins **Fenster**-Menü und klicken auf **Alle Fenster zusammenführen** ❷.

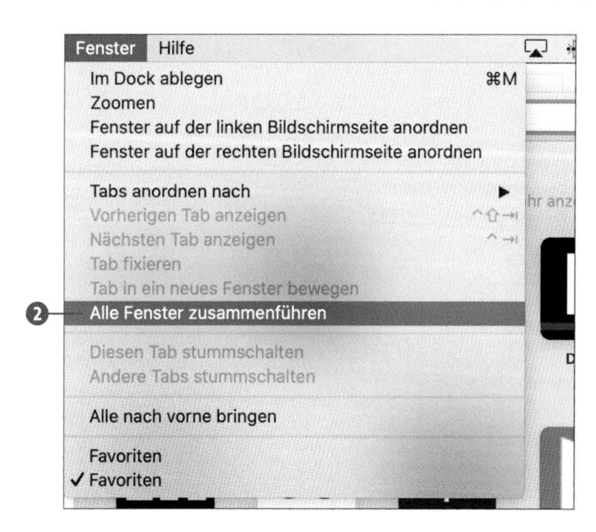

Abbildung 8.38
So schnell sortieren Sie alle geöffneten Fenster in übersichtliche Tabs.

Leseliste und Lesezeichen

Die Leseliste ist, wie bereits angesprochen, eine Art Haftnotizzettel für das Internet. Wenn Sie beispielsweise auf verschiedenen Shopping-Seiten die Preise vergleichen oder einen Gebrauchtwagen auf verschiedenen Webseiten suchen, verlieren Sie schnell den Überblick. Und manchmal findet man ja auch einen interessanten Artikel im Web, den man später noch lesen möchte. Auch hier hilft Ihnen die Leseliste weiter. Und so einfach funktioniert es:

1. Leseliste einblenden

Blenden Sie in Safari die Seitenleiste über das entsprechende Symbol ❶ und einen Klick auf das Leselistensymbol ❷ oben ein. Es erscheint eine zusätzliche Leiste, die momentan natürlich noch ziemlich leer aussieht. Sollten hier schon Einträge gelistet sein, stammen diese höchstwahrscheinlich von Ihrem iPad oder iPhone, denn Apple synchronisiert auch die Leseliste auf allen per iCloud verbundenen Geräten. Mehr dazu lesen Sie in Kapitel 11, »Die Apple-ID – Daten, Termine, Musik und das ganze Leben synchronisiert«, ab Seite 257.

Nicht von Dauer

In der Leseliste sollten Sie nicht Ihre Lieblingsseiten archivieren, denn das macht man mit den Lesezeichen – bitte nicht verwechseln.

^ Abbildung 8.39
Beim ersten Aufruf ist die Leseliste noch leer.

2. Seiten hinzufügen

Jetzt können Sie der Leseliste eine beliebige Webseite hinzufügen – entweder indem Sie die Webseite per Drag & Drop in die Leseliste-Spalte ziehen ❸ oder über den **Senden**-Button in der Safari-Leiste ❹. In der Leiste links werden die Seiten dann zum späteren Nachlesen abgelegt.

Abbildung 8.40 >
Die Leseliste wird gefüllt.

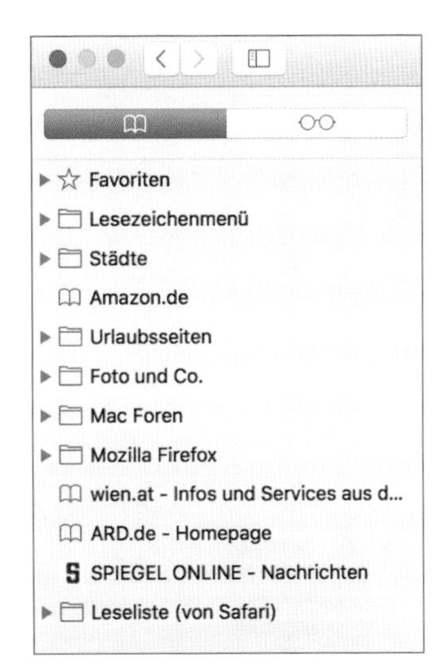

∧ Abbildung 8.41
Ein Klick auf das Lesezeichensymbol bringt gespeicherte Links auf den Schirm.

3. Aufräumen

Nach getaner »Nachlese« sollten Sie die Leseliste wieder aufräumen, sonst wird es hier schnell unübersichtlich, und der Sinn des schnellen Wiederfindens von Webseiten geht verloren. Einzelne Seiten löschen Sie über das kleine Kreuz hinter dem jeweiligen Listeneintrag. Die komplette Webseitenliste wird über **Alle Objekte entfernen** durch einen sekundären Mausklick entsorgt.

Dauerhafter als die Leseliste sind die *Lesezeichen* in Safari. Sie werden dann eingesetzt, wenn Sie oft benötigte oder einfach interessante Seiten abspeichern und dann per Mausklick darauf zugreifen wollen. Das Menü bietet Ihnen komfortablen Zugriff auf Ihre Lieblingslinks.

Sehr praktisch ist auch der Webseitenverlauf, der direkt über das **Verlauf**-Menü und **Gesamten Verlauf anzeigen** gestartet wird. Hier sind alle Seitenaufrufe chronologisch aufgelistet. Da fällt es leicht, eine Internetseite wiederzufinden. Klicken Sie einfach auf das gewünschte Datum, und suchen Sie sich die passende Seite ❺. Per Doppelklick wird diese dann in Safari wieder geladen.

Wenn Sie auf der Suche nach einer Internetseite sind und nicht mehr genau wissen, wann Sie dort unterwegs waren, hilft im **Verlauf** das separate Suchfeld ❻ weiter. Dort tippen Sie einfach einen Begriff ein, der auf der Seite zu finden war, und Safari zeigt Ihnen dann im Idealfall gleich das passende Ergebnis an.

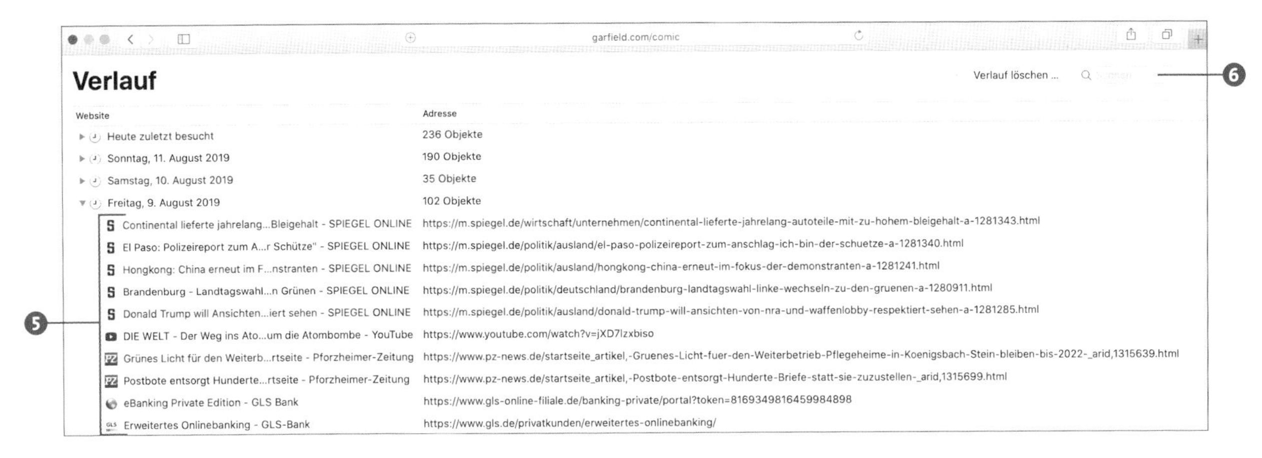

^ Abbildung 8.42
Der »Verlauf« zeichnet alle Webseitenbesuche auf.

Doch der Verlauf ist natürlich nicht von Dauer – für permanente Lesezeichen gibt es das **Lesezeichen**-Menü. Bei einer beliebigen Internetseite klicken Sie einfach auf das **Senden**-Symbol in der Adressleiste ❼. Über **Lesezeichen hinzufügen** wählen Sie einen Ablageort. Die Bezeichnung der Seite wird von Safari automatisch vorgeschlagen, Sie können aber auch Änderungen vornehmen. Tippen Sie dann einfach Ihre Wunschbezeichnung ❽ ein, und klicken Sie danach auf **Hinzufügen** ❾.

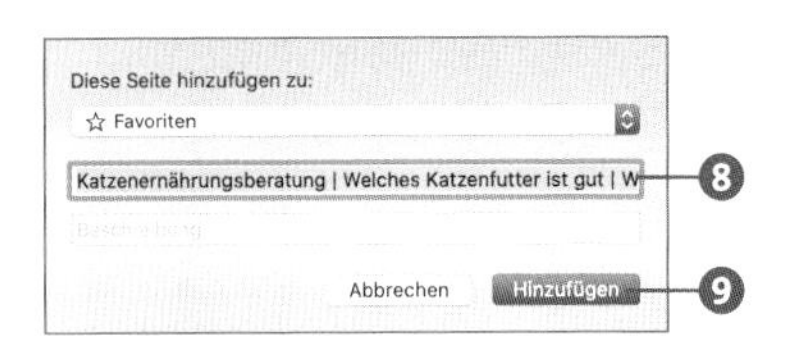

^ Abbildung 8.43
So fügt man ein Lesezeichen hinzu.

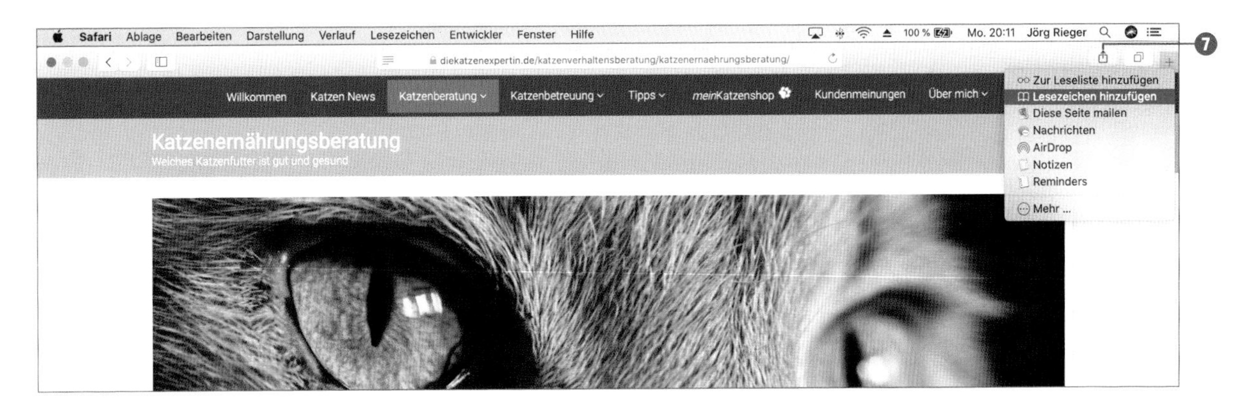

^ Abbildung 8.44
Ein Klick auf das Symbol »Senden« bringt die Webseite in das »Lesezeichen«-Menü.

Die so gesicherten Seiten sind dann in der Seitenleiste der Lesezeichen unter dem Symbol **Lesezeichen** erreichbar. Mit einem Rechtsklick in diesen Bereich ⑩ können Sie neue Ordner anlegen und Lesezeichen mithilfe von Drag & Drop in ihm ablegen und somit Ihre Webseitensammlung perfekt strukturieren.

Abbildung 8.45
Es hilft ungemein, die Links zu interessanten Seiten gut zu sortieren. Nur so findet man sie bei Bedarf schnell wieder.

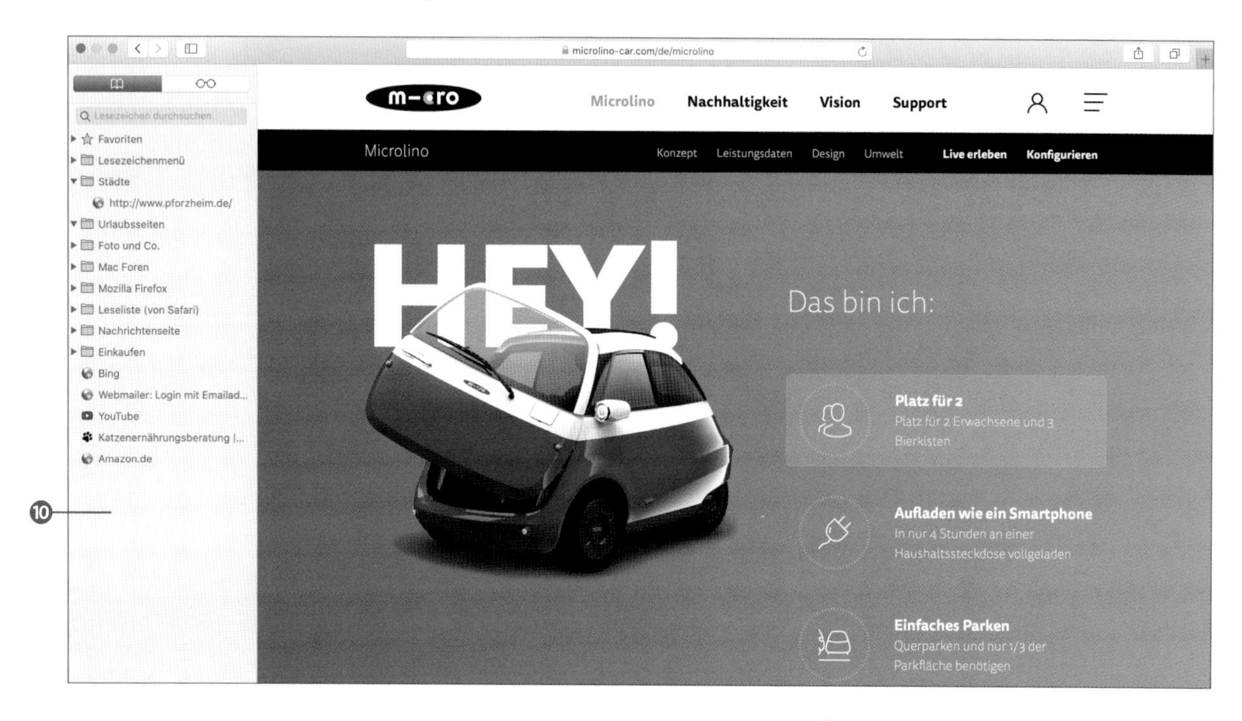

Lesezeichen und Favoriten vom PC auf den Mac übertragen

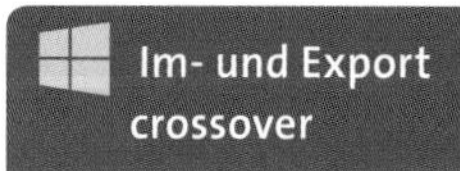

Im- und Export crossover

Sie können Ihre Lesezeichen aus dem Internet Explorer von Windows exportieren und dann in Safari oder Firefox am Mac importieren. Auch ein Export von Firefox in Windows mit anschließendem Import in Safari ist möglich.

Sie haben sicherlich viele Webseiten im Internet Explorer oder in Firefox als Favoriten oder Lesezeichen gesichert. Wenn Sie von einem Windows-PC auf einen Mac umgestiegen sind, wäre es doch schade, wenn diese einfach verloren wären, oder? Glücklicherweise klappt die Datenübertragung ganz einfach.

Microsoft Edge

Anwender des derzeit aktuellsten Webbrowsers Microsoft Edge schauen beim Export ihrer Favoriten leider in die Röhre. Das geht nur auf Umwegen, denn die direkte Exportfunktion des alten Internet Explorers wurde gestrichen. Daher unser Tipp:

1. Installieren Sie auf Ihrem Windows-Computer einfach Mozilla Firefox für Windows von der Seite *www.mozilla.org*.

2. Starten Sie dann Firefox, gehen Sie auf das Lesezeichensymbol ❶, und wählen Sie dort **Lesezeichen verwalten** ❷ aus.

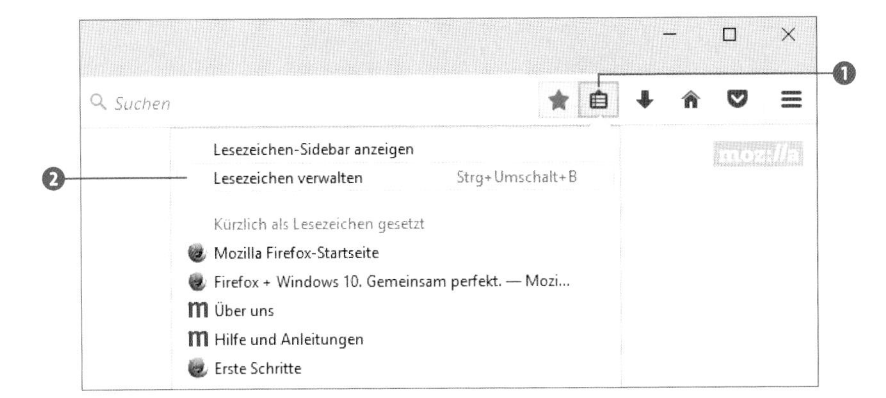

< Abbildung 8.46
In Firefox können Sie Lesezeichen von Edge und Co. importieren.

3. Gehen Sie in diesem Fenster auf **Importieren und Sichern** ❸, und wählen Sie **Daten von einem anderen Browser importieren** aus. Klicken Sie im sich öffnenden Dialog **Import-Assistent** entsprechend den Edge-Browser an ❹.

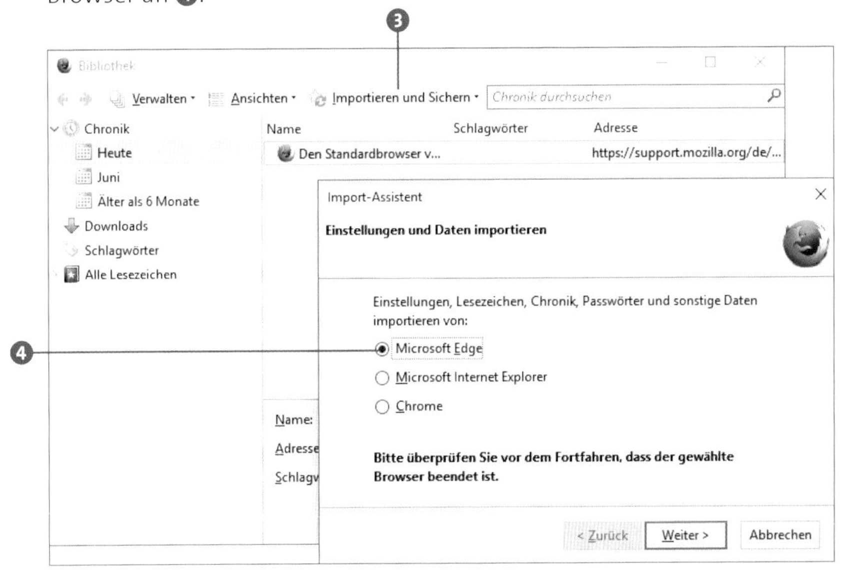

< Abbildung 8.47
So schnell gelangen die Lesezeichen in Firefox.

Über diesen Umweg gelangen Ihre mühsam gesicherten Lesezeichen in Firefox. Ab Seite 220 unten zeigen wir Ihnen, wie Sie Ihre Weblinks dann auch auf den Mac bekommen.

Internet Explorer (Version 8 bis 13)

Klicken Sie im Internet Explorer zunächst auf den **Favoriten**-Button ❶ und dann auf den Pfeil hinter **Zu Favoriten hinzufügen** ❷. Im zugehörigen Menü erscheint dann die Option **Importieren und Exportieren**.

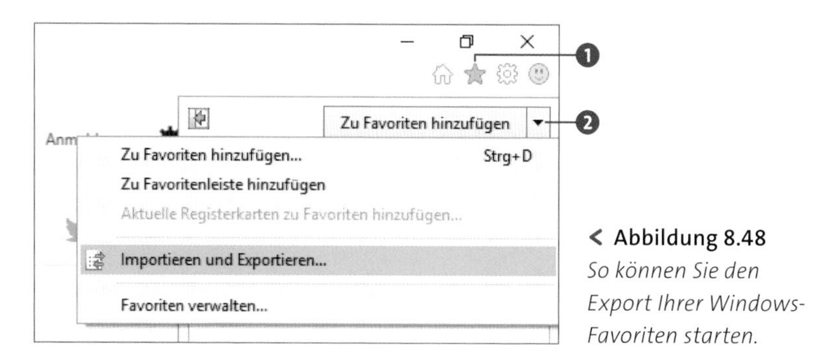

< Abbildung 8.48
So können Sie den Export Ihrer Windows-Favoriten starten.

Im nächsten Menü geben Sie an, dass Sie Ihre Favoriten in eine Datei exportieren wollen; zusätzlich werden Sie gefragt, ob Sie nur Ihre Favoriten oder auch Feeds und Ihre Sortier-Ordner absichern möchten. Zu guter Letzt steht noch die Frage nach dem Speicherort an – für die komfortable Übertragung ist ein USB-Stick sinnvoll. Die Favoriten werden anschließend in einer HTML-Datei abgelegt.

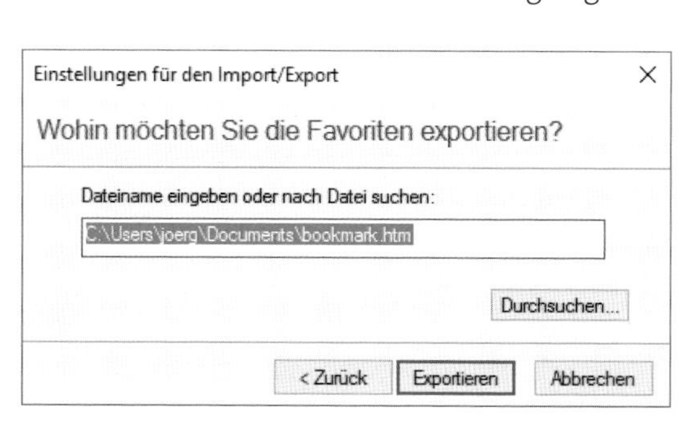

< Abbildung 8.49
Der Internet Explorer sichert Ihre Webseiten als HTML-Datei.

Stecken Sie den USB-Stick mit der HTML-Datei an Ihren Mac, und öffnen Sie Safari. Über das Menü **Ablage > Importieren von Lesezeichen-HTML-Datei ...** wählen Sie die vom Internet Explorer exportierte Datei aus.

Firefox

Noch einfacher ist der Umzug Ihrer Lieblingswebseiten in Firefox. Öffnen Sie unter Windows das **Favoriten**-Menü (❶ auf Seite 221), und klicken Sie darin auf **Lesezeichen verwalten** ❷. Bei **Importieren und Sichern** ❸ wählen Sie den Eintrag **Lesezeichen nach HTML exportieren** ❹, geben einen

Firefox synchron

Ganz wie mit Safari – sowohl in iOS als auch in macOS Catalina – können Sie auch in Firefox Ihren Browserverlauf und Ihre Favoriten geräteübergreifend synchronisieren. Dazu müssen Sie sich im Menü **Extras** unter **Sync einrichten...** ein kostenloses Konto erstellen. Danach synchronisieren sich alle Firefox-Browser, bei denen Sie sich mit Mail und Kennwort anmelden, vollautomatisch. Das ist praktisch, wenn Sie beispielsweise ein Smartphone mit Android, ein iPhone und gleichzeitig noch einen Windows-PC neben Ihrem Mac verwenden – so bleiben alle Daten immer synchron.

Namen und den Speicherplatz für die Datei an, z. B. einen USB-Stick, und schon sind auch hier Ihre Webseiten für die Übertragung auf den Mac bereit.

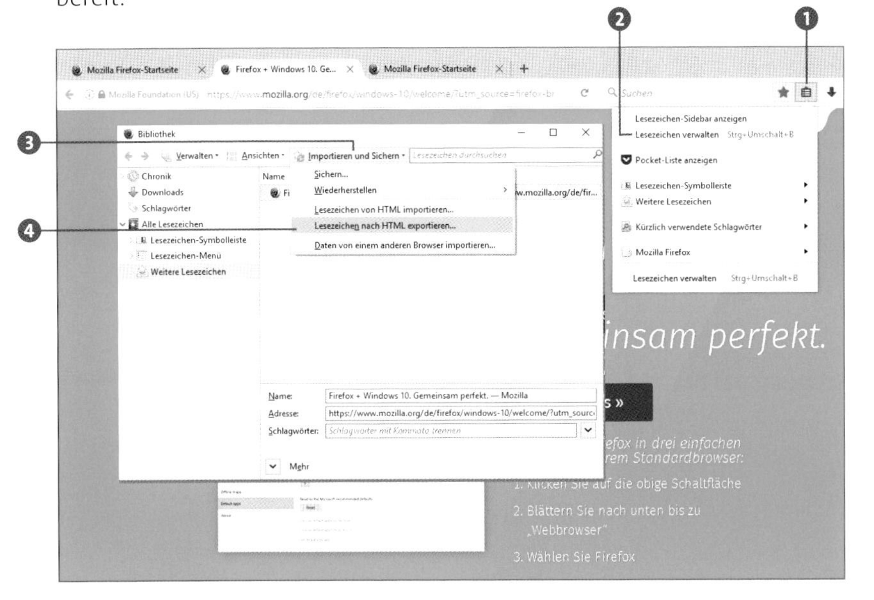

< Abbildung 8.50
Unter Windows müssen Sie auch die Lesezeichen von Firefox als HTML exportieren.

Wie zuvor beim Internet Explorer (siehe die vorige Seite) können Sie auch diese Datei ganz einfach in Safari importieren. Wenn Sie aber auch am Mac lieber mit Firefox surfen, klicken Sie hier, so wie auf Seite 219, auf **Lesezeichen > Lesezeichen verwalten**. Das nächste Fenster unterscheidet sich etwas von Windows. Hier ist der HTML-Import unter einem weiteren Button versteckt ❺. Geben Sie den Speicherort der am PC erstellten HTML-Datei an, und schon kennt auch der Browser am Mac Ihre abgespeicherten Internetseiten.

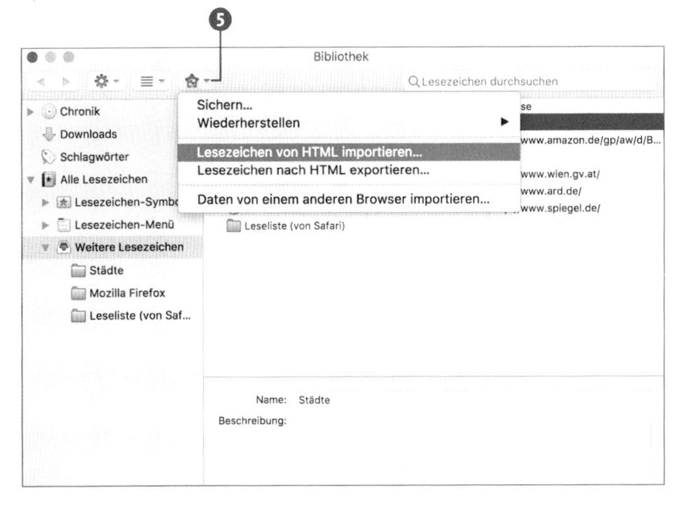

< Abbildung 8.52
Der Lesezeichen-Import in Firefox für macOS Catalina

∧ Abbildung 8.51
Einwandfrei – Firefox läuft auch auf iOS und tauscht besuchte Webseiten und Passwörter mit allen anderen Firefox-Versionen aus, bei denen Sie mit Ihren Daten angemeldet sind – also komplett übergreifend von PC, Mac, Android-Smartphone, iPad und iPhone.

9 Sicher und schnell im Internet surfen

Das Internet ist eine kreative Spielwiese, ein weltweiter Raum zum Entdecken und sicher das größte Einkaufscenter der Welt. In diesem Kapitel zeigen wir Ihnen, wie Sie sicher im Internet surfen. Unter Beachtung einiger Regeln ist es dort ziemlich sicher – allen »Horrormeldungen« der Medien zum Trotz. Apple hat zudem in seinen Safari-Webbrowser viele Mechanismen eingebaut, die Sie ganz automatisch schützen. Das Unternehmen hat sich zudem den Datenschutz auf die Fahnen geschrieben und mittlerweile eine Vorreiterrolle eingenommen.

Abseits der notwendigen Sicherheitsmaßnahmen macht das Internet aber vor allem eines: Spaß. Für noch mehr Spaß und sogar Effizienz zeigen wir Ihnen ein paar Kniffe und Tricks, wie Sie Inhalte von Webseiten auf Ihren Mac transferieren und die Suchmaschine Google für weitaus mehr als nur die Websuche nutzen.

< **Abbildung 9.1**
Hacker arbeiten mit präzisen Werkzeugen. Wenn Sie Ihren Mac richtig sichern, müssen die Hacker aber draußen bleiben. (Foto: pn-photo, Fotolia)

Goldene Regeln für die Sicherheit im Web

Gefahren lauern im Internet quasi an jeder Ecke. Sicher haben Sie bereits in den Medien oder von Bekannten und Freunden von Virenangriffen,

Hackerattacken und Ähnlichem gehört. Hätten Sie einen Windows-PC, wäre Panik berechtigt. Beim Mac können Sie sich aber relativ entspannt zurücklehnen. Klassische Viren sind unter macOS bis zum heutigen Tag kein Thema, da dieses Betriebssystem schlicht kaum Angriffsfläche für digitale Schädlinge bietet. Das gilt aber nur für jene Viren, die sich klassisch als kleines Programm in das System einklinken wollen. Bei allen anderen digitalen »Schweinereien« muss man auch am Mac aufpassen. Mit ein wenig »Augen auf« klappt das aber hervorragend, und damit Sie informiert sind, haben wir Ihnen eine Liste der wichtigsten digitalen Bedrohungen zusammengestellt.

Spam-Mails

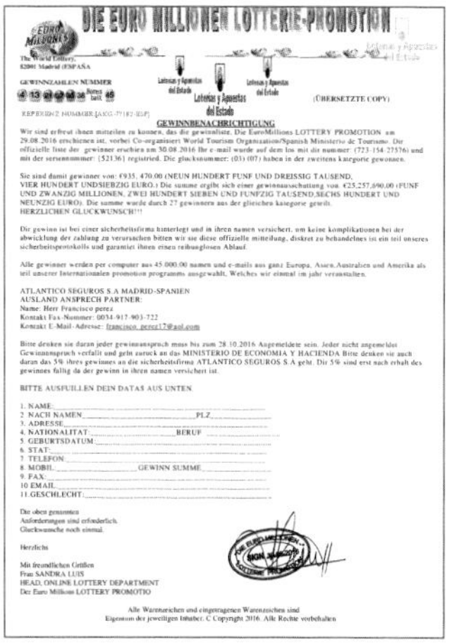
DIE EURO MILLIONEN LOTTERIE-PROMOTION

The World Lottery,
82001 Madrid (ESPAÑA

GEWINNZAHLEN NUMMER

(ÜBERSETZTE COPY)

REFERENZ NUMMER:[AXG-77182-ESP]

GEWINNBENACHRICHTIGUNG

Wir sind erfreut ihnen mitteilen zu konnen, das die gewinnliste, Die EuroMillions LOTTERY PROMOTION am 29.08.2016 erschienen ist, vorbei Co-organisiert World Tourism Organization/Spanish Ministerio de Tourismo. Die offizielle liste der gewinner eruchien am 30.08.2016 Ihr e-mail wurde auf dem los mit dir nummer: (723-154-27576) und mit der seriennummer: (52136) registried. Die glucksnummer: (03) (07) haben in der zweitens kategorie gewonnen.

Sie sind damit gewinner von: €935, 470.00 (NEUN HUNDERT FUNF UND DREISSIG TAUSEND, VIER HUNDERT UNDSIEBZIG EURO.) Die summe ergibt sich einer gewinnausschuttung von. €25,257,690.00 (FUNF UND ZWANZIG MILLIONEN, ZWEI HUNDERT SIEBEN UND FUNFZIG TAUSEND,SECHS HUNDERT UND NEUNZIG EURO). Die summe wurde durch 27 gewinnern aus der gleichen kategorie geteilt.
HERZLICHEN GLUCKWUNSCH!!!

Dir gewinn ist bei einer sicherheitsfirma hinterlegt und in ihren namen versichert, um keine komplikationen bei der abwicklung der zahlung zu verursachen bitten wir sie diese offizielle mitteilung, diskret zu behandelnes ist ein teil unseres sicherheitsprotokolls und garantiet ihnen einen reibunglosen Ablauf.

Alle gewinner werden per computer aus 45.000.00 namen und e-mails aus ganz Europa, Asien,Australien und Amerika als teil unserer Internationalen promotion programms ausgewahlt, Welches wir einmal im jahr veranstalten.

ATLANTICO SEGUROS S.A MADRID-SPANIEN
AUSLAND ANSPRECH PARTNER:
Name: Herr Francisco perez
Kontakt Fax-Nummer: 0034-917-903-722
Kontakt E-Mail-Adresse: francisco.perez17@aol.com

Bitte denken sie daran jeder gewinnanspruch muss bis zum 28.10.2016 Angemeldete sein. Jeder nicht angemeldet Gewinnanspruch verfallt und geht zuruck an das MINISTERIO DE ECONOMIA Y HACIENDA Bitte denken sie auch daran das 5% ihres gewinnes an die sicherheitsfirma ATLANTICO SEGUROS S.A geht. Dir 5% sind erst nach erhalt des gewinnes fallig da der gewinn in ihren namen versichert ist.

BITTE AUSFUILLEN DEIN DATAS AUS UNTEN.

1. NAME:
2. NACH NAMEN ____ PLZ.
3. ADRESSE
4. NATIONALITAT: ____ BERUF
5. GEBURTSDATUM:
6. STAT:
7. TELEFON
8. MOBIL: ____ GEWINN SUMME
9. FAX:
10 EMAIL
11.GESCHLECHT:

Die oben genannten
Anforderungen sind erforderlich.
Gluckwunsche noch einmal.

Herzlichs

Mit freundlichen Grüßen
Frau SANDRA LUIS
HEAD, ONLINE LOTTERY DEPARTMENT
Der Euro Millions LOTTERY PROMOTIO

Alle Warenzeichen und eingetragenen Warenzeichen sind
Eigentum der jeweiligen Inhaber. C Copyright 2016. Alle Rechte vorbehalten

Abbildung 9.2
Natürlich verschickt die spanische Lotterie grafisch grottenschlechte Mails, um Sie über Ihren Millionengewinn zu informieren. Das ist ein Klassiker der Werbemails, die es auch wahlweise von afrikanischen Prinzen oder Erbschaftsverwaltern aus den USA gibt.

Geben Sie Ihre Adresse jedem x-beliebigen Fremden? Sicherlich nicht, doch im Internet ist man gerne geneigt, seine E-Mail-Adresse immer und überall zu verwenden – für Gewinnspiele, Aktionen, Newsletter und vieles mehr. Und genau das ist der Haken: Meistens wird man anschließend regelmäßig mit Werbung überflutet. Das wirkt sich zwar nur auf das Postfach des E-Mail-Programms aus, ist aber äußerst lästig. Überlegen Sie daher genau, ob Sie wirklich an jedem Gewinnspiel im Web teilnehmen müssen. Zudem sind gerade jene Gewinnversprechungen à la »Sie sind der 100.000. Besucher unserer Website« einfach unseriös. Es handelt sich dabei meist um »Datensammler«, die E-Mail-Adressen für Werbemail-Aktionen abschöpfen wollen.

Hier gilt das, was auch bei der Werbung im Briefkasten gilt: Weg damit! Vor Spam-Mails kann man sich leider auch nicht schützen, diese landen einfach im Mail-Postfach, selbst wenn Sie sorgfältig mit Ihren Daten umgehen. Spam-Server versenden einfach per Zufallsgenerator an Millionen Mailadressen gleichzeitig, und wenn Sie *hans.meyer@meinemail.de* als Mailadresse haben, ist die Wahrscheinlichkeit hoch, ungebetene Post zu erhalten. Auch wenn bei vielen dieser Spam-Mails eine »Abmelden«-Funktion auftaucht – diese hat meist eine gegenteilige Wirkung. Damit wird Ihre Mailadresse beim Spam-Versender lediglich als »funktionierend« hochgestuft, und in der Folge gibt es noch mehr »tolle Angebote«. Mit Apple Mail können Sie immerhin diese Mail automatisch aussortieren, ab Seite 253 zeigen wir Ihnen, wie das funktioniert.

Phishing – das »Password-Fishing«

Ein Angelsport der ganz besonderen Art kommt ebenfalls per Mail in Ihr Postfach gesegelt. Hier verlangt eine Bank, PayPal, eBay oder Amazon, dass Sie sich aus Sicherheitsgründen ganz schnell in Ihr Konto einloggen sollen. Die Mails sind teilweise richtig gut gemacht und kaum vom Original zu unterscheiden. Auch der Mailabsender sieht meistens richtig echt aus. Logischerweise können Sie so eine Mail direkt erkennen, wenn Ihnen die Volksbank schreibt, aber Sie dort gar kein Konto haben. Bei eBay und Amazon sieht die Sache schon anders aus, und auch wir sind da schon fast »reingetappt«.

Die Vorgehensweise ist so einfach wie genial: Statt auf die offizielle Seite werden Sie auf eine eigens programmierte Seite mit einem Login-Feld umgeleitet. Tippen Sie hier Ihre Daten ein, erhalten die Kriminellen Ihre Login-Daten und können dann »loslegen« und großen Schaden anrichten. Das ist ziemlich fies.

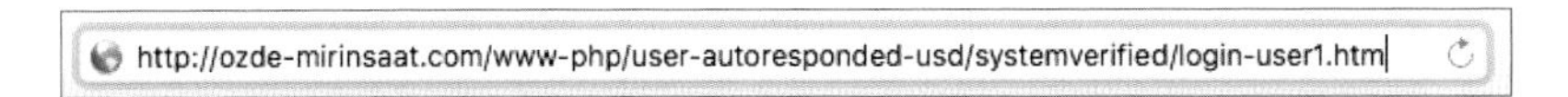

Abbildung 9.3
Mit diesem Link geht es sicher nicht zu eBay oder Amazon … Achten Sie darauf, wo die Links hinführen!

Kein seriöser Onlinedienst und keine seriöse Bank verlangt, dass Sie sich bei einem Sicherheitsproblem einloggen oder gar Ihre TAN-Nummern eingeben. Diese Firmen werden Ihnen auch nie ein Word-Dokument oder gar eine Software schicken. Sollten Sie einen Link in einer solchen Mail angeklickt haben, schauen Sie im Zweifel in der Adressleiste Ihres Webbrowsers nach, ob hier auch wirklich die korrekte Internetadresse erscheint. Denn an dieser Stelle können die »Passwort-Fischer« nicht mehr tricksen.

Kostenpflichtige Webangebote

Ebenso heikel verhält es sich mit Internetseiten, die vermeintlich kostenlose Dienste (Klassiker sind hierbei Horoskope, einschlägige Videoportale zur Ahnenforschung oder Software-Downloads) gegen die Eingabe Ihrer kompletten persönlichen Daten anbieten. Hier ist äußerste Vorsicht geboten, denn oftmals steht nur im Kleingedruckten etwas von den unverschämt hohen Kosten, die anschließend per Rechnung ganz klassisch in Ihrem Briefkasten landen, meist mit einer direkten Inkasso-Drohung. Sollte so etwas passieren, raten wir Ihnen, nicht gleich die Rechnung zu bezahlen, sondern zuerst die Verbraucherzentrale einzuschalten. Meistens kann man diese Art von Geldeintreibung einfach ignorieren. Zusammengefasst: Wenn Ihnen im Internet jemand etwas schenken möchte, dazu aber mehr als Ihre E-Mail-Adresse und Ihren Namen verlangt, ist höchste Vorsicht geboten.

Virenschutz – Nächstenliebe für Ihre PC-Freunde

Virenschutz? Kennen wir nicht!

Suchen Sie im App Store nach dem Begriff »Virenscanner«, wird kaum etwas angezeigt. Apple will hier wohl keine Angst schüren. Sie müssen schon konkret mit dem exakten Namen nach einem Virenschutzprogramm suchen, um dieses im App Store auch zu finden.

Ohne zu viele Lobeshymnen auf macOS Catalina singen zu wollen: Das Betriebssystem ist weitestgehend frei von lästigen Viren der klassischen Art. Es gibt bis heute so gut wie keine Schadprogramme oder Malware, die Ihrem Betriebssystem oder Ihren Daten Schaden zufügen können. Die Gründe hierfür sind schnell aufgezählt:

- macOS Catalina basiert auf der Unix-Technologie, die schon von Haus aus recht unempfindlich gegen Viren und Hacker ist. Nicht umsonst laufen viele Server weltweit mit Unix.
- Jede tiefgreifende Änderung muss unter macOS per Passwort autorisiert werden. Eine Installation schädlicher Apps, wie sie gerade unter Windows bei per Mail versendeten Viren verbreitet ist, ist somit gar nicht möglich.
- Mac-Computer sind mit rund 10 % Anteil an der Gesamtsumme aller Computer weltweit ein eher unattraktives Ziel für Virenprogrammierer. Selbst der schönste Virus läuft ins Leere, wenn bei maximaler Reichweite überhaupt nur ein Bruchteil aller Computer betroffen sein kann.
- Alle Programme aus dem App Store von Apple werden vor ihrer Veröffentlichung gründlich geprüft. Sie können sicher sein, dass auch die Gratis-Apps aus dem App Store garantiert sicher sind und weder Daten auslesen noch sonstigen Schaden an Ihrem Mac anrichten können.
- Apps, die nicht aus dem App Store kommen, werden vom Gatekeeper in macOS erst einmal blockiert. Sie können die Verriegelung aber einfach auflösen, wie in Kapitel 5, »Mit Programmen arbeiten – die Apps am Mac«, ab Seite 129 beschrieben.

Download des Avira-Virenscanners

Als Windows-Anwender kennen Sie wahrscheinlich schon den Avira-Virenscanner. Diesen gibt es auch für Mac-Anwender gratis zum Download. Unter *www.avira.com* steht das Installationspaket für macOS zum Download bereit.

Nun haben Sie trotzdem vielleicht schon von Antivirensoftware für macOS Catalina gehört. Diese benötigen Sie jedoch primär zum Schutz für Ihre Windows-Freunde. Wenn Sie mit Windows-Anwendern zusammenarbeiten, können nämlich Viren und Trojaner, die für Sie und macOS unschädlich sind, im Anhang einer Mail bei anderen Betriebssystemen ganz schön für Aufregung sorgen.

Ein Virenscanner ist aber auch auf dem Mac sinnvoll. Denn auch wenn es die klassischen Viren am Mac nicht wirklich gibt – Seiten, die Ihre persönlichen Daten abgreifen wollen, die funktionieren auch am Mac. Die Virenprogramme bieten daher zusätzlich Schutz vor Password-Fishing und unsicheren Webseiten, wie wir vorangehend beschrieben haben. Daher unser Tipp: Nutzen Sie einfach einen Virenscanner wie beispielsweise den von Avira oder Avast – so sind Sie in jedem Fall auf der sicheren Seite.

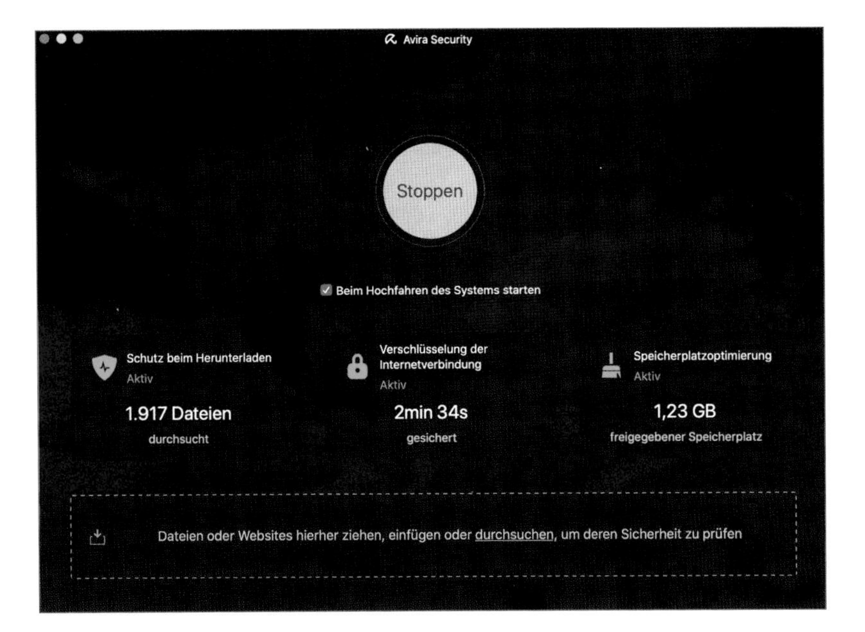

Abbildung 9.4
Für Windows-Anwender ein alter Bekannter – der Avira-Virenscanner läuft auch auf macOS und kann über den App Store von macOS heruntergeladen werden. Geben Sie dort einfach »Avira« als Suchbegriff ein.

Abbildung 9.5
Avira steht im App Store von Apple gratis zur Verfügung.

Trotzdem muss man der Ehrlichkeit halber sagen: Es kann nicht ausgeschlossen werden, dass es in Zukunft auch Trojaner und Viren für macOS geben wird. Als beste Vorsichtsmaßnahme dient die automatische Passwortabfrage vor jeder Softwareinstallation. Bei aus dem Web geladenen Anwendungen erscheint zusätzlich eine weitere Sicherheitsabfrage. Lesen Sie daher den entsprechenden Warnhinweis immer genau durch, und schauen Sie nach, ob es sich wirklich um die Software handelt, die Sie starten möchten.

Abbildung 9.6
Apps, die aus dem Web geladen und installiert wurden, werden schon vor der Installation sicherheitshalber blockiert.

Im App Store gibt es verschiedene Virenschutzprogramme. Unser Favorit ist allerdings Avira – die Software ist komplett gratis, in deutscher Sprache und schützt zuverlässig. Alternativ eignen sich wie gesagt auch noch *Avast Free Mac Security* und *BitMedic*, hier werden allerdings immer wieder kleine Werbefenster mit kostenpflichtigen Upgrades für den vollen Schutz eingeblendet.

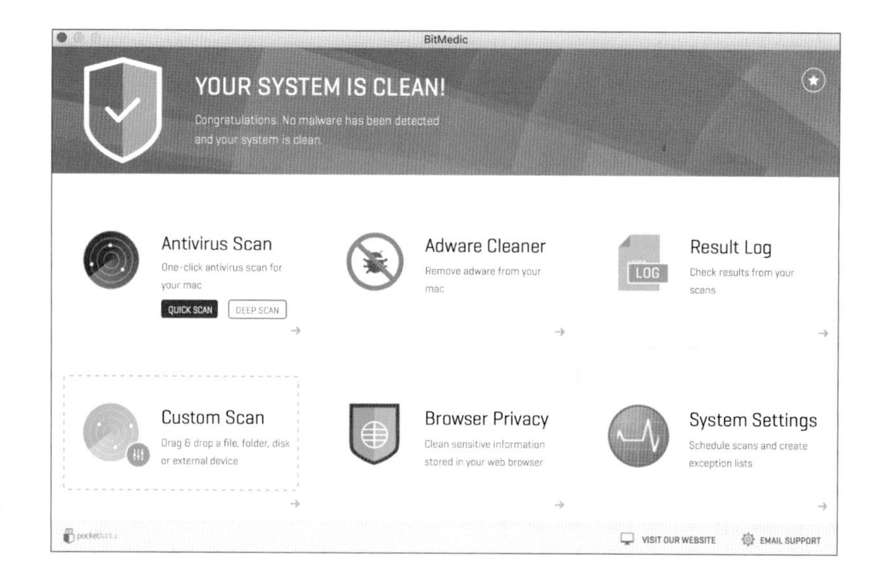

Abbildung 9.7 >
Auch die App »BitMedic« schützt Ihren Computer zuverlässig.

Onlinebanking – supersicher

Sehr praktisch ist das Onlinebanking – es spart den Weg zur Bank, geht sehr schnell, und zudem hat man immer den aktuellen Kontostand auf dem Computer. Für das elektronische Banking benötigt man bei allen Banken nur einen Internetbrowser und kann sich dann mit einer Zugangsnummer (zumeist mit der Kontonummer) und einem PIN-Code einloggen.

Damit hier niemand »mithören« kann, läuft das immer und ausschließlich über gesicherte Webverbindungen. Das erkennen Sie am *https://* vor der eigentlichen Bank-Webseite im Adressfeld des Safari-Browsers oder an einem Schlosssymbol im Adressfeld ❶. Zudem haben alle großen Banken oder andere Finanzdienstleister ein sog. *Sicherheitszertifikat* ❷.

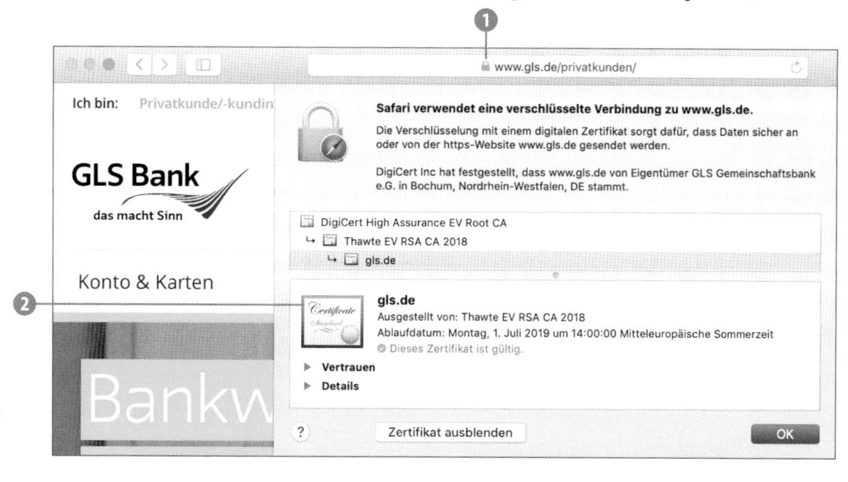

Abbildung 9.8 >
Sicheres Onlinebanking ist heute kein Problem mehr.

Ist dieses Zertifikat gültig und verifiziert, wird es in Safari angezeigt – die grüne Farbe bedeutet, dass alles in Ordnung ist. Ein Klick darauf zeigt an, um welches Sicherheitszertifikat es sich handelt.

Mit diesen Sicherheitsgurten ist es Außenstehenden so gut wie unmöglich, sich hier einzuklinken und die Daten abzufangen. Hinzu kommt: Jede Transaktion auf Ihrem Onlinekonto muss mit einer Transaktionsnummer, der sog. *TAN*, bestätigt werden. Und die Liste mit diesen TANs haben nur Sie. Daher kann niemand, selbst wenn Ihre Login-Daten bekannt sind, Überweisungen in Ihrem Namen online tätigen. Onlinebanking ist also, egal ob am Mac oder am PC, eine sichere und praktische Sache und bedenkenlos zu verwenden.

Misstrauisch sollten Sie werden, wenn Sie per E-Mail von Ihrer Bank aufgefordert werden, sich über einen angegebenen Link in Ihren Account einzuloggen und zur Sicherheit ein paar TANs einzugeben. Das sind *immer* gefälschte E-Mails von Internetkriminellen, die Ihre persönlichen Daten einsammeln wollen und, ausgestattet mit genügend TANs, dann auch tatsächlich mit Ihren Kontodaten arbeiten können. Daher dürfen Sie solche E-Mails *niemals* beachten oder gar den Anweisungen folgen: Keine Bank der Welt wird jemals die Eingabe Ihrer TAN-Nummern in ein Webformular fordern. Übrigens haben die meisten Banken bereits auf Sicherheitscodes per Smartphone umgestellt; die TAN-Liste auf Papier muss laut EU-Verordnung schon bald verschwinden. Und wirklich wichtige Informationen schickt Ihnen übrigens auch eine Onlinebank per Post.

Warum gerade ich?

Sie fragen sich, warum gerade Sie seltsame Werbemails oder gar eine gefälschte E-Mail von Ihrer vermeintlichen Bank erhalten? Keine Panik, auch andere Menschen haben die gleiche E-Mail erhalten. In solchen Fällen streuen Server nach dem Gießkannenprinzip Millionen von sog. *Spam-Mails* in die Welt. Betrüger setzen dabei auf den Effekt, dass ein gewisser Prozentsatz der Empfänger »anbeißt«.

Firewall einschalten

Die Firewall ist der digitale Schutzschild gegen Hacker, die über das Internet auf Ihren Rechner Zugriff erlangen wollen. Standardmäßig bietet Ihr Mac sehr wenig Angriffsfläche – der Aufwand, in einen macOS-Computer einzusteigen, ist ungleich höher als bei einem Windows-Computer. Trotzdem sollten Sie auch an Ihrem Mac die Firewall aktivieren, die jegliche unerwünschte Verbindung effektiv blockiert und im Zweifel nachfragt, ob eine Verbindungsanforderung in Ordnung geht oder illegal ist. Somit können Sie wirklich beruhigt im Netz unterwegs sein. Normalerweise ist die Firewall von macOS aktiviert, aber besser ist es, das zu überprüfen, um wirklich sicherzugehen.

^ **Abbildung 9.9**
Die Systemeinstellungen laden Sie über das Icon im Dock oder über den Ordner »Programme« im Finder.

1. Systemeinstellungen laden

Gehen Sie zum Aktivieren der Firewall in die **Systemeinstellungen**, und klicken Sie dort auf den Menüpunkt **Sicherheit** ①. Hier gibt es viele Einstellungen; wir benötigen aber nur die Rubrik **Sicherheit**.

Abbildung 9.10 >
Wie immer die zentrale Anlaufstelle für Konfigurationen aller Art: die Systemeinstellungen

2. Firewall-Einstellungen anzeigen

In den Reitern gehen Sie, falls Ihr Mac das nicht schon automatisch gemacht hat, mit der Maus in den Bereich **Firewall** ②. Hier wird vermutlich **Firewall: Ein** ③ eingestellt sein. Sprich, Ihr Mac ist damit bestens geschützt. Steht die Firewall allerdings auf **Aus**, dann folgen Sie den nächsten Schritten.

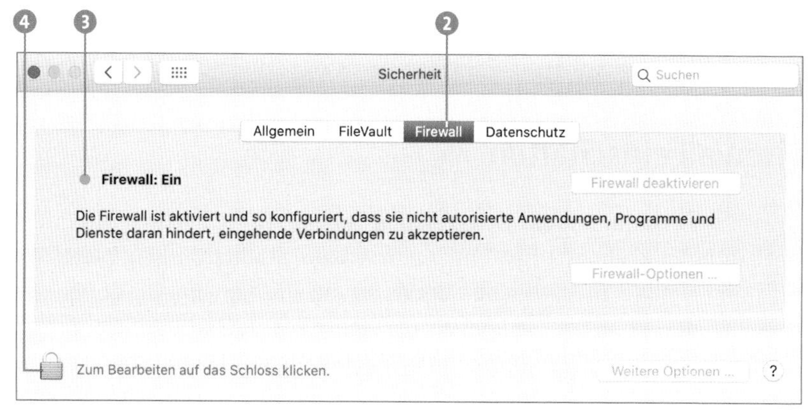

^ **Abbildung 9.11**
Prima, die Firewall ist aktiv.

3. Aktivierung der Firewall: Entriegeln

Entriegeln Sie mit einem Klick das Schloss links unten ④, und öffnen Sie durch Eingabe Ihres Computerpasswortes ⑤ oder mithilfe Ihres Fingerabdrucks ⑥ die **Systemeinstellungen**.

Der Verlauf weiß es

»Ich weiß, wo du gestern gesurft hast.« Safari zeichnet alle Ihre Internetaktivitäten auf. Das ist praktisch, um eine Seite wiederzufinden. Sie finden die Liste der zuletzt besuchten Seiten im Menüpunkt **Verlauf** oder in den **Favoriten**. Mit der hier vorgestellten »Bereinigungsfunktion« und dem privaten Surfen ist zwar Ihr privater Computer »sauber«, Ihr Provider allerdings, egal ob Telekom, Vodafone oder wer auch immer, kann Ihr Surfverhalten nachvollziehen und speichern. Nicht zuletzt sprechen die Datenskandale um Edward Snowden und die NSA hier ja eine deutliche Sprache.

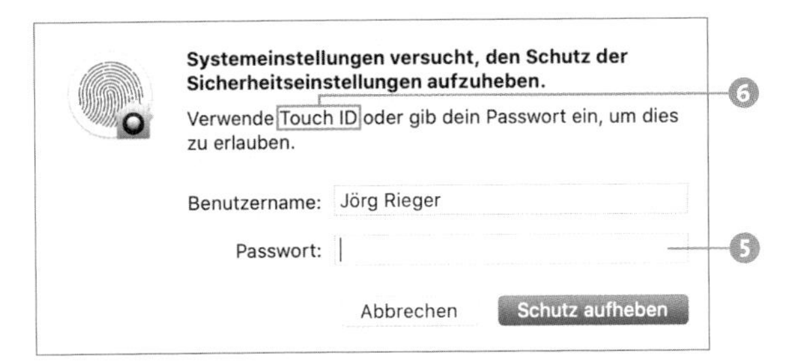

Abbildung 9.12
Für manche Änderungen in den Systemeinstellungen wird Ihr Passwort oder Fingerabdruck benötigt.

4. Aktivieren der Firewall: Firewall starten

Ein Klick auf den Button **Firewall aktivieren** setzt die Firewall in Gang und blockiert zukünftig Verbindungen aus dem Internet, die unerlaubterweise Zugriff auf Ihren Mac erhalten möchten. In den meisten Fällen sind die Einstellungen in der Apple-Voreinstellung perfekt.

In seltenen Fällen, gerade bei Filesharing-Software oder bei einigen Chat-Programmen, kann es allerdings vorkommen, dass macOS hier die Verbindung ins Web blockiert, da die Anwendung fälschlicherweise für ein Spionageprogramm oder eine Hackeranwendung gehalten wird. Dann müssen Sie manuell eingreifen und auf **Firewall-Optionen** klicken. Hier ist dann aber durchaus Experten-Know-how notwendig, und Änderungen legen ganz schnell Ihre gesamte Internetverbindung lahm.

Spuren verwischen im Internet

Mal ehrlich – es muss ja nicht jeder wissen, wo und wie Sie in Ihrer Freizeit im Internet unterwegs sind. Das kann beispielsweise die Geburtstagsüberraschung, sei es ein tolles Buch oder doch der Diamantring, gewaltig in den Sand setzen, wenn Ihre Partnerin oder Ihr Partner versehentlich auf der kürzlich aufgerufenen Bestellseite landet.

Standardmäßig vergisst der Internetbrowser nichts. Jede Eingabe, jede besuchte Seite wird peinlichst genau abgespeichert und auch nach Monaten noch direkt bereitgestellt. Wie Sie sicherlich schon bemerkt haben, genügt

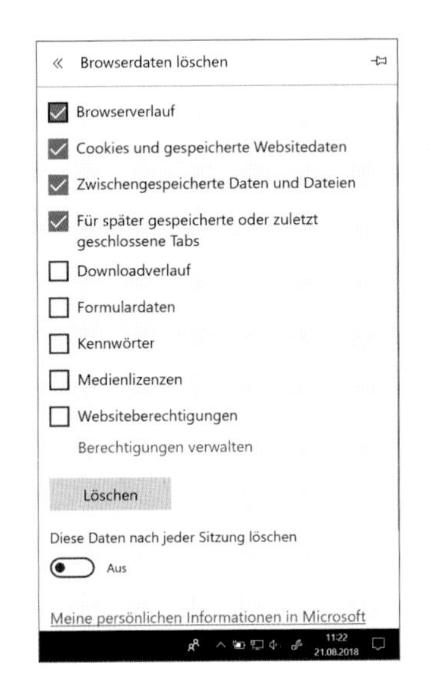

Verwöhnte Windows-Anwender

Sie kennen es vielleicht vom Internet Explorer oder Edge-Browser, dass Sie detailliert wählen können, welche Webseitendaten gelöscht werden. Safari bietet leider keine entsprechenden Einstellungsmöglichkeiten.

Abbildung 9.13
Im Edge-Browser unter Windows 10 gibt es mehr Einstellungsmöglichkeiten, um den Browserverlauf zu löschen.

schon die Eingabe eines Wortes in die Adressleiste, um die Abfrage nach besuchten und eventuell infrage kommenden Seiten zu starten.

Glücklicherweise kann man Safari das Gedächtnis löschen: Über **Safari > Verlauf löschen** wird das Programm in den Auslieferungszustand zurückversetzt oder eben nur um die Erinnerungen der letzten Tage beraubt. Leider kann man in Safari aber nicht, wie das andere Browser können, nur die Cookies oder nur die temporären Webdaten löschen.

Daten löschen – ganz oder gar nicht

Aufgepasst – das Löschen des Browserverlaufs betrifft nicht nur Ihren Mac, sondern alle Geräte, die via iCloud verbunden sind. Das bedeutet: Nach einer Löschaktion haben auch Ihr iPhone und Ihr iPad die Webseiten »vergessen«.

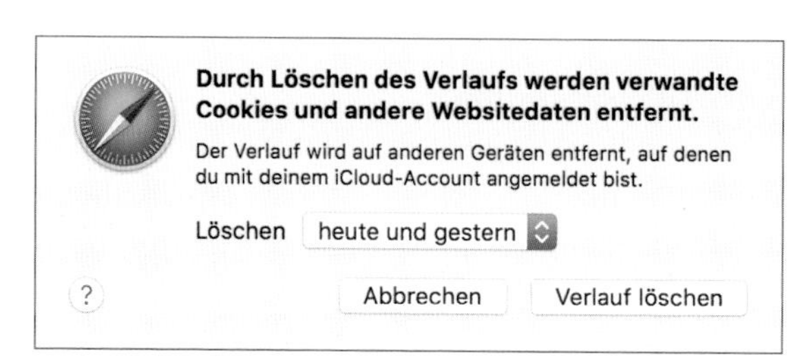

< **Abbildung 9.14**
So »vergisst« Safari, wo Sie im Internet unterwegs waren.

letzte Stunde
✓ heute
heute und gestern
gesamten Verlauf

^ **Abbildung 9.15**
Hier können Sie wählen, ob Ihr gesamter Verlauf oder nur ein Teil gelöscht werden soll.

Privates Surfen

Für das stressfreie Surfen, ohne Spuren auf Ihrem Apple-Computer zu hinterlassen, ist das private Surfen gedacht. Wird es über das **Ablage**-Menü und **Neues privates Fenster** ❶ aktiviert, speichert der Browser definitiv nichts von den im Anschluss daran besuchten Internetseiten auf dem Computer. Passwörter, Bilder, Zwischenspeicher, Eingaben, Verlauf – alles bleibt auf den Moment beschränkt und landet keinesfalls im Safari-Gedächtnis. Mit dem Schließen des Browserfensters ist wirklich alles vergessen, und niemand kann mehr herausfinden, welche Webseiten Sie besucht haben.

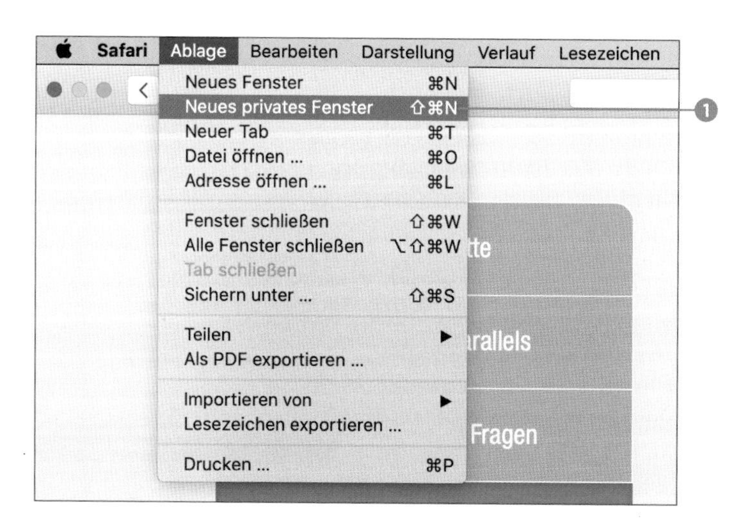

Abbildung 9.16 >
Möchten Sie wirklich ganz privat »auf Safari« gehen?

Der Schlüsselbund: Passwortverwaltung mit iCloud und starke Passwörter

Mit Ihrer Apple-ID haben Sie sich bereits automatisch für Apples virtuellen Speicherplatz iCloud angemeldet. Auf Wunsch können Sie hier auch im Schlüsselbund systemübergreifend alle Ihre Login-Daten hinterlegen. Das ist besonders praktisch, wenn Sie neben dem Mac auch mit iPhone und iPad unterwegs sind. Haben Sie Ihr Passwort, beispielsweise für Ihr Online-Mail-Programm oder Facebook, einmal gespeichert, ist es direkt auch auf allen anderen Geräten bekannt. Der Login klappt entsprechend ohne ständiges Wiederholen der Daten, stattdessen füllt der Schlüsselbund Benutzername und Passwort für Sie automatisch aus. Laut Apple sind die Passwörter stark verschlüsselt und werden sicher gespeichert – nun ja, so sicher, wie man in Zeiten diverser Abhörskandale eben Daten sichern kann. Eines muss hier aber festgestellt werden: Wenn jemand Ihr Passwort knacken möchte, geht das auch auf anderem Wege. Sie können den Schlüsselbund in iCloud unserer Ansicht nach daher bedenkenlos nutzen.

∧ **Abbildung 9.17**
Wie Sie die im iCloud-Schlüsselbund gesicherten Passwörter ändern und löschen können, zeigen wir Ihnen in Kapitel 11, »Die Apple-ID – Daten, Termine, Musik und das ganze Leben synchronisiert«, ab Seite 257.

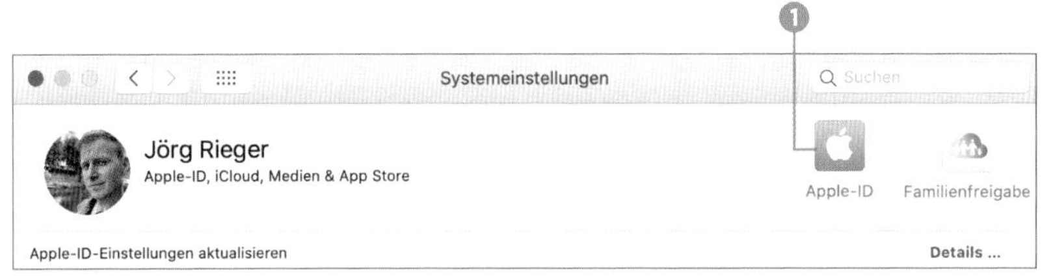

< **Abbildung 9.18**
In den Systemeinstellungen finden Sie im Bereich Apple-ID die Möglichkeit zur Aktivierung des Schlüsselbunds.

Standardmäßig wird die Schlüsselbundfunktion bei der Einrichtung Ihres Computer-Accounts (siehe Kapitel 2, »Den Mac in Betrieb nehmen«, auf Seite 41) schon aktiviert. Falls nicht, klicken Sie in den Systemeinstellungen unter **Apple-ID** 1 im Bereich **iCloud** 2 einfach auf die Funktion **Schlüsselbund** 3. Sie wird dann ohne weitere Rückfrage aktiviert.

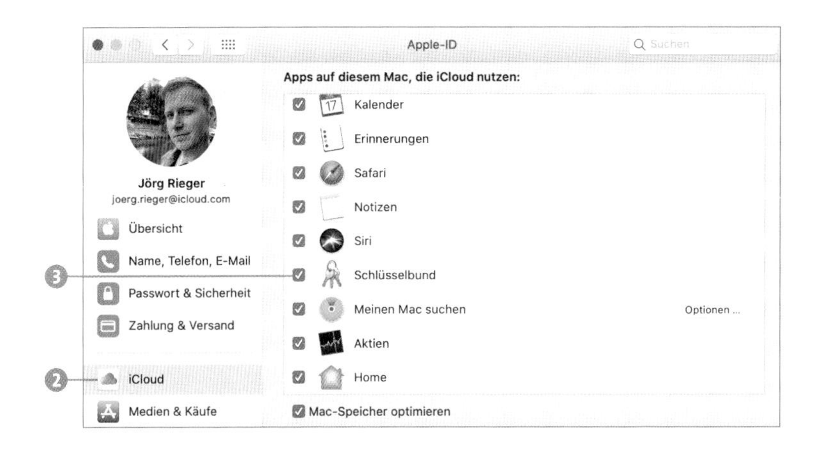

< **Abbildung 9.19**
Der Schlüsselbund ist in den Systemeinstellungen bei »iCloud« zu finden.

Künftig erhalten Sie, nachdem Sie sich in Safari erstmalig auf einer Seite mit Benutzername und Passwort angemeldet haben, immer die Meldung aus Abbildung 9.20.

Abbildung 9.20 >
Das System fragt noch einmal nach, ob die Daten gespeichert werden sollen.

Der Vorteil des iCloud-Schlüsselbunds ist offensichtlich: nie wieder lästiges Passworteintippen!

Beim täglichen Surfen im Web unterstützt der Schlüsselbund in Safari Sie zudem bei der Vergabe von sicheren Passwörtern. Aus Faulheit neigt man dazu, überall dasselbe Passwort zu verwenden. Wirklich sicher ist das aber nicht. Daher schlägt Ihr System direkt bei einer Anmeldung, zum Beispiel beim Onlineshopping, ein sicheres und doch eher kryptisches Passwort ④ vor.

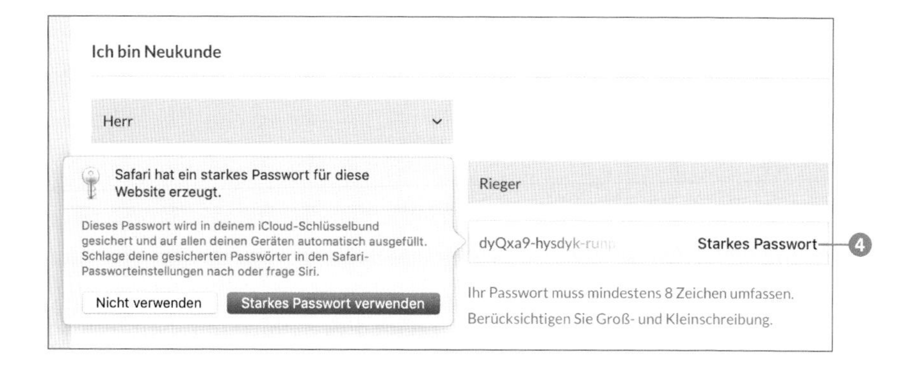

Abbildung 9.21 >
Hundenamen und der Geburtstag der großen Liebe haben als Kennwort definitiv ausgedient.

Und dieses Passwort wird dann auch direkt im Schlüsselbund gesichert, Sie müssen es sich nicht merken oder auf einem Post-it unter die Tastatur kleben.

Datenschutz – Safari schützt Ihre Privatsphäre ganz automatisch

Alles, wonach Sie im Internet surfen, wird in der Regel in sog. *Cookies* gespeichert. Einerseits werden diese kleinen Dateien sinnvoll eingesetzt, um beispielsweise festzuhalten, welche Produkte Sie in einen Warenkorb gelegt oder welchen Link Sie bereits angeklickt haben. Google, Facebook und viele weitere Werbeunternehmen nutzen aber andererseits exakt diese Infos, um Sie an anderer Stelle mit unwiderstehlichen Angeboten zu überraschen. Sicher ist es Ihnen auch schon passiert, dass Sie nach neuen Schuhen gesucht haben und im Anschluss tagelang auf vielen anderen Webseiten mit diversen passenden Angeboten bombardiert wurden.

Safari schiebt diesem sog. *Tracking* einen Riegel vor. Auch betrügerische Inhalte werden automatisch gemeldet und zunächst gar nicht geladen. Überprüfen können Sie diese Einstellungen im Safari-Menüpunkt unter **Einstellungen > Datenschutz** bzw. **Sicherheit**. Im Bereich **Datenschutz** sollte das Häkchen bei **Webseiteübergreifendes Tracking verhindern** ❶ aktiv sein. Wir empfehlen nicht, sämtliche Cookies zu blockieren ❷, damit wäre das Surfvergnügen massiv eingeschränkt.

Abbildung 9.22
Wird das Tracking verhindert, werden Sie von lästigen Werbeangeboten zumindest teilweise verschont.

Abbildung 9.23
Standardmäßig warnt Safari bei unsicheren Seiten.

Im Bereich **Sicherheit** ❸ der Datenschutz-Einstellungen warnt Safari außerdem vor potenziell unsicheren Webseiten und blockiert beispielsweise den Besuch von Webseiten, die nur vorgaukeln, sicher zu sein, komplett.

Bilder, Texte und Co. aus dem Web kopieren

Das Internet ist eine reichhaltige Quelle für Informationen aller Art: Texte, Bilder und vieles mehr sind umfassend vorhanden, und schnell kommen Sie an den Punkt, an dem Sie die eine oder andere Info ganz gerne abspeichern möchten. Das funktioniert mit dem Internetbrowser Safari problemlos.

Kopieren und Einfügen per Kürzel

Merken Sie sich unbedingt die Tastenkürzel für das Kopieren und Einfügen. Sie funktionieren in fast jedem Programm und sind beispielsweise hilfreich, um eine Seriennummer aus einer Mail in das neu installierte Programm zu kopieren. Auch ohne vorhandenes **Bearbeiten**-Menü klappt das in der Regel immer.

Texte kopieren

Egal ob Text oder Bild – es gibt im Web so viele interessante Dinge, die man einfach auch noch lokal auf dem Computer haben möchte. Der einfachste Weg führt dabei über die macOS-Zwischenablage. Sprich, Sie markieren den gewünschten Text und kopieren ihn über **Bearbeiten > Kopieren** in das Computergedächtnis, die Zwischenablage. Anschließend öffnen Sie eine Textverarbeitung, z. B. *TextEdit*. Nun kopieren Sie über **Bearbeiten > Einfügen** den Text dort hinein. Ausführliche Informationen zu diesem Thema erhalten Sie übrigens in Kapitel 7, »Texte schreiben, gestalten und ausdrucken«, ab Seite 173. Profis verwenden Tastenkombinationen: command + C kopiert, command + V fügt ein.

Abbildung 9.24
Zuerst muss der Text markiert werden.

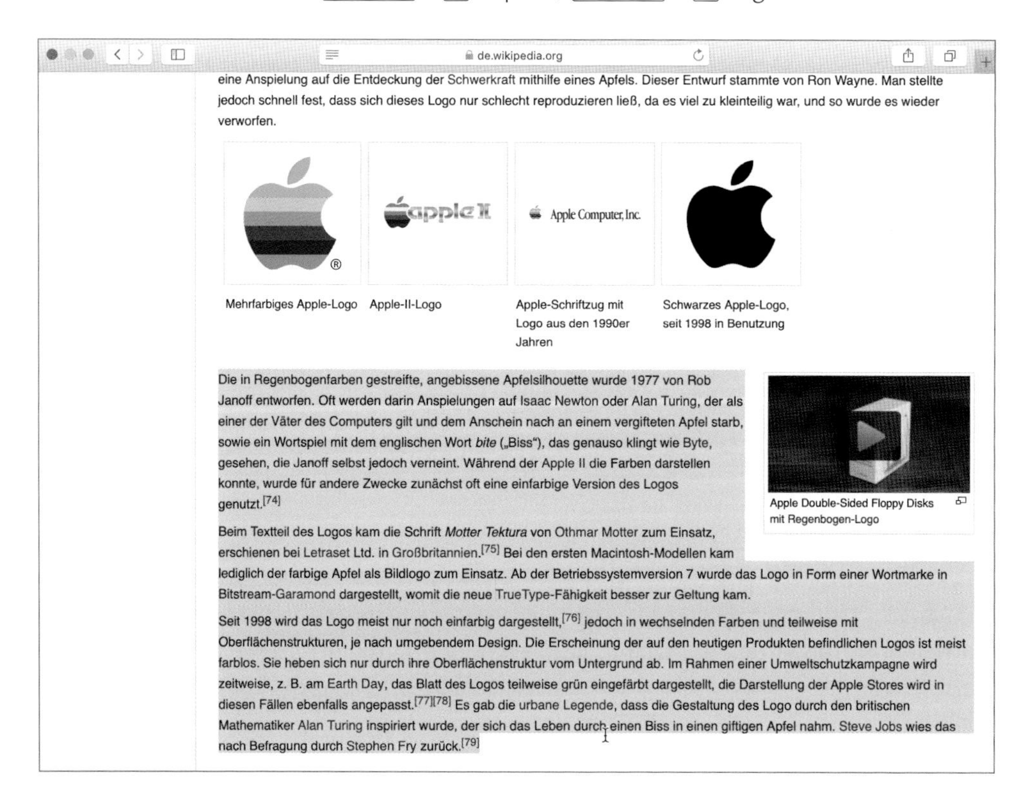

Textabschnitte direkt als Datei speichern

Weitaus praktischer als die auf der vorigen Seite gezeigte Methode, um Texte und Bilder zu kopieren, ist es, Textabschnitte mit Safari direkt als Datei zu speichern und auf Ihrer Festplatte oder dem Schreibtisch abzulegen.

1. Text markieren

Markieren Sie den gewünschten Textabschnitt einer Webseite mit gedrückter Maustaste. Achtung: Wenn die Seite in Frames aufgebaut ist, kann es durchaus sein, dass Sie nicht jeden Text direkt markieren können!

2. Text ziehen

Ziehen Sie den markierten Text mit gedrückter Maustaste einfach auf den Schreibtisch – fertig! Der Text ist nun direkt als frei verwendbares Textdokument abgespeichert.

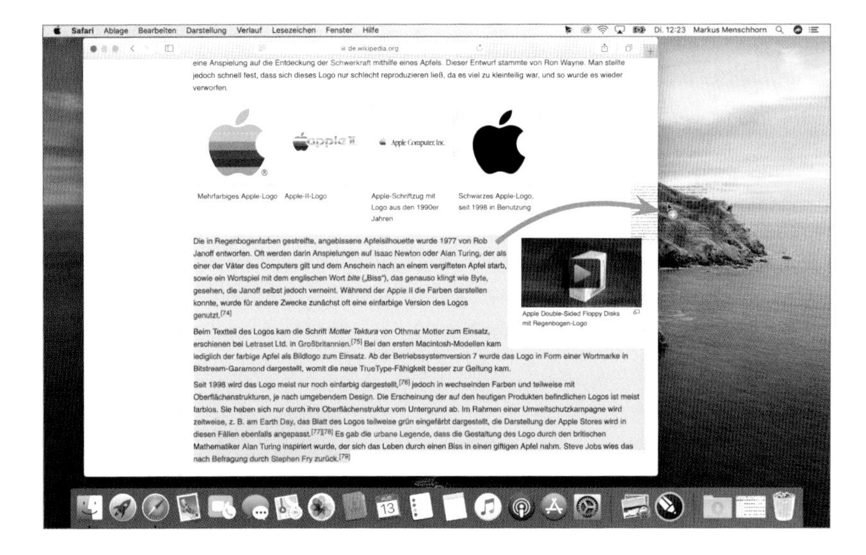

Abbildung 9.25
Der Text wird mit gedrückter Maustaste auf den Schreibtisch gezogen.

Kopieren und Einfügen über iCloud

Mit macOS Catalina und mit iOS ab Version 12 ist es möglich, über alle Geräte hinweg einzufügen und zu kopieren. Tatsächlich funktioniert es ganz einfach. Wenn Sie beispielsweise einen Text auf Ihrem Mac in die Zwischenablage kopieren (markieren und command + C), können Sie ihn nun am iPhone einfügen (mit einem längeren Druck auf die entsprechende Stelle und den Befehl **Einfügen**).

Bilder kopieren

Das Internet bietet natürlich auch unzählige Bilder, die man »offline« benötigen könnte. Diese können Sie in den meisten Fällen ebenfalls einfach auf Ihren Computer laden. Klicken Sie dazu das gewünschte Bild mit der rechten Maustaste an, und wählen Sie **Bild sichern unter** – nun erscheint der bekannte Dialog zum Speichern einer Datei. In ihm müssen Sie nur noch den Speicherort auswählen, eventuell den Dateinamen ändern und abschließend auf **Sichern** klicken: Und schon hat das Bild aus dem World Wide Web zu Ihnen nach Hause auf den Schreibtisch gefunden.

Abbildung 9.26
So wird der Text von der Webseite auf dem Schreibtisch abgelegt.

∧ **Abbildung 9.27**
Auch Bilder landen ganz unkompliziert auf dem Schreibtisch.

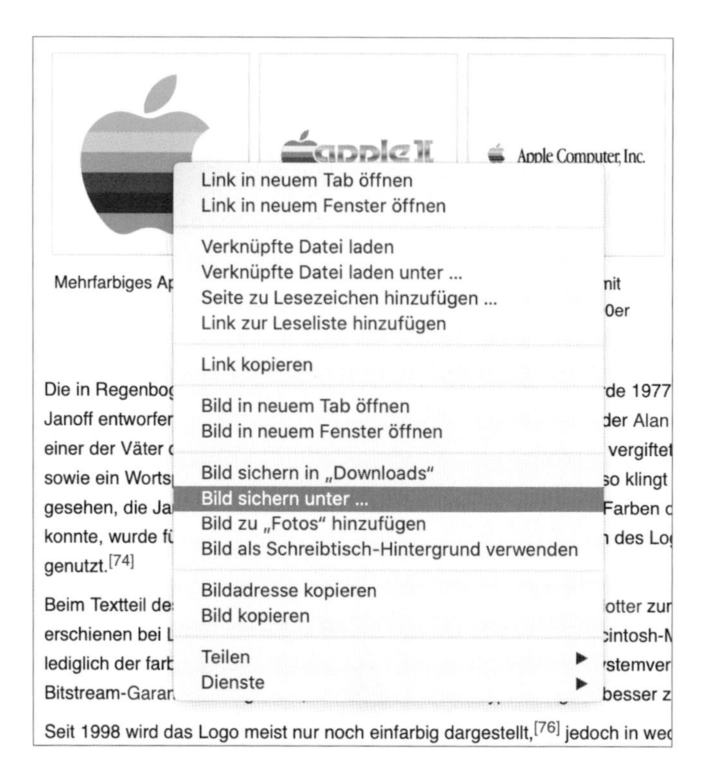

Abbildung 9.28 >
Mit einem rechten Mausklick auf eine Grafik öffnet sich das Kontextmenü.

Urheberrecht bei Bildern beachten

Bei Fotos gilt das gängige Urheberrecht – für private Zwecke können Sie natürlich jedes Bild aus dem Internet abspeichern und für eine kleine Fotomontage oder eine Einladungskarte verwenden. Doch wenn Sie ein Webbild auf Ihrer Homepage für die Öffentlichkeit bereitstellen, ist das bereits illegal und kann richtig teuer werden. Daher – aufgepasst und im Zweifelsfall beim Besitzer des Fotos nachfragen. Wenn dieser sein Okay gibt, dürfen Sie das Bildmaterial auch verwenden.

Die zweite Möglichkeit funktioniert so wie vorhin bei den Texten beschrieben: Packen Sie einfach das Bild mit der gedrückten primären Maustaste an und ziehen Sie es auf den Schreibtisch.

∧ **Abbildung 9.29**
So simpel geht's – das Bild einfach auf den Schreibtisch ziehen.

Firefox statt Safari – freies Surfen für alle

Sie haben bisher Safari als Internet-App kennengelernt. Es gibt allerdings noch weitere kostenlose Programme zum Surfen im Internet. Hier sei an erster Stelle Mozilla Firefox genannt. Der Vorteil von Firefox, der Ihnen übrigens völlig kostenlos von einer freien Entwicklergemeinde zur Verfügung gestellt wird: Sie haben damit unzählige Erweiterungen, um das Internet so bequem wie möglich nutzen zu können. Sei es eine Erweiterung, um Ihre eBay-Auktionen immer im Blick zu haben, um einen Radiostream als MP3-Datei aufzuzeichnen oder um dem Programm ein ganz individuelles Aussehen zu geben – für all das ist Firefox die richtige Wahl. Auch bei der Surfsicherheit ist der Browser ganz vorn mit dabei, und in Sachen Geschwindigkeit kann der »Feuerfuchs« locker mit Safari mithalten.

Wie man diese Applikation herunterlädt und installiert, haben Sie ja schon im Abschnitt »Programme aus dem Internet« ab Seite 133 gelernt, daher legen wir jetzt direkt los, wenn Firefox erfolgreich gestartet wurde. Die Bedienung ist denkbar einfach und der von Safari nicht unähnlich. Der Startbildschirm informiert Sie über die aktuelle Version und zeigt Ihnen die interessantesten Neuheiten an.

Synchronisation mit dem iPhone und Firefox

Einen Haken hat der Wechsel zu Firefox aber doch. Die sehr flüssige Zusammenarbeit in Sachen Passwortübertragung und Webseitenverlauf, wie man sie von Safari übergreifend vom Mac zum iPhone und iPad gewohnt ist, funktioniert mit Firefox zwar (siehe dazu den Abschnitt »Lesezeichen und Favoriten vom PC auf den Mac übertragen« ab Seite 218), aber eben nicht übergreifend mit Safari. Die beiden Browser wollen nicht miteinander sprechen. Paradoxerweise bietet Apple Windows-Anwendern, die Firefox nutzen, genau für dieses Problem eine kleine Software an. Mac-Anwendern steht das Tool aber nicht zur Verfügung.

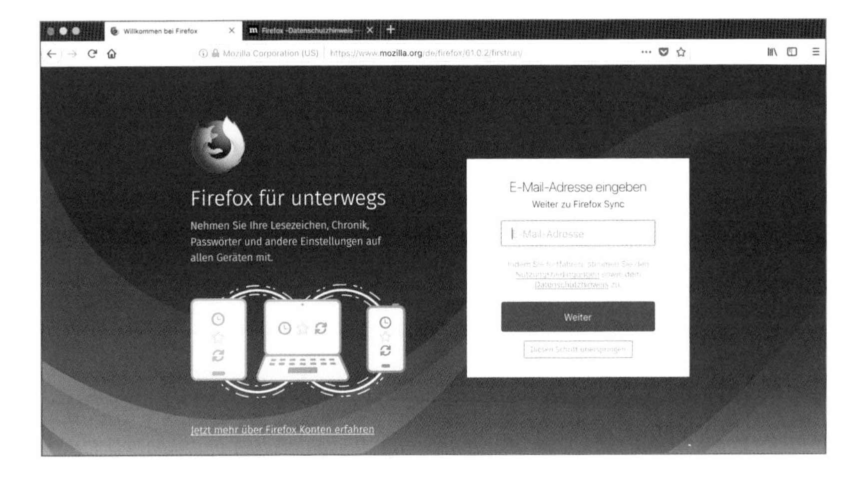

Abbildung 9.30
Die Startseite von Firefox

Auch in Firefox arbeitet man mithilfe einer übersichtlichen Menüleiste, die wir Ihnen im Folgenden kurz erläutern.

Abbildung 9.31
Die Menüleiste in Firefox mit allem, was man zum Surfen braucht

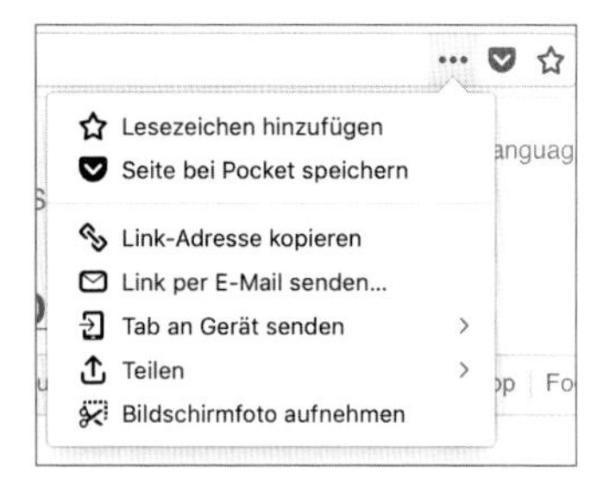

Abbildung 9.32
Eine Webseite kann komfortabel geteilt oder sogar als Bildschirmfoto aufgenommen werden.

❶ Mit den Pfeilen springen Sie eine Webseite vor oder zurück. (Sobald Sie den Zurück-Pfeil betätigt haben, ist auch der Vorwärts-Pfeil aktiv.)

❷ Die Adressleiste zeigt die gerade aufgerufene Seite an. Hier tippen Sie auch die Internetseite ein, die Sie besuchen möchten.

❸ Ihr Favorit – klicken Sie auf den Stern, wenn Sie eine Internetseite bei Ihren Lesezeichen speichern möchten.

❹ Der Pfeil nach unten ermöglicht den Zugriff auf die von Ihnen zuletzt besuchten Internetseiten.

❺ Die **Aktionen für Seite** bieten die Möglichkeit, die aufgerufene Seite zu speichern, zu versenden oder zu teilen. Auch ein Bildschirmfoto der Webseite kann Firefox über dieses Menü erstellen.

❻ Mit dem **Aktualisieren**-Button wird die gerade angezeigte Seite neu geladen. Das ist z. B. bei Nachrichtenseiten oder einer eBay-Auktion sinnvoll, wo sich innerhalb weniger Sekunden die Darstellung ändern kann.

❼ Hinter dem Büchersymbol verbirgt sich die Lesezeichenverwaltung, mit der Sie Ihre Lieblingsseiten organisieren können.

❽ »Home is where your heart is« – das gilt auch für Firefox. Mit diesem Button kommen Sie immer auf die Startseite zurück.

❾ Das ist ein sog. *Tab*, auch *Reiter* genannt. Tabs sorgen dafür, dass auch bei vielen geöffneten Webseiten der Überblick nicht verloren geht. Über das Plussymbol ❿ oder command + T wird ein neuer leerer Tab geöffnet (siehe dazu auch den Abschnitt »Fensterchaos vermeiden: Webseiten in Tabs öffnen« ab Seite 212).

⓫ **Pocket** ermöglicht es Ihnen, sich Webseiten zum späteren Lesen, auch ohne Internetverbindung, abspeichern. Ein Firefox-Konto ist hierfür aber Voraussetzung.

⓬ Hinter den drei Strichen verbergen sich zahlreiche Funktionen im Schnellzugriff, die man sich sonst aus der Menüleiste zusammensuchen müsste.

Sie sehen – Firefox funktioniert im Grunde genommen ganz ähnlich wie Safari. Gerade wenn Sie vielleicht vom PC umsteigen und dort Firefox gewohnt waren, können Sie ihn einfach am Mac weiterbedienen.

Weitere Surf-Alternativen

Neben Safari und Firefox können Sie unter macOS auch mit Google Chrome oder Exoten wie Opera surfen. In der Bedienung unterscheiden sich die Mac-Versionen kaum von den Windows-Varianten.

10 E-Mails – denn Briefe waren gestern

E-Mails sind aus dem täglichen Leben vieler Menschen nicht mehr wegzudenken. Sicherlich haben auch Sie schon eine E-Mail-Adresse und nutzen diese vielleicht an Ihrem Mobiltelefon oder Ihrem PC mit der entsprechenden Software. Auch wenn WhatsApp und Co. im privaten Bereich der klassischen Mail ordentlich Konkurrenz machen – formale Dinge laufen nach wie vor über dieses klassische Medium.

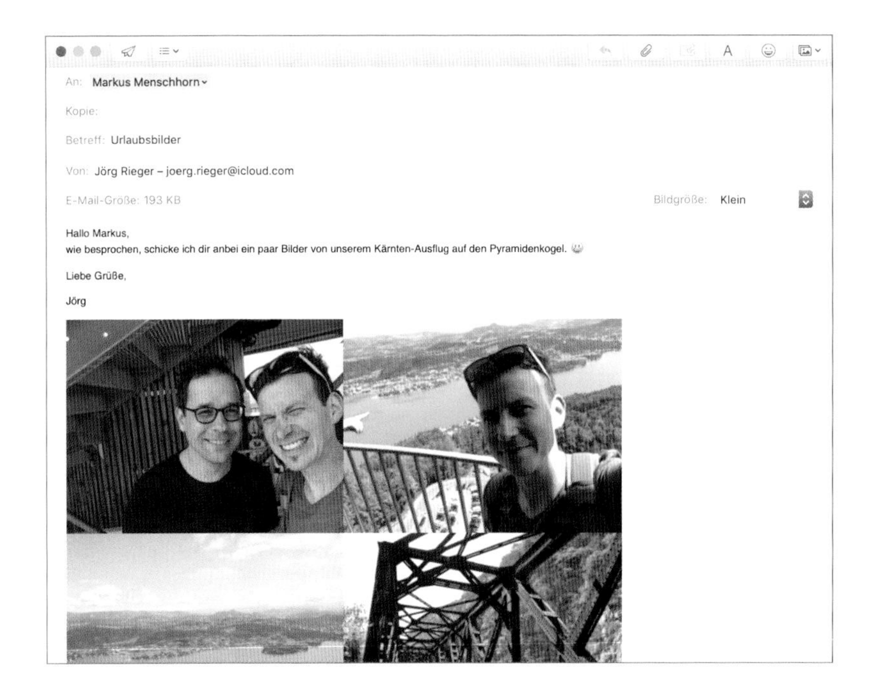

Abbildung 10.1
Urlaubsbilder per E-Mail – in Sekunden beim Empfänger und alles andere als unpersönlich

Auch unter macOS gibt es mit Apple Mail eine Software, die für die digitale Post zuständig ist und ihre Aufgabe mehr als nur erledigt.

Abbildung 10.2
Apple Mail ist Ihr Programm für digitale Nachrichten.

Das ins Betriebssystem macOS integrierte Programm arbeitet mit sämtlichen Anwendungen an Ihrem Mac zusammen und vor allem auch mit jedem E-Mail-Anbieter. Apple Mail holt Ihre Nachrichten aus dem Internet ab, bringt sie in übersichtlicher Form auf den Bildschirm und speichert sie auf Wunsch auf Ihrem Rechner. Zusätzlich werden Werbemails (*Spam*) aussortiert, Ihre Nachrichten organisiert und dank einer raffinierten Suchfunktion auch schnell wiedergefunden. Selbst Termine und Adressen werden direkt aus der Mail heraus erkannt und in den Kalender übertragen. Erfreulicherweise ist die Einrichtung von Apple Mail ganz schnell und unkompliziert, sofern Sie eine E-Mail-Adresse bei einem der bekannten Anbieter haben.

Außerdem arbeitet Apple Mail – Sie ahnen es vielleicht schon – wunderbar mit Ihren anderen Apple-Geräten zusammen. Egal von welchem Gerät eine Nachricht geschrieben oder empfangen wird, sie steht dann ganz automatisch »überall« zur Verfügung. Grundvoraussetzung ist hier natürlich wieder die Apple-ID.

@-Zeichen schreiben

Den »Klammeraffen«, das *At-Zeichen*, bekommen Sie auf der Tastatur, indem Sie die option-Taste und dann zusätzlich die L-Taste drücken. Das @-Zeichen trennt Ihren eigentlichen E-Mail-Namen von der Adresse des Anbieters (des *Providers*). Sollten Sie vorher einen PC mit Windows besessen haben, müssen Sie doppelt aufpassen: Umsteiger drücken oft die Windows-Kombination command + Q. Auf dem Mac beendet dieses Kürzel aber Programme und ergibt kein @-Zeichen!

Apple Mail einrichten

Damit Apple Mail auf Ihrem Mac einsatzbereit ist, müssen Sie der Anwendung Ihre E-Mail-Adresse und das Passwort Ihres E-Mail-Anbieters mitteilen sowie eventuell die Zugangsdaten. Letztere kann man sich in den meisten Fällen sparen; denn Apple Mail findet diese Daten häufig vollautomatisch. Ansonsten lohnt sich ein Blick auf die Hilfeseiten Ihres E-Mail-Anbieters.

So rufen Sie E-Mails am Mac ab

Die folgenden Schritte müssen Sie ausführen, um die E-Mails zukünftig bequem am Mac abrufen und versenden zu können:

1. Apple Mail starten und Daten angeben
Starten Sie das Programm aus dem Dock mit einem primären Mausklick. Apple Mail öffnet sich direkt und zeigt ein leeres Posteingangsfenster.

Abbildung 10.3
Beim ersten Start herrscht gähnende Leere im Posteingang.

Öffnen Sie nun das **Mail**-Menü mit einem Klick, und wählen Sie dort **Account hinzufügen** ❶ aus, um eine bereits vorhandene Mailadresse in Apple Mail zu integrieren.

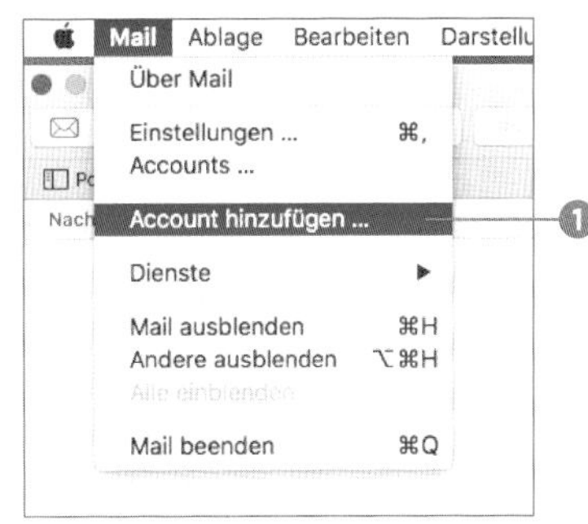

Abbildung 10.4
Im Mail-Menü können Sie einen neuen Mail-Account hinzufügen.

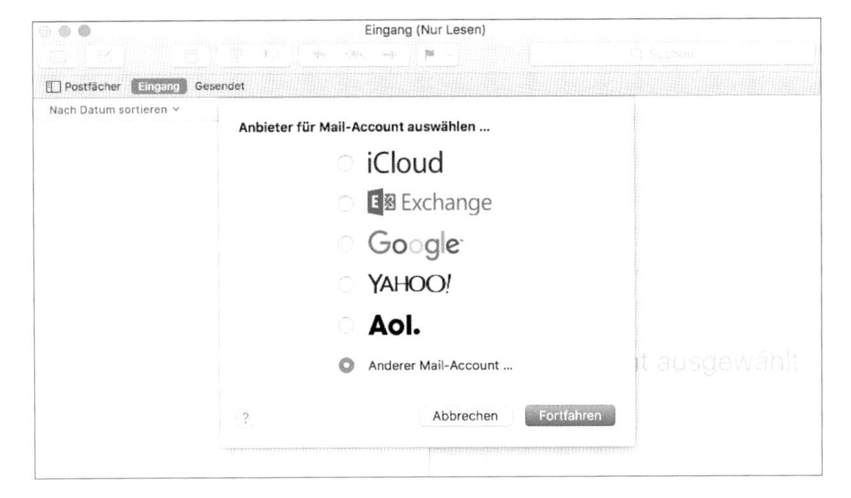

Abbildung 10.5
Wählen Sie hier Ihren Mail-Anbieter aus.

Jetzt erscheint der Anmeldebildschirm, in dessen Maske Ihr **Name** ❷ bereits eingetragen ist. Dieser Name wird auch beim Empfänger als Absender der verschickten E-Mails angezeigt. Sie können dort auf Wunsch auch jeden anderen beliebigen Namen oder nur Ihren Vornamen eintragen. Aber Achtung: Wenn Sie z. B. eine Bewerbung per E-Mail verschicken und diese landet dann mit dem Absender »Zuckerschnute55« im Postfach der Firma, ist das nicht ganz so günstig.

Ihre **E-Mail-Adresse** und das **Passwort** ❸ müssen Sie nun selbst eintragen. Besonders bei der Eingabe des Passwortes müssen Sie sorgfältig sein, da es nicht in Reintext, sondern nur in Form von Punkten sichtbar ist.

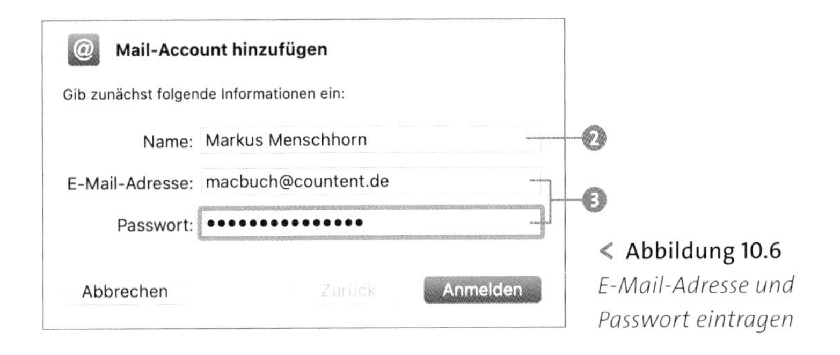

Abbildung 10.6
E-Mail-Adresse und Passwort eintragen

2. Falsch eingetippt?

Wenn Sie Ihre E-Mail-Adresse oder das Passwort falsch eingetippt haben, gelangen Sie automatisch zur manuellen Einrichtung ohne Hinweis auf ein falsches Kennwort. Beachten Sie, dass Apple auf die Groß- und Kleinschreibung des Passwortes achtet. Lautet es »Xg3456ABc«, muss es genau so eingetippt werden. Die Eingabe »Xg3456abc« würde zu einer Fehlermeldung führen.

3. Alles perfekt

Wenn alle Angaben korrekt waren, bringt die Mail-App Sie direkt auf den Hauptbildschirm von Apple Mail, und alle bereits vorhandenen Nachrichten werden abgerufen und angezeigt.

Damit sind Sie startklar. Wenn Sie die E-Mail-Adresse schon für Ihren Apple-Account und iCloud registriert haben, werden die Programme Notizen, Kontakte, Kalender und Erinnerungen ebenfalls direkt und automatisch in macOS angemeldet.

Manuelle Einrichtung von Apple Mail

Apple Mail verfügt über eine gewisse Grundintelligenz und ist in der Lage, die Zugangsdaten vieler E-Mail-Anbieter online und automatisch abzurufen wie gerade beschrieben. Das funktioniert aber dann nicht mehr, wenn Sie eine eigene Internetseite und eine passende E-Mail-Adresse eingerichtet haben, z. B. *julia@juli-koegler.de*. Dann müssen Sie die Angaben zum Posteingangs- und Postausgangsserver manuell eintragen. Diese Angaben erhalten Sie vom jeweiligen E-Mail-Anbieter.

Die manuelle Einrichtung muss auch dann vorgenommen werden, wenn Sie statt eines IMAP-Servers lieber einen POP3-Server verwenden möchten. Ein POP3-Account macht aber in der Regel keinen Sinn, da hier die Mails immer lokal und nicht auf dem Server verwaltet werden.

1. Daten eingeben für den Posteingang und Postausgang

Sie geben im ersten Bildschirm einfach Ihren Namen, Ihre E-Mail-Adresse und Ihr Passwort ein.

Abbildung 10.7 > *Noch sieht alles ganz einfach aus ...*

Im folgenden Bildschirm wird darauf hingewiesen, dass eine automatische Einrichtung nicht möglich ist ❶.

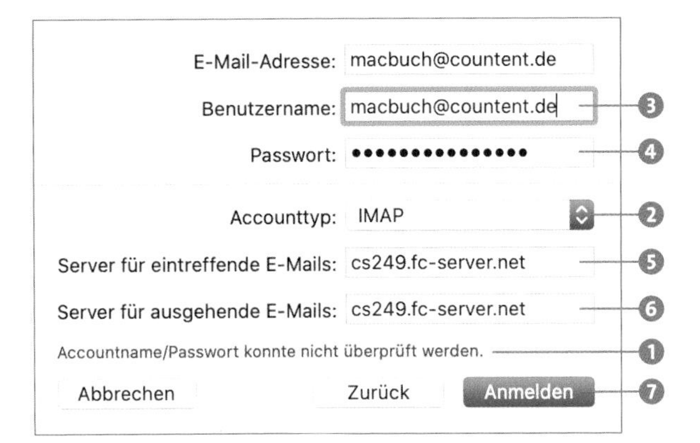

< **Abbildung 10.8**
Die manuelle Account-Einrichtung erfordert ein wenig Know-how.

Hier müssen Sie also selbst »ran« und die Zugangsdaten für Ihren Mail-Account einfügen: Den Servertyp wählen Sie aus dem Menü **Accounttyp** ❷. Apple schlägt hier **IMAP** vor – fast alle Mail-Anbieter unterstützen diesen Service. Der Vorteil: Mit IMAP können Sie Ihr iPhone, Ihren Computer und Ihr iPad perfekt synchronisieren. Mit *POP*, der älteren Alternative, ist das recht problematisch.

Der **Benutzername** ❸ ist zumeist Ihre eigene E-Mail-Adresse, das **Passwort** ❹ ist mit dem Login für Ihr Webmail-Konto identisch; meistens ist das auch die E-Mail-Adresse.

Unter **Server für eintreffende E-Mails** ❺ tragen Sie jene Daten ein, die Sie von Ihrem Anbieter für den Posteingangsserver erhalten haben. Dasselbe gilt für den Postausgangsserver ❻. Mit einem Klick auf **Anmelden** ❼ wird Ihr Account angelegt. Abschließend definieren Sie noch, ob diese E-Mail-Adresse für Ihre Mails und auch für die Notizen-App verwendet werden soll. Zweimal Haken setzen ist genau richtig.

Die Benutzeroberfläche von Apple Mail

Beim ersten Start ist Apple Mail noch leer – erst nach einigen Minuten werden eventuell vorhandene E-Mail-Nachrichten von Ihrem E-Mail-Anbieter abgerufen. Diesen Vorgang können Sie aber mit einem Klick auf das **Empfangen**-Icon ❶ ändern. Je nachdem, wie viele Nachrichten in Ihrer Webmail-Anwendung abgelegt sind und wie schnell Ihre Internetverbindung ist, kann dieser Vorgang sehr flott gehen oder auch richtig lange dauern; einen Richtwert kann man hier nicht geben.

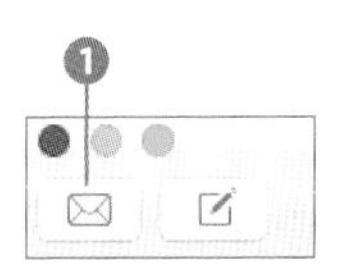

^ **Abbildung 10.9**
Ungeduldig? Über das »Empfangen«-Icon werden Mails direkt abgerufen.

Abbildung 10.10
Sie haben Post – das wird direkt im Dock am Programm-Icon durch die rote Markierung angezeigt.

Sind E-Mail-Nachrichten vorhanden, sieht der Bildschirm schon deutlich besser aus. Alle Nachrichten werden chronologisch in der linken Spalte, im **Eingang** ❷, abgelegt. Der blaue Punkt vor einer E-Mail ❸ zeigt an: »Nachricht noch nicht gelesen«. Wenn Sie eine Nachricht auswählen, wird diese automatisch als »gelesen« markiert, der Punkt verschwindet.

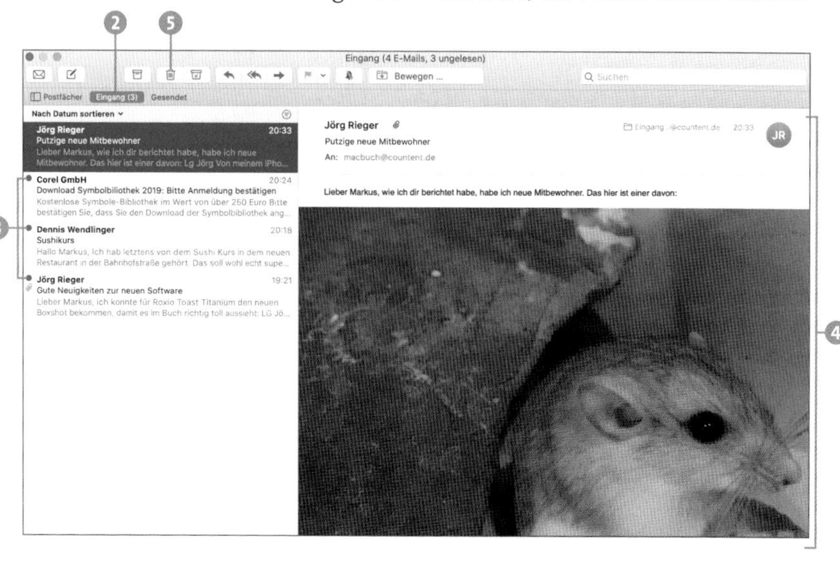

Abbildung 10.12
Das E-Mail-Programm mit drei noch ungelesenen Nachrichten. Die oberste Mail enthält als Anhang ein putziges Tierbild.

Abbildung 10.11
Die Mitteilungszentrale zeigt die Nachricht prompt an.

Im Hauptfenster rechts sehen Sie die im Eingang angewählte E-Mail komplett ❹. In dieser E-Mail sind z. B. Text und Bilder verschickt worden. Wenn Sie eine Nachricht löschen möchten, wählen Sie diese einfach an und klicken dann auf **Löschen** ❺. Aber keine Sorge, die Nachricht ist dann nicht komplett gelöscht, sondern wandert erst einmal in den Papierkorb. Der wird alle 30 Tage automatisch geleert, vorher können Sie versehentlich gelöschte Nachrichten jederzeit wiederherstellen.

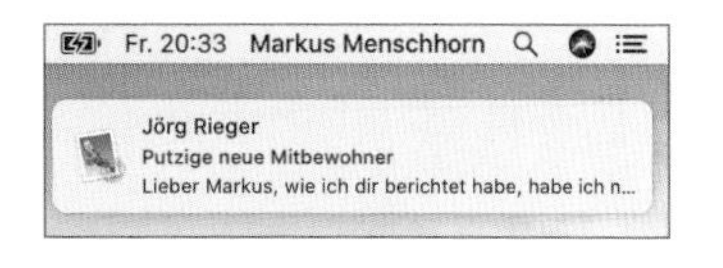

Abbildung 10.13
Trifft eine Mailnachricht ein, wird diese standardmäßig kurz eingeblendet.

Details über den Posteingang

Um an den Papierkorb und die anderen Ordner Ihres Postfachs zu kommen, klicken Sie in der oberen Leiste auf **Postfächer** ❻ – eine zusätzliche Spalte erscheint.

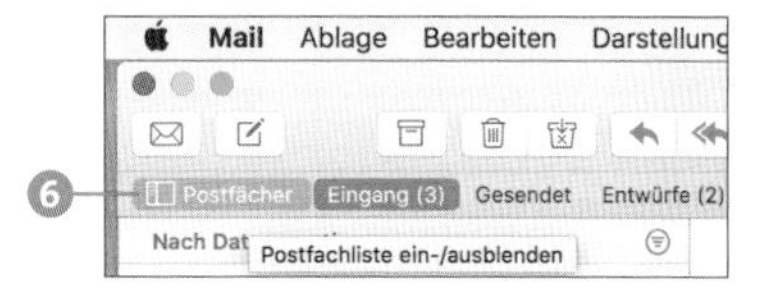

Abbildung 10.14
Ein Klick auf »Postfächer« bringt mehr Details in Ihren Posteingang.

In dieser Spalte sehen Sie zum einen Ihren Posteingang ❼, aber auch die gesendeten Objekte ❽ und den Papierkorb ❾. Mehr dazu erfahren Sie auf den folgenden Seiten. Doch zunächst werden wir eine neue E-Mail verfassen und versenden.

Abbildung 10.15
Die zusätzliche Spalte auf der linken Seite ist hilfreich, um den Überblick zu behalten.

E-Mails schreiben und versenden

Eine E-Mail ist nichts anderes als ein digitaler Brief, nur deutlich flexibler und viel schneller als in Papierform. Sie können per E-Mail nicht nur Text, sondern auch Fotos und jede andere Datei verschicken. Limits werden hier nur durch Ihren Anbieter und die Postfachgröße des Empfängers gesetzt.

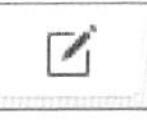

Abbildung 10.16
Eine neue E-Mail erstellen

Eine neue Nachricht beginnen Sie mit einem Klick auf das Symbol von Papier und Stift in der Programmleiste von Apple Mail. Nun öffnet sich ein neues Fenster, das einige Angaben fordert. Wie beim Brief müssen Sie auch hier zunächst den Empfänger eintragen (❶ auf Seite 248). Praktisch: Wenn Sie das Adressbuch schon mit Namen gefüllt haben und der Empfänger Ihrer E-Mail hier mit seiner E-Mail-Adresse hinterlegt ist, ergänzt Apple Mail schon nach der Eingabe der ersten Buchstaben die gesamte E-Mail-Adresse oder gibt Auswahlmöglichkeiten vor. Alternativ genügt ein Klick auf das kleine Plussymbol ❷, um auf Ihre Kontakte zugreifen zu können. Sie können nur jene Kontakte auswählen, bei denen eine Mailadresse gespeichert ist. Alle anderen erscheinen hellgrau markiert und können gar nicht erst gewählt werden.

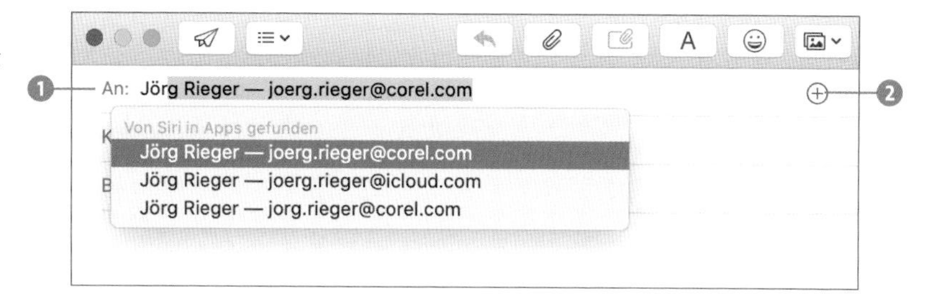

Abbildung 10.17 >
Ein paar Buchstaben eingetippt – und schon gibt Apple Mail passende Empfänger aus dem Adressbuch vor.

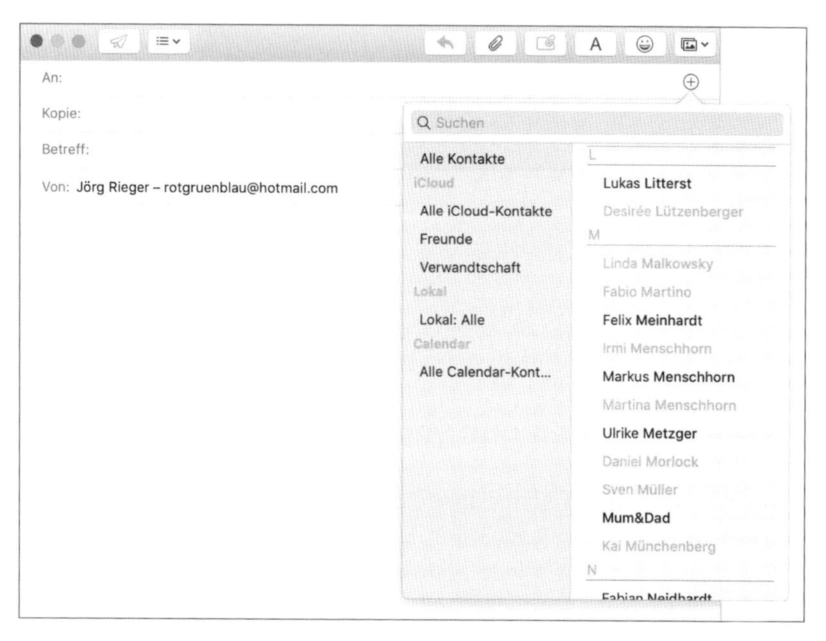

Abbildung 10.18 >
Aus dem Adressbuch wählen Sie komfortabel einen Empfänger aus.

Mehrere Empfänger

Eine E-Mail kann an beliebig viele Empfänger geschickt werden. Um z. B. Ihre Vereinsfreunde zum Kegelabend einzuladen, tragen Sie einfach die E-Mail-Adressen, jeweils durch ein Komma getrennt, ein. Wenn das E-Mail-Programm die Empfänger schon kennt, funktioniert die Trennung ganz automatisch, die Namen stehen dann in blauen Blasen. Ganz wichtig: Bei dieser Vorgehensweise kann jeder Empfänger sehen, an wen diese E-Mail sonst noch geschickt wurde. Wenn Sie das nicht wünschen, müssen Sie die Nachrichten einzeln versenden.

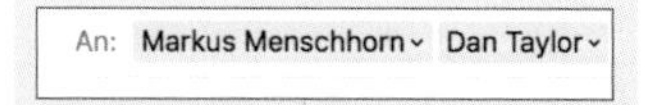

^ Abbildung 10.19
Mehrere Empfänger pro Mail sind gar kein Problem

Ansonsten müssen Sie die genaue E-Mail-Adresse eintippen. Wichtig: Eine E-Mail-Adresse hat *immer* ein @-Zeichen in der Mitte, ansonsten ist es keine E-Mail-Adresse und Ihre E-Mail kann nicht verschickt werden.

In das Feld **Kopie** ❸ können Sie ebenfalls Empfänger eintragen. Das wird gerne in der Geschäftswelt genutzt, wenn jemand eine E-Mail nur zur Info bekommen soll, er aber nicht der Hauptempfänger ist. Achtung: Sowohl der Hauptempfänger als auch der Empfänger der Kopie können sehen, an wen die Nachricht ging. Mit dieser Funktion können Sie also nicht heimlich Kopien an weitere Empfänger senden, wie das bei anderen Mail-Programmen mit dem Eintrag »Bcc« möglich ist.

In die Zeile **Betreff** ❹ können Sie eine Kurzinfo schreiben – dies ist die Zeile, die dann als Erstes im Posteingang erscheint. Die Info darf gerne eindeutig und knackig sein. Vermeiden Sie aber Anzüglichkeiten, denn diese werden von Werbefiltern oft missverstanden, und Ihre Nachricht wird dann bereits vom Server als »unseriös« aussortiert.

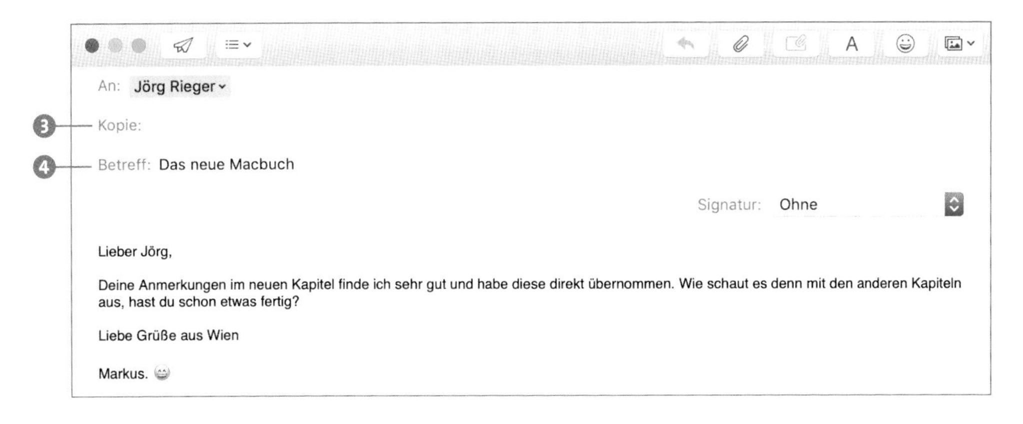

Abbildung 10.20
Einfach losschreiben

Die eigentliche Nachricht tippen Sie in das große Feld. Klicken Sie einfach mit der Maustaste dort hinein, und schreiben Sie direkt los. Sie können über den **Schriften**-Button ❺ zwar auf viele Fonts ❻ zurückgreifen, halten Sie sich damit aber nicht allzu lange auf – denn hat der Empfänger die gewählte Schriftart nicht, wird sowieso wieder die normale Standardschrift angezeigt. Schriftgrößen ❼ sowie Fettung bzw. Kursivierung ❽ können Sie hingegen beliebig einsetzen. Markieren Sie dazu den gewünschten Textabschnitt mit gedrückter Maustaste, und stellen Sie in der Schriftenleiste die gewünschten Formate ein. Das geht genauso wie in der Textverarbeitung – in Kapitel 7, »Texte schreiben, gestalten und ausdrucken«, ab Seite 173 erklären wir Ihnen ganz genau, wie das mit der Markierung und Formatierung von Text funktioniert.

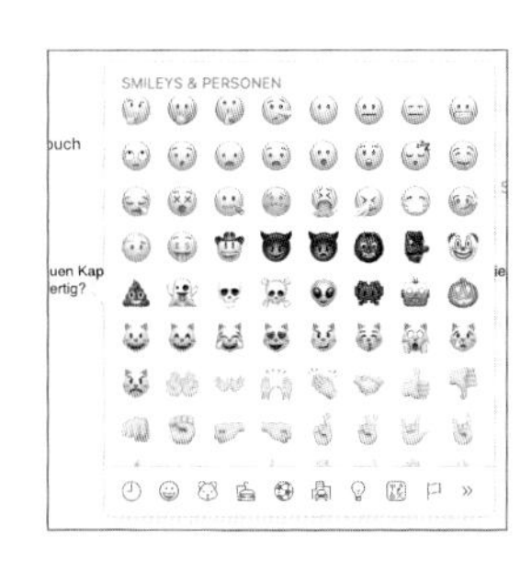

Abbildung 10.21
Ganz wie am Smartphone – über den Smiley-Button ❾ fügen Sie Emoticons in Ihre Mail ein.

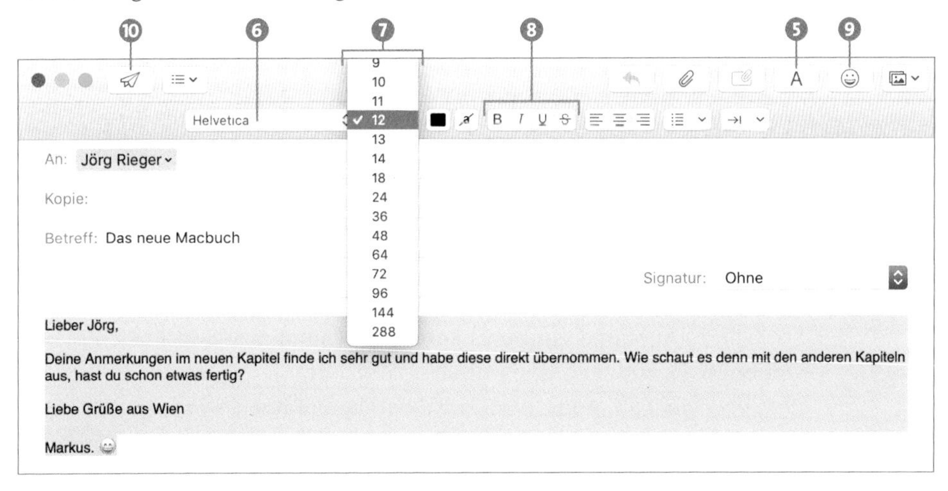

Abbildung 10.22
Text kann beliebig formatiert werden.

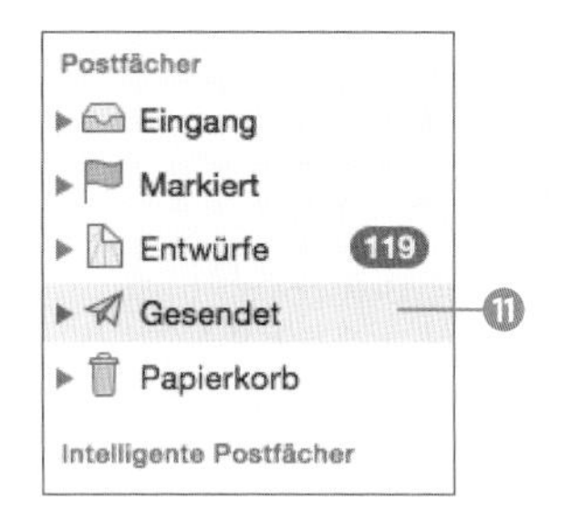

∧ **Abbildung 10.23**
Hier finden Sie alle gesendeten Nachrichten.

Damit wäre Ihre Nachricht sendebereit. Ein Klick auf den Papierflieger, den **Senden**-Button (⑩ auf Seite 249), schickt sie auf die Reise. Normalerweise landet sie innerhalb weniger Augenblicke beim Empfänger. Die Nachricht wird übrigens zur Sicherheit immer in Ihrem **Gesendet**-Ordner ⑪ abgelegt und kann dort jederzeit wieder aufgerufen werden.

Dateien per E-Mail versenden

Wenn Sie per E-Mail eine Datei, z. B. ein Textdokument, versenden möchten, gehen Sie einfach wie folgt vor: Öffnen Sie eine neue Nachricht, und schreiben Sie Ihren Text wie gewohnt. Klicken Sie dann auf die Schaltfläche **Anhang** mit der Büroklammer ①. Daraufhin öffnet sich ein Auswahlfenster, in dem Sie zu dem Ordner navigieren können, der die zu sendende Datei ② enthält, z. B. ein Bild oder ein PDF-Dokument. Klicken Sie dann auf **Datei wählen** ③. Die Datei wird angefügt, und die Nachricht kann verschickt werden.

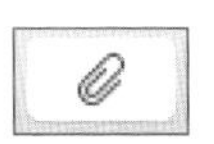

∧ **Abbildung 10.24**
Mit der virtuellen Büroklammer können Sie Ihrer E-Mail Bilder, Texte und Dokumente anhängen.

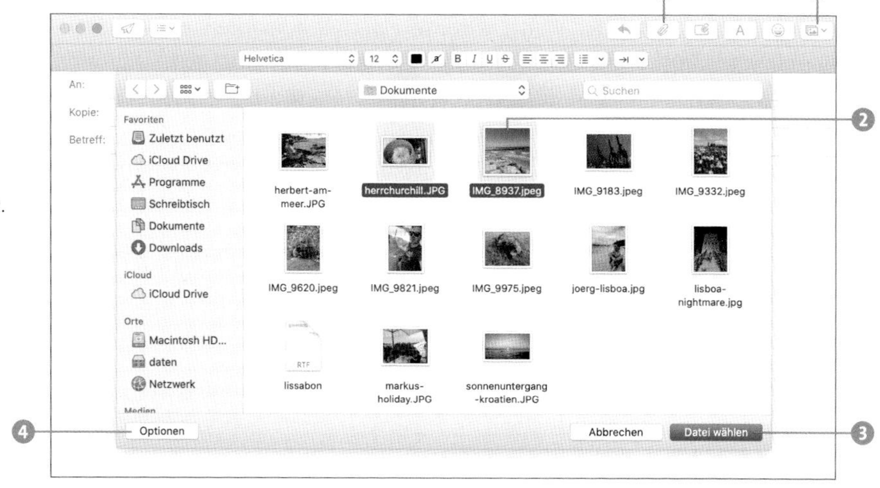

∧ **Abbildung 10.25**
Welche Datei darf es sein?

Die Option **Anhänge Windows-kompatibel senden** versteckt sich in den **Optionen** ④ und ist standardmäßig aktiviert. Sie ist besonders bei Bildern von Vorteil – Apple Mail hat die Angewohnheit, Fotos in die E-Mail zu integrieren, sodass man sie in Windows nicht als normale Anhänge sieht. Lassen Sie das Häkchen hier daher einfach stehen.

Wenn Sie Bilder versenden möchten, können Sie das sehr leicht über die Fotoübersicht ❺ oder über die Fotos-App tun. Auch die Fotoübersicht greift auf die Fotos-Mediathek zu. Geübte Anwender können übrigens aus jedem Finder-Fenster heraus die Dateien per Drag & Drop direkt in die E-Mail hineinziehen.

^ Abbildung 10.26
So fügt man Bilder direkt aus der Fotos-App in die E-Mail ein.

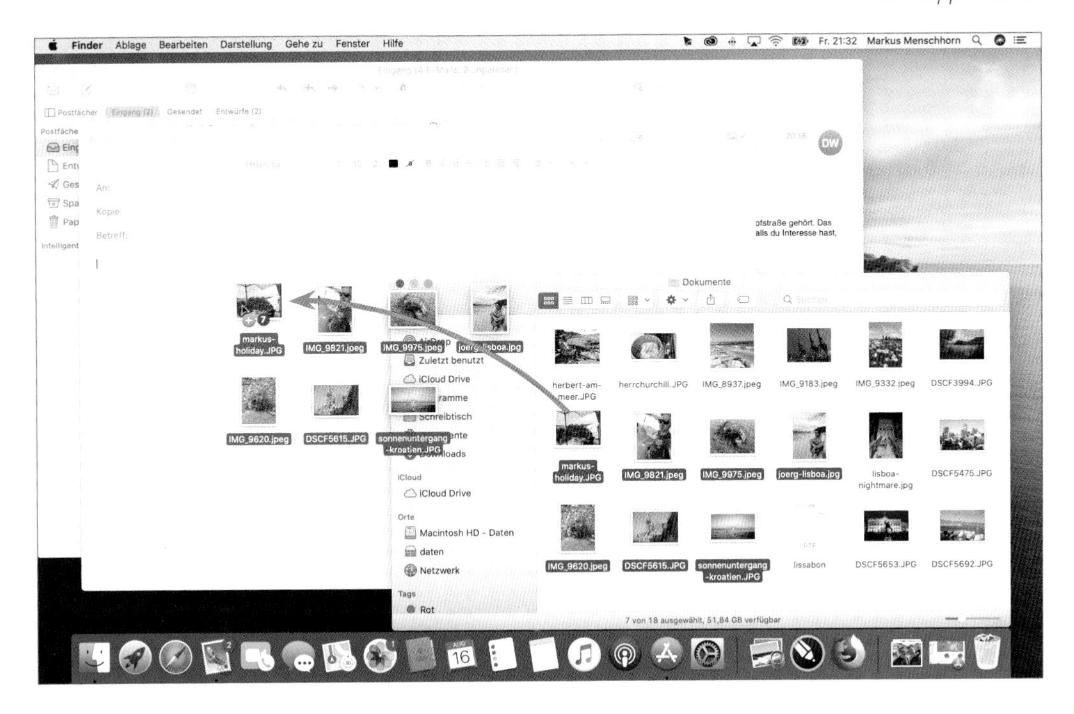

^ Abbildung 10.27
Per Drag & Drop können Sie ebenfalls Dateien ins E-Mail-Programm ziehen.

Richtig große Daten versenden mit Mail Drop

Viele E-Mail-Programme können mit großen Datenmengen nicht umgehen: Nach 5 oder 10 Megabyte kommt die Mail nicht mehr beim Empfänger an. Das ist im Zeitalter hochauflösender Digitalfotos und Videofilme doch herzlich wenig. Apple hat hier eine praktische Lösung – zu große Dateianhänge werden, eine Apple-ID vorausgesetzt, einfach im Hintergrund in Ihre iCloud geladen, und der Empfänger erhält einen Download-Link per Mail, um diese Datei dann über das Web herunterzuladen.

^ Abbildung 10.28
Zu viele Daten – hier blockiert Apple Mail schon vor dem Versand.

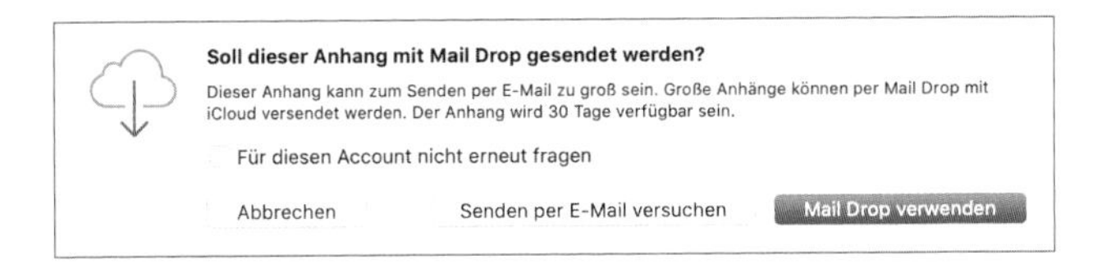

< Abbildung 10.29
Ist Mail Drop nicht aktiviert, dann meldet sich bei großen Datenmengen Apple Mail automatisch.

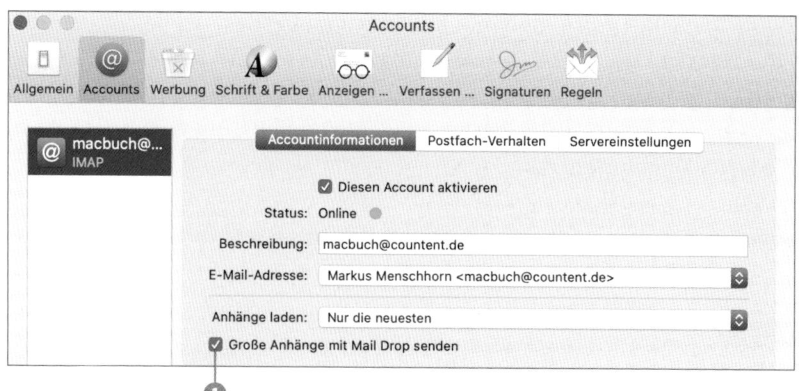

Abbildung 10.30
Wenn Mail Drop nicht funktioniert, fehlt in den Mail-Einstellungen vielleicht der entsprechende Haken **1**. *Dieser muss unbedingt gesetzt sein.*

Abbildung 10.31
Große Daten per Mail – mit Mail Drop gar kein Problem mehr!

Die Funktionsweise ist simpel – laden Sie Ihren Anhang wie gewohnt einfach in die Mail. Ein Größenlimit gibt es hier nicht, das wird lediglich durch Ihren iCloud-Account begrenzt. Klicken Sie auf den **Senden**-Button, und schon geht es los. Sie sehen nicht, ob der Anhang über iCloud oder direkt versendet wird, das regelt Mail für Sie.

Der Versand via iCloud-Account dauert ungefähr ähnlich lange wie ein »normales« Versenden Ihrer Mail. Der Empfänger erhält Ihre Mail, allerdings mit einem Download-Link und nicht mit einem riesigen postfachsprengenden Anhang. Ganz schön raffiniert – versenden Sie die gleiche Datei nochmals an andere Empfänger, schnappt sich Apple Mail diese aus dem Onlinespeicher, und die E-Mail wird wieselflink, ohne einen erneuten Upload, verschickt.

Dateianhänge sichern

Sie haben Dokumente oder Bilder per Mail bekommen und möchten sie speichern? Bei einer oder zwei Dateien geht das ganz einfach: Ziehen Sie die Dateianhänge einfach aus dem Nachrichtenfeld auf Ihren Schreibtisch oder in ein anderes bereits geöffnetes Finder-Fenster. Bei Mails mit mehreren Bildern ist Folgendes einfacher: Fahren Sie mit dem Mauszeiger mittig in der Mail unter die Betreffzeile. Dort finden Sie den Hinweis auf die Anhänge und den **Anhang**-Button mit Büroklammersymbol. Ein Klick darauf genügt, um einzelne oder alle Dateien in einen Ordner auf Ihrer Festplatte zu speichern.

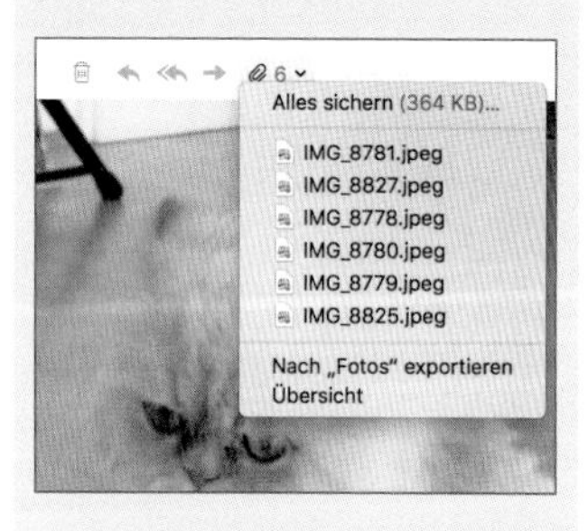

Abbildung 10.32
So einfach speichern Sie Fotos und Dateien aus E-Mails ab.

Werbemails und Spam entsorgen

Wenn Sie schon längere Zeit eine E-Mail-Adresse besitzen, haben Sie sicherlich auch schon unerwünschte Werbung erhalten. Gerne wird für Potenz- und andere Wunderpillen oder die Vergrößerung sämtlicher Körperteile geworben. Das nervt und ist einfach unseriös. Leider gibt es bei E-Mails nicht, wie beim normalen Briefkasten, einen Aufkleber »Bitte keine Werbung«. Sogar kriminelle Banden sind darauf spezialisiert, Werbemails an Millionen Empfänger zu versenden. Im Abschnitt »Goldene Regeln für die Sicherheit im Web« ab Seite 223 haben wir schon einige »Auswüchse« dieser E-Mail-Attacken behandelt, lesen Sie dort ggf. nach. In jedem Fall kostet es Sie Zeit, alle diese E-Mails auszusortieren. Apple Mail hat einen Filter für Werbemails eingebaut, der das automatisch erledigen kann.

Standardmäßig werden Werbemails allerdings nur markiert, löschen müssen Sie sie dann selbst. Aber das Programm übernimmt auch die Aussortierung, wenn Sie es entsprechend einstellen. Öffnen Sie das Menü **Mail** und dort **Einstellungen**. In diesem Fenster klicken Sie auf **Werbung**.

Dort aktivieren Sie **In das Postfach für unerwünschte Werbung bewegen** ❶ – damit werden alle Nachrichten, die potenziell als unerwünschte Spam-Mails klassifiziert werden, in das entsprechende Postfach abgelegt.

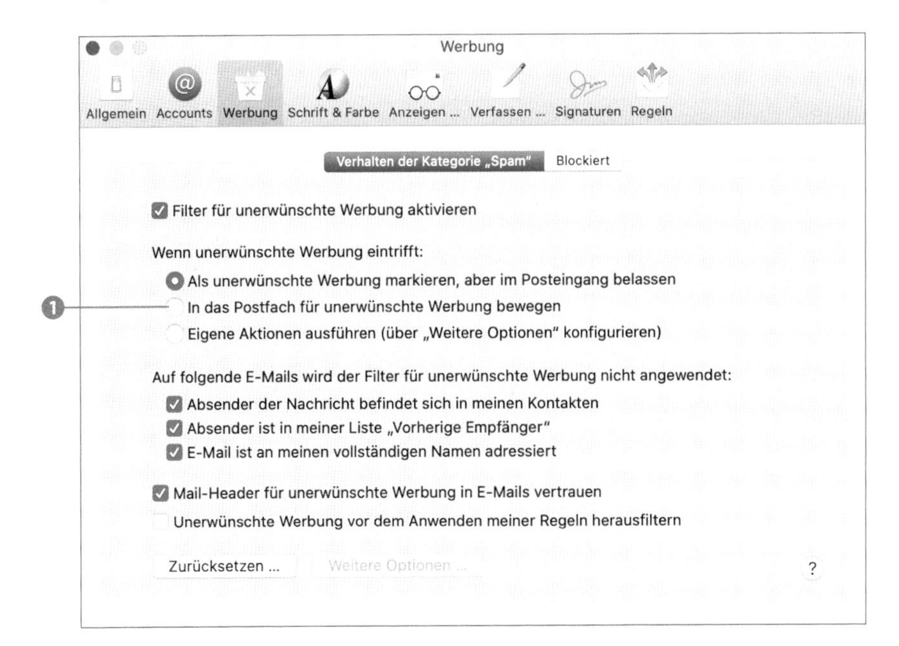

Abbildung 10.33
Einstellungen für unerwünschte Post

Abbildung 10.34
Hier landen die Spam-Mails zukünftig automatisch.

Die Werbemails landen nun zukünftig im Postfach **Spam** ❷, und Sie werden im Posteingang nicht mehr damit belästigt. Auch dieser Ordner wird, wie der Papierkorb, nach 30 Tagen geleert. Vorher sollten Sie aber immer mal einen Blick hineinwerfen. Teilweise nimmt es Apple Mail zu genau und sortiert auch ganz normale E-Mails aus – z. B. wenn ein Bekannter eine E-Mail ohne oder mit zweideutigem Betreff schickt. Auch die E-Mail-Adresse kann für die Software Grund zur Beunruhigung sein.

Aber der Werbefilter lernt mit – wenn eine Nachricht versehentlich als Werbung klassifiziert wurde, wählen Sie diese an und klicken auf das Symbol mit dem Pfeil, der aus dem Papierkorb nach oben ragt ❸. Damit lernt Apple Mail, dass diese Nachricht und der zugehörige Absender zukünftig Ihr Vertrauen genießen. Sie erhalten in Zukunft Nachrichten dieses Empfängers, ohne dass der Filter sie beanstandet.

Abbildung 10.35
Werbung – oder doch nicht?

Sie müssen die Nachricht dann aber noch per Drag & Drop aus dem Ordner **Spam** zurück in den Posteingang ❹ legen, damit sie nach 30 Tagen nicht gelöscht wird. Denn sie liegt ja bislang, obwohl Sie sie akzeptiert haben, noch immer im Spam-Ordner.

Umgekehrter Fall: Sie erhalten eine E-Mail, die Werbung ist, aber das E-Mail-Programm erkennt sie nicht als solche. Klicken Sie in diesem Fall die Nachricht an, und ziehen Sie sie in den Ordner **Spam**. (Alternativ genügt auch ein Klick auf den nach unten zeigenden Daumen in der Menüleiste.) Zukünftig werden E-Mails mit ähnlichem Inhalt oder gleichem Absender direkt in **Spam** verschoben. So verlieren Spam-Mails ganz schnell ihren Schrecken, oder? Und Ihr Postfach bleibt schön sauber und übersichtlich.

Nachrichten suchen, finden und sortieren

Wenn Sie auf der Suche nach einer Nachricht sind, aber nur noch Stichworte des Inhalts wissen, können Sie diese einfach in das Suchfeld ❶ eintragen. Apple Mail sortiert die E-Mails dann nach Relevanz – so kommen Sie sicher zum Ziel. Markieren Sie einfach die benötigte Nachricht.

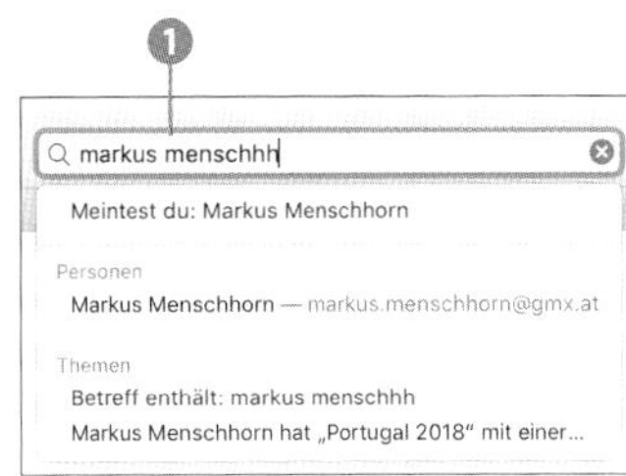

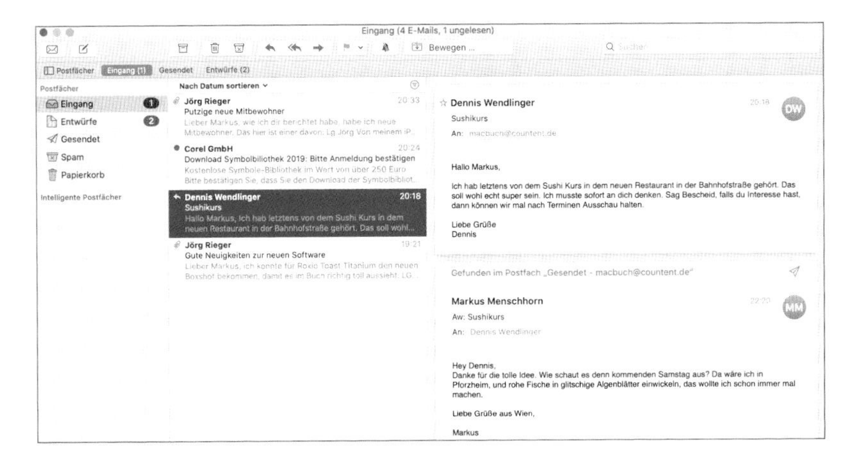

∧ Abbildung 10.36
Schnell gefunden über die Suchleiste, Korrektur von Schreibfehlern und intelligenten Vorschlägen inklusive

< Abbildung 10.37
Logik inklusive – Mail ordnet die Mails immer nach Konversation. Sprich, Sie haben hier auf einen Blick immer den gesamten Mailverkehr parat.

Ein weiteres Hilfsmittel, um den Überblick im E-Mail-Verkehr zu behalten, hat Apple Mail automatisch mit an Bord. Wenn Sie mit einem Bekannten mehrfach über **Antworten** hin- und herschreiben, sammelt Apple Mail diesen Schriftverkehr sehr übersichtlich in einer Liste. Hier wird erneut auf das iPhone-Prinzip zurückgegriffen, indem Apple Mail die Ordner *Posteingang* und *Gesendete Objekte* kombiniert.

E-Mails von Windows auf den Mac übertragen

Der Umzug Ihrer Mails vom PC auf den Mac ist in der Regel gar kein Problem. Denn wenn Sie Ihre Mails sowieso bisher ausschließlich online verwalten, müssen Sie gar nichts tun; mit den vorangehenden Schritten wurde alles erledigt. Auch für den Fall, dass Sie Ihre Mailkonten bislang über einen IMAP-Server auf Ihrem Windows-PC abgerufen haben, ist alles perfekt. Sicher haben Sie bemerkt, dass Apple Mail auch hier alles anständig synchronisiert hat. Sie können sich einen Mail-Account mit IMAP-Protokoll ungefähr so wie die iCloud vorstellen – die Mails sind alle zentral auf einem Server gesichert, und Sie können mit beliebigen

Geräten von überall darauf zugreifen. Schreiben Sie eine Mail mit Ihrem iPad, wird diese zentral im *Gesendet*-Ordner auf dem Mailserver abgelegt; empfangen Sie eine neue Nachricht, landet diese automatisch im Posteingang aller Geräte, die mit dem Mail-Account verbunden sind.

Was leider so gar nicht funktioniert, ist der Export Ihrer Mails, wenn diese lokal auf Ihrem Windows-Computer mittels POP3-Protokoll gespeichert waren. Windows Mail verweigert hier die Mitarbeit komplett, und auch mit Microsoft Outlook wird es extrem kompliziert. Selbst Mozilla Thunderbird kann hier nur mit einer ganzen Ladung »IT-Hacker«-Wissen transferiert werden. Es ist tatsächlich die einzige Stelle im Buch, an der wir leider keine adäquate Lösung für Sie parat haben.

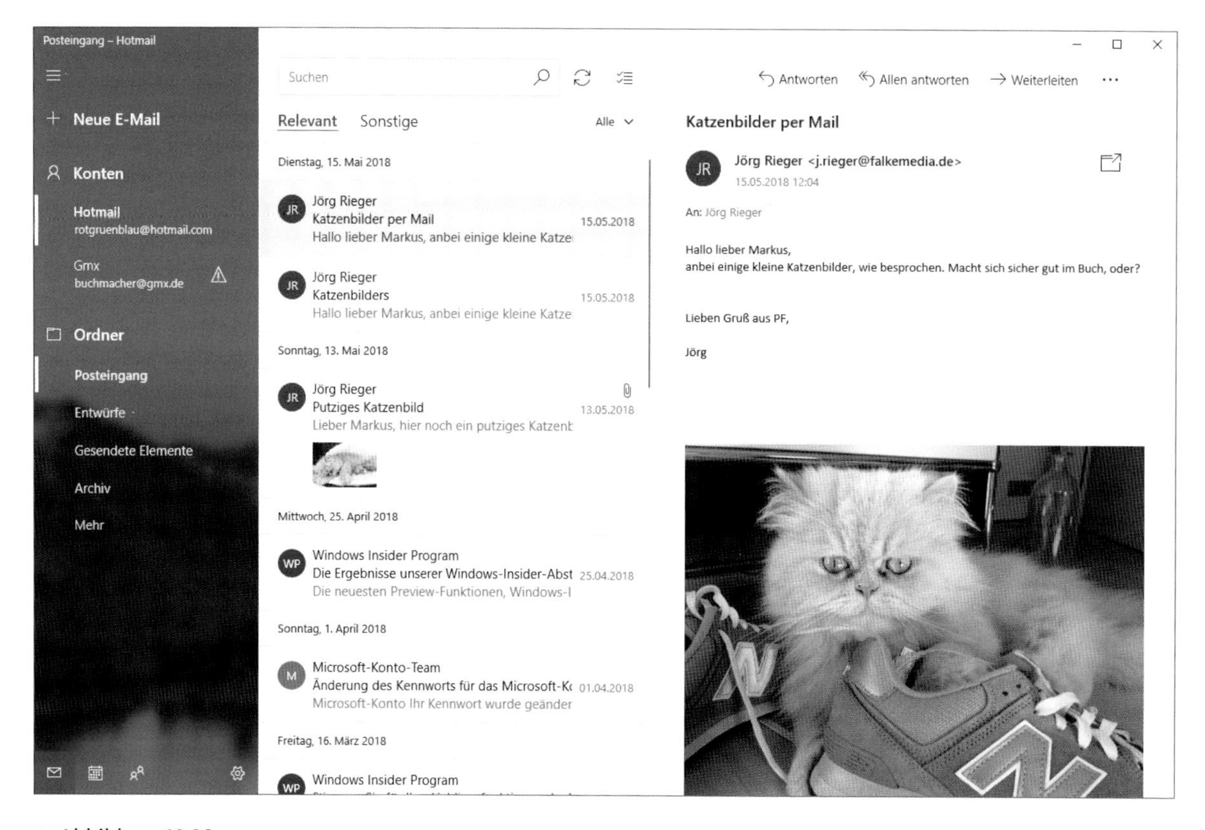

Abbildung 10.38
Windows Mail in Windows 10 – hübsch anzuschauen zwar, beim Datenexport aber gibt es aktuell leider keine Möglichkeit, wenn Ihre Mails dort mittels POP3 lokal abgelegt sind.

11 Die Apple-ID – Daten, Termine, Musik und das ganze Leben synchronisiert

Ihr Mac ist ein wahres Organisationstalent und wartet gleich mit einer ganzen Handvoll größerer und kleinerer Apps auf, um Ihr Leben zu vereinfachen. Die Basis für dieses Rundum-sorglos-Paket ist Ihre *Apple-ID*. Ohne Apple-ID können Sie keinen der vielen Services nutzen. Übrigens, ein iPhone oder ein iPad können Sie ohne Apple-ID erst gar nicht in Betrieb nehmen. Wahrscheinlich sind Sie unseren Empfehlungen bis hierher gefolgt und haben bereits eine Apple-ID. Falls nicht, schlagen Sie bitte auf Seite 35 nach. Hier nochmals die wichtigsten Infos:

- Die Apple-ID besteht aus einer Mailadresse, die Sie selbst wählen können, und ermöglicht im Zusammenhang mit einem Kennwort den Zugriff auf zahlreiche Apple-Services.
- Der in der sog. *iCloud* zur Verfügung stehende Speicherplatz wird von allen Ihren Geräten genutzt und kann daher schnell knapp werden.
- Die Apple-ID ist grundsätzlich gratis, lediglich der Erwerb von zusätzlichem Speicherplatz in der iCloud kostet Geld.
- Sie benötigen nur eine einzige Apple-ID, unabhängig davon, auf wie vielen Geräten Sie sich damit anmelden.

iCloud-Speicherplatz

Bei der Anmeldung für iCloud stellt Apple 5 Gigabyte Speicherplatz zur Verfügung – kostenlos. Auf Wunsch können Sie weiteren Speicherplatz erwerben, und das ist gar nicht einmal so teuer: 50 Gigabyte zusätzlich kosten aktuell 12 €, 2.000 Gigabyte 120 € Jahresgebühr. Keine Sorge, Apple erinnert Sie natürlich daran, wenn der Platz knapp wird.

< **Abbildung 11.1**
Die Apple-ID verbindet alle Ihre Apple-Geräte über einen Onlineserver und stellt mit der iCloud einen Datenspeicher virtuell zur Verfügung. (Foto: Apple)

Die Apple-ID verbindet sämtliche Ihrer Apple-Geräte zu einer schlagkräftigen Einheit. Wenn Sie das noch nicht kennen, werden Sie begeistert sein, ganz ehrlich. Egal, ob Ihre Fotos, Musik, Kontaktdaten, Erinnerungen, Termine oder Dokumente aller Art – Sie haben auf allen Macs, dem iPhone und dem iPad immer alle Daten komplett synchron. Auch Browserverlauf und Passwörter sind systemübergreifend verfügbar, meist vollautomatisch. Das ist wirklich praktisch, und man möchte diesen Luxus wirklich nicht mehr missen. Und mobile Geräte werden in der iCloud automatisch täglich gesichert: Datenverlust unmöglich.

Wir können Ressentiments gegen die digitale Datenwolke verstehen. Aber Fakt ist, dass Apple in Sachen Datensicherheit und Datenschutz ganz vorne mit dabei ist. Denn im Gegensatz zu Google, wo alles gratis und eben durch Preisgabe von Nutzerdaten finanziert wird, finanziert Apple seinen Service durch die Gerätepreise und die Kosten für iCloud und Co.

Gerne erklären wir Ihnen, was Sie mit der iCloud und der Apple ID so alles erledigen können und wie dieser Service überhaupt funktioniert.

Die Apple-ID & iCloud im Detail – das leistet der Service

Apple schwebt auf Wolke 7 – mit iCloud ist es dem Unternehmen gelungen, einen Volltreffer zu landen. In diesem Kapitel geben wir Ihnen einen kurzen Überblick darüber, was der Service alles kann. Zahlreiche weitere Funktionen behandeln wir an anderen Stellen im Buch. Entsprechende Verweise finden Sie in den Kästen am Seitenrand.

Der Dienst iCloud verspricht, im Zeitalter von intelligenten Smartphones, Tablet-Computern, Notebooks und natürlich »normalen« Computern das Datenchaos zu entwirren. Denn sicherlich kennen Sie das: Sie laden sich auf Ihr Notebook die neuesten Schnappschüsse Ihrer Kids herunter und möchten sie eigentlich auch auf dem Mobiltelefon und wenn möglich auch auf dem Home-Computer haben. Für den »Businessman« ist es ebenfalls unpraktisch, neue Kontakte aus dem Smartphone permanent manuell in das Adressbuch am Mac kopieren zu müssen – Chaos ist damit vorprogrammiert. Auch wenn Sie ein Office-Dokument unterwegs am Notebook bearbeiten und später am Desktop weiterverwenden möchten, kann das schnell unübersichtlich werden.

Daten-Clouds von Google und Microsoft

Natürlich haben auch andere Anbieter Cloud-Lösungen im Angebot. Diese funktionieren zumindest für den Dokumentenaustausch auch ganz hervorragend, und es gibt auch entsprechende Apps für macOS und iOS. Aber die ganz nahtlose Anbindung ist mit ihnen nicht machbar.

Apple sorgt mit iCloud durch ein simples Prinzip für Abhilfe – alle Geräte werden über einen externen Datenserver, die sog. *Cloud*, miteinander verbunden. Sie entscheiden, welche Daten synchronisiert werden sollen, und sobald Sie eines der angemeldeten Geräte anschließen, wird es mit den Daten der Cloud abgeglichen. Konkret gesprochen: Ein Adressbucheintrag auf Ihrem iPhone steht innerhalb von Sekunden auch auf Ihrem iPad oder MacBook im Adressbuch – ganz automatisch. Das funktioniert auch mit Bildern, Mails, dem gesamten Browserverlauf und Dokumenten. Außerdem wird auf Wunsch der gesamte Inhalt Ihres iPads oder Smartphones jeden Abend in iCloud gesichert.

Abbildung 11.2
Das iCloud-Icon in macOS

Sollte Ihr wertvolles Gerät defekt sein oder gestohlen werden, können Sie mit wenigen Klicks ein neues Gerät wieder auf den aktuellen Stand bringen. Beim Start jedes neuen iPhones oder iPads wird nämlich direkt die Frage gestellt, ob Sie einen iCloud-Account besitzen und von diesem Daten laden möchten. Sie erinnern sich – ganz ähnlich funktioniert das, wenn Sie einen neuen Mac kaufen und dann die Daten vom Time-Machine-Backup (siehe dazu ab Seite 394) verwenden können.

Und es gibt noch eine praktische Funktion von iCloud. Sollte Ihr Computer, iPad oder iPhone gestohlen werden, können Sie das Gerät über iCloud orten und sperren.

Vorteile von iCloud:

- Termine und Adressen sind immer synchron.
- Änderungen sind auch online über das Web möglich.
- Abgleich sämtlicher Bilder aus der Fotos-App
- Weblinks, Browserverlauf, Lesezeichen und Webfavoriten sind auf allen Geräten synchron.
- Sie können ausgewählte Dokumenttypen überall synchronisieren.
- Gespeicherte Passwörter werden zentral verwaltet und sind mithilfe der Funktion *Schlüsselbund* auf allen Geräten verfügbar.
- Computer- und Handy-Ortung
- automatische Integration in macOS und iOS
- 5 Gigabyte Speicherplatz kostenlos
- Synchronisierung gekaufter Musik
- iCloud Drive zur Ablage beliebiger Daten auf allen Apple-Geräten und Abgleich der Schreibtischoberfläche von macOS
- einfaches Teilen von Fotos und Daten mit Freunden, Bekannten, Familie

Geräte einrichten

Damit iCloud richtig funktioniert, müssen Sie auf allen Geräten mit der identischen Apple-ID angemeldet sein. Mobil werden nur Geräte mit iOS 8 oder höher unterstützt, also iPad, iPhone, iPod touch. Für Ihre Kontakte und Termine klappt es aber auch mit einem ganz normalen Windows-PC.

Nachteile von iCloud:

- Alle Daten liegen virtuell auf Apple-Servern – zwar sicher, aber eben online. Eigentlich ist das kein Nachteil, auch wenn das zunächst etwas ungewohnt ist, weil man die Daten nicht »physisch«, also etwa auf einem Datenträger gespeichert, vor sich hat. Sicherer ist es aber allemal, denn die Server werden mehrfach gesichert, Datenverlust ist nahezu ausgeschlossen.
- Mehr Nachteile fallen uns ehrlich gesagt gar nicht ein.

iCloud bereits konfiguriert?

Wenn Sie sich schon bei der Installation von macOS mit Ihrer Apple-ID für iCloud angemeldet haben, müssen Sie die Einrichtung nicht erneut durchführen.

Die Einrichtung von iCloud ist im Normalfall schon beim ersten Start Ihres Macs passiert. Hier hat Apple neben der Abfrage oder der Neueinrichtung der Apple-ID schon alles für Sie erledigt. Haben Sie dort die iCloud-Einrichtung übersprungen, können Sie sie aber jederzeit über die Systemeinstellungen nachholen.

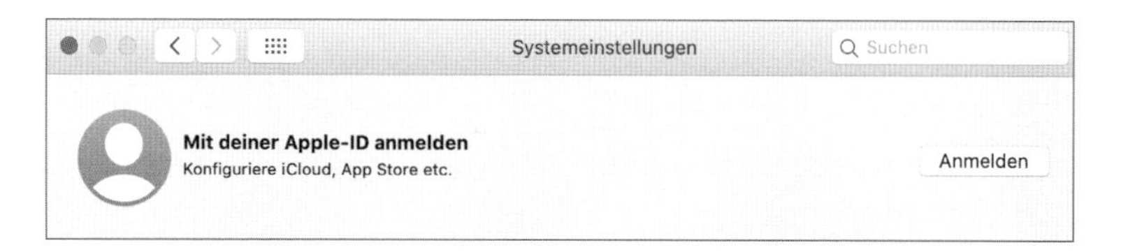

Abbildung 11.3 >
In den Systemeinstellungen können Sie die Anmeldung für die Apple-ID wirklich nicht übersehen.

iCloud im Internet

Sie können auf Ihre iCloud-Daten auch über das Web zugreifen. Das ist besonders dann praktisch, wenn Sie ein Smartphone einer anderen Marke als Apple besitzen. Damit haben Sie zumindest die Möglichkeit, Termine und Adressen zu ändern oder zu ergänzen oder nach Ihren Geräten online zu suchen, sollten diese gestohlen worden oder verloren gegangen sein.

^ Abbildung 11.4
Sicherheit geht vor – wenn Sie sich das erste Mal in iCloud anmelden, verlangt Apple einen Sicherheitscode, der an Ihr iPhone, iPad oder Ihren Computer geschickt wird.

1. Einloggen

Loggen Sie sich mit Ihrer Apple-ID einfach von einem beliebigen Browser aus unter *www.icloud.com* ein.

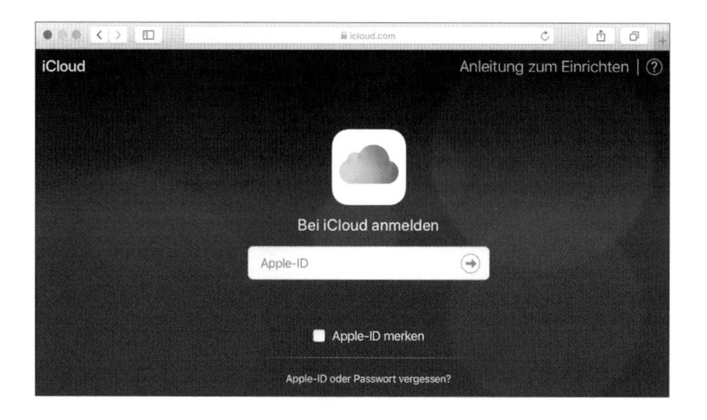

Abbildung 11.5 >
Das Login-Fenster im Browser

2. iCloud erkunden

Sie haben jetzt Zugriff auf Ihre iCloud-Services und können diese voll nutzen. Sie werden erstaunt sein, dass beispielsweise die Kontakte oder der Kalender sich wie am Mac bedienen lassen. Die Optik hingegen ist von iOS geliehen.

‹ **Abbildung 11.6**
Hier finden Sie alle Services der iCloud versammelt.

Als Beispiel, um die Funktionsweise von iCloud zu verstehen, öffnen Sie die App **Kontakte** ❶ und legen einen neuen Eintrag an. Sobald Sie fertig sind, starten Sie an Ihrem Mac das Adressbuch: Sie werden sehen, dass der neue online eingetragene Kontakt sofort auch auf Ihrem Mac verfügbar ist. Ganz ohne zusätzlichen Mausklick. Bitte fragen Sie nicht, warum in der iCloud das Adressbuch die Einträge nach Vornamen sortiert. Wir wissen es nicht.

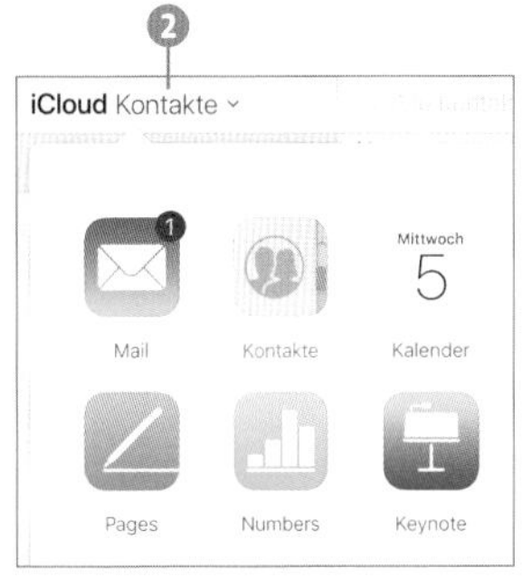

^ **Abbildung 11.7**
Über das Menü links oben ❷ *wechseln Sie in der iCloud zu den anderen Apps.*

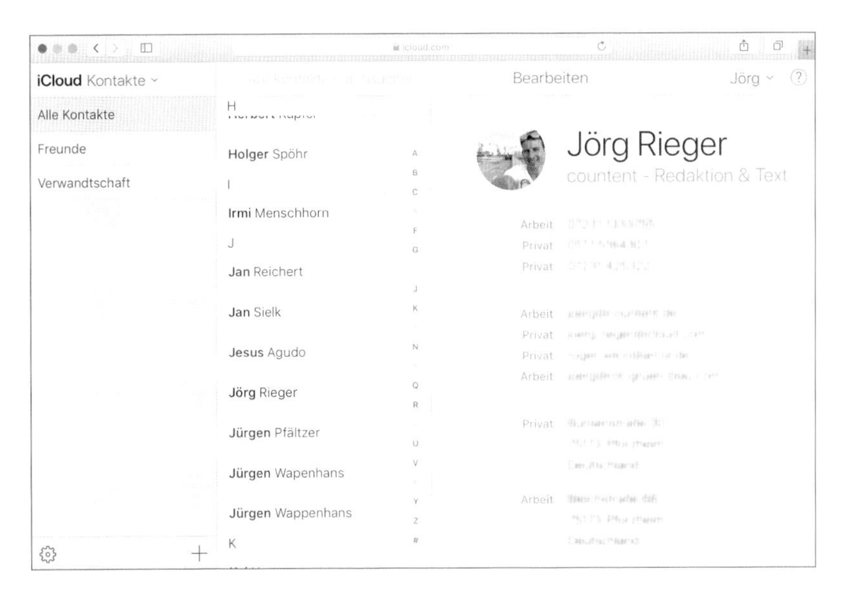

‹ **Abbildung 11.8**
Das Online-Adressbuch in iCloud ist vom Adressbuch unter macOS kaum zu unterscheiden und synchronisiert sich natürlich automatisch.

Online-Apps

Seit Langem sind Apples Office-Programme Pages, Numbers und Keynote auch als Online-Apps in iCloud verfügbar. Mit diesen Programmen können Sie online ohne den Kauf der entsprechenden Apps ansprechende Dokumente erstellen, die via iCloud auch auf Ihrem Mac und anderen Apple-Geräten synchronisiert werden, sofern Sie die entsprechenden Apps dort installiert haben.

Vorgegriffen: Adressbuch

Zugegeben – wir haben hier etwas vorgegriffen. Wie das Adressbuch im Detail funktioniert, erfahren Sie im Abschnitt »Ein Adressbuch anlegen und organisieren« ab Seite 274.

Sehr praktisch an diesen Programmen ist, dass die Apps ständig Ihre Änderungen sichern, ein versehentliches Schließen des Browsers bedeutet also keinen Datenverlust. Erstaunlich, dass beim Arbeiten online kaum ein Unterschied zu den Apps in macOS oder iOS zu bemerken ist.

Trotzdem sind die Online-Apps von Google mit deutlich mehr Funktionsumfang versehen. Diese sind aber auch tatsächlich nur online verfügbar.

Abbildung 11.9 >
Pages in iCloud – die volle App-Funktionalität online

∧ **Abbildung 11.10**
Mit Pages, Keynote und Numbers können Sie mit anderen Anwendern gemeinsam an Dokumenten arbeiten. Klicken Sie dazu im geöffneten Dokument auf den entsprechenden Button ❶*, und laden Sie Teilnehmer dazu ein.*

Geräte über iCloud orten

Apple-Geräte sind begehrt – und bekommen daher gerne mal »Beine«. Andererseits kann es ja auch passieren, dass einem das iPhone unbemerkt aus der Tasche oder hinter das Sofa rutscht. In diesem Fall hilft iCloud weiter. Alle über iCloud angemeldeten Geräte, also auch ein iPad, MacBook oder iMac, können, sofern sie eine Verbindung zum Internet haben, über *www.icloud.com* geortet werden. Sie müssen sich dort nur mit Ihrem Benutzernamen anmelden und dann auf **Mein iPhone suchen** klicken – das gilt auch, wenn Sie nach Ihrem Notebook fahnden.

Wenige Augenblicke später sehen Sie auf einer digitalen Landkarte, wo sich Ihr Gerät aufhält. Diese Angabe ist bis auf wenige Meter genau. So funktioniert es:

1. iCloud starten

Gehen Sie auf *www.icloud.com*, und loggen Sie sich mit Ihrer Apple-ID ein. Klicken Sie dann direkt auf **iPhone Suche**. Standardmäßig werden alle Geräte gesucht. Möchten Sie diese Suche einschränken, klicken Sie auf **Alle Geräte** und wählen das gewünschte Apple-Gerät aus.

2. Ortung abwarten

Jetzt legt iCloud los und versucht, Ihr Gerät zu finden. Das klappt natürlich nur, wenn es auch eingeschaltet ist und eine Verbindung zum Internet besteht. Falls ja, erhalten Sie wenige Augenblicke später ein verblüffend exaktes Ergebnis angezeigt.

3. Tätig werden

Sie können, sollte Ihr Apple-Gerät tatsächlich in falschen Händen sein, nun aktiv werden. Klicken Sie in der Karte bei Ihrem Gerät auf das kleine **i**. Jetzt erscheint der Dialog aus Abbildung 11.11. Wir wollen zunächst noch nicht das gesamte Gerät löschen oder sperren, sondern erst einmal an das Gute im Menschen glauben. Die Wahl fällt daher auf die Option **Ton wiedergeben** ❶ oder **Modus „Verloren“** ❷.

Ortung muss aktiviert sein!

Bei der Einrichtung von macOS (siehe dazu ab Seite 29) wurde schon die Aktivierung der Ortungsdienste abgefragt. Haben Sie dies verneint, kann Apple Ihre Geräte auch nicht finden. Sie können in den Systemeinstellungen unter Ihrem iCloud-Account die Ortungsdienste aber per Klick wieder aktivieren. Für Ihr iPhone müssen Sie dies separat in den dortigen Systemeinstellungen und unter Ihrem Apple-ID-Account durchführen.

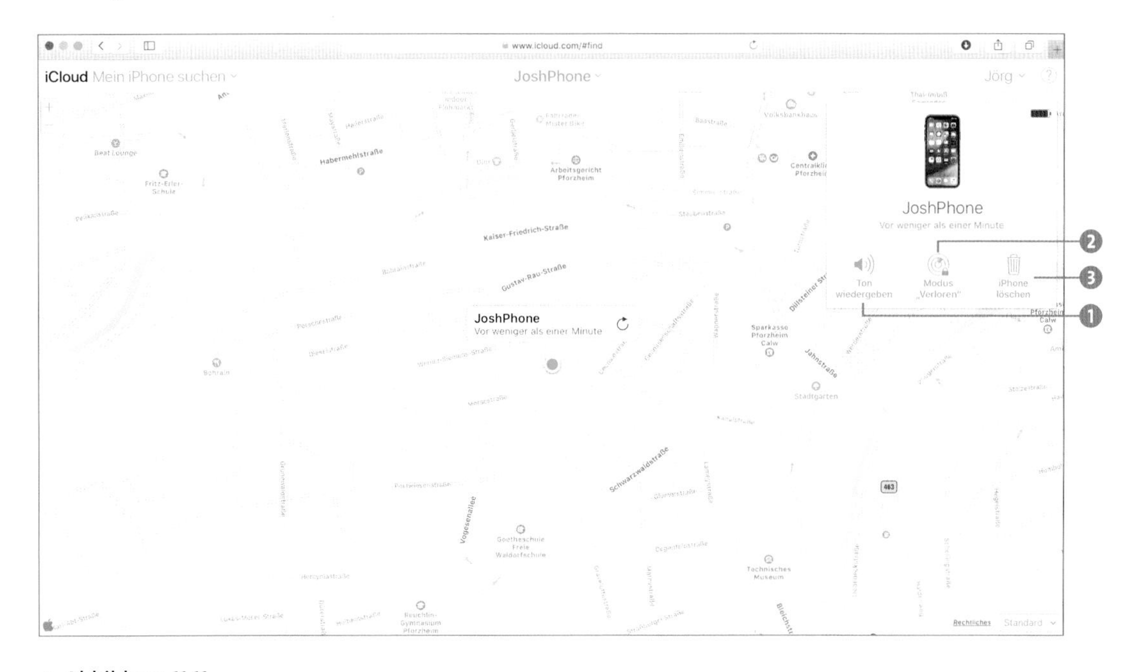

Abbildung 11.11
Das verschwundene iPhone wurde geortet.

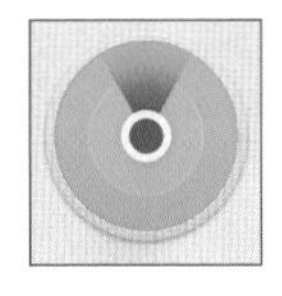

∧ **Abbildung 11.12**
Am Mac haben Sie mit der App »Wo ist« ebenfalls den Überblick darüber, wo sich Ihre Geräte befinden.

Die kleine Soundinfo (❶ in Abbildung 11.11) ist dann praktisch, wenn Sie einmal Ihr iPhone in der Wohnung verlegt haben. So finden Sie es auch unter dem Sofakissen ohne Probleme. Die Einstellung **Modus „Verloren"** ❷ sollten Sie nur dann aktivieren, wenn Ihr Gerät wirklich weg ist. Damit können Sie iPhone und iPad für andere komplett unbrauchbar machen, indem Sie sämtliche Funktionen sperren. Das klappt natürlich nur dann, wenn das verlorene Gerät eingeschaltet ist. Ist es ausgeschaltet, wird die Sperre sofort bei der ersten Verbindung ins Netz aktiviert. Das macht iCloud automatisch. Zudem sendet der Dienst Ihnen Informationen zum Stand der Dinge an die von Ihnen hinterlegte E-Mail-Adresse. Im Ernstfall können Sie sogar Ihr iPhone oder auch Ihr MacBook über diesen Dialog komplett löschen ❸.

iCloud Drive

Was passiert ohne Internet?

Nicht immer hat man eine Internetverbindung. Trotzdem können Sie auf alle bislang synchronisierten Daten der iCloud zugreifen und diese problemlos bearbeiten. Denn in macOS werden alle Dateien im Hintergrund lokal abgelegt. Steht das Internet wieder bereit, lädt iCloud die geänderten Dateien sofort online und synchronisiert sie auf allen Geräten.

Auch in macOS Catalina ist iCloud Drive an Bord, Ihr virtueller Onlinespeicher »in der Wolke«. Hier können Sie einfach beliebige Daten ablegen und über jeden Mac, an dem Sie per Apple-ID angemeldet sind, darauf zugreifen und sogar gemeinsam mit anderen Apple-Anwendern an Dateien arbeiten. Natürlich ist eine Internetverbindung eine zwingende Voraussetzung. iCloud Drive ist auch für Apps auf dem iPhone oder iPad zugänglich und letztlich eine Art virtueller USB-Stick, denn der Datenspeicher ist bei diesen Geräten (ab iOS 10) voll funktionsfähig. Unter macOS ist iCloud Drive direkt integriert. Ein Blick in die Seitenleiste des Finders offenbart den Speicher als Laufwerk ❶.

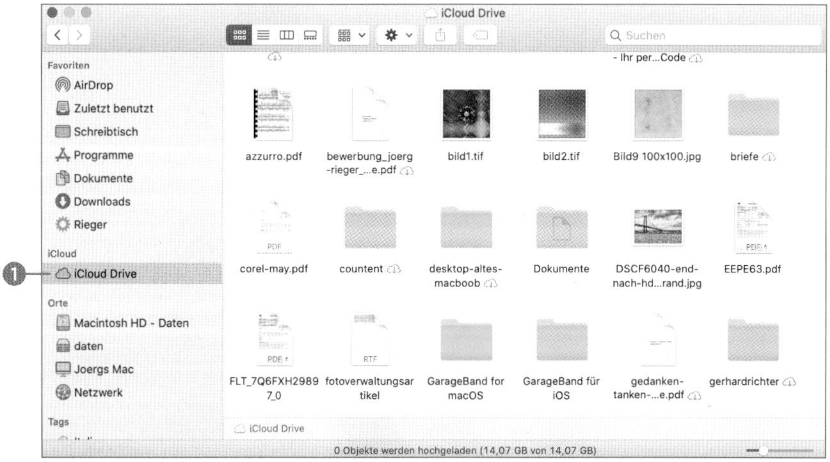

Abbildung 11.13 >
iCloud Drive unterscheidet sich nicht von einem normalen Laufwerk, ist aber komplett virtuell.

Die Bedienung ist kinderleicht – wie in den bisherigen Ausführungen zum Finder beschrieben. Kopieren Sie nach Belieben die gewünschten Daten in iCloud Drive, auch das Anlegen von Ordnern ist möglich. Einige Ordner sind allerdings standardmäßig für Apps und Systemfunktionen angelegt – diese können Sie weder umbenennen noch löschen.

Und wie gesagt – egal, an welchem Ihrer Computer oder Apple-Mobilgeräte Sie sich mit Ihrer Apple-ID anmelden, Sie haben immer direkten Zugriff auf diese praktische Speicherlösung. Am iPhone stecken die Daten aber nicht in einem Bereich, der *Drive* benannt ist, sondern in der App *Dateien*. Haben Sie ein anderes Smartphone oder möchten Sie auf Ihre Daten an einem Windows-Computer zugreifen, geht der Klick ins Internet auf *www.icloud.com*. Auch an dieser Stelle haben Sie Zugriff auf die in iCloud Drive gesicherten Daten und können hier auch Dateien problemlos hochladen.

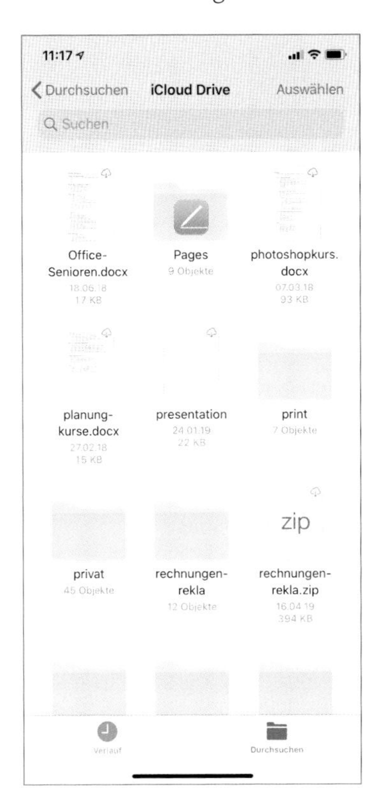

Abbildung 11.14
Am iPhone finden Sie iCloud Drive in der App »Dateien«.

Der Schreibtisch und Dokumente in der iCloud

Eine praktische Lösung ist es, Ihren macOS-Schreibtisch inklusive der darauf abgelegten Objekte sowie den gesamten *Dokumente*-Ordner in die iCloud zu befördern. Das ist dann praktisch, wenn Sie zwei Mac-Computer besitzen oder auch auf Ihrem iPhone Daten von Ihrem Mac-Schreibtisch direkt parat haben möchten. Allerdings frisst diese Funktion entsprechend iCloud-Speicherplatz. Aber keine Sorge, Apple erinnert Sie recht deutlich, sollte der Speicherplatz knapp werden. Aktiviert wird die Schreibtisch-Synchronisierung entweder ganz zu Beginn bei der Computereinrichtung oder nachträglich über die **Systemeinstellungen** und **Apple ID > iCloud > iCloud Drive**.

Abbildung 11.15
In den Systemeinstellungen ändern Sie zahlreiche Optionen zur iCloud.

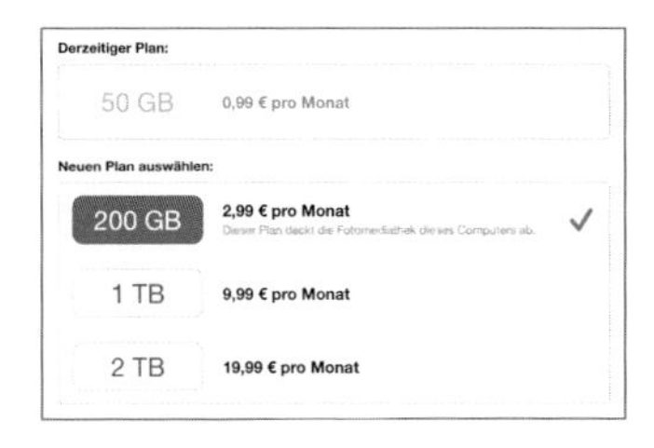

Abbildung 11.16
Zu wenig Speicher? Apple meldet sich recht deutlich zu Wort, wenn der Speicher der iCloud zu knapp wird.

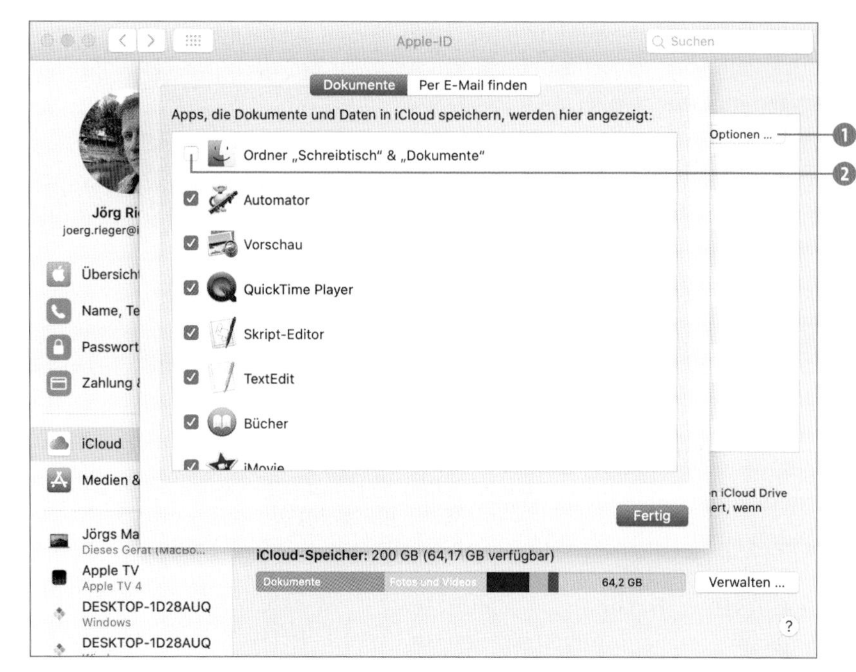

Abbildung 11.17
Ein Klick genügt, um künftig Dokumente und den Schreibtisch auf allen Geräten parat zu haben.

Hiner dem Punkt **iCloud Drive** klicken Sie auf die **Optionen** ❶ und setzen im neuen Dialog einen Haken bei **Ordner „Schreibtisch" & „Dokumente"** ❷, damit diese künftig auch über iCloud erreichbar sind. Dies kann natürlich einige Zeit dauern, je nachdem, wie viele Daten Sie dort abgelegt haben. Abhängig ist das logischerweise von der Schnelligkeit Ihrer Internetverbindung, über die alle Daten im Hintergrund hochgeladen werden.

Dokumente gemeinsam bearbeiten in iCloud Drive

Sie können einzelne Dateien von iCloud Drive mit anderen Personen teilen. Teilen bedeutet in diesem Fall, dass eine andere Person die Daten herunterladen kann. Das Teilen funktioniert per Nachricht, E-Mail oder AirDrop ganz einfach.

Unterschied zu Google Drive

Vielleicht haben Sie schon einmal mit der Cloud *Google Drive* gearbeitet? In ihr kann man Dokumente nicht nur zum Download teilen, sondern auch tatsächlich gemeinsam an Dokumenten arbeiten. Das geht in dieser Form mit iCloud nicht.

1. Für unseren Exkurs nehmen Sie am besten ein Textdokument, das in iCloud Drive ❶ an einer beliebigen Position abgelegt ist. Mit einem Klick auf den Teilen-Button ❷ können Sie nun **Personen hinzufügen** ❸.

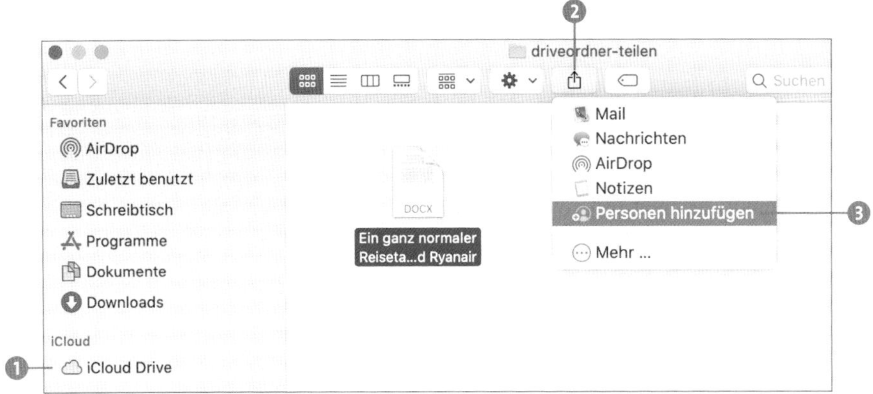

< **Abbildung 11.18**
Teilen ist ganz einfach.

2. Im folgenden Fenster erhalten Sie verschiedene Möglichkeiten, einer Person Zugriff auf die Datei zu geben. Wir entscheiden uns für das Teilen per E-Mail ④. Außerdem können Sie hier festlegen, was die eingeladene Person an der Datei machen darf:

Über **Berechtigte Benutzer** ⑤ könnten Sie die Datei auch für alle freigeben, die in der folgenden Mail den Link dazu erhalten. Das ist meist nicht gewünscht, **Nur eingeladene Personen** ist daher perfekt.

Standardmäßig darf die eingeladene Person die Datei bearbeiten, Sie können das aber unter **Zugriffsrecht** ⑥ unterbinden und beispielsweise nur Lesezugriff erteilen.

Zugriff erteilen

Apple meint mit *Freigabeoption* schlichtweg den Download von Dateien.

3. Es öffnet sich nun ein Fenster aus der Mail-App mit dem geteilten Dokument ⑦. Schreiben Sie gerne eine individuelle Nachricht, und verschicken Sie Ihre Mail mit einem Klick auf **Senden** ⑧.

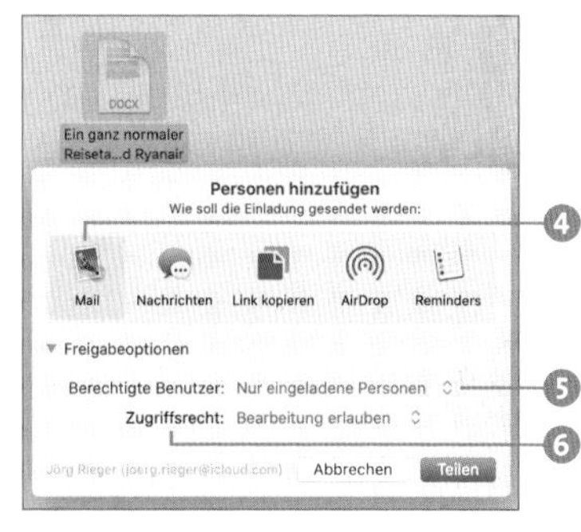

^ **Abbildung 11.19**
Teilen Sie Ihre Dateien nach Wunsch mit anderen Personen.

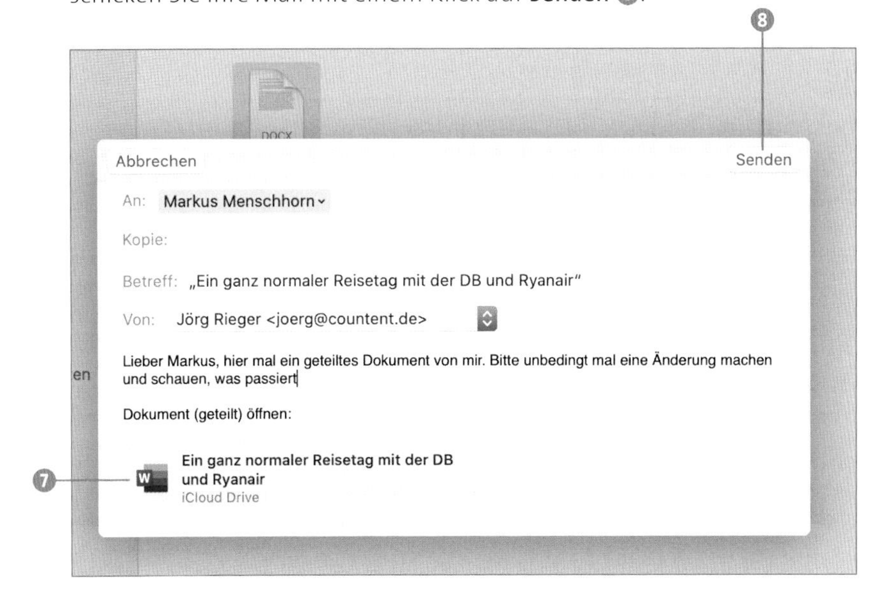

< **Abbildung 11.20**
Per Mailnachricht können die Dateien aus Ihrem iCloud Drive einfach geteilt werden.

Abbildung 11.21
Direkt am Dokument wird angezeigt, ob es bereits geteilt wurde.

4. Der Adressat erhält nun umgehend einen Link und kann die geteilte Datei herunterladen.

5. Möchten Sie das Teilen einer Datei beenden, wählen Sie die entsprechende Datei aus, klicken, wie in Schritt 1 gezeigt, erneut auf den Teilen-Button und gehen auf **Personen anzeigen** im Aufklapp-Menü. Hier werden nun alle Personen angezeigt, die Zugriff auf die Datei haben ⑨. Nach einem Klick auf die drei Punkte hinter dem jeweiligen Namen ⑩ können Sie den **Zugriff entfernen** ⑪. Anschließend kann diese Person die Datei nicht mehr herunterladen.

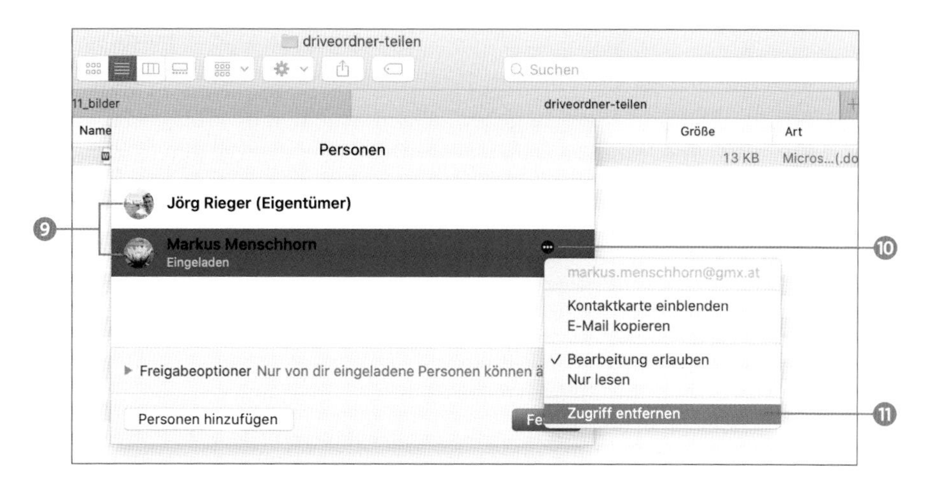

Abbildung 11.22
So stoppen Sie das Teilen Ihrer Dateien.

iCloud und die Fotos-App

Fotoverwaltung mit der Fotos-App

Alles zur Fotos-App und dazu, wie Sie Ihre Bilder on- und offline synchronisieren, erfahren Sie in Kapitel 15, »Bessere Fotos mit der Fotos-App«, ab Seite 325.

Die Fotos-App ist mit der iCloud ganz eng verknüpft. Apple hat hier eine Lösung geschaffen, um alle Bilder vom Mac, iPhone, iPad und von Ihrer digitalen Kamera in einem großen Katalog zu ordnen und abzugleichen. Sie kennen sicherlich das Durcheinander, wenn man Bilder auf zig verschiedenen Geräten abgelegt hat. Im Laufe der Zeit macht das keine Freude mehr. Über die iCloud und die Fotos-App ist es künftig kein Problem mehr, sämtliche Bilder einfach überall zu haben, und das klappt komplett automatisch. Erfreulicherweise gibt es im Onlinebereich von iCloud den passenden Menüpunkt. Und auch hier gilt: Die Fotos-App online ist von der App auf dem iPhone oder macOS kaum zu unterscheiden.

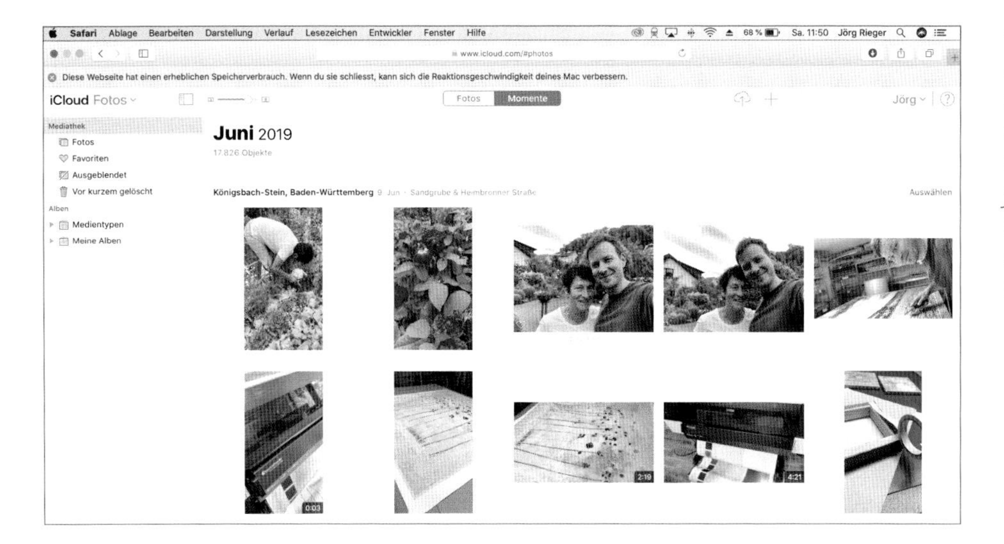

Abbildung 11.23
Die Fotos-App ist allgegenwärtig und über die iCloud mit allen Apple-Geräten fest verbunden. So können Sie ganz einfach durch alle Ihre Bilder scrollen.

iCloud und Safari

Safari ist ebenfalls mit der iCloud verbunden. Im Alltag ist das wirklich nützlich. Dank der iCloud merkt sich Safari nämlich den Browserverlauf aller Geräte, auf denen Sie angemeldet sind. Somit haben Sie zu Hause am Mac ganz unkompliziert auch jene Seiten auf Abruf parat, die Sie zuvor unterwegs im iPhone betrachtet haben.

Surfen mit Safari

Wie Sie die volle Power des Safari-Browsers nutzen, zeigen wir Ihnen in Kapitel 8, »Ich geh' online – mit meinem Mac und Safari«, ab Seite 197 sowie in Kapitel 9, »Sicher und schnell im Internet surfen«, ab Seite 223.

Abbildung 11.24
Wenn Sie in Safari eine URL eintippen, zeigt Ihnen das Programm sofort Ihre Lesezeichen, Ihren Verlauf und die auf anderen Geräten geöffneten passenden Fenster (iCloud-Tabs).

So weit, so gut: Doch weitaus nützlicher ist die Funktion, auch Passwörter und häufige Login-Daten immer parat zu haben. Auf Wunsch sichert die iCloud Ihre Passwörter, und Sie müssen sich wirklich keines mehr merken. Egal ob Sie sich am Mac oder iPhone oder iPad einloggen – über Safari werden die passenden Zugangsdaten immer bereitgestellt.

∧ Abbildung 11.25
Passwörter überall – via iCloud und Safari müssen Sie sich diese nicht mehr merken!

Mitteilungen

Ihr Mac sagt »Hallo« – in Form der Mitteilungen, die sich in vielfältiger Weise am rechten Bildschirmrand präsentieren. In Kapitel 4, »Die Benutzeroberfläche kennenlernen«, ab Seite 106 haben wir Ihnen bereits ausführlich gezeigt, wie Sie dieses praktische Hilfsmittel für Ihren Mac korrekt einrichten. Hier zeigen wir Ihnen nochmals kurz, wie vielfältig diese Anzeige ist – sie listet nicht nur Termine, sondern eben auch Notizen, E-Mails und Erinnerungen auf.

< Abbildung 11.26
Alles im Blick – die Mitteilungen unter macOS

Handoff – vom Mac zum iPhone und zurück

Mit der *Handoff*-Funktion von macOS und Ihrem iPhone bzw. iPad können Sie mit Apps, die dies unterstützen, nahtlos auf allen Geräten weiterarbeiten. Beispielsweise beginnen Sie mit dem Lesen einer Internetseite am Mac und verlassen dann Ihren Rechner. Ab einer gewissen Zeit wird genau jene Seite an der entsprechenden Position auf Ihrem iPhone oder iPad angezeigt, um »kontinuierlich« weiterarbeiten zu können. Voraussetzung ist, dass alle Geräte im gleichen WLAN-Netzwerk unterwegs sind und Sie natürlich überall mit Ihrer eigenen Apple-ID angemeldet sind.

Diese Funktion wird aktuell nur von Apple-Programmen wie Mail, Nachrichten, iWork und anderen unterstützt. Andere Hersteller werden diese Funktion wohl erst Stück für Stück integrieren.

Grundsätzlich fragen wir uns schon, wann und ob man diese Funktion wirklich braucht. Denn mal ehrlich – eine Kurznachricht werden Sie sicherlich niemals am iMac zu schreiben anfangen, um sie später am iPhone zu vervollständigen. Und ein Pages-Dokument ist sowieso auf Wunsch automatisch in der Cloud gespeichert und dann per Klick auf allen Geräten aufrufbar.

Daher gilt: Handoff ist eine nette Spielerei, die mit wenigen Klicks startklar ist.

1. Bluetooth aktivieren

Im ersten Schritt aktivieren Sie über die Menüleiste im Finder Bluetooth und WLAN – beides sind Voraussetzungen dafür, dass Handoff funktioniert. Auch auf Ihrem iPhone oder iPad müssen Bluetooth und WLAN aktiviert sein. Eine weitere Voraussetzung sind übrigens einigermaßen aktuelle Geräte. Mit Macs ab 2013 klappt das aber in jedem Fall reibungslos.

Abbildung 11.27
Handoff ist aktiviert, hier mit Safari. Das kleine Icon zeigt an, dass die Übernahme vom iPhone erfolgt ❷*.*

2. Systemeinstellungen »Allgemein« prüfen

Laden Sie die **Systemeinstellungen** und den Punkt **Allgemein**. Hier sollte, wenn alles geklappt hat, die Option zu Handoff ❶ mit einem Haken versehen sein.

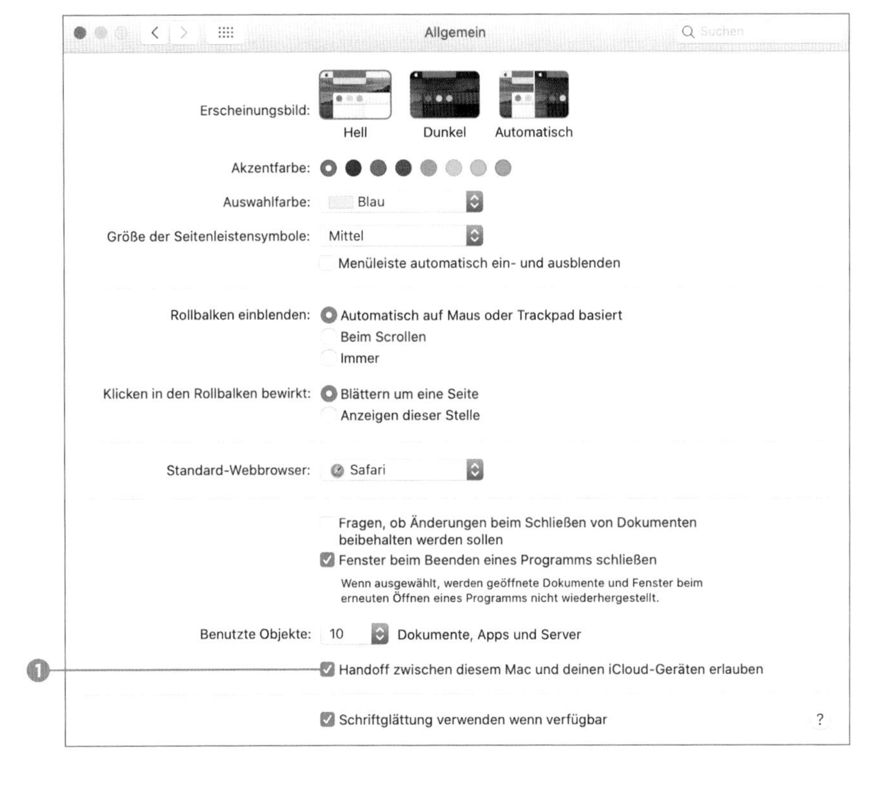

Abbildung 11.28
Handoff hat sich in den allgemeinen Systemeinstellungen versteckt.

Erscheint kein Hinweis (so wie in Abbildung 11.27 auf Seite 271), ist zumindest eines Ihrer Geräte nicht Handoff-fähig. Konkret sind das alle iPhone-Modelle unter dem iPhone 5s, iPads unter 2 und alle Macs vor dem Baujahr Mitte 2013.

3. Safari am Mac aufrufen

In der Praxis funktioniert Handoff so: Surfen Sie in Safari auf eine beliebige Webseite. Verlassen Sie nun Ihren Mac, können Sie mit Ihrem iPhone auf dieser Webseite weitersurfen. Ein Icon im Dock zeigt zudem an, dass Handoff nun funktioniert. Achtung: Nach einer gewissen Zeit der Inaktivität verschwindet das Handoff-Icon. Es wird erst wieder aktiv, wenn Sie am »Quell«-Gerät erneut in der entsprechenden App tätig sind.

Abbildung 11.29
Handoff funktioniert auch von Mac zu Mac, auch das ist am Icon erkennbar 3.

4. Handoff-App am iPhone aufrufen

Auf dem iPhone ist Handoff extrem gut versteckt. Sie erreichen es nur im App-Umschalter, also in jener Ansicht, in der Sie zwischen allen geöffneten Apps wechseln können. Bei iPhones mit Homebutton klappt das per Doppelklick, bei iPhones mit Face-ID bzw. Gestensteuerung, indem Sie mit dem Finger vom unteren Rand ganz nach oben wischen. Dann wird die Handoff-App eingeblendet 4. Aktivieren Sie die App (hier im Beispiel **Safari**), und surfen Sie genau an jener Stelle weiter, an der Sie Ihren Mac verlassen haben.

Handoff funktioniert auch mit vielen weiteren Apple-Programmen wie der kompletten iWork-Suite, Safari (so wie im Beispiel oben gezeigt) oder dem Mail-Programm. Natürlich auch umgekehrt: Kommen Sie mit Ihrem iPhone in Reichweite Ihres iMacs, können Sie dort ebenfalls »nahtlos« übernehmen.

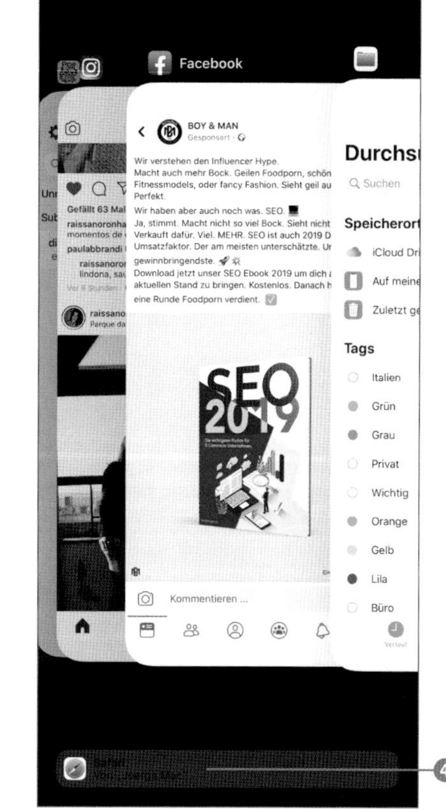

Abbildung 11.30
Handoff am iPhone ist in der App-Übersicht versteckt. Die »Übernahme« erfolgt dann direkt.

12 Kontakte und Kalender – digital einfach besser

Mit der Kombination aus den Kontakten, dem Kalender und den Erinnerungen geht Ihnen künftig kein Termin oder Geburtstag mehr durch die Lappen. Dank der iCloud-Verknüpfung haben Sie die Daten all Ihrer lieben Mitmenschen auf sämtlichen Geräten parat – egal ob im Garten auf dem iPad oder in der U-Bahn mit dem iPhone. Das macht Spaß und ist mal eine richtig praktische Arbeitserleichterung.

Abbildung 12.1
Das Kontakte-Icon finden Sie im Dock.

Das digitale Adressbuch *Kontakte* gehört zum Betriebssystem macOS Catalina und ist daher vorinstalliert. Um in den Genuss des digitalen Adress- und Kontaktmanagers zu kommen, müssen Sie lediglich die App **Kontakte** starten – entweder über das Symbol im Dock oder über das Launchpad. Wenn Sie via iCloud angemeldet sind und ein iPhone haben, werden die Kontakte von dort direkt übernommen und aufgelistet.

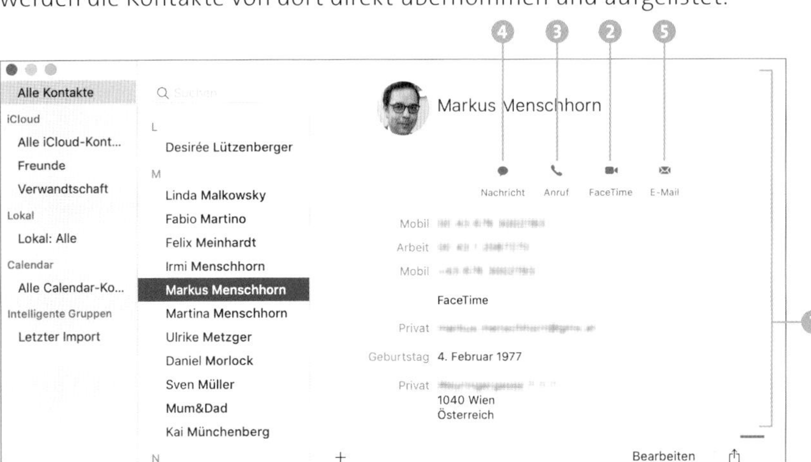

Abbildung 12.2
Die Kontakte in macOS bieten weitaus mehr als nur eine einfache Adressbuchfunktion.

Nach Hause telefonieren

Mehr zum Telefonieren mit FaceTime verraten wir Ihnen in Kapitel 13, »In Kontakt bleiben: Nachrichten und Videotelefonie«, ab Seite 289.

Markieren Sie einen beliebigen Eintrag per Mausklick, werden auf der rechten Seite die Details angezeigt ❶. Neben den »Klassikern« wie Telefonnummern und Adressen gibt es die Möglichkeit, den Kontakt direkt

Abbildung 12.3
FaceTime ist in der Kontakte-App fest verankert.

mit **FaceTime** per Video (2 auf Seite 273) oder ohne Bild anzurufen 3. Beide Arten von möglichen Anrufen werden über das Internet durchgeführt und klappen nur, wenn der andere Teilnehmer auch eine Apple-ID besitzt. Hat das Gegenüber kein Apple-Gerät und kein FaceTime, sind diese Buttons automatisch inaktiv. Auch das direkte Senden einer iMessage 4 oder einer Mail 5 ist hier möglich.

Ein Adressbuch anlegen und organisieren

Übergreifend wichtig

Das Adressbuch wird im gesamten Betriebssystem benutzt, wenn Kontakte benötigt werden. So greift Ihr E-Mail-Programm automatisch darauf zurück, und auch die App Fotos nutzt die hinterlegten Daten zur Personenerkennung auf Ihren Schnappschüssen. Nicht zuletzt ist auch der Kalender auf ein sauber angelegtes Adressbuch angewiesen. Es lohnt sich also, ein wenig Mühe in die Adressverwaltung zu investieren.

Die Kontakte sind erfreulich übersichtlich und strukturiert aufgebaut. Standardmäßig wurden allerdings einige nützliche Felder und Funktionen weggelassen. Grund genug, Ihnen hier Schritt für Schritt zu erläutern, wie Sie mit diesem Programm ganz komfortabel arbeiten.

Einen neuen Kontakt anlegen

Jetzt geht es an das Anlegen eines neuen Eintrags. Das funktioniert in wenigen Schritten:

1. Neuen Eintrag anlegen und Namen eingeben

Klicken Sie mit der linken Maustaste auf das Plussymbol 1 im unteren Fensterbereich, und wählen Sie **Neuer Kontakt**.

Abbildung 12.4
Los geht es mit einem neuen Kontakt.

Sofort wird ein neuer Eintrag angelegt, Apple nennt das *neue Visitenkarte*. Das Feld **Vorname** 2 ist schon blau markiert und zur Eingabe bereit. Sie können direkt losschreiben, ohne den Platzhaltertext vorher mit der [←]-Taste löschen zu müssen. Mit der [⇥]-Taste oder per Klick springen Sie in das nächste Feld **Nachname** 3. Auch hier ist der Text bereits blau markiert und kann einfach überschrieben werden, ohne dass er zuvor extra gelöscht werden müsste.

Details entfernen

Apple hat im Adressbuch viele zumeist selten benötigte Details hinterlegt. Diese können Sie mit einem Klick auf das rote Minussymbol einfach löschen.

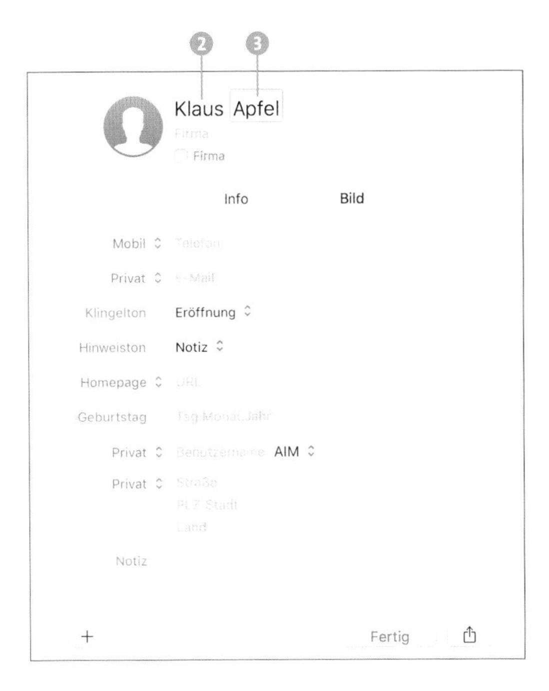

Abbildung 12.5
Jetzt kann die Eingabe beginnen.

2. Details eingeben

Das Adressbuch macht Ihnen nun einige Vorschläge in Sachen Detailinformationen, die Sie ergänzen können. Glücklicherweise kann man diese Angaben nach Wunsch abändern. Die Informationen mit den kleinen Pfeilen sind die Rubrikbeschriftungen. Der erste Eintrag wäre also für die mobile Rufnummer vorgesehen. Wenn Sie hier lieber die Telefonnummer auf der Arbeitsstelle hinterlegen möchten, klicken Sie einfach darauf und wählen die gewünschte Telefonvariante aus ④. Die Telefonnummer selbst ergänzen Sie mit einem Klick auf das in Grau geschriebene Wort **Telefon**.

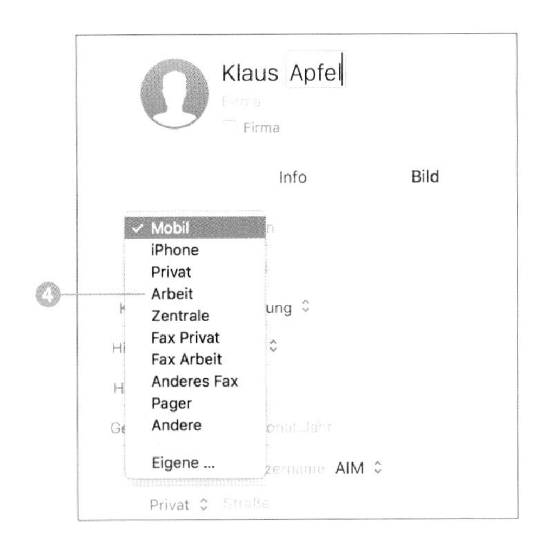

Abbildung 12.7
So füllen Sie die vorgegebenen Felder aus.

Visitenkartenvorlage ändern

Sie möchten gerne die Apple-Vorlage eines neuen Kontakts umgestalten, also beispielsweise in der Form, dass immer die private Telefonnummer vorhanden ist und Geburtstag sowie Geburtsname als Eingabefeld bereitstehen? Gehen Sie hierzu in das Menü **Visitenkarte**, und klicken Sie dort auf **Feld hinzufügen**. Hier finden Sie ganz unten den Eintrag **Vorlage bearbeiten**. Es wird ein neues Fenster geladen, das Ihnen vollen Zugriff auf die Mustervorlage bietet. Alles, was Sie hier ändern, wird zukünftig beim Anlegen eines neuen Kontakts eingeblendet. Diese Änderungen haben auf Ihre bereits angelegten Kontakte keinen Einfluss, hier wird weder etwas gelöscht noch geändert.

Abbildung 12.6
Die Vorlage kann angepasst werden; künftig werden alle neuen Kontakte diese Felder automatisch anzeigen.

3. Neue Details (Felder) ergänzen

Die Visitenkarte hat in der Grundeinstellung schon fast alle wichtigen Felder parat. Sie können aber ganz einfach weitere hinzufügen – angefangen vom Mondkalendergeburtstag bis hin zum Geburtsnamen hat Apple hier noch einiges in der Hinterhand. Aktivieren Sie den entsprechenden Kontakt, und klicken Sie auf das Plussymbol ⑤. Hier gibt das Adressbuch die wichtigsten Möglichkeiten vor. Wählen Sie einfach das gewünschte Feld an, und schon erscheint es ausfüllbereit in der Visitenkarte.

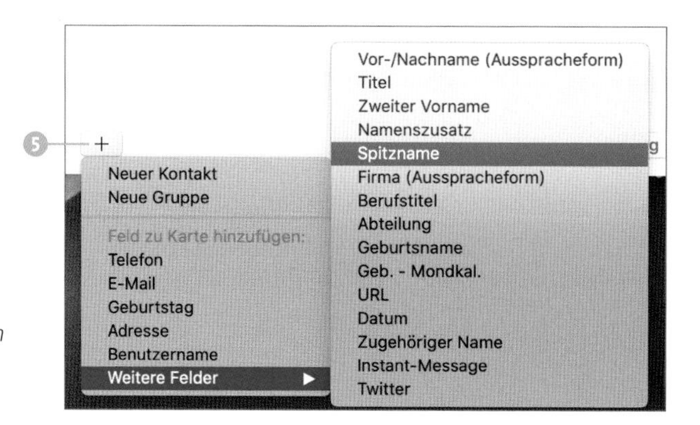

Abbildung 12.8 >
Eine Liste weiterer Felder finden Sie über das Plussymbol am Kontakt.

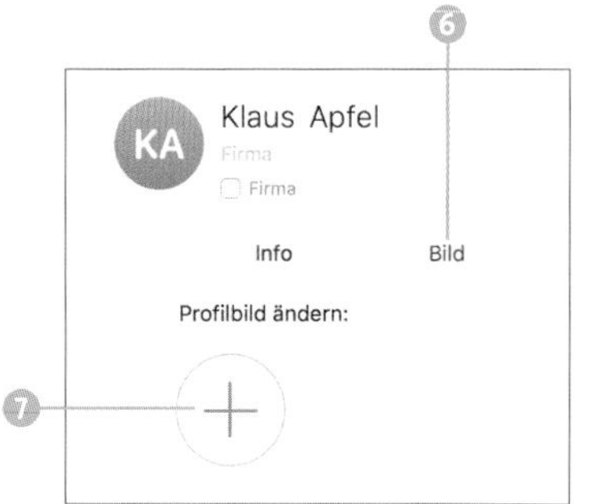

^ **Abbildung 12.9**
Ein Profilbild kann schnell geändert werden.

4. Foto einfügen über die Webcam

Der neue Kontakt steht gerade neben Ihnen am Computer, oder Sie haben bereits einen Schnappschuss der Person in Fotos abgelegt? Dann klicken Sie doppelt auf den Reiter **Bild** ⑥ und einmal auf **Profilbild ändern** ⑦. Ein Klick auf **Kamera** ⑧ startet die Webcam, und innerhalb von drei Sekunden werden Sie bzw. Ihr neuer Kontakt hier abgelichtet. Alternativ können Sie auch ein Bild aus den Fotos ⑨ wählen.

Abbildung 12.10 >
Ein Schnappschuss mit der eingebauten Kamera

Vorhandene Kontakte ändern

Sie möchten einen vorhandenen Kontakt ändern oder dort Daten ergänzen? Hierzu müssen Sie den entsprechenden Kontakt markieren und auf **Bearbeiten** am unteren Fensterrand klicken. Damit sind Änderungen und Ergänzungen möglich – sie werden genauso vorgenommen wie bei einem neuen Eintrag.

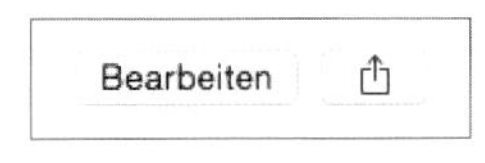

Abbildung 12.11
Über den Button »Bearbeiten« können Sie Visitenkarten jederzeit editieren.

Adressen finden

Ihr neues digitales Adressbuch nimmt langsam die gewünschten Formen an. Sie haben bereits mehrere Kontakte eingetragen? Das ist doch schon richtig übersichtlich, oder?

Wenn Sie übrigens ganz schnell einen bestimmten Kontakt finden möchten, geht das nicht nur durch Scrollen in der Namenleiste, sondern auch über das Suchfeld im Adressbuch-Fenster links oben. In das leere Feld neben der Lupe tragen Sie einfach den gewünschten Suchbegriff ein – egal ob Straße, Vorname oder gar Geburtsjahr –, und schon filtert der Computer die Treffer heraus.

Abbildung 12.12
Über die Suchleiste finden Sie Kontakte im Handumdrehen.

Gruppen für mehr Komfort in den Kontakten

Spannend ist zudem noch die Funktion *Gruppe* – besonders wenn man mehr als zehn Kontakte hat. In einer Gruppe kann man die Adressen nach verschiedenen Kriterien zusammenfassen und hat damit auf einen Klick die gesamte Verwandtschaft, die Kegelfreunde oder Internetbekanntschaften eingeblendet. Doch das ist noch nicht alles. In Ihrem E-Mail-Programm können Sie z. B. durch Eingabe des Gruppennamens eine E-Mail mit nur einem Mausklick an alle Mitglieder dieser Gruppe senden und müssen nicht mühselig alle Empfänger einzeln hinzufügen. Mehr zum Thema E-Mail am Mac erfahren Sie übrigens in Kapitel 10, »E-Mails – denn Briefe waren gestern«, ab Seite 241. In der Textverarbeitung Pages drucken Sie in ganz ähnlicher Weise Serienbriefe aus – auch diese Anwendung greift auf das Adressbuch zu. Eine neue Gruppe legen Sie über das Menü **Ablage > Neue Gruppe** an (1 auf Seite 278).

Alle Kontakte
Die Allerbesten
Freunde
Verwandtschaft

Abbildung 12.13
Gruppen sorgen für mehr Übersichtlichkeit.

Tippen Sie einen möglichst aussagekräftigen Namen ein. Logischerweise ist dieser Gruppe noch kein Kontakt zugeordnet. Das müssen Sie jetzt erledigen. Klicken Sie wieder auf **Alle Kontakte** 2, und suchen Sie einen oder mehrere passende Kontakte für die neue Gruppe aus. Ziehen Sie diesen Kontakt mit gedrückter Maustaste auf die Gruppe, und lassen Sie ihn dort fallen, wenn unter dem Kontakt das Plussymbol erscheint.

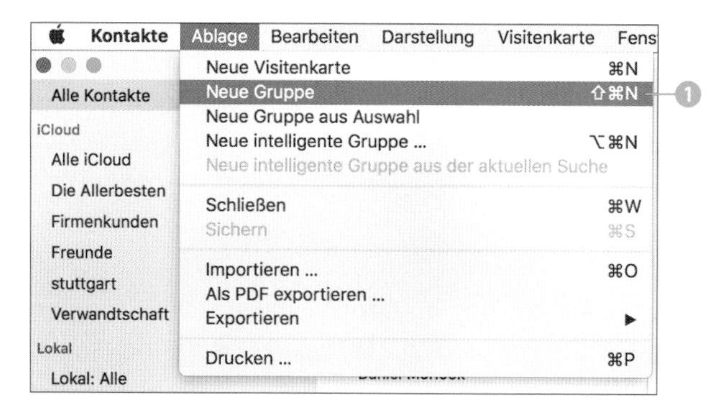

Abbildung 12.14
Eine neue Gruppe wird über das Menü »Ablage« angelegt.

Abbildung 12.15
Adressgruppen sind im Handumdrehen erzeugt.

Unser Tipp: Sie können einen Kontakt beliebig vielen Gruppen zuordnen – eine Person kann also durchaus sowohl der Gruppe **Verwandtschaft** als auch **Die Allerbesten** zugeordnet sein. Das ist kein Problem und mitunter durchaus praktisch.

Doch lieber auf Papier – das Adressbuch drucken

Das papierlose Büro und auch der papierlose Schreibtisch zu Hause sind eine Illusion, die man sich in der Euphorie der ersten Home-Computer ausgemalt hatte. Fakt ist: Man hat einfach manches doch lieber zusätzlich haptisch in der Hand und nicht nur optisch auf dem Bildschirm.

Auch das Adressbuch am Mac kann ganz übersichtlich als Papierversion gedruckt werden. Allerdings hat Apple die Funktion ganz gut versteckt, denn ohne Trick 17 wird immer nur die gerade angezeigte Visitenkarte auf dem Drucker ausgegeben. Daher zeigen wir Ihnen jetzt, wie Sie Ihr gesamtes Adressverzeichnis als übersichtliche Tabelle in Papierform oder als PDF-Dokument erstellen.

1. Voreinstellungen für den perfekten Druck

Zuerst aktivieren Sie jene Gruppe, die Sie gerne ausdrucken möchten. Für alle Adressen gehen Sie bitte auf **Alle Kontakte**. Gehen Sie nun in das Menü **Ablage**, und klicken Sie dort auf den Menüpunkt **Drucken**. Daraufhin erscheint das Standarddruckmenü mit einer Seitenvorschau. Klicken Sie auf **Details einblenden**, um mehr Einstellungsmöglichkeiten zu bekommen.

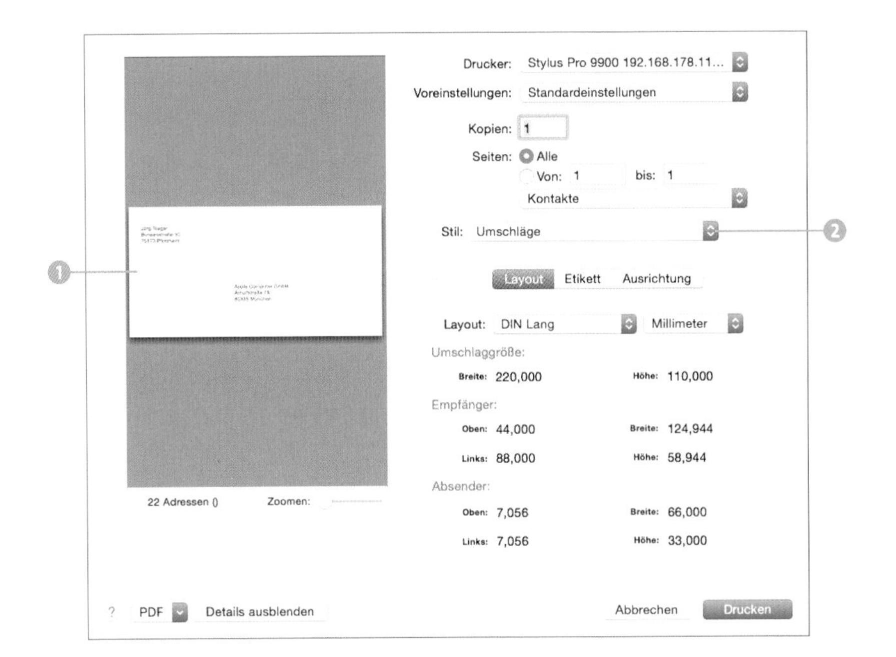

< Abbildung 12.16
Neben dem Ausdruck als Liste ist auch ein Druck von Umschlägen und Adressetiketten möglich.

2. Eine Frage des Stils

Im nächsten Fenster sehen Sie links eine Druckvorschau ①, die in der Standardeinstellung auf **Umschläge** eingestellt ist. Das muss über den Punkt **Stil** ② geändert werden. Klicken Sie im zugehörigen Feld auf **Listen**.

∨ Abbildung 12.17
Nehmen Sie die gewünschten Einstellungen vor.

3. Viele Einstellungen

Das Papierformat sollte auf **DIN A4** stehen. Falls nicht, ändern Sie dies entsprechend über das Rollout-Menü ③. Bei **Attribute** ④ setzen Sie vor jene Details ein Häkchen, die später in der Adressliste erscheinen sollen. Sie legen hier also fest, ob die Adresse zu sehen sein soll, das Geburtsdatum oder, oder, oder …

Sie sehen übrigens in der Druckvorschau links direkt, wie die Liste aussehen wird. Ein Klick auf **Drucken** ⑤ bringt das Adressbuch dann in die klassische Papierform. Ganz einfach, oder?

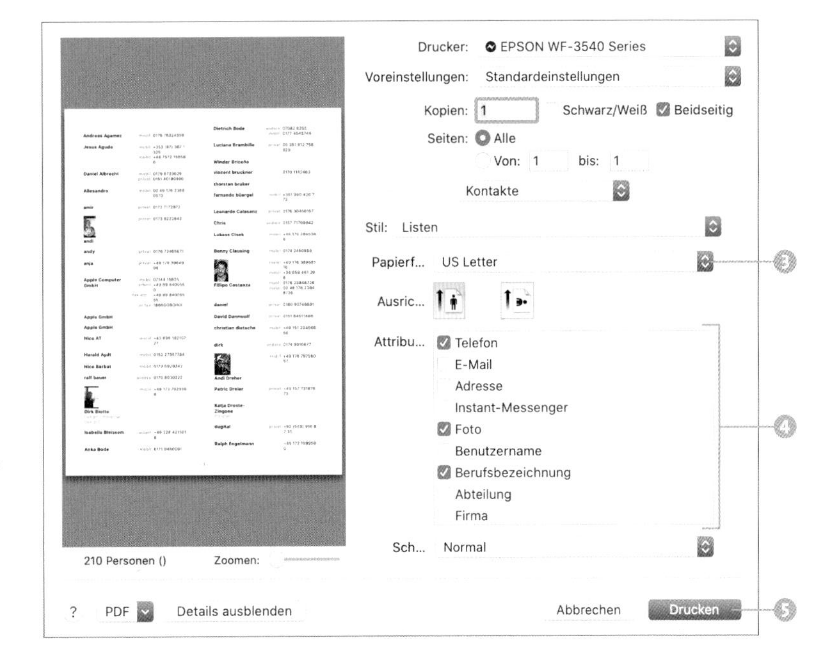

Geburtstagskalender anlegen mit den Programmen Kalender und Kontakte

Abbildung 12.18
Das Kalendersymbol aktualisiert sich jeden Tag automatisch im Dock.

Viele Freunde, viele Geburtstage – das kann man sich nicht alles merken. Und nichts ist peinlicher als ein verpasster Jubeltag. Praktisch, dass Ihr Computer mitdenkt und rechtzeitig Alarm schlägt. Das funktioniert mit dem *Kalender*-Programm, das Sie in diesem Abschnitt ein wenig kennenlernen werden.

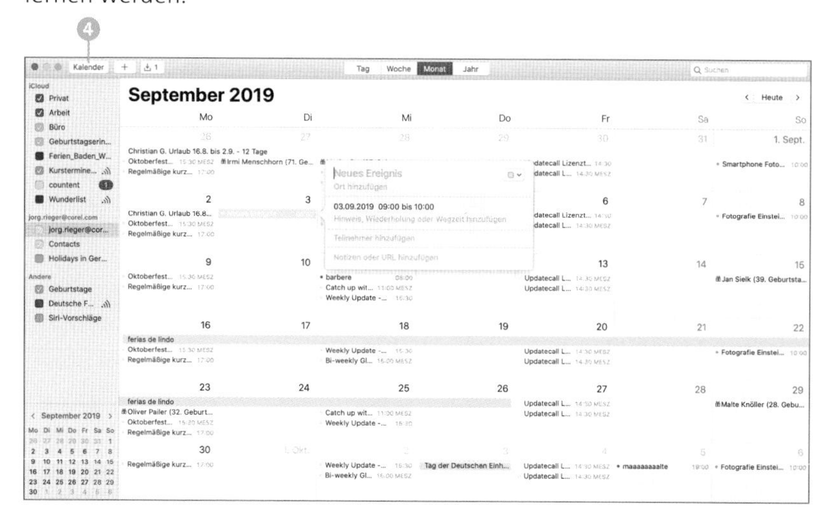

Abbildung 12.19
Der Kalender ist ein umfassendes Termin- und Planungsprogramm – privat und geschäftlich, und in diesem Fall gut gefüllt.

Kein Geburtstagseintrag über Kalender

Sie können in den Kalender keinen Geburtstag eintragen, das funktioniert definitiv nur über die App Kontakte und die entsprechende Kontaktinfo **Geburtstag**.

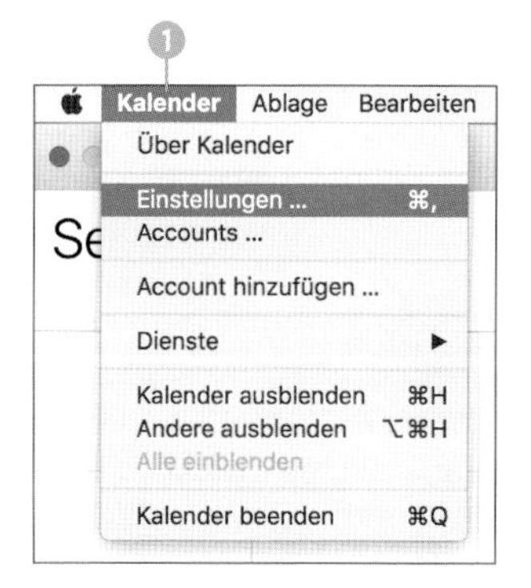

Abbildung 12.20
Die Einstellungen führen zu Ihrem Ziel, einen eigenen Geburtstagskalender zu erzeugen.

Als Grundlage für einen vollautomatischen Geburtstagskalender müssen Sie hier ein wenig der Apple-Logik folgen: Wenn Sie den Geburtstag einer Person kennen, kennen Sie auch zumindest deren Namen. Also wird der Geburtstag nicht im Kalender hinterlegt, sondern im Adressbuch. Das haben Sie ja bereits bei einigen Personen so gemacht. Falls nicht, sollten Sie für diesen kleinen Exkurs einfach testweise im Adressbuch einen Eintrag mit Geburtstag erzeugen.

Der Geburtstagskalender sollte eigentlich schon von Beginn an aktiviert sein. Vorsichtshalber können Sie aber mal nachschauen – vor allem dann, wenn Sie keine Geburtstage im Kalender sehen. Öffnen Sie dazu das Menü **Kalender** (1), und klicken Sie darin auf **Einstellungen**.

Im folgenden Fenster finden Sie den Eintrag **Geburtstagskalender einblenden** (2) – setzen Sie hier das Häkchen, falls noch nicht vorhanden, und schließen Sie das Fenster über die rote Schaltfläche links oben (3).

Der Kalender hat »dazugelernt« und zeigt Ihnen links unter **Andere** die Geburtstage als zusätzlichen Kalender an. Die Leiste blenden Sie übrigens mit einem Klick auf **Kalender** (4 in Abbildung 12.19) ein. Wenn Sie nun über die Datumsleiste auf ein Datum klicken, an dem ein Geburtstag erscheinen müsste, werden Sie sehen – er ist plötzlich da!

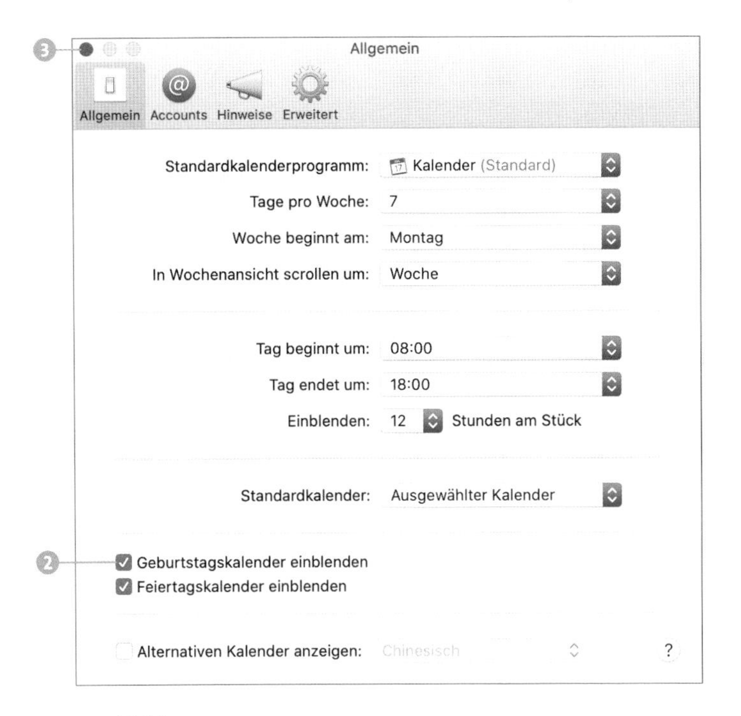

Abbildung 12.21
Über diesen Dialog lässt sich der Geburtstagskalender einblenden.

Und er wird jedes Jahr aufs Neue erscheinen, denn der Kalender geht natürlich direkt von einem wiederkehrenden Ereignis aus. So werden Sie nie wieder einen Geburtstag versäumen, garantiert!

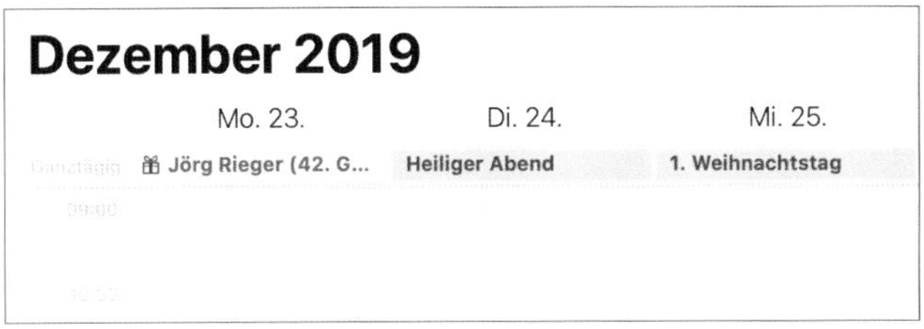

Dezember 2019
Mo. 23.
Di. 24.
Mi. 25.
Jörg Rieger (42. G...
Heiliger Abend
1. Weihnachtstag

Abbildung 12.22
Geburtstage erscheinen künftig automatisch im Kalender, hier in der Wochenansicht.

Ist iCloud aktiviert?

Sollten Sie via iCloud mit Ihrem iPhone verbunden sein, kann es durchaus sein, dass der Geburtstagskalender und viele weitere Einträge aus Ihrem iPhone schon standardmäßig eingeblendet werden. Denn logischerweise übernimmt auch der macOS-Kalender die Termine aus der Cloud.

Kalenderabos

Haben Sie sich vielleicht gewundert, dass der Kalender Ihren Geburtstagskalender in der Rubrik **Andere** abgelegt hat? Das hat den Hintergrund, dass Sie mit der App fertige Kalender abonnieren können. Gehen Sie einfach auf die Internetseite *http://icalshare.com* – hier stehen beispielsweise Bundesliga-Kalender, Schulferienkalender und vieles mehr bereit. Besonders praktisch: Wenn diese aktualisiert werden, werden die aktuellen Daten auch von Ihrem Kalender automatisch mit übernommen. Die Seite ist leider nur in englischer Sprache verfügbar. Wenn Sie aber in das Suchfeld »deutsch« eintippen, erhalten Sie gleich die passenden Kalender.

Erinnerungen und Notizen

Abbildung 12.23
Das Programmsymbol der Erinnerungen

Die *Erinnerungen* sind ein praktischer Helfer und dank iCloud natürlich auch geräteübergreifend. So stehen Ihnen Ihre unterwegs erstellten Notizen anschließend zu Hause gleich auf dem Mac zur Verfügung.

Starten Sie das Programm **Erinnerungen** aus dem Dock, Launchpad oder **Programme**-Ordner mit einem Mausklick. Hier wird zunächst abgefragt, ob die App Ihren Standort verwenden darf. Dies sollten Sie erlauben, da sich sonst viele Funktionen nicht richtig ausführen lassen.

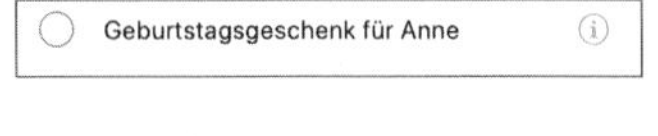

Abbildung 12.24
Über das »i« editieren Sie Ihren Eintrag.

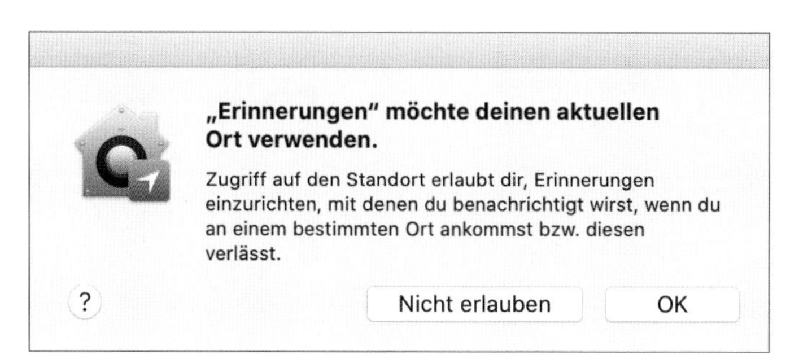

Abbildung 12.25
Sicherheit geht vor – beim ersten Programmstart müssen Sie die Standortfreigabe erlauben.

Abbildung 12.26
Kaum aus dem Haus, erinnern sich die Erinnerungen daran, dass sie Sie an etwas erinnern sollten. GPS-Tracking macht es fast metergenau möglich.

Sind Sie mit iCloud verbunden und haben Sie auf einem Ihrer mobilen Endgeräte bereits Erinnerungen hinterlegt, erscheinen diese auch direkt. Ansonsten erhalten Sie eine leere Listenansicht.

Eine neue Erinnerung legen Sie mit einem Klick auf das Plus ❶ an. Hier können Sie einfach nach einem Klick hineinschreiben, dann ist die Erinnerung notiert. Damit sich die Erinnerung zu einem bestimmten Zeitpunkt meldet, müssen Sie auf das **i** ❷ klicken und die Details nach Wunsch abändern. Dies kann entweder ein Datum sein oder auch ein Ort. Sie können sich also beispielsweise beim Verlassen der Wohnung daran erinnern lassen, ja die Alarmanlage einzuschalten oder zu prüfen, ob der Herd wirklich ausgeschaltet ist.

Echt verrückt – über den blauen Kreis in der Übersichtskarte ❸ können Sie sogar festlegen, in welchem Abstand zur angegebenen Adresse die Erinnerung auf Ihrem Apple-Gerät erscheinen soll.

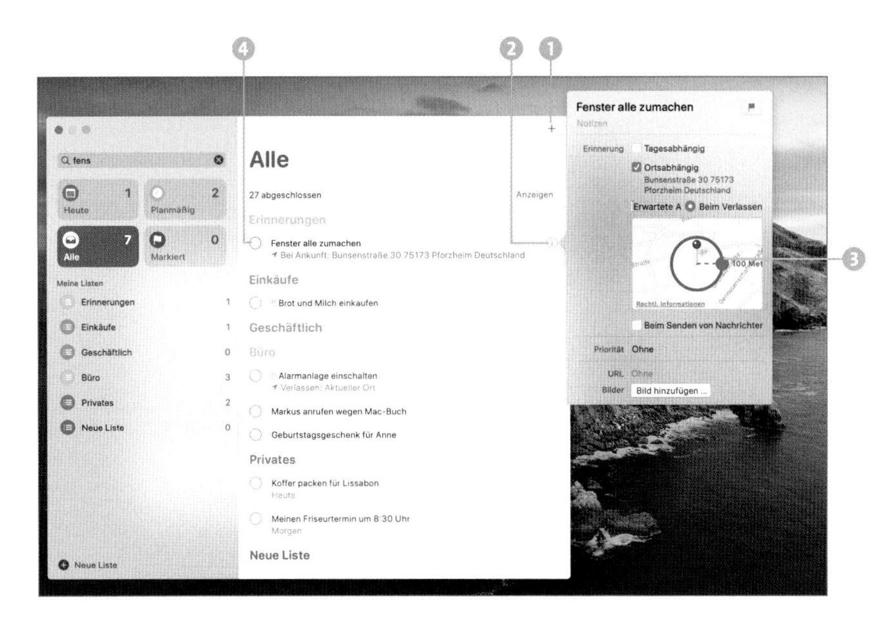

Abbildung 12.27
Stellen Sie ganz exakt ein, wann Sie erinnert werden wollen.

Sowohl auf dem Mac als auch auf allen über iCloud angeschlossenen Geräten ist diese Erinnerung dann sichtbar. Haben Sie eine Aufgabe erfolgreich erledigt, haken Sie sie einfach mit einem Klick vor den entsprechenden Eintrag ④ ab; sie verschwindet dann aus der Liste.

Für Ordnungsliebende gibt es zusätzlich die Option, Listen anzulegen und die Erinnerungen perfekt zu organisieren. Eine neue Liste legen Sie einfach über das Plussymbol ⑤ am unteren Ende des App-Fensters an.

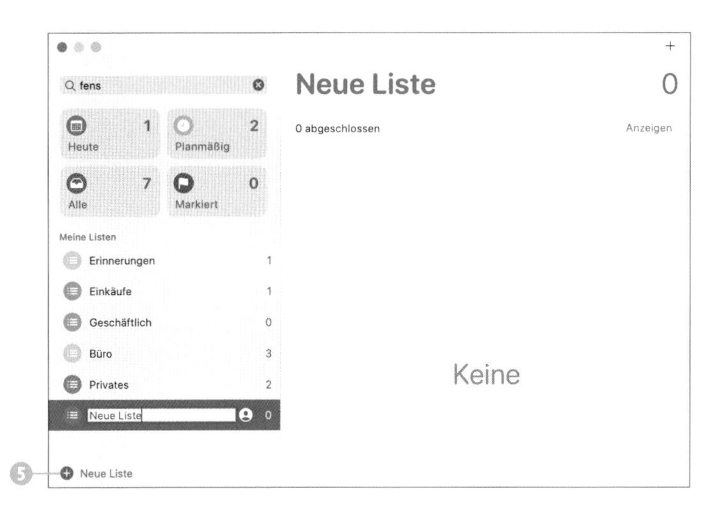

Abbildung 12.29
Wer es gerne noch ordentlicher hat, kommt um Erinnerungslisten nicht herum.

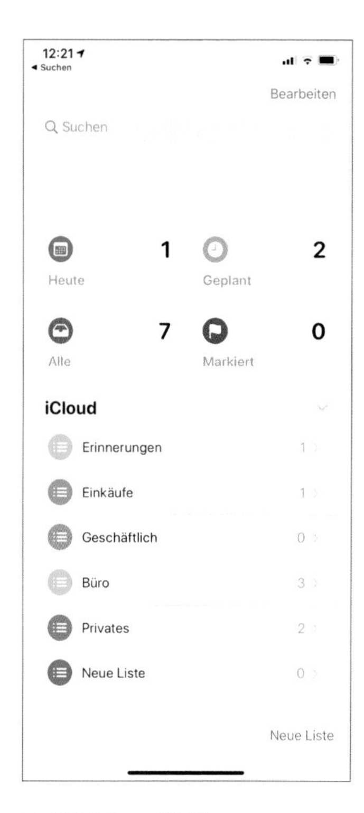

Abbildung 12.28
Die Erinnerungen auf dem iPhone synchronisieren sich automatisch mit Ihrem Mac und sind optisch sehr ähnlich aufgebaut.

Abbildung 12.30
Die App Notizen kommt als unbeschriebenes Blatt daher.

Ihre Erinnerungen werden übrigens unter macOS in den Mitteilungen angezeigt. Diese Funktion kennen Sie schon aus Kapitel 4, »Die Benutzeroberfläche kennenlernen«, ab Seite 106.

Die *Notizen* sind, wie könnte es anders sein, ebenfalls aus iOS, dem mobilen Betriebssystem von Apple, entnommen. Mit dieser App können Sie unter macOS, wie der Name schon sagt, kleine Notizen anlegen – nicht nur Text, sondern auch Bilder, Checklisten sowie Ortsangaben – und mit anderen Personen zusammen daran arbeiten.

Abbildung 12.31
Ganz schön praktisch – die App Notizen ist für ein kurzes Memo zwischendurch ideal.

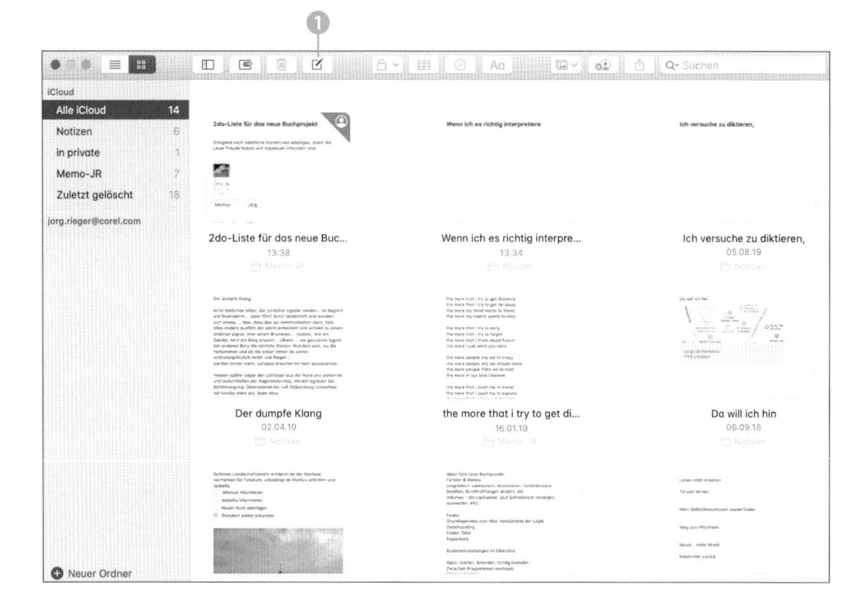

Ortsangaben notieren

Um eine Ortsangabe in eine Notiz zu bekommen, gehen Sie wie folgt vor: Öffnen Sie die Karten-App auf Ihrem Mac oder Ihrem iPhone, und suchen Sie den gewünschten Ort. In beiden Apps finden Sie den **Senden**-Button. Im Menü können Sie nun u. a. die Notizen und in einem Ausklappfeld auch gleich Ihre schon erstellten Werke auswählen. Wählen Sie also die gewünschte Notiz aus, und bestätigen Sie dies. In wenigen Augenblicken landet der Standort direkt in Ihrer Notiz ⑪.

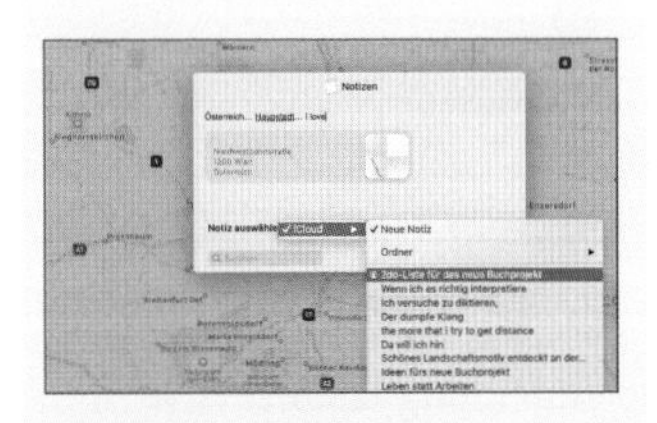

Abbildung 12.32
Einen Karten-Standort senden Sie direkt in Ihre Notizen.

Über **Notiz erstellen** ① können Sie direkt losschreiben. Das Memo wird sofort automatisch gespeichert. In diesem Fenster haben Sie nun folgende Möglichkeiten:

② Überschrift hinzufügen – die erste Zeile formatiert die Notizen-App immer in diesem Stil.

③ Normaler Text – dieser wird ebenfalls automatisch formatiert. Über den Button zur Textformatierung ④ können Sie Ihren Text auch gestalten, allerdings nicht so frei, wie Sie es beispielsweise von TextEdit (siehe dazu auch Kapitel 7, »Texte schreiben, gestalten und ausdrucken«, ab Seite 173) her kennen.

⑤ Jede Notiz kann beliebig viele Bilder enthalten. Diese ziehen Sie einfach in die Notiz hinein, egal ob vom Schreibtisch oder der Fotos-App, oder fügen sie über den entsprechenden Button ⑥ ein.

⑦ Tabellen sind zur Übersicht praktisch. Sie werden über den Button für Tabellen ⑧ in der Menüleiste erzeugt.

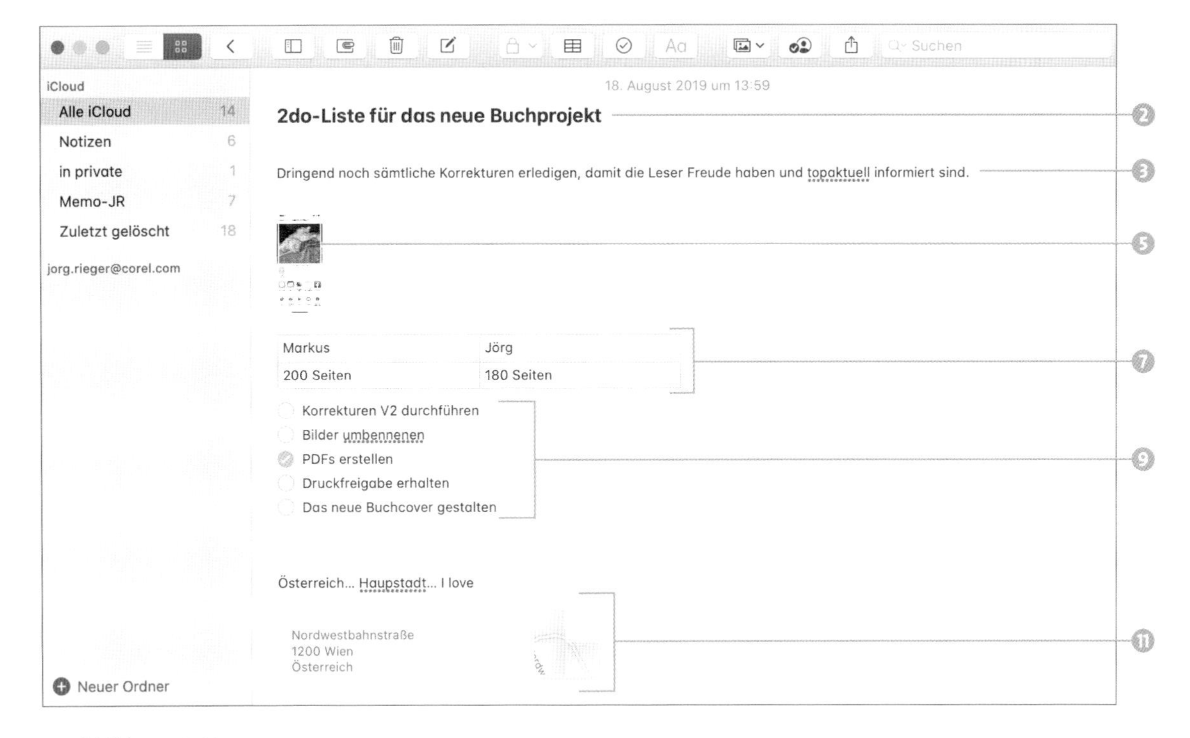

^ **Abbildung 12.33**
Die Notizen enthalten jede Menge Informationen und sind richtig nützlich, damit man nichts vergisst.

9 Auch Checklisten können in den Notizen angelegt werden – damit man alles im Griff hat, bietet sich eine To-do-Checkliste an. Über **Checkliste erstellen** 10 werden die Einträge erzeugt. Mit einem Klick auf den leeren Kreis können Sie so alles, was erledigt wurde, im wahrsten Sinne des Wortes »abhaken«.

11 Selbst Ortsangaben aus der Karten-App von Apple finden Platz in den Notizen. Wie das mit wenigen Handgriffen funktioniert, lesen Sie im Kasten »Ortsangaben notieren« auf der vorigen Seite.

Natürlich sind die Notizen auch auf dem iPhone und iPad über die iCloud verbunden und synchronisieren sich automatisch. Insgesamt also ist diese Anwendung äußerst praktisch und lässt gelbe Haftnotizen schnell in Vergessenheit geraten.

^ **Abbildung 12.34**
Eher nicht kreativ – die Textformatierung in den Notizen folgt einem strikten Gestaltungsschema.

13 In Kontakt bleiben: Nachrichten und Videotelefonie

Nachrichten, ehemals iChat, sowie *FaceTime* sind Kommunikationsprogramme von Apple, die direkt mit macOS Catalina mitgeliefert werden. Damit kann man Freunde und Bekannte kontaktieren, chatten oder per Video kommunizieren. Allerdings werden diese Programme nur von Apple unterstützt. Die große Masse der PC-Anwender, die beispielsweise mit Skype unterwegs ist, erreicht man damit nicht. iPhone- und iPad-User haben Sie mit diesen einfach zu bedienenden Apps aber »an der Strippe«. Zudem können Sie, ein iPhone vorausgesetzt, ganz bequem an Ihrem iMac oder MacBook »normale« Anrufe entgegennehmen oder hinaustelefonieren. Auch das Schreiben von SMS klappt, ohne das iPhone in die Hand nehmen zu müssen.

Neben Nachrichten und FaceTime stellen wir Ihnen *Skype* vor – ein Programm, das weit verbreitet und auch für Windows-Anwender zugänglich ist. Dem mobilen Gedanken geschuldet, werfen wir auch einen Blick auf *WhatsApp* bzw. die ebenfalls für den Mac erhältliche App. Für alle Anwendungen gilt, dass sie ausschließlich über das Internet und dann am besten mit einer schnellen DSL- oder Kabelmodem-Leitung oder via mobiles Internet funktionieren.

iMessage, der SMS-Killer

Sie haben es vielleicht schon an Ihrem iPhone bemerkt – wenn Sie eine SMS an einen anderen iPhone-Benutzer senden, steht da plötzlich **iMessage**. Dieses Format ist quasi der SMS-Killer von Apple, denn der Versand erfolgt nicht per SMS, sondern über Ihren Apple-Account. Der Vorteil: keine Längenbegrenzung, und Ihr SMS-Konto wird nicht belastet. Sollte keine mobile Internetverbindung verfügbar sein, dann wird Ihre Nachricht aber als normale SMS versandt. Ob iMessage verfügbar ist, erkennen Sie an der gleichnamigen Meldung im Eingabefeld.

Nachrichten

Die App *Nachrichten* ist weit mehr als nur ein Chat-Programm. Mithilfe dieser Software können Sie nämlich nicht nur mit anderen Mac-Anwendern chatten, sondern auch allen Bekannten mit iPhone oder iPad sog. *iMessages* schicken. Das kostet Sie keinen Cent.

∧ Abbildung 13.1
Gute »Nachrichten« – die App ist ein vielfältiges Kommunikationswerkzeug.

Ganz schön praktisch: Wenn Sie ein iPhone und/oder iPad besitzen, werden die Nachrichten automatisch abgeglichen. Sprich, die gesamten

Handoff

Als »ultramobiler« Nutzer und mit Apple-Geräten der neuesten Generation können Sie die *Handoff*-Funktion von Apple nutzen. Voraussetzung ist mindestens ein iPhone 5s und ein Apple-Computer ab Baujahr 2014 mit aktiviertem Bluetooth. Sie müssen die Funktion am iPhone in den Einstellungen bei **Allgemein** einfach aktivieren, und schon können Sie am Mac mit dem Schreiben einer Nachricht beginnen und dann einfach von unterwegs am iPhone die Nachricht fortsetzen (siehe dazu den Abschnitt »Handoff – vom Mac zum iPhone und zurück«, ab Seite 270).

∧ Abbildung 13.2
Ab dem iPhone 5 können Sie die praktische Handoff-Funktion nutzen, um Nachrichten und Mails systemübergreifend und »ohne Unterbrechung« schreiben zu können.

Chat-Verläufe sind auf allen Geräten parallel verfügbar. Es ist damit möglich, am iMac mit dem Schreiben zu beginnen und die Unterhaltung direkt mobil am iPhone von unterwegs aus fortzuführen.

Ebenfalls mit den Nachrichten machbar: das Annehmen von Anrufen und das Telefonieren ins Fest- oder Mobilfunknetz. Für beide Funktionen ist ein iPhone notwendig, und sie kosten entsprechend Ihrem Mobilfunktarif. Doch dazu später mehr.

Erst einmal zurück zu Ihrem Mac. Haben Sie das Programm Nachrichten über das Dock, Launchpad oder den Ordner **Programme** gestartet, erscheint sofort das Nachrichtenfenster.

Erstellen Sie zunächst über das entsprechende Icon ❶ eine neue Nachricht. In das Feld **An** ❷ auf der rechten Seite tippen Sie die Anfangsbuchstaben jenes Kontakts ein, den Sie gerne erreichen möchten. Apple greift hier auf Ihr Adressbuch zu, das natürlich idealerweise mit iCloud verbunden ist. Wählen Sie den Kontakt aus, und geben Sie dann direkt Ihre Nachricht in das Textfeld ❸ ein. Schreibt Ihr Gegenüber, sehen Sie das an drei kleinen Punkten, denen dann alsbald die fertige Nachricht folgt.

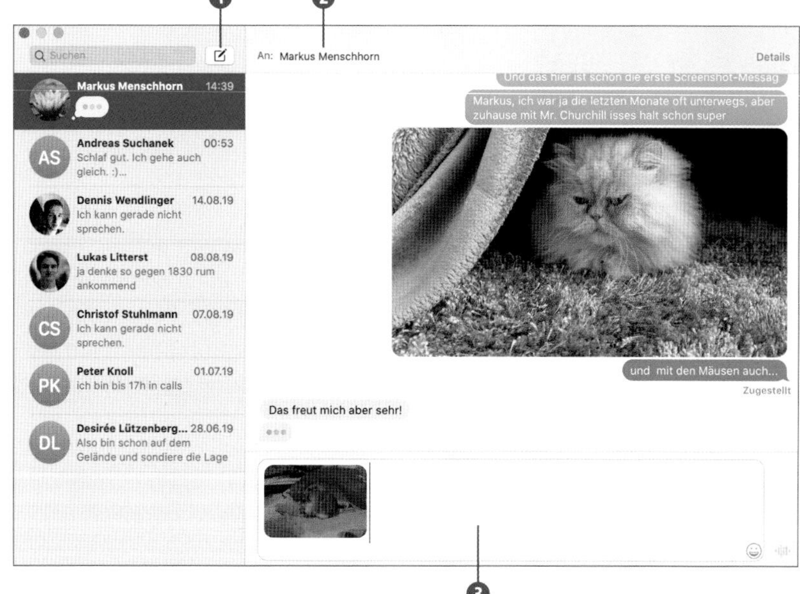

∧ Abbildung 13.3
Das Nachrichtenfeld im vollen Chat-Einsatz

Dies ist das simple Prinzip der Nachrichten – einfach, unkompliziert, aber äußerst praktisch. Neue Nachrichten werden übrigens auch direkt in den Mitteilungen aufgelistet.

Sie können mit den Nachrichten aber auch ganz bequem SMS versenden, natürlich zu dem Tarif Ihres Mobilfunkanbieters. Die SMS werden nämlich, auch wenn Sie sie über die App am Mac absenden, über Ihr iPhone versendet. Ganz wichtig: SMS werden automatisch ohne besondere Rückfrage verschickt, sofern der Adressat keine iMessages empfangen kann. Ob dies der Fall ist, verraten lediglich der kleine Hinweis im Chat-Fenster ❹ und die Farbe der versendeten Nachricht. Grüne Nachrichten sind immer normale SMS, blaue hingegen iMessages. Die Kosten für eine SMS sind so hoch wie in Ihrem iPhone-Mobilfunkvertrag hinterlegt. Es entstehen keine zusätzlichen Gebühren.

Der Empfang von SMS-Nachrichten ist übrigens immer kostenfrei.

Damit der SMS-Versand und -Empfang korrekt funktionieren, müssen Ihr Mac und Ihr iPhone bzw. iPad im gleichen WLAN-Netz eingebunden sein, was zu Hause in der Regel der Fall sein sollte.

Abbildung 13.4
SMS per Nachrichten-App am Mac oder iPhone? Kein Problem, aber natürlich je nach Mobilfunkvertrag kostenpflichtig.

FaceTime

Ganz ähnlich wie Nachrichten präsentiert sich FaceTime, das Videotelefonie-Programm, unter macOS. Diese App kann aufgrund der bei der Apple-ID angegebenen E-Mail-Adresse Anrufe zwischen verschiedenen Apple-Anwendern durchführen, egal ob diese ein iPhone, einen Mac oder ein iPad nutzen. FaceTime ist auf allen mobilen Apple-Geräten installiert und funktioniert völlig identisch. Damit Sie mit Ihrem Gegenüber auch tatsächlich per Webcam sprechen können, sollten Sie idealweise über WLAN mit dem Internet verbunden sein. Es klappt zwar auch mit einer mobilen Datenverbindung von unterwegs. Wenn Sie aber über ein geringes Datenvolumen in Ihrem Handyvertrag verfügen, sollten Sie darauf lieber verzichten, denn ein Videochat benötigt viel Übertragungskapazität.

Abbildung 13.5
FaceTime lädt zur Videotelefonie ein.

Bei FaceTime können Sie aber nicht nur videotelefonieren, sondern auch, ein iPhone vorausgesetzt, ganz bequem über Ihren Mac via Festnetz und Mobilfunk telefonieren oder Anrufe entgegennehmen.

1. Der erste Anruf

Die App ist sehr schnell eingerichtet. Starten Sie sie zunächst wie gewohnt aus dem Dock, dem Launchpad oder dem **Programme**-Ordner. Hier müssen Sie sich unter Umständen mit Ihrer Apple-ID anmelden und können dann direkt loslegen.

Unser Praxistipp

Vor dem Videoanruf unbedingt anziehen und die Wohnung aufräumen ...

Abbildung 13.6
Der Startbildschirm von FaceTime gibt sich spartanisch.

Abbildung 13.7
Wenn Sie einen Anruf starten, sehen Sie zunächst nur Ihr Spiegelbild stark abgedunkelt.

Abbildung 13.8
Die Bedienelemente in FaceTime werden nur eingeblendet, wenn Sie den Mauszeiger bewegen.

2. Adressbuch & Kontakt suchen

Wie bei der Nachrichten-App erscheinen Ihre Kontakte nicht komplett aufgelistet wie im Adressbuch. Zu Beginn steht hier eine leere Liste. Erst dann, wenn Sie den Namen in das Suchfeld ❶ eintragen, werden passende Vorschläge eingeblendet. Sie sehen anhand der Icons, ob mit dem Teilnehmer ein FaceTime-Chat mit Video ❷ oder nur ein reguläres Telefonat via iPhone ❸ machbar ist.

3. Reden müssen Sie selbst

Das FaceTime-Fenster präsentiert sich nach Anrufannahme extrem minimalistisch. Sie sehen sich im kleinen ❹ und Ihren Gesprächspartner im großen Fenster ❺.

Um das Mikrofon auszuschalten (Stummschaltung) ❻, bewegen Sie kurz die Maus oder tippen auf Ihr Trackpad. Dann erscheint die Steuerungsleiste. Hier kann auch aufgelegt ❼ oder das Videofenster auf Vollbild ❽ gebracht werden. Zusätzlich können Sie das Auswahlfeld für Kontakte einblenden ❾.

Wenn Sie über FaceTime telefonieren, werden Sie sicher von der Bildqualität überrascht sein – je nach Gerät und Internetverbindung sendet FaceTime tatsächlich in HD-Qualität.

Nach Hause telefonieren – Anmeldung bei Skype

Skype ist ein Programm, um Textnachrichten auszutauschen, zu telefonieren oder sogar per Video mit anderen Menschen zu sprechen. Auch Daten wie Word-Dokumente oder Fotos können hier ganz einfach verschickt werden. Sie können gegen zusätzliches Entgelt sogar Telefonate ins Fest- und Mobilfunknetz führen. Auch das Teilen der Bildschirmansicht ist möglich – Sie können damit Freunden ermöglichen, einen Blick auf Ihren Bildschirm zu werfen, und sich beispielsweise bei einem Problem helfen lassen.

∧ Abbildung 13.9
Skype – damit telefonieren Sie per Internet.

Skype ist auf Ihrem Mac nicht vorinstalliert, kann aber völlig kostenlos unter *www.skype.de* heruntergeladen und installiert werden. Das Herunterladen klappt ganz ohne Anmeldung. Damit Sie Skype verwenden können, müssen Sie sich beim ersten Programmstart noch kostenlos registrieren, sofern Sie nicht schon ein Skype-Konto oder Microsoft-Konto besitzen.

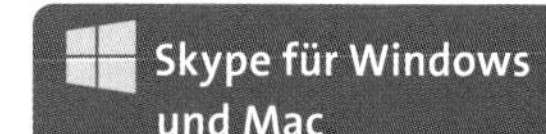

Skype für Windows und Mac

Sie können als ehemaliger Windows-Anwender Skype am Mac ohne Probleme verwenden, es funktioniert fast 1:1 identisch. Bei der Anmeldung verwenden Sie einfach Ihre bereits bekannten Anmeldedaten.

Auf dem Schreibtisch erscheint nun das Volume (das Installationspaket) von Skype, und das Installationsfenster öffnet sich automatisch. Wie Sie im Abschnitt »Programme aus dem Internet« ab Seite 133 gelernt haben, müssen Sie bei dieser Art von Programm lediglich das Skype-Symbol mit gedrückter Maustaste auf das abgebildete Symbol **Applications** ❶ ziehen. Damit wird das Programm direkt in Ihren **Programme**-Ordner überspielt. Eine Alternative für die Profis: Sie können natürlich das Skype-Symbol auch direkt in Ihren **Programme**-Ordner ❷ ziehen, das ist genau der gleiche Vorgang.

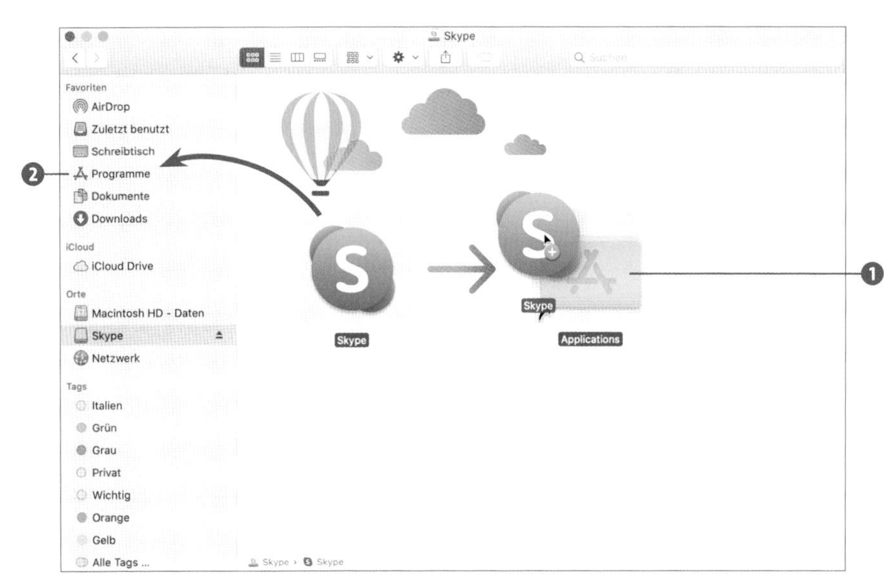

< Abbildung 13.10
Sie müssen das Skype-Symbol auf den Ordner »Applications« ziehen. Alternativ können Sie es auch direkt auf den »Programme«-Ordner in der Seitenleiste ziehen.

Wenige Augenblicke später ist Ihr neues Internettelefonie- und Kommunikationsprogramm installiert. Sie können also das Installations-Volume auf Ihrem Schreibtisch in den Papierkorb ziehen und damit auswerfen.

Jetzt starten Sie Skype über den Finder oder über das Launchpad zum ersten Mal. Da es sich hier um ein Programm aus dem Internet handelt, möchte macOS diese Aktion separat bestätigt bekommen. Wählen Sie hier dazu einfach **Öffnen** ❸ aus.

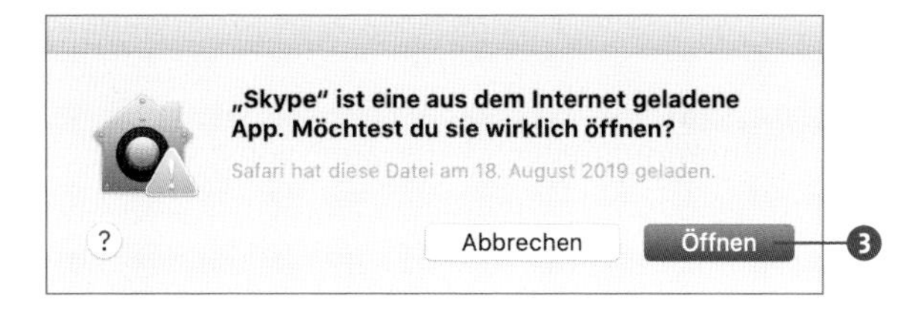

Abbildung 13.11
macOS möchte wissen, ob Sie dieses Programm tatsächlich starten wollen. Das ist eine reine Routinefrage.

Skype ist geladen. Nun müssen Sie sich lediglich mit Ihren Benutzerdaten anmelden.

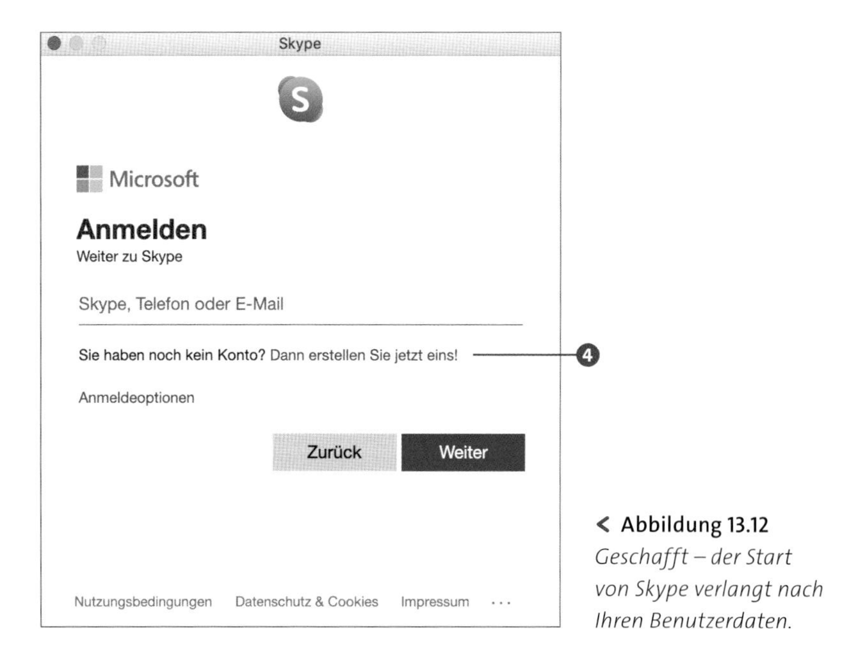

Abbildung 13.12
Geschafft – der Start von Skype verlangt nach Ihren Benutzerdaten.

Sollten Sie noch über keinen Skype-Zugang verfügen, können Sie ihn an dieser Stelle mit einem Klick auf **Dann erstellen Sie jetzt eins** ❹ kostenlos anlegen.

Skype oder FaceTime und Nachrichten?

Die Entscheidung für eines der Programme können wir Ihnen nicht abnehmen, und ein klares Für und Wider gibt es nicht. Alle Kommunikationsprogramme haben einen nahezu identischen Funktionsumfang, sehen gleich schick aus und lassen sich unkompliziert bedienen. Daher wird die Entscheidung davon abhängen, bei welchem Dienst Ihre Freunde und Bekannten angemeldet sind – damit Sie künftig möglichst viele über das Internet erreichen können. Abgesehen davon ist es auch kein Problem, mehrere kostenlose Messenger auf dem Mac zu installieren. Ehrlich gesagt – wir nutzen alle Apps parallel, inklusive WhatsApp.

Wenigstens Ihr Name und Ihre Mobilfunknummer (alternativ auch eine E-Mail-Adresse ❺) sind Pflicht, und auch einen Benutzernamen und ein Passwort müssen Sie sich im Anschluss noch ausdenken.

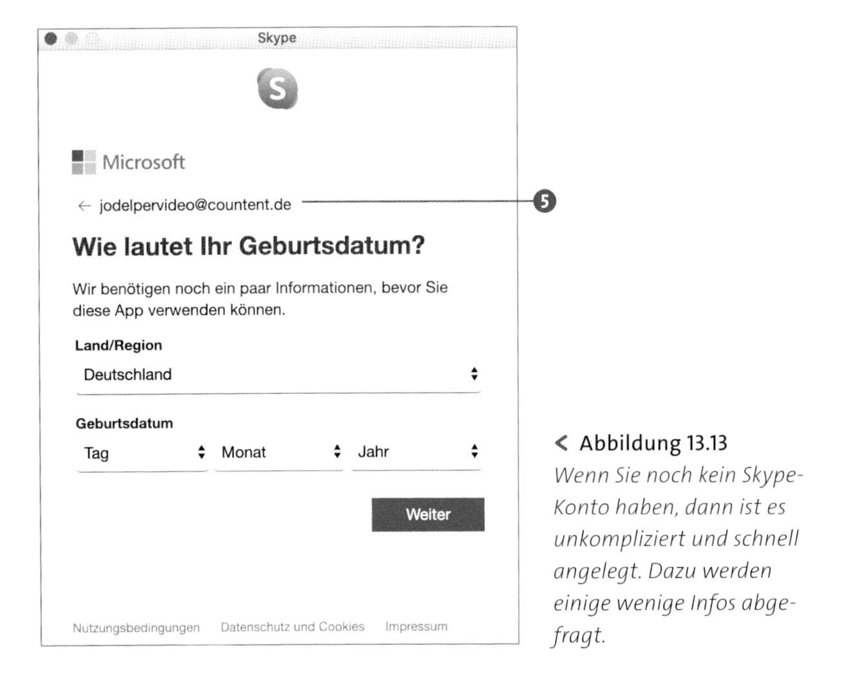

< Abbildung 13.13
Wenn Sie noch kein Skype-Konto haben, dann ist es unkompliziert und schnell angelegt. Dazu werden einige wenige Infos abgefragt.

Grundlagen der Bedienung von Skype

Im Skype-Fenster erkennen Sie ganz oben sich selbst. Das grüne Häkchen vor Ihrem Namen bedeutet, dass jeder Sie erreichen kann. Ein Klick auf das grüne Symbol zwischen Ihrem Profilbild und dem Namen öffnet eine Liste mit anderen Symbolen. Alternativ geht das auch über die Menulets-Leiste rechts oben an Ihrem Bildschirm. Der Status kann nach Bedarf ausgewählt werden. Damit signalisieren Sie den anderen Skype-Nutzern, ob Sie verfügbar sind oder momentan nicht gestört werden wollen.

- **Aktiv:** Sie sind verfügbar und können angerufen werden.
- **Beschäftigt:** Das rote Symbol ist Programm. Wenn Sie diesen Status aktiviert haben, werden Sie über ankommende Chats oder Anrufe nicht benachrichtigt und können daher ganz ungestört arbeiten.
- **Nicht sichtbar:** In diesem Modus sieht niemand, dass Sie eigentlich online sind. Das ist genau die richtige Wahl, wenn Sie völlig ungestört am Computer arbeiten möchten. Eine andere Alternative wäre natürlich, Skype einfach gar nicht zu starten.

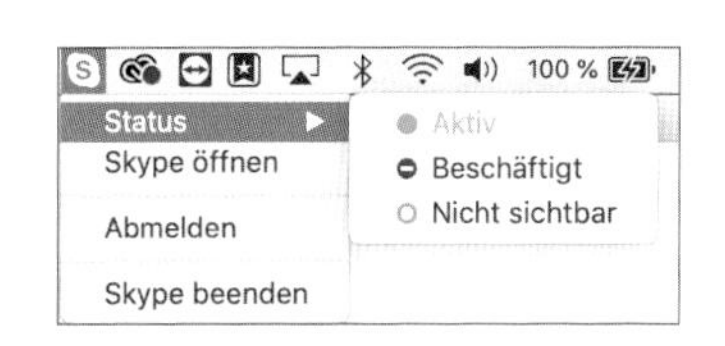

^ Abbildung 13.14
Und was machen Sie gerade vor dem Mac?

Auch wenn es lästig erscheinen mag: Sie sollten Ihren Status immer Ihrer tatsächlichen Verfügbarkeit anpassen. So vermeiden Sie, dass jemand Sie kontaktiert, obwohl Sie in diesem Moment eigentlich gar nicht gestört werden wollen.

< Abbildung 13.15
Wenn Skype gerade geöffnet ist, reicht ein Rechtsklick auf das Symbol im Dock, um das Programm zukünftig im Dock zu behalten.

Kontakte hinzufügen

∧ Abbildung 13.16
Hier startet die Suche nach neuen Kontakten.

Skype ist nun endgültig startklar. Freunde und Bekannte werden in der Anwendung über **Skype durchsuchen** ❶ gefunden. Tragen Sie dort den exakten Namen, den Skype-Namen oder die E-Mail-Adresse ein. Das Kontaktnetzwerk wird dann durchforstet, und die möglichen Treffer werden in der linken Leiste angezeigt. Ihr Kontakt ❷ ist dabei? Dann klicken Sie ihn an. Im Skype-Fenster erscheint nun die Aufforderung, den Kontakt mit einem **Winken** ❸ oder einer Nachricht ❹ zu begrüßen.

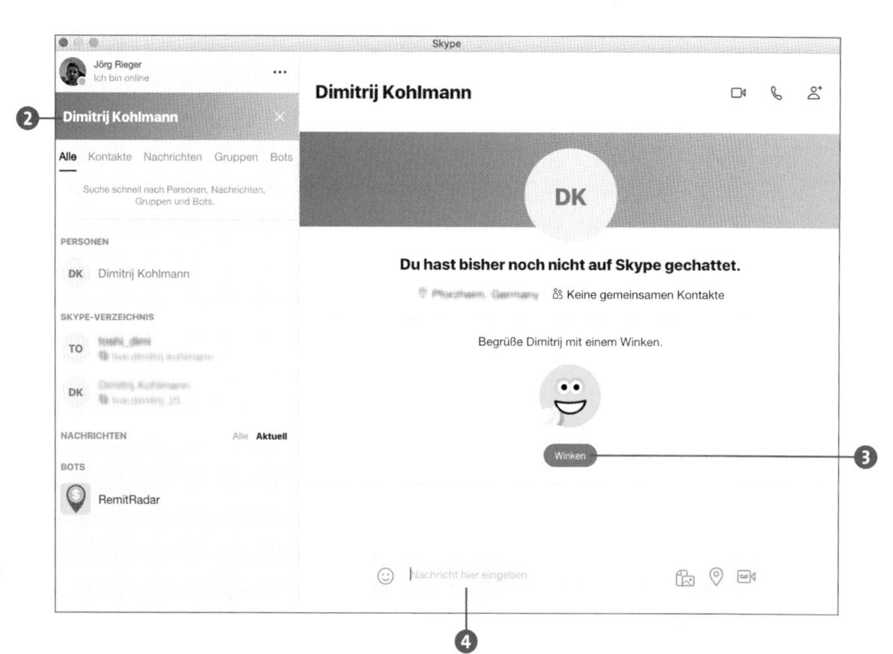

Abbildung 13.17 >
Hier können Sie nach Freunden und Bekannten suchen, die auch bei Skype sind.

Chatten: flinke Finger für spannende Unterhaltung

Die erste Kontaktaufnahme passiert am besten über die Tastatur. Gechattet wird bei Skype folgendermaßen: Markieren Sie den gewünschten Kontakt links. Das Chat-Fenster ist direkt geöffnet, und Sie können losschreiben.

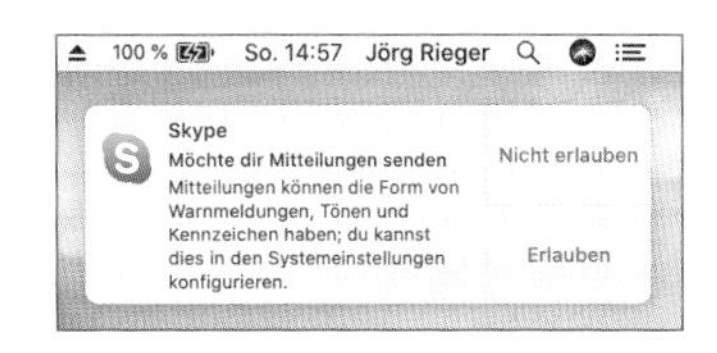

∧ Abbildung 13.18
Beim ersten Start erscheint die Abfrage, ob Skype Sie über die macOS-internen Dienste wie Benachrichtigungen oder Mitteilungen beispielsweise über eingehende Anrufe oder Chats informieren darf.

Das können Sie übrigens auch dann, wenn der Kontakt nicht verfügbar ist. In diesem Fall werden die Nachrichten zwischengespeichert. Im unteren Bereich ❶ tippen Sie Ihre Nachricht ein. Drücken Sie dann die [↵]-Taste, um sie loszuschicken. So einfach ist das! Wenn Sie das Zehnfingersystem beherrschen, haben Sie einen klaren Vorteil, aber auch mit dem »Adler-Such-System« kommen Sie hier zum Ziel.

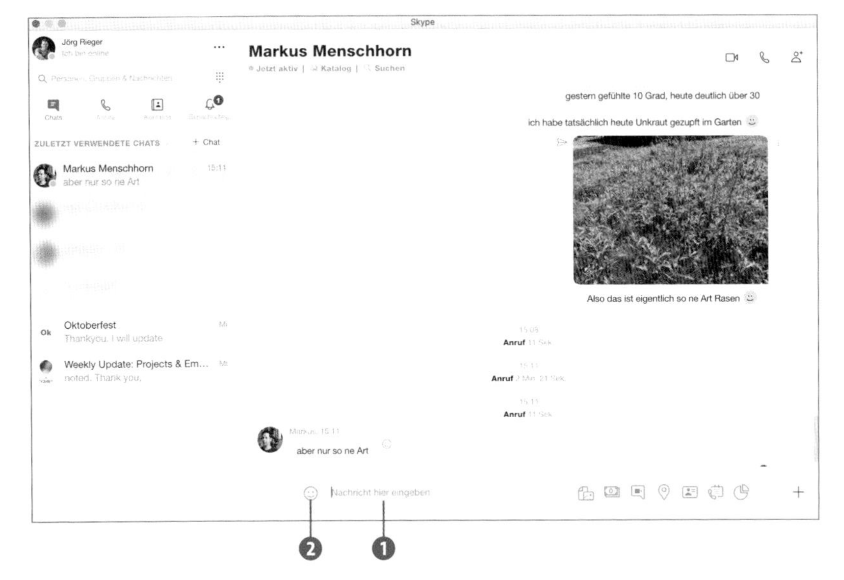

< Abbildung 13.19
Ihre erste Chat-Nachricht mit Bild und getätigten Anrufen

Die Nachrichten des Chat-Partners erhalten Sie in Echtzeit im oberen Fenster angezeigt, in dem auch der gesamte Verlauf des »getippten« Gesprächs aufgezeichnet wird. Das ist sehr praktisch, um eben mal schnell nachzusehen, was man denn vor einer Viertelstunde so alles geschrieben hat. Das klappt übrigens auch noch nach Wochen und Monaten.

∧ Abbildung 13.20
Ulkig, oder? Viel sagen mit lustigen Emoticons

Emoticons – schnell alles gesagt, auch ohne viele Worte

Sicherlich kennen Sie die Smileys wie :) oder :-). Sie werden nicht nur im Internet eingesetzt, um ganz schnell und ohne viele Worte eine Emotion auszudrücken, z. B. um einer Chat-Nachricht einen ironischen Unterton

^ **Abbildung 13.21**
Im unteren Fensterbereich stehen mehrere Emotionen bereit. Per Klick werden diese dem Gegenüber für wenige Sekunden angezeigt, als direkte Reaktion auf das aktuelle Gespräch.

zu verleihen, Freude, Trauer oder auch Wut auszudrücken. Skype hat hier gleich ein paar Dutzend hübscher Smileys für jeden Verwendungszweck eingebaut – einige davon sind sogar animiert.

Ein Klick auf das Smiley-Symbol (❷ auf Seite 295) im Chat-Fenster öffnet die Auswahl. Fahren Sie einfach mit dem Mauszeiger über ein Gesicht, um zu erfahren, was es ausdrücken soll. Wenn Sie das passende Gesicht gefunden haben, wählen Sie es einfach mit einem Mausklick aus.

Im Nachrichtenfeld erscheint nun aber noch nicht das Gesicht, sondern die Zeichenabkürzung, so, wie sie auch direkt eingetippt werden könnte. Erst wenn die Nachricht per Druck auf die [↵]-Taste abgesendet wird, erhält die Zeichenabkürzung ihre grafische Form. Probieren Sie es doch einfach einmal aus.

Beim Videoanruf (siehe dazu den Abschnitt »Anrufen mit Skype – inklusive Videobild« ab Seite 297) können Sie über das Herzsymbol ❸ ebenfalls direkt Emotionen ❹ hinzufügen und Ihrem Gegenüber im Video signalisieren, was Sie fühlen. Der Anrufer sieht das jeweils gewählte Emoticon dann groß auf dem Bildschirm ❺.

Abbildung 13.22 >
Emotionen im Video vergeben Sie direkt – in unserem Fall fand das Gegenüber das Gespräch wohl gerade nicht sonderlich spannend und zeigt das im Vollformat.

Datenversand – große Pakete über Skype versenden

Im Chat kann nicht nur geplaudert, sondern auch Datenaustausch betrieben werden. Mit einer schnellen Internetleitung versenden Sie über Skype auch große Dateimengen schneller und direkter als per E-Mail.

^ **Abbildung 13.23**
Mit Skype können Sie auch Dateien versenden.

Ziehen Sie die gewünschten Daten, z. B. Fotos, für den Versand einfach in das Chat-Fenster – fertig! Wie schnell die Übertragung ist, hängt von Ihrer Internetgeschwindigkeit, von der des anderen Kontakts und von der Auslastung des Skype-Servers ab. Besonders in den Abendstunden kann es da schon mal zu längeren Wartezeiten kommen.

Anrufen mit Skype – inklusive Videobild

Skype wäre nicht Skype, wenn man nicht einfach auch direkt »videofonieren« könnte. Das klappt grundsätzlich mit jedem Kontakt, der auch bei Skype angemeldet ist. Ob Sie Ihren Gesprächspartner ebenfalls hören und sehen können, hängt davon ab, ob dieser auch eine Webcam und ein Mikrofon angeschlossen hat.

∧ Abbildung 13.24
Wenn Sie anrufen, sieht der Skype-Bildschirm so aus.

Statt des Chat-Buttons wählen Sie nun den **Videoanruf**-Button mit der kleinen Kamera aus ❶. Sofort wird der Teilnehmer angerufen, und normalerweise wird er dann auch abnehmen. Sobald das Gesprächsfenster geladen ist, können Sie lossprechen. Die Videokamera ist standardmäßig aktiviert, also aufgepasst, dass die Frisur sitzt.

∧ Abbildung 13.25
Für einen Videoanruf klicken Sie auf den entsprechenden Button.

< Abbildung 13.26
Anrufen in Skype per Video – das macht richtig Spaß!

Und dann bleibt es Ihnen überlassen, was Sie mit Ihrem Gesprächspartner besprechen. Sie können ganz normal sprechen – im großen Fenster sehen Sie Ihr Gegenüber, im kleinen Fenster ❷ sich selbst. Für ein bildschirmfüllendes Erlebnis lohnt der Klick auf den Vergrößerungs-Button ❸, der das Webcam-Bild auf dem gesamten Monitor anzeigt. Mit einem Tastendruck auf die esc-Taste gelangen Sie ganz einfach wieder zur Normalansicht zurück.

∧ Abbildung 13.27
Skype zeigt Ihnen während des Videotelefonats dezent an, dass parallel eine Chat-Nachricht eingetroffen ist.

Das Gespräch ist beendet? Dann genügt ein Klick auf **Auflegen** ❹, und die Verbindung wird genauso wie beim normalen Telefon getrennt.

Wenn Sie parallel chatten möchten, schalten Sie den Chat-Verlauf über das entsprechende Icon ❺ ein.

Abbildung 13.28
Ein eingehender Anruf via Skype – Sie können wählen, ob Sie nur per Sprachübertragung oder direkt per Video starten wollen.

Anrufe entgegennehmen

Sie können natürlich auch angerufen werden, vorausgesetzt, Sie haben Skype geöffnet und Ihren Status nicht auf **Beschäftigt** oder **Nicht sichtbar** gesetzt. Wenn Sie einen Anruf erhalten, erscheint ein deutlicher Hinweis auf Ihrem Bildschirm ❻. Sie müssen lediglich mit einem Klick auf den grünen Hörer ❼ bzw. das Videokamerasymbol ❽ abnehmen und führen dann das Gespräch genau so, wie wir es bereits beschrieben haben. Wenn es gerade unpassend ist, kann der Anruf natürlich auch abgelehnt werden ❾, das ist aber doch recht unhöflich. Besser, Sie öffnen das Menü **Kontakte**, wählen die entsprechende Person aus und tippen kurz ein, warum Sie jetzt gerade nicht telefonieren möchten.

SkypeOut: Anrufe ins Festnetz

Mit Skype können Sie auch ganz normal ins Festnetz telefonieren und damit Ihren alten Apparat in den Ruhestand schicken. Klar, dass Sie hier nur per Sprache und nicht per Video kommunizieren können, aber praktisch ist es allemal.

Klicken Sie hierzu auf das Nummernfeld-Symbol rechts neben dem Suchfeld, das mit **Skype durchsuchen** beschriftet ist (siehe Abbildung 13.16 auf Seite 294). Nun wird eine nahezu echt wirkende Tastatur eingeblendet (siehe Abbildung 13.29). Alternativ können Sie die Nummer auch per Mac-Tastatur ganz einfach in das entsprechende Feld ganz oben eintragen ❶. Falls Sie ins Ausland telefonieren möchten, müssen Sie die Telefonnummer mit Landesvorwahl eingeben.

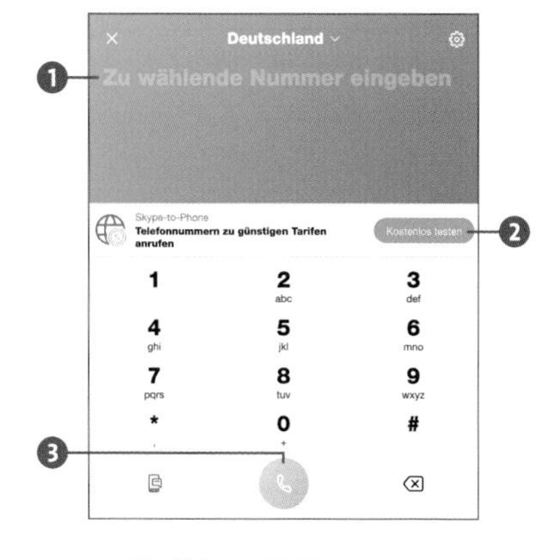

Abbildung 13.29
Fast wie im normalen Festnetz – so telefoniert man von Skype in die ganze Welt, Guthaben vorausgesetzt.

Allerdings ist das nicht gratis zu haben. Die sog. *SkypeOut-Anrufe* kosten Geld. Dafür müssen Sie wie beim Mobiltelefon zuerst Guthaben kaufen. Das klappt erstaunlich unkompliziert, allerdings müssen Sie mindestens 10 € auf Ihr Skype-Konto laden.

Klicken Sie, falls noch nicht geschehen, auf das Nummernfeldsymbol und in der eingeblendeten Tastatur auf **Kostenlos testen** ❷. Sie können im Anschluss tatsächlich ein paar Minuten gratis telefonieren oder auf diesem Wege auch Guthaben kaufen. Während dieses Vorgangs, der im Grunde wie Onlineshopping funktioniert, müssen Sie Ihren Namen, Ihre Adresse und eine Zahlungsart angeben. Sie können mit Kreditkarte oder PayPal, per Lastschrift oder Direktüberweisung bezahlen.

Mit einem Klick auf die Schaltfläche **Anruf** ❸ wird der Anruf getätigt und funktioniert nun ganz wie beim »normalen« Telefonat. Die Sprachqualität ist mindestens genauso gut, in vielen Fällen sogar deutlich besser als via Telefonnetz. Der Angerufene sieht übrigens keine kryptische, irritierende Nummer von Ihnen auf dem Display, sondern bekommt einfach gar nichts angezeigt.

Wenn Sie telefonieren, sehen Sie im Skype-Fenster jederzeit das verfügbare aktuelle Guthaben. Skype rechnet im Minutentakt ab, folglich wird es von Minute zu Minute weniger.

WhatsApp – auch am Mac

WhatsApp ist auf dem Smartphone unangefochten die Nummer 1 in Sachen Nachrichten. Nahezu jeder nutzt diese praktische App. Umso praktischer, dass Sie auch unter macOS das passende Programm installieren und mit Ihrem Mobiltelefon, egal ob iPhone oder Android, verbinden können. Der Vorteil: Am Mac haben Sie die größere Tastatur und müssen den Blick beim Chatten nicht vom Bildschirm nehmen. Klar, dass sich die Nachrichten zwischen Mac und Handy abgleichen – es geht nichts verloren.

∧ Abbildung 13.30
WhatsApp – Millionen Menschen nutzen diese App bereits.

Im Gegensatz zu den Nachrichten und iMessage von Apple muss aber das Mobiltelefon in Reichweite liegen, sonst funktioniert WhatsApp am Mac nicht. Ebenfalls schade: Mit einem Smartphone können Sie über WhatsApp auch problemlos telefonieren oder per Video sprechen, wie auch in FaceTime oder Skype, am Mac klappt das leider nicht. Immerhin werden Sie benachrichtigt, wenn Sie einen Anruf verpasst haben ❶.

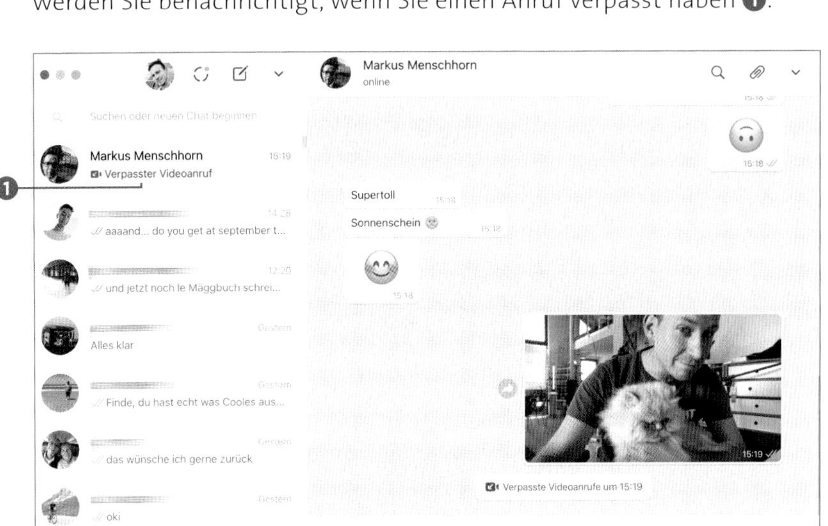

< Abbildung 13.31
WhatsApp auf dem Mac kann leider keine Videoanrufe annehmen.

WhatsApp laden

Unter *www.whatsapp.com* können Sie die App für den Mac direkt und kostenlos laden. Die Installation funktioniert wie üblich und so wie von uns im Abschnitt »Programme aus dem Internet« ab Seite 133 beschrieben.

Bevor Sie WhatsApp am Mac nutzen können, müssen Sie sich noch direkt am Display verifizieren und den angezeigten QR-Code mit Ihrem Smartphone einscannen.

Abbildung 13.32
Schnell den QR-Code am Smartphone in der WhatsApp-App einscannen

Abbildung 13.33
Vor dem Chat steht der Scan des QR-Codes.

Gehen Sie dazu bei Ihrem Smartphone in die **Einstellungen** der App WhatsApp. Hier gibt es den Punkt **WhatsApp Web/WhatsApp Desktop**. Scrollen Sie dort ganz nach unten, und wählen Sie **QR-Code scannen**. Und schon ist WhatsApp auch auf Ihrem Mac einsatzbereit.

Die Bedienung der App ist, ganz ähnlich wie bei den anderen vorangehend vorgestellten Diensten, nahezu selbsterklärend. Sie chatten mit beliebig vielen Personen, können Bilder und sogar Sprachnachrichten versenden. Sprachnachrichten sind als Alternative zu tippfehlerbehafteten Textnachrichten sehr zu empfehlen und fast so wie ein Telefonat, nur mit der Möglichkeit, sich Denkpausen zu gönnen. Auch diese Nachrichten werden im Chatverlauf angezeigt ❷. Per Klick auf den Abspielbutton ❸ können diese jederzeit angehört werden.

Abbildung 13.34
Sprachnachrichten nehmen Sie mit dem Mikrofon-Button auf, der sich direkt neben dem Eingabefeld zur normalen Textnachricht befindet.

Mit einem Klick auf das Mikrofon-Symbol ❹ in Whatsapp starten Sie die Aufnahme und können direkt lossprechen. Sind Sie fertig, klicken Sie auf den grünen Haken ❺. Soll die Sprachnachricht doch lieber nicht abgeschickt werden, brechen Sie die Aufnahme mit einem Klick auf das **X** ❻ ab.

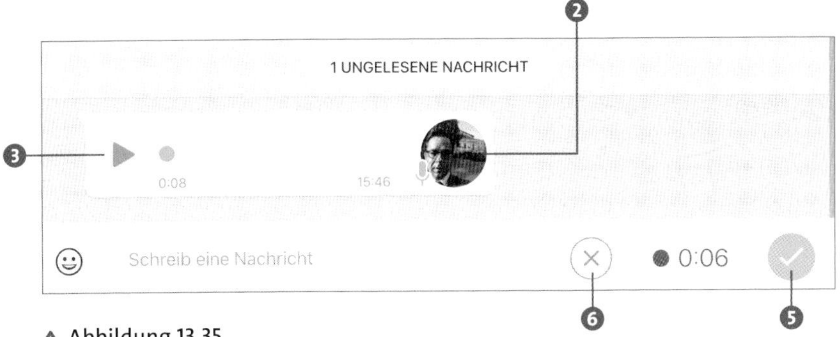

Abbildung 13.35
Statt Tippen – Sprachnachrichten über die macOS-App von WhatsApp sind praktisch.

Sie sehen – egal welche App Sie nutzen, Sie bleiben in jedem Fall ganz unkompliziert mit Ihren Liebsten in Kontakt. Und das nicht nur am Mac, sondern auch am iPhone oder iPad.

Abbildung 13.36
Videoanrufe sind bei WhatsApp sogar nur per Smartphone möglich.

14 Musik am Mac mit der Musik-App, Apple Music und Spotify

Mac und macOS Catalina sind wahre Entertainer und besser als jede Stereoanlage. Statt eines übergroßen CD-Regals genügt Ihr Computer, auf dem Zehntausende Musiktitel ganz kompakt gelagert werden. Lautsprecher sind sowieso in jedem Mac eingebaut. Um das »Zusammenspiel« kümmert sich vor allem die App *Musik*, aber auch zahlreiche Systemprogramme sind beteiligt.

Abbildung 14.1
Am Mac spielt die Musik nicht nur in der Musik-App.

Sie können damit am Computer Ihre CD-Sammlung digitalisieren und immer auf der Festplatte parat haben, digitale Musik über den in der Musik-App verknüpften *iTunes Store* kaufen oder auch den hauseigenen Musik-Streamingdienst *Apple Music* nutzen, der Ihnen den Zugriff auf Millionen Musiktitel ermöglicht. Den Store und auch den Streamingdienst werden wir uns später noch genauer ansehen.

Abbildung 14.2
Die Musik-App auf dem iPhone – mit ihr können Sie allerdings keine Musik kaufen, sondern lediglich abspielen oder auf Apple Music aufrüsten.

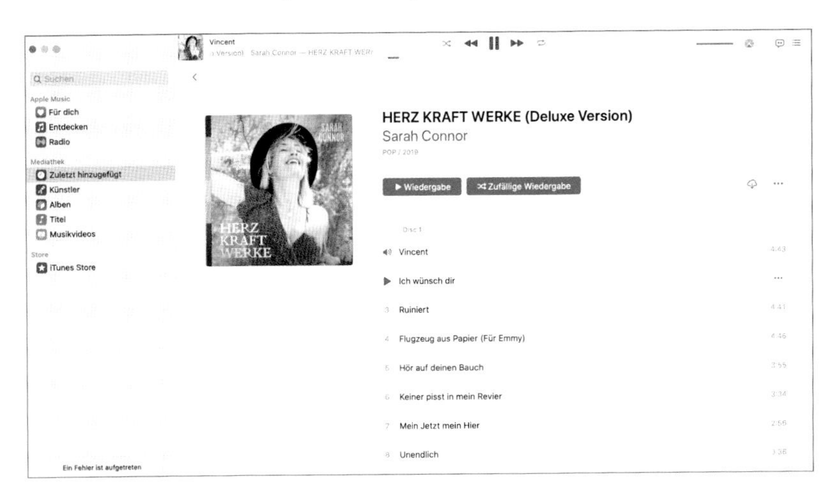

Abbildung 14.3
Die Musik-App ist Ihre digitale Jukebox unter macOS.

Im ersten Schritt wollen wir uns anschauen, was macOS ganz ohne Programmstart mit Ihrer Musik so alles machen kann. Danach werden wir die Musik-App einrichten und Ihre vorhandenen CDs auf den Mac kopieren, dort verwalten und natürlich auch anhören.

Wie schon mehrfach im Buch erwähnt, arbeiten natürlich auch diese Programme reibungslos miteinander und ermöglichen Musikspaß auf allen Ihren Apple-Geräten – Apple-ID und iCloud-Account vorausgesetzt.

Die Musik-App zum ersten Mal starten

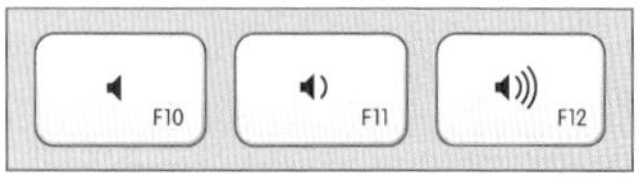

Abbildung 14.4
Stumm, lauter und leiser – ganz einfach über das Keyboard

Bevor wir mit der App Musik beginnen, müssen wir die verwirrenden Programmbezeichnungen kurz erläutern. Denn hier herrscht, ganz unüblich für Apple und macOS, ein heilloses Durcheinander:

- *Musik* – Die Musik-App auf Ihrem Mac heißt tatsächlich nur *Musik*. Früher wurde diese App mit *Musik-App* bezeichnet, das ist aber Geschichte. Dennoch bezeichnen wir der Eindeutigkeit halber »Musik« im Folgenden auch als »Musik-App«, damit Sie wissen, dass es sich um die in macOS Catalina vorinstallierte App handelt.

Abbildung 14.5
Nervt gewaltig – Apple versucht an jeder Stelle, Sie zum kostenpflichtigen Musikstreaming zu überreden.

- *Apple Music* – Das ist Apples Musikabo-Dienst. Und Apple wird in der Musik-App nicht müde, permanent und ziemlich penetrant darauf hinzuweisen, dass es besser ist, Musik zu streamen als zu kaufen oder gar von der Musiksammlung der Festplatte abzuspielen.
- *iTunes Store* – Der iTunes Store ist in die Musik-App integriert und kann nicht wie früher separat gestartet werden. Hier können Sie Musiktitel digital kaufen und laden.

So weit die Theorie. Mit diesem Wissen gewappnet, können wir endlich loslegen mit der digitalen Musik auf dem Mac.

Damit Ihre digitale Jukebox zukünftig als flacher Mac auf dem Schreibtisch steht, sind beim ersten Start der Musik-Software ein paar wenige Mausklicks notwendig, um mit ihr arbeiten oder vielmehr Musik hören zu können. Starten Sie Musik mit einem einfachen Klick aus dem Dock oder aus dem Launchpad.

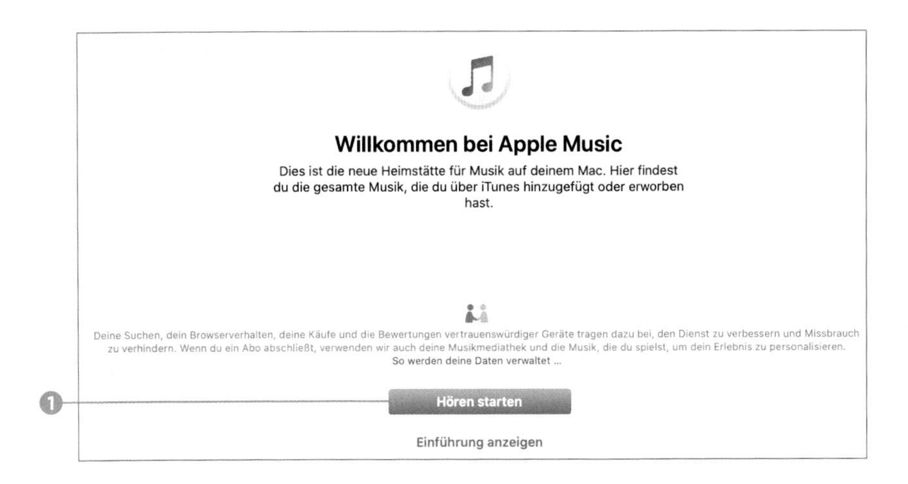

Abbildung 14.6
Willkommen – wie verwirrend, dass macOS auch innerhalb der App munter zwischen »Music« und »Musik« wechselt. Lassen Sie sich davon aber nicht beirren, und klicken Sie einfach auf »Hören starten« 1.

Klicken Sie im Willkommen-Bildschirm auf **Hören starten** 1.

Damit Sie die App ohne Einschränkung nutzen können, empfehlen wir Ihnen unbedingt eine Verbindung zum Internet und die Anmeldung mit Ihrer Apple-ID. Falls Sie die Apple-ID nicht schon bei der Erstinstallation angelegt haben, können Sie das an dieser Stelle nun nachholen (siehe auch den Abschnitt »Schritt 5: Die Apple-ID« ab Seite 35). Gehen Sie hierzu auf den Button **Neue Apple-ID erstellen** 2, um sich kostenlos zu registrieren.

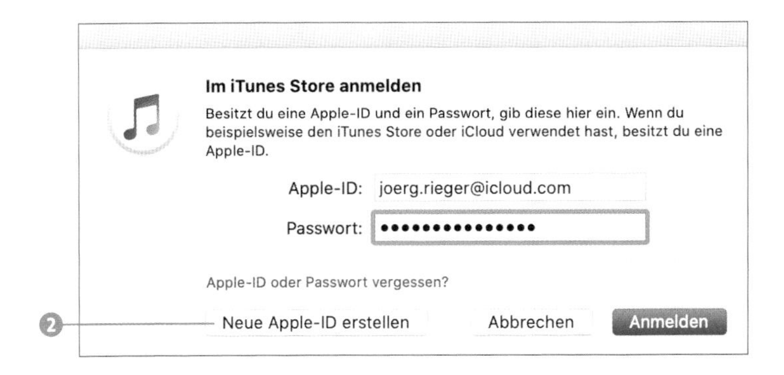

Abbildung 14.7
Anmeldung verpflichtet.

Danach haben Sie es geschafft, und die Musik-App ist in vollem Umfang startklar.

Bereits gekaufte Musik laden

Wenn Sie bereits in der Vergangenheit bei Apple digitale Musik gekauft haben, steht Ihnen diese auch unter macOS Catalina zur Verfügung.

Nach erfolgter Anmeldung in der App Musik landen Ihre gekauften Titel im Idealfall direkt in der **Mediathek** ❸ und stehen sortiert nach Alben, Titeln, Künstlern und Musikvideos ❹ für Sie bereit.

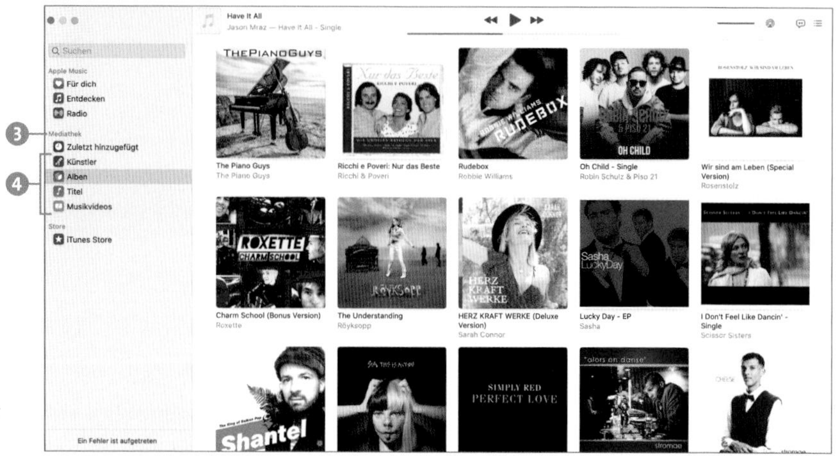

Abbildung 14.8 >
Perfekt – gekaufte Alben und Musiktitel landen nach der Anmeldung normalerweise direkt in der »Mediathek«.

Die Titel werden nach Bedarf aus der Cloud geladen, sobald Sie einen Titel anwählen. Ob ein Titel oder Album schon lokal abgelegt ist, das ist nur in der Albenansicht erkennbar, wenn Sie auf das Album doppelklicken. Das Wolkensymbol ❺ hinter den Titeln zeigt, dass die Musik aktuell noch in der iCloud liegt und nicht lokal auf Ihrem Computer. Mit einem Klick auf die Wolke wird das schnell geändert.

∧ Abbildung 14.9
Das Wolkensymbol zeigt an, dass der Titel ohne Internetverbindung noch nicht abspielbereit ist.

∧ Abbildung 14.10
Titel, die noch nicht lokal auf Ihrem Mac abgelegt sind, sind mit einem Wolkensymbol gekennzeichnet.

Sollten Sie einen längeren Flug oder eine Reise ohne Internetverbindung planen, sollten Sie Ihre Wunschmusik in jedem Fall daraufhin prüfen, ob sie auch wirklich ohne Wolkensymbol lokal abgelegt ist – sonst bleibt die Musik-App »über den Wolken« stumm.

Die Musik-App-Oberfläche im Überblick

Im Folgenden zeigen wir Ihnen zunächst, welche Funktionen es zur Bedienung von Musik gibt und wo Sie diese in der App finden.

Vorab noch einmal zur Erinnerung: Das iCloud-Symbol bei einem Titel oder Album ❶ bedeutet, dass dieser Musiktitel zwar verfügbar ist, aber noch über iCloud auf Ihren Mac geladen werden muss. Die Übertragung geschieht automatisch, wenn Sie die Wiedergabe starten (siehe dazu auch Abbildung 14.10).

Abbildung 14.11
Die Musik-App-Benutzeroberfläche ist alles in allem recht übersichtlich geraten.

❷ Musiktitelsteuerung – Die Steuerungselemente kennen Sie vom CD-Player. Damit wird ein gewählter Titel gestartet, gestoppt und vor- oder zurückgespult.

❸ Das Listensymbol zeigt die kommenden Musikstücke an, beispielsweise bei der Albumwiedergabe.

❹ Die Lautstärke kann zusätzlich mit diesem Regler eingestellt werden. Sie ist unabhängig von der Gesamtlautstärke der Mac-Lautsprecher, die ja über die Tastatur gesteuert werden.

Abbildung 14.12
Im Infofeld wird jeweils der aktuell abgespielte Titel angezeigt – hier spielt die Musik auf die Sekunde genau.

5 Direkt neben dem Lautstärkeregler wählen Sie per Klick auf den runden Button das Wiedergabegerät aus. Das ist standardmäßig Ihr Computer. Haben Sie über Bluetooth eine Soundanlage mit Ihrem Computer verbunden, kann die Wiedergabe hier gewechselt werden.

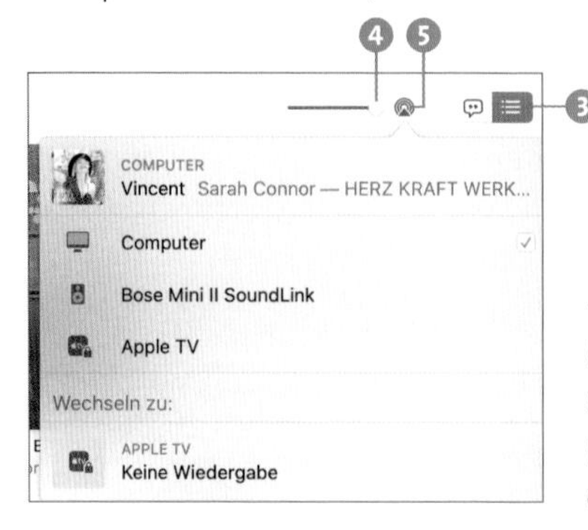

Abbildung 14.13
Über ein Symbol in der Menüleiste können Sie wählen, auf welchem Gerät (z. B. einem externen Bluetooth-Gerät) die Musik wiedergegeben werden soll.

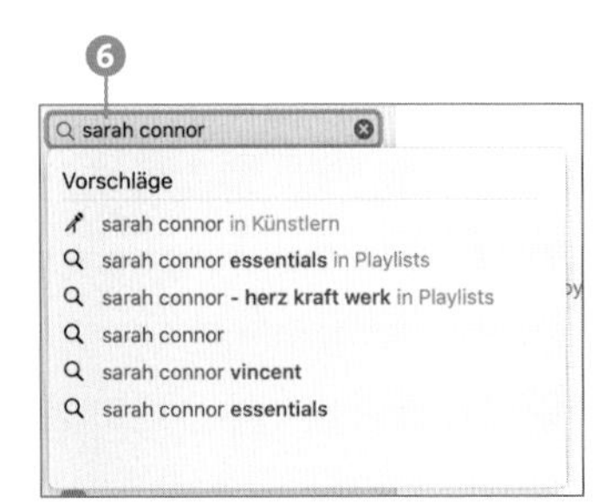

Abbildung 14.14
Die Suche liefert ausführliche Ergebnisse aus der Mediathek und dem Store.

6 Das Suchfeld funktioniert wie überall am Mac und bringt ganz schnell den gewünschten Titel auf den Bildschirm. Je nachdem, ob Sie sich in Ihrer Mediathek oder im iTunes Store befinden, beziehen sich die Suchergebnisse natürlich auch auf den jeweiligen Bereich.

Musik im Abo

Wie Sie den Abo-Dienst von Apple Music nutzen und was er so alles kann, zeigen wir ab Seite 317.

7 Im Bereich **Apple Music** dreht sich alles um das Musikabo von Apple.

8 Unter **Für dich** finden Sie, sofern Sie Apple Music abonniert haben, Musikvorschläge, die Ihrem Geschmack entsprechen.

9 **Entdecken** ist bei Apple Music jener Bereich, der redaktionell aufbereitet neue Musiktitel und Alben vorschlägt, unabhängig von Ihren musikalischen Vorlieben. Auch hier gilt: Ohne Music-Abo geht gar nichts.

10 **Radio** ist ebenfalls im Music-Abo enthalten, hier stehen verschiedene digitale Sender zur Auswahl.

11 Die **Mediathek** ist Ihre zentrale Anlaufstelle zur Musik-Verwaltung, ganz gleich, ob sich die Musik auf Ihrer Festplatte oder in der iCloud befindet, ob sie von Apple Music oder aus dem iTunes Store stammt.

12 **Zuletzt hinzugefügt** zeigt zeitlich sortiert die Musik an, die Sie in die App Musik geladen haben – unabhängig davon, ob von CD, aus dem Store oder dem Music-Abo.

Abbildung 14.15
Die zuletzt hinzugefügten Musiktitel und Alben werden chronologisch gelistet.

13 Bei **Künstler** erhalten Sie eine Liste der Interpreten und ihrer zugehörigen Alben (siehe hierzu auch Seite 309 unten).

14 Die **Alben**-Ansicht ist unser Favorit. Hier werden die Musiktitel mit Cover übersichtlich in einem Raster angezeigt. Wie Sie später noch sehen werden, hat diese Ansicht einige Überraschungen parat (siehe Seite 310).

⑮ Die **Titel**-Ansicht ist etwas für Puristen und zeigt Musiktitel und Interpreten streng tabellarisch an (siehe dazu ab Seite 310).

⑯ **Musikvideos** – Auch bewegte Bilder können Sie in der Apple-Welt kaufen oder über das Abo beziehen. Diese werden hier hinterlegt.

⑰ **iTunes Store** – Er wird nur angezeigt, solange Sie kein Music-Abo aktiviert haben. Mit der Aktivierung des Abos verschwindet also dieser Menüpunkt, er lässt sich aber auch wieder leicht einblenden.

⑱ Mit den Listen unter **Playlists** wird jeder zum DJ – in einer Wiedergabeliste (englisch *Playlist*) legt man Titel nach Lust und Laune ab und kann z. B. für eine Party die passenden Titel zusammenstellen.

iTunes Store wieder anzeigen

Sie können über das **Musik**-Menü (⑲ auf Seite 307) unter **Einstellungen** den iTunes Store auf Wunsch auch bei aktiviertem Apple-Music-Abo wieder einblenden und beispielsweise auf Ihren Account zugreifen.

Musik in der App abspielen

Das Basiswissen, das Sie benötigen, um Ihre Musik in der Musik-App abzuspielen, ist schnell erläutert. Zusätzlich zeigen wir Ihnen auch, wie Sie Ihre Musik-App so »gestalten« können, wie es Ihnen gefällt. Rein optisch werden Ihnen die verschiedenen Ansichtsoptionen schon aus dem Finder bekannt vorkommen (siehe den Abschnitt »Ansichtsoptionen im Finder« ab Seite 141). Aber damit es nicht zu logisch wird, hat Apple die Ansichtsoptionen in der Musik-App umbenannt.

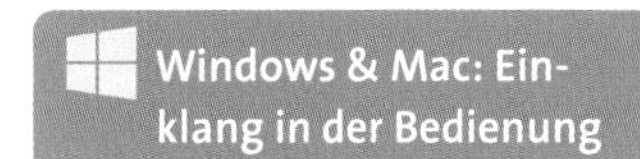

Windows & Mac: Einklang in der Bedienung

Wenn Sie iTunes bislang schon unter Windows genutzt haben, dürfte Ihnen vieles bekannt vorkommen, denn die App Musik unter macOS ist eine Weiterentwicklung und unterscheidet sich nur wenig von der Windows-Variante.

Musik anhören in der Künstleransicht

Ein Mix aus Alben- und Titelansicht ist die Darstellung nach Künstlern. Hier haben Sie neben einer Liste aller Musiker zusätzlich deren Alben inklusive der zugehörigen Titel vor Augen. Abgespielt wird per Doppelklick auf den jeweiligen Musiktitel oder Interpreten.

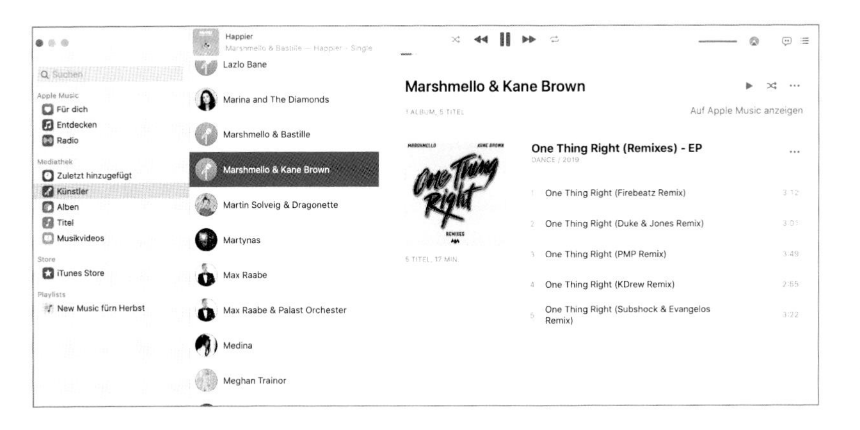

Abbildung 14.16
Die Künstleransicht zeigt alle Interpreten und deren Alben an.

Musik anhören in der Albenansicht

In der Albenansicht kann man tatsächlich am besten ganze Alben anhören. Sie ist bei der Musik-App als Standard definiert. Hinter den farbenfrohen CD-Covern verbergen sich sogar noch praktische Zusatzfunktionen.

Ansicht ändern

Über die Seitenleiste in der App Musik wechseln Sie die verschiedenen Ansichtsmöglichkeiten.

Per Doppelklick auf ein Album wird dieses direkt und komplett wiedergegeben. Für mehr Informationen oder die Anwahl eines speziellen Titels klicken Sie nur einmal auf das gewünschte Album ❶. Im Musik-App-Fenster öffnet sich daraufhin eine Liste mit allen Informationen ❷. In der Track-Liste spielen Sie den gewünschten Titel per Doppelklick ab. Ein einfacher Klick auf den Zurück-Button ❸ schließt die ausführliche Ansicht wieder.

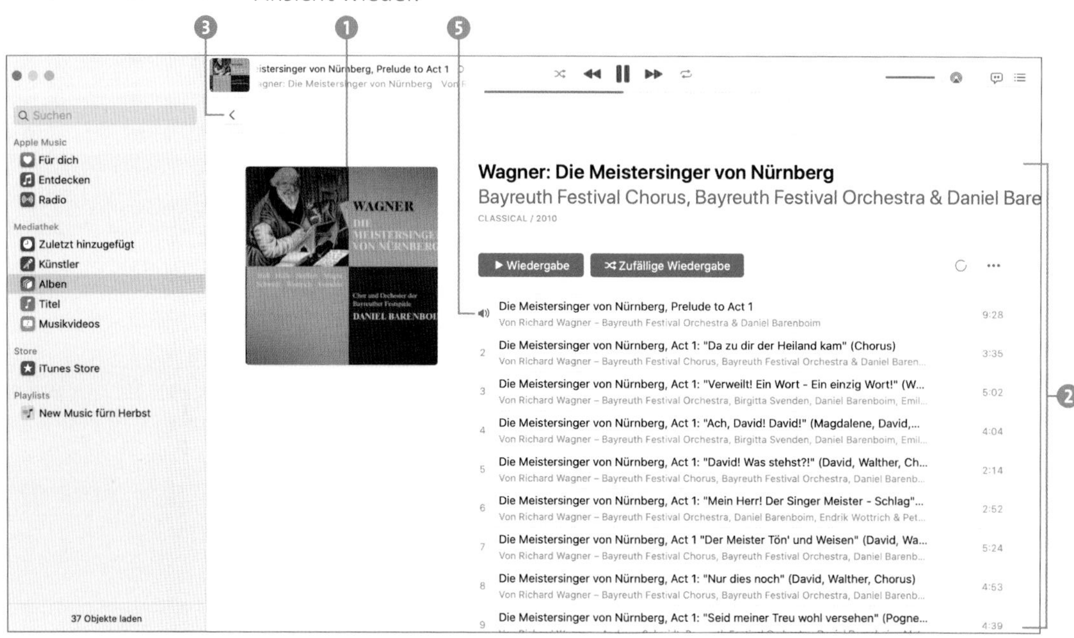

Abbildung 14.17
Die Albenansicht ist ein wahres Multitalent.

Musik anhören in der Titelansicht

In der Titelansicht wählen Sie per Doppelklick Ihren Wunschtitel aus, und schon wird er abgespielt. Die App arbeitet hier entweder streng linear Titel für Titel ab oder sucht, falls Sie die Schaltfläche für eine zufällige Wiedergabe ❹ aktiviert haben, ein Musikstück nach dem Zufallsprinzip aus. Sie sehen am Lautsprechersymbol (❺ in Abbildung 14.17) sowie in der Infoleiste ❻, welcher Titel gerade an der Reihe ist.

Abbildung 14.18
Musik hören in der Titelansicht – die ganze Sammlung vor Augen

Ansicht von Musik verändern – ganz schön kompakt

In der Musik-App ist es nicht nur möglich, die Ansicht der Musiksammlung ziemlich beliebig zu ändern, sondern auch die Ansicht der Software selbst. Angenommen, Sie wollen einfach nur neben der Arbeit Musik hören, dann genügt ja eigentlich auch ein kleiner Player, der den schnellen Titelsprung ermöglicht, oder? Die Funktion hat Apple allerdings sehr gut versteckt. Sie finden sie als Symbol ❶ im Albumcover des Statusfeldes – aber nur, wenn Sie mit der Maus darüberfahren. Mit einem Klick auf das Symbol werden nur noch das aktuelle Album und die wichtigsten Bedienelemente angezeigt.

Abbildung 14.19
Fix mal die Musik-Oberfläche ändern – dazu müssen Sie lediglich in das Albumcover des Titels klicken, der gerade abgespielt wird.

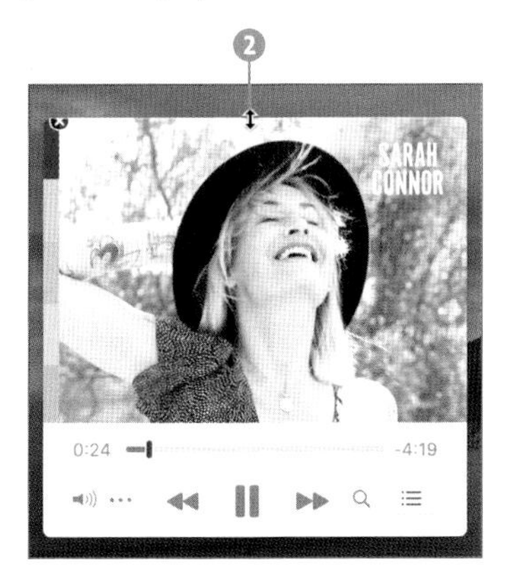

Abbildung 14.20
Musik-App im Plattencover-Format

Abbildung 14.21
Mit gedrückter Maustaste …

Umzug der Musik-App von Windows zum Mac

Die Gratisvariante, um Ihre Musiktitel auf den Mac zu übertragen, besteht im klassischen Kopieren der Musiktitel. Unter Windows finden Sie Ihre Musik meistens in den Ordnern *Eigene Dateien* und *Eigene Musik*. Kopieren Sie die MP3-Sammlung inklusive der Ordnerstruktur auf eine externe Festplatte. Am Mac übertragen Sie die Titel anschließend über den Finder in den Ordner *Musik*. Von dort ziehen Sie wieder alle Musiktitel in die Musik-App unter macOS. Bei über iTunes gekaufter Musik müssen Sie sich übrigens keine Gedanken machen, diese wird vollautomatisch auf Ihren Mac übertragen, sobald Sie die Musik-App starten und sich mit Ihrer Apple-ID anmelden.

Abbildung 14.22
... wird die Musik-App noch kleiner.

Doch es geht noch kleiner – packen Sie das Albumcover am oberen Bildrand (❷ auf Seite 311), und ziehen Sie es mit gedrückter Maustaste nach unten, bleibt nur noch das Abspielelement (siehe Abbilung 14.22) stehen.

Doch wie geht es zurück zur »normalen« Musik-App? Nicht gerade logisch, aber Sie müssen tatsächlich den **Schließen**-Button betätigen, dann erhalten Sie die gewohnte große Oberfläche zurück.

Musik-App-Gutscheinkarte

Für diesen kleinen Exkurs empfehlen wir Ihnen, einen iTunes-Gutschein in Höhe von 10 € bis 100 € zu kaufen. So müssen Sie im Store keine Kreditkarten- oder Lastschriftdaten hinterlegen. Mit 10 € kann man nichts falsch machen, aber ein wenig »experimentieren«. Sie können die iTunes-Gutscheinkarte wie beim Handy als Prepaid-Guthaben betrachten. Den Gutschein lösen Sie übrigens über das **Anmelden**-Menü und **Einlösen** ein.

Abbildung 14.23
iTunes-Gutscheinkarten mit Guthaben gibt es fast überall zu kaufen.

Musik kaufen im iTunes Store

Sie haben im iTunes Store einen tollen Musiktitel entdeckt und möchten ihn kaufen? Das geht schnell und unkompliziert. Wir zeigen Ihnen hier, wie es funktioniert. Sie finden den iTunes Store in der linken Seitenleiste des Musik-Programms.

Der Vorteil des iTunes Stores: Haben Sie die Musik einmal gekauft, gehört sie auch Ihnen, ganz ohne Abo. Im Grunde genommen erwerben Sie hier einfach eine digitale CD – mit dem Komfort, dass Sie diese Musik auf allen Ihren Apple-Geräten anhören können.

1. Titel aussuchen

Wenn Sie sich für einen Titel entschieden haben, klicken Sie ganz hinten in der Liste der Musiktitel auf den angezeigten Preis ❶ oder kaufen direkt das komplette Album ❷. Das ist meist deutlich günstiger. Übrigens, wenn Sie noch einmal vorab Probe hören möchten, geht das ganz vorn über den Play-Button ❸. Dieser erscheint, wenn Sie mit der Maus auf die angezeigte Track-Nummerierung zeigen.

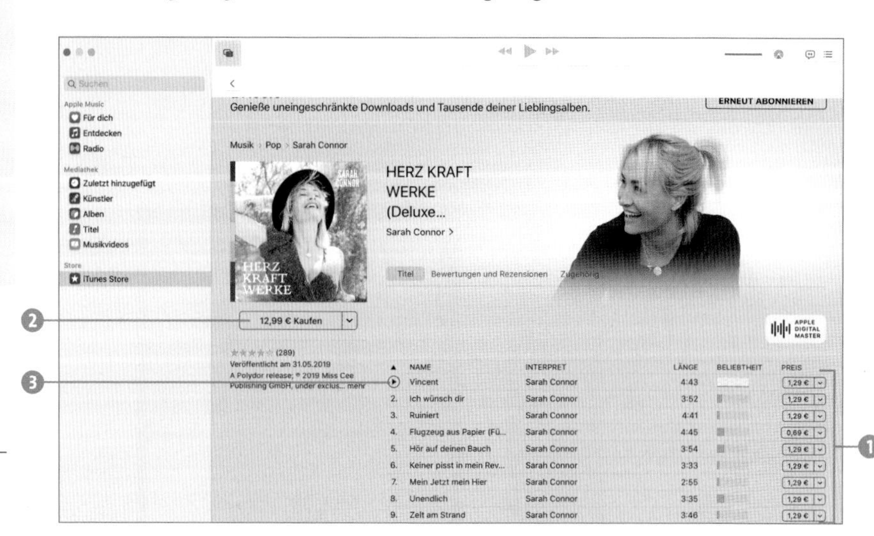

Abbildung 14.24
Einfacher geht es wirklich nicht – Einkaufen per Klick im iTunes Store.

2. Anmelden und kaufen

Auch wenn Sie bei der Musik-App eingeloggt sind, folgt nach dem Klick auf **Kaufen** nochmals die Abfrage Ihres Benutzernamens (Apple-ID) und Ihres Passworts. Das dient der Sicherheit, damit niemand einfach auf Ihre Kosten Musik shoppen kann.

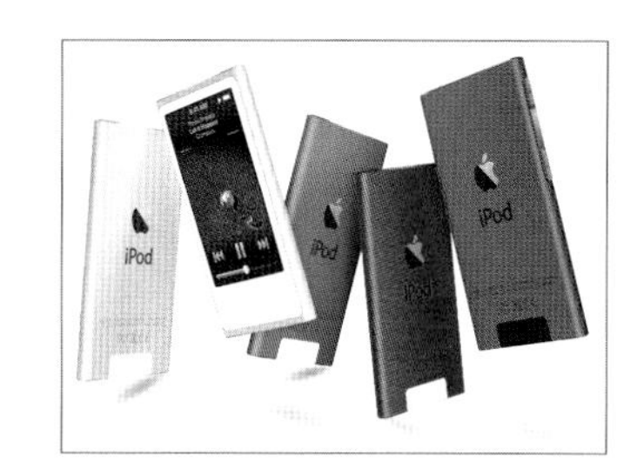

Abbildung 14.25
Ausgetanzt – neue iPods werden nicht mehr verkauft, Sie können aber nach wie vor die digitale Musik der Musik-App synchronisieren. Sie finden einen angeschlossenen iPod im Finder in der Seitenleiste unter »Orte«.

Abbildung 14.26
Sie müssen eingeloggt sein, um Musik erwerben zu können.

3. Download

Der Musiktitel wird nun direkt in Ihre **Mediathek** geladen und steht in den verschiedenen Ansichten zum Abspielen bereit.

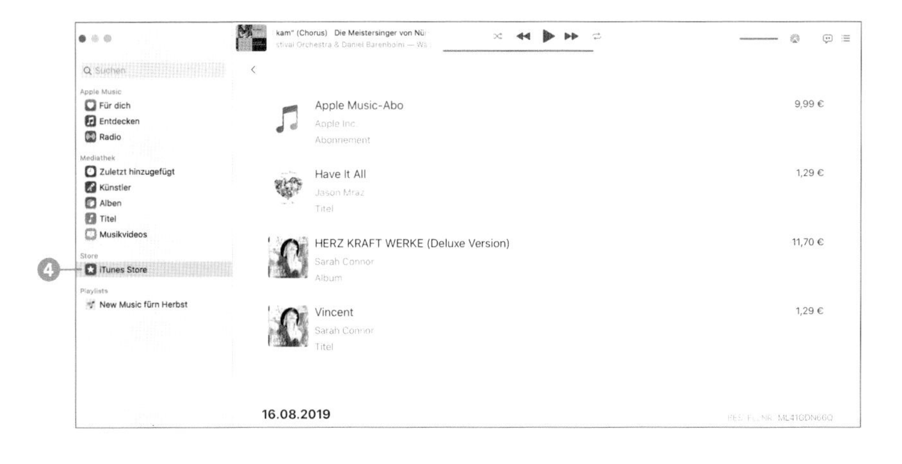

Abbildung 14.27
Sie können die Liste Ihrer Einkäufe im Bereich »iTunes Store« 4 unter »Account« und »Einkaufsstatistik« immer direkt einsehen.

Audio-CDs brennen

Wie kommen die Musiktitel nun aus Musik-App wieder heraus? Besonders bei digital gekaufter Musik stellt sich diese Frage. Das Apple-Programm bringt Ihre Musik natürlich problemlos auf jeden iPod oder auf jedes

Playlists auch digital sinnvoll

Eine für eine CD angelegte Playlist (siehe ab Seite 314) ist natürlich auch für den Musikgenuss am Mac und für Ihr iPhone praktisch, um Ihre Wunschtitel in einer Liste und direkt abspielbereit zu haben.

Abbildung 14.28
Um eine Playlist zu erzeugen, klicken Sie mit einem sekundären Mausklick in den leeren Bereich der linken Seitenleiste, auch wenn da gar nichts von »Playlist« steht. Die Rubrik wird erst sichtbar, wenn Sie eine erste Liste erzeugt haben.

iPhone; das funktioniert wie vorangehend beschrieben vollautomatisch. Das Brennen als Audio- oder MP3-CD ist ebenfalls ganz einfach machbar. Dies gilt natürlich nur dann, wenn Ihr Mac noch ein CD-Laufwerk hat. Falls nicht, müssten Sie sich zu diesem Zweck ein externes CD-Laufwerk kaufen, das über Thunderbolt bzw. USB-C 3.1 angeschlossen wird.

Um eine CD zu brennen, ist eine Playlist notwendig. Das klingt logisch, denn darin sammeln Sie alle Ihre Hits und bannen sie anschließend auf CD. Zudem können Sie diese Wiedergabeliste natürlich auch digital auf allen Geräten verwenden, um Ihre Lieblingsmusik abzuspielen.

Im Folgenden zeigen wir Ihnen, wie Sie CDs mit den Bordmitteln von macOS brennen. Die komfortablere Lösung ist allerdings Roxio Toast 18 (siehe ab Seite 171).

Klicken Sie in der Musik-App mit einem sekundären Mausklick in einen leeren Bereich der Seitenleiste ❶, und wählen Sie **Neue Playlist** ❷. Benennen Sie die Liste direkt im Anschluss im Hauptfenster nach Wunsch ❸.

Abbildung 14.29
Ist eine Playlist angelegt, erscheint auch die Rubrikbeschriftung.

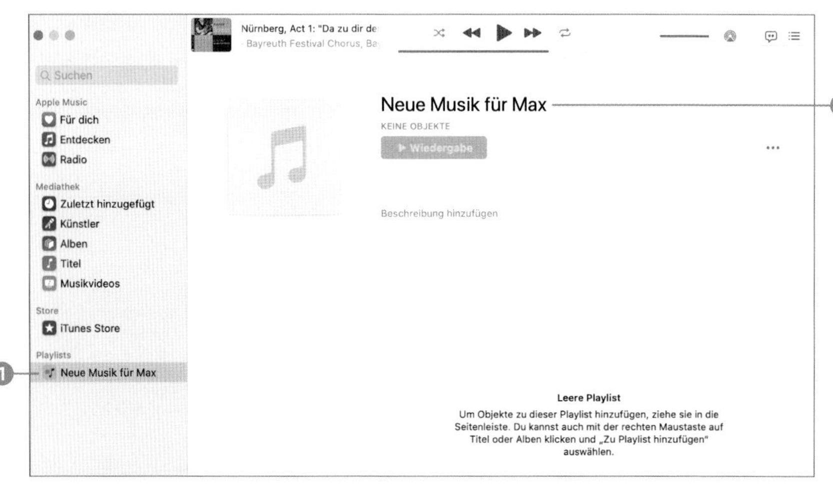

Abbildung 14.30
Noch herrscht gähnende Leere in Ihrer Playlist.

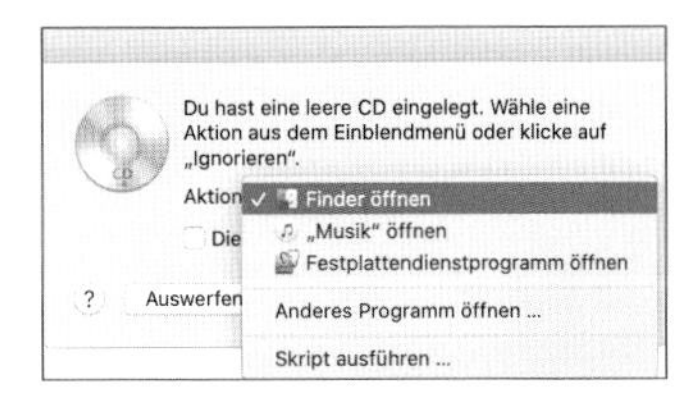

Abbildung 14.31
Wenn Sie eine leere CD einlegen, fragt macOS unter Umständen, was damit zu tun ist – wählen Sie dann aus der Liste »„Musik" öffnen« aus.

Gehen Sie in der Mediathek einfach in Ihre Musiksammlung zurück, und ziehen Sie die gewünschten Titel mit gedrückter Maustaste auf die Playlist. Klicken Sie die Playlist selbst an ❹, können Sie die Titelzusammenstellung und Länge der gesamten CD prüfen. Als Faustregel gilt, dass auf eine normale Audio-CD rund 74 Minuten Musik passen, MP3-CDs umfassen locker das Zehnfache.

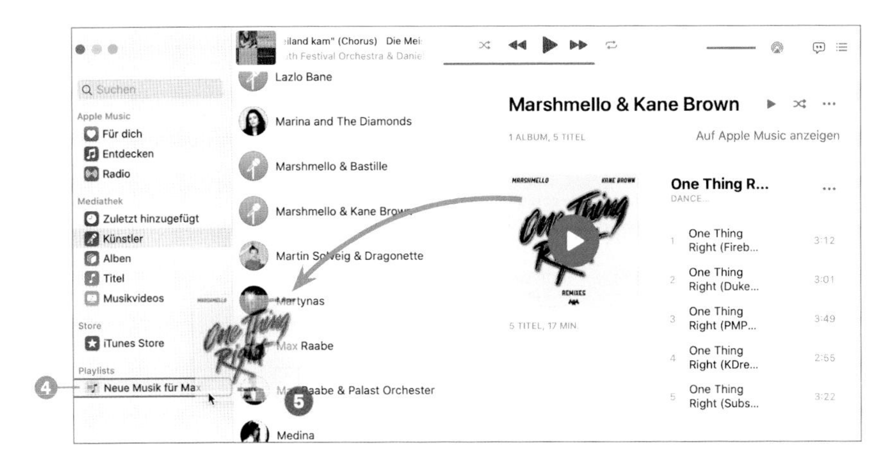

∧ Abbildung 14.32
Ziehen Sie Ihre Musik aus der Mediathek einfach auf die neue Playlist.

Die Reihenfolge der Titel ändern Sie mit der Maus: Verschieben Sie das Musikstück einfach mit gedrückter Maustaste, und lassen Sie es an der gewünschten Position fallen. Ist das Arrangement perfekt, klicken Sie auf **Fertig**. Nun legen Sie eine leere CD ein und klicken im Menü **Ablage** auf **Playlist auf Disc brennen** 5.

< Abbildung 14.33
Im »Ablage«-Menü steht nach vollendeter Zusammenstellung der Menübefehl »Playlist auf Disc brennen« bereit.

Im folgenden Fenster ist es wichtig, zu definieren, welche Art von CD Sie haben möchten. Der Standard ist **Audio-CD** 6. Eine **MP3-CD** 7 ist für das Autoradio praktisch, dann werden die Musiktitel als Dateien abgespeichert und im Autoradio abgespielt, wenn es MP3-Support hat, also MP3-Titel erkennen kann. Als MP3-Dateien können Sie knapp zehnmal so viele Daten ablegen. Die Beschränkung auf 74 Minuten gilt hier nicht, nur die Beschränkung auf 700 Megabyte. Mit **Daten-CD** 8 werden die Daten gebrannt wie im Abschnitt »CDs und DVDs brennen« ab Seite 168 beschrieben – und damit können viele CD-Player gar nicht umgehen.

Anderer MP3-Player?

Sie haben keinen iPod, sondern einen anderen kleinen MP3-Player? Dann haben Sie schlicht Pech gehabt, denn die Musik-App arbeitet ausschließlich mit den eigenen Apple-Geräten zusammen. Es besteht lediglich die Möglichkeit, die Musiktitel in der Musik-App zu markieren und per Drag & Drop auf den per USB angeschlossenen »Fremdplayer« zu kopieren.

Abbildung 14.34
Hier muss man nicht allzu viel beachten.

Wir entscheiden uns hier für **Audio-CD** und klicken anschließend auf **Brennen** ⑨. Die CD wird nun gebrannt. Wenige Minuten später ist Ihre Audio-CD erstellt, und Sie können sie im CD-Player anhören oder auch verschenken.

Musik-App und iCloud

Die Musik-App und iCloud sind fest miteinander verbunden. Alle im iTunes Store gekauften oder über das Music-Abo bezogenen Musiktitel werden automatisch mit Ihrem iPhone oder iPad geteilt, wenn Sie dort mit der identischen Apple-ID angemeldet sind. Ihre selbst erstellte, beispielsweise von CD konvertierte oder in anderen Stores erworbene und in die Musik-App importierte Musik bleibt dagegen zunächst außen vor. Möchten Sie auch diese nicht bei Apple gekaufte Musik auf Ihren anderen Geräten haben, müssen Sie die Synchronisierung manuell einrichten. Schließen Sie Ihr iPhone per USB-Kabel an den Mac an, und gehen Sie in den Finder. Klicken Sie in der Seitenleiste auf Ihr dort nun sichtbares iPhone ① und anschließend auf den Reiter **Musik** ②. Aktivieren Sie darunter **Musik synchronisieren auf** ③ sowie **Die ganze Mediathek** ④. Damit werden nun alle Musiktitel auch auf Ihr iPhone geladen. Dieser Vorgang muss immer dann wiederholt werden, sobald Sie eine neue CD importiert haben.

Abbildung 14.35
Musik, die Sie nicht bei Apple gekauft haben, müssen Sie über den Finder synchronisieren.

Apple Music

Streaming heißt der neue Trend, der die CD und den Kauf digitaler Musik immer mehr ablöst. Das Streamen von Musik ist nach dem Wechsel von CD auf MP3 die nächste Revolution. Mit einem Abo für knapp 10 € pro Monat können Sie auf Millionen von Musiktiteln zugreifen und diese beliebig oft anhören und sogar lokal auf Ihren Mac, Ihren iPod, Ihr iPhone und Ihr iPad speichern. Aber Achtung: Wenn Sie das Abonnement kündigen, sind auch alle Titel gesperrt.

Es ist daher eine Frage des persönlichen Musikkonsums, ob *Apple Music* sich lohnt. Letztlich kostet es den Preis eines klassischen Albums pro Monat. Zum Ausprobieren ist die Hürde sehr niedrig, Apple spendiert gleich drei Gratismonate. Wie bei allen anderen Streaminganbietern bindet man sich danach aber nicht unendlich lange, sondern nur für einen Monat und kann dann eben im Monatsrhythmus kündigen.

Apple Music abonnieren Sie ganz einfach in der Musik-App nach einem Klick auf **Für dich** ❶.

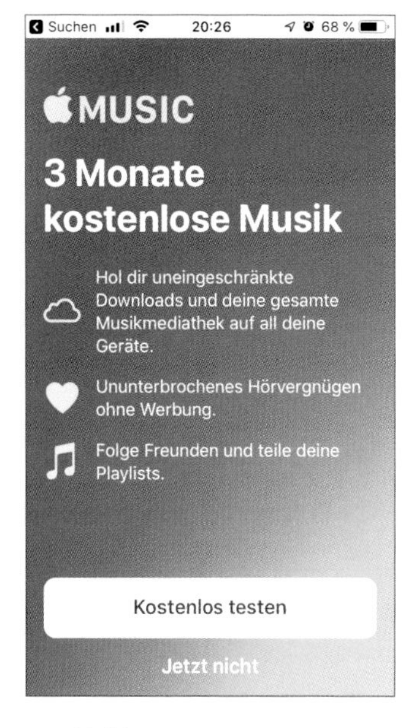

∧ Abbildung 14.36
Will man in der Musik-App auf dem iPhone »normal« Musik hören, wird man von Apple mehr oder weniger dezent auf Apple Music hingewiesen.

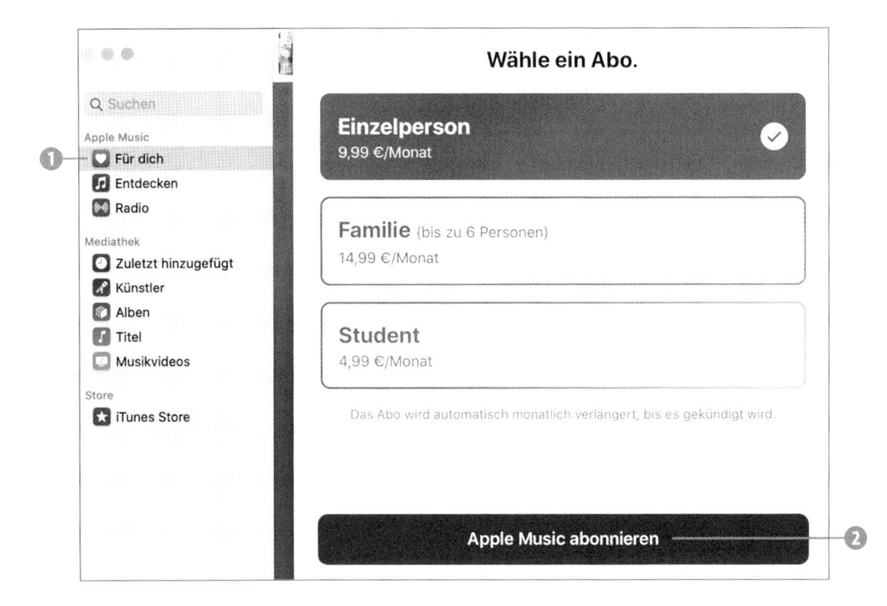

∧ Abbildung 14.37
Apple Music ist in die Musik-App integriert und kann direkt gebucht werden.

In diesem Bereich können Sie den Test mit der riesigen Musikauswahl direkt starten ❷. Direkt nach Abo-Abschluss bzw. Buchung des Testzeitraums zeigt Ihnen Apple in **Für dich** Empfehlungen an. Diese werden mit der Zeit und je mehr Musik Sie hören, natürlich immer treffsicherer.

Abbildung 14.38
Nach Aktivierung von Apple Music führt die Musik-App Ihre bisherige Musiksammlung mit dem Abo zusammen. Das können Sie gerne bestätigen. Der Vorteil ist, dass Ihre bereits gekaufte und Ihre zukünftig abonnierte Musik gemeinsam im Bereich »Mediathek« landen.

Tipp: Ihre über Apple Music geladenen Titel landen ganz normal im **Mediathek**-Bereich der Musik-App. Sie können sie zu Playlists hinzufügen und jederzeit mit Ihren im iTunes Store gekauften Titeln bzw. auch den MP3-Titeln auf Ihrer Festplatte kombinieren. Sollten Sie das Abo irgendwann kündigen, sind die »gemieteten« Titel allerdings nicht mehr abspielbar. Erst, wenn Sie Apple Music erneut abonnieren, sind diese wieder am Start.

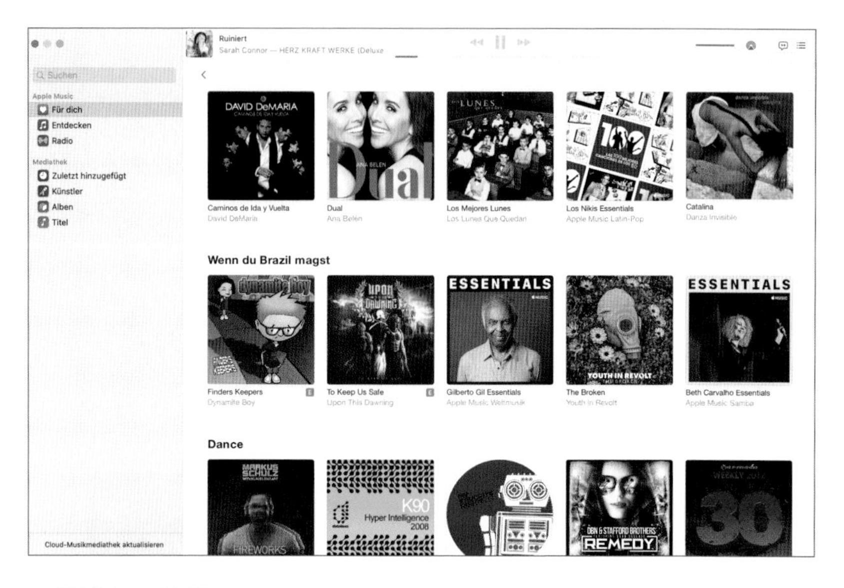

Abbildung 14.39
Der Abo-Bereich mit individuellen Musikempfehlungen und Radio.

Abbildung 14.40
Der »Für dich«-Bereich hält neue Musik bereit, die Ihrem Geschmack entspricht – zumindest in den meisten Fällen.

CDs in die Musik-App importieren

Die Musik-App kann auch mit Ihren CDs umgehen und Ihre CD-Musiksammlung auf dem Computer digitalisieren. Das klingt praktisch und ist es auch, denn Sie haben dadurch immer alle Lieblingstitel abspielbereit auf dem Computer. Darüber hinaus müssen Sie nie wieder CDs wechseln, können individuelle Abspiellisten erstellen und Audio-CDs ganz nach Ihrem Wunsch brennen. Wie schon erwähnt: Da kein aktueller Mac mehr über ein CD-Laufwerk verfügt, müssen Sie eine externe Lösung hinzukaufen, die über USB-C bzw. Thunderbolt funktioniert. Ein solches Laufwerk gibt es in jedem Elektrofachhandel, und es kostet meist unter 40 €.

1. CD einlegen

Beim Einlegen einer Audio-CD wird automatisch die Musik-App gestartet und bringt, wenn eine Internetverbindung besteht, direkt eine Vorschlagsliste, um welche CD es sich handelt. macOS bedient sich hierbei einer weltweiten Datenbank und kann daher fast jede gekaufte CD identifizieren. Ist sich macOS hundertprozentig sicher, wird direkt eine Titelliste mit benannten Titeln angezeigt.

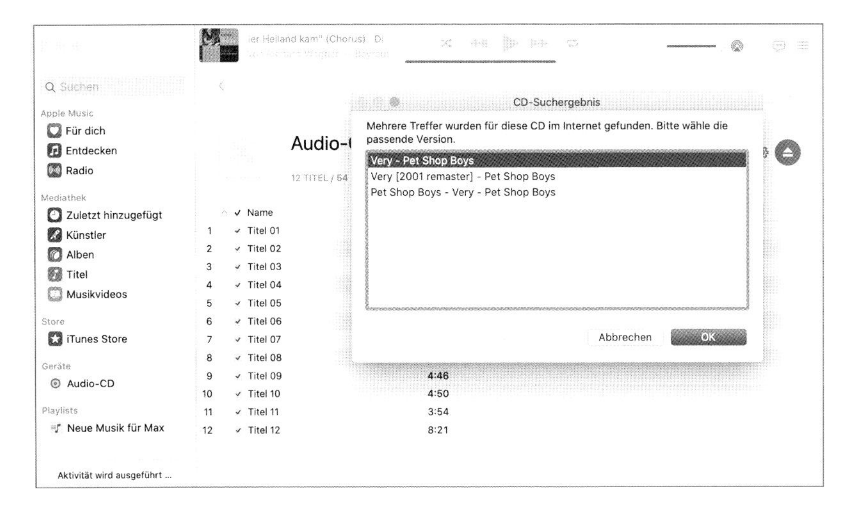

Abbildung 14.41
Die Musik-App hilft Ihnen bei der Benennung der CD und bietet im Anschluss den Import an.

Kein Internet, keine Titel

Wenn Sie keine Internetverbindung haben, werden Ihre CDs nicht erkannt und nicht automatisch beschriftet. Beim Import würde dann die Musik als **Unbekannt** abgelegt. Das ist nicht sinnvoll und macht spätestens nach dem Digitalisieren von drei CDs auch keine Freude mehr. Ohne Internet müssen Sie selbst ran, die Liste *vor* dem Import umbenennen (ganz wie bei Dateien im Finder) und den Importvorgang manuell über den Button **CD importieren** ❶ oben rechts starten.

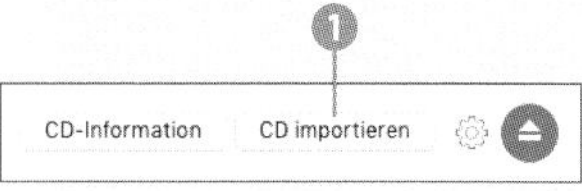

Abbildung 14.42
So starten Sie den Import manuell.

2. CD importieren

Die folgende Abfrage ist schnell beantwortet – möchten Sie die CD importieren? Klar doch, klicken Sie also auf **Ja** ❷. Ihre CD wird daraufhin in digitale Musikdateien konvertiert. Wenn Sie keine Internetverbindung und somit auch keine korrekt benannte Titelliste haben, beachten Sie bitte die Tipps im Kasten »Musik-App als CD-Player« auf Seite 320.

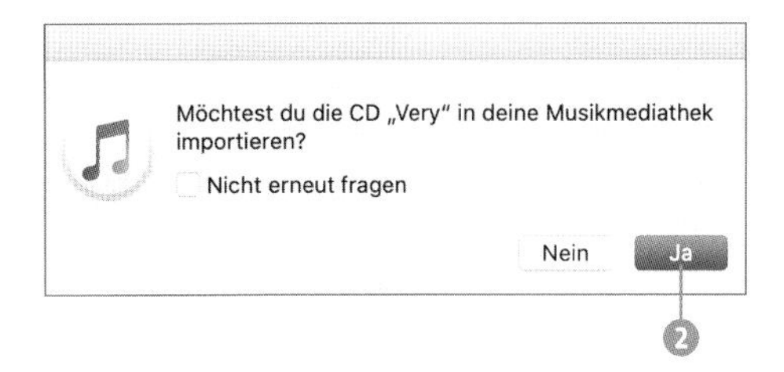

Abbildung 14.43
Die CD wird im Anschluss eingelesen.

3. Importvorgang

Import und Konvertierung der Musiktitel dauern nun einige Minuten. Das sich drehende Rädchen (❸ auf Seite 320) vor dem jeweiligen Titel zeigt an, dass der Import noch andauert. Der Haken vor dem jeweiligen Titel ❹ bedeutet, dass die Musik erfolgreich umgewandelt und auf Ihrem Mac gespeichert wurde.

Musik-App als CD-Player

Wenn Sie der Musik-App bei der Importabfrage ein **Nein** zur Antwort geben, funktioniert die Musik-App einfach wie ein CD-Player. Sie können die einzelnen Titel jeweils nacheinander oder per Zufallsgenerator in unterschiedlicher Reihenfolge abspielen lassen.

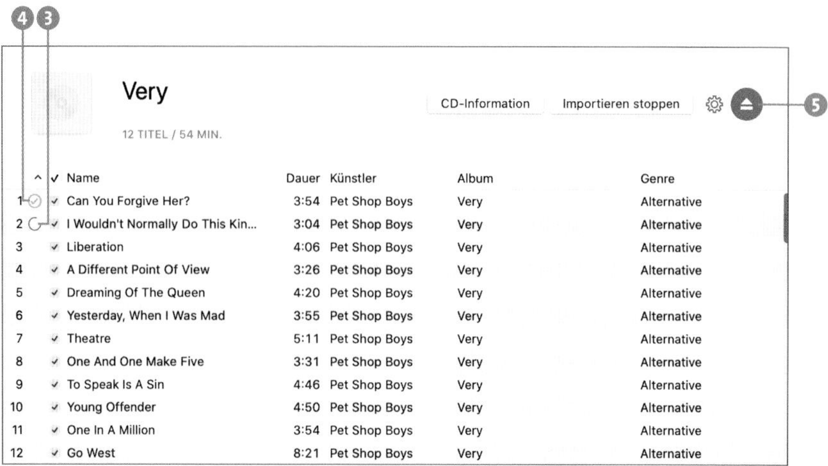

Abbildung 14.44
Das Einlesen der CD ist in vollem Gange. Währenddessen können Sie die Musiktitel auf der CD zwar anhören, das verlangsamt aber den Importvorgang.

Keine Lust auf Fleißarbeit?

Wenn Sie Ihre CD-Sammlung nicht digitalisieren wollen, können Sie auch einfach Musikstreaming abonnieren und digital auf Millionen Titel zugreifen. Ab Seite 317 zeigen wir, wie das funktioniert.

4. Fertig

Beim Import wird Ihre Musik übrigens konvertiert und in komprimierter Form gespeichert. Standardmäßig werden die digitalen Musikdateien in der Musik-App in das AAC-Format umgewandelt.

Damit ist der Importvorgang bereits abgeschlossen, das Album erscheint in der Musik-App mit den korrekten Titelbezeichnungen. Mit allen anderen CDs Ihrer Sammlung verfahren Sie genauso. Sie erhalten dann Stück für Stück eine tolle Musiksammlung auf Ihrem Mac. Die CD kann über den blauen Button ❺ direkt ausgeworfen werden.

CD-Cover nachträglich laden

Sie haben schon viele CDs in die Musik-App geladen. Aber von passenden CD-Covern ist bislang keine Spur, die Musik-App bringt hier lediglich ein Notensymbol auf den Bildschirm ❶. Beim Blättern durch die CD-Sammlung macht das keine Freude. Markieren Sie daher in der Albenansicht einfach dasjenige Album, das noch ein Cover benötigt. Mit einem Klick der rechten Maustaste rufen Sie nun das Kontextmenü auf und wählen hier **CD-Cover laden** ❷.

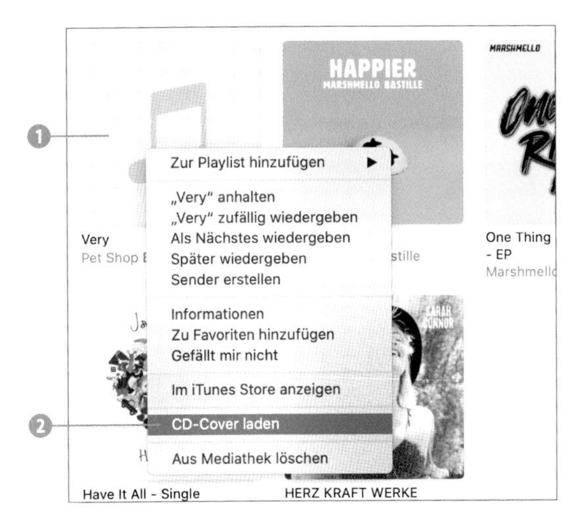

Abbildung 14.45
Bald hat die Coverbild-Suche ein Ende.

Den darauf folgenden Warnhinweis können Sie schlichtweg ignorieren. Setzen Sie ein Häkchen bei **Nicht erneut fragen** ③, und klicken Sie dann auf **Albumcover laden** ④.

Abbildung 14.46
Sind Sie sicher?

Abbildung 14.47
Gut gefunden – das CD-Cover der importieren CD ist da.

Wenige Augenblicke später ist es vollbracht: Das Albumcover ist geladen und steht Ihnen somit zur Verfügung. Sollte das Cover nicht gefunden werden, klicken Sie alternativ im Kontextmenü auf **Informationen** und laden im Bereich **Cover** einfach ein Foto hoch.

Spotify – Musikstreaming ohne Apple

Wie so oft im Leben ist auch die Wahl des Streaminganbieters Geschmackssache. Spotify war einer der ersten Anbieter überhaupt und bietet, im Gegensatz zu Apple, nach wie vor auf Dauer einen kostenlosen Account an – allerdings mit Werbeunterbrechungen. Die Streamingflatrate für alle Musik im Sortiment kostet wie bei Apple knapp 10 € pro Monat. Während Buchautor Markus lieber auf Apple Music setzt, ist Jörg eher von Spotify überzeugt.

Abbildung 14.48
Das prägnante Logo von Spotify

Zum Ausprobieren müssen Sie sich nur kurz registrieren (siehe dazu den Kasten »Spotify ausprobieren« auf dieser Seite) und die App aus dem App Store laden.

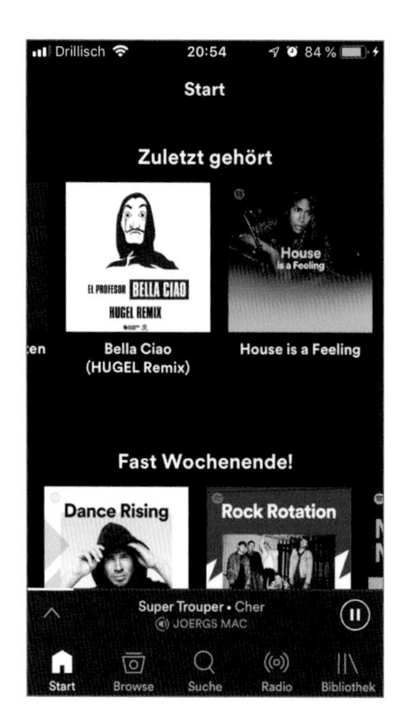

^ **Abbildung 14.50**
On the run – Spotify teilt hier auf dem iPhone sogar mit, welche Musik gerade über den Mac abgespielt wird. Wollen Sie »außer Haus«, können Sie die Musik am iPhone taktgenau weiterhören und natürlich umgekehrt.

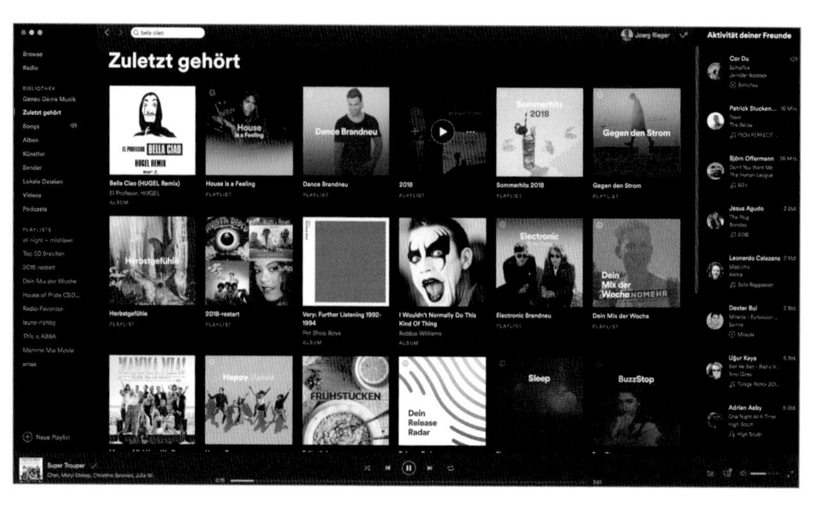

^ **Abbildung 14.49**
Ganz schön schwarz – die Benutzeroberfläche der Spotify-App

Die Bedienung in Spotify stellt Sie vor keine Rätsel, lediglich das Menü, um Titel einer Playlist hinzuzufügen, wurde extrem gut versteckt. Hinter jedem Albumtitel sind drei Punkte zu sehen ❶, und genau dort müssen Sie klicken, um über **Zu Playlist hinzufügen** ❷ einen Titel in der Playlist nach Wunsch abzulegen.

Spotify ausprobieren

Unter *www.spotify.com* können Sie sich kostenlos anmelden und das Angebot 30 Tage lang testen. Die App für macOS und iPhone laden Sie im jeweiligen App Store ebenfalls gratis herunter.

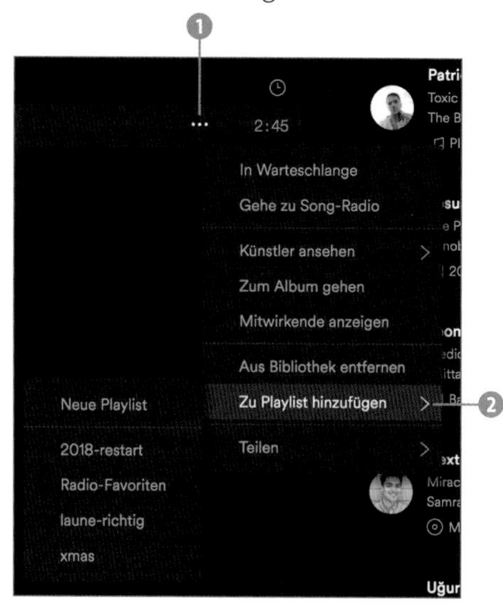

Übrigens gibt es zwischen Apple Music und Spotify keine »Umzugsmöglichkeit« – sprich, wollen Sie von einem Anbieter zum anderen wechseln, müssen Sie sich dort Ihre Musikbibliothek wieder neu zusammenstellen.

< **Abbildung 14.51**
Etwas gut versteckt hat Spotify die Möglichkeit, Titel einer eigenen Playlist hinzuzufügen.

Sprachmemos – nicht nur ein digitales Diktiergerät

Ein praktisches Hilfsmittel sind die Sprachmemos. Wie mit einem Diktiergerät nehmen Sie mit dem eingebauten Mikrofon Ihres Macs oder mit einer externen Lösung Sprache, aber auch Musik oder Geräusche auf. Natürlich gibt es diese App auch für iOS. Und – wie könnte es anders sein – diese Audioaufnahmen sind logischerweise über die iCloud für alle Geräte verfügbar.

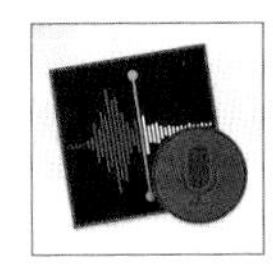

Abbildung 14.52
Die Sprachmemos sind perfekt für die schnelle Audioaufnahme.

Abbildung 14.53
Auch ein professionelles externes Mikrofon funktioniert mit den Sprachmemos einwandfrei. Buchautor Jörg nimmt mit ihm seine Online-Trainings auf und sorgt für guten Ton.

Sie finden die App *Sprachmemos* im *Programme*-Ordner. Einmal gestartet, sehen Sie im linken Bereich der App eventuell schon aufgenommene Daten. Diese benennt das Programm übrigens standardmäßig nach dem aktuellen Aufnahmeort ❶, falls diese Info verfügbar ist.

Abbildung 14.54
Um ein Sprachmemo umzubenennen, klicken Sie mit primärer Maustaste länger auf die Bezeichnung und überschreiben diese.

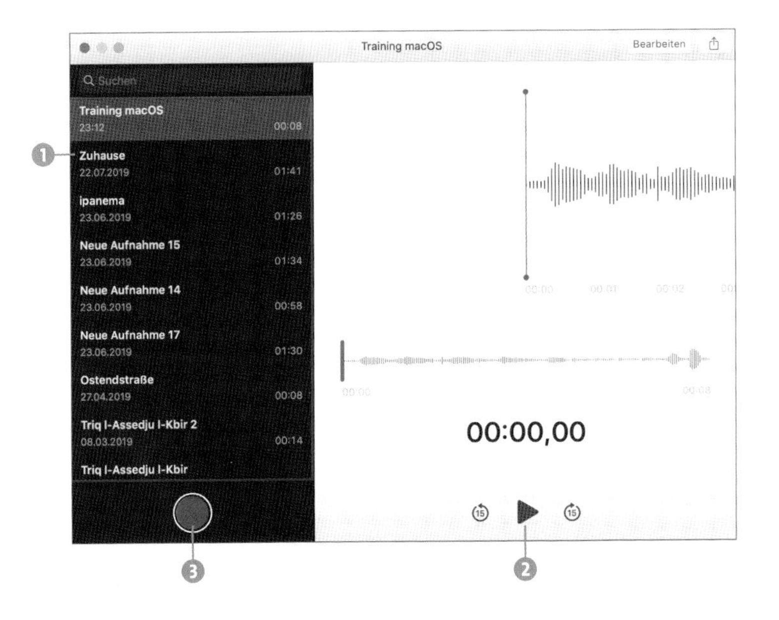

Abbildung 14.55
Per Klick in die Aufnahmen links und auf den jeweiligen Play-Button rechts ❷ werden die Sprachmemos abgespielt.

Möchten Sie eine neue Aufnahme starten, genügt ein Klick auf die rote **Aufnahme**-Schaltfläche (❸ auf Seite 323). Die Software startet umgehend und verwendet das voreingestellte Mikrofon. Haben Sie ein externes Mikrofon über USB angeschlossen, dann müssen Sie die Voreinstellung zunächst in den **Systemeinstellungen** im Bereich **Ton** ändern.

Sie können die Aufnahme mit einem Klick auf **Fertig** ❹ beenden; die Datei wird in der linken Seitenleiste (siehe Abbildung 14.55 auf Seite 323) abgelegt. Meist ist die Aufnahme noch nicht perfekt, am Anfang und Ende ist sicherlich noch zu viel »Luft«. Das beheben Sie mit einem Klick auf den **Bearbeiten**-Button ❺.

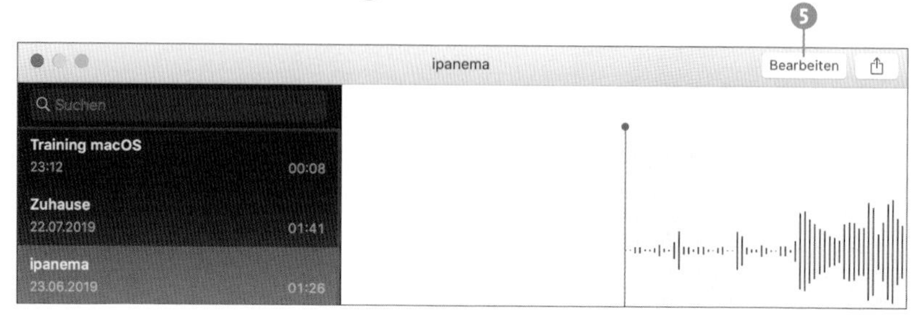

Abbildung 14.56
Die Aufnahme schneiden Sie mit einem Klick auf »Bearbeiten«.

Im folgenden Fenster starten Sie die digitale Schere über das Symbol rechts oben. Es erscheint eine gelbe Markierung ❻, mit der Sie Beginn und Ende der Aufnahme festlegen können. Ein Klick auf **Kürzen** ❼ bestätigt Ihre Änderung. Sichern Sie das Ergebnis über den gleichnamigen Button, um schließlich zum Startbildschirm zurückzukehren.

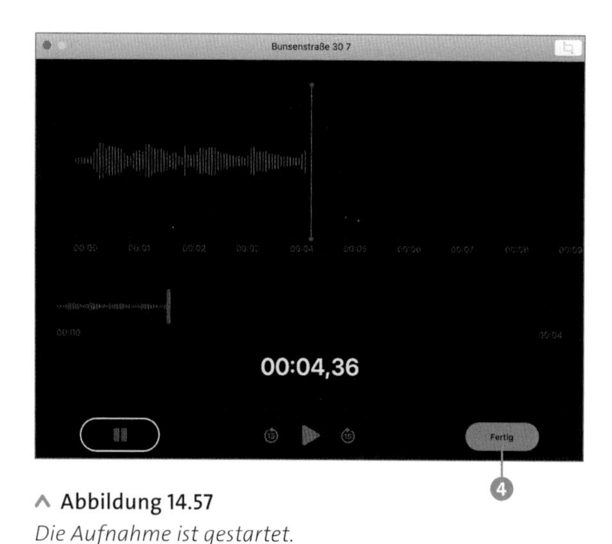

Abbildung 14.57
Die Aufnahme ist gestartet.

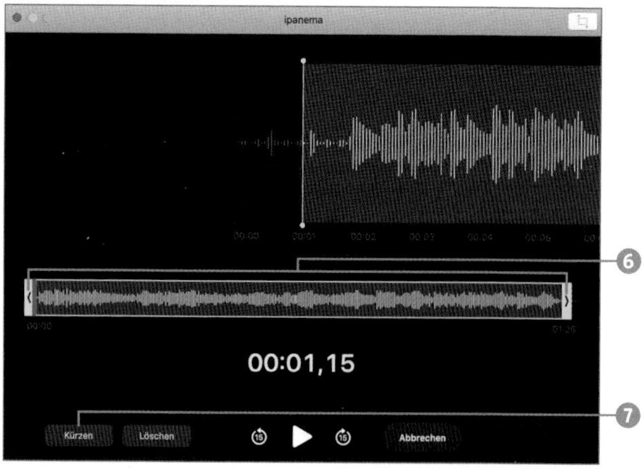

Abbildung 14.58
Schneiden wie ein Profi-Cutter...

15 Bessere Fotos mit der Fotos-App

Digitalfotos sind klasse, und sicherlich sind Sie im Besitz einer Digitalkamera oder eines Smartphones mit Foto-Funktion. Denn tatsächlich haben die mobilen Endgeräte dem klassischen Fotoapparat in Sachen »Bildmenge« längst den Rang abgelaufen. Doch egal, ob das Bild von der Spiegelreflex oder der Miniknipse kommt – nach dem Foto steht immer die Frage: »Wohin mit den unzähligen Urlaubsschnappschüssen?« Einfach auf der Speicherkarte lassen ist keine gute Lösung. Beim Apple-Computer ist glücklicherweise eine sehr praktische und deutlich bessere Lösung eingebaut: Zum einen bringt schon der Finder viele tolle Möglichkeiten mit, um Ihre Fotos schnell mal zu betrachten, zum anderen steht Ihnen mit *Fotos* eine mächtige Fotosoftware zur Seite, die für Ordnung im Bilder-Dschungel sorgt und sich zum Teil auch vollautomatisch um die Fotoverwaltung kümmert.

∧ **Abbildung 15.1**
Fotos ist Ihr Fotoprogramm am Mac.

< **Abbildung 15.2**
Bilder überall – mit Fotos haben Sie alle Ihre Bilder auf allen Geräten immer parallel parat, Internet und iCloud vorausgesetzt. (Foto: Apple)

Mit Apple Fotos können Sie Ihre Bilder nicht nur verwalten und bearbeiten, sondern auch schöne Präsentationen erstellen und diese natürlich über die iCloud mit allen Ihren Apple-Geräten synchronisieren. Die App ist sicher nicht das »Nonplusultra« für den Profi, aber für die meisten Aktivitäten des normalen Hobbyfotografen reichen die Möglichkeiten aus. In diesem Kapitel zeigen wir Ihnen, wie alles funktioniert und wie Sie Ihr Leben in Bildern ganz hervorragend organisieren können. Zum Ende des Kapitels gibt es zudem noch einen Ausblick auf Bildbearbeitungsprogramme für den ambitionierten Nutzer.

Fotos ist auf jedem neuen Mac bereits vorinstalliert. Fehlt die Software, kann sie aus dem App Store von Apple kostenfrei nachinstalliert werden.

Thunderbolt – fix übertragen

Thunderbolt ist ein multifunktionaler Anschluss für Bildschirme, Soundsysteme, Grafikkarten, Speicherkartenleser und vieles mehr. Dieser Standard ersetzt immer mehr die USB-Schnittstelle, und Apple setzt schon seit Jahren auf ihn. Der Vorteil von Thunderbolt ist neben der Geschwindigkeit die Möglichkeit, mehrere Geräte »hintereinander« miteinander zu verbinden. Sie können also über nur eine Schnittstelle am Computer mehrere Geräte in Reihe dahinter anschließen. Möchten Sie an Ihrem Mac doch noch USB-Geräte betreiben, gibt es sog. *Thunderbolt-Hubs*, die eine Reihe gängiger Schnittstellen abbilden.

Abbildung 15.3
Thunderbolt 2 und 3 im direkten Vergleich (Foto: Dell Computers)

Fotos von der Kamera übertragen

Die Bilder von Ihrer normalen Digitalkamera werden normalerweise auf einer SD-Speicherkarte abgelegt. Für diese Karten gibt es nur beim aktuellen iMac einen Einschub, bei allen anderen Geräten wurde er eingespart.

Daher muss also ein Kartenlesegerät her. Dieses wird über USB oder die Thunderbolt-Schnittstelle angeschlossen. Mit Thunderbolt profitieren Sie von einer sehr schnellen Datenübertragung. In den aktuellen MacBooks kommen Thunderbolt-3-Schnittstellen zum Einsatz, ältere Modelle arbeiten mit Thunderbolt 2. Etwas verwirrend – Sie können in die Thunderbolt-3-Schnittstelle auch ohne Probleme Geräte mit USB-C-Stecker anschließen.

Abbildung 15.4
Ein externes Kartenlesegerät kann mit einer Thunderbolt-3- oder USB-C-Schnittstelle an den Mac angeschlossen werden. (Foto: Ugreen)

Egal welchen Weg Sie wählen – nach dem Anschluss einer Speicherkarte wird die Fotos-App standardmäßig mit dem Importdialog geladen. Falls nicht, starten Sie die Fotos-App aus dem Dock und klicken dann links im Menü auf Ihre Speicherkarte.

Abbildung 15.5
Der Foto-Import in der Fotos-App klappt fast vollautomatisch.

Hier sehen Sie in einer Vorschau alle Bilder, die auf dem Speichermedium gespeichert sind. Intelligenterweise erkennt das Programm bereits importierte Fotos automatisch. Sie müssen also keine Sorge haben, dass hier ein doppelter Import geschieht.

Abbildung 15.6
Der Importdialog ist erfreulich überschaubar.

In der oberen Programmleiste sehen Sie links das Speichermedium mit Ihren Bildern ❶. Ein Haken bei **„Fotos" für dieses Gerät öffnen** ❷ bedeutet, dass künftig bei jedem Einlegen oder Anschließen dieser Speicherkarte die Fotos-App geladen wird. Wenn Sie das nicht wünschen, entfernen Sie das Häkchen. Übrigens klappt das auch dann, wenn Sie Ihr iPhone anschließen: Damit unterbinden Sie das lästige Laden der App, wenn Sie Ihr Smartphone eigentlich nur geschwind via USB aufladen wollen.

Bei **Importieren nach** ❸ wählen Sie aus, ob die Bilder einfach in Ihre komplette Mediathek oder in ein bestehendes oder neues Album importiert werden sollen. **Alle neuen Fotos importieren** ❹ ist die richtige Wahl, wenn sämtliche Schnappschüsse auf dem Mac landen sollen. Wie vorher erwähnt, erkennt Fotos ziemlich genau, ob Motive bereits zu einem früheren Zeitpunkt überspielt wurden. Haben Sie den Button ❹ angeklickt, werden die neuen Aufnahmen direkt überspielt.

Wo sind die RAW-Duplikate?

Wenn Sie fortgeschrittener Fotograf sind, fotografieren Sie wahrscheinlich im RAW-Modus Ihrer Kamera. Hier wird neben dem normalen JPEG-Bild auch noch das unkomprimierte Rohdatenbild gesichert. Im Importdialog sind diese Rohdaten allerdings nicht zu sehen. Die Fotos-App importiert zwar beide Versionen, Sie arbeiten aber standardmäßig immer mit der flexiblen RAW-Version. Mehr dazu lesen Sie ab Seite 338.

Natürlich haben Sie auch die Möglichkeit, nur ausgewählte Bilder zu übertragen. Klicken Sie diese einfach an, und wählen Sie im Anschluss den Button **Auswahl importieren** 5.

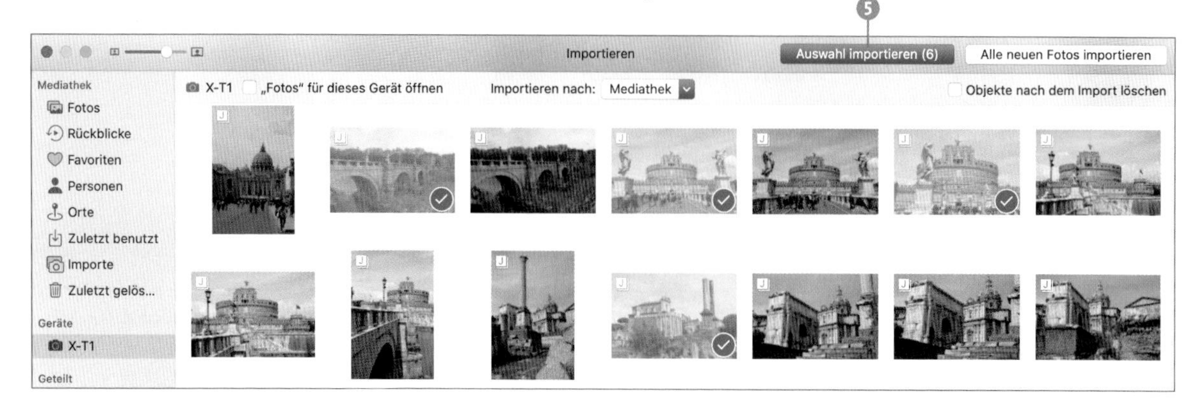

Abbildung 15.7
Wenn nicht alle Fotos überspielt werden sollen, führen flinke Mausklicks zum Ziel.

Fotos vom iPhone auf »Fotos« übertragen

Das Smartphone hat die klassischen Pocketkameras nahezu abgelöst und ist die »Überall-dabei-Kamera«. Die Bildqualität der aktuellen iPhones ist dabei erstaunlich, und gerade das iPhone XS und XR überzeugen mit perfekten Bildern.

Trotzdem haben Systemkameras und Spiegelreflexkameras nach wie vor ihre Existenzberechtigung. Da diese Kameras einen viel größeren Bildsensor und eine größere Objektivöffnung haben, sind hier ganz andere Möglichkeiten gegeben. Und zugegebenermaßen trickst das iPhone im Hintergrund mit automatischer Bearbeitung, um schöne Bilder zu produzieren Aber für den Schnappschuss zwischendurch oder auch für Selfies ist das Mobiltelefon schlichtweg perfekt.

Abbildung 15.8
Selfie-Mania auch bei den Buchautoren – wie gut, dass es Smartphones gibt.

Klar, dass Apple die Fotos-App mit dem iPhone und der iCloud nahtlos verknüpft hat. Denn in der iCloud werden Ihre Aufnahmen vom iPhone standardmäßig abgelegt und stehen beim Start Ihrer Fotos-App schon direkt bereit, ohne dass Sie das iPhone anschließen müssten. Das kann je nach Bildermenge beim ersten Start der App natürlich dauern. Aber das Warten lohnt sich.

Achtung: Die Fotos werden von iCloud direkt auf Ihrem Mac abgelegt, und damit wird wertvoller Festplattenspeicher verbraucht. Wenn Sie im Zweifelsfall möchten, dass Ihre Festplatte nicht komplett mit Fotos belegt wird, sondern die Bilder nur bei Bedarf aus der iCloud geladen werden, sollten Sie direkt ins **Fotos**-Menü und dort in die **Einstellungen** wechseln. Klicken Sie hier auf **iCloud** ①, und wählen Sie bei den iCloud-Einstellungen die Option **Mac-Speicher optimieren** ② aus. Dann bleiben auf Ihrem Mac nur die Voransichten gespeichert, was natürlich Platz spart. Allerdings benötigen Sie dann eine Internetverbindung, um an Ihre Originalbilder heranzukommen, und auch der iCloud-Speicherplatz muss ausreichend groß gebucht sein.

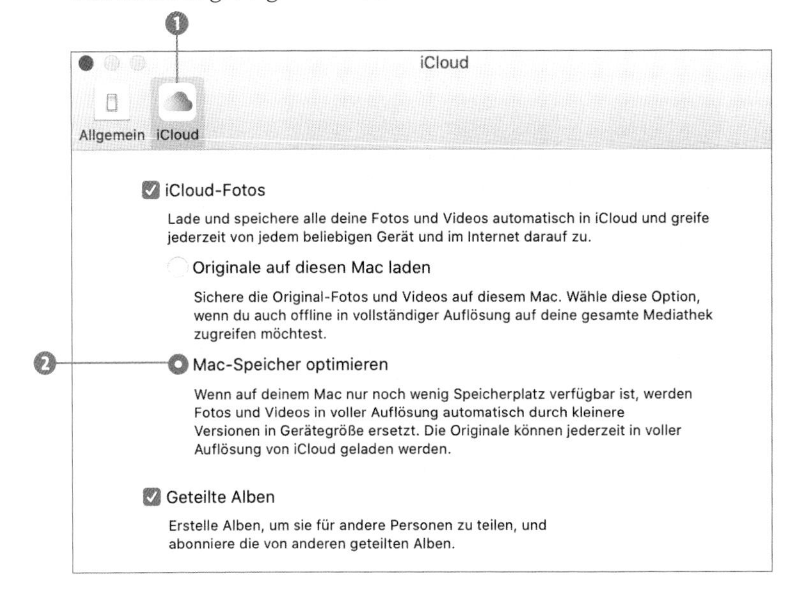

< **Abbildung 15.9**
Die Fotos-Einstellungen zur iCloud bieten die Möglichkeit, alle Bilder direkt auf den Mac zu sichern oder lieber die iCloud als Datenspeicher zu verwenden.

Von vornherein und gratis gibt es 5 Gigabyte von Apple. 200 Gigabyte kosten zurzeit 2,99 € monatlich. Sollte Ihr iCloud-Speicherplatz für Ihre Fotos nicht ausreichen, meldet sich Apple übrigens automatisch.

Fotos anschauen, ordnen und sortieren

Foto-Chaos? Mit der Fotos-App haben Sie das Problem vermisster oder unauffindbarer Bilder ziemlich elegant und komfortabel im Griff. Wenn Sie bereits ein iPhone besitzen, dürften Ihnen die Sortier- und Suchfunktionen bekannt vorkommen. Die einfachste Art, Ihre Bilder zu durchsuchen, bietet sich mit dem Durchscrollen per Trackpad oder Maus an. Sie haben im Bereich **Fotos** (① auf Seite 330) mehrere Betrachtungsmöglichkeiten. Starten Sie **Alle Fotos** ②, dann erhalten Sie eine klassische Ansicht. Bei dieser Option sind alle Bilder strikt nach Aufnahmedatum ③ sortiert – egal ob diese nun vom iPhone, von Ihrer Kamera, vom iPad oder sonst einem Gerät stammen. Der Aufnahmeort wird, soweit vorhanden, ebenfalls direkt angezeigt ④. Bei Smartphones wird der Aufnahmeort

Mehr Zoom per Tastenkombination

Sie haben es sicher schon bemerkt – mit dem Schieberegler können Sie Ihr Bild nur so weit vergrößern, wie Ihr Bildschirm groß ist. Um weiter hineinzuzoomen, müssen Sie auf eine Tastenkombination ausweichen. Diese funktioniert auch nur in der vergrößerten Ansicht. Nutzen Sie [command] + [+], und schon können Sie stufenlos in jedes noch so kleinste Detail Ihres Bildes blicken. Mit [command] + [-] geht der Weg übrigens auch wieder zurück auf die passgenaue Ansicht.

normalerweise über GPS in die Bilder gespeichert. Bei »normalen« Kameras ist so ein Service eher die Ausnahme.

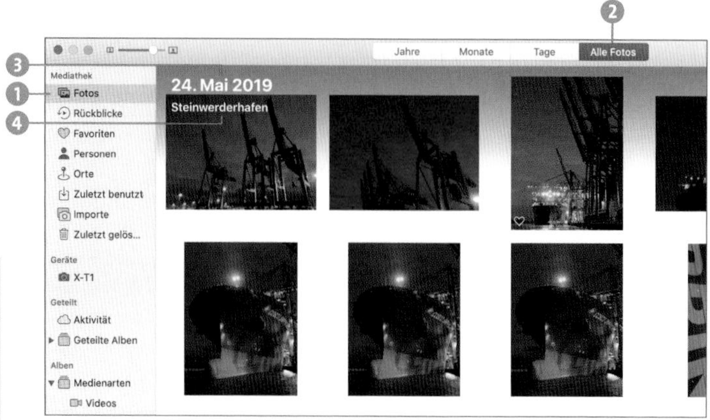

Abbildung 15.10 >
Die Fotos-App sortiert Ihre Bilder direkt nach Aufnahmedatum, unabhängig davon, mit welchem Gerät sie aufgenommen wurden.

^ Abbildung 15.11
Die Monatsansicht ⑧ sortiert sehr ansprechend.

Um ein Bild größer zu sehen, doppelklicken Sie darauf. Damit wird es auf die Bildschirmfläche gezoomt ⑤. Die Miniaturbilder ⑥ sind standardmäßig nicht geladen. Da diese aber recht praktisch sind, aktivieren Sie sie über das **Darstellung**-Menü **> Miniaturen einblenden**. Wenn Sie nun dort in ein Bild hineinklicken, wird es direkt im Vollformat geladen. Ein Klick auf den grauen Pfeil ⑦ oberhalb der Miniaturbilder bringt Sie zur gewohnten Foto-Übersicht zurück.

^ Abbildung 15.12
Per Doppelklick werden die Aufnahmen in diesem komfortablen Modus angezeigt.

Mit dem Trackpad und zwei Fingern besteht in dieser Ansicht die Option, mittels »Wischen« die Bilder zu durchforsten. Alternativ klappt das auch mit den Pfeiltasten auf der Tastatur. Außerdem werden im Bild zusätzlich rechts und links Navigationspfeile eingeblendet.

Weitere Infos zu Ihren Bildern – in den meisten Fällen ist das der Aufnahmeort – erhalten Sie über den Button **Weitere Infos** ⑨. Dieser wird nur eingeblendet, wenn Sie mit dem Mauszeiger mittig an das untere Ende des Bildes fahren.

Aktivieren Sie außerdem den Button **i** ⑩, zeigt das Programm nicht nur den Aufnahmeort, falls vorhanden, sondern auch Informationen rund um Blende und Belichtungszeit.

∧ **Abbildung 15.13**
Auch auf dem iPhone wird nach Aufnahmedatum und Aufnahmeort sortiert.

∧ **Abbildung 15.14**
Praktisch – mit dem i-Button erfahren Sie neben dem Aufnahmeort auch etwas zur Blende, Belichtungszeit und dem Kameramodell.

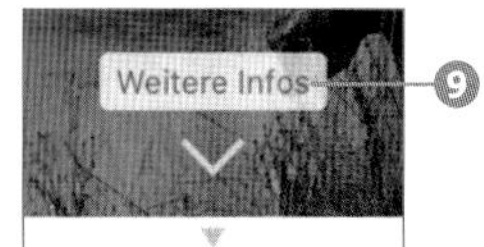

∧ **Abbildung 15.15**
Weitere Infos gibt es unterhalb des Bildes.

Mit der Seitenleiste in der Fotos-App (① auf Seite 332) stehen sämtliche Alben ② parat, die Sie vielleicht schon auf Ihrem iPhone angelegt haben. Alben sind nichts anderes als kleine Sortierschubladen. Das Schöne ist – Sie können ein Bild in beliebig viele Alben ablegen und sich damit Ihre ganz eigene Ordnung schaffen. Einige Alben sind bereits von Apple automatisch angelegt und arbeiten »intelligent«. Das heißt, hier werden dynamisch die passenden Fotos einsortiert, beispielsweise bei **Personen** ③, **Orte** ④ oder **Selfies** ⑤.

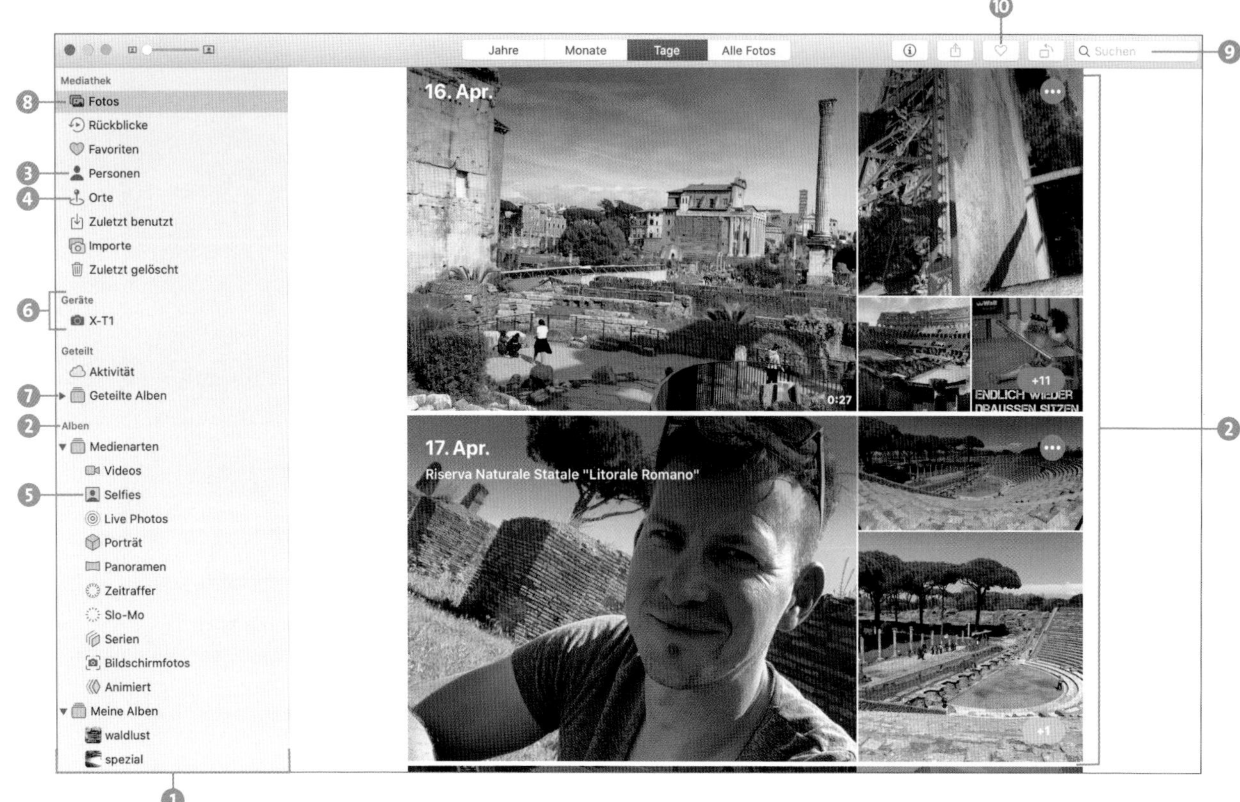

Abbildung 15.16
Die Seitenleiste in der Fotos-App ist für die schnelle Bildersuche essenziell notwendig.

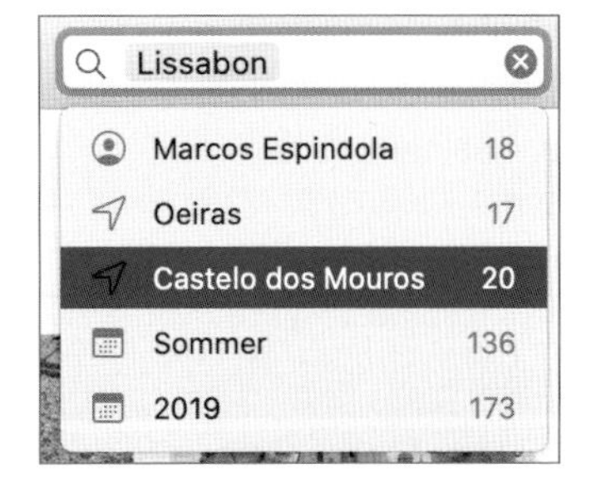

Abbildung 15.17
Das Suchen-Feld ist ziemlich intelligent. Hier zeigt es nicht nur an, welche Orte verfügbar sind, sondern auch, wie viele passende Fotos es dazu gibt.

Des Weiteren finden Sie in der Seitenleiste Informationen über gerade angeschlossene Fotoapparate oder Speicherkarten ❻ und mit anderen geteilte Bilder ❼ (mehr dazu folgt im Abschnitt »Fotos weitergeben« ab Seite 340). Zurück zur kompletten Ansicht aller Fotos gelangen Sie immer über den Button **Fotos** ❽ ganz oben.

Bilder schnell finden

Zugegebenermaßen ist es wenig komfortabel, sich durch Tausende Bilder zu scrollen, um das passende Foto zu finden. Hierzu gibt die Fotos-App Ihnen noch weitere praktische Werkzeuge an die Hand. Die Suchen-Funktion ❾ rechts oben ist ein intelligenter Spürhund für Ihre Aufnahmen. Egal ob Sie ein Aufnahmedatum, eine Jahreszahl, einen Ort oder einen Namen eintippen, die Suchfunktion versucht, entsprechend intelligent zu filtern und die passenden Schnappschüsse einzublenden. Auf diesem Weg ist es auch ganz einfach möglich, sich die Bilder eines Jahres oder eines Monats anzeigen zu lassen. In diesem Fall tippen Sie einfach »2018«

oder »Juli 2019« ein, und Fotos zeigt Ihnen nur die relevanten Bilder an. Wir finden, dass die Suchfunktion ein sehr mächtiges Werkzeug ist, aber in dem kleinen Feld rechts oben ein sehr unscheinbares Dasein fristet im Verhältnis zu dem, was sie zu leisten imstande ist.

Ihre Lieblingsbilder markieren Sie einfach mittels »Herz«. Das klappt in der Praxis ganz einfach, indem Sie mit der Maus auf das gewünschte Bild fahren und auf das kleine, aktuell nur umrandete Herz ⑩ klicken. Auf diesem Wege kann man umgekehrt seine Lieblingsbilder auch wieder »entherzen«.

^ **Abbildung 15.18**
Mit einem Klick auf das Herz markieren Sie ganz schnell Ihre Lieblingsbilder.

Personen – automatische Verwandtschaftserkennung

Die ganz persönliche Rasterfahndung ist bei der Fotos-App schon eingebaut. Die Software lernt schnell, Ihre Liebsten zu erkennen und entsprechend zu markieren. Das ist dann praktisch, wenn Sie beispielsweise nur jene Bilder sehen möchten, auf denen Ihr Kind, Ihr Freund oder Ihre Freundin zu sehen ist. Nicht nur für das Fotobuch zum runden Geburtstag Ihrer Erbtante erleichtert diese Suchfunktion das Foto-Leben enorm. Die Funktion *Personen* ist standardmäßig aktiv und benötigt im ersten Schritt etwas Zeit, um alle Aufnahmen zu analysieren.

1. Klicken Sie in der Seitenleiste links auf **Personen** ①. Mit etwas Glück ist die Fotos-App sofort fertig mit der Analyse; man kann aber auch schon währenddessen in diesen Bereich wechseln ②. Wichtig: Hier werden ständig neue Aufnahmen angezeigt. Es lohnt sich, ab und an einen Blick in diesen Ordner zu werfen und neue Personenbilder zuzuordnen.

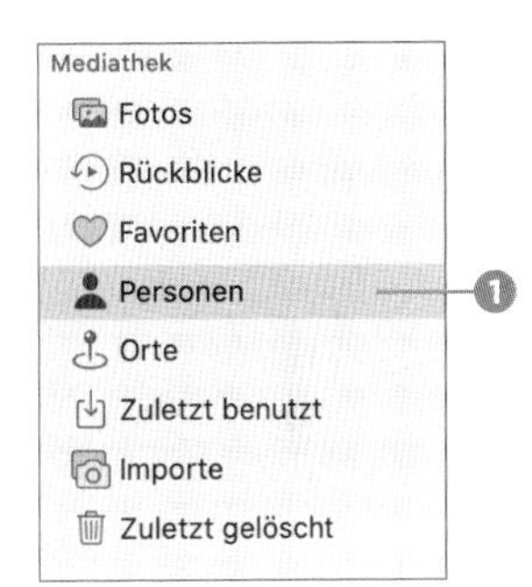

^ **Abbildung 15.19**
Gesichter werden im Bereich »Personen« gescannt und analysiert.

< **Abbildung 15.20**
Im ersten Schritt zeigt Ihnen die Fotos-App erkannte Gesichter noch ohne Namen an

2. Hier hat Apple schon einige Personen automatisch gefunden und auch entsprechende Bilder entdeckt. Tatsächlich muss die App nun erst lernen, wenn sich beispielsweise die Frisur oder eine markante Brille bei einer Person geändert hat. Doch dazu gleich mehr. Klicken Sie nun die erste Person an ❸, und geben Sie den Namen ein. Sofort schlägt die Software Kontakte aus Ihrem iCloud-Adressbuch vor, die direkt übernommen werden können. Ist die Person nicht in Ihrem Adressbuch, können Sie natürlich trotzdem den Namen eintippen.

Abbildung 15.21 >
Die Fotos-App greift praktischerweise direkt auf Ihre Kontakte zu.

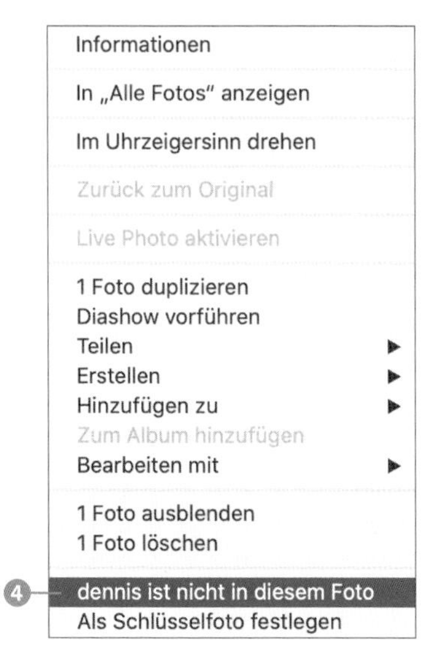

∧ Abbildung 15.22
Wurde eine Person falsch erkannt, dann korrigiert man das direkt.

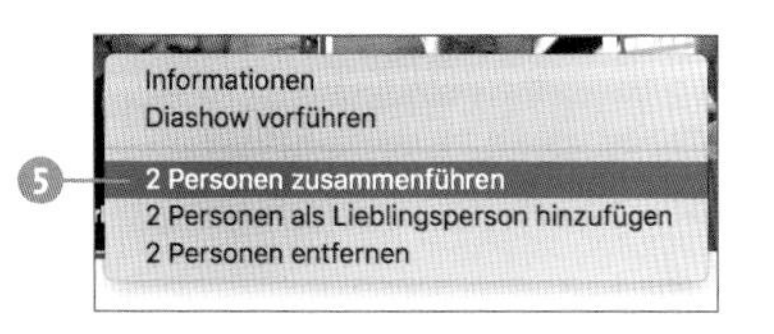

∧ Abbildung 15.23
Doppelt erkannt? Kein Problem für die Fotos-App!

3. Sie wollen prüfen, ob Fotos die Gesichter richtig zugeordnet hat? Mit einem Doppelklick auf die jeweilige Person öffnet sich eine Ansicht mit sämtlichen erkannten Porträts. Mit einem rechten Mausklick auf ein als falsch erkanntes Gesichtsbild und **„Name der Person" ist nicht in diesem Foto** ❹ korrigieren Sie Zuordnungsfehler.

4. Allerdings werden Sie feststellen, dass die Personenerkennung extrem gut arbeitet. Es gibt hier nahezu nichts zu korrigieren, zumindest nicht in unseren mehrfachen Testläufen.

5. Es kann durchaus passieren, dass eine Person mehrfach angeführt wird. Das hat nichts mit gespaltener Persönlichkeit zu tun, sondern mit der Tatsache, dass die entsprechende Person wohl häufig die Frisur wechselt, eine andere Brille trägt, eine Schönheits-OP hatte oder, oder ... Aber auch das ist kein Problem: Wählen Sie einfach die Miniaturbilder der Personen aus, und machen Sie einen sekundären Mausklick. Schon erscheint ein Menü, in dem Sie die Zusammenführung ❺ auswählen.

6. Mit der Zeit und vielen Fotos kann es sein, dass die Fotos-App Ihre Mithilfe benötigt. Im Personen-Bereich wird dann bei der entsprechenden Person der Hinweis eingeblendet, dass es Fotos zur Prüfung gebe. Das sind Bilder, bei denen sich das Programm nicht ganz sicher ist, ob die Person dort wirklich abgebildet ist. Per Klick auf **Prüfen** ⑥ erledigen Sie die Kontrolle ganz fix.

Abbildung 15.24
Die Fotos-App ist manchmal nicht ganz sicher, und Sie müssen mit einer Gesichtskontrolle eingreifen.

Ganz Sie selbst – in den Selfies

Sie fragen sich, warum Ihr Gesicht bei den Personen nicht erscheint? Apple sortiert Sie direkt in die **Selfies** ein. Dort finden Sie alle automatisch und manuell zugeordneten Bilder.

7. Fehlt eine Person, dann ist die Vorgehensweise wie folgt: Suchen Sie ein gutes Porträtbild in der Seitenleiste über den **Fotos**-Bereich. Klicken Sie nun auf den **i**-Button in der oberen Menüleiste. Es erscheint ein zusätzliches Fenster. Über **Gesichter hinzufügen** (siehe ⑪ in Abbildung 15.14) wird ein kleiner Kreis ins Bild geladen. Diesen Kreis ziehen Sie über dem gesamten Gesicht auf und tippen im grauen Feld darunter ⑦ den Namen von Oma, Opa, Freund oder Tante ein. Wie vorher beschrieben, schlägt Fotos direkt Einträge aus Ihrem Adressbuch vor. Bestätigen Sie Ihre Eingabe mit der [↵]-Taste, und schon ist die neue Person mit an Bord. Gerade wenn Sie von einem Freund oder Bekannten noch nicht allzu viele Bilder haben, helfen Sie der Erkennung damit elegant auf die Sprünge.

So klappt es: Personen in Bildern suchen

Der Weg, um Ihre Liebsten in den markierten Bildern zu finden, führt wieder über das Suchfeld rechts oben in der Fotos-App. Geben Sie einfach den gewünschten Namen ein, und schon erhalten Sie das passende Suchergebnis.

Abbildung 15.25
Fehlende Personen werden über das »Informationen«-Fenster hinzugefügt und »eingekreist«.

Sie sehen – die Fotos-App ist ein wirklich praktisches Hilfsmittel, um Ihre Bildersammlung ganz einfach und in vielen Fällen ziemlich automatisch in den Griff zu bekommen.

Immer zurück

Sie können im Bearbeitungsbereich mit einem Klick auf die Schaltfläche **Zurück zum Original** jederzeit das Ausgangsbild wiederherstellen. Also keine Angst, legen Sie einfach los, und werden Sie kreativ. Der Button erscheint im **Bearbeiten**-Bereich allerdings erst, wenn Sie auch tatsächlich eine Korrektur getätigt haben.

Zurück zum Original

∧ **Abbildung 15.26**
Dieser Button stellt jederzeit wieder Ihr Originalbild her.

Fotos bearbeiten

Die Bearbeitungsmöglichkeiten in der Fotos-App zielen zunächst auf die Basisbedürfnisse eines typischen Hobby- oder Smartphone-Fotografen. Allerdings hält Fotos doch mehr Korrekturen bereit, als es auf den ersten Blick scheint – handwerklich schöne Bilder bekommt man in jedem Fall. Um die Bearbeitung eines Bildes zu starten, klicken Sie es doppelt an und gehen dann rechts oben im Menü auf den **Bearbeiten**-Button.

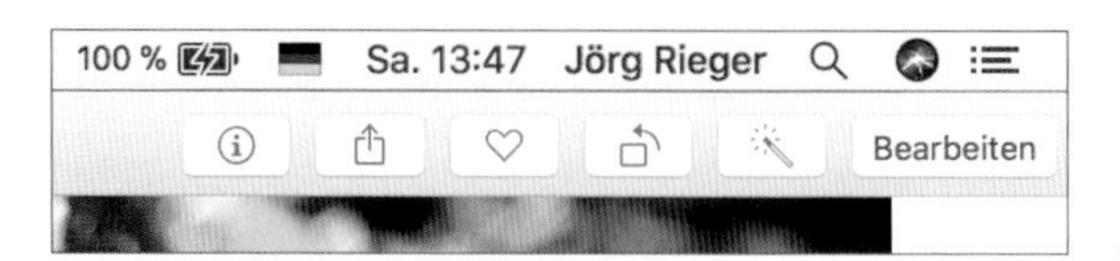

< **Abbildung 15.27**
Klicken Sie »Bearbeiten« an, um Ihre Fotos zu perfektionieren.

Der Bereich zur Fotokorrektur ist in drei Abschnitte unterteilt, die über die Schaltflächen im oberen Bereich ausgewählt werden:

∧ **Abbildung 15.28**
Übersichtlich – so wählen Sie Ihre Korrektur aus.

∨ **Abbildung 15.29**
Drei Arbeitsbereiche für die schnelle Fotokorrektur

❶ **Anpassen:** Hier korrigieren Sie Farben, Helligkeit, Kontrast, Schärfe, rote Augen und vieles mehr, um ein wunderschönes Bild zu erhalten.

❷ **Filter:** Für tolle »Retro-Looks« wie von einem alten Fotoapparat oder klassische Schwarz-Weiß-Umwandlungen gehen Sie in diesen Bereich.

❸ **Zuschneiden:** Schneiden Sie Ihre Bilder zu, richten Sie sie aus, oder korrigieren Sie schiefe Aufnahmen spielend einfach.

∧ **Abbildung 15.30**
Ganz einfach – im Bereich »Zuschneiden« wählen Sie den gewünschten Ausschnitt.

∧ **Abbildung 15.31**
Schicke Effekte finden Sie im Bereich »Filter«.

Wir möchten Ihnen nun einen kleinen Einblick in den **Anpassen**-Bereich geben. Die Seitenleiste bietet mächtige Funktionen zur Bildoptimierung. Sie haben bei jeder Funktion die Möglichkeit, detailliertere Einstellungen vorzunehmen. Dazu genügt jeweils ein Klick auf das kleine Dreieck.

❹ Die ersten drei Schieberegler **Licht**, **Farbe** und **Schwarzweiß** sind Automatik-Korrekturen. Bewegen Sie die weiße Linie nach links oder rechts, sehen Sie sofort, wie sich Ihr Bild verändert.

❺ **Retuschieren** ermöglicht die Entfernung kleinerer Schönheitsfehler im Bild. Das kann ein unpassender Pickel, ein Kratzer in einem eingescannten Bild oder eine Hochspannungsleitung sein. Stellen Sie einfach die Größe ein, und malen Sie über die zu entfernende Stelle.

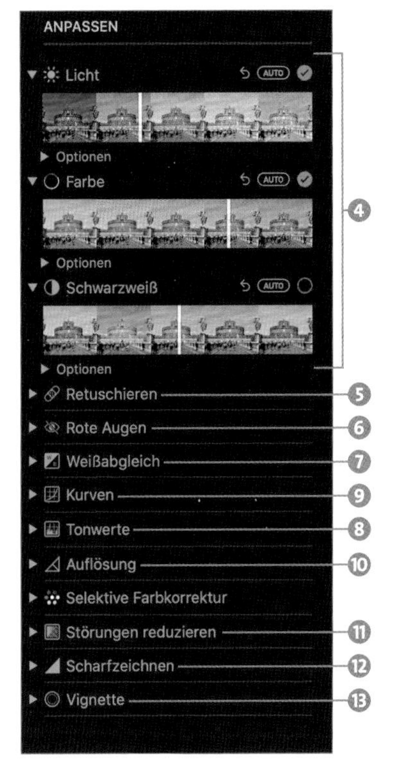

∧ **Abbildung 15.32**
Sie haben im Bereich »Anpassen« zahlreiche Korrekturmöglichkeiten.

< **Abbildung 15.33**
Immer das gleiche Prinzip – jede Korrektur hat Detaileinstellungen wie hier die Pinselgröße beim Retuschieren.

6 **Rote Augen:** Wie der Name schon sagt, entfernen Sie mit diesem Werkzeug per Klick die Alien-Augen, die vom Blitz verursacht werden.

7 Der **Weißabgleich** korrigiert Aufnahmen, die beispielsweise aufgrund der Umgebungsbeleuchtung farblich verfälscht sind.

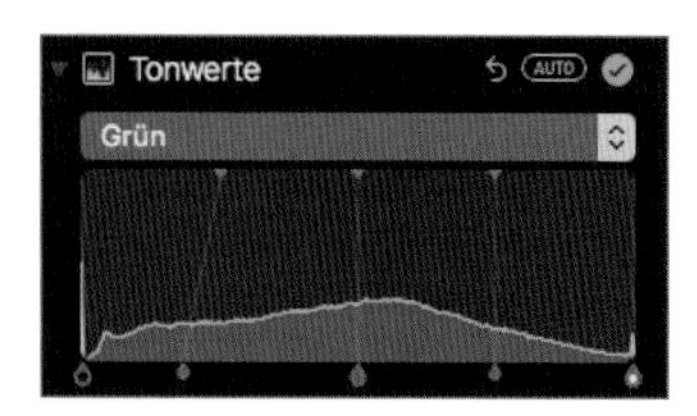

∧ **Abbildung 15.34**
Komplex – die Einstellungen der Tonwertkorrektur

8 Die **Tonwerte** sind für Profis sinnvoll, um das Bild in Sachen Licht und Kontrast zu optimieren. Als Einsteiger hat man mit diesem komplexen Werkzeug eher zu kämpfen.

9 Das gilt auch für die **Kurven** – das wenig intuitive Korrekturwerkzeug aus der Steinzeit der Bildbearbeitung wird dennoch von Profis für Detailkorrekturen genutzt.

10 Etwas missverständlich ist die **Auflösung** benannt. Eigentlich wird hier die Aufnahme per Schieberegler knackiger und kontrastreicher gemacht. Das ist ideal bei dunstigen Landschaftsaufnahmen.

11 Bei Aufnahmen in der Dunkelheit schaltet die Kamera gerne in einen hohen ISO-Bereich, der starkes Bildrauschen verursacht. Das sieht unschön aus und kann mit diesem Werkzeug zumindest gemildert werden.

12 **Scharfzeichnen** bringt knackig scharfe Aufnahmen. Aber aufgepasst: Verwackelte Bilder kann diese Funktion nicht korrigieren. Auch ein falsch gesetzter Bildfokus ist hiermit nicht wiederherzustellen.

13 Ein schöner Effekt ist die **Vignette**, um die Bildränder abzudunkeln oder aufzuhellen.

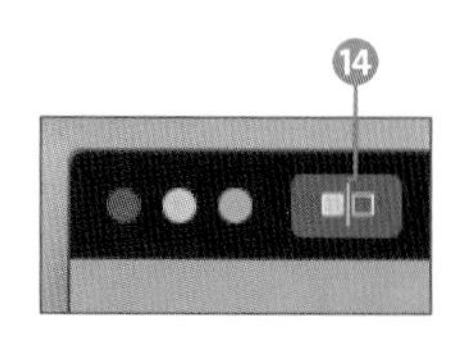

∧ **Abbildung 15.35**
Die praktische Vorschaufunktion zeigt das Originalbild an.

All diese Korrekturen können Sie nach Belieben kombinieren. Um den Überblick nicht zu verlieren, klicken Sie ab und zu in die Vorschau 14. Wenn der Button gedrückt wird, sehen Sie das Originalbild, lassen Sie ihn los, wird wieder die korrigierte Fassung angezeigt.

RAW-Fotos in der Fotos-App

Das RAW-Format erfreut sich bei ambitionierten Fotografen großer Beliebtheit. Viele etwas teurere Kameras unterstützen dieses Bildformat ab Werk, es muss lediglich in den Einstellungen aktiviert werden. Im Gegensatz zum gängigen JPEG-Format bietet RAW folgende Vorteile:

- unkorrigiertes Rohbild, direkt vom Sensor
- voller Helligkeitsumfang
- keine vorangehende Bildkomprimierung

Die Nachteile im Vergleich zum JPEG:

- benötigt viel Speicherplatz (meist 2- bis 3-mal so viel)
- muss immer in einer RAW-Software konvertiert werden, keine direkte Weitergabe (z. B. per Mail oder Upload auf Fotoportale) möglich

Gerade in kritischen Lichtsituationen kann man aus einem RAW-Bild meist noch mehr Details herauskitzeln als aus einem schon in der Kamera vorkorrigierten JPEG. Da die Fotos-App das RAW-Format unterstützt, schadet es also nicht, dieses Format einfach mal in der Kamera zu aktivieren. In der Regel nimmt Ihre Kamera JPEG und RAW immer parallel auf. So haben Sie immer ein direkt verwendbares JPEG parat und für die weitergehende Bearbeitung eben ein RAW-Bild.

Beim Import in die Fotos-App sehen Sie zwar nur eine Version des Bildes, es werden aber beide geladen. In der Fotos-App wird aus Platz- und Performancegründen nur die JPEG-Version angezeigt, das ist auch an dem entsprechenden Icon ❶ erkennbar.

Sie können dies jederzeit in der Fotos-App ändern: Gehen Sie auf das Menü **Bild > Raw als Original verwenden** ❷. Ab sofort arbeiten Sie dann mit dem RAW-Bild. Ist die Bearbeitung abgeschlossen, sehen Sie dies auch am geänderten Icon ❸ in der Fotoübersicht.

∧ **Abbildung 15.36**
Nicht nur das Bildformat, auch das Kameramodell, die Blende und die Belichtungszeit werden angezeigt.

∧ **Abbildung 15.37**
Sie erkennen an dem J-Symbol, dass aktuell die JPEG-Version Ihres Bildes geladen ist.

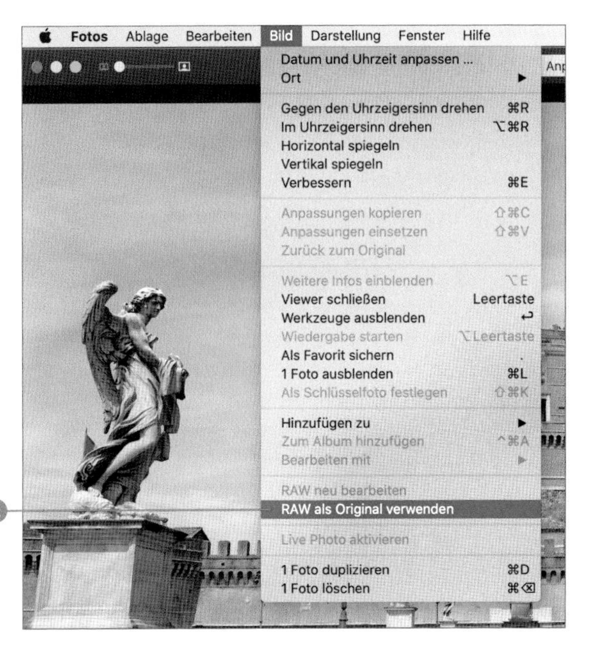

< **Abbildung 15.38**
Etwas mühselig – möchten Sie mit der RAW-Version eines Fotos arbeiten, dann müssen Sie Bild für Bild im Bereich wechseln.

∧ **Abbildung 15.39**
Bild für Bild kann man das RAW als Quelle für alle Bearbeitungsschritte wählen und sieht dies dann auch in der Fotoübersicht.

Insgesamt ist die Fotos-App für ernsthafte RAW-Bearbeitung nur bedingt geeignet. Schon allein der umständliche Wechsel zur Bearbeitung des

∧ **Abbildung 15.40**
Adobe Lightroom CC bietet für die RAW-Bearbeitung deutlich mehr Flexibilität. (Foto: www.adobe.de)

Originalbildes ist recht lästig. Für gute Ergebnisse lohnt die Investition in eine richtige RAW-Bearbeitung wie *Adobe Lightroom, DxO PhotoLab* oder *Skylum Luminar*, die erheblich mehr Optimierungsmöglichkeiten bieten und damit auch deutlich bessere Ergebnisse ermöglichen.

Fotos weitergeben

Natürlich möchten Sie Ihre Bilder auch weitergeben. Die Fotos-App hält hierfür wieder unendliche Möglichkeiten parat. Die einfachste werden wir aber kurz vorab ansprechen. Sie können in der Software jederzeit Bilder markieren und per Drag & Drop auf das Finder-Icon beispielsweise auf einen USB-Stick kopieren.

Zum Verteilen auf Mail, Facebook & Co. markieren Sie wiederum die gewünschten Bilder und klicken auf den passenden Button ❶ in der Menüleiste, den Sie vielleicht schon aus anderen Apple-Programmen kennen.

∧ **Abbildung 15.41**
Teilen Sie Ihre Bilder nach Belieben – mit nur einem Klick.

Die Vorgehensweise ist wirklich simpel. Wählen Sie z. B. **Mail** aus, und schon landen die Bilder in einer neuen E-Mail. Je nach Größe bietet Apple sogar an, die Fotos per Download-Link in die iCloud zu sichern, damit das Postfach der Empfänger nicht überläuft. Mehr dazu lesen Sie in Kapitel 10, »E-Mails – denn Briefe waren gestern«, ab Seite 251.

Wirklich praktisch sind aber **Geteilte Alben** ❷. Hier werden die Bilder online geteilt, die eingeladenen Teilnehmer ❸ erhalten automatisch eine Nachricht mit einem Link, um über ihre Fotos-App auf das Album zugreifen zu können.

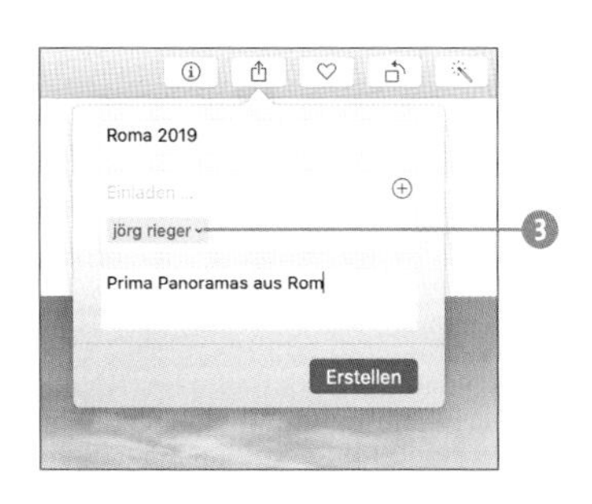

∧ **Abbildung 15.42**
Wenn Sie ein neues Album anlegen, müssen Sie natürlich auch jene Personen einladen, die es betrachten dürfen.

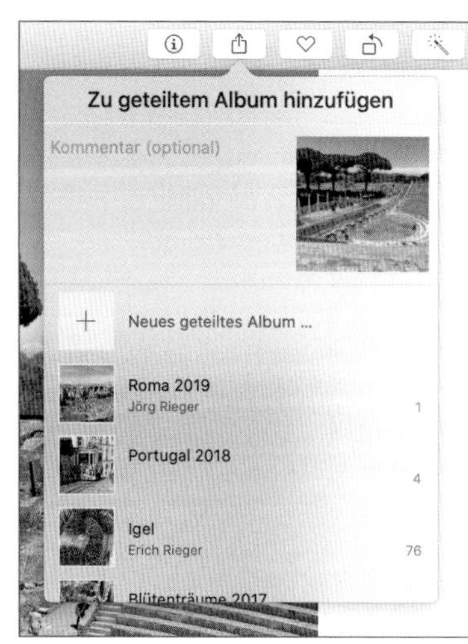

< **Abbildung 15.43**
Entweder fügen Sie die Bilder einem bereits geteilten Album hinzu oder erstellen über den +-Button ein neues.

Die Bilder im Album können Sie jederzeit ergänzen – klicken Sie hierzu einfach in der Seitenleiste links auf das entsprechende Album im Bereich **Geteilte Alben**. Über den Personen-Button ④ können Sie zudem den Titel ⑤ und die eingeladenen Teilnehmer ändern ⑥ oder auch das Album komplett löschen ⑦. Hierbei werden natürlich keinesfalls die Bilder selbst gelöscht, nur das Album verschwindet.

Ist der Haken bei **Abonnenten können posten** ⑧ aktiviert, dann wird Ihr Foto-Album richtig lebendig. Dann kann jeder seine Bilder hinzufügen – perfekt, wenn Sie beispielsweise gemeinsam im Urlaub waren und Ihre Bilder austauschen wollen.

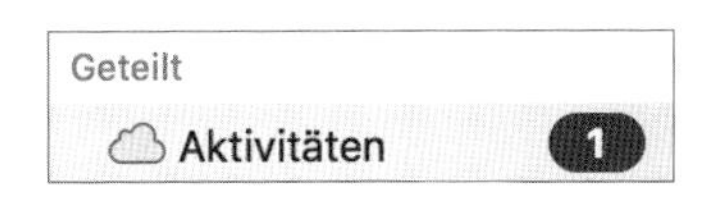

Abbildung 15.44
In der Seitenleiste der Fotos-App werden Sie informiert, wenn neue Bilder in ein Album geladen werden.

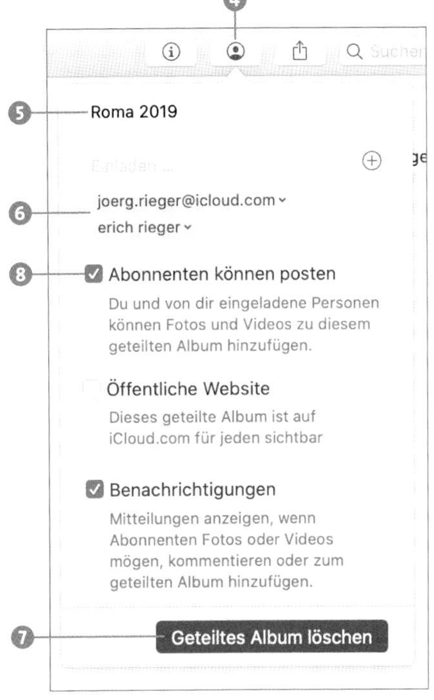

Abbildung 15.45
Hier können Sie noch einmal ändern, wer das Album tatsächlich betrachten darf, oder das Album selbst komplett löschen.

Abbildung 15.46
Am iPhone haben Sie natürlich ebenfalls Zugriff auf Ihre geteilten Foto-Alben.

Bei demjenigen, der ein freigegebenes Album empfängt, sieht das je nach Endgerät ganz unterschiedlich aus. Hat der Empfänger eine Apple-ID und ein Apple-Gerät, landet die Freigabe direkt in Fotos auf dem iPad, iPhone oder Mac.

Insgesamt können Sie Ihre Bilder also auf die beschriebene Weise ganz bequem mit Ihren Freunden teilen – vorausgesetzt, diese haben auch einen iCloud-Account und irgendein Apple-Gerät, also Mac, iPad oder iPhone. Windows-Anwender oder Besitzer von Android-Geräten bleiben zurzeit noch außen vor. Allerdings ist davon auszugehen, dass Apple hier bald ein Update liefern wird.

Fotos präsentieren

Abbildung 15.47
FotoMagico ist ein wahrer Zauberkünstler für ansprechende Bildpräsentationen.

Vorhang auf für Ihre schönsten Erinnerungen. Statt langweiliger Dia-Abende bietet es sich an, Ihre Fotos digital zu präsentieren, entweder auf dem Mac oder über einen Flachbildschirm, beispielsweise in Verbindung mit Apple TV (siehe dazu Kapitel 16, »Videos und Videostreaming am Mac«, ab Seite 352). Dazu müssen Sie natürlich zunächst eine entsprechende Show in Ihrer Bildersoftware erstellen. Leider hat Apple in der Fotos-App nicht gerade eine Glanzleistung abgeliefert, was die Bildpräsentation betrifft. Für »kurz mal zwischendurch« ist das Modul annehmbar, für mehr aber leider nicht. Hier empfehlen wir dringend, auf eine andere Software, wie z. B. *Foto Magico*, umzusteigen. Trotzdem wollen wir Ihnen nicht vorenthalten, wie fix Sie mit der Fotos-App eine Diashow erzeugen. Das klappt Schritt für Schritt ganz einfach.

FotoMagico – die richtige Diashow-Alternative

Mit *Boinx FotoMagico* zaubern Sie richtig schicke Fotoshows. Die Bedienung ist kinderleicht, die Effekte sind aber atemberaubend. Da sieht die Fotos-App wirklich alt aus. Probieren Sie die Software unter *http://boinx.com* aus. Die Seite ist auf Englisch, die Software ist aber komplett ins Deutsche übersetzt.

1. Wählen Sie zunächst mehrere Bilder aus, die in die Fotopräsentation aufgenommen werden sollen. Gehen Sie dann ins **Ablage**-Menü, und wählen Sie **Erstellen > Diashow > Fotos** ①.

Abbildung 15.48
Zum Vorzeigen der Lieblingsbilder bietet sich eine Diashow an.

2. Nun müssen Sie der Diashow einen Namen ❷ geben. Unter diesem Namen wird sie unter **Projekte** ❸ in der linken Seitenleiste abgelegt. Fotos schlägt, sofern die Bilder eindeutig einem Ereignis zuzuordnen sind, sogar schon einen Namen vor.

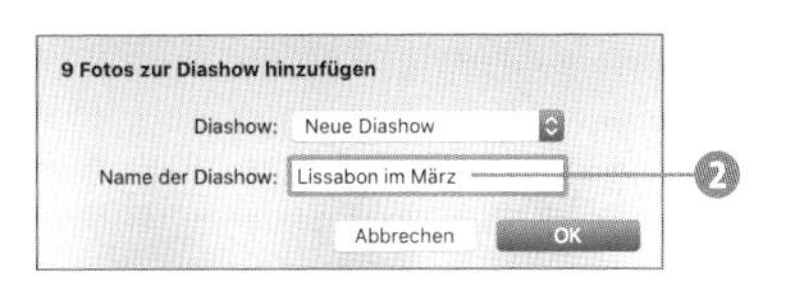

Abbildung 15.49
Ein eindeutiger Name hilft, den Überblick zu bewahren.

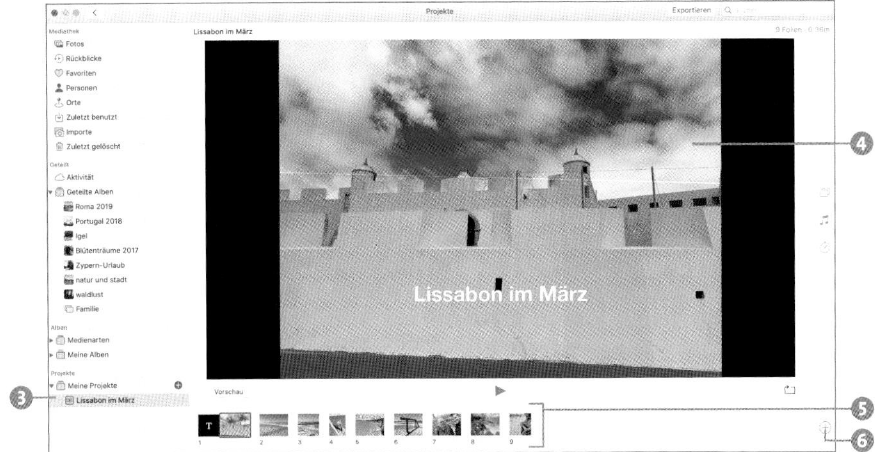

Abbildung 15.50
Der Dialog zur Fotoshow-Erstellung ist recht übersichtlich ausgefallen.

3. Der nächste Bildschirm zeigt Ihre schon (fast) fertige Fotopräsentation. Im Hauptbildschirm sehen Sie das gerade aktive Bild ❹, darunter die gewählten Fotos der Show ❺. Über den +-Button ❻ fügen Sie weitere Schnappschüsse hinzu. Die Reihenfolge der Aufnahmen ändern Sie per Drag & Drop.

4. Was wäre eine digitale Bilderschau ohne Überblendeffekte? In den **Themen** (❼ auf Seite 344) verbergen sich gleich sieben verschiedene Blenden. Diese können allerdings nicht pro Bild, sondern immer nur für die gesamte Show gewählt werden. Je nach Themen-Auswahl können Sie in den Bildern selbst die Blenden noch anpassen. In Abbildung 15.52 zeigen wir den **Ken Burns-Effekt** ❽. Dieser zoomt und schwenkt die Bilder ein und aus, allerdings vollautomatisch.

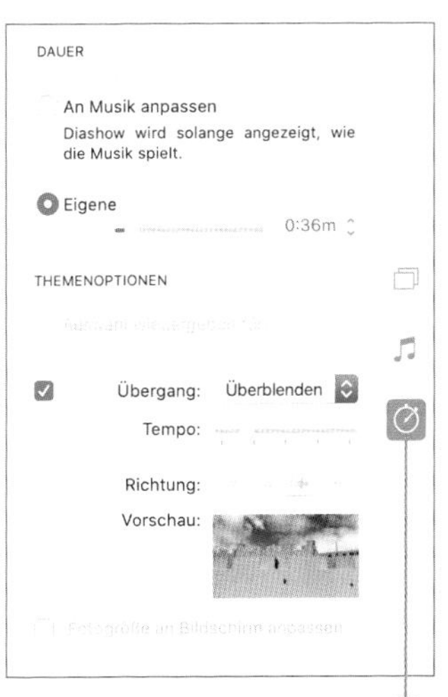

Abbildung 15.51
Die Anzeigedauer der einzelnen Bilder kann nur global geregelt werden. Das Fenster dazu rufen Sie über den Button am rechten Bildschirmrand auf ❾.

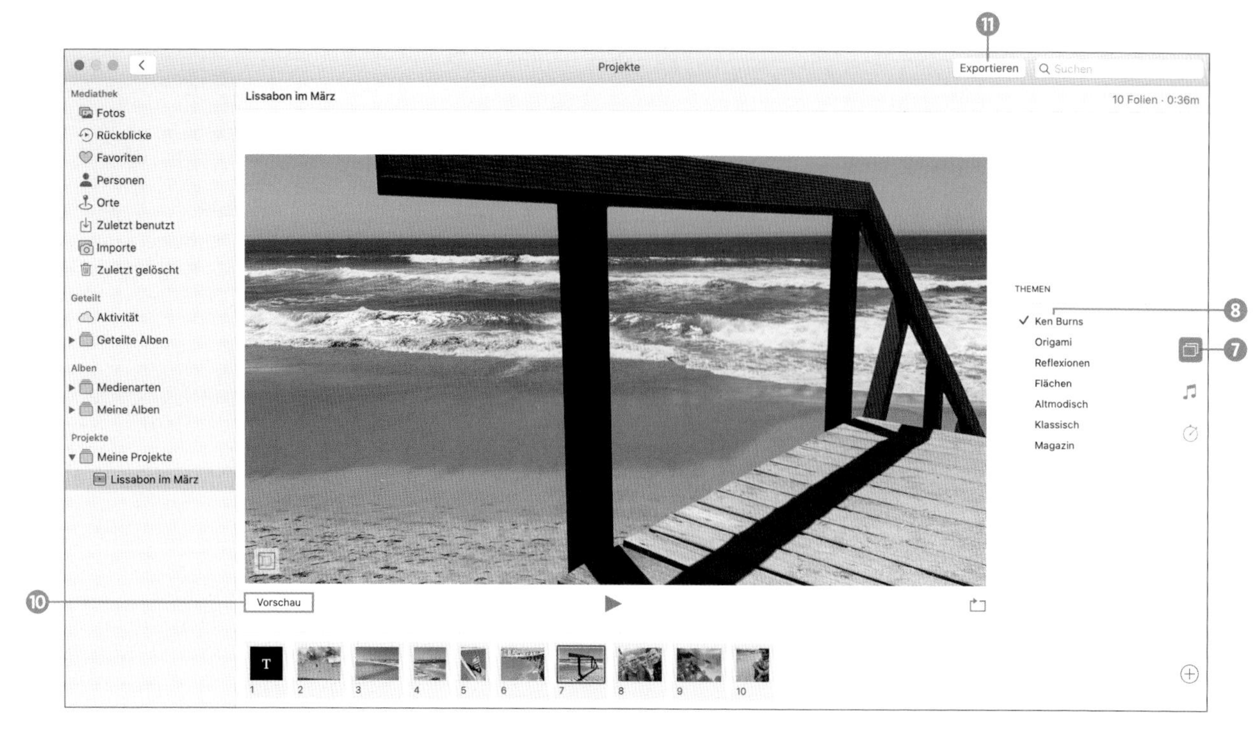

^ **Abbildung 15.52**
Tatsächlich hat den Zoom- und Schwenk-Effekt ein Ken Burns erfunden.

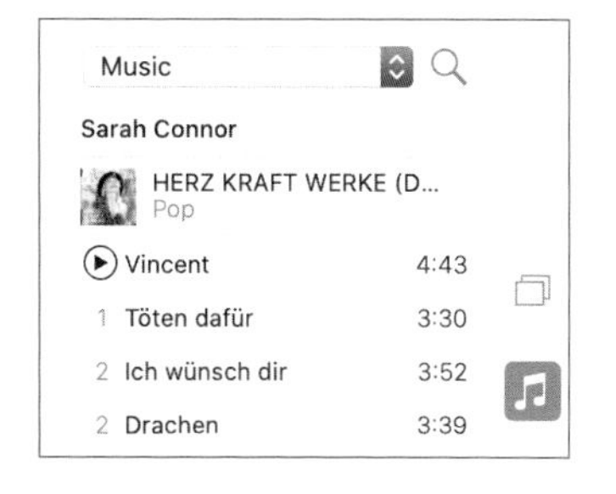

^ **Abbildung 15.53**
Musik kommt entweder aus Fotos oder Ihrer Musik-Mediathek. Achtung – Musik aus dem Music-Abo ist gesperrt, Sie können hier lediglich selbst konvertierte MP3-Musik oder im Store gekaufte Musik einsetzen.

5. Nutzen Sie den **Vorschau**-Button ⑩, um die Fotoshow bildschirmfüllend anzuzeigen und die Effekte zu prüfen.

6. Ist die Show fertig, klicken Sie rechts oben auf **Exportieren** ⑪. Im folgenden Dialogfeld stehen Ihnen bei **Format** drei Optionen zur Verfügung. Für die Wiedergabe am HDTV ist 1080p die richtige Wahl ⑫. Die fertige Filmdatei wird dann an einem Ort Ihrer Wahl ⑬ abgespeichert. Sie können sie natürlich auch direkt auf einen USB-Stick sichern.

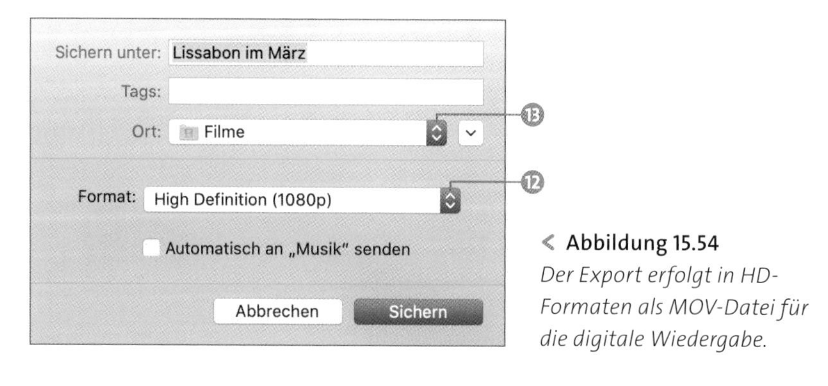

< **Abbildung 15.54**
Der Export erfolgt in HD-Formaten als MOV-Datei für die digitale Wiedergabe.

Alternative Bildbearbeitungssoftware

Sie haben noch nicht genug von digitalen Fotos? Dann helfen viele andere Programme weiter, die sich aber hauptsächlich um die Bildbearbeitung kümmern. Mit der Fotos-App stoßen ambitioniertere Digitalfotografen doch schnell an die Grenzen des Machbaren, wenn es um die Foto-Optimierung geht. Die Halbautomatiken in Fotos lassen einfach zu wenig Spielraum; an Fotomontagen oder Ähnliches ist erst gar nicht zu denken.

Hier kommen also Anwendungen ins Spiel, die deutlich mehr bieten, aber natürlich separat erworben werden müssen. Wir stellen Ihnen vier Programme vor, die allen Anforderungen gewachsen sind und der Fotos-App die Arbeit in Teilen abnehmen.

Abbildung 15.55
Macht Spaß – der Movavi Photo Editor ist ideal für Einsteiger.

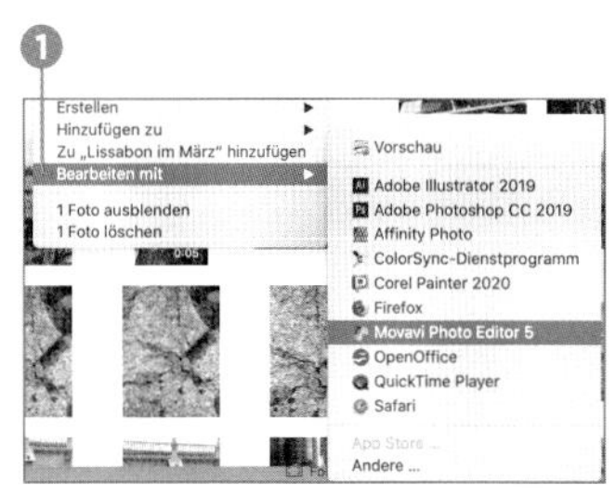

Abbildung 15.56
Nutzen Sie die Fotos-App zur Verwaltung, und bearbeiten Sie Ihre Bilder per sekundärem Klick auf »Bearbeiten mit« (1) mit einer beliebigen Software.

Movavi Photo Editor

Der Movavi Photo Editor ist eine praktische Fotoverarbeitung, wenn Ihnen die Fotos-App nicht genügt, aber eine »große« Bildbearbeitung zu komplex ist. Das Werkzeug hat keine eigene Bildverwaltung, Sie können Ihre Fotos aus der Fotos-App aber einfach per sekundärem Mausklick mit Movavi bearbeiten.

Abbildung 15.57
Sehr übersichtlich – die Benutzeroberfläche von Movavi macht Spaß und ist einfach erlernt.

Und wenn Sie einfach »so« Bilder bearbeiten möchten, ziehen Sie diese direkt auf die Programmoberfläche und legen los. Besonders im Bereich der Porträt-Retusche finden Sie unzählige Werkzeuge wie Maskara, Hautglättung und vieles mehr für eindrucksvolle Personenbilder. Aber auch anspruchsvolle Retuschen sowie u. a. ein Textwerkzeug vervollständigen das Angebot dieser App.

Unter *www.movavi.com* finden Sie direkt eine kostenlose Testversion.

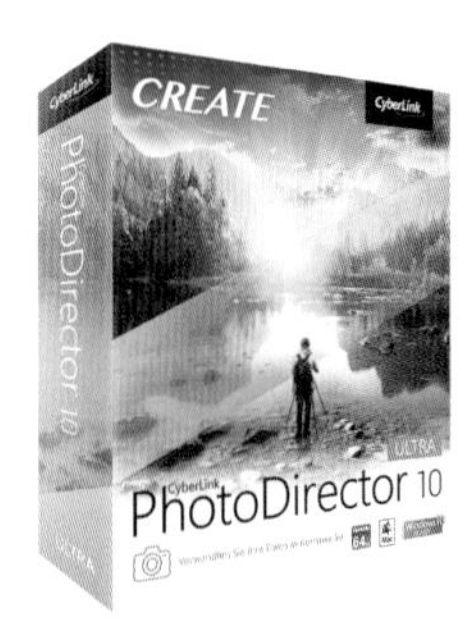

Abbildung 15.58
Die Alternative zur Fotos-App mit vielen praktischen Werkzeugen und intelligenter Fotoverwaltung

Cyberlink PhotoDirector 10 Ultra

Der *PhotoDirector* bietet eine sehr übersichtliche und schnelle Bilderverwaltung. Die Bearbeitungsfunktionen sind ausgereift und für den Foto-Enthusiasten genau richtig. Sowohl Basiskorrekturen als auch eine tiefer gehende Bearbeitung kann man mit dieser App realisieren. Auf der Website *www.cyberlink.com* steht die Testversion zum Ausprobieren bereit.

Abbildung 15.59
Umfangreiche Korrekturen – der Cyberlink PhotoDirector 10 verspricht professionelle Ergebnisse.

Skylum Luminar und andere RAW-Bearbeitungsprogramme

Skylum Luminar ist eine umfassene Fotobearbeitung sowohl für JPEG- als auch für RAW-Bilder. Eine Verwaltungsfunktion ist ebenso integriert wie auch extrem gute und sehr einfach zu bedienende Werkzeuge. Sowohl Einsteiger als auch Profis werden mit diesem Programm ihre Freude haben. Im Handumdrehen ist der Himmel blau und mit Wolken gefüllt, die Beleuchtung angepasst oder die Haut geglättet. Statt auf Fachchinesisch setzt Luminar auf klare Symbolik und ein neuartiges Bedienkonzept, das lösungsorientiert arbeitet. Die vielen Vorgabe-Einstellungen erleichtern Einsteigern den Umgang mit der Software. Foto-Optimierung macht mit Luminar einfach großen Spaß, und die Ergebnisse sind atemberaubend gut.

Abbildung 15.60
Mischt den Markt auf – Skylum Luminar.

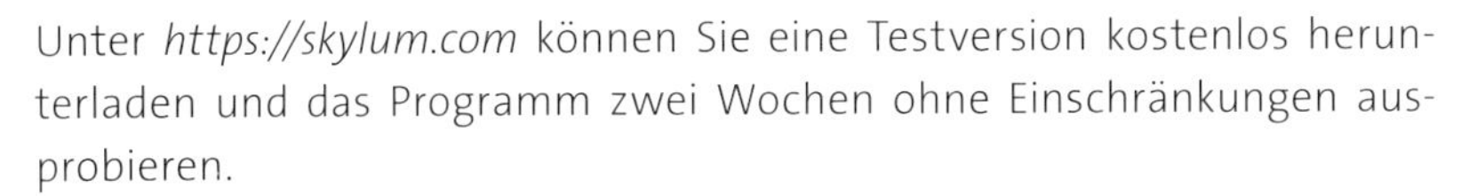

Unter *https://skylum.com* können Sie eine Testversion kostenlos herunterladen und das Programm zwei Wochen ohne Einschränkungen ausprobieren.

Abbildung 15.61
Luminar ist eine Bildbearbeitung für RAW- und JPEG-Bilder mit neuartigem Bedienkonzept.

Neben Luminar gibt es aber noch zahlreiche interessante und gute RAW-Bearbeitungsprogramme für den Mac, beispielsweise Adobe Lightroom (*www.adobe.de*), Corel AfterShot Pro (*www.corel.de*) oder DxO Optics Pro (*www.dxo.com*).

Pixelmator

Abbildung 15.62
Pixelmator gibt es nur für macOS.

Eine Bildbearbeitung, die ganz speziell für den Mac entwickelt wurde, ist *Pixelmator*. Die Benutzeroberfläche ist an Photoshop von Adobe angelehnt, aber optisch deutlich schöner und zudem einfacher zu bedienen. Die vielfältigen Werkzeuge bieten zahlreiche Eingriffs- und Verbesserungsmöglichkeiten für Digitalfotos. Eine absolute Empfehlung für alle, die gerne richtig loslegen möchten, aber nicht in Photoshop investieren wollen. Wer noch mehr will, kann sogar eine Pro-Version mit noch mehr Funktionen erwerben. Dann sind sogar professionelle Layouts mit Grafik- und Textfunktion möglich.

Pixelmator können Sie 30 Tage lang ausprobieren. Die kompakte Installationsdatei steht unter *www.pixelmator.com* zum Herunterladen bereit.

Abbildung 15.63
Pixelmator ist eine Bildbearbeitung nur für den Mac. (Foto: Pixelmator)

16 Videos und Videostreaming am Mac

Ihr Mac und macOS sind ein perfektes Team, wenn es um bewegte Bilder jeder Art geht. Egal ob Videostreaming über Netflix, die digitale Ausleihe von Filmen über *Apple TV* oder die automatische Verbindung mit dem Fernsehgerät – Ihr Mac wird zum perfekten Entertainer, und das klassische Fernsehprogramm und der Griff zur Programmzeitschrift haben ausgedient. Doch auch Sie selbst können, wenn Sie mögen, im Mittelpunkt des Geschehens stehen, denn auch ein Programm zur Videoaufnahme per Webcam ist bei jedem Mac dabei. Richtig professionell geht es im Videoschnitt mit iMovie zur Sache. Eine einfache Bedienung ist bei allen Videolösungen inklusive, und so wird der Mac ganz schnell zum professionellen Schnittcomputer. Ganz ehrlich – Sie werden es kaum glauben, wie schnell Sie ein professionelles Video mit Intro und allem Drum und Dran erstellen und veröffentlichen können.

Videos ansehen mit QuickTime

Der QuickTime Player ist die Zentrale für alles, was mit Videos am Mac zu tun hat. Über dieses Programm werden alle Videos standardmäßig abgespielt. QuickTime 10 ist in Sachen Datenformate recht flexibel und kann mit allen gängigen Videoformaten umgehen, denen man in der Computerwelt begegnet. Die wichtigsten sind MPEG 1, 2 und 4 sowie das »hauseigene« Format MOV. Wenn Sie WMV-Dateien, die von Windows kommen, betrachten wollen, müssen Sie auf einen anderen Player wechseln. Im Abschnitt »VLC-Player – das Videotalent« ab Seite 351 stellen wir Ihnen mit dem VLC-Player ein kostenloses »Schweizer Taschenmesser« für wirklich alle Videoformate vor. Auch bei Videos mit exotischen Dateiformaten oder Übertragungsfehlern ist dieser Player die bessere Wahl.

Abbildung 16.1
Großes Kino mit QuickTime

∧ **Abbildung 16.2**
Der QuickTime Player zeigt digitale Videos auf Ihrem Mac an.

Videos ansehen in der Fotos-App

Haben Sie Videos von der Kamera oder dem iPhone in die Fotos-App importiert, spielen Sie diese auch dort direkt ab. Wählen Sie rechts im Bereich **Alben** die Videos aus, und schon sehen Sie alle vorhandenen Bewegtbilder auf einen Blick. Fahren Sie mit der Maus auf eines der Vorschaubilder, startet das Video sofort. Per Doppelklick vergrößern Sie es bildschirmfüllend und erhalten dann auch die üblichen Steuerelemente zum Abspielen. Wie Sie an den Bildelementen erkennen können, arbeitet hier ebenfalls QuickTime im Hintergrund.

∧ **Abbildung 16.3**
In der Fotos-App spielen Sie Videos direkt ab.

Der QuickTime Player im Einsatz

Der QuickTime Player ist ganz einfach zu bedienen und funktioniert im Grunde genommen wie ein Video- oder Kassettenrekorder. Starten Sie die App einfach mit einem Doppelklick auf eine Videodatei aus einem beliebigen Ordner. Der QuickTime Player öffnet sich mit dem zentralen Bedienelement. Seine Symbole sollten Ihnen bekannt vorkommen – in der Musik-App sind dieselben im Einsatz.

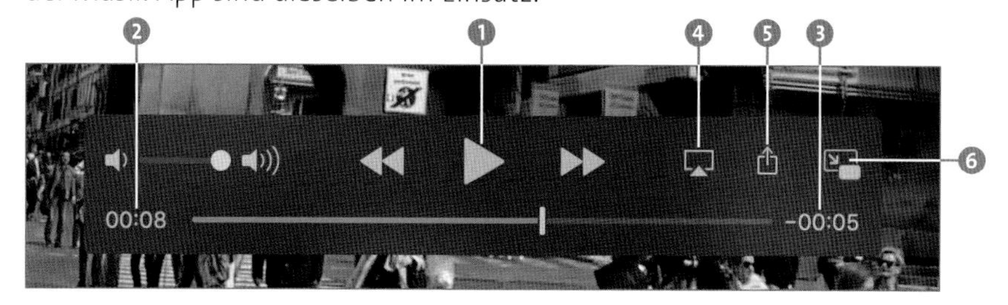

∧ **Abbildung 16.4**
Das Bedienelement von QuickTime mit einfacher Symbolik

∧ **Abbildung 16.5**
Wenn Sie das AirPlay-Symbol in einer App in macOS oder auch in iOS sehen, können Sie ein Video mit Apple TV auf Ihrem Fernseher abspielen.

Mit dem Abspielknopf ❶ wird die Filmwiedergabe gestartet, mit den beiden Buttons rechts und links davon wird vor- oder zurückgespult. Um das Video bildschirmfüllend betrachten zu können, genügt ein Klick auf die grüne Schaltfläche links oben im Fenster. Die zwei Zeitangaben geben die gesamte Lauflänge ❷ und die bereits verstrichene Abspieldauer ❸ an. Mit dem Button für **AirPlay** ④ senden Sie das Video auf Ihre Apple TV Box und damit auf Ihren Flachbildfernseher, falls vorhanden. Diese praktische Möglichkeit zeigen wir im Abschnitt »Apple TV – Sendungen streamen nach Wunsch« ab Seite 352 im Detail. Die Weitergabe per Mail, über die Nachrichten-App oder das Hochladen auf YouTube wird über die entsprechende Schaltfläche ⑤ erledigt.

Soll das Video zur Unterhaltung »nebenbei« laufen, klicken Sie auf die Schaltfläche für **Oben schweben** ⑥. Damit bleibt das Video im Kleinformat oben rechts sichtbar ⑦, ganz gleich, in welcher App Sie sich aktuell befinden, allerdings kann es auch nicht verschoben werden.

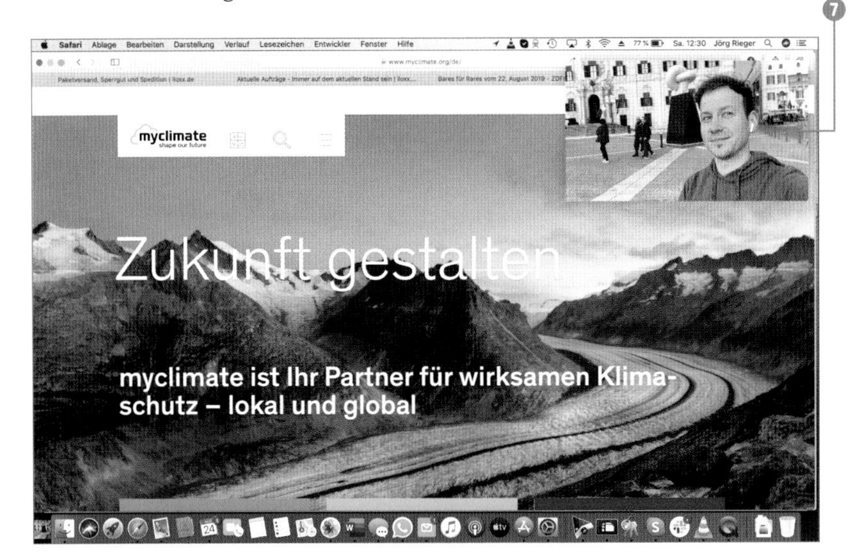

Anders oben schweben

Merkwürdig: Wenn Sie die Funktion **Oben schweben** über den Button im Abspielfenster aktivieren, bleibt Ihr Video recht unflexibel rechts oben am Bildschirm »kleben«. Starten Sie die Funktion jedoch über das **Darstellung**-Menü, bleibt das Video ebenfalls im Vordergrund, aber mit voller Funktionalität.

Abbildung 16.6
QuickTime-Videos können Sie am oberen Bildschirmrand fixieren, sie bleiben dann immer im Vordergrund, egal in welchem Programm Sie parallel arbeiten.

VLC-Player – das Videotalent

QuickTime ist hübsch anzusehen, aber in Sachen Videoformate nicht zwingend das Maß aller Dinge. Es gibt aber eine gute Alternative: Der kostenlose VLC-Player ist Ihnen als ehemaliger PC-Anwender vielleicht schon ein Begriff. Das praktische Programm kann so gut wie alle bekannten Videoformate abspielen. Sogar dann, wenn eine Datei durch unvollständigen Download beschädigt ist, kann VLC in vielen Fällen den Film trotzdem wiedergeben.

Abbildung 16.7
Gratis und extrem flexibel in Sachen Videoformate: der VLC-Mediaplayer

Abbildung 16.8 >
VLC zeigt Videoclips in fast allen möglichen Formaten an.

Den VLC-Player downloaden

Der VLC-Player kann unter *www.videolan.org* gratis und ohne Registrierung heruntergeladen werden.

VLC ist kostenlos, vielleicht optisch nicht ganz so hübsch wie QuickTime, aber in jedem Fall die bessere Alternative.

Wenn Sie eine Film-DVD in Ihren Mac einlegen, benötigen Sie zum Abspielen ebenfalls den VLC-Player. Der interne DVD-Player von macOS wurde in Catalina ersatzlos gestrichen. Zugegebenermaßen wurde die App auch schon seit Jahren nicht mehr weiterentwickelt. Aber mit dem VLC-Player genießen Sie auch bei DVDs den kompletten Abspielkomfort.

Apple TV – Sendungen streamen nach Wunsch

∧ Abbildung 16.9
TV am Mac bringt die Videothek auf jedes Display.

Wir erwähnen es im Buch immer wieder mal: Apple liebt es, mit Begriffen zu verwirren und sie zum Teil doppelt zu belegen. So auch bei allem rund um das Thema Film und Fernsehen. *TV* ist ein Programm in macOS, *Apple TV* hingegen ist seit vielen Jahren die kleine Fernsehbox, um Filme, Fotos und Musik am Fernseher wiederzugeben. Immerhin – beides arbeitet auf Wunsch eng zusammen. Und mit *Apple TV+* plant das Unternehmen, einen eigenen Streamingdienst mit Tausenden Filmen und Serien im Abo anzubieten.

< Abbildung 16.10
Der Mini-Entertainer – Apple TV lässt sich mit jedem HDMI-Fernseher sowie allen Apple-Geräten drahtlos verbinden. (Foto: Apple)

Doch schauen wir uns zunächst die Anwendung TV an Ihrem Mac an: In ihr finden Sie hier nach der Anmeldung mit Ihrer Apple-ID im Bereich **Mediathek** ❶ schon all jene Filme, die Sie ggf. bereits über Ihr iPhone oder iPad gekauft haben. Ansonsten ist dieser Bereich noch leer.

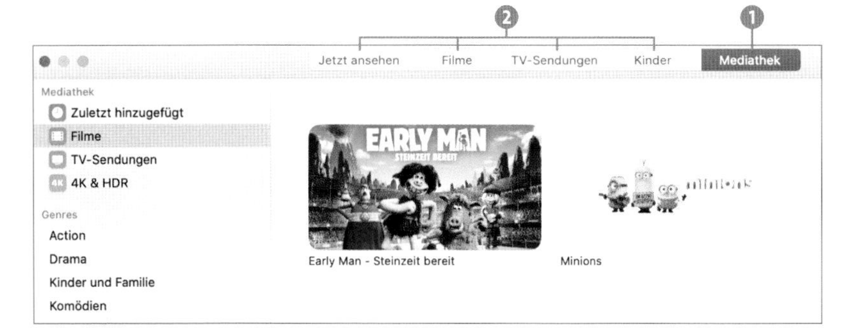

< **Abbildung 16.11**
Schon Filme gekauft? Dann werden diese direkt in der App angezeigt.

Sollten Sie Lust auf großes oder kleines Kino haben, finden Sie unter den Rubriken **Jetzt ansehen**, **Filme**, **TV-Sendungen** und **Kinder** ❷ genügend »Material«.

Apple hält viele Tausend Filme und Serien bereit. Diese sind immer kostenpflichtig. Im Gegensatz zur Musik-App können Sie hier allerdings Filme zum Teil auch leihen ❸, wie früher in der Videothek. Das ist in der Regel kostengünstiger als ein Kauf, aber das Video steht, nachdem die Wiedergabe einmal gestartet wurde, nur noch zwei Tage parat – danach müssten Sie es wieder kaufen. Zudem steht die Mietoption für aktuelle Filme meist gar nicht erst zur Verfügung.

Serien nicht ausleihbar

Serien können Sie mit TV nur kaufen und nicht ausleihen.

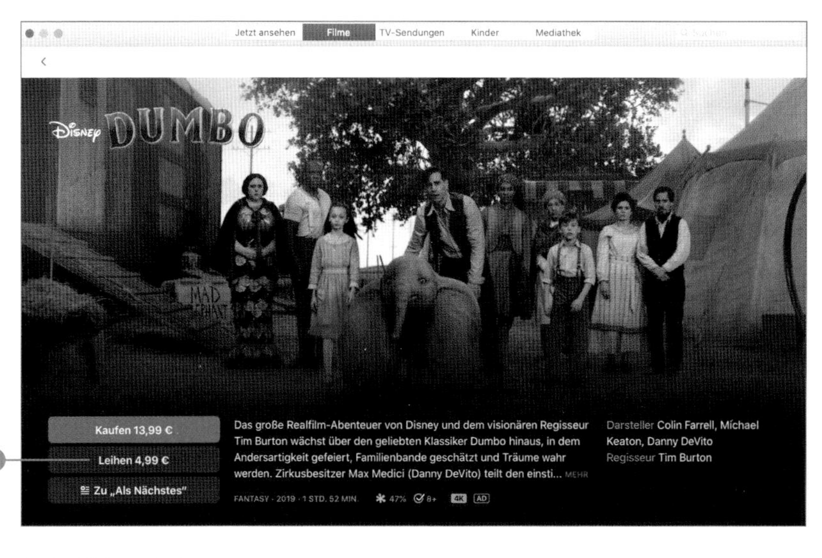

∧ **Abbildung 16.12**
Große Augen und Ohren machen – manche Filme kann man ausleihen.

Filme via iCloud

Alles, was Sie in der TV-App kaufen, steht auch am iPhone, iPad oder in Apple TV in der gleichnamigen App zur Verfügung.

Möchten Sie einen Film kaufen, gehört er ganz Ihnen. Suchen Sie sich einfach das passende Werk für einen gemütlichen Kino-Abend in den vorhin genannten Bereichen aus. Per Doppelklick erhalten Sie immer eine ausführliche Beschreibung und teilweise sogar einen Trailer, um sich einen ersten Eindruck zu verschaffen. Ein Klick auf **Kaufen** ④ bringt Sie direkt zur üblichen Passwort-Abfrage Ihrer Apple-ID, danach wird der Film geladen und Sie können es sich im Heimkino gemütlich machen. Je nach Internetverbindung sollten Sie aber ein wenig Zeit einplanen: Ein Film in voller Auflösung hat mehrere Gigabyte Datenvolumen.

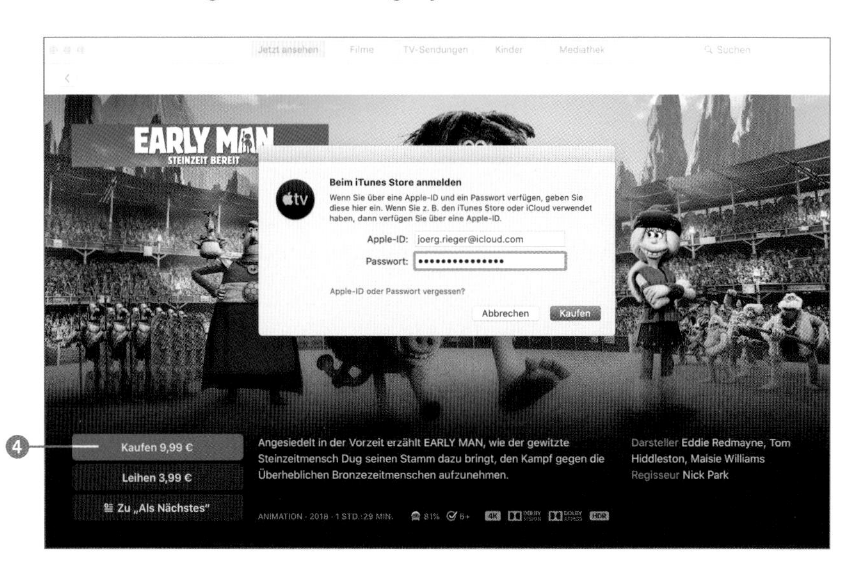

Abbildung 16.13 > *Filmshopping leicht gemacht – natürlich mit der Apple-ID*

Nach dem Kauf landet der Film übrigens direkt in der Mediathek der TV-App und kann dort beliebig oft abgespielt werden. Da die Software aus Copyright-Gründen keine Bildschirmfotos bei der Filmwiedergabe erlaubt, müssen Sie uns einfach glauben, dass die Wiedergabe-Elemente ganz wie bei QuickTime oder auch wie in der Musik-App aufgebaut und daher selbsterklärend sind.

∧ **Abbildung 16.14** *In der TV-App steht lediglich AirPlay für Audio-Geräte parat. Möchten Sie einen Film auf Ihrem Fernseher anschauen, erwartet die App, dass Sie das mit der Apple TV Box erledigen.*

Netflix und Amazon Prime – Videostreaming ganz legal

Videostreaming ist seit Jahren ein unaufhaltsamer Trend. Statt DVDs zu kaufen oder gar in irgendwelchen dubiosen Download-Börsen im Internet nach Filmen zu suchen, stellt Streaming über Anbieter wie *Amazon Prime* oder *Netflix* eine sehr gute Alternative dar. Daher gehen wir auch in unserem Buch kurz darauf ein. Am iPhone oder bei Apple TV sowie anderen Smart-TVs müssen Sie auf die entsprechenden Apps der Anbieter zurückgreifen und sich direkt mit Ihrem Benutzeraccount verbinden.

Am Mac melden Sie sich in der Regel über den Webbrowser an. Das ist ein Mausklick mehr, aber unterm Strich erfolgt die Bedienung ganz wie am TV.

Die Vorteile:

- Tausende Filme und Serien abrufbar
- sehr hohe Bildqualität (bei ausreichender Internetverbindung)
- Abspielen auf TV, Smartphone, Mac oder via Apple TV möglich
- kostengünstig, da monatlich kündbar und als Abo-Modell verfügbar

Natürlich hat man hier, ähnlich wie bei MP3-Musik, nichts Physisches mehr in der Hand; das DVD-Regal wird quasi ins Internet verlagert. Dafür ist die Auswahl ungleich größer und vielfältiger. Sowohl Netflix als auch Amazon produzieren mittlerweile sogar eigene Serien und Spielfilme, die ausschließlich auf deren Kanälen abrufbar sind. Bei allen Anbietern ist natürlich eine schnelle Internetverbindung erforderlich, sonst kann der Filmgenuss durch lange Ladezeiten oder schlechte Auflösung ganz schnell zum Frust werden.

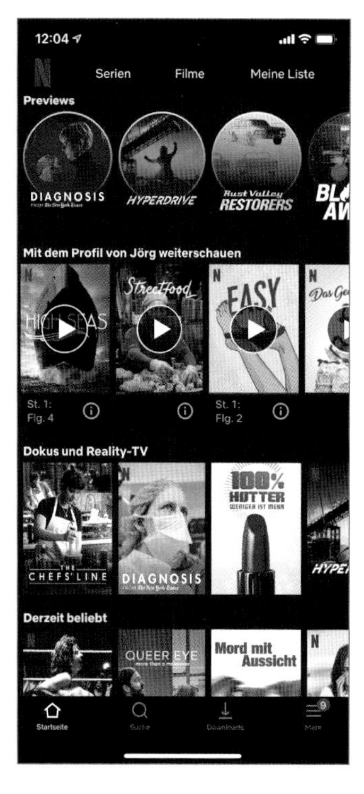

Abbildung 16.15
Netflix auf dem iPhone läuft über eine App, die es kostenlos im App Store gibt.

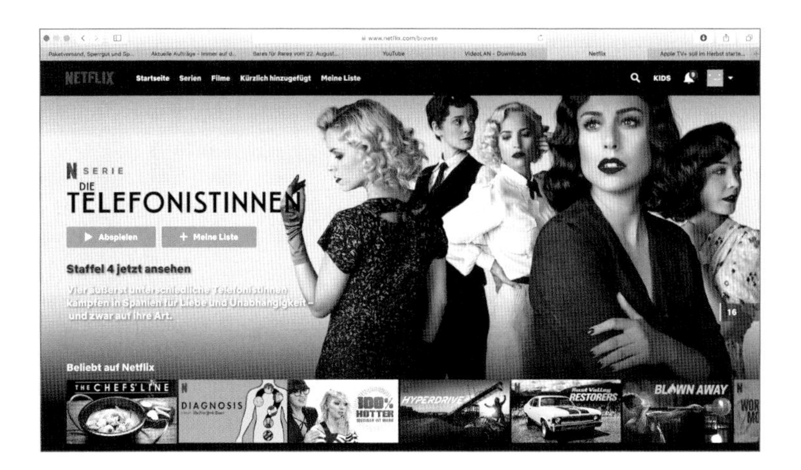

Abbildung 16.16
Netflix und Amazon Prime bieten Tausende Filme und Serien im Streaming – am Mac direkt über den Webbrowser.

Nebenbei bemerkt – bislang hat Apple einen Bogen um diesen lukrativen Markt gemacht, über den iTunes Store konnte man bis zu der Version macOS Catalina auch nur ganz klassisch Filme kaufen oder mieten. Allerdings plant Apple tatsächlich aktuell mit Apple TV+ einen Großangriff auf diesen milliardenschweren Markt. Zu dem Zeitpunkt, als dieses Buch gedruckt wurde, stand der neue Streaming-Service allerdings noch nicht zur Verfügung. Dieser Abo-Service für knapp 10 € pro Monat wird voraussichtlich nahtlos in die TV-App integriert sein.

Videos aufnehmen mit Photo Booth

∧ **Abbildung 16.17**
Die App für Video- und Bilderspaß am Mac: Photo Booth

In Ihren Mac ist auch ein kleines Aufnahmeprogramm eingebaut. Sein Name *Photo Booth* lässt zunächst nicht vermuten, dass man damit auch Videos drehen kann. Aber Photo Booth ist tatsächlich ein digitaler Camcorder für das kleine Video zwischendurch.

1. App starten

Starten Sie die App aus dem Launchpad oder dem Dock. Damit Sie sich auf das Wesentliche konzentrieren können, sollten Sie in den Vollbildmodus wechseln, falls das Programm nicht ohnehin in diesem Modus geladen wird. Die eingebaute Webcam Ihres Macs ist bereits aktiviert, es wird aber noch nichts aufgezeichnet. Klicken Sie in der Buttonleiste links auf das Videosymbol ❶. Alternativ können Sie hier auch normale Fotos ❷ oder ein lustiges 4er-Bild machen ❸.

∧ **Abbildung 16.18**
Ein »flotter Vierer« ist mit Photo Booth ganz schnell erstellt.

Abbildung 16.19 >
»Selfie«-Kino auf Ihrem Mac – mit Photo Booth

2. Effekte wählen

Auf Wunsch macht Photo Booth Ihr Video zum Kunstwerk: Klicken Sie auf den Button **Effekte** ❹, und suchen Sie aus einer Vielzahl von Verfremdungen Ihren Favoriten aus. In der Mitte jeder Effektseite ist übrigens immer die »normale« Ansicht ❺ untergebracht, wenn Sie doch lieber ein natürliches Video haben möchten. Mit einem Klick auf den gewünschten Effekt kehren Sie zum Aufnahmefenster zurück.

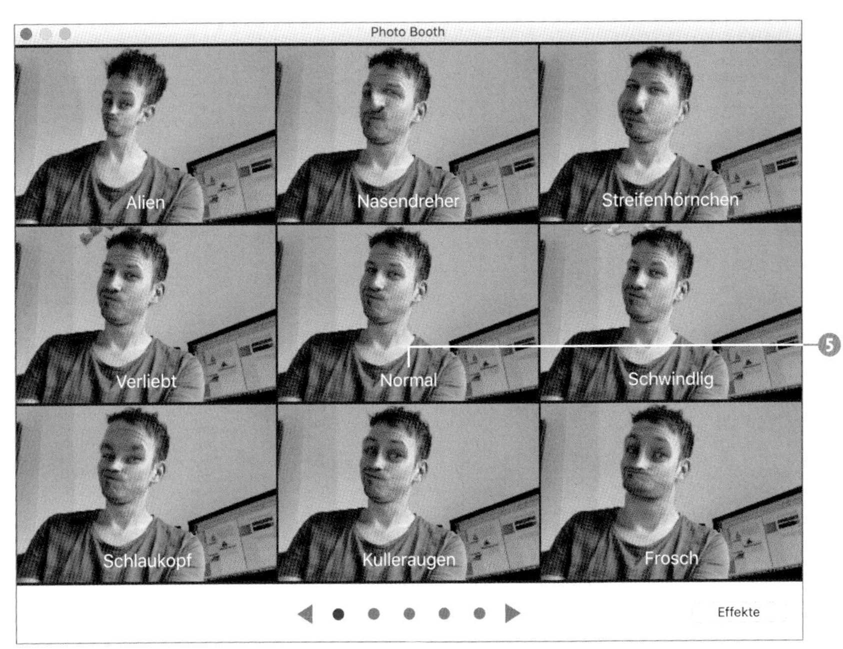

< **Abbildung 16.20**
Viele nützliche oder auch weniger nützliche Effekte

3. Aufnahme starten

Klicken Sie auf den Kamera-Button ⑥ in der Mitte, wird die Aufnahme wenige Sekunden später gestartet. Sie läuft so lange, bis Sie diesen Button erneut drücken.

< **Abbildung 16.21**
Hier wird das aufgenommene Video abgespielt

Übrigens – während der Aufnahme selbst sehen Sie sich immer spiegelverkehrt. Warum? Grundsätzlich kennen Sie sich selbst aus der »Spiegel-Ansicht«, daher dreht Photo Booth die Videos und Fotos direkt in die Perspektive, die Sie gewohnt sind.

4. Video sichern und schneiden
Das Video wird direkt in der Video- und Fotoablage platziert. Ein Klick auf die Miniatur startet das Werk und spielt es im Großformat ab. Dort haben Sie nun auch die Möglichkeit, über das Menü **Bearbeiten > Film kürzen** Anfang und Ende des Videos komfortabel zu beschneiden, also jene Sekunden, in denen man sich noch die Haare zurechtzupft oder sich schon außerhalb der Aufnahme wähnt und tief durchatmet.

Abbildung 16.22
Filmschnitt leicht gemacht – in Photo Booth

Abbildung 16.23
Ihr Werk kann direkt weitergegeben werden.

5. Video weitergeben
Das fertige Werk erscheint nun in der Leiste unter dem Vorschaufenster und wird über **Bereitstellen** (7 auf Seite 357) an die Welt verteilt. Ansonsten können Sie das Video, nachdem Sie den Vollbildmodus über den Button ganz rechts oben in der Menüleiste verlassen haben, auch einfach per Drag & Drop z. B. auf einen USB-Stick kopieren.

Videos bearbeiten mit iMovie

Abbildung 16.24
iMovie für Ihre Videos

Sicherlich haben Sie schon die Videofunktion Ihrer Digitalkamera entdeckt. Vielleicht sind Sie sogar schon mit einem digitalen Camcorder unterwegs. Oder möchten Sie ein in Photo Booth oder mit Ihrem iPhone aufgenommenes Video weiterbearbeiten? Dann führt kein Weg an iMovie vorbei. Die Software ist auf jedem neuen Mac vorinstalliert. Wenn Sie das Programm nicht haben, weil Sie Ihren Mac vielleicht gebraucht gekauft haben, kann es im App Store separat gekauft werden.

Wir werden Ihnen auf den folgenden Seiten einen kurzen Einblick in diese zwar übersichtlich aufgebaute, aber dennoch komplexe Software geben – quasi als kleinen »Schnupperkurs«, damit Sie lernen, die grundlegenden Funktionen richtig anzuwenden.

Abbildung 16.25
iMovie ist in drei Bereiche unterteilt.

1. In den **Mediatheken**, die über den Button **Meine Medien** 2 aufgerufen werden, finden Sie alle importierten »Rohfilme« abgelegt und können durch die Medien der Fotos-App stöbern. Schneiden Sie Filmsequenzen aus, und ...

3. ... fügen Sie diese im *Projektbereich* neu zusammen. Hier entsteht also Ihr neu geschnittener Film, und hier werden später auch Soundtracks, Titel und Übergänge zusammengebaut.

4. Im rechten Fenster kann eine Vorschau entweder aus den Ereignissen oder aus dem Projekt abgespielt werden, je nachdem, wo Sie sich gerade mit dem Mauszeiger befinden.

5. Das Feintuning Ihres Werks findet in den Reitern **Audio**, **Titel**, **Hintergründe** und **Übergänge** statt. Hier finden Sie zahllose Effekte, um Ihr Werk zu perfektionieren. Im weiteren Verlauf zeigen wir Ihnen, wie diese Bereiche in der Praxis zusammenspielen. Mit ein wenig Übung finden Sie sich dann sicher nach und nach zurecht.

Videos importieren

Starten Sie das Programm iMovie, gehen Sie im Projekte-Bereich auf die Plusschaltfläche für **Neues Projekt** (siehe Abbildung 16.26), und wählen Sie hier **Film** ❻ aus. Das erste Projekt und der Projektbildschirm sehen zunächst noch etwas verwaist aus. Doch schnell kommt hier Leben hinein. Dazu benötigen Sie natürlich Videos, mit denen Sie arbeiten können.

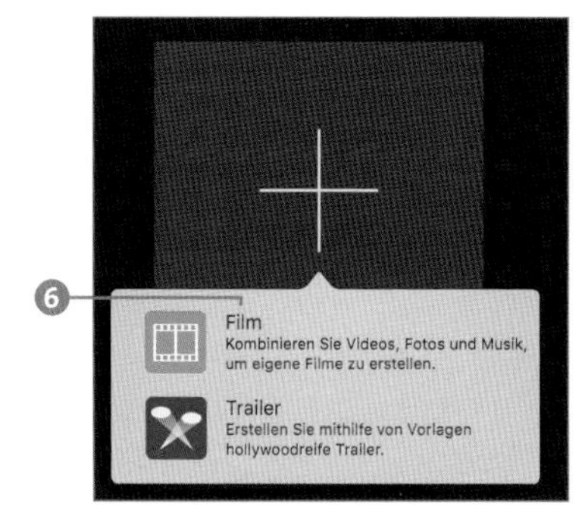

Abbildung 16.26
Starten Sie ein neues Filmprojekt.

Abbildung 16.27
Wenn Sie nicht ganz »nackt« starten möchten, können Sie alternativ mit Trailern beginnen – das sind Gestaltungsvorlagen, die bereits Musik und diverse Übergänge bereithalten.

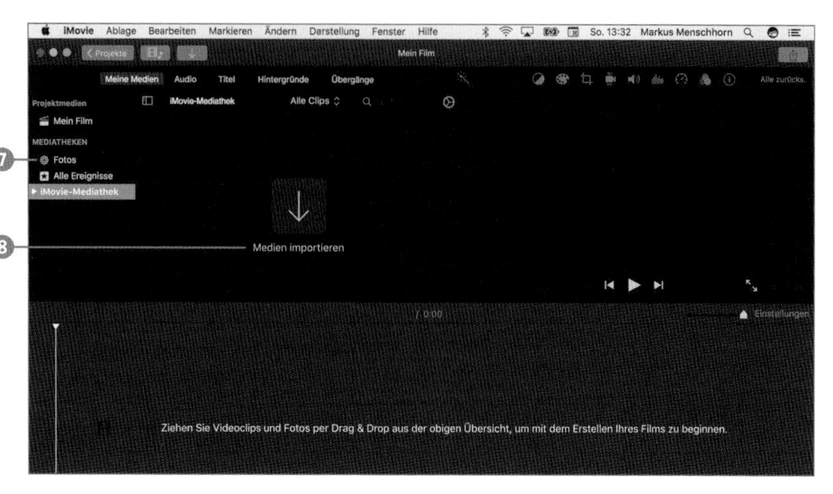

Abbildung 16.28
Noch ziemlich leer – die Benutzeroberfläche von iMovie

Möchten Sie Ihre Videos vom iPhone oder iPad nutzen, greifen Sie auf Ihre **Mediatheken** im Bereich **Fotos** ❼ zu. Natürlich stehen hier auch alle Ihre Fotos bereit, die Sie ebenfalls für Videoclips verwenden können.

Abbildung 16.29
Ihre Videos vom iPhone oder iPad befinden sich im Fotos-Bereich.

Einzelne Video-Clips werden über das Menü **Ablage > Medien importieren** (siehe Abbildung 16.30) geladen, alternativ genügt auch ein Klick auf **Medien importieren** ⑧ auf der Benutzeroberfläche. Sie können das gewünschte Video aber auch ganz einfach von Ihrer Festplatte in iMovie ziehen.

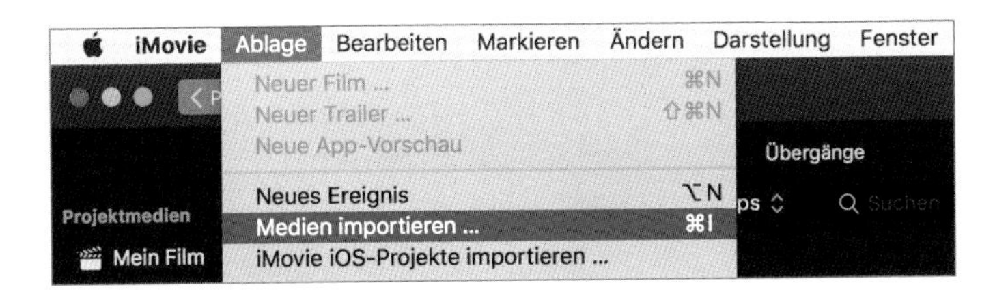

^ Abbildung 16.30
Am Anfang steht der Import der einzelnen Filme.

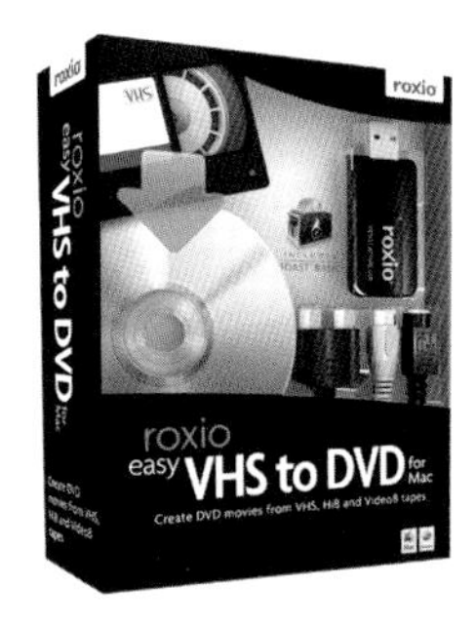

^ Abbildung 16.31
So kommen auch analoge Filme auf den Mac. (Foto: Roxio)

Im darauf folgenden Dialog müssen Sie die Filmdatei auswählen. Das kann entweder eine Videodatei von der Festplatte oder direkt von einer angeschlossenen Kamera sein.

Klicken Sie auf **Auswahl importieren** ⑨, um die ausgewählten Filmclips dem Bereich **Projektmedien** ⑩ hinzuzufügen.

Dieser Vorgang kann, je nach Bildauflösung und Länge des Videos, mehrere Minuten in Anspruch nehmen.

^ Abbildung 16.32
So ist der Import perfekt.

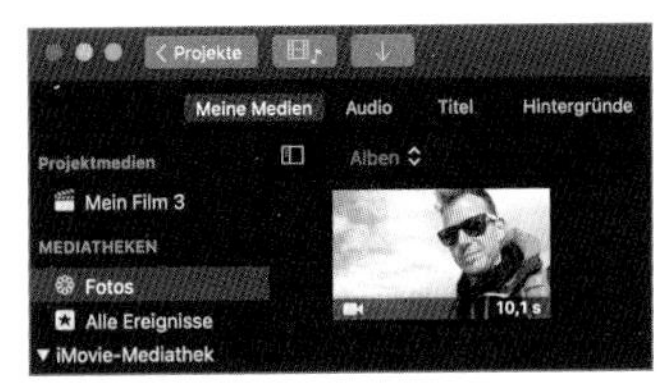

^ Abbildung 16.33
Alternativ holen Sie die Videos aus der Fotos-App. Diese erreichen Sie über den Button »Fotos« unterhalb der »Mediatheken«. In ihr stehen sämtliche Alben und Sammlungen mit allen Inhalten parat. Die Videos ziehen Sie von dort einfach in den Bereich »Projektmedien«.

Die Clips stehen nun alle im Bereich **Projektmedien** ⓫ bereit.

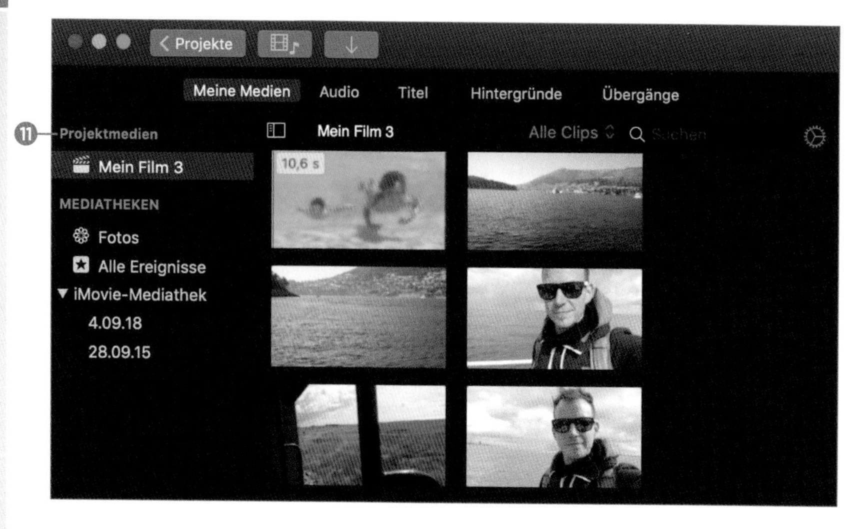

Abbildung 16.35
Im Bereich »Projektmedien« werden alle Videoclips und Bilder abgelegt, die Sie für Ihr Projekt verwenden möchten.

VHS-Video überspielen

Roxio bietet mit *Easy VHS to DVD* ein Komplettset, mit dem Sie Ihre Videokassetten und Filmbänder am Mac digitalisieren können. Über einen USB-Stecker mit Scart- und AV-Adapter werden die alten Geräte angeschlossen, und mit der mitgelieferten Software werden die Filme digital umgewandelt. Danach können Sie Ihre alten Filme in iMovie perfekt bearbeiten und schneiden. Erhältlich ist Roxio für knapp 70 € unter *www.roxio.de*.

Abbildung 16.34
Der Adapter ins digitale Video-Glück wird bei Roxio direkt mitgeliefert. (Foto: Roxio)

Wenn Sie nun mit der Maus über einen Filmclip fahren, wird er im großen Vorschaubild direkt abgespielt – und zwar genau in jener Geschwindigkeit, in der Sie den Mauszeiger bewegen. So können Sie bequem den perfekten Ausschnitt wählen. Der weiße Cursorbalken ⓬ zeigt an, an welcher Stelle im Film Sie gerade geklickt haben. Der orange Cursor markiert die aktuelle Abspielposition ⓭. Wenn Sie die Vorschau lieber in Echtzeit haben möchten, drücken Sie einfach die Leertaste. Ein erneutes Drücken dieser Taste stoppt den Film wieder.

Der erste Schnitt

Nun kommen wir zum ersten Schnitt. Hier soll es darum gehen, einen Teil aus dem Rohmaterial herauszuschneiden und in das neue Filmprojekt zu übernehmen. Markieren Sie dazu den Videoclip, und wählen Sie den gewünschten Ausschnitt durch Zusammenziehen der gelben Markierungen am Anfang und Ende.

Jetzt ziehen Sie diesen Filmausschnitt mit gedrückter Maustaste in den Projektbereich oder klicken auf das Plussymbol ❶. Wenn Sie die Maustaste loslassen, ist auch schon der erste Filmausschnitt in Ihrem neuen Filmprojekt abgelegt. Fügen Sie nach diesem Schema einfach weitere Ausschnitte hinzu.

Abbildung 16.36
Der weiße Cursor zeigt an, wo Sie ins Video geklickt haben, der orangefarbene markiert die aktuelle Abspielposition.

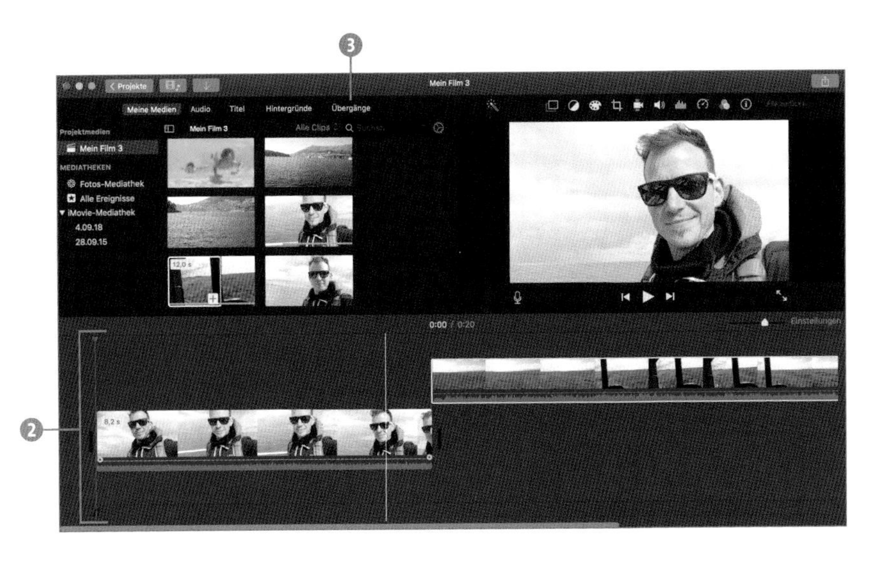

Abbildung 16.37
Den Filmausschnitt wählen

Abbildung 16.38
Von oben nach unten führt der Weg zum Projekt.

Auch im Projektbereich ② ist eine Filmvorschau möglich: Einfach mit der Maus an die gewünschte Stelle fahren und die Leertaste drücken, schon läuft der neue Film in Originalgeschwindigkeit ab.

Sie können die Filmsequenzen natürlich noch arrangieren und weiter bearbeiten – das würde hier für einen Einstieg aber etwas zu weit führen.

Kein Schnitt im Original

Bei iMovie arbeiten Sie mit »Filmkopien«. Dem Original werden zwar die Filmsequenzen entnommen, aber sie werden dabei kopiert und anschließend ausschließlich in dieser kopierten Form verwendet. Sie brauchen also keine Sorge zu haben, dass Ihre Rohvideos später zerstückelt sein könnten.

Übergänge einfügen

Haben Sie Ihre Filmsequenzen angeordnet, können Sie jetzt die einzelnen Szenen mit Übergängen versehen. Klicken Sie dazu auf die Schaltfläche **Übergänge** ③ im oberen Bildschirmbereich. Daraufhin wird gleich ein ganzer Stapel von Übergängen geladen, die einzelne Videosequenzen perfekt verbinden.

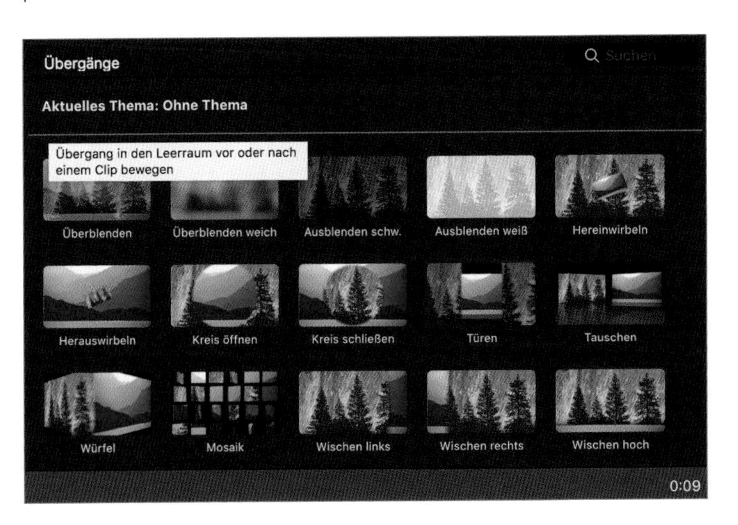

Abbildung 16.39
Übergänge sorgen für Harmonie zwischen den einzelnen Videosequenzen.

∧ **Abbildung 16.40**
Der Übergang ist geglückt.

Ziehen Sie nun den gewünschten Übergang einfach zwischen die einzelnen Abschnitte im Projektbereich. Das sollte dann so aussehen wie in Abbildung 16.40. Damit ist der Übergang eingefügt. Drücken Sie die Leertaste, um mit der Vorschaufunktion das Ergebnis direkt zu kontrollieren. Ist der Übergang zu kurz oder zu lang, können Sie das per Doppelklick auf das Icon ❹ noch ändern.

Texte erstellen in iMovie

∧ **Abbildung 16.41**
Der Text kann ganz nach Wunsch eingeblendet werden.

Was wäre ein Film ohne einen Titel und Abspann? Beides kann man in iMovie natürlich ebenfalls erzeugen. Klicken Sie dazu auf die Schaltfläche **Titel** ❺ im oberen Bildschirmbereich. Sofort öffnet sich eine große Auswahl verschiedenster Texteinblendungen. Die Vorgehensweise ist ähnlich wie bei den Übergängen: Wählen Sie einen Titeltext aus, und ziehen Sie ihn mit gedrückter Maustaste in den Projektbereich. Ziehen Sie ihn aber nicht zwischen die Filmsequenzen, sondern direkt auf eine Sequenz, und lassen Sie dann die Maustaste los. In der Vorschau ❻ muss dann nur noch der passende Text eingegeben werden.

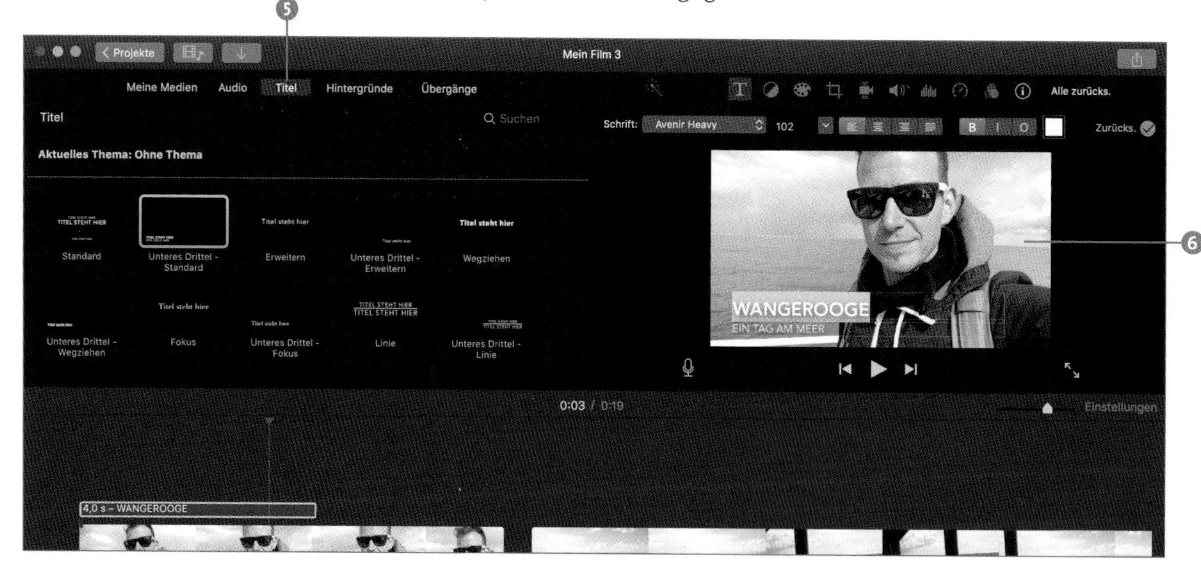

∧ **Abbildung 16.42**
Professionelle Texte für Ihr Video

Die Einblenddauer des Titeltextes ändern Sie ganz einfach per Klick auf das Ende des Textes im Projektbereich – ziehen Sie es einfach mit gedrückter Maustaste nach links oder rechts, um die Einblenddauer zu verändern.

Filme exportieren und weitergeben

Passt das Ergebnis? Dann können wir Ihr Video präsentationsfertig machen: Über den Menüpunkt **Bereitstellen** bieten sich eine Menge Möglichkeiten, Ihr Video als Export bereitzustellen. Den Export als Datei erläutern wir im übernächsten Abschnitt auf dieser Seite unten.

Wer es lieber analog mag, also Filme auf DVD oder Blu-ray, wird leider enttäuscht: iMovie unterstützt das direkte Brennen von Filmen auf Silberscheiben seit einiger Zeit gar nicht mehr. Sie müssen dafür einen kleinen Umweg gehen und Ihren Film als Datei exportieren und dann mit einer zusätzlichen Software wie beispielsweise Roxio Toast für DVD oder Blu-ray konvertieren (siehe auch den Abschnitt »CD/DVD kopieren – mit den macOS-Hausmitteln ganz schön kompliziert« ab Seite 171).

Dank der neuen Mail-Funktion *Mail Drop* können Sie HD-Videos per Mail versenden, selbst wenn diese Hunderte Megabyte groß sind. Natürlich wird dies dann nicht als normaler Anhang gehandhabt, sondern als Download-Link, den Apple Mail automatisch erzeugt. Wir zeigen Ihnen das im Abschnitt »HD-Export für E-Mail mit Mail Drop« auf der folgenden Seite.

^ **Abbildung 16.43**
Viele direkte Exportmöglichkeiten bietet der »Bereitstellen«-Dialog in iMovie.

Filmexport ins Theater und in die iCloud

Um Ihr Werk zu exportieren, müssen Sie es nicht vorher abspeichern; das erledigt iMovie ohnehin immer im Hintergrund für Sie. Klicken Sie in der Menüleiste von iMovie auf **Bereitstellen** ❶.

Wenn Sie den Film ins **Theater** exportieren ❷, steht er entsprechend in der Rubrik **Theater** von iMovie zur Präsentation bereit ❸. Das Hochladen in die iCloud wird automatisch erledigt, das Video steht dann direkt für alle mit Ihrer Apple-ID verbundenen Geräte parat. Dazu muss allerdings die iMovie-App installiert sein, um das Video abspielen zu können. Um Auflösung und Formate müssen Sie sich nicht kümmern, das erledigt iMovie automatisch. Für den Datenaustausch müssen Sie lediglich die iMovie-App auch auf dem iPhone oder iPad installiert haben.

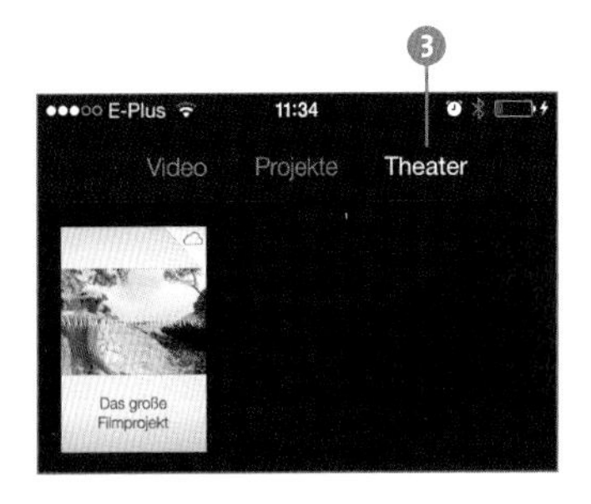

^ **Abbildung 16.44**
Das fertige Video steht in der iMovie-App auch auf dem iPhone zum Abspielen bereit.

Videoexport als Datei

Für die Weiterverarbeitung des Videos ist vor allem der Export als Datei ❹ von Interesse – hierbei erstellt iMovie einfach eine klassische MP4-Datei in der maximal möglichen Auflösung.

Abbildung 16.45
Beim Export in eine Filmdatei gibt es wenig zu beachten.

HD-Export für E-Mail mit Mail Drop

Es klingt verrückt, aber iMovie kann Ihr Video per Mail versenden, und das in höchster Auflösung. Wie das funktioniert? Apple bedient sich eines Tricks, der aber nur funktioniert, wenn Sie über eine Apple-ID verfügen. Das Mail-Programm verschickt natürlich nicht das Hunderte Megabyte große Video im Anhang, sondern nur einen Download-Link, mit dem der Empfänger per Klick Zugriff auf das Video bekommt. iMovie lädt also beim Export einfach Ihr Video in Ihren iCloud-Speicher und »verteilt« es dann. Ganz wichtig: Der Empfänger muss eine Apple-ID und ein iPhone, iPad oder einen Mac besitzen.

Für diese Funktion klicken Sie in den Exportmöglichkeiten einfach auf **E-Mail** (5 in Abbildung 16.43 auf Seite 365). Wie Mail Drop im Detail funktioniert, zeigen wir ausführlich in Kapitel 10, »E-Mails – denn Briefe waren gestern«, ab Seite 251.

Die anderen Exportmöglichkeiten, die Sie in Abbildung 16.43 sehen, sind ähnlich unkompliziert – bei Facebook und Co. lädt iMovie nach Eingabe des jeweiligen Benutzernamens Ihre Videoprojekte direkt im passenden Format in das jeweilige Portal. Ganz schön komfortabel, oder?

17 Familien-Mac: Benutzerkonten einrichten

macOS ist ideal, wenn der Computer von mehreren Personen benutzt wird. In diesem Kapitel geht es darum, wie sich auch der Rest Ihrer Familie am Mac wohlfühlt und wie Sie für jeden Anwender die richtigen Einstellungen wählen. Wir sehen uns dazu die Benutzerverwaltung im Detail an, damit jeder seinen ganz eigenen Arbeitsplatz erhält.

Abbildung 17.1
Sind mehrere Benutzer am Mac angemeldet, verrät das schon der Anmeldebildschirm.

Wenn der Mac von mehreren Personen benutzt wird, sind Probleme vorprogrammiert. Doch zum Glück gibt es Hilfe zur Wahrung des Familienfriedens: In macOS Catalina kann man Benutzerkonten erstellen, sodass jedes Familienmitglied sein ganz eigenes System hat. Das heißt, die Programme können zwar von allen genutzt werden, aber alles andere (Fotos, Dokumente, Bilder, E-Mails etc.) kann immer nur von demjenigen verwendet werden, der zu diesem Zeitpunkt am System angemeldet ist. Das alles läuft über die Systemeinstellungen und dort über den Bereich **Benutzer & Gruppen**. Praktischerweise besteht dank der *Bildschirmzeit* und *Familienfreigabe* die Möglichkeit, als Familienoberhaupt die Accounts der Kinder zu kontrollieren und sowohl hinsichtlich Nutzungszeit als auch Nutzungsart zu beschränken. Natürlich können Sie diese Funktion auch für Ihre Selbstkontrolle aktivieren.

Abbildung 17.2 >
Die Benutzereinstellungen in den Systemeinstellungen

Benutzerrechte am Mac

Bevor wir Benutzer anlegen, verlieren wir noch ein paar Worte über die Zugriffsrechte am Mac. Jedem Benutzer kann man verschiedene Aktivitäten am Mac erlauben oder auch verbieten. Man unterscheidet daher im Wesentlichen folgende »Benutzertypen«:

Administrator

Am Mac ist immer derjenige als Administrator angemeldet, dem das Gerät auch gehört und der bei der ersten Installation als solcher angelegt wurde. Als Administrator darf man am Computer alles machen, inklusive sämtlicher Systemeinstellungen, Programminstallationen und der Benutzerverwaltung. Es kann aber am Mac beliebig viele Benutzer mit Administratorzugriff geben.

Account für Kinder

Was in der nebenstehenden Auflistung eigentlich fehlt, ist ein »Kinderbenutzer« – also ein Account, bei dem Sie die Kontrolle behalten. Wie das funktioniert, erfahren Sie im Abschnitt »Kids-Kontrolle – die Bildschirmzeit für andere Benutzer einrichten« ab Seite 374. In diesem Bereich können und sollten Sie solch einen Benutzer aber nicht anlegen.

Standardaccount

Ist ein Benutzer mit der Option **Standard** angelegt, kann er den Computer voll benutzen, der Zugriff auf Systemdateien und auch das Installieren von Software sind ihm aber untersagt. Das ist ein typischer Account für Anwender, die einfach nur mit dem Mac arbeiten wollen. Er ist auch dann ideal, wenn z. B. Ihr Partner gerade in die Mac-Welt einsteigt und Sie Sorge haben, er könnte dabei etwas kaputt machen.

Nur Freigabe und Gruppe

Beide Einstellungen sind nur für den professionellen Einsatz interessant. Mit **Nur Freigabe** kann man in einem großen Computernetzwerk regeln, welche Benutzer freigegebene Daten auf Ihrem Mac sehen dürfen. In der **Gruppe** können Sie, falls Sie eine Großfamilie mit 20 Köpfen haben, die Benutzer in Gruppen organisieren. Auch hier gilt: Sie werden diese Funktion nicht benötigen.

Neue Nutzer anlegen – Vorbereitungen

Gehen Sie in den Systemeinstellungen in den Bereich **Benutzer & Gruppen**. Zunächst müssen Sie das Schloss links unten entsperren (1 auf Seite 370) – dies ist standardmäßig abgesichert. Danach folgt die übliche Passwortabfrage. Erst dann dürfen Sie »ran« und können neue Benutzer anlegen. Doch zunächst klicken Sie auf **Anmeldeoptionen** 2 und prüfen, ob die Option **Automatische Anmeldung** auf **Deaktiviert** steht 3. Das ist bei macOS Catalina aus Sicherheitsgründen die Standardeinstellung. Damit wird bei jedem Systemstart das Passwort verlangt. Es erscheint dann beim Systemstart eine Auswahl mit allen angelegten Benutzern, die nach der Eingabe des Passworts geladen werden. Ebenso setzen Sie, falls noch nicht geschehen, ein Häkchen bei **Menü für schnellen Benutzerwechsel** 4 und wählen im zugehörigen Rollout-Menü **Vollständiger Name** aus.

Abbildung 17.3
Das Symbol für die Benutzer in den Systemeinstellungen

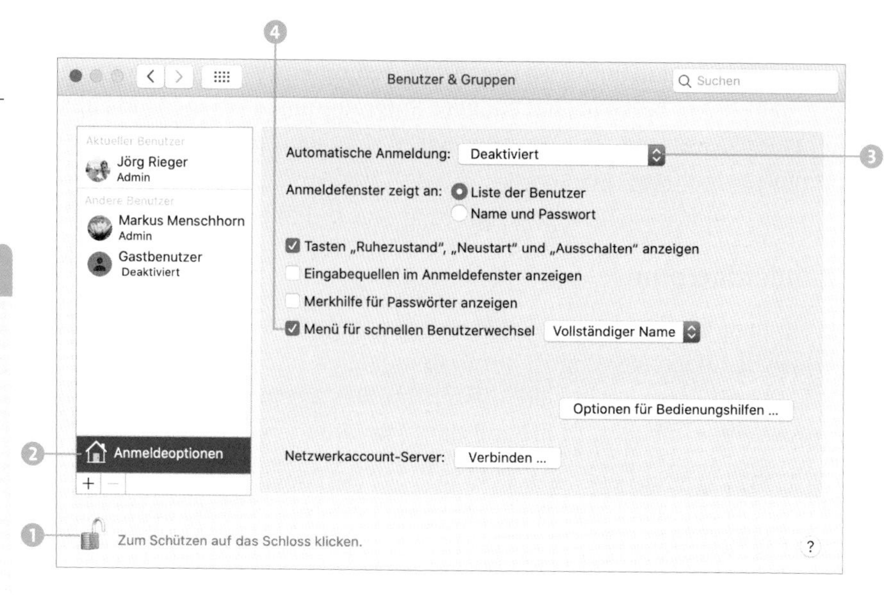

Abbildung 17.4 >
Die Anmeldeoptionen sind wichtig, damit später alles reibungslos klappt.

Damit wären die Voreinstellungen für mehrere Benutzer am Mac auch schon getätigt, und Sie können anfangen, neue Nutzer anzulegen.

Fliegender Wechsel

Der schnelle Benutzerwechsel erfolgt im Menü rechts oben: Das orangefarbene Häkchen 5 bedeutet, dass der entsprechende Benutzer am Mac angemeldet ist. Per Mausklick kann man zu einem anderen Benutzer wechseln. Der momentane Benutzer bleibt dabei komplett angemeldet, und alle Programme bleiben geöffnet.

∧ **Abbildung 17.5**
Schnell den Benutzer wechseln

Standardbenutzer anlegen

Ein Standardbenutzer ist in der Regel für zu Hause eine gute Wahl, wie schon vorhin erwähnt. Um ihn anzulegen, klicken Sie in der Systemeinstellung **Benutzer & Gruppen** auf das Plussymbol links unten. Daraufhin erscheint das Fenster aus Abbildung 17.7, das jetzt von Ihnen alles über die neue Person am Mac wissen will:

1. Bei **Neuer Account** wählen Sie in unserem Fall **Standard** aus.
2. Der vollständige Name sollte natürlich der des neuen Benutzers sein.
3. Der Accountname wird von macOS automatisch aus zuvor eingegebenen Namen generiert – hier sind Sie aber durchaus flexibel und können auch nur den Vornamen stehen lassen. Dieser Name wird dann z. B. beim Benutzerwechsel angezeigt.
4. Die Merkhilfe ist für alle gedacht, die schon mal das Kennwort vergessen. Hier dürfen Sie Ihrer Kreativität freien Lauf lassen und eine Frage oder eine sonstige Merkhilfe eintippen.
5. Das eigens gewählte Passwort muss zur Sicherheit aber zweimal eingegeben werden. Sie sollten in jedem Fall ein Passwort vergeben, auch wenn Sie zu Hause vielleicht keine Geheimnisse voreinander haben. Dieses Passwort dient nämlich auch bei allen Systemaktionen

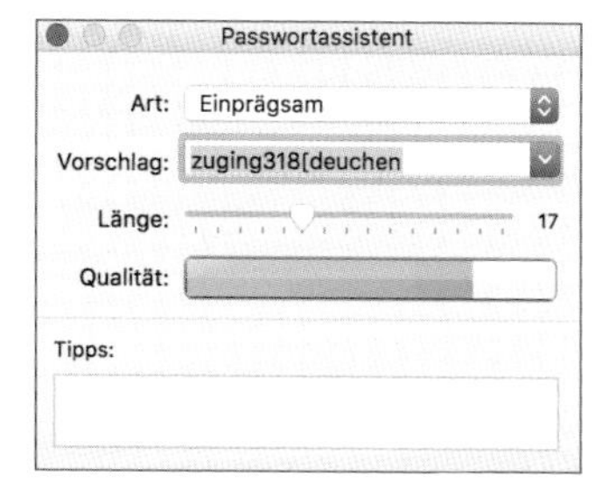

∧ **Abbildung 17.6**
Apple schlägt auf Wunsch Passwörter vor – sicher sind sie, aber einprägsam wohl eher weniger.

als Sicherheitsinstanz und wird abgefragt, wenn es um wirklich wichtige Entscheidungen geht. Ein Klick auf das Schlüsselsymbol ⑥ bringt den Passwort-Generator von Apple zum Vorschein, der selbst in der Einstellung **Einprägsam** alles andere als einprägsame Kennwörter produziert. Kostprobe gefällig? Bitte schön: Schauen Sie sich Abbildung 17.6 an.

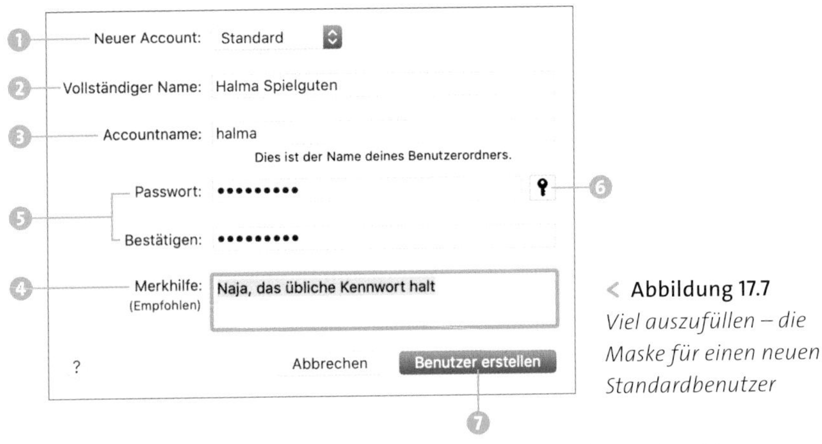

Abbildung 17.7
Viel auszufüllen – die Maske für einen neuen Standardbenutzer

Alles ausgefüllt? Dann kann der Account ja erstellt werden ⑦. Der neue Benutzer erscheint sofort in der Benutzerliste links ⑧. Als nettes Extra können Sie das Benutzerbild abändern ⑨, das z. B. beim schnellen Benutzerwechsel erscheint.

Abbildung 17.9
Fertig – ein Klick auf das von Apple vorgegebene Bild ermöglicht es Ihnen, hier ein individuelles Motiv einzufügen oder auszuwählen.

Damit ist der neue Benutzer einsatzbereit. Sie können beim nächsten Systemstart oder jetzt direkt über den schnellen Benutzerwechsel rechts oben im Apple-Menü umschalten.

Benutzer löschen

Natürlich können Sie Benutzer auch jederzeit löschen. Wählen Sie dazu den gewünschten Benutzer aus, und klicken Sie auf das Minussymbol unter der Benutzerliste ⑩. macOS gibt Ihnen dann die Möglichkeit, den Benutzerordner und die enthaltenen Daten zu sichern, auf dem Computer ganz normal zu belassen oder direkt zu löschen. Bestätigen Sie Ihre Auswahl mit einem Klick auf **Benutzer löschen**.

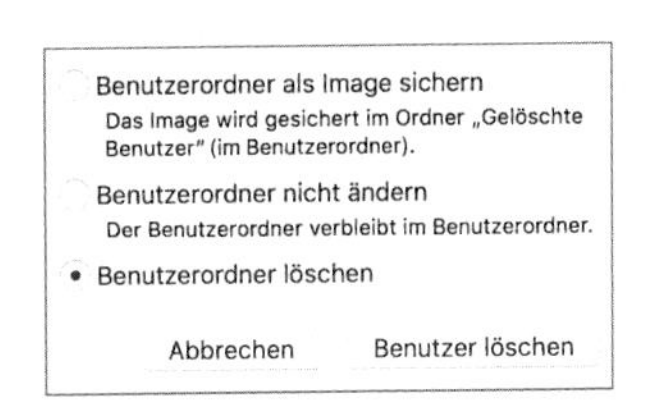

Abbildung 17.8
Auch beim Löschen haben Sie die Wahl.

Selbstdisziplin – die Bildschirmzeit hilft weiter

Abbildung 17.10
Die Zeit verrinnt, und die Bildschirmzeit verrät, wo sie geblieben ist.

Sie waren doch nur kurz Mails checken, ein paar Bilder bearbeiten, Katzenvideos bei YouTube anschauen ... Wem kommt das nicht bekannt vor? Damit Sie künftig wissen, wo die ganze Zeit am Computer verschwindet, hat Apple in macOS ein praktisches Hilfsmittel integriert. Die *Bildschirmzeit* zeichnet haarklein auf, mit welchen Apps Sie wie lange arbeiten, wie viele Mails Sie erhalten, wie viele Nachrichten Sie schreiben und vieles mehr. Was nach totaler Überwachung klingt, ist im Alltag eine echte Hilfe zur Selbstkontrolle. Zugegebenermaßen sind die Ergebnisse mit der gleichnamigen App am iPhone meist deutlich erschreckender – es ist schier unglaublich, wie oft man den digitalen »Plagen« am Tag seine Aufmerksamkeit schenkt. Wobei beim Autorenteam die Schere zwischen »ein paar Minütchen am Tag« und »fast mit Hand und Ohr verwachsen« deutlich auseinandergeht. Doch zurück zur Funktion am Mac.

Bildschirmzeit ist keine App

Anders als beim iPhone oder iPad ist die *Bildschirmzeit* auf dem Mac kein separates Programm, sondern in den *Systemeinstellungen* untergebracht.

Sie finden die **Bildschirmzeit** in den **Systemeinstellungen**. Starten Sie sie einfach per Mausklick. Ist die Bildschirmzeit nicht aktiviert, herrscht hier gähnende Leere oder die Illusion, gar keine Zeit am Computer zu verbringen.

Um künftig bestens informiert zu sein, holen Sie die Aktivierung über einen Klick auf **Optionen** ① und anschließend auf **Aktivieren** ② am besten direkt nach. Ab diesem Zeitpunkt wird nun im Hintergrund fleißig aufgezeichnet.

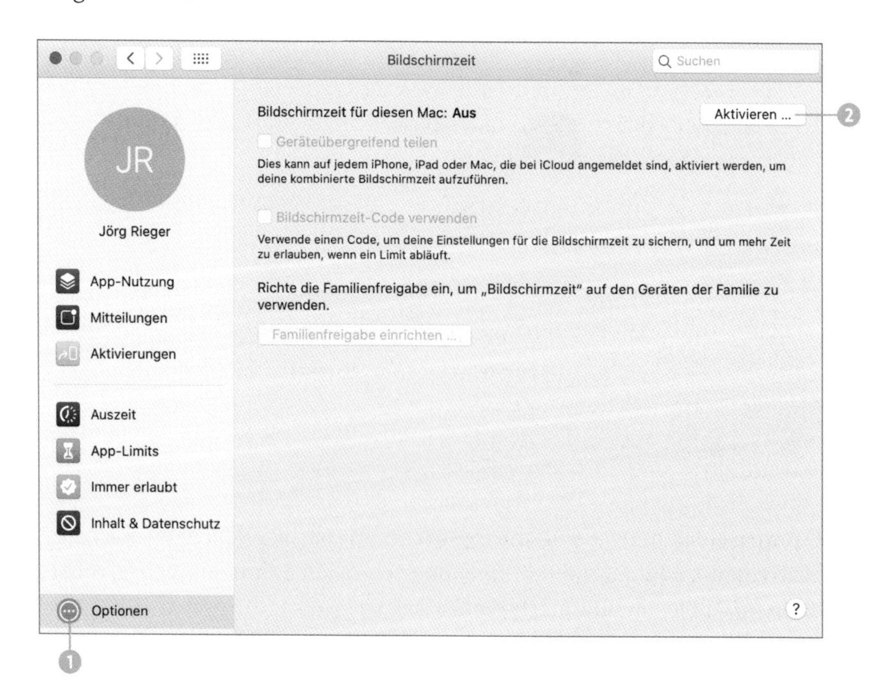

Abbildung 17.11
Wurde die Bildschirmzeit bei der Computereinrichtung nicht aktiviert, kann das hier nachgeholt werden.

Wurde die Bildschirmzeit schon während der Computereinrichtung aktiviert, sehen Sie hier erste Nutzungsstatistiken, wie in Abbildung 17.12 zu sehen. Diese sind aber nicht sonderlich aufschlussreich, denn die App-Nutzung zeigt nicht auf, wie lange Sie in der jeweiligen Software gearbeitet haben, sondern lediglich, wie lange sie geöffnet war ❸.

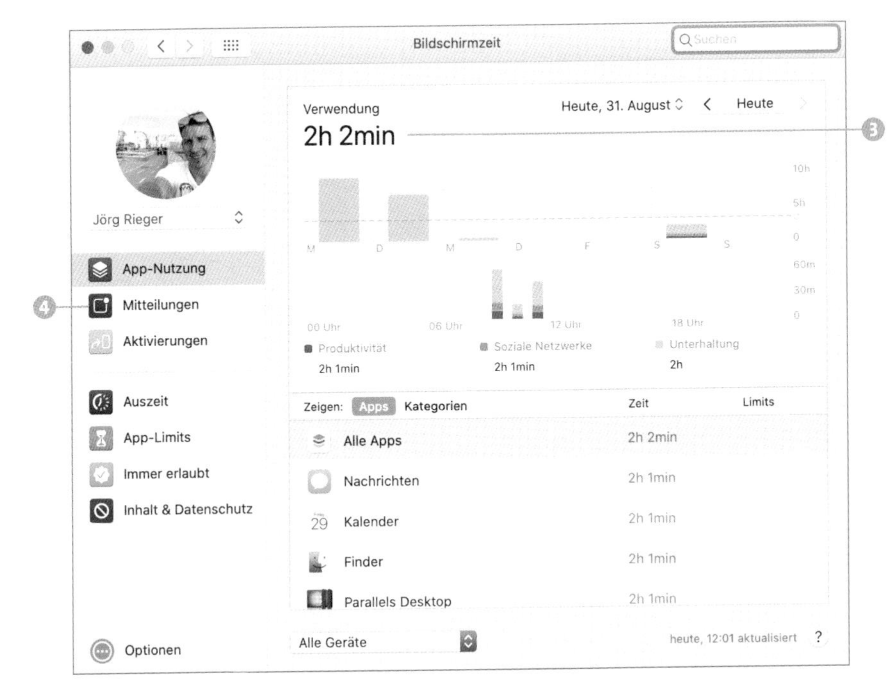

< **Abbildung 17.12**
Die zunächst eingeblendete App-Nutzung ist wenig aufschlussreich.

Viel spannender ist ein Blick in die **Mitteilungen** ❹ – hier werden die empfangenen Nachrichten und Mails aufgelistet, und es ist schon enorm, was hier tagtäglich anfallen kann ❺.

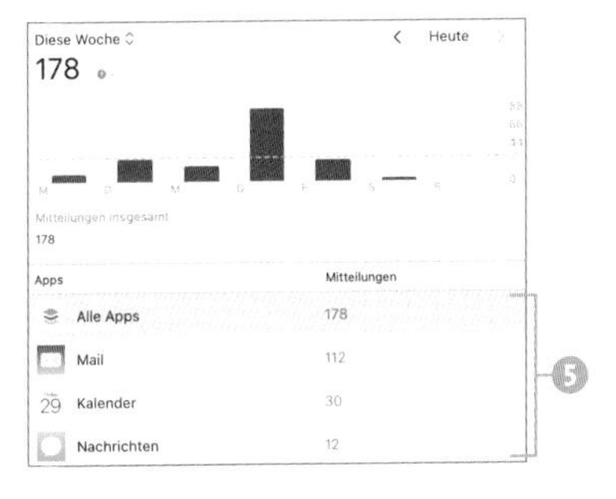

∧ **Abbildung 17.13**
Viel geschrieben? Die Bildschirmzeit informiert umfassend.

Im unteren Bereich der linken Seitenleiste dreht sich alles darum, sich selbst oder den Nachwuchs zu kontrollieren.

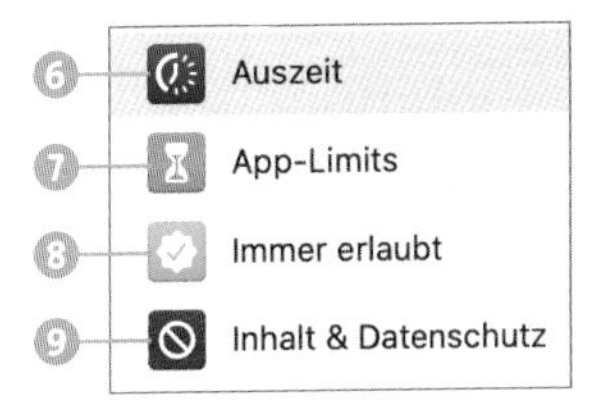

< **Abbildung 17.14**
Sich selbst auf die Finger klopfen oder die Kids vom nächtlichen Spiele-Marathon abhalten – hier haben Sie reichhaltige Möglichkeiten.

Die **Auszeit** ❻ legt fest, wann der Computer nicht genutzt werden darf. Man kann das problemlos auf einzelne Apps beschränken, beispielsweise wenn Sie nicht möchten, dass Ihre Kinder ab 22 Uhr noch im Internet surfen oder Spiele spielen.

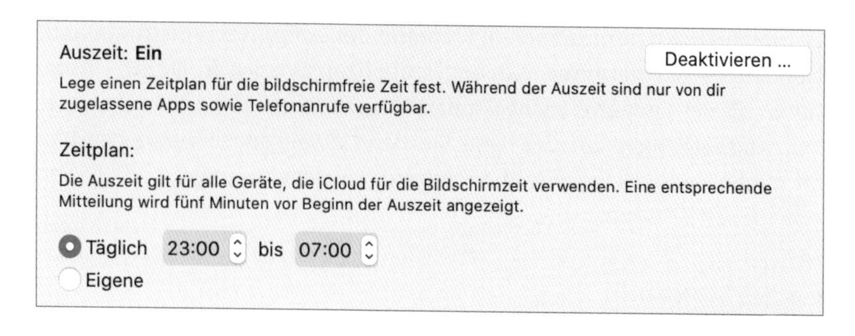

Abbildung 17.15 >
Im Bereich »Auszeit« legen Sie Ihre computerlose Zeit fest.

Unter **App-Limits** (7 auf Seite 373) legen Sie Beschränkungen für einzelne Apps fest (mehr dazu im folgenden Abschnitt »Kids-Kontrolle – die Bildschirmzeit für andere Benutzer einrichten«).

Mit **Immer erlaubt** 8 geben Sie Apps frei, die auch innerhalb der Sperrstunden in der **Auszeit** laufen sollen. Beispiele sind der Virenscanner, WhatsApp oder die Fotos-App.

Inhalt & Datenschutz 9 enthält Restriktionen hinsichtlich Inhalten von Webseiten, Apps und Filmen.

Kids-Kontrolle – die Bildschirmzeit für andere Benutzer einrichten

Kindersicherung überall

Die hier gezeigten Einstellungen für den Kinder- und Jugendschutz gelten direkt auch fürs Smartphone bzw. iPhone des Kindes.

Die Einstellungen zur Computernutzung, speziell für die Kids, regeln Sie ebenfalls mittels der *Bildschirmzeit* in Kombination mit der *Familienfreigabe*. Denn war es vor einigen Jahren noch die Fernbedienung oder der Spielkonsolen-Controller, über die Streit ausbrechen und geschlichtet werden konnte, sind es heute doch eher Apps und Webanwendungen.

Abbildung 17.16 >
Wer hat an der Uhr gedreht? Für Kinder ist am Computer eine Kontrollfunktion unbedingt notwendig. (Foto: Adobe Stock 129340205 arrowsmith2)

Besonders auf Kinder übt die digitale Welt einen großen Reiz aus. Damit er nicht überhandnimmt, hat Apple die *Bildschirmzeit* in macOS integriert, mit der Sie gezielt steuern können, welches Familienmitglied was am Mac wie lange tun darf, und mit der Sie darüber hinaus neben der »Peitsche« auch das »Zuckerbrot« mittels Musikfreigaben und Freigaben Ihrer gekauften Apps austeilen.

Abbildung 17.17
Die Systemeinstellungen zur »Bildschirmzeit« sind eine sinnvolle Ergänzung zu den Einstellungen im Rahmen der »Familienfreigabe«.

So richten Sie einen sicheren Account für Ihren Nachwuchs bzw. die Enkelkinder, Nichten und Neffen oder die lieben Nachbarskinder ein:

1. Richten Sie zunächst einen Kinderaccount über die **Familienfreigabe** in den *Systemeinstellungen* ein. Klicken Sie dazu auf den entsprechenden Button ①.

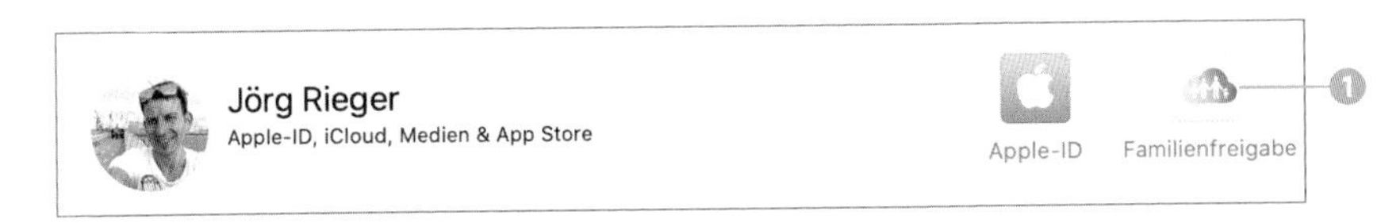

Abbildung 17.18
Die Familienfreigabe befindet sich in den Systemeinstellungen.

2. Im folgenden Fenster gehen Sie auf das **+**-Symbol links unten ② und wählen im Anschluss im Dialog **Familienmitglied hinzufügen** die Option für das Kind aus ③. Bestätigen Sie mit einem Klick auf **Fortfahren** ④.

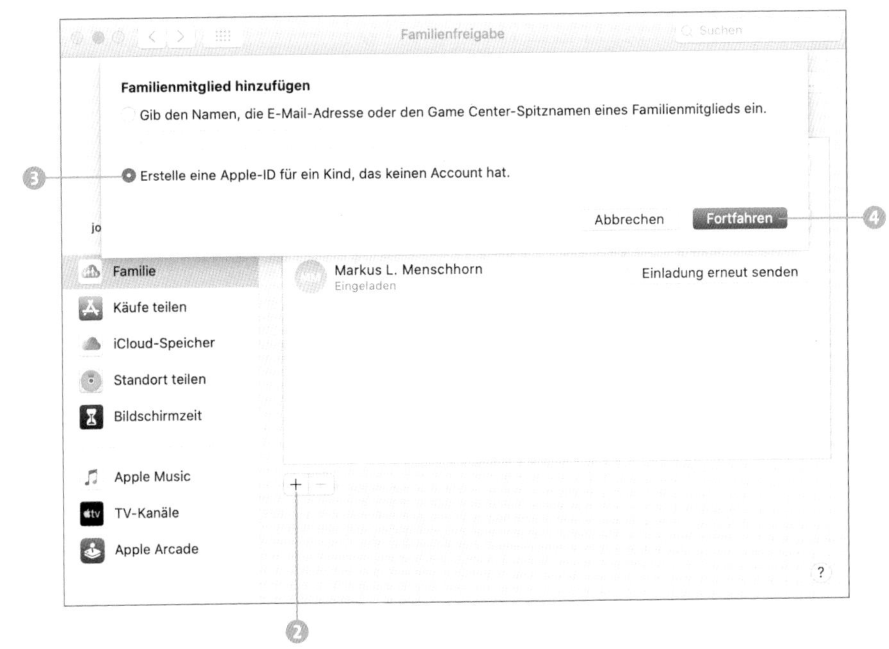

Abbildung 17.19
Kinder dürfen auch an den Mac.

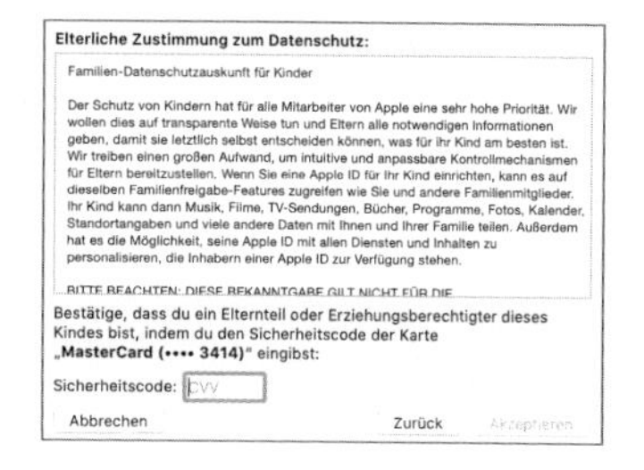

Abbildung 17.20
Sicher ist sicher – Apple verlangt als Legitimation die Eingabe Ihres Kreditkarten-Sicherheitscodes.

3. Nun geben Sie die erforderlichen Daten ein. Apple legt zudem direkt eine @icloud-Mail-Adresse 5 an.

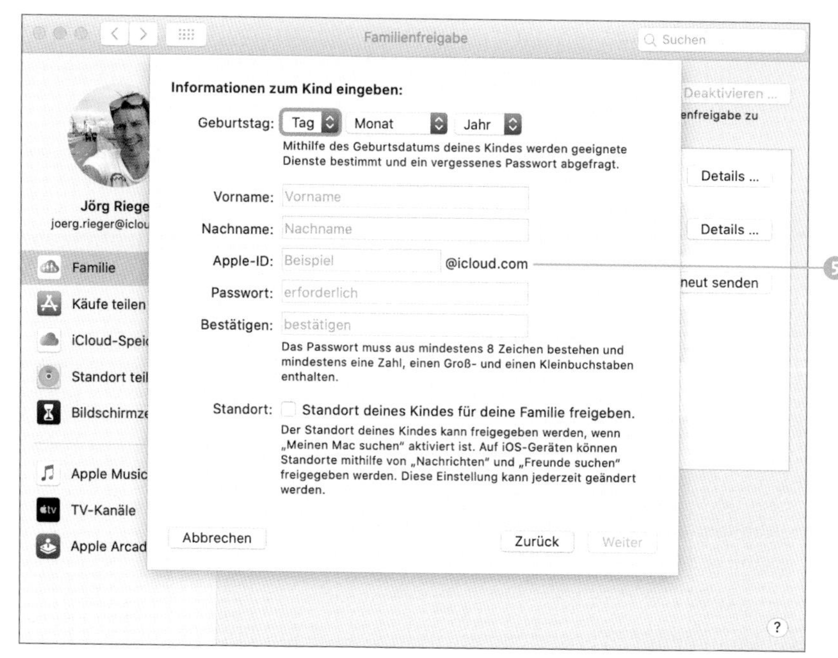

Abbildung 17.21
Geben Sie unbedingt das Geburtsdatum ein – nur so kann Apple im Hintergrund für den altersgerechten Jugendschutz sorgen.

Einige Sicherheitsabfragen und Bestätigungen später ist die Einrichtung erst einmal abgeschlossen:

Abbildung 17.22
Die Familie wächst und gedeiht in der Familienfreigabe.

4. Damit ist aber noch kein neuer Benutzer angelegt, sondern nur eine Apple-ID mit den entsprechenden Informationen zum Kind. Den Benutzer legen Sie nun an, wie vorangehend ab Seite 370 beschrieben. Wählen Sie hier unbedingt **Standard** als Benutzer aus.

5. Wechseln Sie nun über die Menulets zu diesem neuen Benutzer ⑥, und führen Sie die Einrichtung des Accounts durch, wie in Kapitel 2, »Den Mac in Betrieb nehmen« ab Seite 29 beschrieben. Sie müssen hier die Aktivierung einer Apple-ID in jedem Fall mit der neuen Apple-ID des Kindes durchführen.

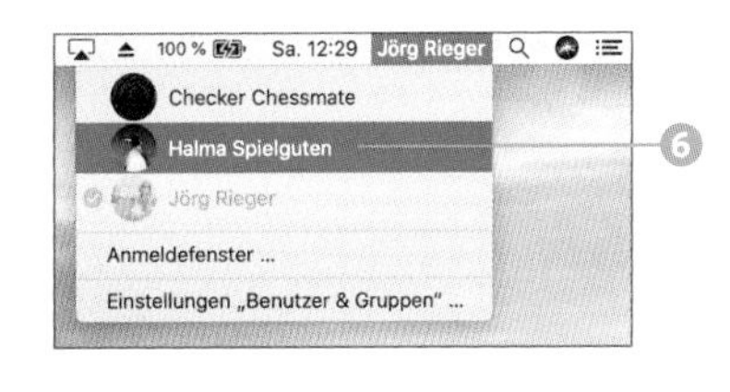

Abbildung 17.23
Sämtliche Computerbenutzer sind hier aufgelistet. Per Klick kann gewechselt werden.

6. Melden Sie den neuen Benutzer nun über das Apple-Menü ab, und gehen Sie zurück zu Ihrem Account. Wechseln Sie keinesfalls zurück über die Menulets, denn damit wäre der neue Benutzer aktiv und Sie könnten keine Bildschirmzeitoptionen zuweisen bzw. diese wären erst nach einem Computerneustart wirksam.

Abbildung 17.24
Es ist wichtig, dass Sie den neuen Benutzer über das Apple-Menü abmelden und nicht über die Menulets zu Ihrem Account wechseln!

7. Jetzt geht es in Ihrem gewohnten Account in die **Systemeinstellungen** und dort in die **Bildschirmzeit**. Hier sehen Sie unter Ihrem Account-Bild eine kleine Auswahlliste ⑦. Wenn Sie diese anklicken, können Sie den neuen Benutzer per Klick anwählen.

8. Sie müssen nun eventuell in den **Optionen** ⑧ am unteren Ende des Fensters noch die Bildschirmzeit aktivieren ⑨.

Abbildung 17.25
Wählen Sie den anderen Benutzer aus der Liste.

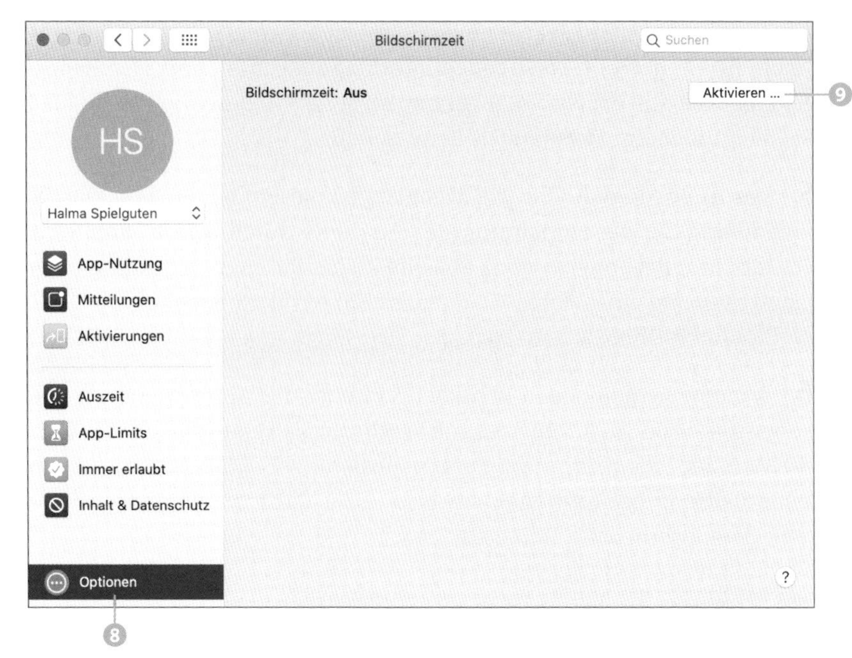

Abbildung 17.26 >
Aktivieren Sie die Bildschirmzeit.

9. Nun aktivieren Sie auf Wunsch noch das Verfolgen von Webseitenbesuchen ⑩ und den Code ⑪, indem Sie dort einen Haken setzen.

Mit diesem Code können Sie dem Flehen und Bitten nachgeben und die Bildschirmzeit etwas verlängern. Dem Benutzer wird beim Erreichen des Limits ein entsprechender Hinweis angezeigt ⑫.

∧ Abbildung 17.27
Soso, zu lange geskypt? Sie können Ihrem Nachwuchs mit der Code-Eingabe direkt mehr Zeit gönnen.

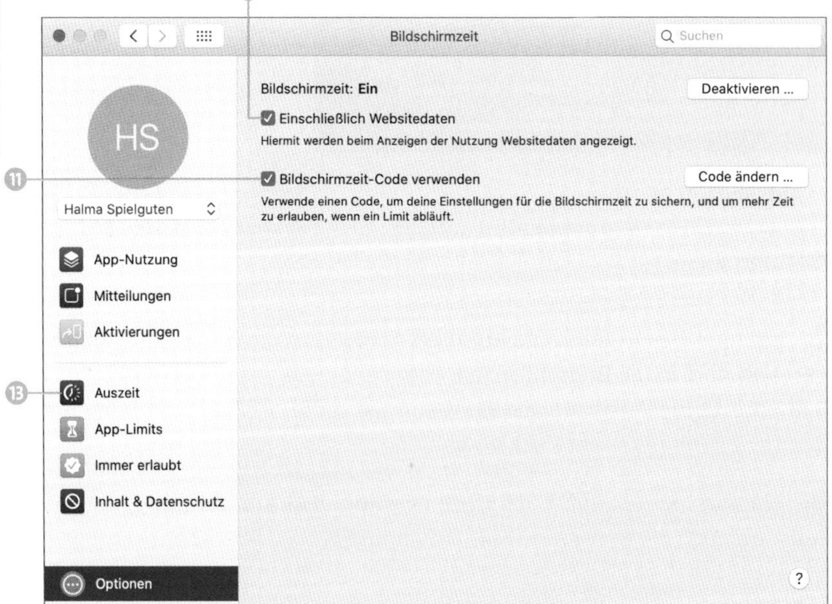

Abbildung 17.28 >
Sie können die Webseitenbesuche verfolgen und zudem einen Code festlegen, um dem anderen Benutzer bei Bedarf nochmals etwas mehr »Zeit« zu verschaffen.

10. Nun legen Sie unter **Auszeit** ⑬ fest, wie lange der Computer blockiert sein soll – beispielsweise zwischen 22 Uhr und 8 Uhr, zur Schlafenszeit oder mittags, wenn Hausaufgaben gemacht werden. Mit einem Klick auf **Eigene** ⑭ definieren Sie tagesgenau unterschiedliche Zeiten.

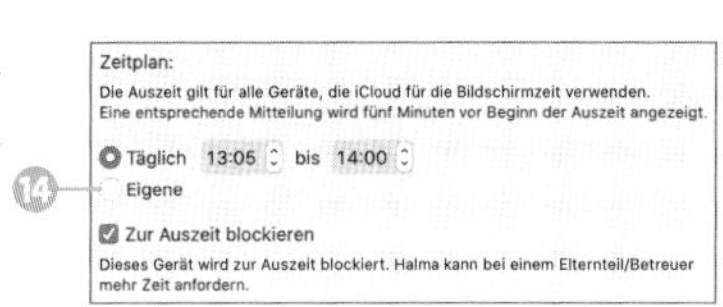

Abbildung 17.29
Hausaufgaben statt World of Warcraft – hier sind Sie Frau oder Herr über die Zeiten.

11. In den **App-Limits** geht es richtig rund: Per Klick weisen Sie einzelnen Apps oder Programmgruppen, z. B. Spielen, die Nutzungszeit pro Tag zu. Per Klick auf das **+**-Symbol ⑮ öffnet sich eine Liste mit allen auf dem Mac installierten Programmen. Wählen Sie die App, deren Verwendung Sie einschränken wollen ⑯, und geben Sie die maximale Nutzungsdauer ⑰ ein.

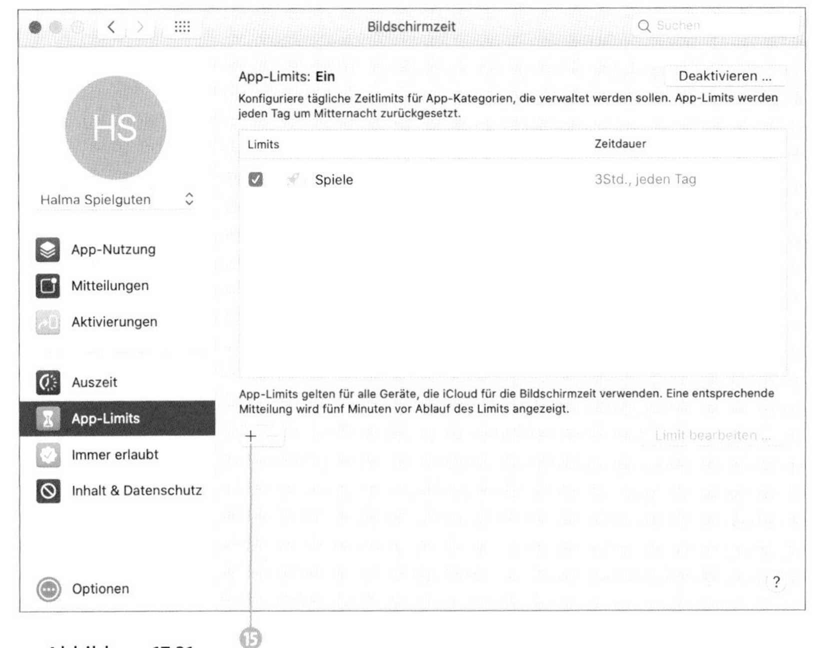

Abbildung 17.31
Hier wurde die Nutzung von Spielen am Mac auf maximal drei Stunden limitiert. Ob das unserer »Halma« gefällt?

Abbildung 17.30
Die App-Limits definieren Sie auf Wunsch bis ins letzte Detail.

12. Nun gehen wir noch in **Immer erlaubt** ⑱. Dort sind Apps aufgeführt, die immer verwendet werden dürfen, also abseits der festgelegten Limits. Die Vorgehensweise zur Einstellung ist wie bei den App-Limits.

13. Abschließend schauen wir noch **Inhalt & Datenschutz** ⑲ an. Hier verbirgt sich eine Vielzahl an Optionen, um den Computer mehr oder weniger kindersicher zu machen.

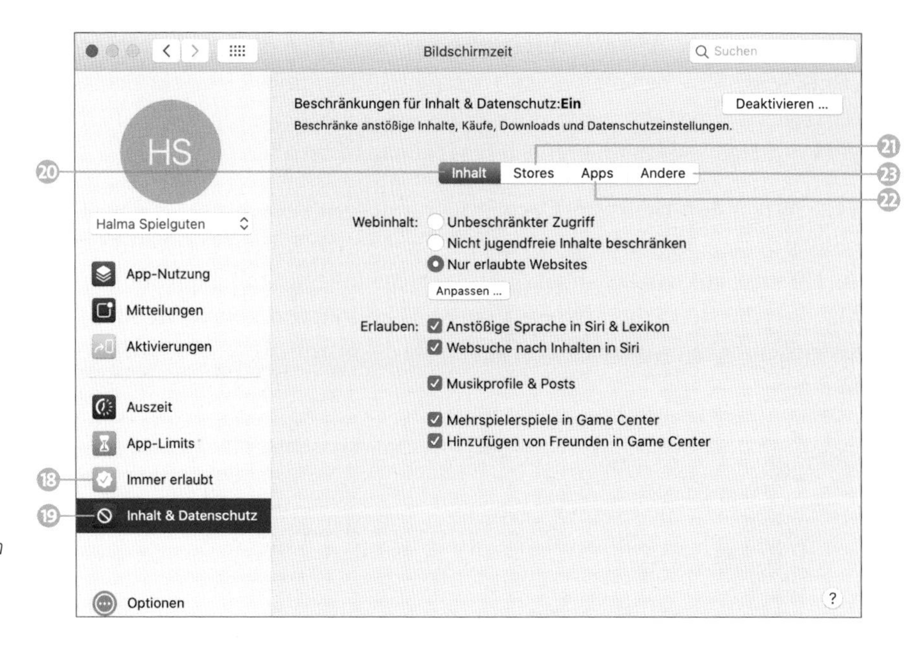

Abbildung 17.32 >
In diesem Bereich gibt es viele Einstellungsmöglichkeiten, um unerwünschte Inhalte auszublenden.

∧ **Abbildung 17.33**
Vielfältige Einstellungsmöglichkeiten für die App-internen Funktionen

⑳ In **Inhalt** legen Sie fest, welche Webseiten besucht werden dürfen, welche Webseiten komplett verboten oder welche immer erlaubt sind. So alberne Sachen »made in USA« wie **Anstössige Sprache in Siri & Lexikon** können Sie ignorieren. Ihr Enkel oder Kind wird auch, wenn Sie hier keine Schimpfwörter erlauben, einen Weg finden, seinem Unmut digital Ausdruck zu verleihen.

㉑ Im Bereich **Stores** dreht sich alles darum, was der Benutzer im Store kaufen kann oder welche gekauften Inhalte er betrachten darf.

㉒ Im Bereich **Apps** können Sie iOS- oder Mac-spezifische App-Funktionen wie Air Drop oder die Kameranutzung limitieren.

㉓ Unter **Andere** sollten Sie in jedem Fall den Haken bei **Accountänderungen** ㉔ und **Codeänderungen** ㉕ entfernen, um Unfug zu verhindern.

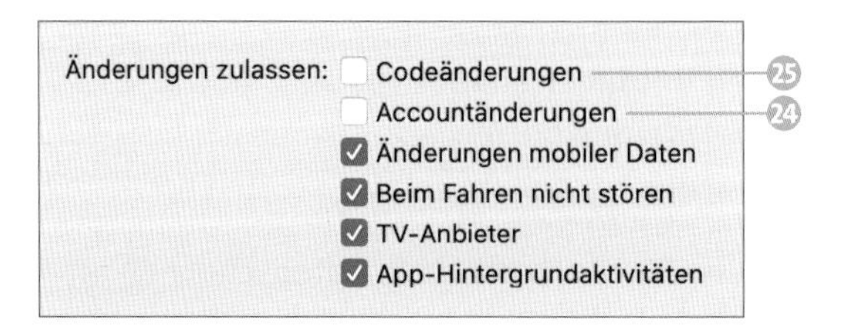

∧ **Abbildung 17.34**
Deaktivieren Sie unbedingt »Accountänderungen«, damit Ihr Nachwuchs nichts »crasht«.

In der Praxis sieht der Startbildschirm des Kindes mit »Restriktionen« dann so aus:

Abbildung 17.35
Alle geblockten Apps sind »ausgegraut« und können nicht gestartet werden.

Auch beim Besuch nicht gerade jugendfreier Webseiten schlägt nun die Bildschirmzeit gnadenlos zu und verweigert den Aufruf:

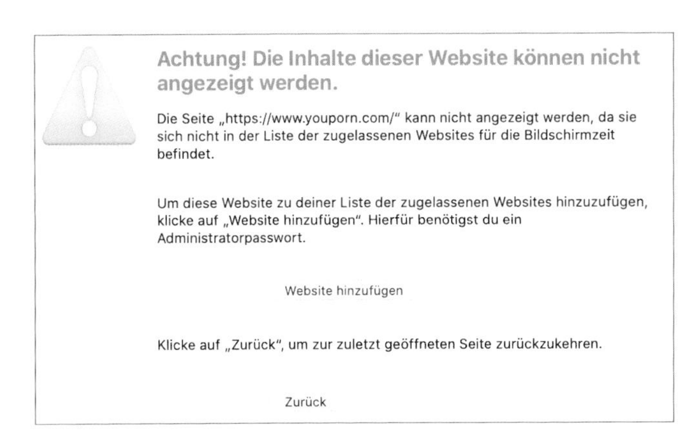

Abbildung 17.36
Keine Chance für pornografische oder andere gefährdende Inhalte – die Bildschirmzeit sorgt für ein jungendgerechtes Internet.

Sie sehen, es ist zwar eine kleine Weltreise zum kindersicheren Account, aber der Aufwand lohnt sich in jedem Fall.

18 Updates, Problemlösung, Datensicherung

Update – dieses notwendige Übel macht auch vor Ihrem Apple-Computer nicht halt. Für das gesamte Betriebssystem, für die Treiber und die installierte Software gibt es regelmäßig kostenlose Aktualisierungen, die nur über das Internet bereitgestellt werden. In diesen Aktualisierungen werden bekannte Sicherheitslücken gestopft, Programmierfehler korrigiert und neue Funktionen hinzugefügt.

Etwas heikler wird es, wenn Ihr Mac »Zicken« macht, was aber zum Glück sehr selten vorkommt. Das können z. B. ein stark verlängerter Systemstart oder Programmabstürze sein, die ab und zu auftreten. Für diesen Fall lohnt sich ein Griff in die Dienstprogramme von macOS, die eine Art Schweizer Taschenmesser als Universalproblemlöser darstellen. Die Bedienung ist einfach und meistens »schnurrt« Ihr Mac danach wieder einwandfrei. Das Festplattendienstprogramm springt außerdem ein, wenn sich eine Festplatte unter macOS nicht beschreiben lässt oder komplett gelöscht werden soll.

Schnelles Web benötigt

Die Aktualisierung per Modem ist nahezu unmöglich, denn dabei können schnell mehrere Hundert Megabyte zusammenkommen, die heruntergeladen werden müssen. Eine DSL-Leitung ist hier komfortabler und daher auch anzuraten.

Vorbeugend gegen Datenverluste und versehentlich gelöschte Bilder, Dokumente und andere Dateien springt die automatische Datensicherung von macOS, die *Time Machine*, ein. Das praktische Programm erledigt das lästige Zwischenspeichern dezent im Hintergrund und ist Ihre Versicherung, falls am Mac gar nichts mehr geht oder Sie aus Versehen ein wichtiges Dokument überschrieben haben.

Softwareaktualisierung – immer »up to date«

Wenn Ihr Computer mit dem Internet verbunden ist, kommuniziert er grundsätzlich auch mit Apple. Persönliche Daten werden hierbei nicht übermittelt, aber wichtige Informationen über Ihr System. Im Hintergrund

∧ Abbildung 18.1
Der App Store und die Systemeinstellungen zeigen an, dass eine Aktualisierung verfügbar ist.

wird täglich nach Sicherheitsupdates gesucht – sobald Sicherheitslücken auftreten, werden sie dank dieser Funktionalität automatisch geschlossen. Ein Eingreifen Ihrerseits ist weder notwendig noch möglich. Anders sieht es bei Aktualisierungen rund um das Betriebssystem selbst und für installierte Programme aus. Die Aktualisierung erfolgt bei allen aus dem App Store geladenen Programmen komfortabel über dessen Updatefunktion. Für Updates, die macOS betreffen, wird dies über die **Systemeinstellungen > Softwareupdate** gelöst. Stehen Updates bereit, werden diese auch getrennt bei den **Systemeinstellungen** ❶ und dem **App Store** ❷ signalisiert. Hier gibt es keinen festen Rhythmus – sobald eine neue Version bereitsteht, wird sie gemeldet. Grundsätzlich gilt: Diese Art der Aktualisierung ist immer kostenlos, es fallen keine Gebühren an. Sie müssen nicht fürchten, dass ohne Ihr Wissen teure Anwendungen installiert werden – komplett neue Programmversionen muss man immer separat und mit Passwort erwerben. Und die Systemupdates für macOS sind grundsätzlich auch bei neuen Programmversionen gratis.

Softwarehersteller, deren Apps nicht im App Store verfügbar sind, haben jeweils eigene Updateprogramme und melden sich mit unterschiedlichen Dialogen. Mehr dazu erfahren Sie am Ende dieses Abschnitts ab Seite 385 unten.

Abfrage

Wenn Sie die Aktualisierung starten, wird macOS wie bei jeder Installation natürlich Ihren Benutzernamen und Ihr Kennwort abfragen, damit das Installationsprogramm überhaupt auf Ihr System zugreifen darf.

Apple-Updates sollten Sie grundsätzlich installieren, damit Ihr Computer stets auf dem neuesten Stand ist und um eventuelle Probleme mit Ihrer Software direkt und unkompliziert zu umgehen. Diese Aktualisierungen kosten kein Geld, sondern werden als Serviceleistung bereitgestellt. Wurde neue Software gefunden, ist die Aktualisierung ein Kinderspiel.

Sie können natürlich auch jederzeit selbstständig prüfen, ob Updates bereitstehen. Klicken Sie im App Store einfach auf die Schaltfläche **Updates** ❸.

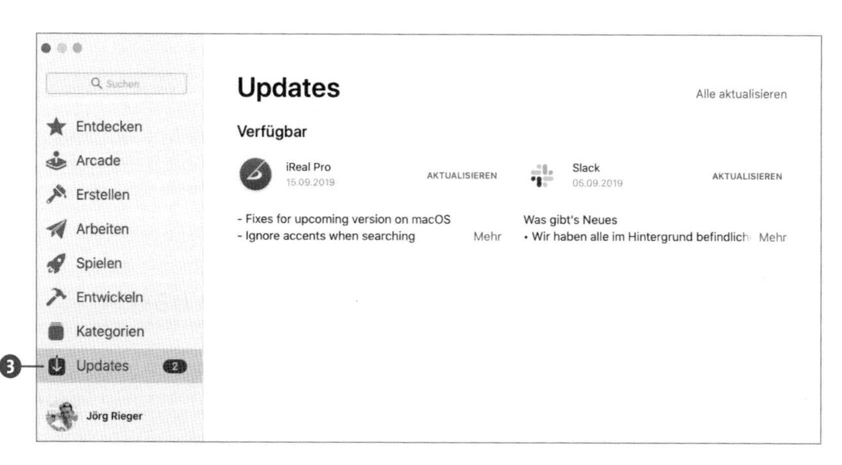

Abbildung 18.2 >
Neue Updates werden im App Store aufgelistet.

Daraufhin werden sämtliche Apps aufgelistet, die eine Aktualisierung parat haben. Je nach Anwendung ist danach ein Neustart notwendig; das kündigt macOS Catalina aber ggf. an und überlässt es Ihnen, zu entscheiden, ob Sie sofort oder später neu starten wollen.

Updates zum Betriebssystem, also zu macOS, werden in den **Systemeinstellungen** im Bereich **Softwareupdate** angezeigt.

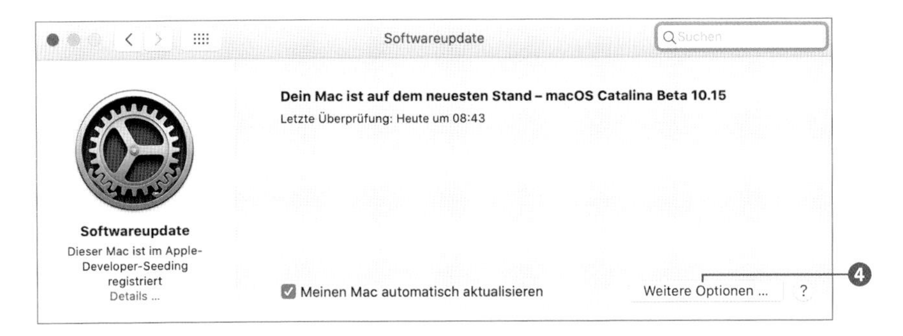

∧ Abbildung 18.3
In den Systemeinstellungen wird klar, ob alles auf dem neuesten Stand ist.

Ein Klick auf **Weitere Optionen** ❹ lohnt sich. Hier definieren Sie ganz exakt, welche Aktualisierungen macOS ohne Rückfrage im Hintergrund erledigen soll:

❺ **Aktualisierungen suchen** – Bitte hier natürlich den Haken setzen!

❻ **Neue Updates bei Verfügbarkeit laden** – Auch diese Funktion sollte aktiviert sein.

❼ **macOS-Updates installieren** – Diese Funktion ist standardmäßig aktiviert. Hiermit werden alle verfügbaren und geladenen Aktualisierungen ohne Nachfrage installiert. Nur bei komplett neuen Versionen, die einmal im Jahr veröffentlicht werden, erfolgt eine Nachfrage. Sie können den Haken hier gesetzt lassen.

❽ **App-Updates aus dem App Store installieren** – Es macht natürlich Sinn, dass auch Ihre Apps auf dem aktuellen Stand gehalten werden, daher: Haken rein.

❾ **Systemdatendateien und Sicherheitsupdates installieren** – Das ist die wichtigste Funktion überhaupt; sie sorgt für ein sicheres macOS. Lassen Sie hier unbedingt den Haken gesetzt!

Programme, die nicht im App Store gekauft wurden, werden über diese praktische Aktualisierungsfunktionen nicht mit auf den aktuellsten Stand gebracht. Hier kochen die Hersteller ihre eigenen Süppchen – das

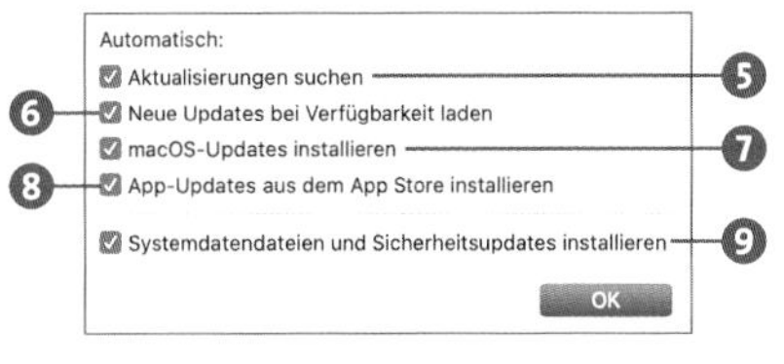

∧ Abbildung 18.4
Feintuning unter »Weitere Optionen«

Mehr Sicherheit in Windows

Erstaunlicherweise ist Windows 10 in Sachen Updates deutlich rigoroser – Updates überspringen oder den Virenschutz ausschalten gehen nur temporär, danach wird einfach installiert.

bedeutet für Sie separate Updatevorgänge. So kann es durchaus sein, dass sich Microsoft Office am Montag meldet, Adobe mittwochs und OpenOffice am Sonntag. Auch diese Programmupdates beinhalten Verbesserungen für die einzelnen Anwendungen. Das können neue Treiber, behobene Programmfehler oder kleine Funktionserweiterungen sein.

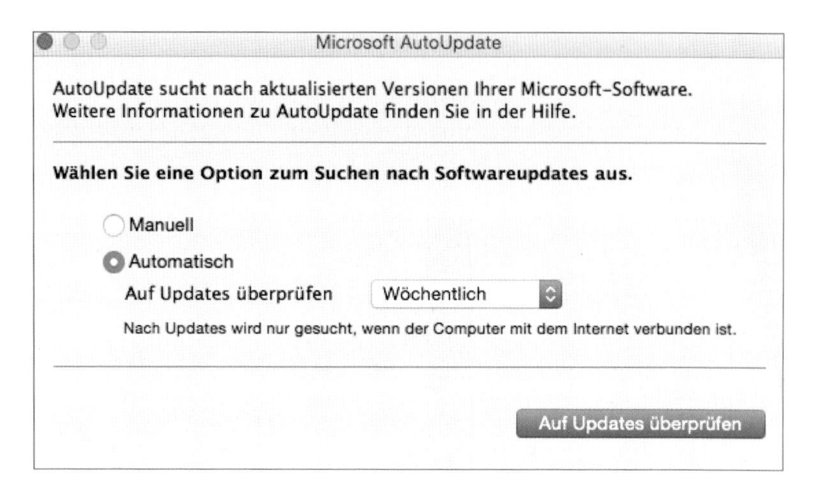

∧ Abbildung 18.5
Die separate Updatesuche von Microsoft außerhalb des App Stores

Die Dialoge und Fenster sehen je nach Anwendung etwas unterschiedlich aus. Normalerweise genügt ein Mausklick, um die Installation einer neuen Programmversion zu starten. Klar, dass auch hier Ihr Kennwort abgefragt wird.

Da viele Programmupdates einen Neustart des Computers notwendig machen, können Sie die Aktualisierung in jedem Programm auch überspringen. Spätestens im nächsten Updatezeitraum (je nach Anwendung zwischen zwei und vier Wochen), wird das Installationsfenster jedoch erneut eingeblendet.

Probleme mit macOS und die passende Lösung

Ganz ehrlich – wir haben uns schwergetan, Ihnen hier noch ein paar allgemeingültige Tipps für den Fall zu geben, dass macOS Catalina nicht mehr so richtig will. Eigentlich ist das System verdammt stabil, denn einen kompletten Absturz und den »Tod des Betriebssystems« haben wir von Softwareseite in unserer langjährigen Praxis noch nie erlebt. Aber natürlich kann auch mal ein Defekt im Mac selbst dafür sorgen, dass das System nicht mehr will.

Auch bei macOS Catalina gibt es ein Pendant zum Windows-Blue-Screen: die *Kernel Panic*. Das klingt dramatisch und ist es zunächst einmal auch. In diesem Fall sehen Sie nur noch einen grauen Bildschirm mit dem Hinweis, dass sich Ihr System »aufgehängt« hat. Grundsätzlich gilt bei allen Systemfehlern oder »Hängern« aber: Bewahren Sie einen kühlen Kopf, denn nur in den seltensten Fällen ist das Betriebssystem oder gar Ihr Mac wirklich defekt. Meistens bekommt man alles mit wenigen Handgriffen wieder ans Laufen.

Your computer restarted because of a problem. Press a key or wait a few seconds to continue starting up.

Votre ordinateur a redémarré en raison d'un problème. Pour poursuivre le redémarrage, appuyez sur une touche ou patientez quelques secondes.

El ordenador se ha reiniciado debido a un problema. Para continuar con el arranque, pulse cualquier tecla o espere unos segundos.

Ihr Computer wurde aufgrund eines Problems neu gestartet. Drücken Sie zum Fortfahren eine Taste oder warten Sie einige Sekunden.

問題が起きたためコンピュータを再起動しました。このまま起動する場合は、いずれかのキーを押すか、数秒間そのままお待ちください。

电脑因出现问题而重新启动。请按一下按键，或等几秒钟以继续启动。

^ Abbildung 18.6
Eine Kernel Panic – der Blue Screen am Mac – bedeutet aber nicht immer Datenverlust und Systemausfall.

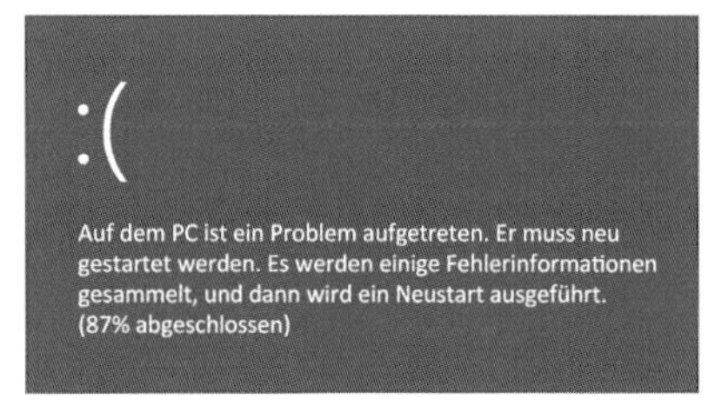

^ Abbildung 18.7
Das kann auch Windows – ein Systemcrash sieht hier aber deutlich sympathischer aus als bei macOS.

Der Mac startet überhaupt nicht

Ihr Mac verweigert den Dienst und will gar nicht erst starten? Kein Grund zur Aufregung, meistens liegt kein gravierender Hardwaredefekt vor. Hier ein paar Tipps, um den Mac-Computer wieder in Fahrt zu bekommen:

- **Stecker drin?**
  Lachen Sie nicht – ein gar nicht allzu seltener Fehler ist ein herausgezogener Netzstecker, den man versehentlich selbst, beispielsweise beim Putzen oder durch Fußverrenkungen, aus der Steckerleiste oder aus dem Computer gezogen hat. Besonders tückisch sind hierbei übrigens die älteren MacBooks mit ihrem magnetischen Netzteil, das sich

bei stärkerem Zug von selbst »aussteckt«. Also: Vor größerer Panik erst mal die Stromzufuhr testen, ggf. auch die Mehrfachsteckerleiste.

- **Externe Geräte prüfen**
  Haben Sie kurz vorher neue Geräte angesteckt, beispielsweise einen USB-Hub? Dann entfernen Sie diesen, und probieren Sie nochmals, den Mac einzuschalten. Falls Ihr Mac dann funktioniert, ist das neue Gerät nicht mit Ihrem Mac kompatibel oder hat vielleicht einen Defekt. Eine häufige Fehlerquelle!
- **Arbeitsspeicher**
  Erst mal »raus« heißt es auch, wenn Sie Arbeitsspeicher nachgerüstet haben und Ihr Computer dann nicht mehr startet. In Sachen Speicher ist der Mac extrem heikel. Besonders bei Modulen von Fremdherstellern kann es sein, dass sie sich nicht mit dem Computer vertragen. Hier müssen Sie im Vorfeld recherchieren oder den Fachmann fragen, welche Module welchen Herstellers mit Ihrem Computer funktionieren.
- **PRAM löschen**
  Das sog. *Parameter Random Access Memory* (PRAM) enthält Funktionen wie die eingestellte Lautstärke, Datum und Uhrzeit sowie das Startvolume. Wenn Ihr Mac nicht mehr starten mag und die obigen Tipps nicht helfen, macht das Gerät wahrscheinlich hier einen »Denkfehler«. Beim Systemstart kann man ihm diese Flausen austreiben. Dazu braucht man aber gleich vier Finger: Drücken Sie `option` + `command` + `R` + `P` beim Einschalten, bis zweimal ein Signalton ertönt. Jetzt können Sie Ihren Mac neu starten – und eigentlich sollte er nun wieder prima hochfahren.

Diese kleinen Handgriffe bringen in vielen Fällen Ihren Mac wieder in Schwung. Sie sollten sie einfach Stück für Stück durchgehen, bevor Sie in Panik verfallen.

Andere Probleme beim Start

Beim Starten kann es zu kleineren und größeren Schwierigkeiten kommen. Wenn Ihr Mac nach wenigen Sekunden stehen bleibt und ein Festplattensymbol mit Fragezeichen erscheint, findet der Mac seine Startdateien oder auch die komplette Festplatte nicht mehr. Hier kann entweder ein Softwareproblem mit macOS vorliegen oder im schlimmsten Fall die Festplatte »im Eimer« sein. Probieren Sie folgende Lösungen:

- Normalerweise kann man das Problem mithilfe der Wiederherstellung von macOS Catalina beheben. Starten Sie Ihren Mac neu, und halten Sie command + R gedrückt. macOS Catalina lädt nun entweder aus einer vorhandenen Systempartition Ihrer Festplatte oder direkt aus dem Internet die Diagnosetools und Dienstprogramme. Anschließend wählen Sie in diesem ersten Menü den Eintrag **Festplattendienstprogramm** aus.

  Nun können Sie Ihre Systemfestplatte reparieren. Auch eine komplette Neuinstallation von macOS Catalina unter Beibehaltung Ihrer persönlichen Daten ist möglich. Dafür ist allerdings eine funktionierende Internetverbindung notwendig, da das Betriebssystem in der aktuellsten Fassung komplett aus dem Web geladen wird. Alternativ können Sie, wenn eine Datensicherung vorliegt, auch einfach Ihr *Time Machine-Backup* für eine Wiederherstellung ohne Datenverlust verwenden.

Kein Datenverlust

Beim Reparieren Ihrer Festplatte mit der erstgenannten Methode bleiben alle Ihre Daten komplett erhalten. Bei ihr wird nichts gelöscht oder überschrieben.

Abbildung 18.8
Schnelle Hilfe – per Tastenkürzel beim Systemstart gelangen Sie immer in die »Notfallzentrale«.

- Wenn dieses Verfahren keinen Erfolg liefert, helfen mal wieder der Griff in die Tasten und das PRAM-Reset (siehe den Abschnitt »Der Mac startet überhaupt nicht« ab Seite 387).

Kleine Ursache, große Wirkung – tatsächlich werden Sie die meisten Startprobleme mit den hier gezeigten Tricks ganz stressfrei in den Griff bekommen.

Aufräumen und Löschen: das Festplattendienstprogramm

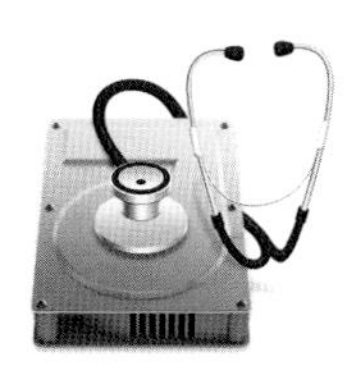

∧ Abbildung 18.9
Das Festplattendienstprogramm

Wenn es am Mac mal »klemmt«, der Neustart viel zu lange dauert oder Programme ab und zu abstürzen, liegt dies häufig an den sog. *Zugriffsrechten* von Dateien auf der Systemfestplatte *Macintosh HD*. Kurz zur Erklärung: Bei macOS ist für jede Datei hinterlegt, was der jeweilige Benutzer damit machen darf: löschen, nur ansehen, nur kopieren etc. Von Zeit zu Zeit, z. B. bei einem Programmabbruch, merkt sich das System hier jedoch falsche Zuordnungen. Das kann dazu führen, dass eine Anwendung nicht mehr richtig funktioniert, da sie auf eine benötigte Datei nicht mehr richtig zugreifen kann.

So viel zum Hintergrund – eigentlich wollen Sie ja nur wissen, wie Sie das System im Falle eines Falles wieder stabil bekommen. Hierfür steht das *Festplattendienstprogramm* parat. Diese kleine Anwendung, die auf jedem Mac installiert ist, bringt wieder Ordnung ins System und kann Probleme dieser Art beheben. Erfahrene Anwender können damit auch die Festplatte aufteilen (partitionieren) oder sie sogar ganz löschen bzw. formatieren, wie man das unter Windows nennt. Wie das funktioniert, zeigen wir etwas später in diesem Kapitel.

Das Festplattendienstprogramm im Einsatz

Das Festplattendienstprogramm finden Sie im *Programme*-Ordner und dort im Unterordner *Dienstprogramme*. Das lustige Programmsymbol täuscht nicht darüber hinweg, dass hier wie im richtigen Leben zwischen Schluckimpfung und Notoperation alles möglich ist. Glücklicherweise ist Letzteres wirklich nur selten erforderlich, und mit einem Time-Machine-Backup (siehe den Abschnitt »Datensicherung mit Time Machine« ab Seite 394) sind Sie zudem jederzeit auf der sicheren Seite, und das ohne Datenverlust.

Starten Sie einfach das Festplattendienstprogramm per Doppelklick. Das folgende Programmfenster zeigt Ihnen in einer grafischen Übersicht zunächst einmal die Speicherverteilung Ihrer Hauptfestplatte ❶.

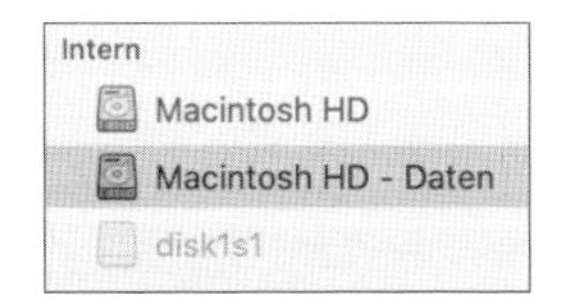

∧ Abbildung 18.10
Die Systemfestplatte ist in zwei Teile geteilt.

Auf der linken Seite sehen Sie alle an Ihrem Mac angeschlossenen Laufwerke, auch *Volumes* genannt. Das kann auch ein Kartenleser oder eine DVD sein. Wir benötigen für die Reparatur nur die Systemfestplatte, die bei macOS Catalina allerdings generell unterteilt ist. Natürlich ist diese Unterteilung nur virtuell: Ihre Festplatte wird einfach vom System in unterschiedliche Bereiche gegliedert. Die Unterteilung sehen Sie aber nur hier in dieser Anwendung. Beim täglichen Arbeiten im Finder, beim Speichern von Dokumenten ist sie so gar nicht sichtbar und relevant.

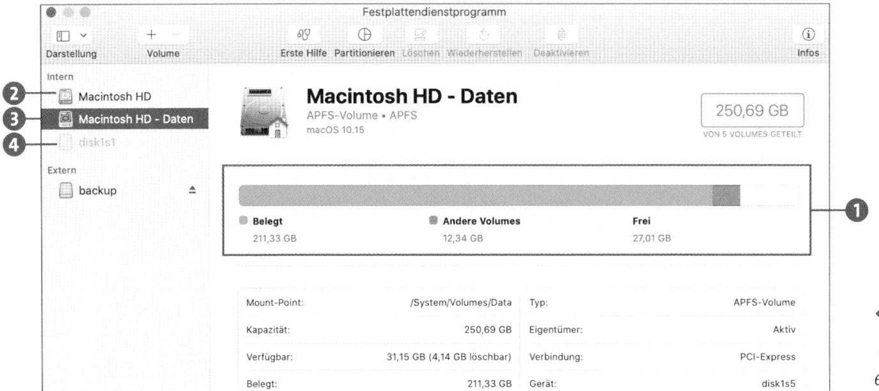

< **Abbildung 18.11**
Klare Sache – hier sehen Sie auf einen Blick, wie viel Platz auf Ihren Festplatten ist.

❷ **Macintosh HD** – Das ist die Bezeichnung, die Ihnen auch im Finder begegnet. Hier sind aber eigentlich nur Ihr Benutzerordner und das Basissystem virtuell abgelegt.

❸ **Macintosh HD - Daten** – Hier wird alles abgelegt, was benutzerübergreifend genutzt wird, also hauptsächlich installierte Apps.

❹ **disk1s1** – Das ist Ihre eigentliche Festplatte, also das physische Bauteil in Ihrem Mac. Es ist deshalb ausgegraut, weil es im Alltag und auch bei der Systemreparatur gar nicht relevant ist.

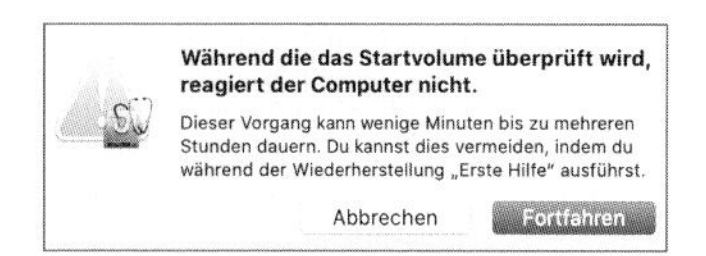

∧ **Abbildung 18.12**
Erste Hilfe bei Computerproblemen

Aufgrund dieser Unterteilung müssen Sie die hier im Folgenden gezeigte Reparatur und erste Hilfe für Ihren Mac auf den ersten beiden Volumes hintereinander durchführen. Wir zeigen es jetzt anhand der *Macintosh HD - Daten*.

Wählen Sie in der App mit einem primären Mausklick jene Zeile an, die **Macintosh HD - Daten** heißt ❸. Falls Sie Ihre Festplatte umbenannt haben, wählen Sie entsprechend diesen Namen aus, damit er anschließend blau unterlegt ist. Wenn macOS nicht automatisch auf den Punkt **Erste Hilfe** (❺ auf Seite 392) springt, wählen Sie ihn gesondert an.

Dieses Fenster ermöglicht Ihnen nun, die Zugriffsrechte des Volumes zu reparieren. Mit einem Klick wird die Festplatte untersucht, und bestehende Probleme werden behoben. Dieser Vorgang dauert mehrere Minuten und Sie können währenddessen an Ihrem Computer nicht arbeiten.

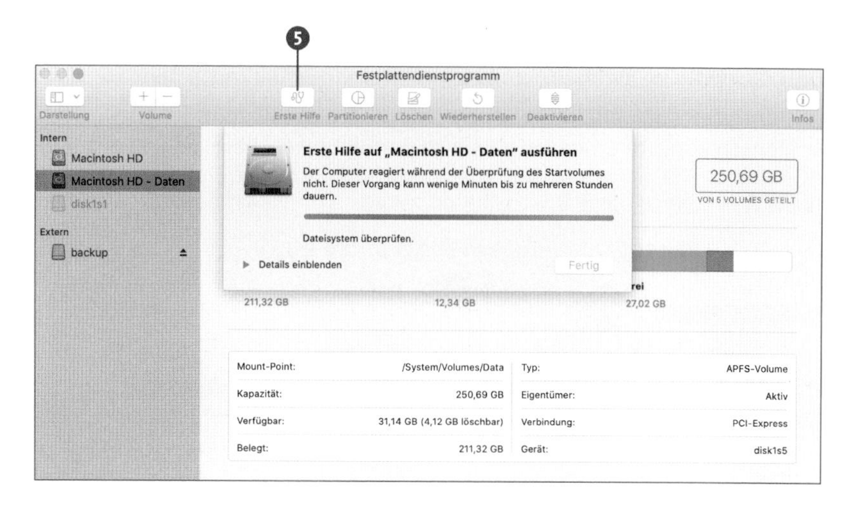

^ Abbildung 18.13
Enorm beschäftigt – die erste Hilfe blockiert alle anderen Aktivitäten am Mac.

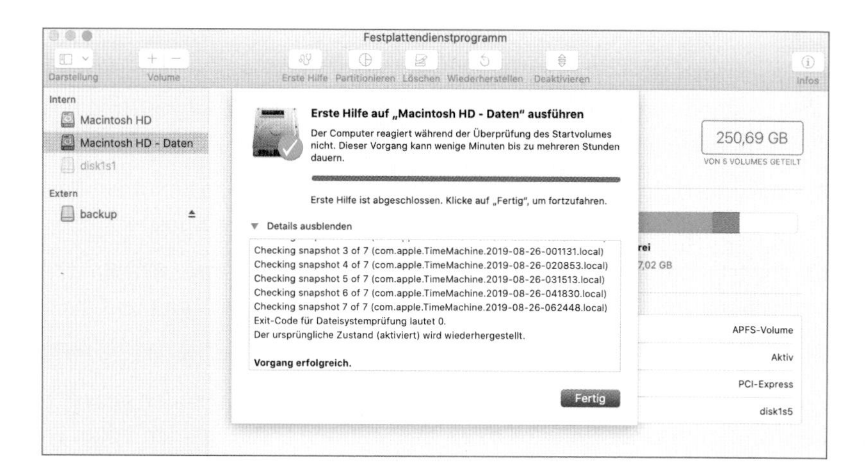

^ Abbildung 18.14
Und fertig – das Festplattendienstprogramm hat Ihre Festplatte auf Herz und Nieren geprüft und Probleme beseitigt.

Ist der Vorgang abgeschlossen, erscheint die Erfolgsmeldung, und damit sind auch viele Probleme »vom Tisch«. Ihr System sollte also wieder stabil laufen.

Falls weiterhin Probleme mit Ihrem Mac auftreten, kann das sehr viele Ursachen haben: Defekte in der Computerhardware, ein tatsächlich komplett defektes Betriebssystem oder eine falsche Programminstallation. Hier müssten Sie dann einen Profi kontaktieren, der Ihnen bei der weiteren Fehlersuche behilflich ist.

Laufwerke und Geräte löschen

Was wir Ihnen hier zeigen, ist mit größter Vorsicht zu behandeln, denn mit der Funktion *Löschen* kann man bei Datenträgern jeglicher Art das komplette »Gedächtnis« löschen. Warum wir das in einem Einsteigerbuch zeigen? Nun, es gibt auch beim Einstieg in macOS und den Mac einen Grund, hier tätig zu werden: Haben Sie eine neue externe Festplatte gekauft, ist diese unter Umständen im NTFS-Dateisystem für Windows formatiert. Das bedeutet, dass Sie keine Daten darauf abspeichern können. Sie merken das ganz schnell – wenn nämlich der Kopiervorgang auf Ihr neues Laufwerk fehlschlägt, liegt das genau daran. Es kann sogar passieren, dass die Festplatte gar nicht erkannt wird, sondern einfach eine Fehlermeldung erscheint, dass der Datenträger nicht lesbar ist.

Hier hilft dann ein Griff in das Festplattendienstprogramm. Starten Sie es, und wählen Sie, wie vorhin beschrieben, das entsprechende Laufwerk in der linken Leiste aus. Öffnen Sie dann den Bereich **Löschen** ❶.

Formatieren am Mac?

Vom Windows-PC kennt man den **Löschen**-Vorgang auch als *Formatierung*. Unter macOS ist das der identische Vorgang, nur wird er hier nicht mehr extra benannt. Früher nannte man das am Mac auch *Initialisieren*.

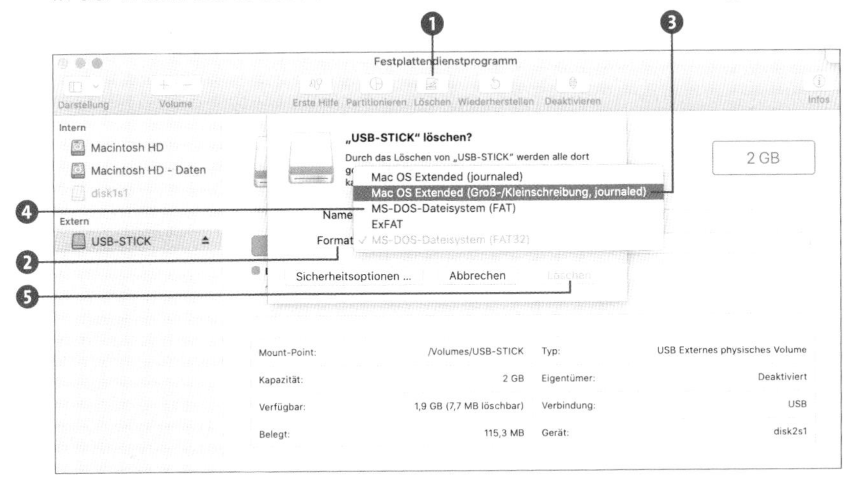

Abbildung 18.16
Hier wird das gewählte Laufwerk gelöscht.

Abbildung 18.15
Der Formatieren-Dialog unter Windows 10 bietet keine Möglichkeit, den USB-Stick im Mac-Format zu formatieren.

Bei **Format** ❷ wählen Sie, wenn diese Festplatte ausschließlich an einen Mac-Computer angeschlossen werden soll, den Eintrag **Mac OS Extended (Groß-/Kleinschreibung, journaled)** ❸ aus. Dann kann allerdings kein Windows-Computer mehr auf die Daten zugreifen. Wenn aber auch dies möglich gemacht werden soll, wählen Sie lieber **MS-DOS-Dateisystem (FAT)** ❹ aus; damit können nämlich beide Betriebssysteme umgehen. Ein Klick auf **Löschen** ❺ startet den Löschvorgang sofort, es erfolgt keine weitere Nachfrage. Dieser Vorgang kann nicht mehr rückgängig gemacht werden, die enthaltenen Daten sind dann auch nicht mehr im Papierkorb

FAT und FAT32

FAT, FAT 32 und exFAT sind Dateisysteme von Windows, die aber ganz unkompliziert am Mac verwendet werden können.

Vorsicht bei externen Datenträgern!

macOS löscht externe Datenträger wie USB-Sticks oder Speicherkarten ohne jegliche Nachfrage. Immerhin – die Systemfestplatte kann auf diesem Wege nicht gelöscht werden, hier wird der Vorgang verweigert.

Systemfestplatte löschen?

Wer Panik hat, versehentlich die Systemfestplatte zu formatieren, kann beruhigt werden – hier blockiert macOS nämlich; das ist mit dem Festplattendienstprogramm nicht machbar. Um die Systemfestplatte zu löschen, muss man den Mac über die Recovery-Partition starten und dort im Festplattendienstprogramm das System-Volume löschen. Das ist aber nur dann notwendig, wenn Sie z. B. Ihren Mac verkaufen und sichergehen wollen, dass niemand an Ihre Daten kommt.

Abbildung 18.18
SSD-Festplatten sind schnell, sicher, leise und richtig klein. (Foto: Samsung)

zu finden, sondern komplett gelöscht. Wenige Minuten später ist der Vorgang abgeschlossen, und Ihre externe Festplatte ist nun einsatzbereit.

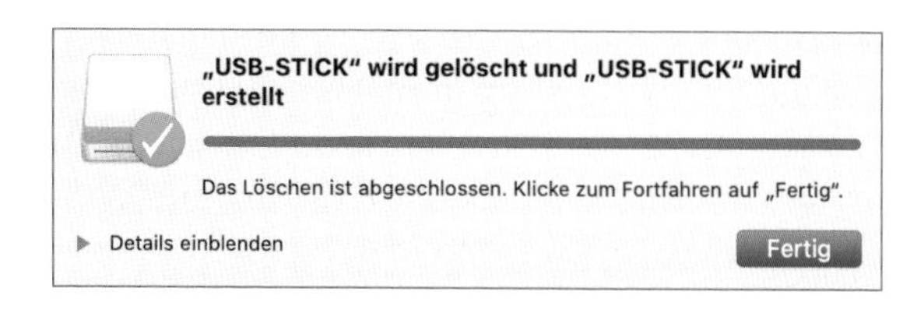

Abbildung 18.17
Das Löschen des Datenträgers war erfolgreich.

Datensicherung mit Time Machine

Sie haben auf dem Computer mittlerweile Ihre Bilder, wichtigen Dokumente und E-Mails abgespeichert. Praktischerweise ist Ihr Apple-Computer gegen Viren und Hackerangriffe aus dem Web weitestgehend geschützt. Hier kann also kaum jemand an Ihre Daten heran oder sie gar löschen oder ändern. Doch was, wenn Ihr Mac tatsächlich einmal einen Defekt hat oder die Festplatte kaputtgeht?

Hier müssen Sie wissen: Eine Festplatte ist ein Verschleißteil; die Magnetscheiben, auf denen alles gespeichert ist, drehen sich mit teils bis zu 7.200 Umdrehungen pro Minute, die Leseköpfe schweben nur wenige Mikrometer darüber. Schon ein Sturz des Notebooks aus geringer Höhe oder andere Erschütterungen können zu einem mechanischen Defekt und damit zum Datenverlust führen. Auch eine Überspannung, z. B. durch Blitzeinschlag oder einen Defekt im Stromnetz, kann hier die Daten regelrecht »grillen« und somit zerstören.

Mittlerweile sind die Festplatten in den meisten Macs »aus einem anderen Holz geschnitzt«: Die SSD-Festplatten kommen ganz ohne mechanische Elemente aus und sind im Grunde genommen einem USB-Stick nicht unähnlich. Hier kann zumindest durch einen Sturz kaum ein Datenverlust auftreten, vor elektronischen Defekten sind aber auch diese Speicherriesen nicht gefeit. Schenken Sie übrigens Gerüchten keinen Glauben, die besagen, dass die SSD-Platten nur eine begrenzte Anzahl von Schreib- und Lesevorgängen zulassen. Prinzipiell ist diese Aussage zwar korrekt, irgendwann ist auch bei diesen Festplatten Schluss, doch die kleinen Speicherriesen halten im normalen Betrieb locker ein ganzes Computerleben lang durch. Laut aktueller Tests könnten sie mehrere Gigabytes Daten pro Tag schreiben und sich trotzdem über eine Lebensdauer von fünf Jahren freuen. Mehr zum Thema SSD erfahren Sie in Kapitel 1, »Welcher Mac darf es denn sein?«, ab Seite 17.

Doch nicht immer ist die Technik am Datenverlust schuld, denn ganz schnell hat man auch selbst versehentlich ein wichtiges Dokument gelöscht, einen Schnappschuss überschrieben oder E-Mails »geschreddert«. Den anschließenden Schweißausbruch und eventuell verlorene Erinnerungen oder zumindest verlorene Zeit, die man damit verbringt, die Daten wieder zu rekonstruieren – dies alles kann man sich glücklicherweise sparen. Die *Time Machine* unter macOS sorgt vollautomatisch dafür, dass Ihr gesamtes System stündlich gesichert wird und dass im Falle eines Falles alle Daten mit einem Mausklick wiederhergestellt werden können. Diese Datensicherung wird unter macOS als *Backup* bezeichnet.

Abbildung 18.19
Eine herkömmliche Festplatte speichert alle Computerdaten auf hauchdünnen Magnetscheiben.

Festplatte benötigt

Für die permanente Datensicherung mit der Time Machine benötigen Sie eine externe Festplatte. Diese sollte auf jeden Fall die gleiche Größe wie die Festplatte in Ihrem Mac haben. Im Fachhandel finden Sie viele unterschiedliche Geräte von verschiedenen Herstellern. Was Sie hier auswählen, ist Ihnen überlassen, denn der Apple-Computer arbeitet mit allen externen Festplatten zusammen, auch wenn diese nicht speziell für macOS vorbereitet sind.

Sie werden allerdings rasch merken, dass es kleine und große Festplatten mit identischem Speicherplatz gibt. Der Unterschied besteht darin, dass die kleinen Festplatten ihren Strom über den USB-Anschluss beziehen, kompakter gebaut sind und kein zusätzliches Netzteil brauchen. Sie sind also perfekt, um die Datensicherung auch unterwegs immer dabeizuhaben. Aber was klein ist, kostet auch mehr: Hier zahlen Sie einen Aufpreis von rund 30 % im Vergleich zu den »großen« Festplatten.

Abbildung 18.20
Verschiedene externe Festplatten von TrekStor, Western Digital und LG im Größenvergleich

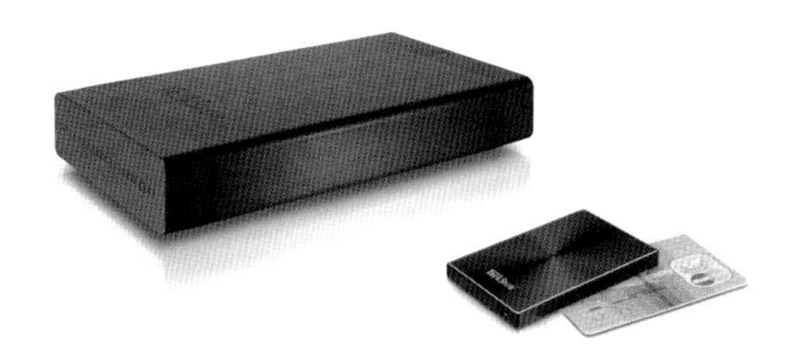

Abbildung 18.21
Kein Unterschied in der Speicherkapazität, aber im Anschaffungspreis – klassische Festplatte und SSD (Foto: TrekStor)

Die großen Externen sind dagegen tatsächlich mehr als viermal so groß und benötigen immer ein Netzteil. Da in ihnen aber Standardkomponenten verbaut sind, sind sie auch preiswerter.

Ihre Daten sind auf allen externen Festplatten gleich gut gesichert, egal welchen Typs oder welcher Marke sie sind. Denn im Inneren surren immer Markenfestplatten, da gibt es keine »No-Name-Anbieter«. Nur das Gehäuse sieht je nach Anbieter unterschiedlich aus. Ob Alu oder Plastik, das ist eine Frage des Geschmacks und des Geldbeutels.

Nicht wirklich sicher

Egal, ob CD, DVD, Festplatte oder USB-Stick – so wirklich sicher sind Ihre Daten auf keinem Medium. CDs und DVDs sind gegenüber Erschütterungen und Magnetfeldern unempfindlich, aber vor mechanischen Beschädigungen durch Kratzer oder Hitze nicht gefeit. Ihre Haltbarkeit wird im Idealfall mit 10 bis 15 Jahren angegeben. Theoretisch ... Die Datensicherung auf der Festplatte, wie von macOS mit der Time Machine, ist zwar praktisch, aber auch nicht sicher – denn eine Festplatte überlebt selten einen Sturz vom Schreibtisch. Aber: Wenn Sie die Datensicherung durchführen, wie in diesem Kapitel beschrieben, steht ja jederzeit eine Sicherungskopie für den absoluten Notfall bereit.

Datensicherung starten

Wie eingangs erwähnt, führt macOS mit der Time Machine in Verbindung mit einer externen Festplatte eine regelmäßige Datensicherung durch. Jede Stunde werden die geänderten Daten überspielt und für den Fall der Fälle extern gesichert.

Natürlich muss die Festplatte nicht permanent angeschlossen sein, aber spätestens nach zehn Tagen ohne Datensicherung wird macOS Sie deutlich daran erinnern.

1. Festplatte anschließen
Schließen Sie Ihre neue Festplatte an den Mac an, und schalten Sie sie ggf. ein. Das Betriebssystem wird Ihnen sofort die in der folgenden Abbildung gezeigte Möglichkeit präsentieren, diese Festplatte als Volume für das Time-Machine-Backup zu verwenden.

Weiterarbeiten

Sie können während des Backups problemlos weiterarbeiten. Auch eine Unterbrechung der Datensicherung durch Ausschalten des Computers nimmt Time Machine Ihnen nicht übel. Es startet einfach beim nächsten Einschalten neu und setzt die Sicherung fort.

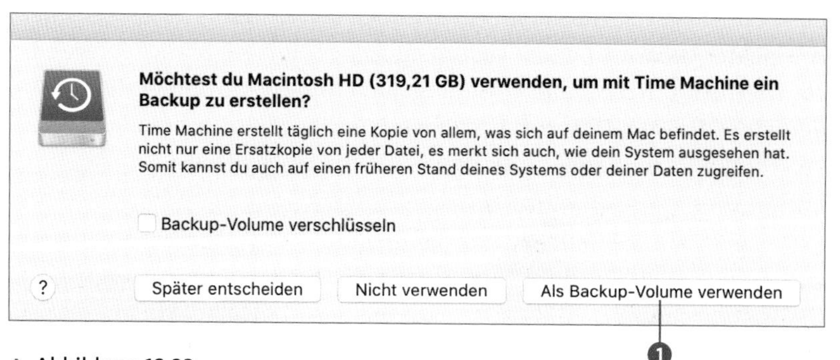

^ Abbildung 18.22
Wenn Sie eine neue Festplatte anschließen, erscheint dieses Fenster.

Klicken Sie auf **Als Backup-Volume verwenden** (1). Sofort wird das Einstellungsfenster geladen, und nach 120 Sekunden startet macOS die erste Datensicherung automatisch.

< **Abbildung 18.23**
Time Machine ist aktiviert. Bringen Sie Geduld mit!

Die erste Datensicherung kann sehr lange dauern, je nachdem, wie voll die Festplatte Ihres Macs ist. Bei der ersten Sicherung empfehlen wir Ihnen, diesen Vorgang komplett abzuschließen, damit Sie in jedem Fall einen vollständigen Datensicherungssatz haben.

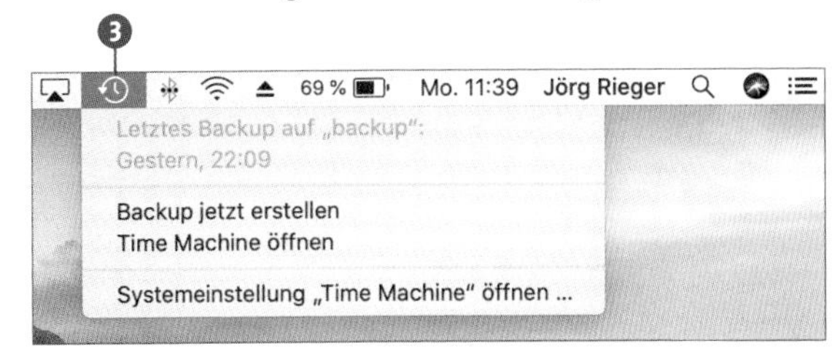

∧ **Abbildung 18.24**
Nur wenn Sie in den Einstellungen einen Haken setzen ❷*, erscheint auch das Time-Machine-Symbol in der Menulets-Leiste* ❸.

2. Sicherung zwischendurch

Ab sofort müssen Sie sich um die Sicherung Ihrer Daten nicht mehr kümmern. Sobald Sie Ihre Festplatte angeschlossen haben, wird macOS die geänderten bzw. neu hinzugekommenen Dateien automatisch und regelmäßig im Hintergrund kopieren und sichern.

Mit diesen wenigen Schritten haben Sie es geschafft – Sie haben ab sofort immer eine Sicherungskopie von allen Ihren Daten, falls die Festplatte Ihres Macs kaputtgeht, sich Ihr Mac aus irgendwelchen Gründen nicht mehr starten lässt oder Sie einfach wichtige Daten versehentlich gelöscht haben.

Festplatte sicher lagern

Die Backup-Festplatte sollte nicht permanent an Ihrem Computer angeschlossen sein, sondern nach dem Abschalten an einen sicheren Ort gelegt werden. Denn nur dann ist gewährleistet, dass Sie auch noch z. B. bei Diebstahl oder Blitzeinschlag Ihre wertvollen Daten in Kopie verfügbar haben.

Time Machine: So holen Sie Ihre Daten zurück

Ihre Time Machine hat immer fleißig gesichert? Dann sind gelöschte Daten und selbst ein komplett defekter Mac gar kein Problem mehr. Alles ist als Duplikat auf Ihrer externen Backup-Festplatte vorhanden und kann jederzeit abgerufen werden. In diesem Abschnitt erläutern wir Ihnen, wie Sie einzelne Dateien, Ordner, E-Mails oder Bilder wiederherstellen – Daten also, die Sie versehentlich gelöscht oder überschrieben haben.

Daten und Dokumente vom Finder zurückholen

Sie sind verzweifelt auf der Suche nach einem Ordner oder einer Datei, die »ganz sicher gestern noch da war«? Oder Sie haben eine Datei versehentlich überschrieben? Das kann jedem passieren, aber unter macOS besteht kein Grund zur Panik. In diesem Fall gilt zunächst: Schauen Sie zuerst einmal im Papierkorb nach, ob die gesuchten Daten nicht einfach nur dort abgelegt wurden. Wie das funktioniert, haben wir Ihnen detailliert im Abschnitt »Dateien und Ordner löschen – der Papierkorb« ab Seite 152 erläutert.

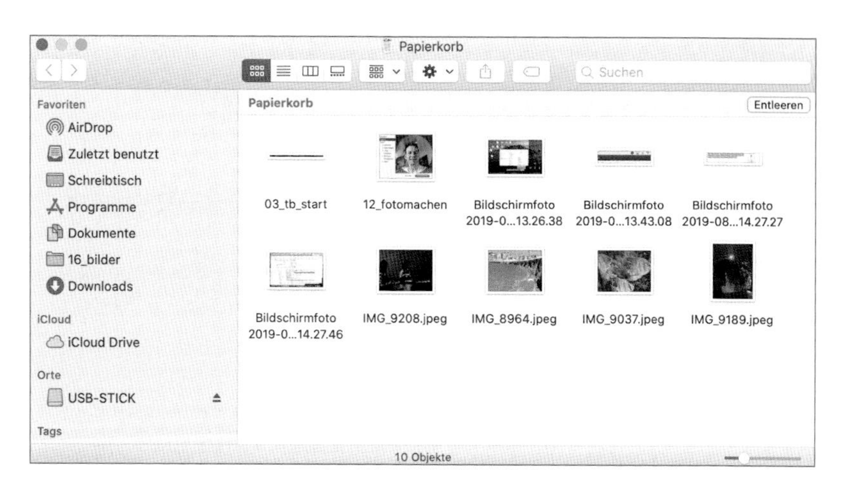

Abbildung 18.25 >
Es kann sich lohnen, die vermissten Daten zuerst einmal im Papierkorb zu suchen.

War das »Wühlen im Papierkorb« nicht erfolgreich, muss die Time Machine zum Einsatz kommen. Mit ihr gehen Sie auf eine virtuelle Zeitreise:

1. Im Finder navigieren
Um überhaupt mit der Time Machine arbeiten zu können, muss sie zuerst den Weg in die Menulets finden, wie auf Seite 397 gezeigt. Öffnen Sie nun im Finder jenen Ordner, in dem sich Ihre Daten eigentlich befinden sollten. Das kann jeder beliebige Ordner auf der Festplatte sein.

2. Time Machine starten

Aktivieren Sie nun die Time Machine über das Symbol in den Menulets. Für einen kurzen Moment verdunkelt sich Ihr Bildschirm, und das »Mac-Universum« wird geladen. In der Mitte des Time-Machine-Universums sehen Sie genau jenes Finder-Fenster, das Sie gerade aufgerufen hatten ❶. Sie können den Ordner auch hier noch beliebig wechseln, ganz wie vom Finder her gewohnt, wenn Sie Ihre Daten doch an einem anderen Ort vermuten. Rechts daneben sehen Sie eine Zeitleiste ❷, die Ihnen zeigt, für welchen Zeitraum Datensicherungen zur Verfügung stehen. Bereits dort können Sie den entsprechenden Zeitraum per Mausklick anwählen. Alternativ geht das auch über die beiden Pfeile ❸ auf der rechten Seite oder über einen Klick auf die weiter hinten angeordneten Fenster ❹.

Abbildung 18.26
Die Time Machine ist Ihr Backup auf dem Mac.

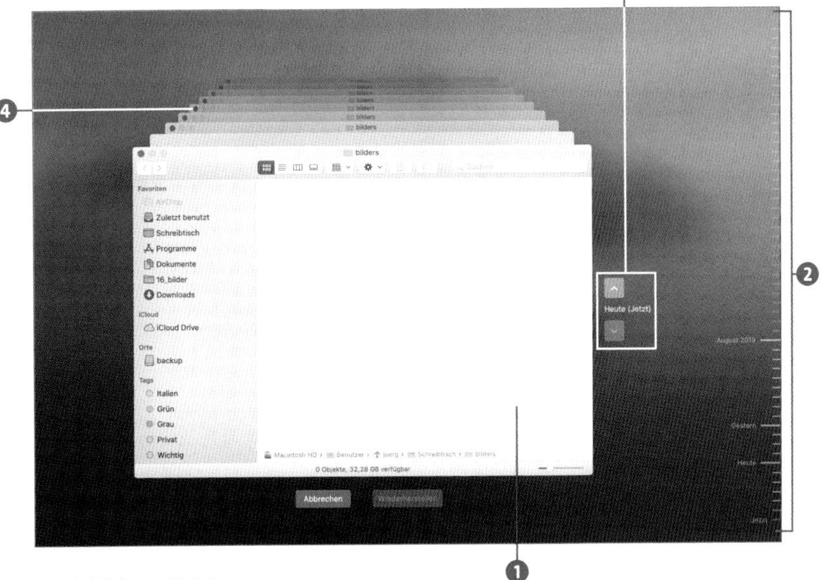

Abbildung 18.28
Die Zeitreise beginnt – und zwar genau mit jenem Finder-Fenster, in dem Ihre Daten fehlen, eben mit dem »Status quo«. In unserem Fall ist das ein äußerst leerer Bilderordner.

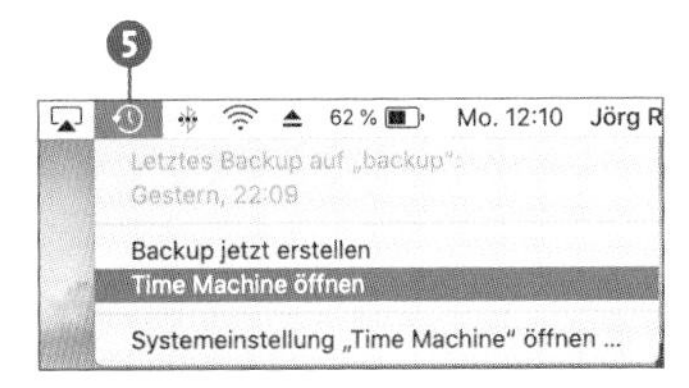

Abbildung 18.27
Ist die Time Machine einmal konfiguriert, kann sie über das Icon in der Symbolleiste ❺ gestartet werden, um verlorene Daten wiederherzustellen.

Gehen Sie einfach auf Zeitreise – und im Idealfall sehen Sie schon bald die Daten, die Sie vermissen. Wie weit Sie in die Vergangenheit Ihres Computers zurückkehren können, hängt allein von der Speicherkapazität Ihrer externen Festplatte ab. Sie werden feststellen, dass sich im Vordergrund das Datum sowie die seitliche Zeitleiste entsprechend verändern. So können Sie genau abschätzen und erkennen, ob Sie sich im richtigen Zeitrahmen bewegen ❻.

Abbildung 18.29
Das richtige Datum ist für die Wiederherstellung entscheidend.

Mehrere Objekte markieren

Wenn Sie mehrere Dateien und Ordner auf einmal wiederherstellen möchten, können Sie sie ganz einfach markieren: Mit gedrückter [command]-Taste + Mausklick wählen Sie einzelne Objekte aus, die nicht hintereinanderliegen.

3. Daten finden

Suchen Sie nun, wie vorher beschrieben, den Zeitpunkt aus, ab dem die fehlenden Dateien wieder (oder noch) vorhanden sind. Sie werden verblüfft sein, wie gut das funktioniert!

4. Daten wiederherstellen

Markieren Sie jetzt mit der Maus alle Dateien und Ordner, die Sie wiederherstellen möchten, und klicken Sie dann auf **Wiederherstellen** ❼.

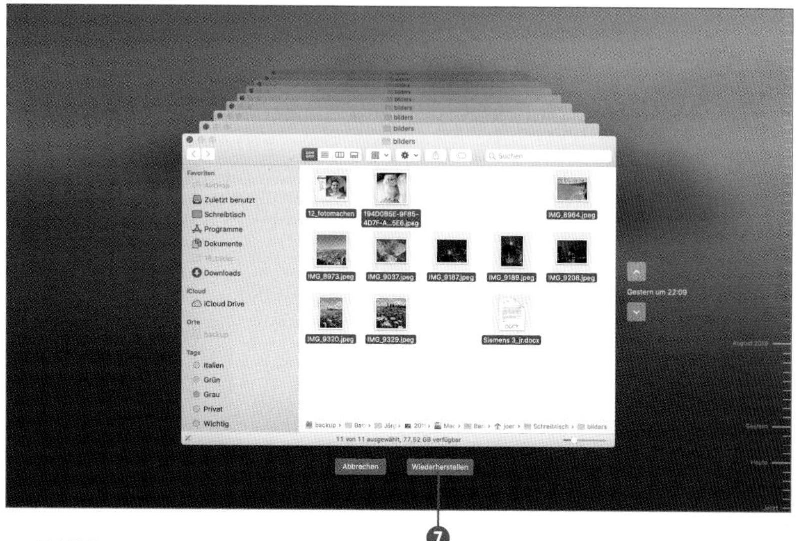

^ Abbildung 18.30
Ein Klick auf »Wiederherstellen«, und Ihre Daten befinden sich wieder im Finder.

5. Überschriebene Daten

macOS speichert die wiedergefundenen Dateien genau dort ab, wo sie ursprünglich gespeichert waren. Wenn Sie komplett gelöschte Daten auf diesem Wege aus der Time Machine zurückholen, klappt das auch problemlos. Handelt es sich aber um überschriebene Daten, beispielsweise um ein Textdokument, das Sie einfach in einer älteren Version benötigen, wird macOS die folgende Meldung anzeigen.

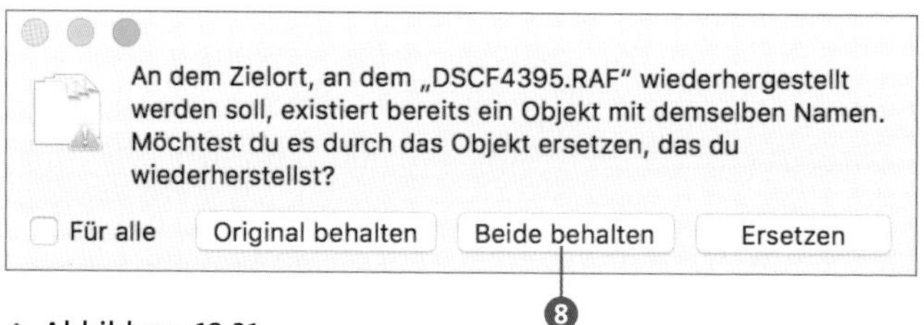

^ Abbildung 18.31
Auch mehrere Versionen einer Datei lassen sich auf diese Weise wiederherstellen.

Sie sehen, es wird also nichts automatisch überschrieben, und im Zweifelsfall wählen Sie hier immer **Beide behalten** ❽. Dann legt macOS die aus der Datensicherung wiederhergestellte Datei neben der vorhandenen Datei ab, markiert diese aber als »Original«.

DSCF4395 (original).RAF DSCF4395.RAF

∧ Abbildung 18.32
Original und wiederhergestellte Kopie sind friedlich vereint im Finder zu finden.

6. Gerettete Daten sichten

Nach Abschluss der Wiederherstellung wird die Time Machine automatisch beendet und bringt Sie zu jenem Ort im Finder, an dem Sie Ihre wertvollen Daten wiederherstellen wollen. Und voilà, es hat tatsächlich funktioniert, und Sie können tief durchatmen!

Daten von Apps und iCloud zurückholen

Erfreulicherweise sichert die Time Machine ganz ohne Nachfrage immer Ihre Dateien auf iCloud mit. Sprich, auch für die dort abgelegten Objekte können Sie jederzeit eine Wiederherstellung starten. Wechseln Sie dazu im Finder einfach in Ihr iCloud-Verzeichnis, und gehen Sie so vor wie gerade beschrieben.

∧ Abbildung 18.33
iCloud Drive ist bereits im Finder integriert und wird damit auch von der Datensicherung Time Machine erfasst.

Für das Mailprogramm Apple Mail funktioniert die Datensicherung leider nur sehr eingeschränkt. Nur jene Mails, die im Postfach **Lokal** abgelegt sind, können wiederhergestellt werden. Alle anderen Nachrichten liegen zumeist direkt auf einem Mailserver, und daher kann Apple sie auch nicht wiederherstellen. Lassen Sie also beim Löschen von E-Mails besondere Sorgfalt walten.

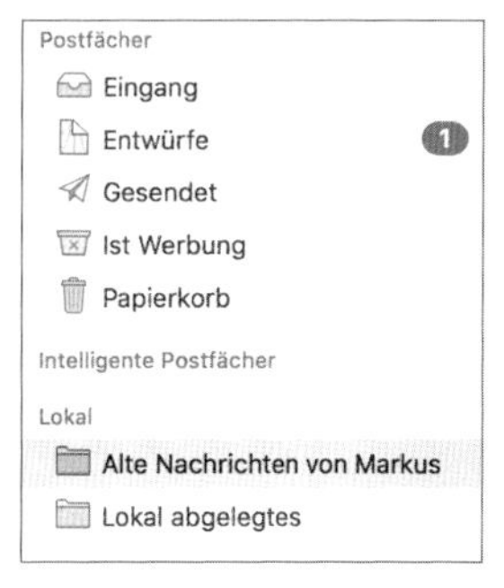

∧ Abbildung 18.34
Achtung – im Mail-Programm werden nur jene Mails von der Time Machine erfasst, die lokal einsortiert sind.

Automatisch gespeichert in der Vorschau

In der Vorschau, dem Bildbetrachter mit Standardkorrekturfunktionen, funktioniert das Backup mit Time Machine ebenfalls sehr elegant, nämlich einfach im Hintergrund. Jedes Mal, wenn Sie Ihr Bild überschreiben, legt die Vorschau automatisch eine Sicherung an. Möchten Sie ein versehentlich »verschlimmbessertes« Bild in den Ausgangszustand zurücksetzen, laden Sie es in der Vorschau und klicken auch hier einfach auf das Time-Machine-Symbol im Dock. Die App wird direkt geladen, und Sie können durch alle verfügbaren Versionen des Bildes stöbern und es auf den gewünschten Stand zurücksetzen.

Abbildung 18.35 >
Auch in der Vorschau ist die Time Machine direkt integriert.

Time Machine in anderen Programmen einsetzen

Die Time Machine funktioniert also ganz problemlos, sowohl im Finder als auch in Apple Mail. Bei allen anderen Programmen müssen Sie die Wiederherstellung von überschriebenen Daten (zugegebenermaßen etwas weniger komfortabel) über den Finder lösen. Sie öffnen im Finder also das Verzeichnis, in dem die überschriebene Datei liegt bzw. die gelöschte Datei lag, und gehen dann auf die Time Machine. Die Datenwiederherstellung klappt dann genauso wie vorangehend beschrieben.

Alles in allem ist die Time Machine ein »digitaler Lebensretter« und sollte in jedem Fall verwendet werden. Übrigens: Wenn bei Ihnen ein neuer Mac zum Kauf ansteht und Sie gerne alle Daten vom alten Computer übernehmen wollen, nutzen Sie dazu auch dieses Tool: Führen Sie einfach auf dem alten Computer das Time-Machine-Backup aus, schließen Sie dann Ihr Time-Machine-Laufwerk an den neuen Mac an, und schalten Sie diesen anschließend ein (siehe Kapitel 2, »Den Mac in Betrieb nehmen«, ab Seite 29). Im Rahmen des Installationsprozesses können Sie direkt auswählen, ob Daten und Programme vom Time-Machine-Backup übernommen werden sollen, und wenige Minuten später ist der neue Mac garantiert »ganz der alte«!

19 Systemeinstellungen im Überblick

Die *Systemeinstellungen* sind quasi die Kommandozentrale für macOS Catalina. Hier finden Sie alle Einstellungen, die auf das gesamte Betriebssystem Einfluss haben. Das reicht von Sicherheitseinstellungen bis hin zum Einrichten von Signaltönen und des passenden Bildschirmhintergrunds.

Sie haben in diesem Buch bereits viele Punkte der Systemeinstellungen kennengelernt. Hier werden wir Ihnen die wichtigsten Funktionen nochmals im Kurzüberblick mit entsprechenden Verweisen auf die jeweiligen Kapitel vorstellen.

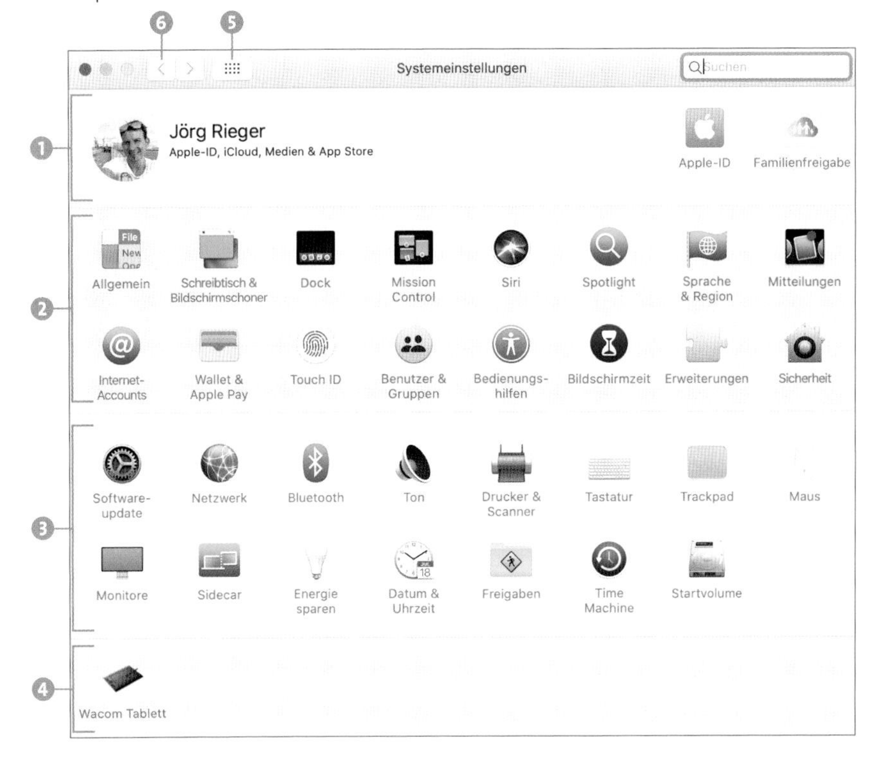

< **Abbildung 19.1**
Die Systemeinstellungen am Mac im Überblick

Die Systemeinstellungen sind im Grunde genommen der Systemsteuerung von Windows ganz ähnlich, nur eben ein wenig anders sortiert und aufbereitet. Sie sehen im Dialog **Systemeinstellungen** (dargestellt in Abbildung 19.1 auf Seite 403) vier Bereiche, die wir in diesem Kapitel unter *Persönlich* ❶, *System* ❷, *Hardware und mehr* ❸ sowie *Sonstige* ❹ zusammengefasst haben. In den folgenden Abschnitten verschaffen wir Ihnen den Durch- und Überblick darüber, was sich hinter den vielen bunten Symbolen verbirgt. Immer sichtbar sind die Bedienelemente oben in der Menüleiste, um die Gesamtübersicht ❺ einzublenden oder zu den zuletzt aufgerufenen Einstellungen zu gelangen ❻.

Abbildung 19.2 >
So sehen die Einstellungen bei Windows 10 aus.

^ Abbildung 19.3
Das Icon der »Systemeinstellungen«

Wenn wir den einen oder anderen Punkt schon an anderer Stelle angesprochen haben, finden Sie einen entsprechenden Seitenverweis, ansonsten die gewohnte ausführliche Erläuterung zum Thema.

Die Systemeinstellungen können Sie am schnellsten über das Symbol im Dock aufrufen. Alternativ gelangen Sie auch über einen Klick auf das Apfelsymbol in der Menüleiste, über den Ordner **Programme** links in jedem Finder-Fenster oder über das Launchpad zum Ziel.

»Persönlich« – alles rund um Ihre Apple-ID

In diesem Bereich konfigurieren Sie alles rund um die Apple-ID und iCloud. Wie schon zu Beginn des Buches empfohlen, macht die kostenlose Anmeldung Sinn, um macOS umfassend nutzen zu können.

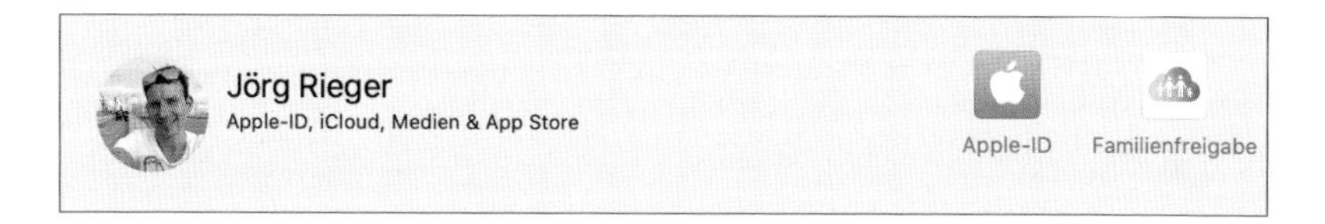

Abbildung 19.4 >
Prominent – ganz zu Beginn dreht sich bei den Systemeinstellungen alles um Ihre Apple-ID.

Sie können hier Ihre Einstellungen rund um die Apple-ID prüfen und persönliche Einstellungen ❶, Zahlungsarten ❷ und Einkäufe in den App Stores ❸ prüfen. Auch die Einsicht in Ihre verwendeten Geräte ❹ ist möglich. Für macOS besonders interessant ist die Möglichkeit, bei iCloud ❺ per Klick zu entscheiden, welche Apps Daten zwischen iPhone, Mac und iPad austauschen dürfen ❻.

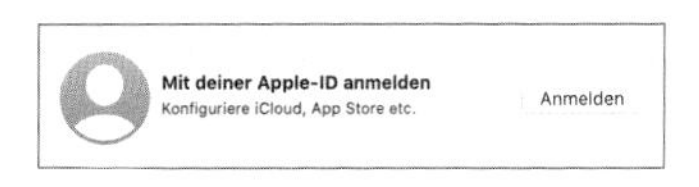

Abbildung 19.5
Sind Sie noch nicht angemeldet, können Sie die Anmeldung direkt in den Systemeinstellungen nachholen.

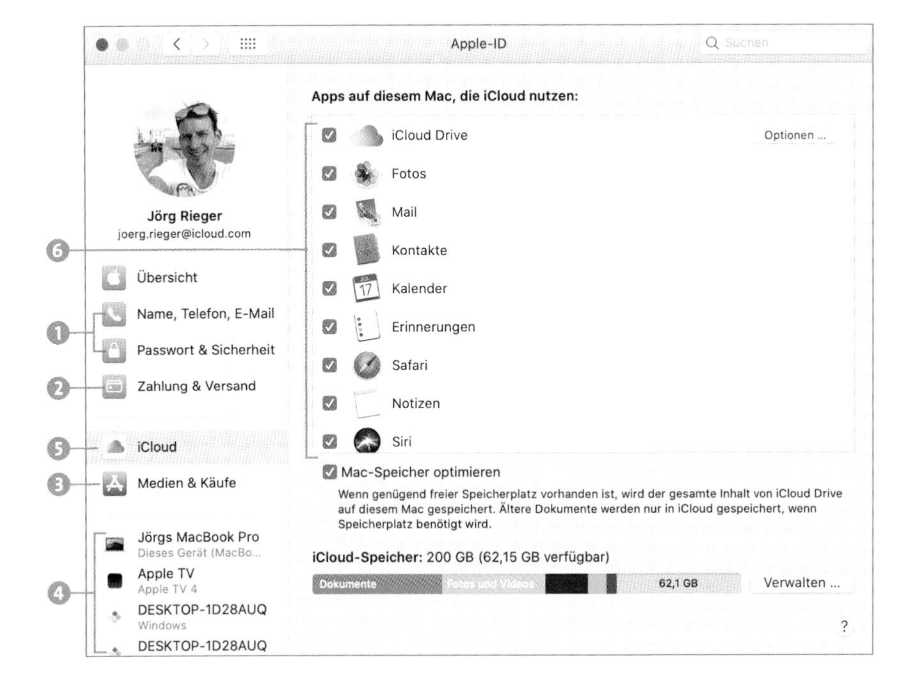

Abbildung 19.6
In den Einstellungen zur Apple-ID haben Sie volle Kontrolle über Ihren Account.

»System« – individuelle Einstellungen für macOS

In der Rubrik *System* geht es darum, macOS nach Ihren Wünschen zu konfigurieren, die Optik anzupassen und praktische Hilfsmittel für ein schnelleres Arbeiten zu aktivieren. Hier finden Sie auch Mittel und Wege, eigene Hintergrundbilder und Bildschirmschoner auf macOS zu bringen.

Abbildung 19.7
Hier konfigurieren Sie alles rund um das Erscheinungsbild und die Bedienung von macOS.

Allgemein

∧ **Abbildung 19.8**
Icon des Bereichs »Allgemein«

Im Bereich **Allgemein** passen Sie die Fensterdarstellung an. Das klingt nach Qual der Wahl; Apple hat hier allerdings insofern vorgesorgt, als Anwender keinen »Augenpfeffer« konfigurieren können. Praktischerweise werden hier alle Änderungen direkt beim Auswählen aktiviert. So sehen Sie sofort, ob es passt. Beim Menüpunkt **Erscheinungsbild** ❶ stellen Sie ganz nach Ihren Vorlieben ein, ob die Benutzeroberfläche hell oder dunkel dargestellt werden soll. Zudem können Sie passend dazu die **Akzentfarbe** und die **Auswahlfarbe** ❷ definieren.

Zu kleine Schrift? Pech gehabt!

Unter macOS Catalina ist es leider nicht möglich, die Menübeschriftungen oder Fenstergrößen einzustellen. Im Gegensatz zu Windows-Systemen ist das ein echter Nachteil, wenn man es beispielsweise am MacBook doch mit teils mikroskopisch kleinen Schriften zu tun hat.

Bei **Rollbalken einblenden** ❸ können Sie bestimmen, ob die unter Windows bekannten Scrollbalken wie gewohnt immer eingeblendet werden oder eben nur, wenn Sie mit dem Trackpad oder der Magic Mouse auch tatsächlich in einem Bereich scrollen. **Automatisch auf Maus oder Trackpad basiert** ist als Standardeinstellung eigentlich perfekt: Hier erkennt macOS Catalina automatisch, welche Einstellung am besten passt.

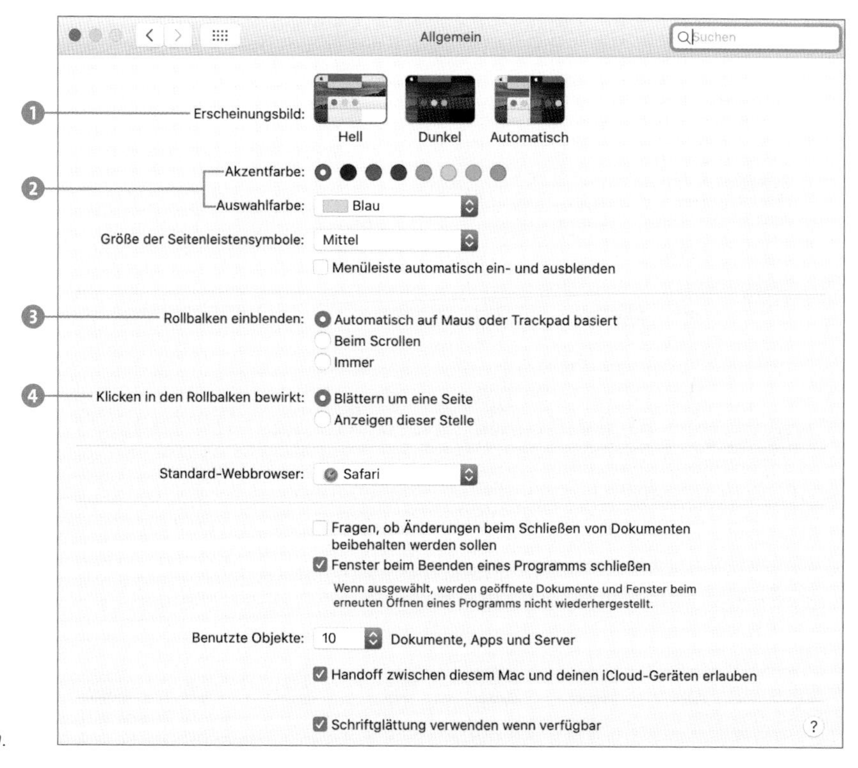

Abbildung 19.9 >
Unter »Allgemein« regeln Sie wichtige Darstellungsfunktionen.

Die Option **Klicken in den Rollbalken bewirkt** ❹ klingt zunächst verwirrend. Korrekterweise müsste es »Klicken in den leeren Bereich vor und hinter den Rollbalken« heißen. Auf diese Art können Sie sich in Dokumenten bewegen, ohne tatsächlich scrollen zu müssen: Klicken Sie einfach in einen Bereich des Scrollbalkens. Die Standardeinstellung **Blättern um eine Seite** steht wieder im Gegensatz zu Windows. Da gilt nämlich **Anzeigen dieser Stelle** als Standard. Und, ganz ehrlich, diese Einstellung ist auch sinnvoller. Denn in einem 100-seitigen Dokument möchten Sie doch eher an eine bestimmte Stelle gelangen und nicht Seite für Seite blättern, oder? Das ist aber Geschmackssache.

Schreibtisch & Bildschirmschoner

Heimisch werden am Mac – beim Punkt **Schreibtisch** kommt Ihr ganz persönlicher Bildschirmhintergrund auf Ihren Mac, so wie Sie es vielleicht bei Windows gewohnt waren. Neben den Apple-eigenen sehr stilvollen Hintergrundbildern ❶ gibt Ihnen Apple hier außerdem direkten Zugriff auf Ihre Fotos-Alben ❷. Von dort aus kann dann jedes beliebige Motiv als Schreibtischhintergrund aktiviert werden. Zusätzlich stehen drei dynamische Hintergrundbilder ❸ parat – diese passen sich je nach Tageszeit an und wechseln automatisch von Hell zu Dunkel.

Abbildung 19.10
Icon des Bereichs »Schreibtisch & Bildschirmschoner«

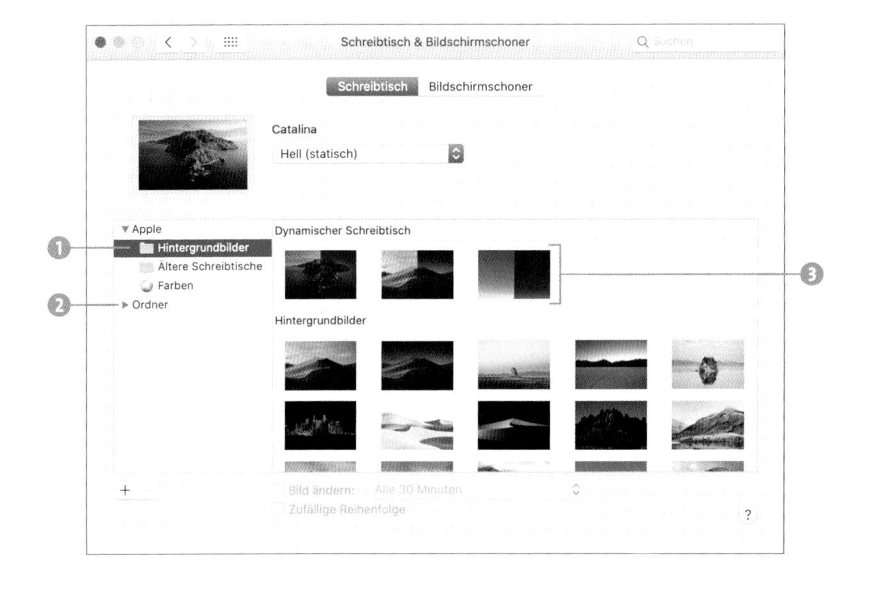

Abbildung 19.11
Was darf es denn sein? Bei macOS Catalina stehen viele unterschiedliche Schreibtischhintergründe zur Auswahl.

Natürlich gibt es auch unter macOS Catalina einen Bildschirmschoner – obwohl es besser wäre, die Energiesparfunktion zu nutzen: Das schont die Umwelt und Ihre Stromrechnung. Aber diesen Punkt schauen wir uns später (im Abschnitt »Energie sparen« ab Seite 430) an.

Auf der Registerkarte **Bildschirmschoner** ❹ stehen im linken Fenster viele originelle Motive zur Auswahl. Dazu ermöglicht Apple Ihnen auch hier den Zugriff auf Ihre Fotosammlung, damit Sie Ihren ganz persönlichen Monitorschutz auswählen können.

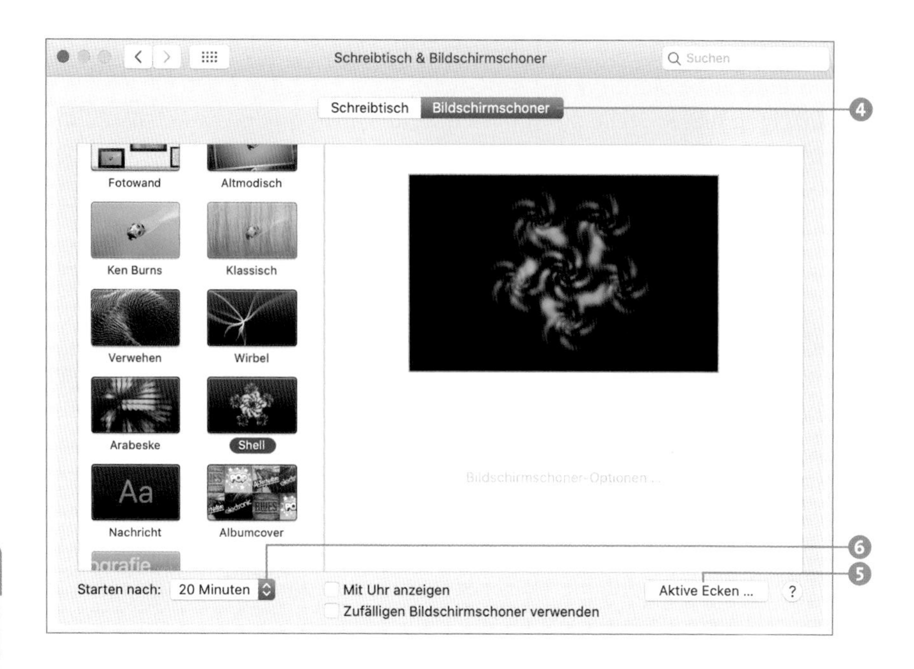

Abbildung 19.12 >
Ganz schön bunt – Bildschirmschoner für macOS

Über **Aktive Ecken** ❺ definieren Sie schließlich auf Wunsch eine oder mehrere Ecken Ihres Bildschirms, in denen dann per Mausbewegung der Schoner anspringen soll, alternativ zur angegebenen Zeit ❻.

Aktive Ecken benutzen

Um die aktiven Ecken zu benutzen, fahren Sie später einfach mit etwas Schwung mit der Maus in die jeweilige Bildschirmecke – fertig!

Dock

^ **Abbildung 19.13**
Icon des Bereichs »Dock«

Das Dock Ihres Macs haben Sie bereits kennengelernt. Es ist das zentrale Element der Schreibtischoberfläche, und seine Bedienung ist Ihnen sicherlich schon in Fleisch und Blut übergegangen. In den Systemeinstellungen können Sie das Dock in Größe, Darstellung und Position Ihren Wünschen anpassen.

Im Dialogfenster **Dock** der Systemeinstellungen besteht die Möglichkeit, wenn Sie ein Häkchen vor **Doppelklick auf Titelleiste** ❶ setzen, entweder **Zoomen** oder **Das Fenster im Dock ablegen** auszuwählen. Als Standard ist **Zoomen** gesetzt, damit wird das entsprechende Fenster maximal vergrößert. Windows-Anwender kennen das unter dem Begriff *Maximieren*. Die zweite Option zum Ablegen des entsprechenden Fensters im Dock ist aber auch nicht verkehrt – hier wird die Funktionalität des orangefarbenen Buttons der Titelleiste übernommen. **Zuletzt verwendete Programme im Dock anzeigen** ❷ bringt die drei von Ihnen am häufigsten genutzten Apps rechts zur Ansicht ❸ – unabhängig davon, ob diese im Dock abgelegt sind oder nicht.

^ **Abbildung 19.14**
Zuletzt verwendete Apps werden im Dock auf der rechten Seite versammelt.

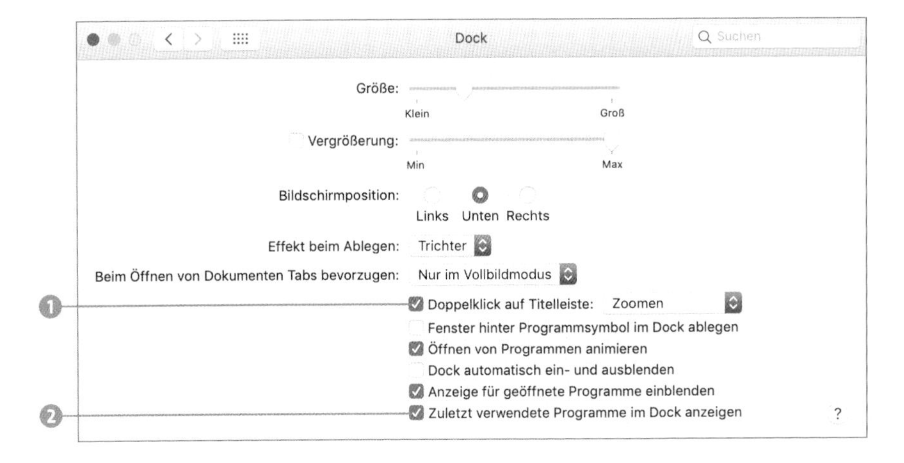

Abbildung 19.15
Schön eingerichtet – das Dock wird hier konfiguriert.

Mission Control

Abbildung 19.16
Icon des Bereichs »Mission Control«

Mission Control bringt Ordnung ins Fensterchaos. Haben Sie einige Programme geöffnet und dazu vielleicht noch Bilder und Browserfenster, finden Sie sich womöglich nicht mehr zurecht. Mission Control schafft Übersicht. Im Abschnitt »Mission Control – die neue Fensterordnung« ab Seite 95 haben Sie die Funktionen bereits ausführlich kennengelernt.

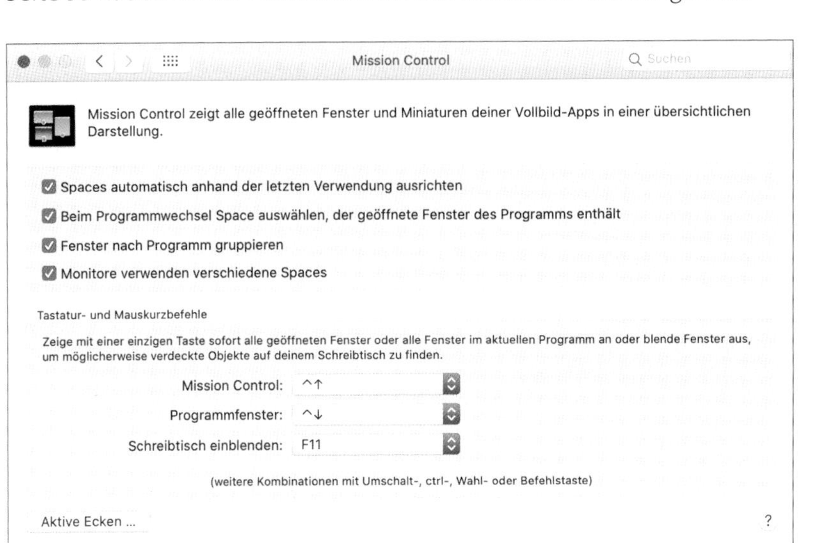

Abbildung 19.17
Die vielfältigen Einstellungsmöglichkeiten für Mission Control

Siri

∧ **Abbildung 19.18**
Icon des Bereichs »Siri«

Die charmante Sprachassistentin kann hier nach Belieben konfiguriert werden. Was wenige wissen – es steht auch eine männliche Stimme zur Auswahl ❶. Des Weiteren spricht das praktische Kommandowerkzeug auch fast jede Sprache ❷. Wenn Sie Siri gar nicht nutzen wollen, entfernen Sie einfach den entsprechenden Haken ❸.

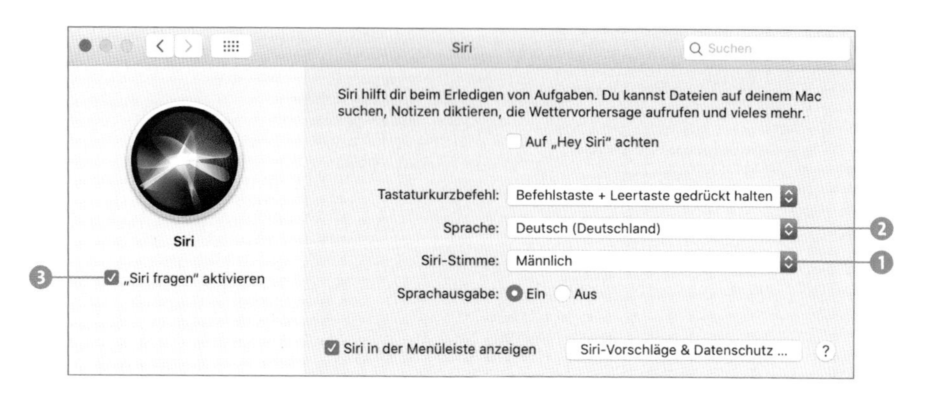

∧ **Abbildung 19.19**
Männlein oder Weiblein? In den Systemeinstellungen zu Siri wechseln Sie munter hin und her.

Was Siri am Mac so alles erledigen kann, erfahren Sie im Abschnitt »Hey Siri – den Mac per Sprache steuern« ab Seite 75.

Spotlight

∧ **Abbildung 19.20**
Icon des Bereichs »Spotlight«

Sie haben die komfortable Suchfunktion von macOS bereits kennengelernt. Hier können Sie sie nun nach Ihren Wünschen konfigurieren und alles entfernen, was nicht durchsucht werden soll.

Apple gilt gemeinhin nicht als großer Datensammler wie Google oder Facebook, trotzdem schickt die Spotlight-Suche Ihre Userdaten standardmäßig in der Weltgeschichte herum. Wenn Sie das Häkchen bei **Spotlight-Vorschläge beim Nachschlagen erlauben** ❶ entfernen, hat es sich aber ganz unkompliziert »ausgeschickt«.

Im Bereich **Datenschutz** können Sie auf Wunsch ganze Ordner oder Laufwerke von der Spotlight-Suche ausschließen ❷. Mehr zu Spotlight und der Bedienung dieser Suchfunktion erfahren Sie übrigens im Abschnitt »Die Spotlight-Suche« ab Seite 156.

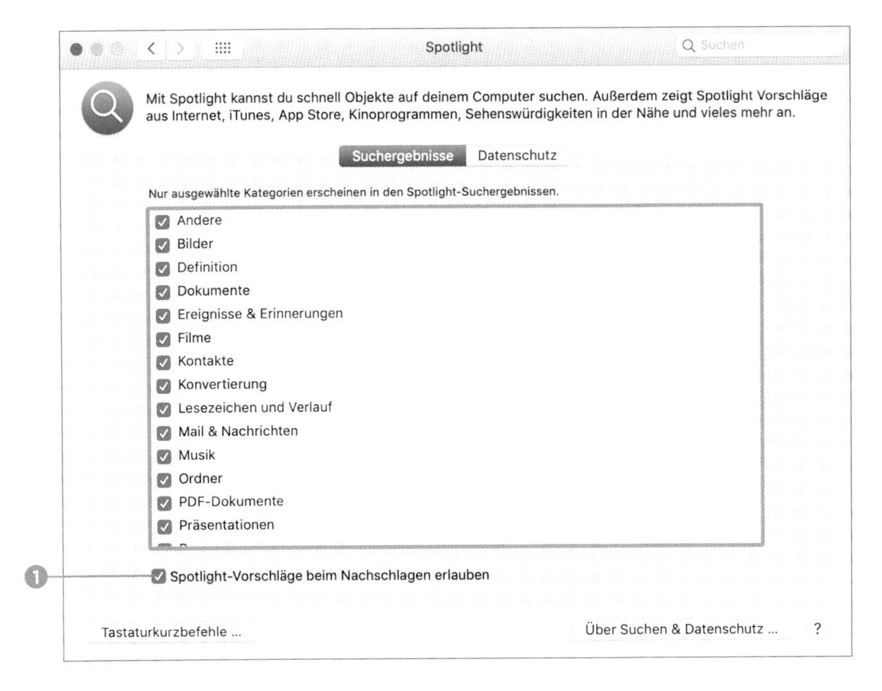

Abbildung 19.21
Spotlight im Rampenlicht – hier bestimmen Sie, was alles vorgeschlagen werden soll.

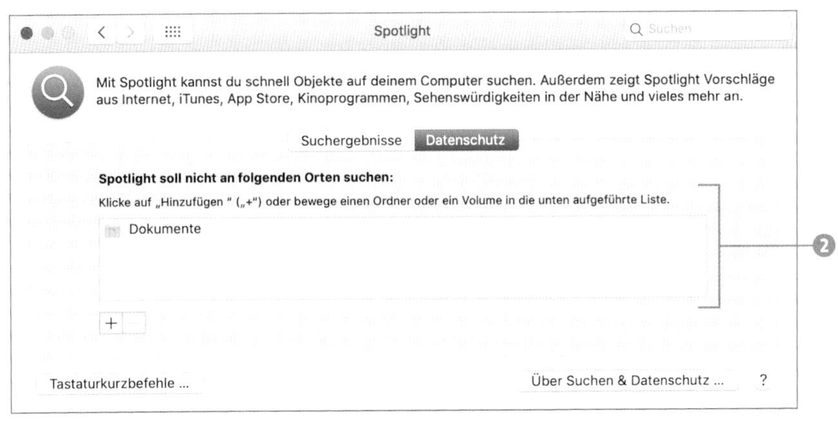

Abbildung 19.22
Einzelne Ordner können von der Spotlight-Suche ausgeklammert werden.

Sprache & Region

Der Bereich **Sprache & Region** bietet Ihnen die Möglichkeit, macOS Catalina ganz nach Ihren Wünschen und Sprachkenntnissen zu konfigurieren. Standardmäßig haben Sie ja schon bei der Installation und Einrichtung des Betriebssystems Ihre Hauptsprache definiert.

Abbildung 19.23
Icon des Bereichs »Sprache & Region«

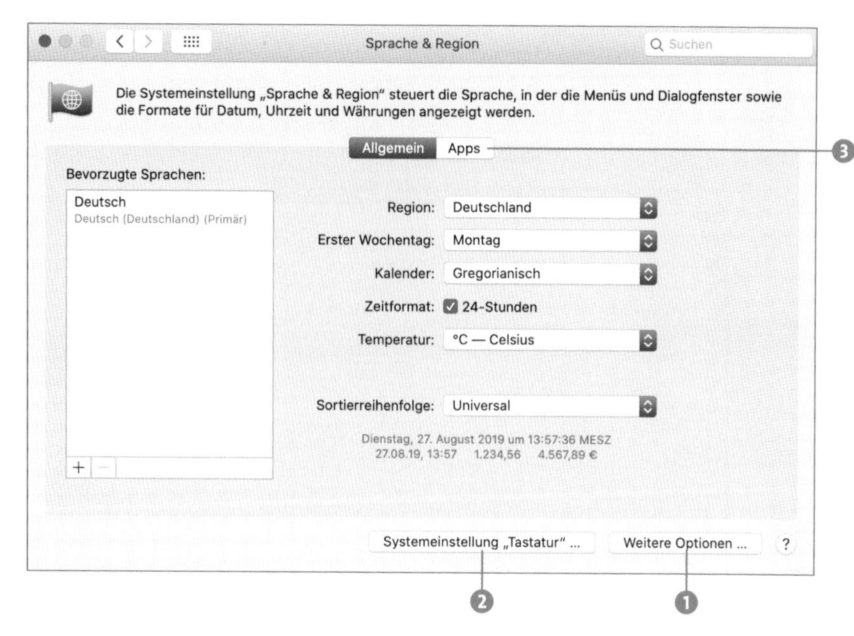

Abbildung 19.24 >
Basiseinstellungen zur verwendeten Systemsprache

Bei **Weitere Optionen** ❶ können Sie auf Wunsch Land, Region und Kalender wechseln. Für Geschäftsreisende kann es beispielsweise durchaus wichtig sein, dass die Standardwährung Dollar oder Pfund ist – auch das kann hier eingestellt werden. Im Bereich **Tastatur** ❷ richten Sie das Tastaturlayout ein, besonders bei Fremdsprachen mit Sonderzeichen ist das sehr hilfreich.

Sie wollen nur spezifische Programme in einer anderen Sprache ausführen? Dann klicken Sie auf **Apps** ❸ und legen, sofern die Software es unterstützt, die Menüsprache individuell fest ❹.

Abbildung 19.25 >
Lust auf fremde Sprachen? Sie können das individuell pro App festlegen.

Mitteilungen

Der Benachrichtigungsdienst am rechten Bildschirmrand von macOS Catalina, der E-Mails, Termine und iMessages koordiniert, kann im Bereich **Mitteilungen** der Systemeinstellungen individuell für jede App eingestellt werden. Besonders praktisch ist der Modus **Nicht stören** ❶. Damit werden in der festgelegten Zeit Benachrichtigungen jeglicher Art am Mac blockiert, und Sie haben somit Ihre »Ruhe«.

Abbildung 19.26
Icon des Bereichs »Mitteilungen«

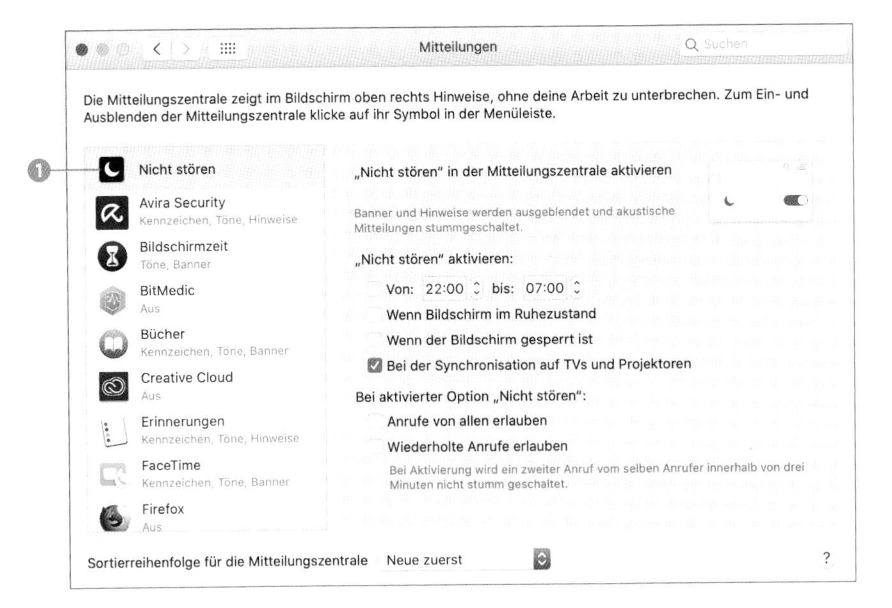

Abbildung 19.27
Die Mitteilungen können individuell konfiguriert werden.

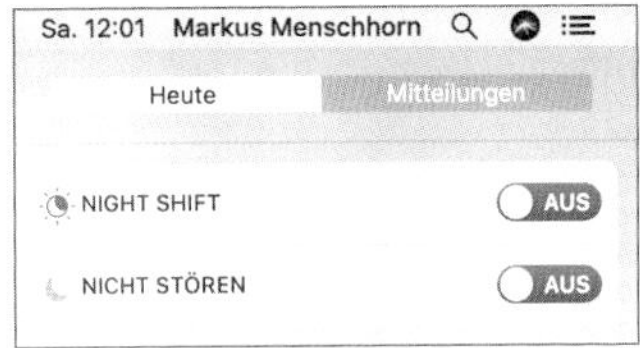

Abbildung 19.28
In den »Mitteilungen« in macOS können Sie mit einem Scroll nach oben alle Mitteilungen mithilfe von »Nicht stören« auf einmal deaktivieren, wenn Sie spontan ohne Ablenkung sein möchten. Diese Einstellung gilt global für alle Dienste, und zwar so lange, bis Sie den Schalter wieder umlegen. Die separate Konfiguration der einzelnen Apps in den Systemeinstellungen bleibt davon unberührt.

Alle anderen App-Mitteilungen müssen Sie, sofern Ihnen die Standardeinstellungen nicht gefallen, einzeln konfigurieren. Geben Sie beispielsweise vor, welche Art von Benachrichtigung in der praktischen Seitenleiste erscheinen soll (❷ auf Seite 414), ob diese also nur kurzfristig als Banner auftaucht oder so lange auf dem Bildschirm zu sehen ist, bis Sie sie selbst schließen. Hier legen Sie auch fest, und wie »auffällig« die Hinweise und Erinnerungen ausfallen dürfen ❸.

Auch ein komplettes Abschalten der Mitteilungen für ausgewählte Programme ist machbar – entfernen Sie einfach sämtliche Häkchen, dann haben Sie dauerhaft Ruhe. Im Abschnitt »Die Mitteilungszentrale: alle Informationen auf einen Blick« ab Seite 106 zeigen wir Ihnen, welche Möglichkeiten Sie mit dieser praktischen Funktion haben.

Abbildung 19.29 >
Ihre ganz persönlichen Erinnerungsassistenten unter macOS Catalina

Internet-Accounts

∧ **Abbildung 19.30**
Icon des Bereichs »Internet-Accounts«

Im Bereich **Internet-Accounts** hinterlegen Sie Daten Ihrer E-Mail-Konten, Twitter-Accounts und Konten anderer Kommunikationsmittel. Diese Informationen nutzt Apple beispielsweise, um die in Ihren diversen Kommunikationsmitteln auflaufenden Meldungen im Programm *Mitteilungen* auf Ihrem Mac zusammenzufassen und anzuzeigen.

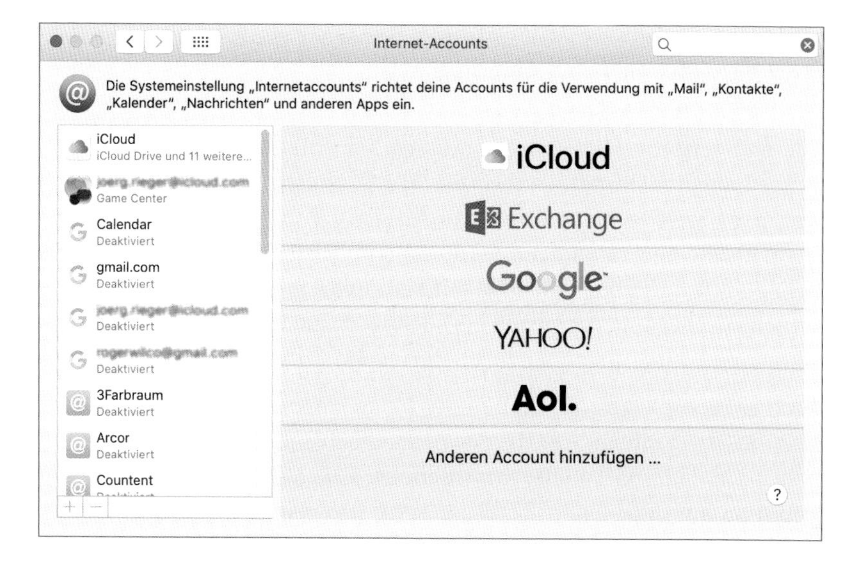

∧ **Abbildung 19.31**
Alle Accounts im Griff mit »Internet-Accounts«

Auch das Verschicken von Twitter-Nachrichten über den **Senden**-Button aus beliebigen Finder-Fenstern heraus setzt voraus, dass Ihr Account unter **Internet-Accounts** »angemeldet« wurde.

Wallet & Apple Pay

Apple Pay ist ein neuer Bezahlservice von Apple. Im Grunde genommen fungiert der Apfelkonzern als Zwischenhändler, zumindest in Deutschland gibt Apple keine eigenen Kreditkarten aus. Bislang zieren sich noch viele Banken, Apple Pay zu unterstützen, da Apple natürlich eine Provision von ihnen erhalten möchte. Andererseits ist es mit einem aktuellen iPhone recht praktisch – statt einer Kreditkarte legen Sie einfach das Handy auf das Bezahlterminal im Supermarkt. Aufgrund der noch zögerlichen Unterstützung von deutschen Kreditinstituten konnte auch das Autorenteam diesen Service noch nicht ausprobieren. Jedenfalls ist – wenn die Funktion einmal flächendeckend zur Verfügung steht – **Wallet & Apple Pay** der Ort, um alles einzurichten und Karten hinzuzufügen.

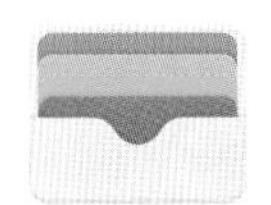

Abbildung 19.32
Icon des Bereichs »Wallet & Apple Pay«

Abbildung 19.33
»Apple Pay« ist der neue Bezahlservice von Apple.

Touch ID

Dieser Menüpunkt ist nur sichtbar, wenn Ihr Computer eine Touch-ID-Funktion besitzt. Mittels Fingerabdruck sparen Sie sich damit beispielsweise die Passworteingabe, um den Bildschirm zu entsperren. In den Systemeinstellungen ist vor allem der Punkt **Fingerabdruck hinzufügen** (❶ auf Seite 416) wichtig. An dieser Stelle fügen Sie beispielsweise den Abdruck eines weiteren Fingers (etwa der linken Hand) oder den Fingerabdruck Ihres Partners hinzu, der den Computer entsperren oder im App Store auf Shoppingtour gehen darf.

Abbildung 19.34
Icon des Bereichs »Touch ID«

Abbildung 19.35 >
So viele Fingerabdrücke, wie Sie wollen – Touch ID kann mit mehreren Fingern arbeiten.

Benutzer & Gruppen

^ Abbildung 19.36
Icon des Bereichs »Benutzer & Gruppen«

Der Mac kann problemlos auch mit mehreren Benutzern umgehen. Details erfahren Sie dazu in Kapitel 17, »Familien-Mac: Benutzerkonten einrichten«, ab Seite 367.

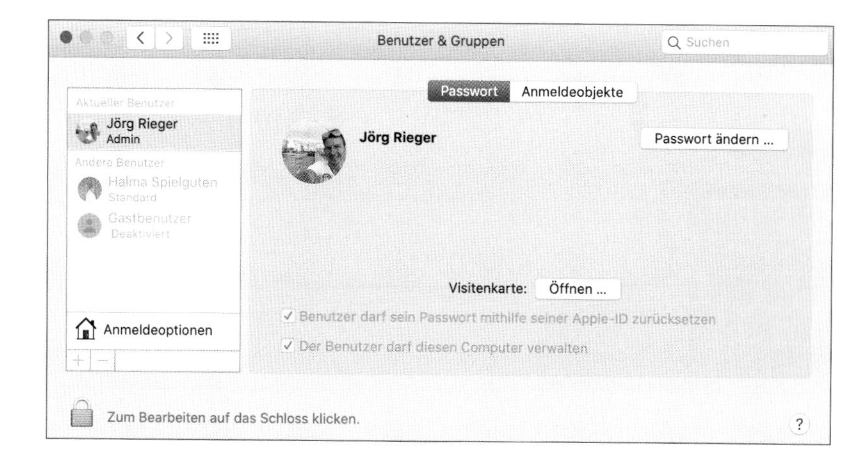

Abbildung 19.37 >
Umfangreiche Einstellungen für alle Benutzer am Mac

Bedienungshilfen

^ Abbildung 19.38
Icon des Bereichs »Bedienungshilfen«

In der Rubrik **Bedienungshilfen**, unter Windows als *Eingabehilfen* bekannt, ist Schluss mit der Apple-Ästhetik. Hier geht es darum, dass jeder Anwender mit dem Betriebssystem zurechtkommt. Die Funktion *VoiceOver* liest jeden Menüpunkt auf Wunsch vor, was in den meisten Fällen hervorragend funktioniert. Die Sprachausgabe am Mac ist wirklich gelungen. Und sollten Sie bei der ersten Einrichtung Ihres Macs zu Beginn gezögert haben, haben Sie die Stimme bereits kennengelernt. Erfolgt hier nämlich keine Aktion, nimmt Apple an, dass Sie Hilfe benötigen, und liest die Installationsmöglichkeiten vor.

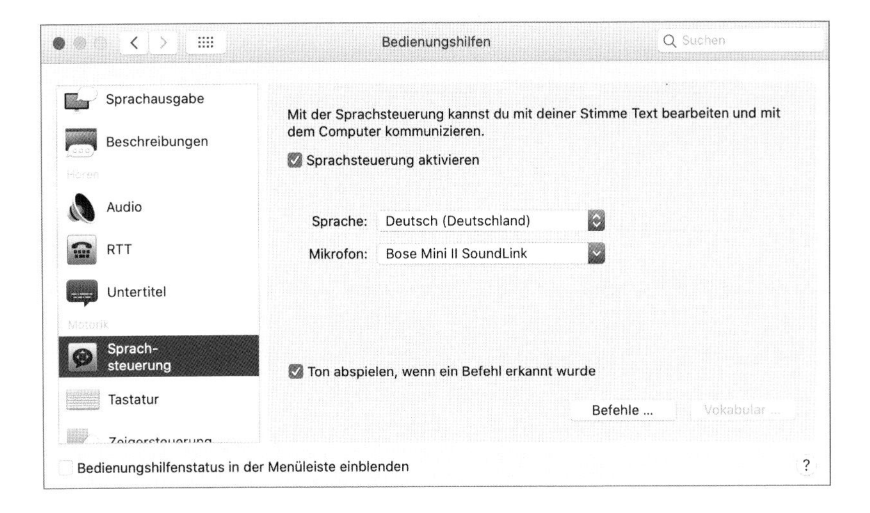

Abbildung 19.39
Die Rubrik »Bedienungshilfen« enthält Funktionen, um die Bedienung des Apple-Computers leicht zu machen.

Ab Seite 75 zeigen wir Ihnen, wie Sie die **Sprachsteuerung** nutzen, um den Mac ganz ohne Maus oder Trackpad zu bedienen.

Bildschirmzeit

Die Bildschirmzeit hilft, den Überblick über die Computernutzung zu behalten. Falls Sie sich schon häufiger gefragt haben, wo die Zeit bleibt, wenn Sie am Mac arbeiten, kann dieses Tool helfen.

Abbildung 19.40
Icon des Bereichs »Bildschirmzeit«

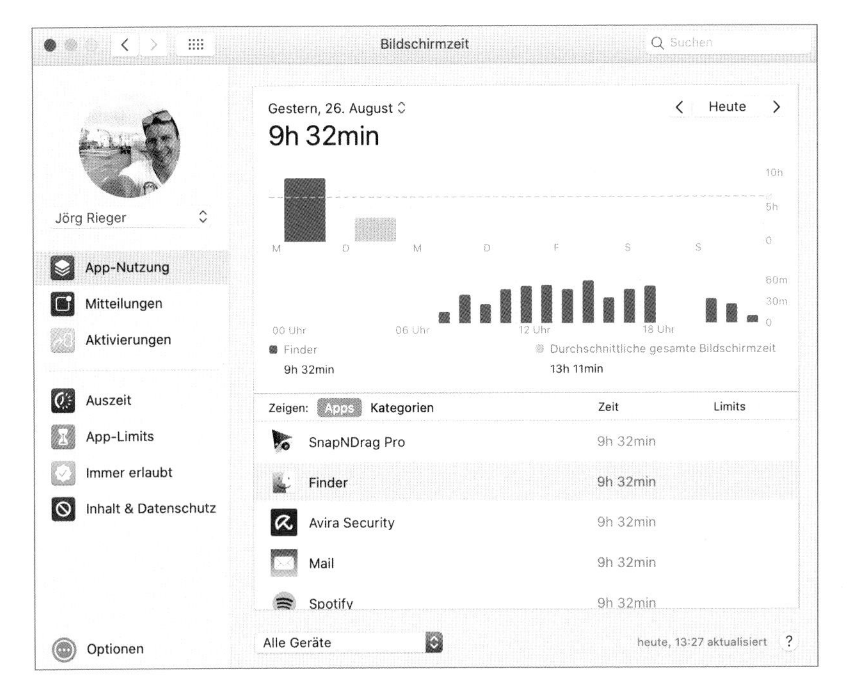

Abbildung 19.41
Man merkt, dass sich das Buchprojekt gerade auf dem Höhepunkt befindet – Autor Jörg hat an diesem Tag definitiv zu lange ins MacBook geschaut.

In Kapitel 17, »Familien-Mac: Benutzerkonten einrichten«, ab Seite 372 erklären wir Ihnen alle Funktionen und Einstellungsmöglichkeiten ausführlich. Insbesondere, wie Sie mit der Bildschirmzeit auch die Computernutzung Ihres Nachwuchses kontrollieren.

Erweiterungen

Abbildung 19.42
Icon des Bereichs »Erweiterungen«

In den **Erweiterungen** verwalten Sie ganz komfortabel verschiedene Miniprogramme, die Ihnen immer wieder unter macOS begegnen – etwa, welche Neuigkeiten Ihnen in der Mitteilungszentrale (siehe den Abschnitt »Mitteilungen« ab Seite 413) angezeigt werden oder welche Weitergabemöglichkeiten Ihnen unter dem Freigabe-Button im Finder oder Safari zur Verfügung stehen. Entfernen Sie im hier gezeigten Bereich für **Heute** ❶ eines der Häkchen, beispielsweise bei **Jetzt läuft** ❷, werden künftig aktuell abgespielte Musiktitel in der Mitteilungszentrale auch nicht mehr angezeigt.

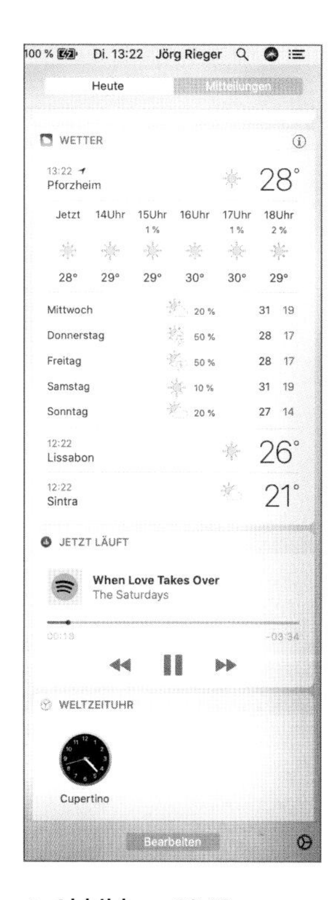

Abbildung 19.43
Das passt – Wetter, aktuell gespielter Musiktitel und die Weltzeit werden in der Mitteilungszentrale angezeigt.

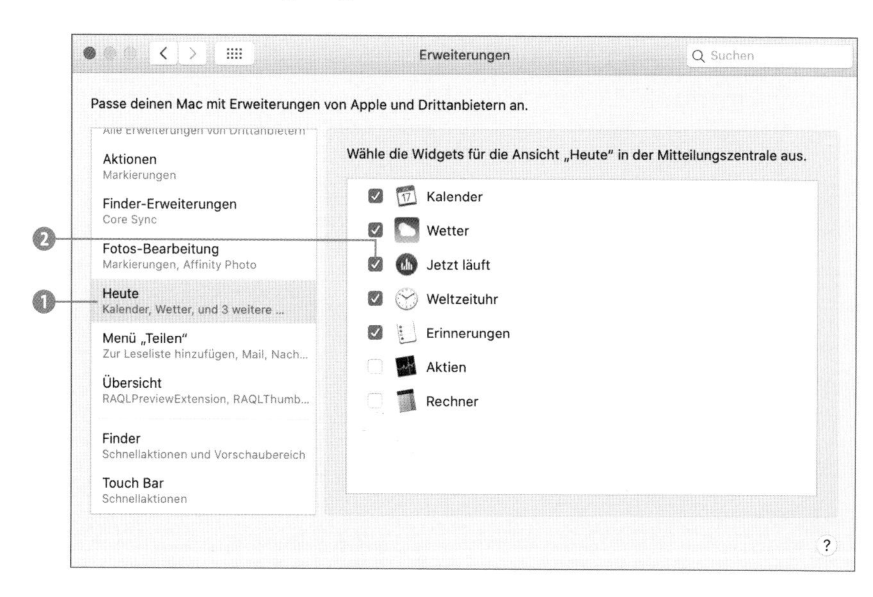

Abbildung 19.44
Die Erweiterungen verwalten Mini-Apps.

Sicherheit

Sicherheit wird unter macOS Catalina großgeschrieben. Unter dem Tab **Allgemein** ❶ können Sie die Systemsicherheit rund um das An- und Abmelden einstellen. Besonders interessant ist hier der Punkt **Apps-Download erlauben von** ❷ – hier sperrt macOS standardmäßig alle

Programminstallationen aus, die nach Meinung von Apple gefährlich sein könnten. Laden Sie eine App aus dem Internet von einem Hersteller, der kein Apple-Zertifikat hat, müssen Sie immer erst in diesen Bereich der Systemeinstellungen wechseln und die Installation explizit freigeben.

Abbildung 19.45
Icon des Bereichs »Sicherheit«

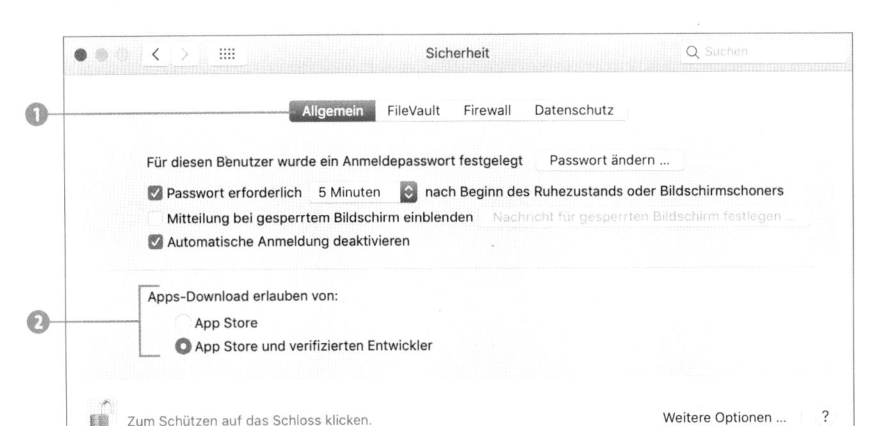

Abbildung 19.46
Apps ohne Apple-Zertifikat haben zunächst keine Chance.

Mehr dazu lesen Sie in Kapitel 5, »Mit Programmen arbeiten – die Apps am Mac«, ab Seite 129. Sicherheit für Ihre Daten garantiert die Verschlüsselung **FileVault** ③. Mithilfe dieser Technologie wird Ihr Benutzerordner verschlüsselt und kann nur mit Ihrem Anmeldekennwort wiederhergestellt werden. Das bringt für Ihre Daten maximalen Schutz vor unbefugtem Zugriff; aber sollten Sie einmal Ihr Kennwort vergessen haben, kommen auch Sie selbst nicht mehr an Ihre Daten. Sie sollten sich daher diesen Schritt ganz genau überlegen: Müssen die Urlaubsbilder und Ihre E-Mails tatsächlich in einem Alcatraz-ähnlichen Datentresor lagern?

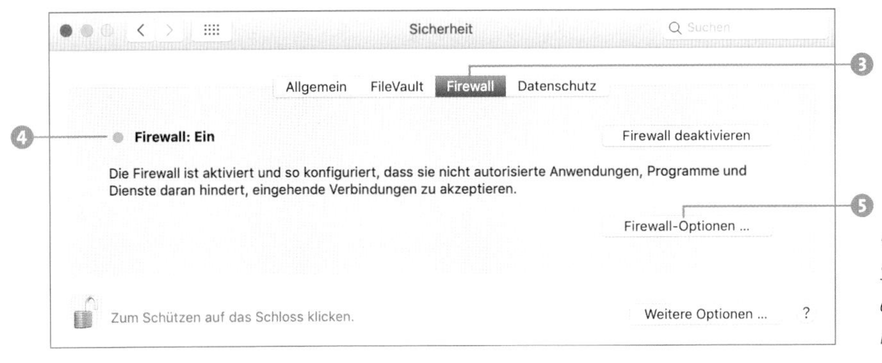

Abbildung 19.47
Simpel konfiguriert – einfach einschalten und schon surft man sicher.

Damit Ihr Computer von außen nicht angegriffen werden kann, gibt es in macOS Catalina eine eingebaute Firewall. Einmal aktiviert, soll sie im Hintergrund für Sicherheit sorgen. Wer im Internet unterwegs ist, sollte die Firewall in jedem Fall eingeschaltet haben (❹ auf Seite 419). Bietet diese Firewall einen optimalen Schutz? Für den Hausgebrauch bietet sie in jedem Fall mehr als ausreichende Sicherheit. Aber es gilt: Hundertprozentige Sicherheit gibt es auf keinem Computer.

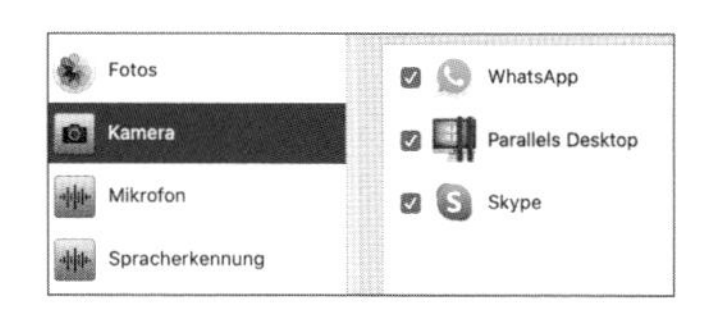

∧ **Abbildung 19.48**
Hier sehen Sie, welche Apps Zugriff auf Ihre Webcam haben.

Über die Schaltfläche **Firewall-Optionen** ❺ können Sie übrigens noch Ausnahmen für ganz besonders kommunikationsbedürftige Programme definieren; das dürfte aber nur in ganz speziellen Fällen notwendig sein.

In der Rubrik **Datenschutz** ❻ des Dialogs **Sicherheit** geht es hauptsächlich darum, ob Ihr Computer von sog. *Ortungsdiensten* erfasst werden darf. Diese Funktionalität kann von Apps genutzt werden. Wenn die Ortungsdienste aktiviert sind, werden hier jene Apps aufgelistet, die Ihren Standort verwenden wollen. Sie können dann per Mausklick entscheiden, ob »Ja« oder »Nein«. Unter den weiteren Menüpunkten sehen Sie ebenfalls, welche Apps Zugriff für den jeweiligen Service benötigen ❼.

Abbildung 19.49 >
Welchen Apps welcher Zugriff auf Ihre Daten erlaubt ist, können Sie hier nachschauen.

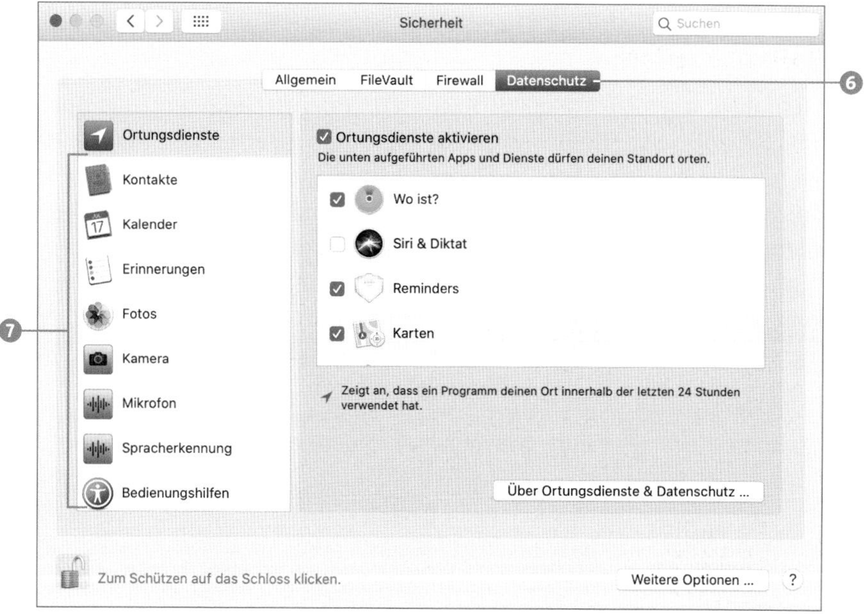

∧ **Abbildung 19.50**
Zugriff benötigt – Skype reklamiert recht deutlich, dass für ein Skype-Telefonat Zugriff aufs Mikrofon notwendig ist.

Wie Sie sehen, hat Apple hier wirklich einen ordentlichen »Datenschutzwall« errichtet. Sie können so beispielsweise dezidiert bestimmen, ob eine App nur auf Ortungsdienste und nicht auf die Kamera oder umgekehrt zugreifen darf. Sollten Sie hier einen der Dienste abgeschaltet haben, der aber zwingend zur Ausführung einer App erforderlich ist, wird diese App übrigens um Zugriff bitten.

»Hardware und mehr« – Geräte, Softwareupdate und Netzwerk

In dieser Kategorie des Dialogs Systemeinstellungen finden Sie Einstellungen rund um die in Ihrem Mac verbaute Hardware, aber auch zur Bedienung von externen Geräten, zum Softwareupdate und zum Netzwerk.

< **Abbildung 19.51**
Hier dreht sich alles um »Interna« des Betriebssystems.

Softwareupdate

Im Bereich **Softwareupdate** sind alle Einstellungen rund um die Aktualisierung Ihrer aus dem App Store installierten Apps wie auch des macOS-Systems selbst versteckt. Umfangreiche automatische Updates halten das Betriebssystem in Schwung. Eine Internetverbindung ist hierfür aber notwendig.

∧ **Abbildung 19.52**
Icon des Bereichs »Softwareupdate«

Im Bereich **Weitere Optionen** ❶ legen Sie selbst fest, was macOS alles aktualisieren soll. Die Standardeinstellungen sind aber im normalen Betrieb optimal. Mehr dazu finden Sie ab Seite 383.

< **Abbildung 19.53**
Alles prima – Softwareupdates sind hier auf dem neuesten Stand.

Wichtig zu wissen: Programme, die Sie nicht über den App Store gekauft haben, haben eigene Update-Routinen, die sich von Zeit zu Zeit melden.

Netzwerk

Abbildung 19.54
Icon des Bereichs »Netzwerk«

Unter **Netzwerk** laufen quasi alle Fäden des Datenverkehrs vom Internet oder von den Netzwerken zusammen. Im linken Fenster haben Sie sofort im Blick, in welcher Form Sie momentan verbunden sind. Das Ampelsystem ist mehr als deutlich und hilft bei der Fehlersuche, sollte der Weg ins Netz mal nicht frei sein.

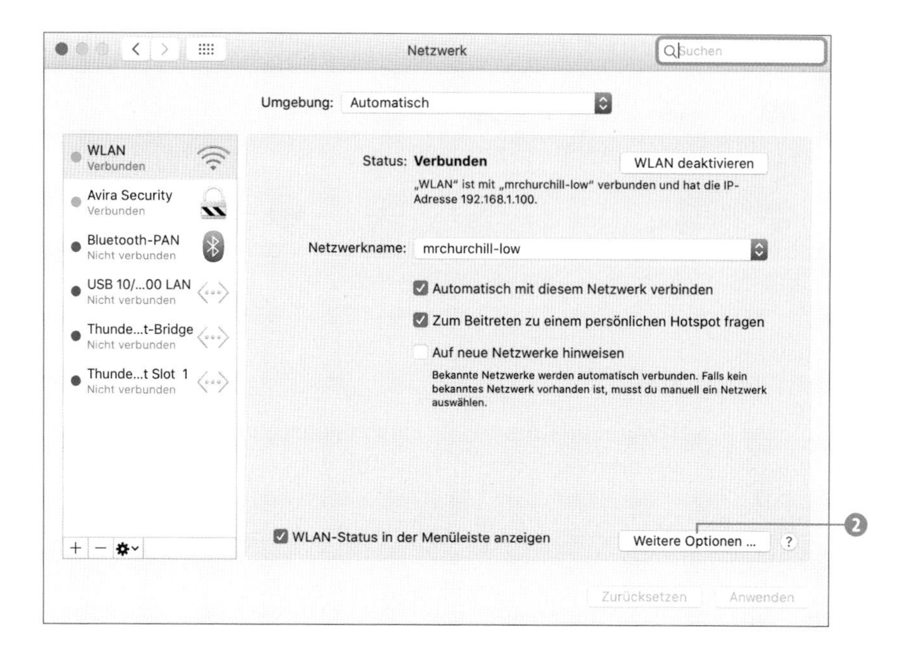

Abbildung 19.55
Ein kurzer Blick genügt: Ihr Mac ist via WLAN mit dem Internet verbunden.

Unter **Weitere Optionen** ❷ sollten Sie allerdings wirklich nur dann Änderungen vornehmen, wenn Sie wissen, was Sie tun, und wenn Ihnen Begriffe wie *MAC-Adresse*, *TCP/IP*, *Proxys* und *DNS* bekannt sind. Normalerweise erkennt ein Mac automatisch, an welchem Netzwerk er angeschlossen ist, und bietet die richtige Verbindung an. Mehr zum Mac im Internet und über die korrekte Installation erfahren Sie in Kapitel 8, »Ich geh' online – mit meinem Mac und Safari«, ab Seite 197.

Bluetooth

Abbildung 19.56
Icon des Bereichs »Bluetooth«

Via Bluetooth werden standardmäßig Maus, Tastatur und Mobiltelefon mit Ihrem Mac verbunden. Im gleichnamigen Systempunkt können Sie bereits vorhandene Geräte ansehen bzw. neue hinzufügen. Außerdem kann festgelegt werden, ob das entsprechende Symbol in der Finder-Leiste angezeigt wird. Die Aktivierung von Bluetooth erfolgt über einen Klick auf das Symbol ❸ in der Finder-Leiste und die Wahl von **Bluetooth**

aktivieren aus dem Menü. Sollte das Bluetooth-Symbol in den Menulets der Finderleiste nicht sichtbar sein, müssen Sie in den Systemeinstellungen den Haken bei **Bluetooth in der Menüleiste anzeigen** 4 aktivieren.

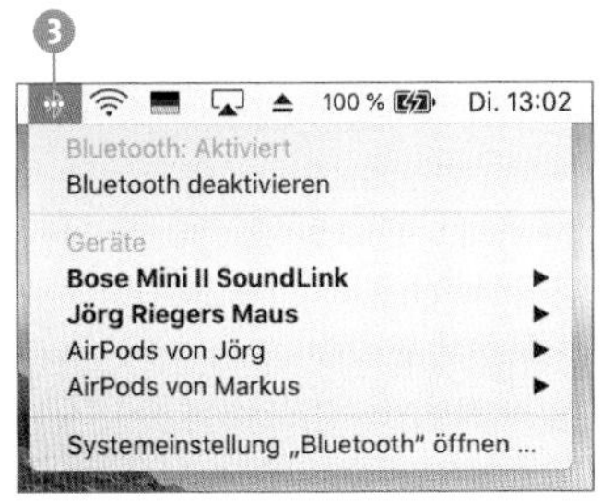

∧ Abbildung 19.57
Hier ist Bluetooth aktiviert und eine externe Musikanlage verbunden.

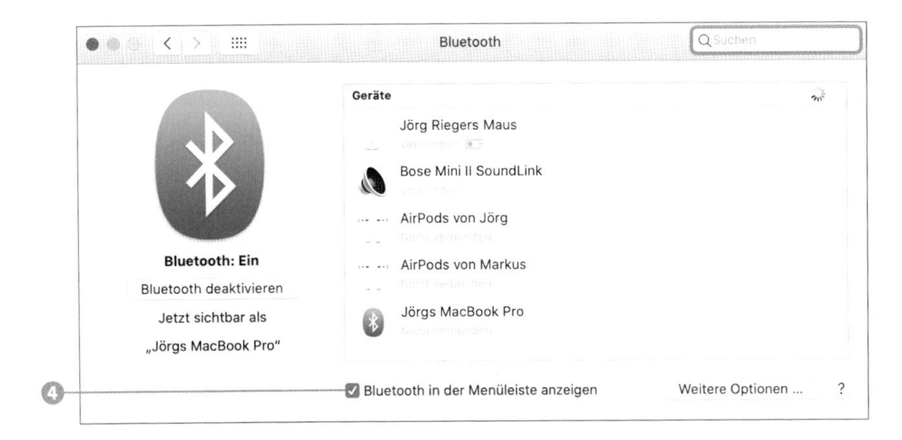

< Abbildung 19.58
Die Übersicht zeigt, ob und welche Bluetooth-Geräte am Mac angeschlossen sind.

Ton

Der Ton macht die Musik. Im Menüpunkt **Ton** der Systemeinstellungen ist es möglich, die Klangein- und -ausgabe zu definieren. Auf der Registerkarte **Toneffekte** 1 geht es um den Warnton von macOS Catalina, der bei fehlerhaften Eingaben oder eben Warnhinweisen ausgegeben wird. Zugegeben, viele Auswahlmöglichkeiten stehen Ihnen nicht zur Verfügung, aber vielleicht finden Sie ja doch einen passenden Warnton.

∧ Abbildung 19.59
Icon des Bereichs »Ton«

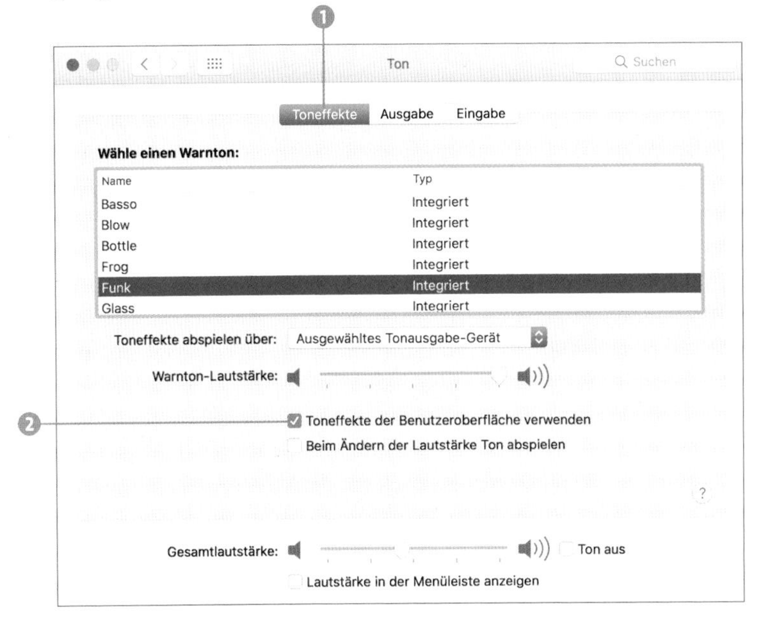

< Abbildung 19.60
In den Systemeinstellungen stellen Sie unter »Ton« z. B. Warntöne sowie deren Lautstärke ein.

Abbildung 19.61
Der kleine »Brüllwürfel« Mini II SoundLink von Bose kann per Bluetooth an Ihren Mac (oder auch das iPhone) gekoppelt werden. (Foto: Bose)

Wenn Sie Ihren Mitmenschen nicht allzu sehr auf die Nerven gehen möchten, entfernen Sie besser das Häkchen bei **Toneffekte der Benutzeroberfläche verwenden** (❷ auf Seite 423). Ansonsten überrascht macOS Catalina bei diversen Aktionen im Finder und in Programmen mit mehr oder weniger passender Geräuschkulisse.

In den Rubriken **Ausgabe** ❸ und **Eingabe** ❹ werden, falls vorhanden, die entsprechenden Geräte konfiguriert. Wenn Sie separate Boxen oder ein USB-Mikrofon installiert haben, ist hier eine Umschaltung von den internen, bereits in Ihrem Mac installierten Geräten möglich.

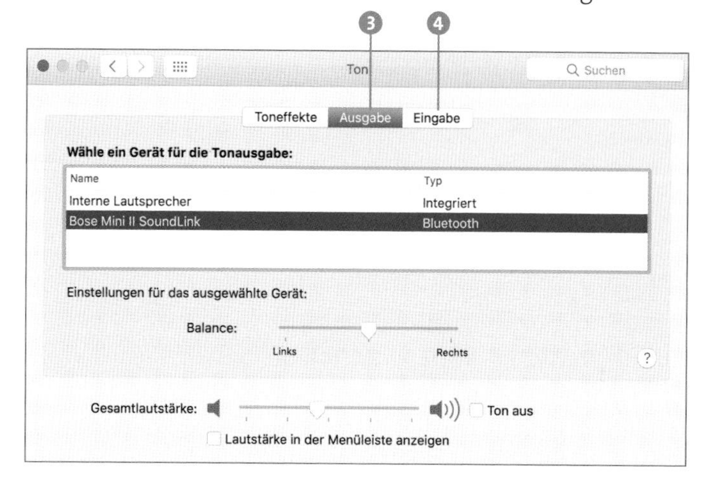

Abbildung 19.62
Gute Laune inklusive – hier ist ein externes (und ziemlich lautes) Soundsystem angeschlossen, das mit dem »Blecheimer-Sound« der MacBooks und Mac minis Schluss macht.

Drucker & Scanner

Abbildung 19.63
Icon des Bereichs »Drucker & Scanner«

Im Bereich **Drucker & Scanner** sind alle Drucker und Scanner versammelt und können zentral konfiguriert werden. Im Detail gehen wir im Abschnitt »Drucker installieren« ab Seite 182 und im Abschnitt »Die richtigen Einstellungen für den Druck« ab Seite 187 darauf ein.

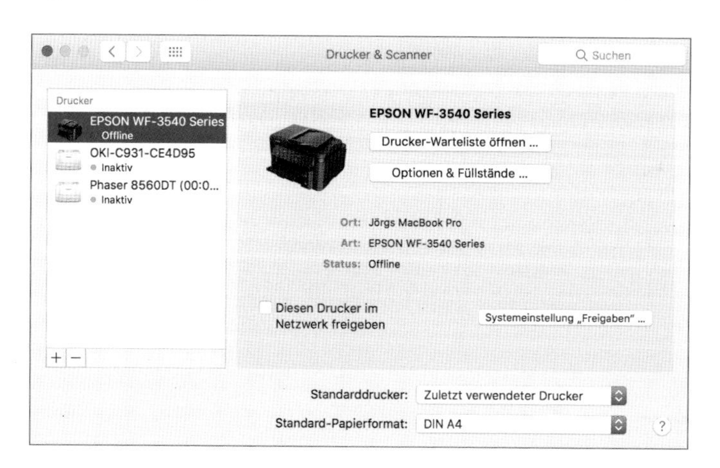

Abbildung 19.64
Guter Ausdruck in den Drucker-Einstellungen

Tastatur

Die Tastatur klickt zu schnell? In der Rubrik **Tastatur** ist eine detaillierte Einstellung nach Ihren ganz persönlichen Bedürfnissen möglich. Auch Tastenkürzel für jedes einzelne Programm können hier verwaltet werden, und eine Konfiguration der Touchbar ist machbar.

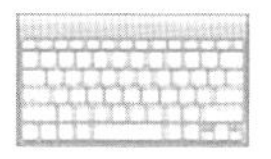

Abbildung 19.65
Icon des Bereichs »Tastatur«

Die MacBooks haben eine beleuchtete Tastatur. Wie in Abbildung 19.67 zu sehen ist, kann man hier einstellen, wann und wie diese Beleuchtung reagieren soll ❶.

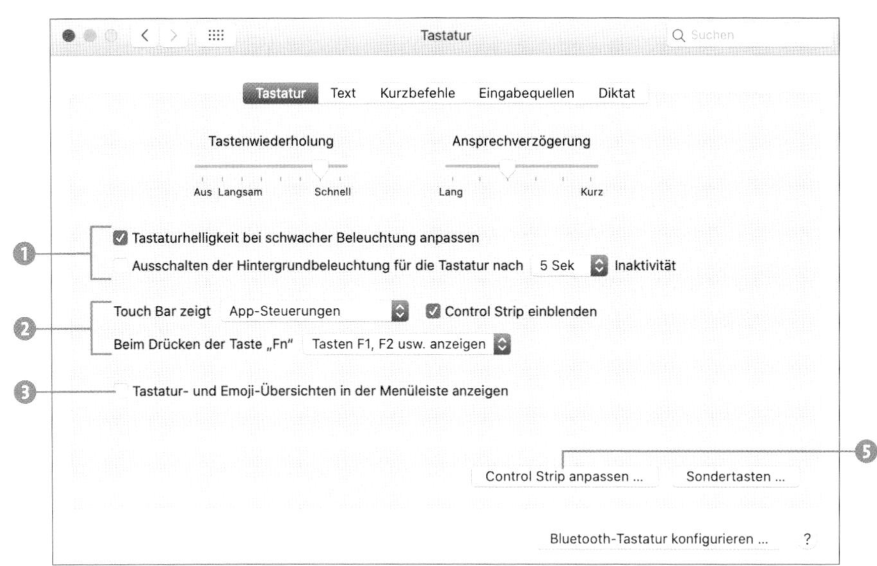

Abbildung 19.67
Die Basiseinstellungen für die Tastatur und die Touchbar.

Abbildung 19.66
Sie können in der Touchbar verschiedene Anzeigeoptionen wählen.

Besitzt Ihr MacBook eine Touchbar, dann können Sie einstellen, ob die Symbole der Leiste immer interaktiv nach App gewechselt werden, nur die F-Tasten oder die sog. *Spaces,* also die unterschiedlichen Schreibtische (siehe dazu den Abschnitt »Fenster per Mission Control auf einen neuen Schreibtisch legen« ab Seite 101), eingeblendet werden ❷.

Wirklich praktisch ist der Punkt **Tastatur- und Emoji-Übersichten in der Menüleiste anzeigen** ❸. Wenn Sie das Häkchen an dieser Stelle setzen, zeigt sich in der Menulets-Leiste im Apple-Menü eine Zeichentabelle mit Sonderzeichen, aber auch mit Smileys und anderen Symbolen (❹ in Abbildung 19.69 auf Seite 426). Windows-Anwender werden dies auch als *Zeichentabelle* wiedererkennen.

Touchbar konfigurieren

Im Bereich **Control Strip anpassen** ❺ können Sie exklusiv für die Touchbar am MacBook Pro Kurzbefehle nach Wunsch ablegen.

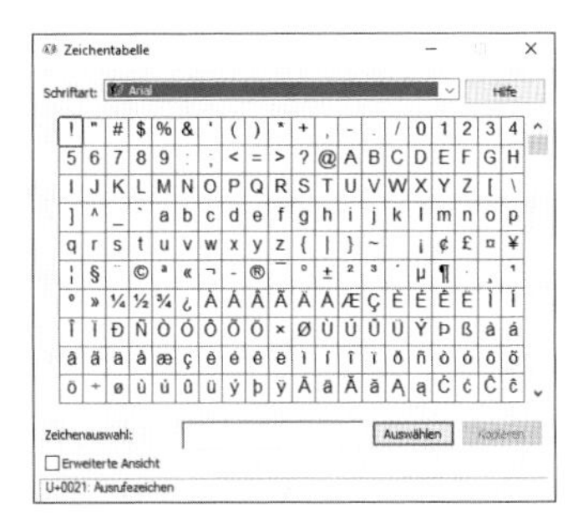

Abbildung 19.68
Ganz ähnlich – die Zeichentabelle in Windows 10

Zusätzlich zu dieser Sonderzeichenübersicht gibt es im gleichen Menulet noch die Tastaturübersicht. Diese reagiert direkt auf Ihre Eingabe. Wenn Sie alt oder command drücken, werden alle Zeichen eingeblendet, die man mit diesen beiden Tasten (in Kombination mit anderen Tasten) erzeugen kann. Das ist praktisch, wenn Sie wissen wollen, wo auf der Apple-Tastatur Sie das Backslash- oder andere Zeichen finden.

Mit den Einstellungen unter **Text** ⑥ bringen Sie macOS Catalina dazu, in vielen Programmen automatisch Rechtschreibfehler in Ihren Eingaben zu korrigieren und auf Wunsch auch die Autoergänzung von Groß- und Kleinschreibung vorzunehmen. Die automatische »Zwangskorrektur«, die viele leidgeprüfte Anwender auch auf ihrem iPhone und iPad Nerven kostet, kann aber einfach per Häkchen ⑦ entfernt werden. Damit hört macOS Catalina auf, vollautomatisch Wörter zu korrigieren, ohne dass Sie das wollen. Allerdings – mittlerweile erkennt das System sogar automatisch, wenn Sie spontan der Verwandtschaft in England eine englische Nachricht schreiben, und unterstreicht nicht alles als fehlerhaft, weil es nicht auf Deutsch ist.

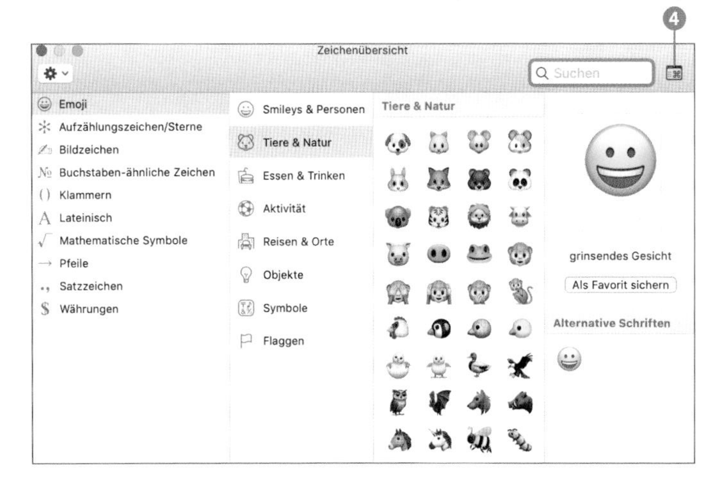

Abbildung 19.69
Die Zeichenübersicht ähnelt der von Windows und hält viele Sonderzeichen und die vom iPhone bekannten Emoticons parat.

Die Registerkarte **Eingabequellen** ⑧ spielt nur dann eine Rolle, wenn Sie über Ihre Tastatur auch asiatische, russische (kyrillische) oder griechische Schriftzeichen eintippen müssen.

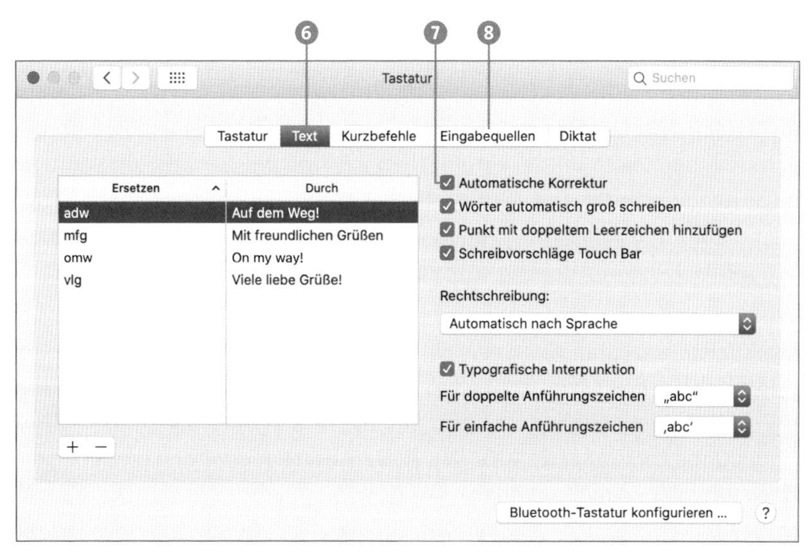

Abbildung 19.70
Die automatische Korrektur ist praktisch, kann bisweilen aber auch lästig werden.

Trackpad

Diesen Punkt gibt es nur bei MacBooks oder wenn Sie das separat erhältliche Trackpad angeschlossen haben, und es lohnt sich in jedem Fall, sich damit zu beschäftigen. Die aktuellen Trackpads können nämlich weitaus mehr, als nur ein Mausersatz zu sein: Objekte mit der Fingerspitze verschieben, scrollen, zoomen und vieles mehr lässt sich mit den Apple Trackpads handhaben. Und der Computerhersteller räumt auch gründlich mit der Ein-Finger-Bedienung auf: Bis zu vier Finger sind für die ordnungsgemäße und zugegebenermaßen unglaublich elegante Bedienung notwendig. Die Geste *Mit Daumen und drei Fingern verkleinern* aktiviert beispielsweise das Launchpad. Einfach cool, oder?

Abbildung 19.71
Icon des Bereichs »Trackpad«

Falls Sie dieses Buch von hinten nach vorne lesen sollten – in Kapitel 3, »Den Mac bedienen – Tastatur, Trackpad und Maus«, ab Seite 49 erfahren Sie ausführlich, wie Sie das Trackpad zum Scrollen, Navigieren, Zoomen und Drehen einsetzen, wie Sie den aktuellen *Force Touch* nutzen und zentrale Programme wie etwa auch Mission Control (siehe Seite 63) damit aufrufen.

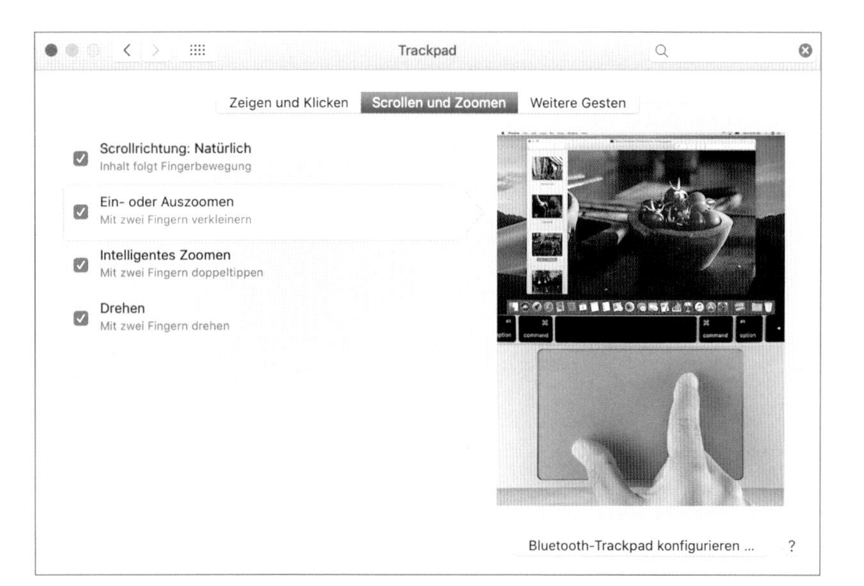

Abbildung 19.72
Finger auf dem Trackpad – Computerbenutzung mit Fingerspitzengefühl

Maus

Die Maus, das universelle Eingabegerät, wird in diesem Abschnitt korrekt und ganz nach Wunsch eingestellt. Die Geschwindigkeit des Zeigers, das Doppelklickintervall und die Scrollgeschwindigkeit sind per Schieberegler einstellbar. Wenn Sie eine original Mac-Maus angeschlossen haben, klappt die Konfiguration noch einfacher, da diese Maus sogar als Abbildung gezeigt wird.

Abbildung 19.73
Icon des Bereichs »Maus«

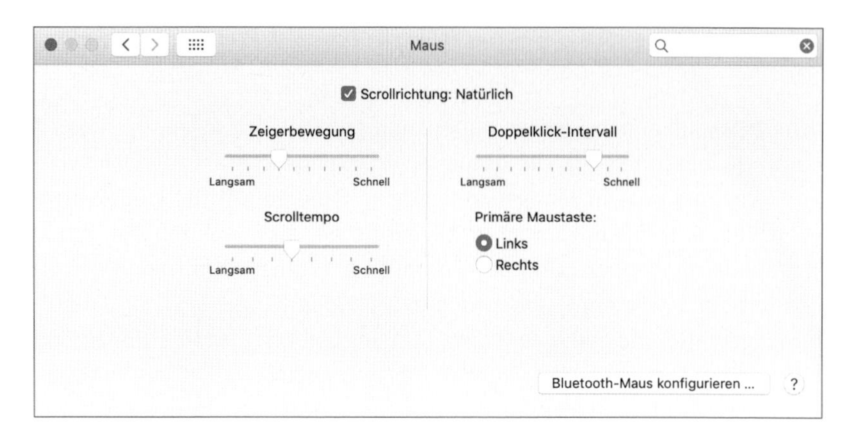

Abbildung 19.74
Maus nach Wunsch in den Systemeinstellungen – hier sehen Sie die Einstellungen zu einer normalen Maus.

Monitore

Abbildung 19.75
Icon des Bereichs »Monitore«

Hier dreht sich alles um die Anzeige. Im Zeitalter von LCD-Bildschirmen erübrigt sich der Blick in diesen Bereich der Systemeinstellungen fast. Moderne Displays werden automatisch für eine perfekte Anzeige konfiguriert, hier ist kein Mausklick mehr notwendig. Sollten Sie aus irgendeinem Grund aber doch mal die Bildschirmauflösung oder die Farbtiefe ändern wollen, haben Sie in dieser Rubrik die Gelegenheit dazu.

Abbildung 19.76
Zeig mir, was du hast – Monitoreinstellungen, hier für ein MacBook Pro mit Retina-Display.

Wirklich notwendig ist ein Eingriff im Bereich **Monitor** nur dann, wenn Sie einen zweiten Monitor oder Beamer anschließen. Beim Anschluss eines zweiten Displays erscheint dann auf diesem Monitor ebenso ein Fenster, um Grundeinstellungen vornehmen zu können. Übrigens wird auch ein Beamer als »Monitor« wahrgenommen.

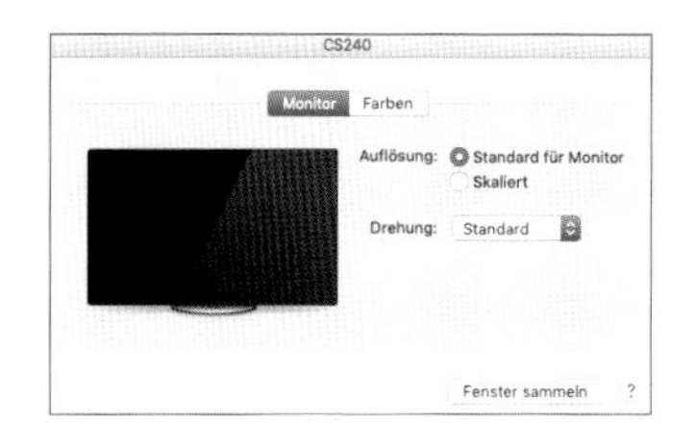

∧ **Abbildung 19.77**
Beim zweiten Bildschirm gibt es nur wenige Optionen.

Sie können einen zweiten Bildschirm in der Standardeinstellung als Erweiterung Ihres Schreibtischs nutzen. Im Bereich **Anordnen** ❶ legen Sie fest, welcher Bildschirm rechts und welcher links sitzt. Der kleine weiße Balken ❷ zeigt an, welches Display das Hauptdisplay ist und damit auch das Dock anzeigt. Diesen Balken können Sie per Mausklick verschieben. Außerdem können Sie die Höhe der Bildschirme verschieben – so erleichtern Sie es sich ggf., mit der Maus von einem in den anderen Bildschirm zu fahren.

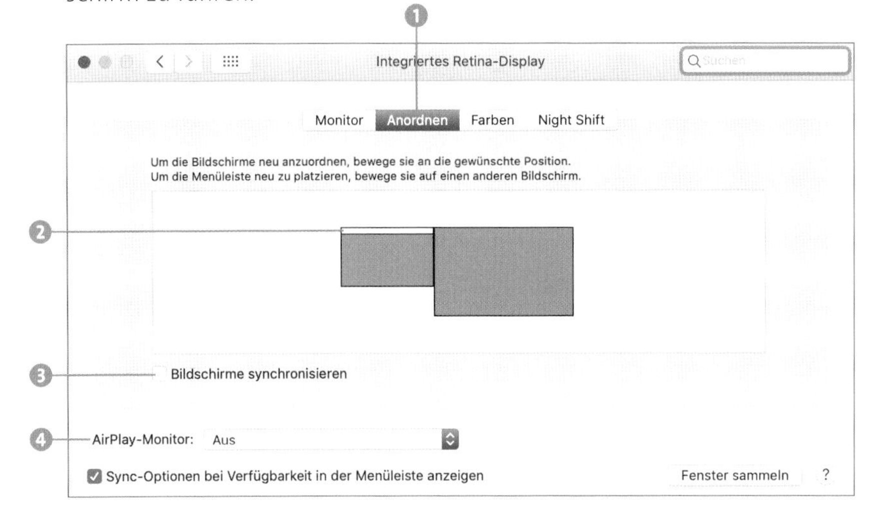

< **Abbildung 19.78**
Zwei Bildschirme? Kein Problem.

Für den Betrieb mit einem Beamer lohnt ein Häkchen bei **Bildschirme synchronisieren** ❸ – dann wird auf beiden Displays der identische Inhalt angezeigt.

Haben Sie die Apple TV Box, dann können Sie sogar Ihren Fernseher als riesigen Zweitbildschirm nutzen, ganz ohne Kabel. Dazu müssen Sie lediglich im Bereich **AirPlay-Monitor** ❹ den Punkt **Apple TV** auswählen und den anschließend am TV eingeblendeten Sicherheitscode eingeben. Die Datenübertragung läuft hierbei drahtlos über WLAN – damit Sie ein verzögerungsfreies Bild erhalten, sollte Ihr Router entsprechend schnelle Übertragungsraten bewältigen können. Das hat aber nichts mit Ihrem Internetzugang zu tun, hier geht es nur um die Geschwindigkeit, mit der der Router über WLAN »funken« kann.

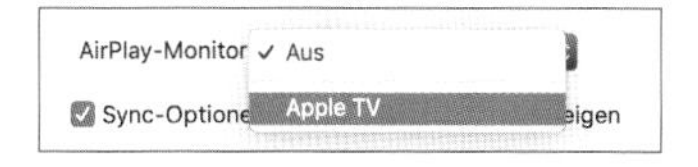

∧ **Abbildung 19.79**
Drahtlos den Fernseher als riesigen Bildschirm nutzen

Abbildung 19.80 >
Der perfekte Ersatz für den »Beamer« – zeigen Sie den Bildschirminhalt Ihres Macs einfach via Apple TV.

Sidecar

^ Abbildung 19.81
Icon des Bereichs »Sidecar«

Als Besitzer eines iPads haben Sie mit *Sidecar* die Möglichkeit, dieses einfach als zweiten Bildschirm und Eingabegerät zu verwenden. Grundvoraussetzung dafür ist, dass Sie am iPad mit Ihrer Apple-ID angemeldet sind und sich sowohl Ihr Mac als auch Ihr iPad im gleichen WLAN-Netzwerk befinden. Über **Verbinden mit** ❶ wählen Sie das iPad aus und haben rechts daneben ❷ einige Einstellungsmöglichkeiten, wie das iPad reagieren soll und wo sich die Steuerungselemente befinden sollen. Praktisch für alle, die keine Touchbar am Mac haben: Diese kann nun per iPad angezeigt werden.

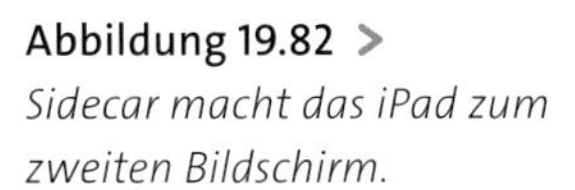

Abbildung 19.82 >
Sidecar macht das iPad zum zweiten Bildschirm.

Energie sparen

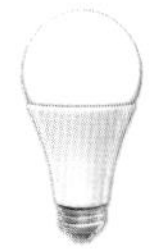

^ Abbildung 19.83
Icon des Bereichs »Energie sparen«

In Windows konnten Sie Ihr grünes Gewissen in den Energieoptionen beweisen. In macOS Catalina sind die Einstellungen für einen klimafreundlichen Computer ebenfalls an einem Ort versammelt.

Wenn Sie ein MacBook, also einen mobilen Apple-Computer, Ihr Eigen nennen, sind die Einstellungen von macOS Catalina schon entsprechend der Verwendung voreingestellt. Läuft das MacBook ohne Stromkabel, wird automatisch die Prozessorleistung gedrosselt und der Bildschirm schneller abgeschaltet. Das können Sie aber natürlich auch selbst regeln, im Übrigen auch an einem Desktop-Mac.

Der einzige Schieberegler ist einleuchtend: Mit ihm legen Sie unter **Monitor ausschalten nach** ❶ fest, wann der Monitor Ihres Notebooks ausgeschaltet wird. Diese Frist können Sie übrigens bedenkenlos auf 20 Minuten einstellen, denn auch wenn der Mac bei Inaktivität bereits nach dieser Zeitspanne abschaltet – mit einem Tastendruck ist er in Sekundenbruchteilen ja auch wieder »wach«.

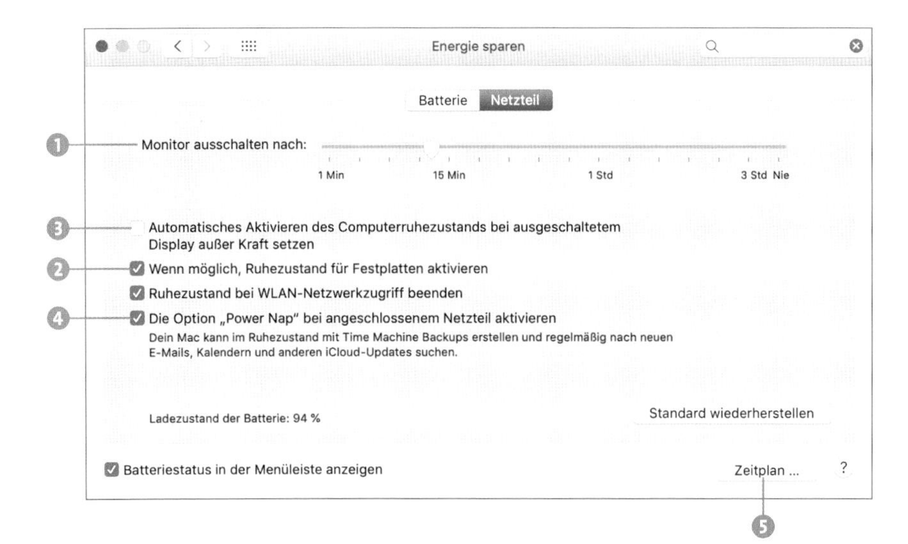

Abbildung 19.84
Klimaschutz am Mac

Die Angabe bei **Wenn möglich, Ruhezustand für Festplatten aktivieren** ❷ kann ebenfalls recht knapp kalkuliert werden. Wichtig zu wissen: Da bei diesem Vorgang die Datenträger ein- und ausgeschaltet werden, ist ihr Verschleiß etwas höher, was sich unter Umständen auf ihre Lebensdauer auswirken kann.

Etwas verwirrend ist **Automatisches Aktivieren des Computerruhezustands bei ausgeschaltetem Display außer Kraft setzen** ❸. Ehrlich gesagt ist das eine recht exotische Funktion – damit können Sie Ihren Bildschirm ausschalten, Ihr Mac läuft im Hintergrund aber munter weiter. Das ist eigentlich nur dann sinnvoll, wenn Ihr Computer als Datenserver dient oder wenn Sie mit Teamviewer oder anderer Software von unterwegs auf den Mac zugreifen wollen.

Wirklich praktisch ist **Die Option „Power Nap" bei angeschlossenem Netzteil aktivieren** (❹ auf Seite 431). Hier erscheinen, ganz ähnlich wie beim iPhone, eingehende Nachrichten oder Termine auf dem dunklen Display.

Ein spannendes Feature ist **Zeitplan** ❺: Ganz versteckt hat Ihr Mac nämlich eine Zeitschaltuhr eingebaut und schaltet sich so auf Wunsch ein und auch wieder aus. Damit können Sie morgens im Büro direkt loslegen und abends dem Mac die eine oder andere Aufgabe überlassen, denn er schaltet sich von selbst ab.

Datum & Uhrzeit

Abbildung 19.85
Icon des Bereichs »Datum & Uhrzeit«

Was hat Apple wohl in diesem Bereich versteckt? Richtig, hier können Sie Datums- und Uhrzeiteinstellungen vornehmen. Ist der Mac mit dem Internet verbunden, geschieht der Uhrenabgleich immer vollautomatisch. Das Häkchen bei **Datum und Uhrzeit automatisch einstellen** ❶ ist dafür die richtige Wahl. Sollte der Apple-Computer aufgrund eines Stromausfalls ein falsches Datum anzeigen, genügt meistens ein Klick in die Rubrik **Datum & Uhrzeit** ❷, um dem Gerät wieder das korrekte Datum einzubläuen.

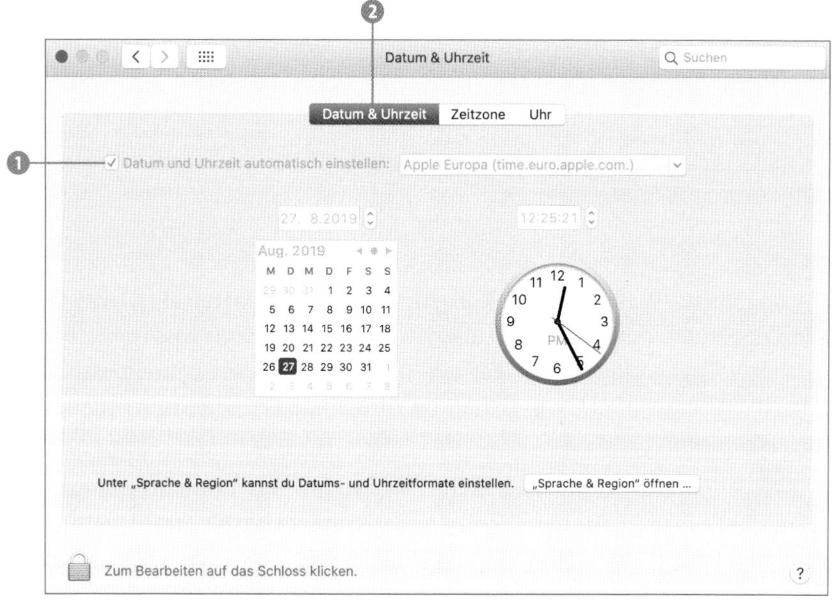

Abbildung 19.86
Hier passiert alles automatisch – die Systemeinstellungen zu »Datum & Uhrzeit«.

Freigaben

∧ **Abbildung 19.87**
Icon des Bereichs »Freigaben«

Über den Bereich **Freigaben** kontrollieren Sie alle Netzwerkfreigaben für Ihren Mac. Sie können hier beispielsweise Ordner im Netzwerk freigeben (siehe dazu auch den Abschnitt »Dateien auf den Mac übertragen – Laufwerke und Datenträger anschließen« ab Seite 161), den Internetzugang mit anderen Anwendern teilen oder den Zugriff auf angeschlossene Drucker erlauben. Praktisch ist, dass Sie im linken Bereich die Funktion nach Belieben mit einem Häkchen ③ aktivieren oder deaktivieren können, die getätigten Einstellungen im rechten Bereich davon aber unbehelligt bleiben und Sie sie also nicht jedes Mal aufs Neue vornehmen müssen.

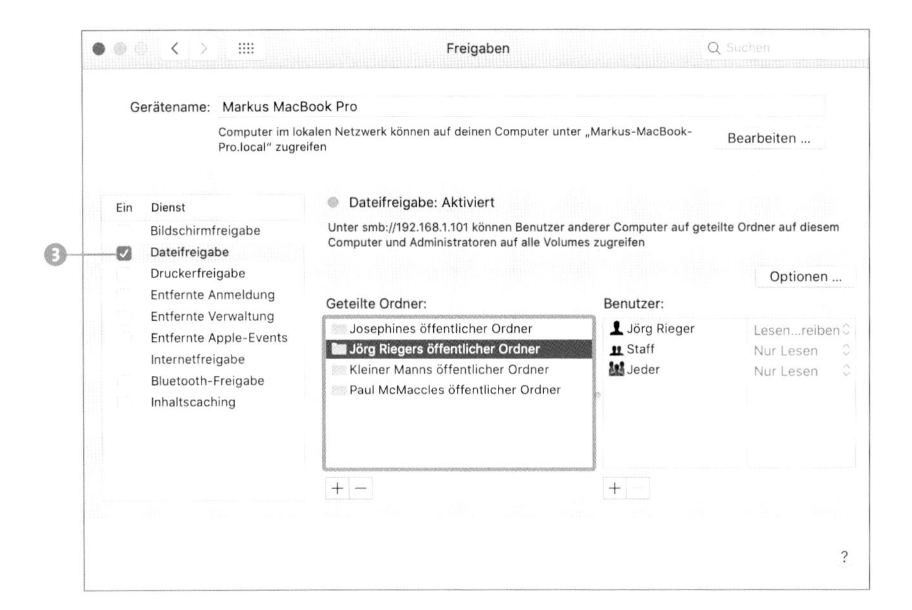

< **Abbildung 19.88**
Teilen leicht gemacht – in den »Freigaben« sehen Sie mit einem Blick, was Sie mit wem am Mac so teilen.

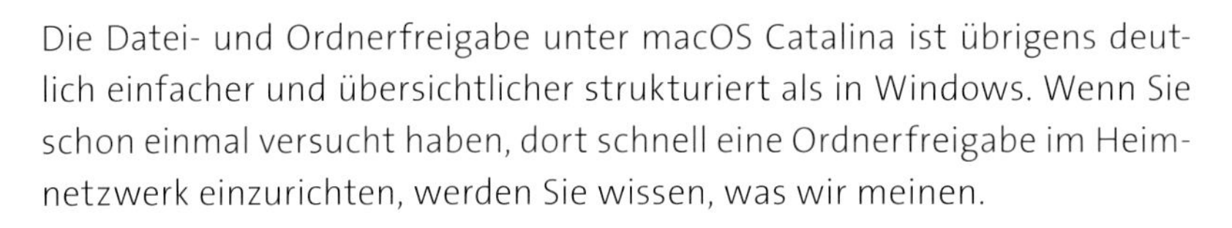

Die Datei- und Ordnerfreigabe unter macOS Catalina ist übrigens deutlich einfacher und übersichtlicher strukturiert als in Windows. Wenn Sie schon einmal versucht haben, dort schnell eine Ordnerfreigabe im Heimnetzwerk einzurichten, werden Sie wissen, was wir meinen.

Time Machine

∧ **Abbildung 19.89**
Icon des Bereichs »Time Machine«

Zurück in die Datenzukunft. Time Machine ist die Datensicherung für Ihren Mac. Alle Einstellungen erklären wir Ihnen ausführlich in Kapitel 18, »Updates, Problemlösung, Datensicherung«, ab Seite 394.

Abbildung 19.90 >
Die Time Machine ist der Datenretter, wenn Sie Ihre Dateien versehentlich gelöscht oder überschrieben haben.

Startvolume

^ Abbildung 19.91
Icon des Bereichs »Startvolume«

In der Rubrik **Startvolume** legen Sie fest, mit welchem System Ihr Mac standardmäßig geladen werden soll ❶. Haben Sie beispielsweise macOS Catalina und Windows mit Boot Camp installiert, stehen Ihnen hier zwei Systemfestplatten zur Verfügung. Wählen Sie einfach das Laufwerk aus, von dem aus Sie zukünftig starten möchten.

Zusätzlich haben Sie bei jedem Neustart Ihres Macs die Möglichkeit, das Startvolume mit gedrückter `option`-Taste vorübergehend zu ändern und auf eine eventuell angeschlossene externe Festplatte umzuschalten. Mehr Informationen zur Verwendung von Windows auf dem Mac finden Sie in Kapitel 20, »Windows auf dem Mac: das perfekte Team«, ab Seite 437.

Abbildung 19.92 >
Unter »Startvolume« legen Sie fest, von welcher Festplatte der Mac standardmäßig bootet.

Eine Funktion, die man als Windows-Anwender so gar nicht kennt, ist **Festplattenmodus** ❷. Allerdings ist dieser Menüpunkt hier etwas fehlplatziert, denn Sie brauchen ihn eigentlich nur, wenn Ihr Mac nicht mehr startet und Sie ihn dann an einem anderen Mac als externe Festplatte verwenden möchten. Das klingt exotisch, und das ist es auch.

CDs & DVDs

Bei nahezu allen neuen Macs gibt es kein CD/DVD-Laufwerk mehr. Daher wird dieser Punkt auf den meisten Geräten in den Systemeinstellungen gar nicht angezeigt. Der Vollständigkeit halber haben wir diese Einstellungsoption hier aber mit aufgenommen. Natürlich erscheint die Option bei per USB angeschlossenen Laufwerken, allerdings erst nach einem Neustart des Computers.

^ **Abbildung 19.93**
Icon des Bereichs »CDs & DVDs«

Sie haben sich schon unter Windows über die immer wiederkehrenden Aktionsmeldungen beim Einlegen von CDs oder DVDs geärgert? Wie Sie sicher schon festgestellt haben, spart auch macOS Catalina nicht mit Meldungen, wenn es sich um beschreibbare Medien, Musik-, Video- oder Bilder-CDs und -DVDs handelt. Nur im Menüpunkt **CDs & DVDs** kann man Herr über alle Aktionen werden.

Über die Pulldown-Menüs sind verschiedene Einstellungen möglich. Puristen wählen natürlich immer **Keine Aktion**. Dann schweigt macOS Catalina und wartet geduldig, bis Sie selbst eingreifen und beispielsweise ein Programm zum Abspielen von Musik oder zum Brennen einer CD starten. Die Voraussetzung ist natürlich, dass Sie die Alternativen zu den von Apple vorgegebenen Apps kennen.

Nur wenn CD verfügbar

Das Feld für die CD-Einstellungen erscheint nur dann in den Systemeinstellungen, wenn ein CD-Laufwerk an den Mac angeschlossen wurde.

^ **Abbildung 19.94**
Keine lästigen Alleingänge von macOS Catalina? Hier können Sie zumindest beim Einlegen von CDs und DVDs für Ordnung sorgen.

»Sonstige«

Was bei Veranstaltungen gern unter dem Begriff *Verschiedenes* läuft, ist in den Systemeinstellungen die Rubrik *Sonstige* (siehe die letzte Zeile der Systemeinstellungen in Abbildung 19.1 auf Seite 403). Dort packt macOS Catalina alles hinein, was nachträglich auf Ihrem Mac installiert wird. Diese Reihe erscheint also auch nur in diesem Fall in den Systemeinstellungen. Leider legt Catalina hier eine gepflegte Inkonsequenz an den Tag. Denn selbst die Einstellungen von zusätzlicher Hardware, beispielsweise eines Grafiktabletts, landen hier und nicht bei der Hardware.

Abbildung 19.95
Alles, was nicht direkt zuzuordnen ist, wie hier die Einstellungen für ein Grafiktablett von Wacom, landet in der letzten Zeile der Systemeinstellungen.

20 Windows auf dem Mac: das perfekte Team

Ein Mac ist eine feine Sache – optisch richtig schön, leicht zu bedienen und er bietet eine reibungslose Zusammenarbeit mit iPhone, iPad und Co. Trotzdem sind Sie mit ihm klar in der Minderheit, denn über die 15-Prozent-Hürde schafft es Apple nicht, der Rest hat Windows an Bord. Daher werden Sie als Apple-Anwender oftmals mit Fragen konfrontiert, z. B. ob denn der Datenaustausch auch wirklich problemlos klappt, wenn Sie ein Dokument von einem Windows-PC erhalten oder wenn Sie selbst ein Bild von Ihrem Mac an einen PC-Besitzer mailen.

< Abbildung 20.1
Ziemlich beste Freunde – Windows 10 und macOS Catalina sind gar kein schlechtes Team.

Zugegeben, es gibt auch am Mac einige wenige Nachteile: Viele Spiele laufen nicht unter macOS, und auch die eine oder andere Anwendungssoftware bleibt den Windows-Usern vorbehalten. Doch Sie müssen weder auf den 3D-Shooter noch auf Ihr Steuererklärungsprogramm oder CAD verzichten, denn macOS kann auch Windows. Und zwar so gut, dass

Ihre Bekannten mit PCs spätestens dann zum Mac wechseln werden, wenn sie sehen, was Sie damit alles auf die Beine stellen – versprochen! Die landläufige Meinung, dass Macs und Windows-PCs inkompatibel sind, ist schon seit Jahren Schnee von gestern.

Windows und macOS – zu 99 % kompatibel

Die gute Nachricht gleich zu Beginn: Windows und macOS sind in weiten Teilen kompatibel. Der Datenaustausch klappt völlig reibungslos. Im Folgenden beantworten wir kurz die häufigsten Fragen zur Mac-Windows-Kooperation:

- **E-Mails:** E-Mails vom Mac können natürlich auf dem PC empfangen werden und umgekehrt. Das E-Mail-Format ist universell, und daher sind die Nachrichten auch immer lesbar. Schwierigkeiten gibt es nur dann, wenn Sie z.B. auf die Gestaltungsvorlagen von Apple Mail zurückgreifen und E-Mails mit Seitenhintergründen verschicken. Da kann es passieren, dass der Empfänger auf dem PC nur den Text lesen kann und das Hintergrundbild als separaten Anhang erhält. Umgekehrt kann das auch passieren, denn auch mit Windows Mail lassen sich gestaltete E-Mails versenden.

  Ebenfalls ein häufiges Problem: Wenn Sie Bilder an einen PC-User versenden, erhält dieser sie häufig »eingeklebt« in der E-Mail ohne einen Anhang zum Herunterladen. Das hängt vom jeweiligen Anbieter oder Mail-Programm ab. Sie können daran leider nichts ändern, außer die Bilder als ZIP-Ordner zu komprimieren und im Paket zu versenden. Dann kommen sie tatsächlich als »echter Anhang« an.
- **Bilder:** Bilder sind völlig unabhängig vom Betriebssystem. Hier können Sie problemlos mit Windows-Anwendern zusammenarbeiten. Egal ob der Datenaustausch über USB-Stick, E-Mail oder CD erfolgt – Windows und Mac verstehen sich bei Digitalfotos hervorragend.
- **Dokumente:** Bei Dokumenten, die mit Programmen erstellt wurden, die es am Mac und auf dem PC gibt, ist der Datenaustausch einfach. Ein Microsoft-Word-Dokument kann am Mac erstellt und dann auf dem PC weiterbearbeitet werden und umgekehrt. Das gilt auch für OpenOffice-Dokumente und andere Programme. Schwieriger wird es bei den iWork-Programmen von Apple. Hier müssen Sie die Datei für die Weitergabe über **Speichern unter** in einem für Windows-Computer geeigneten Format sichern.

Zusätzlich kann es beim Austausch von Dokumenten zwischen Mac und Windows zu Darstellungsfehlern kommen. Dann nämlich, wenn am Erstellungscomputer andere Schriften verwendet werden als am Empfängercomputer. Die Lösung lautet hier: PDF (siehe den Abschnitt »Textdokumente als PDF weitergeben« ab Seite 194) – damit ist gewährleistet, dass alle die gleiche Ansicht des Dokuments haben. Allerdings kann der Empfänger des PDF-Dokuments keine Änderungen darin vornehmen.

Einige weitere wichtige Themen, die bei der Arbeit mit Mac und PC aufkommen, werden wir in den folgenden Abschnitten behandeln.

Ihr Mac als echter PC dank Boot Camp

In jedem Mac steckt ein PC, aber in keinem PC ein Mac. Das Potenzial kann man nutzen, und tatsächlich kann man den Mac innerhalb kurzer Zeit zusätzlich zu einem echten PC umfunktionieren und beim Systemstart wählen, in welche Welt man eintauchen möchte. Das klappt mit dem Programm *Boot Camp* von macOS und ist dann empfehlenswert, wenn Sie z.B. unter Windows aufwendige 3D-Spiele spielen oder mit einer Windows-Anwendung arbeiten möchten, die viel Rechner-Power benötigt. Dann wird über Boot Camp Windows ganz ohne »macOS-Ballast« geladen. Und beim nächsten Systemstart entscheiden Sie sich einfach neu.

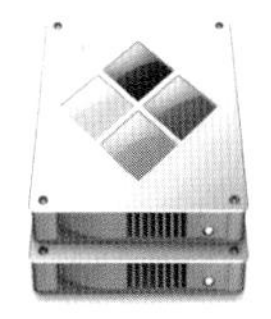

Abbildung 20.2
Boot Camp bringt den PC auf den Mac.

Sie benötigen in jedem Fall eine Windows-Lizenz. Und kramen Sie jetzt bitte nicht Windows 98 aus dem Schrank hervor; Windows 8 ist hier absolute Grundvoraussetzung, sonst klappt die Installation erst gar nicht.

Die Installation von Boot Camp ist recht komplex, und Apple bemüht sich redlich, es nicht ganz so leicht zu machen, die Konkurrenz auf den Rechner zu bringen. Wir haben die Vorgaben in einer Checkliste zusammengefasst – so ersparen Sie sich unnötigen Ärger:

- Installation von Windows 8, 8.1 und 10: nur mit Macs ab Baujahr Mitte 2011 möglich
- Installation anderer Betriebssysteme als Windows: nicht möglich

Für die Installation sind einige Dinge notwendig:

- Hauptfestplatte mit nur einer Partition und mindestens 40 Gigabyte freiem Speicher
- ein Mac mit Baujahr 2014 oder jünger

Lieber virtuelles Windows

Unser Tipp: Es lohnt sich, Windows als virtuelles System zu installieren und Boot Camp zu ignorieren. Die Installation ist komplex, und es ist in den meisten Fällen viel praktischer, Windows einfach unter macOS virtuell im direkten Zugriff zu haben. Tools wie *Parallels Desktop* bieten hier eine perfekte Lösung. Mehr dazu lesen Sie im Abschnitt »Parallels Desktop 15« ab Seite 445.

Für Fortgeschrittene

Sie sollten Boot Camp nur dann installieren, wenn Sie sich mit macOS schon ein wenig auskennen. Die Installation ist für Einsteiger nicht immer ganz einfach. Wenn Sie trotzdem Windows auf Ihrem Mac haben wollen, beginnen Sie besser mit den virtuellen Systemen. Sie werden im folgenden Abschnitt ab Seite 444 erklärt.

Wir leiten Sie durch die notwendigen Schritte – also keine Sorge, macOS passiert dabei nichts. Allerdings schadet es nicht, vorher das System per Time Machine zu sichern (siehe den Abschnitt »Datensicherung mit Time Machine« ab Seite 394) – für den Fall der Fälle, der aber bei uns in der Praxis wirklich noch nie aufgetreten ist.

Was immer passieren kann: Sollten Sie in Ihrem System Ihre Festplatte schon unterteilt haben, funktioniert die Installation von Boot Camp nicht, Sie sehen dann eine entsprechende Fehlermeldung. In diesem Fall müssen Sie Ihre Systemfestplatte im Mac über das Festplattendienstprogramm wieder zu einer Partition vereinen oder macOS komplett neu installieren. Unser Tipp: Lassen Sie das jemanden erledigen, der sich mit der Materie auskennt, sonst droht der Verlust von Daten (siehe den nebenstehenden Kasten »Für Fortgeschrittene«).

Boot Camp installieren

Windows auf externer Festplatte?

Praktisch wäre es schon, Windows über Boot Camp einfach auf eine USB-Festplatte zu laden. Das funktioniert leider nicht, was aber weniger an macOS liegt als an Windows, das diese Funktionalität nicht unterstützt.

Auch wenn wir im Kasten oben Einsteigern virtuelle Systeme empfehlen, zeigen wir zunächst, wie Sie mit Apples Boot Camp Ihr Windows einrichten: Zuerst laden Sie das ISO-Image von Windows 10 herunter und kopieren es auf einen USB-Stick. Den USB-Stick entfernen Sie nach dem Kopiervorgang von Ihrem Mac.

Im Ordner **Programme** finden Sie unter **Dienstprogramme** das Boot-Camp-Symbol – dort wird sich entscheiden, wie und wo Windows zukünftig auch unter macOS Catalina beheimatet sein wird.

Starten Sie die Installation per Doppelklick auf das Programmsymbol. Auf dem Startbildschirm gibt es noch nicht viel zu tun, höchstens die Hilfe können Sie hier aufrufen. Ansonsten wählen Sie einfach **Fortfahren** ❶ aus.

Im folgenden Bildschirm erfahren Sie, wo die Installationsdatei abgelegt wurde ❷, und können den Speicherort für das ISO-Image neu festlegen. Jetzt ist der richtige Zeitpunkt, um den USB-Stick wieder einzustecken und ihn im Feld **ISO-Image** auszuwählen.

Im gleichen Fenster wird Ihre Festplatte unterteilt bzw. auf Wunsch eine zweite, eingebaute Festplatte in Ihrem Mac komplett für Windows verwendet. Wir empfehlen hier eine Partitionsgröße zwischen 45 und 50 Gigabyte, wenn Sie nicht planen, viele aufwendige Spiele unter Windows zu installieren. Allerdings ist eine nachträgliche Änderung schwierig, daher sollten Sie lieber zu viel Platz einplanen als zu wenig. 3D-Actionspiele beispielsweise benötigen gut und gerne 5 bis 10 Gigabyte Platz, da wird es schnell eng. Unproblematisch sind hingegen zumeist Office-Software und Anwendungen wie Mail-Programme und Browser.

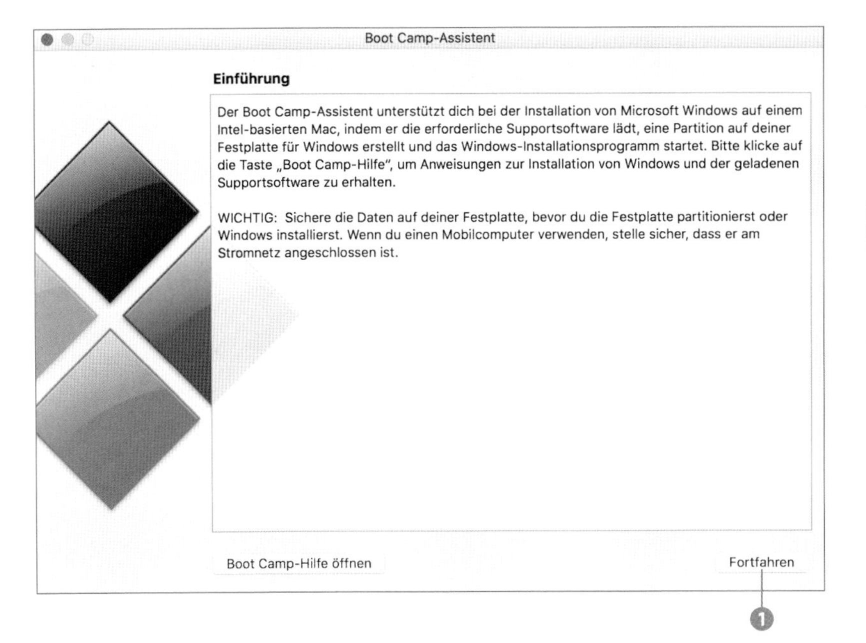

< **Abbildung 20.3**
Unspektakulär – der Startbildschirm von Boot Camp

In diesem Fall müssen Sie die Partition für Windows also über den Trennstrich in der Mitte vergrößern ❸. Wählen Sie außerdem den Speicherort für die Installationsdatei von Windows ❹. Wie Sie Windows 10 mit Parallels Desktop installieren, beschreiben wir ab Seite 449.

Ein Klick auf **Installieren** ❺ startet die Aufteilung der Festplatte. Das geschieht natürlich virtuell: Auch wenn Sie später zwei Festplatten sehen, bleibt Ihre eingebaute Platte »am Stück«.

Speicherplatz

Standardmäßig ist es nicht vorgesehen, dass Sie eine Boot-Camp-Partition vergrößern, sobald der Platz knapp geworden ist. Das ist ärgerlich, aber mit Camptune von Paragon Software ein durchaus lösbares Problem (*www.paragon-software.com*).

∧ **Abbildung 20.4**
Mit Camptune können Boot-Camp-Partitionen auch nachträglich noch angepasst werden.

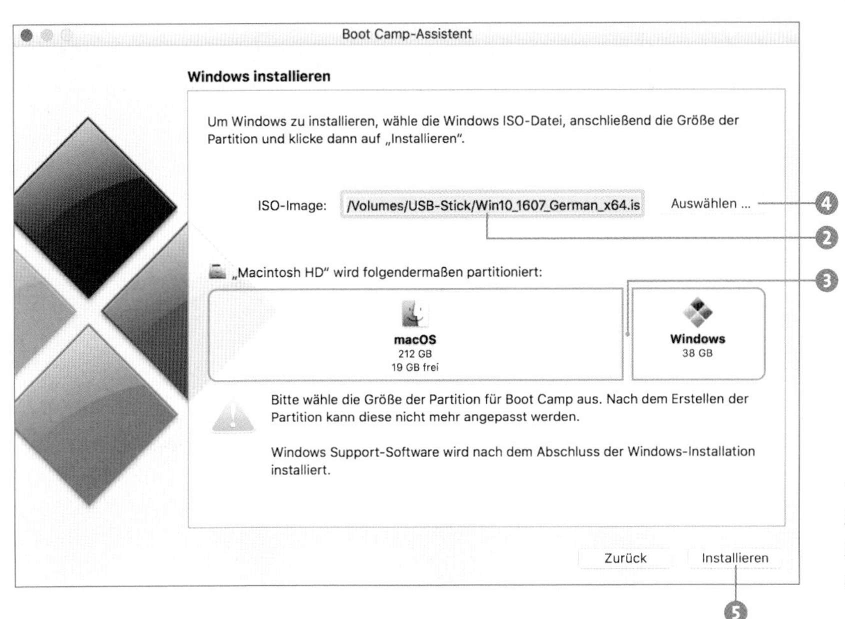

< **Abbildung 20.5**
Die Einstellung für die Windows-Festplattengröße sollte über 30 Gigabyte liegen.

Schreckgespenst Partitionieren

Keine Panik – beim Partitionieren der macOS-Systemfestplatte gehen natürlich keine Daten verloren. Sie können dies daher ohne Sorge durchführen. Anders verhält es sich bei NTFS- oder FAT-Festplatten. Hier funktioniert eine neue Aufteilung nur mit einem gleichzeitigen Löschvorgang. macOS zeigt vor dem endgültigen Daten-K.-o. aber immer einen deutlichen Warnhinweis an.

Jetzt werden noch Treiberdaten aus dem Internet geladen, und dann wird der Neustart des Systems eingeleitet und Windows auf Ihrem Mac gestartet.

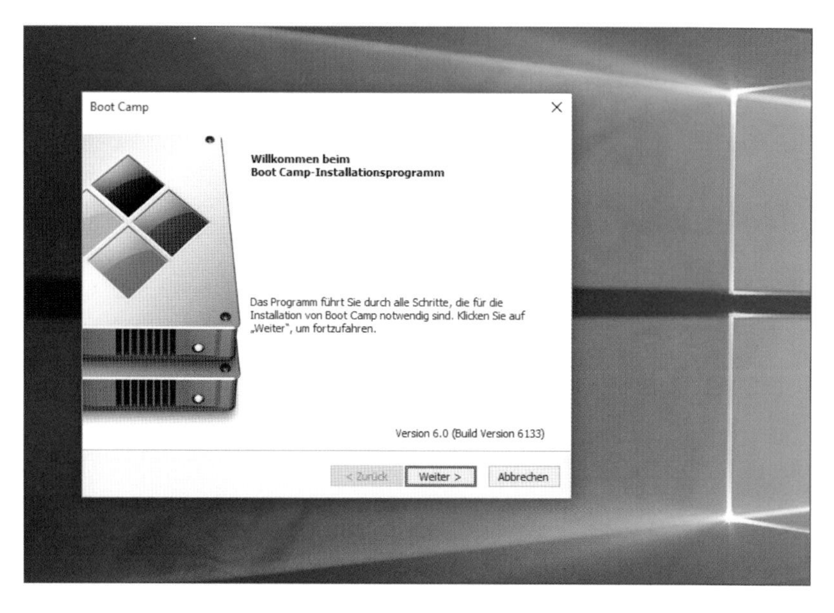

∧ **Abbildung 20.6**
Das Apple-Tool erscheint direkt beim ersten Windows-Start.

Danach ist Ihr Windows am Mac einsatzbereit und kann direkt verwendet werden.

Abbildung 20.7 >
Windows auf dem Mac – nichts erinnert an das Apple-System.

Windows oder macOS? Der Start entscheidet

Ganz wichtig – wie kommen Sie von Windows wieder zurück zu macOS? Dazu müssen Sie Windows neu starten und, sobald der Bildschirm schwarz wird, die option-Taste gedrückt halten. Nun erscheinen jene Festplatten auf dem Bildschirm, die ein Betriebssystem enthalten. Die Auswahl erfolgt mit den Pfeiltasten auf der Tastatur und einem Druck auf ↵, alternativ auch per Maus und Trackpad. *Macintosh HD* steht immer für das macOS-Betriebssystem, *Windows* für das Windows-System. Somit entscheiden Sie bei jedem Einschalten aufs Neue, welches Betriebssystem geladen wird.

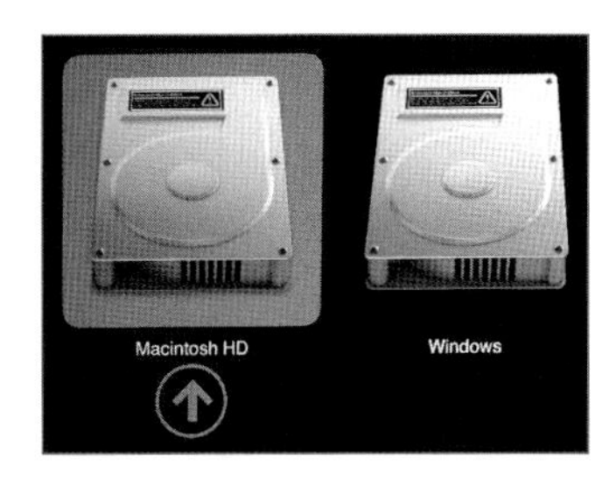

Abbildung 20.8
Welches System soll es denn sein? Die gedrückte option*-Taste entscheidet beim Systemstart.*

Sie sehen, Windows auf dem Mac ist eigentlich ganz einfach. Allerdings ist es bei Boot Camp nicht möglich, im laufenden Betrieb auf macOS umzuschalten oder gar Windows-Programme unter der macOS-Oberfläche auszuführen. Mit Boot Camp haben Sie einfach einen zusätzlichen vollwertigen Windows-PC mit voller Leistung.

Die Mac-Tastatur unter Windows

Sie haben gerade Windows auf Ihren Mac geladen und suchen verzweifelt nach den Tasten, die Sie auf Ihrer PC-Tastatur hatten? Zudem funktionieren die *Auswerfen*-Taste und die von Apple gewohnten Tastenkombinationen nicht mehr? Um Sie nun vollends zu verwirren, hat Apple sich für Mac-Notebooks und Mac-Desktop-Computer teils unterschiedliche Tastenkombinationen ausgedacht. Ja, Apple versucht nicht gerade, Ihnen die Arbeit mit Windows am Mac zu versüßen. Wir versuchen mal, ein wenig Licht ins Dunkel zu bringen. So entlocken Sie €-Zeichen, @ und Co. auch der Mac-Tastatur:

- Anstatt wie am PC AltGr + E zu drücken, um ein €-Zeichen zu zaubern, müssen Sie nun control + option + E drücken.
- Ähnliches gilt für das @-Zeichen. Hier kommt erschwerend hinzu, dass es auf der Mac-Tastatur ja bei L zu finden ist, unter dem Boot-Camp-Windows aber natürlich wieder auf Q platziert ist. Drücken Sie also control + option + Q.
- Alle Funktionstasten der dritten Tastaturebene des PCs, die bisher über AltGr + Taste angesprochen wurden, können Sie auf dem Mac-Keyboard mit control + option + Taste ansprechen.

Das ist Ihnen zu kompliziert? Wenn Sie möchten, können Sie sich für die Arbeit im virtuellen Windows auch einfach eine PC-Tastatur bereitlegen und diese statt der Mac-Tastatur verwenden.

Im Parallelbetrieb: Windows virtualisieren

Windows in macOS? Das ist mit der passenden Software kein Problem. Diese simuliert einen vollwertigen PC, auf dem sich viele Windows-Versionen wohlfühlen, selbst der Betrieb von MS-DOS-Versionen ist je nach App möglich.

Der Vorteil dieser sog. *Virtualisierungsprogramme*: Sie arbeiten ganz normal unter macOS und schalten Ihr Windows wie eine macOS-App dazu. Sie können auch unzählig viele beliebige virtuelle Computer anlegen. Also beispielsweise einen mit Windows XP, einen mit MS-DOS und einen mit Windows 7 – Grenzen setzt hier nur die Kapazität Ihrer Festplatte. Die virtuellen Windows-Programme arbeiten alle voll integriert und unterstützen zumeist den Datenaustausch mit dem Mac. Sprich, Sie können Daten vom Windows-Desktop direkt auf den Mac-Schreibtisch kopieren oder Dateien gemeinsam nutzen. Auch Drucker und Netzwerkverbindungen werden automatisch erkannt, installiert und von macOS einfach übernommen.

macOS virtuell

Sogar macOS kann in Parallels Desktop und VirtualBox installiert werden, quasi ein »macOS im macOS«. Diese Möglichkeit ist aber eher für Entwickler relevant, im Alltag werden Sie wohl kaum ein zweites Catalina benötigen.

Die bekannteste App für »Windows auf dem Mac« ist *Parallels Desktop*. Damit wird ein virtueller PC erzeugt, in dem Windows installiert wird. Keine Sorge, Windows »merkt« nicht, dass es ab sofort nur Beiwerk ist und nur noch dann läuft, wenn es wirklich sein muss. Windows läuft wie ein macOS-Programm, also ganz ohne Neustart. Schön ist, dass Sie die Software 14 Tage unverbindlich und ohne Einschränkung testen können und erst dann die Vollversion kaufen müssen.

Und was ist mit den Viren?

Obwohl die Internetverbindung der virtuellen Windows-Rechner über einen Mac läuft, kommen Viren natürlich trotzdem durch und können in Windows die bekannten Schäden anrichten. Das Ärgernis beschränkt sich aber definitiv auf die virtuelle Maschine, Ihr Mac bleibt, wie gewohnt, virenfrei. Auch andere eventuell angelegte virtuelle Maschinen sind dann nicht betroffen.

Auch die *VirtualBox* von Oracle muss hier erwähnt werden. Die komplett kostenlose Software ist ebenfalls recht einfach zu bedienen, allerdings eher für Bastler geeignet: Um den vollen Funktionsumfang nutzen zu können, sind hier einige zusätzliche Einstellungen und Erweiterungen notwendig.

Wichtig: Sie benötigen in jedem Fall eine gültige Windows-Lizenz – ohne diese geht es nicht. Und übrigens »telefoniert« auch das virtuelle Windows mit Microsoft, d. h., die Produktaktivierung können Sie nicht umgehen.

Grundsätzlich muss man mit Geschwindigkeitseinbußen rechnen, wenn man aufwendige Windows-Software am Start hat. Aber selbst grafisch opulente Spiele funktionieren mit dem virtuellen Windows reibungslos, ein entsprechend schneller Mac vorausgesetzt. Beim Arbeitsspeicher sollten Sie für flüssiges Arbeiten 16 Gigabyte im Mac integriert haben. Überlegen Sie daher schon beim Computerkauf, ob Sie ein virtuelles Windows nutzen wollen, und sorgen Sie für ordentlich »Power«.

Parallels Desktop 15

∧ **Abbildung 20.9**
Parallels bringt Windows (und andere Betriebssysteme) unter macOS auf den Mac.

Diese bekannte Virtualisierungsmöglichkeit bringt Ihr altes Windows ins neue macOS – ganz einfach als virtuelles Betriebssystem. Mit wenigen Mausklicks können dann Ihre Windows-Programme so integriert werden, dass Sie gar nicht mehr bemerken, dass sie eigentlich mal unter Windows liefen.

Windows kann entweder in einem kompletten Programmfenster laufen oder im *Coherence-Modus*, der beide Betriebssysteme miteinander kombiniert. Sie merken fast gar nicht mehr, ob eine Anwendung unter Windows oder macOS abgespielt wird.

Erstaunlich – Sie können sogar Ihr macOS Catalina nochmals als virtuelles Betriebssystem installieren. Das ist aber nun doch eher für Programmierer und Softwareentwickler gedacht, die ständig mit Beta-Versionen neuer Programme arbeiten müssen und bei denen ein Systemcrash andernfalls quasi an der Tagesordnung wäre. Mit der virtuellen Maschine hat man dann eben nicht den kompletten Computer lahmgelegt, sondern kann das virtuelle System mit wenigen Mausklicks wiederbeleben.

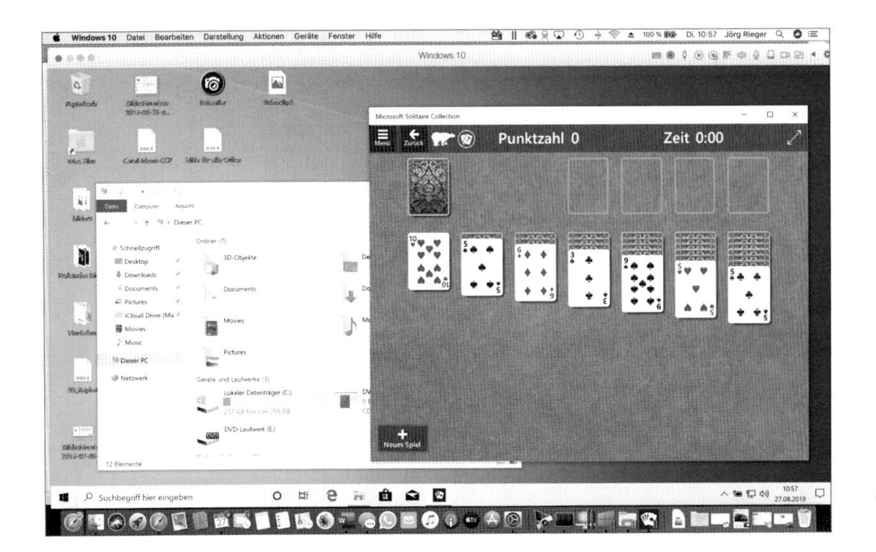

< **Abbildung 20.10**
Parallels Desktop lässt auch das aktuelle Windows 10 einfach als Programm unter macOS laufen.

Installation von Parallels

Die Installation führen Sie so durch, wie im Abschnitt »Programme installieren« ab Seite 129 beschrieben. Dabei genügt ein Doppelklick auf die von *www.parallels.com* heruntergeladene Datei. Beim Ausführen der Installation sind allerdings Freigaben von macOS erforderlich, und es erscheint der folgende Hinweis:

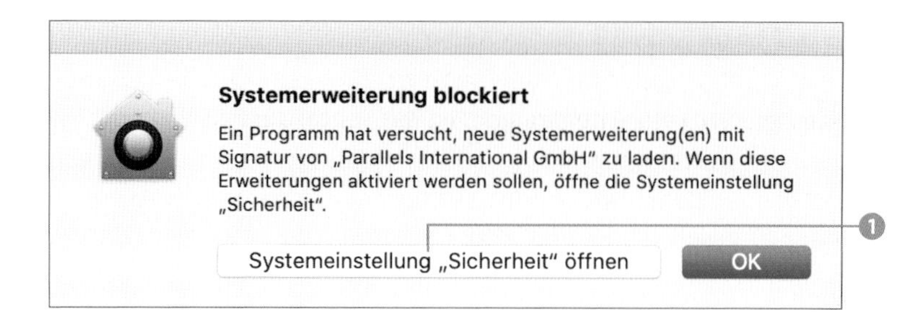

Abbildung 20.11 >
Blockadehaltung – Apple stoppt die Installation zunächst.

Klicken Sie auf **Systemeinstellung „Sicherheit" öffnen** ①, entsperren Sie diese per Klick auf das Schloss ②, und erlauben Sie die Installation ③.

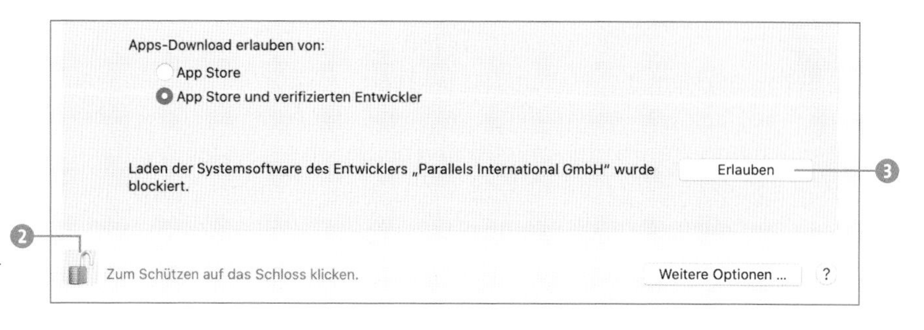

Abbildung 20.12 >
Per Klick erlauben Sie die Installation von Parallels Desktop.

Nach einem Neustart des Computers steht die Software dann zur Windows-Installation bereit.

Komplettumzug vom PC? Parallels Transporter hilft

^ Abbildung 20.13
Parallels holt Ihren kompletten PC einfach als virtuellen Computer auf Ihren Mac.

Wenn Sie Ihren PC so, »wie er ist«, auf den Mac übertragen wollen, klappt das ebenfalls mit Parallels. Die Software unter macOS holt sich das gesamte Windows-System via Netzwerkverbindung, konfiguriert es neu, und kurze Zeit später ist Ihr PC komplett virtuell unter macOS einsatzbereit – mit allen Daten, Programmen und lieb gewonnenen Eigenheiten, die ein Windows-PC so bietet. Klingt komfortabel? Ist es in den meisten Fällen auch und erspart Ihnen im Extremfall mehrere Stunden Nachinstallation von dringend benötigten Windows-Programmen.

1. Parallels starten

Stellen Sie sicher, dass sowohl der Mac als auch der PC mit Ihrem Netzwerk verbunden sind, also über WLAN oder Datenkabel. Starten Sie die App an Ihrem Mac, und überspringen Sie den Startbildschirm mit dem Angebot, Windows 10 zu installieren.

Wählen Sie nun **Windows von einem PC übertragen** ①. Zuvor sollten Sie Ihren PC natürlich eingeschaltet haben, und er sollte auch im gleichen

Netzwerk aktiv sein wie Ihr Mac. Wenn beide über den gleichen Internetrouter (also über das Gerät, das bei Ihnen zu Hause die DSL- oder Kabelverbindung herstellt) angemeldet sind, ist das schon der Fall. Ein weiterer Klick erfolgt dann auf **Netzwerk** ❷.

Abbildung 20.14
Starten Sie die Übernahme von Windows ins »feindliche Lager«.

Abbildung 20.15
Die Übertragung des Windows-Computers per Netzwerk ist am komfortabelsten.

Am PC müssen Sie den *Parallels Transporter Agent* installieren und mit einem Administratorkonto angemeldet sein. Über *http://www.parallels.com/15/pc/* laden Sie das kleine Programm gratis herunter. Installieren Sie es dann auf Ihrem PC, und starten Sie es.

Abbildung 20.16
Der Transporter Agent auf dem PC sorgt für eine komfortable Datenübertragung.

2. Nummerncodes eingeben
Auf dem Mac erscheint nun ein Zahlencode, den Sie am PC eintippen müssen. Das dient der Sicherheit, damit auch wirklich der richtige PC kopiert wird.

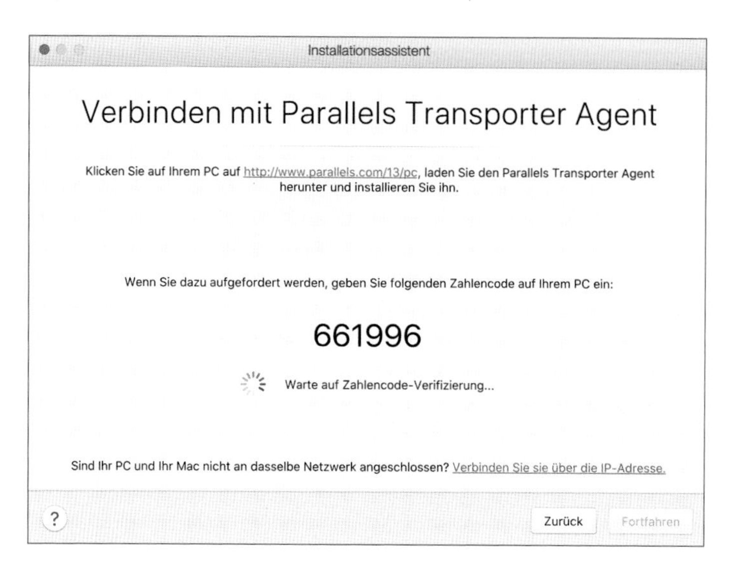

Abbildung 20.17 >
Eine Nummer für den schnellen Datentransfer wird am Mac angezeigt ...

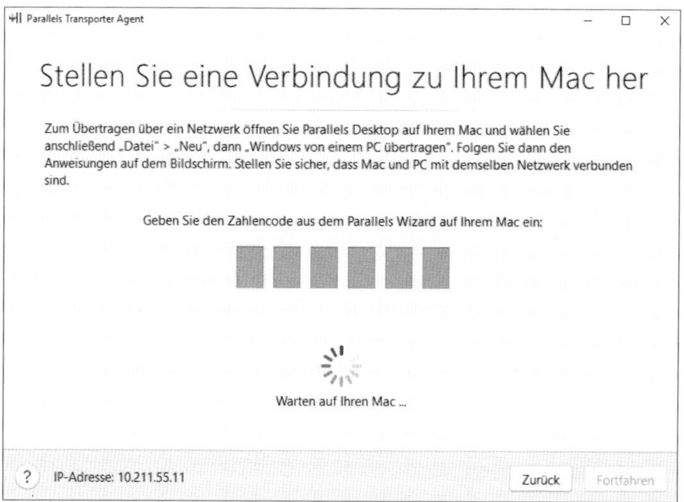

Abbildung 20.18 >
... und muss am PC eingetragen werden.

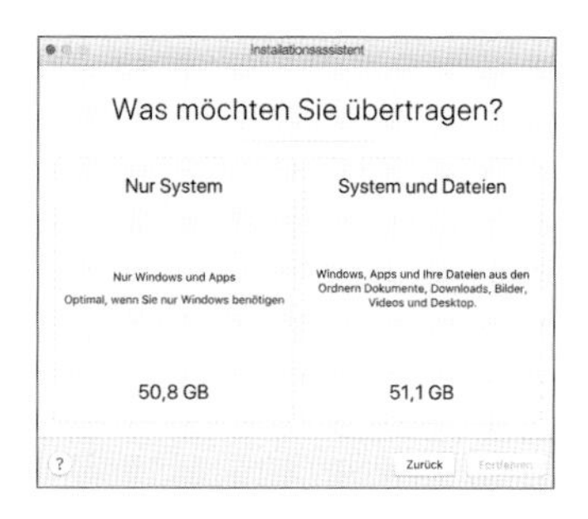

^ Abbildung 20.19
Vor dem Kopiervorgang wählen Sie noch, ob nur das Windows-System selbst oder auch alle persönlichen Daten transferiert werden sollen.

Hat das geklappt, startet der Kopiervorgang, der logischerweise, je nach Datenmenge, einige Stunden andauern kann. Danach ist Ihr PC über Parallels startklar – im Grunde genommen ganz so, wie Sie ihn das letzte Mal verlassen haben.

Mit Parallels Desktop Windows 10 installieren

1. Erste Schritte

Direkt beim ersten Start von Parallels können Sie Windows 10 herunterladen und installieren. Das spart Ihnen die Suche nach der Installationsdatei auf den Microsoft-Webseiten. Dieser Service ist kostenlos, Sie benötigen später für Windows 10 aber dennoch eine gültige Seriennummer.

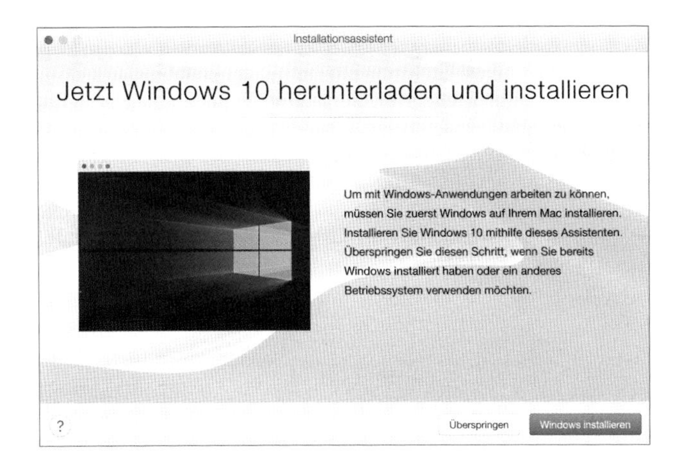

< **Abbildung 20.20**
Beim ersten Start wird angeboten, Windows 10 direkt zu laden und zu installieren.

Haben Sie diesen Service versehentlich oder absichtlich weggeklickt, ist das kein Drama – Sie können Windows 10 trotzdem installieren. Klicken Sie auf **Holen Sie sich Windows 10 von Microsoft** ①. Alternativ können Sie, sofern Sie die Installationsdatenträger oder ISO-Datei haben, auch andere Betriebssysteme und Windows-Versionen installieren ②.

< **Abbildung 20.21**
Windows 10 soll frisch auf dem Mac installiert werden.

^ **Abbildung 20.22**
Parallels Desktop 15 ist schnell installiert.

2. Windows laden

Egal ob Sie schon eine Windows-10-Lizenz besitzen oder nicht – wählen Sie im nächsten Fenster immer die dritte Möglichkeit ③. Windows wird dann ganz normal im Testmodus installiert, und nach einiger Zeit wird um Registrierung oder Kauf einer Lizenz gebeten. So können Sie stressfrei ausprobieren, ob das virtuelle Windows Ihren Ansprüchen genügt. Klicken Sie nun auf **Fortfahren** ④.

Abbildung 20.23 >
Windows 10 wird in Parallels direkt heruntergeladen.

3. Windows-Installation

Im Anschluss wird Windows heruntergeladen. Das kann, je nach Internetverbindung, einige Zeit dauern, da hier rund 5 Gigabyte Daten auf Ihren Computer gesichert werden.

Abbildung 20.24 >
Viel zu tun – Windows wird geladen.

Die Installation von Windows selbst erledigt Parallels Desktop ohne weitere Rückfrage im Hintergrund.

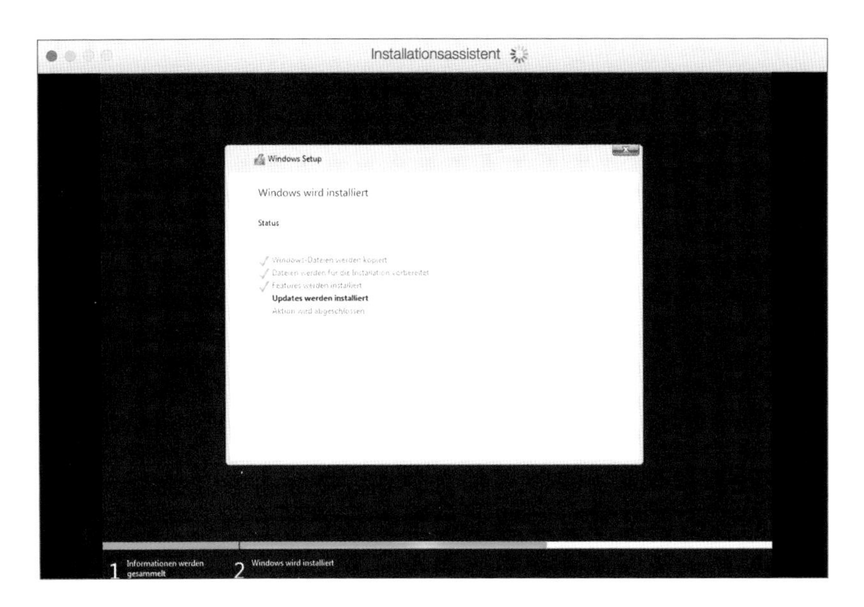

< **Abbildung 20.25**
Zauberei – Parallels übernimmt die Windows-Installation ganz automatisch.

∧ **Abbildung 20.26**
Die Installation ist abgeschlossen.

Beim Start präsentiert sich das virtuelle Windows 10 von seiner besten Seite, die Bedienung erfolgt ganz wie gewohnt. Drucker, Internet und andere Geräte sind direkt installiert, und auch der Windows-Desktop ist eine 1:1-Kopie Ihres Mac-Schreibtisches, die direkt synchronisiert wird. Was Sie am Mac in den Papierkorb ziehen, verschwindet auch vom Windows-Desktop und umgekehrt.

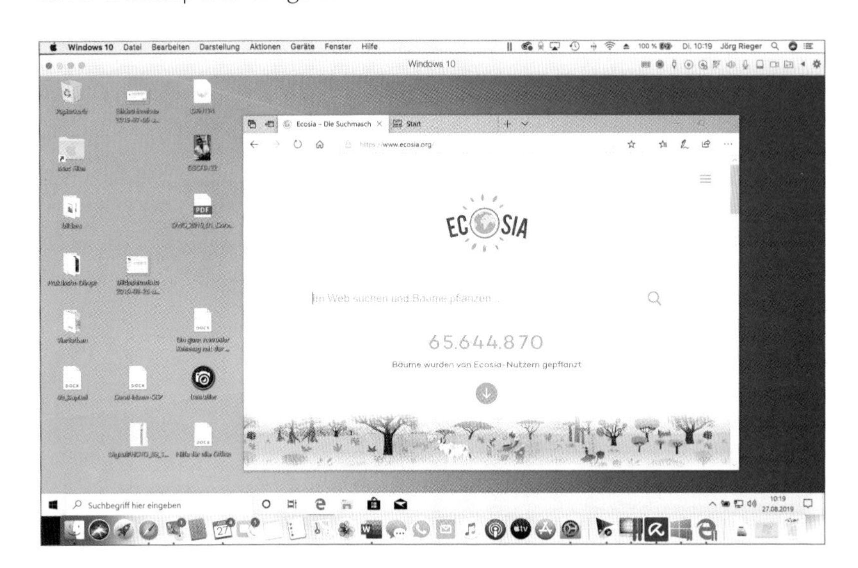

∧ **Abbildung 20.28**
Windows läuft nun einfach als App unter macOS und funktioniert wie gewohnt.

∧ **Abbildung 20.27**
Superpraktisch – nach der Installation von Parallels Desktop wird nach einiger Zeit die Installation der »Parallels Toolbox« automatisch angeboten. Diese Sammlung beinhaltet viele praktische Hilfsmittel für den Alltag am Mac und ist in den Menulets nach der Installation abrufbar.

4. Windows voll integriert

Während Apple mit *Boot Camp* (siehe den Abschnitt »Boot Camp installieren« ab Seite 440) böse Seitenhiebe verteilt und Windows schön getrennt hält, kann Parallels beide Systeme noch weiter zusammenführen. Hier greift der sog. *Coherence-Modus*, der über die Menüleiste von macOS gestartet wird.

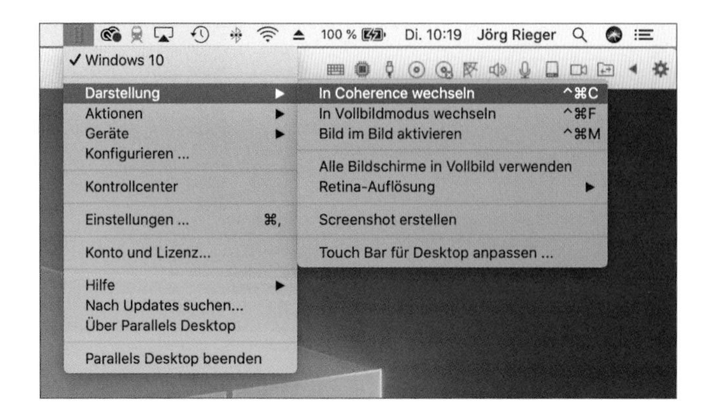

Abbildung 20.29 >
Der Coherence-Modus vermischt Windows und macOS.

Wenn Sie nun nochmals in das **Darstellung**-Menü gehen, haben Sie die Möglichkeit, die Windows-Taskleiste einblenden zu lassen. Das ist ganz praktisch, da sich diese hinter das Apple-Dock legt und direkten Zugriff auf das Startmenü von Windows bietet.

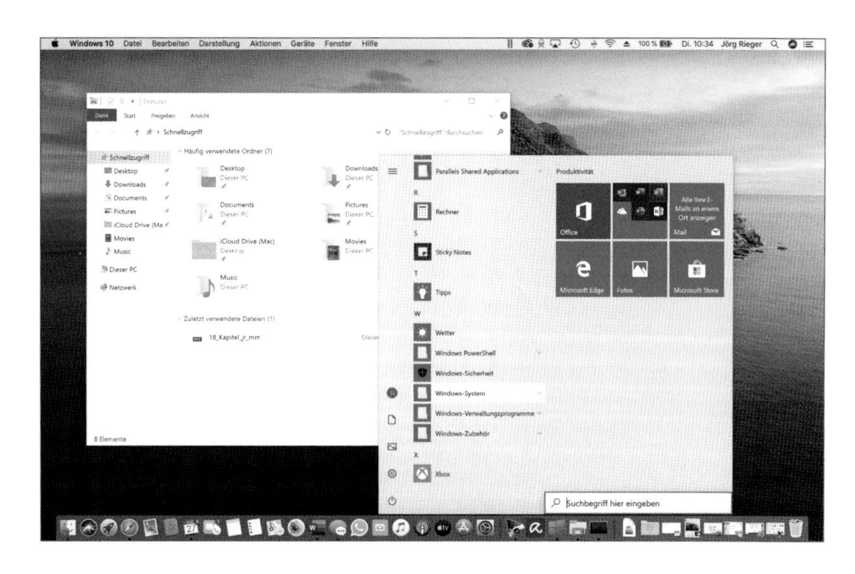

Abbildung 20.30 >
Windows-Startmenü, das Dock und Windows-Programme »schwebend«, ganz ohne Windows-Desktop

Wir finden, das ist eine ausgesprochen praktische Darstellungsform, wenn Windows-Programme ohne den bekannten Desktop ganz wie Mac-Apps ausgeführt werden können.

Besonderheiten bei USB- und DVD-Laufwerken

Parallels Desktop selbst gibt wenig Rätsel auf. Eine Besonderheit gibt es allerdings: USB- und CD-Laufwerke können nicht gleichzeitig von Parallels Desktop und macOS Catalina genutzt werden. Möchten Sie einen USB-Stick für Ihr virtuelles Windows nutzen, müssen Sie es daher im Menü **Geräte** auswählen. Es steht dann direkt bereit.

USB-Sticks oder externe Festplatten müssen Sie beim ersten Anschließen zuweisen. Die entsprechende Meldung wird immer eingeblendet, und Sie entscheiden, ob das Gerät über Parallels oder macOS genutzt werden soll.

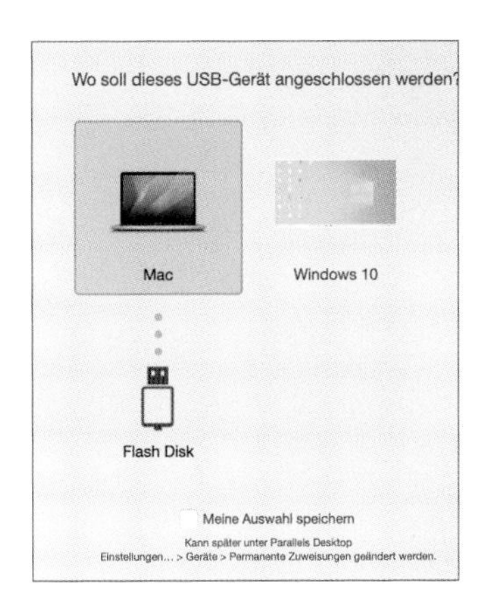

Abbildung 20.31
Hier entscheiden Sie, wo der USB-Stick verwendet werden soll.

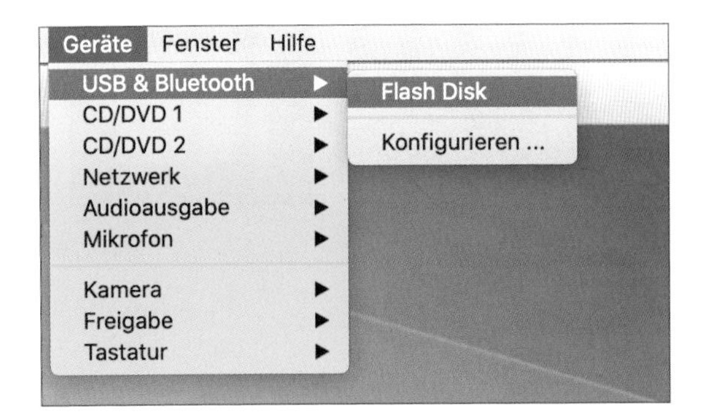

Abbildung 20.32
Verbinden Sie Laufwerke, USB-Sticks und andere Geräte mit Parallels Desktop, oder trennen Sie sie davon.

VirtualBox 6

VirtualBox von Oracle ist eine kostenlose Virtualisierungslösung. Sie wird von einer freien Entwicklergemeinde konzipiert und ist erstaunlich leistungsstark. Allerdings ist man als Einsteiger bei der Installation doch etwas mehr gefordert als bei Parallels; als ehemaliger Windows-Anwender sind Sie aber vielleicht komplexe Installationsroutinen gewohnt. Auch bietet die Basisinstallation recht wenig Komfort, da Windows hier abgekapselt in einem Fenster arbeitet und nicht nahtlos in macOS integriert ist. Die Lösung bietet zusätzliche Erweiterungssoftware. Diese ist zwar ebenfalls kostenlos, aber wenn Sie sie nutzen, brauchen Sie ziemlich viel Know-how und vor allem den Willen, viele Einstellungen auszuprobieren. Die Vorteile von VirtualBox liegen allerdings in der Geschwindigkeit, wenn es um pure Rechenleistung geht: Was an Komfort gespart wurde, wurde an Power hinzugegeben. Selbst 3D-Unterstützung für Spiele ist gegeben.

Abbildung 20.33
VirtualBox bringt Windows unter macOS völlig kostenlos ans Laufen.

Download von VirtualBox

Unter *www.virtualbox.org* können Sie die aktuellste Version der Virtualisierungslösung VirtualBox kostenlos herunterladen.

Unsere Empfehlung: Wer in die Windows-Welt unter macOS hineinschnuppern möchte, kann das auch mit VirtualBox ausprobieren. Für normale Software, z. B. für Buchhaltungsprogramme oder Ähnliches, ist VirtualBox in jedem Fall eine gangbare Lösung. Da die Installation jedoch recht komplex ist, können wir in diesem Einsteigerbuch nicht den gesamten Installationsprozess abbilden. Wir wollten diese App aber nicht unerwähnt lassen.

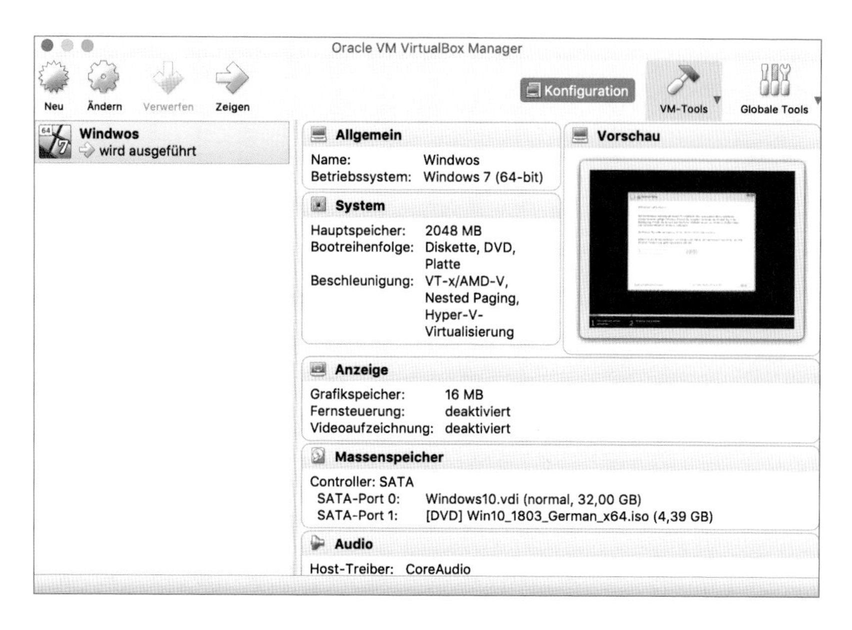

Abbildung 20.34 >
Ganz schön komplex – VirtualBox erfordert Fachkenntnisse, ist aber dafür kostenlos.

NTFS-Dateisystem – das kann kein Mac, oder doch?

^ **Abbildung 20.35**
Bringt macOS bei, NTFS-Datenträger von Windows nicht nur zu lesen, sondern auch Daten darauf zu schreiben.

Richtig problematisch ist am Mac unter macOS, dass dieses System mit dem NTFS-Dateisystem nicht allzu viel anfangen kann. Was bedeutet das für Sie? Nun, es kann hin und wieder passieren, dass Sie eine externe Festplatte mit diesem Format erhalten. Ihre NTFS-Partitionen kann man unter macOS Catalina zwar lesen, aber nicht beschreiben. Das bedeutet, Sie können zwar die Daten von Ihrer externen Festplatte auf den Mac kopieren, aber keine Daten vom Mac zurück.

Das ist ärgerlich. Abhilfe schafft hier ein kleines, praktisches Zusatzprogramm: *NTFS for Mac* von Paragon Software. Diese kleine Software installieren Sie einfach wie gewohnt, und schon kann macOS auch die Windows-eigenen Festplatten »knacken«. Sie merken bei der Arbeit über den Finder übrigens keinen Unterschied; das Programm tut einfach nur seine Arbeit. Lediglich in den Systemeinstellungen finden Sie einen Programmeintrag. Dort stehen einige wenige Einstellungsmöglichkeiten zur Auswahl, die im normalen Betrieb aber ganz und gar unwichtig sind.

Ach ja – um eines nicht zu vergessen: Die Software ist auch für Ihren PC ein praktisches Hilfsmittel. Dort hilft sie nämlich, Mac-formatierte Medien unter Windows aufzurufen und zu bearbeiten. Nur für den Fall, dass Sie doch mal wieder Ihren alten Personal Computer anwerfen.

NTFS for Mac

Unter *www.paragon-software.com* können Sie die aktuelle Version der praktischen Software *NTFS for Mac* für ca. 20 € kaufen.

21 Kurz und bündig: der Mac für Umsteiger

Wenn Sie bislang mit Windows gut zurechtgekommen sind, wird auch die Arbeit am Mac kein Problem für Sie sein. Vieles wird sogar leichter. Allerdings funktionieren manche Dinge unter macOS ganz anders als unter dem gewohnten Windows. Aus diesem Grund haben wir Ihnen hier in Kürze alles zusammengestellt, was Sie beim Umstieg beschäftigen könnte.

Mac-Vokabeln für Windows-Umsteiger

Die folgende Tabelle umfasst die wichtigsten Begriffe, die Sie bei der Arbeit mit dem Mac kennen sollten. Sie sind den jeweiligen Windows-Entsprechungen zugeordnet, damit Sie sich immer gut zurechtfinden.

Windows	Mac
System und Geräte (Einstellungen)	Allgemein & Monitore (Systemeinstellungen)
Benutzerkonten (unter **Einstellungen > Konten**)	Benutzer & Gruppen (Systemeinstellungen)
Schnellzugriff (Explorer)	Favoriten (Finder)
Sperrbildschirm ändern (unter **Einstellungen > Personalisierung**)	Schreibtisch & Bildschirmschoner (Systemeinstellungen)
Explorer	Finder
Datum & Uhrzeit	Datum & Uhrzeit
Desktop	Schreibtisch
Hintergrund anpassen (unter **Einstellungen > Personalisierung**)	Schreibtisch & Bildschirmschoner

Windows	Mac
Geräte (Einstellungen)	Drucker & Scanner (Systemeinstellungen)
Drucker-Warteliste	Drucker-Warteschlange
Dokumente	Zuletzt benutzt/Dokumente
Erleichterte Bedienung (Einstellungen)	Bedienungshilfen
Netzbetrieb und Energiesparen (unter **Einstellungen > System**)	Energie sparen
Infobereich der Taskleiste	Menulets
Internetoptionen	**Safari > Einstellungen**
Maus (unter **Einstellungen > Geräte**)	Tastatur & Maus
Netzwerk und Internet (Einstellungen)	Netzwerk
Ordneroptionen (Menüband)	Ordner markieren und **Darstellung > Darstellungsoptionen einblenden** wählen
Update und Sicherheit (Einstellungen)	Sicherheit
Lautsprecher	Ton
Alle Apps/Startmenü	Launchpad
System (Einstellungen)	Apfel-Menü und **Über diesen Mac > Weitere Informationen**
Einstellungen	Systemeinstellungen
Taskleiste	Dock
Tastatur (unter **Einstellungen > Geräte > Bluetooth- und andere Geräte**)	Tastatur & Maus
Task-Manager	**Programme > Dienstprogramme > Aktivitätsanzeige** und **Sofort beenden** (Aufruf über `command` + `option` + `esc`)
Laufwerk	Volume/Image
Formatieren	Initialisieren

Häufig gestellte Fragen zum Umstieg

Aus unserer Praxis wissen wir, welche Fragen man sich als »Mac-Neuling« in der ersten Zeit stellt. Wir haben Ihnen natürlich auch die passenden Antworten aufgeschrieben.

Wo ist die Taste [Strg] bzw. [control] auf der Mac-Tastatur zu finden?

Beim Thema Tastenkürzel am Mac heißt es ganz klar: umdenken. Die [command]-Taste erfüllt fast immer die Aufgabe der [Strg]-Taste unter Windows. [Strg] + [B], um markierten Text im Office-Programm fett zu formatieren, ist unter macOS dann ganz einfach [command] + [B].

Wie führt man einen Rechtsklick aus bzw. öffnet das Kontextmenü?

Der Rechtsklick am Mac funktioniert mit der Apple-Maus tatsächlich ganz normal auf der rechten Seite, nennt sich allerdings *Sekundärklick*. Am Notebook klicken Sie auf dem Trackpad rechts unten oder mit zwei Fingern, um zum gleichen Ergebnis zu kommen. Linkshänder stellen die Maustastenbelegung ganz einfach in den Systemeinstellungen um.

Wo finde ich extern angeschlossene Geräte?

Externe Geräte wie Speicherkarten oder Festplatten finden Sie unter macOS immer in der Finder-Leiste am linken Rand unter **Orte**. Sollte dort gar nichts aufgelistet sein, fahren Sie mit der Maus hinter den Begriff **Orte** – erscheint dort **Einblenden**, aktivieren Sie diesen Punkt, und schon sind alle Laufwerke sichtbar.

Gibt es am Mac auch so etwas wie eine Taskleiste?

Das Dock am unteren Bildschirmrand ist die Schnellstartleiste für macOS. Hier können Sie Ihre Lieblingsprogramme für den ganz schnellen Zugriff ablegen. Alternativ hierzu gibt es auch das Launchpad mit »iPhone-Feeling« für den Programmstart.

Wo ist das Startmenü?

Das Startmenü findet sich zum einen im Dock wieder: Alle benötigten Programme sowie geöffnete Fenster sind hier abgelegt. Zum anderen finden Sie in der Menüleiste am oberen Bildschirmrand Datum, Uhrzeit, Akkulaufzeit (beim Notebook) und WLAN-Status sowie im Apfel-Menü links oben die Möglichkeit, Ihren Mac auszuschalten oder neu zu starten.

Wie kann ich auf die Festplatte zugreifen, also auf Laufwerk C: am PC?

Die *Macintosh HD* entspricht dem unter Windows bekannten Systemlaufwerk *C:* – allerdings ist sie auf den ersten Klick in den Finder aus

Sicherheitsgründen nicht erreichbar. Der schnellste Weg führt im Finder über das **Gehe zu**-Menü – wählen Sie dort **Computer** aus. Hier steht dann die Machintosh HD zum Zugriff bereit. Soll die Festplatte dauerhaft angezeigt werden, gehen Sie im Finder-Menü auf **Einstellungen** und setzen einen Haken bei **Festplatten** in **Diese Objekte auf dem Schreibtisch anzeigen**. Das wiederholen Sie im gleichen Fenster im Tab **Seitenleiste**.

Wie gebe ich ein @-Zeichen ein und wie das €-Zeichen?

Das @-Zeichen sitzt bei allen Macs über dem [L] und wird mit [option] + [L] getippt. Das Eurozeichen haben die macOS-Macher, so wie es auch am PC der Fall ist, an der einzig logischen Stelle, nämlich über dem [E], platziert – [option] + [E] ist hier die richtige Kombination.

Wo ist die Rubrik »Eigene Dateien«, und wo sind die Medienbibliotheken?

Beide sind in den Favoriten gelandet. Klicken Sie auf das Finder-Symbol im Dock, und schon sehen Sie in der Leiste auf der linken Seite unter **Favoriten** zumindest Ihre zuletzt benutzten Dateien. Die weiteren Speicherorte erreichen Sie im Finder über das Menü **Gehe zu > Benutzerordner**. Unser Tipp: Ziehen Sie sich häufig benötigte Ordner einfach links in Ihre Favoriten, um sie schneller erreichen zu können.

Wo ist die Systemsteuerung?

Die Windows-Systemsteuerung heißt auf dem Mac *Systemeinstellungen*. Im Dock ist praktischerweise schon ab der Installation das entsprechende Zahnrad-Symbol angelegt.

Wie heißen Explorer und »Arbeitsplatz« am Mac?

Beide Funktionen sind im *Finder* zusammengefasst. Der Finder wird entweder direkt über einen Doppelklick auf die Laufwerke oder über einen einfachen Klick auf das Finder-Symbol im Dock gestartet.

Welche Aufgabe hat die [command]-Taste?

Die Taste [command] übernimmt am Mac hauptsächlich die Aufgaben der vom PC her vertrauten Steuerungstaste [Strg]. Mit [command] werden beispielsweise sämtliche Tastenkombinationen gesteuert, aus [Strg] + [C] (Kopieren) am PC wird am Mac also [command] + [C].

Gibt es unter macOS eine Alternative zu [Strg] + [⇧] + [Esc]?

Den »Geiergriff«, um »hängen gebliebene« Programme zu beenden, gibt es auch am Mac. Hier ist es einfach [command] + [option] + [Esc], die Wirkung ist aber identisch: Sie erhalten eine Programmliste, aus der Sie die Kandidaten für das sofortige Beenden wählen können.

Welche Aufgabe hat die control-Taste am Mac?

Ganz simpel: Die control-Taste am Mac ist historisch bedingt und dient der Simulation eines Klicks mit der rechten Maustaste. Bis 2004 hatten Apple-Mäuse nämlich grundsätzlich nur eine Taste zur Verfügung. Heute wird die control-Taste nur noch in seltenen Fällen benötigt.

Wie kann man eine CD oder DVD aus dem Laufwerk auswerfen?

Auf den älteren Mac-Tastaturen bzw. aktuell noch auf den Modellen, die über ein Laufwerk verfügen (z. B. das 13-Zoll-MacBook Pro ohne Retina-Display), befindet sich eine ⏏-Taste, mit der eingelegte CDs oder DVDs ausgeworfen werden können – allerdings nur dann, wenn gerade keine Programme auf sie zugreifen bzw. keine Dateien des Datenträgers geöffnet sind. Alternativ finden Sie auch in der Seitenleiste des Finders hinter dem CD/DVD-Symbol einen **Auswerfen**-Button. Außerdem können Sie per Drag & Drop das Laufwerksymbol einfach auf den Papierkorb ziehen, der sich dann in ein Auswerfen-Symbol verwandelt.

Wie kann ich unter macOS ein Bildschirmfoto (Screenshot) machen?

Unter macOS macht man Bildschirmfotos, auch Screenshots genannt, mit den Tastenkombinationen command + ⇧ + 3 für ein Gesamtbild und command + ⇧ + 4 für einen Bildschirmausschnitt. Mehr dazu finden Sie ab Seite 72.

Wo werden Screenshots (Bildschirmfotos) gespeichert?

Screenshots werden von macOS direkt auf dem Schreibtisch abgespeichert und nach dem Aufnahmedatum benannt. Bei vielen Bildschirmfotos sieht das schnell unübersichtlich aus, ist aber durchaus praktisch. Die Fotos werden als hochaufgelöste PNG-Dateien abgelegt.

Kann man USB-Festplatten und USB-Sticks einfach abstecken?

Nein, unter macOS, wie auch unter Windows, muss das entsprechende Speichermedium ausgeworfen werden. Nutzen Sie das **Auswerfen**-Symbol ⏏ in der Finder-Leiste hinter dem jeweiligen Laufwerk. Ist das Laufwerk aus der Liste verschwunden, kann der Datenträger vom USB-Port abgestöpselt werden. Eigentlich hätte man das auch unter Windows immer in ähnlicher Weise machen sollen ...

Wie kann ich Dateien und Ordner finden?

Mit der Spotlight-Suche oder über die Suche im Finder-Fenster. Die Spotlight-Suche kann man entweder über das Lupensymbol rechts oben in der Menüleiste des Finders oder im Finder über command + F aufrufen.

Muss man eine Deinstallation ausführen, um Programme vom Mac entfernen zu können?

Nein, normalerweise genügt es, einfach die Anwendung im **Programme**-Ordner auszuwählen und sie in den Papierkorb zu ziehen. Gerade größere Anwendungsprogramme bilden hier aber mittlerweile eine Ausnahme. Sehen Sie deshalb vorsichtshalber im **Programme**-Ordner nach, ob ein *Uninstall*-Programm angeboten wird. Falls ja, sollten Sie dieses auch nutzen. Wenn Sie die Software trotzdem über den Papierkorb löschen, nimmt Ihnen macOS das aber nicht übel, denn es bleiben lediglich winzige Dateien auf Ihrem Mac zurück.

PDF erzeugen – klappt das auch am Mac?

In macOS kann aus jedem Programm heraus und ganz ohne zusätzliche Software über den **Drucken**-Dialog ein PDF erzeugt werden. Die Funktion befindet sich im Dialog links unten.

Kann eine CD oder DVD direkt kopiert werden?

Nein, unter macOS muss man dazu das Festplattendienstprogramm bemühen, ein Image des Datenträgers erzeugen und dieses wiederum auf eine CD oder DVD brennen oder sich mit Zusatzsoftware behelfen.

Kann man unter iTunes für Windows auch mit der Musik-App für Mac gekaufte Musiktitel abspielen?

Ja, das funktioniert einwandfrei – die Synchronisierung erfolgt sogar vollautomatisch, sofern beide Computer bei iCloud angemeldet sind.

Welche Möglichkeiten gibt es, die iTunes-Mediathek von Windows mit jener der Musik-App von macOS parallel zu betreiben?

Das funktioniert am besten mit einer Apple-ID und via iCloud. Manuell, über eine externe Festplatte, ist das Ganze nicht praktikabel.

Kann ich meine alte PC-Webcam direkt am Mac anschließen?

In alle MacBooks und iMacs ist bereits eine super Webcam eingebaut. Lediglich beim Mac mini und Mac Pro könnten Sie in Versuchung kommen, die alte Webcam vom PC zu installieren. Und hier gilt: Probieren geht über Studieren – viele USB-Webcams funktionieren problemlos unter macOS.

Muss ich spezielle Mac-Festplatten kaufen, wenn ich ein externes Speichermedium brauche?

Nein, hier gibt es keinen Unterschied in der Bauweise, lediglich die Formatierung ist bei den »PC-Festplatten« auf FAT, FAT32 oder exFAT und nicht auf das macOS-Dateisystem vorbereitet. Das birgt in der Praxis aber keinerlei Nachteile, zudem kann die Formatierung mit dem Festplattendienstprogramm jederzeit ganz schnell geändert werden.

Wo finde ich die Funktionen, um den Mac nach meinen Wünschen einzurichten?

Gleich zu Beginn der **Systemeinstellungen** finden Sie verschiedene Möglichkeiten, um den Mac ganz nach Ihren Wünschen einzurichten.

Wo aktiviere ich die Firewall?

Ebenfalls in den **Systemeinstellungen** finden Sie in der Rubrik **Sicherheit > Firewall** die Möglichkeit, Ihren Computer vor Viren und anderer Schadsoftware zu schützen. Über die Schaltfläche **Weitere Optionen** können Sie ggf. Ausnahmen definieren.

Hat macOS einen automatischen Virenschutz wie Windows?

Nein, tatsächlich müssen Sie, wenn Sie das wünschen, eine Virensoftware separat installieren. Apple vertraut zwar nach wie vor darauf, dass es keine Viren für macOS geben wird, ein Virenschutz am Mac wird aber mittlerweile dennoch empfohlen, weil die meisten Virenscanner auch vor Webseiten warnen, die Passwörter »abfischen« wollen.

Wie verhindere ich, dass bei jedem System-Neustart über Boot Camp Windows statt macOS geladen wird?

In der Systemeinstellung **Startvolume** legen Sie mit wenigen Mausklicks fest, welches System beim Neustart Priorität hat.

Warum finde ich in den Systemeinstellungen meine angeschlossenen Geräte wie die Webcam oder das Grafiktablett nicht?

macOS hat hier eine eigene Logik. Alles, was von Fremdherstellern kommt, wird nicht wie z. B. Maus, Tastatur und Trackpad im dritten Block der **Systemeinstellungen** abgelegt, sondern in der letzten Zeile, die als eine Art Rubrik »Sonstige« fungiert. Trotzdem sind hier nicht immer alle Geräte gelistet, sondern nur jene, die spezielle Treiber zur Verfügung stellen.

Kann ich iCloud als Datenspeicher oder virtuelles Laufwerk für beliebige Daten verwenden?

Ja, die iCloud bietet mit iCloud Drive die Möglichkeit, beliebige Daten direkt »in der Wolke« zu speichern und sie damit auf allen Macs zugänglich zu machen, die mit Ihrer Apple-ID verbunden sind. Sie erreichen dieses virtuelle Laufwerk unter macOS direkt über die Finder-Leiste im Bereich **Favoriten** und am iPhone unter der App *Dateien*.

Warum kann ich meine externe Windows-Festplatte unter macOS sehen, Dateien kopieren, aber keine neuen Daten abspeichern?

In diesem Fall ist die Festplatte wahrscheinlich NTFS-formatiert. Dieses Windows-Dateiformat kann macOS standardmäßig nur lesen, aber nicht speichern. Das klappt nur mit einem zusätzlichen Programm: *NTFS for Mac* von Paragon Software. Installieren Sie dieses Programm, und schon kann macOS auch die Windows-eigenen Festplatten »knacken«.

Wie kann ich Windows-Programme am Mac nutzen?

Mit Zusatzsoftware wie Parallels Desktop oder VirtualBox können Sie Windows unter macOS installieren und dann alle Windows-Programme wie gewohnt ausführen. Boot Camp ist bei macOS inklusive, funktioniert aber nur ab Windows 7 bzw. besser noch ab Windows 8 und hat einen großen Nachteil: Bei jedem Systemstart müssen Sie entscheiden, ob Sie macOS oder Windows starten wollen, ein schneller Wechsel ist damit nicht möglich. Allerdings ist Boot Camp ideal, wenn Sie gerne aufwendige 3D-Games unter Windows spielen, die viel Rechenleistung brauchen.

Hat macOS eine Kindersicherung?

Ja, in den **Systemeinstellungen** im Bereich **Bildschirmzeit** können Sie eine Kindersicherung einstellen und damit kontrollieren, welche Programme am Mac ausgeführt werden, oder etwa den Internetzugriff einschränken. Mittels Apple-ID kann diese Kontrolle sogar auf das Smartphone ausgeweitet werden.

Kann ich meinen Mac, ähnlich wie meinen PC, selbst aufrüsten?

Die aktuellen Mac-Computer können nicht bzw. nur sehr eingeschränkt aufgerüstet werden. Das, was man vom PC vielleicht kennt, ist mit den normalen Apple-Computern unmöglich. Der Arbeitsspeicher ist in der Regel fest auf der Hauptplatine verschweißt, die Festplatten sind ebenfalls ziemlich tief im Gehäuse verschachtelt und nur mit enormem Fachwissen auszutauschen. Ausnahmen sind der Mac mini, bei dem der Arbeitsspeicher getauscht werden kann, sowie der modular aufgebaute Mac Pro mit zahlreichen Erweiterungsmöglichkeiten.

Warum kann ich unter macOS meine Windows-Videos nicht mehr abspielen? Gibt es eine Alternative?

macOS hat standardmäßig mit dem QuickTime Player einen recht widerwilligen Zeitgenossen an Bord, wenn es um Videoformate geht. Die App kommt nur mit den gängigsten Videoformaten klar. Hier lohnt es sich, den kostenlosen VLC-Player (siehe ab Seite 351) zu installieren. Mit ihm können Sie jedes Format öffnen.

Wie kann ich CDs, DVDs und Blu-rays am Mac abspielen?

Apple hat in seinen aktuellen Mac-Computern keine Laufwerke mehr für diese Medien integriert. Gleichwohl kann macOS natürlich mit den Silberscheiben umgehen. Sie müssen sich ein externes Laufwerk mit USB-C- bzw. Thunderbolt-Anschluss kaufen – es muss allerdings nicht das recht teure Original von Apple sein. Zum Abspielen von Filmen benötigen Sie ein Zusatztool wie den kostenlosen VLC-Player.

Auf wie vielen Macs kann ich im App Store gekaufte Programme installieren?

Erfreulicherweise können Sie Apps aus dem App Store auf beliebig vielen Macs installieren. Sie müssen lediglich auf allen Geräten mit derselben Apple-ID angemeldet sein.

Sind meine Office-Dokumente in Windows und Mac miteinander kompatibel?

Fast alle Dateitypen sind unabhängig vom Betriebssystem. Egal, ob Bilder oder Dokumente, in der Regel können Sie hier plattformübergreifend arbeiten. Einzige Einschränkung: Gerade bei Office-Dokumenten gibt es Probleme, wenn Sie am Mac mit Schriften gearbeitet haben, die unter Windows nicht installiert sind oder umgekehrt. Die Standardschriften Arial und Times sind aber auf allen Betriebssystemen verfügbar.

Kann ich meine lokal gespeicherten Mails von Windows auf den Mac übernehmen?

Leider nein, das ist mit den aktuellen Mailprogrammen wie Outlook und der Mail-App unter Windows nahezu unmöglich. Reibungslos klappt es nur, wenn Ihre Mails über IMAP abgerufen werden und damit auf einem Mailserver im Internet gesichert sind. Das ist seit Jahren aber eigentlich sowieso Standard.

Gibt es wirklich keine Viren unter macOS?

Nein, bislang ist hier nichts bekannt. Das liegt an der raffinierten Programmierung von macOS, die keine offensichtlichen Systemänderungen ohne Ihre Zustimmung zulässt. Zudem laufen alle Apps wie in einer separaten Schachtel – im Systemordner selbst werden kaum Änderungen vorgenommen. macOS ist eine harte Nuss für Virenprogrammierer, die bislang noch nicht geknackt wurde. Allerdings – vor Password-Phishing sind Sie auch am Mac nicht hundertprozentig sicher. Mehr dazu lesen Sie in Kapitel 9, »Sicher und schnell im Internet surfen«, ab Seite 223.

Wichtige Tastenkürzel im Vergleich

Mit Tastenkombinationen lassen sich viele »Mauskilometer« sparen. Besonders praktisch: Am Mac sind viele Kürzel nahezu identisch mit dem gewohnten »Windows-Griff«.

Arbeiten in Dokumenten	Mac	Windows-PC
Rückgängig	command + Z	Strg + Z
Kopieren in die Zwischenablage	command + C	Strg + C
Einfügen aus der Zwischenablage	command + V	Strg + V
Ausschneiden von Dokumentinhalten in die Zwischenablage (Funktioniert nicht bei Dateien!)	command + X	Strg + X
Bildschirmfoto (kompletter Bildschirm)	command + ⇧ + 3	Druck
Bildschirmfoto (aktives Fenster)	command + ⇧ + 4	Alt + Druck
Zum Zeilenanfang	command + ←	Pos 1
Zum Zeilenende	command + →	Ende
Zum Dokumentanfang	command + ↑	Strg + Pos 1
Zum Dokumentende	command + ↓	Strg + Ende
System	**Mac**	**Windows-PC**
Neuer Ordner	command + ⇧ + N	Strg + ⇧ + N
Neues Fenster	command + N	Strg + N
Neuer Finder-Tab	command + T	–
Fenster schließen	command + W	Strg + W
Wechsel zwischen geöffneten Programmen	command + ⇥	Alt + ⇥
Markierte Dateien kopieren	command + C	Strg + C
Kopierte Dateien einfügen	command + V	Strg + V
Markierte Dateien ausschneiden	command + C zum Kopieren, command + option + V zum Einsetzen und gleichzeitigem Ausschneiden	Strg + X
Programm beenden	command + Q	Alt + F4

Programm sofort beenden	command + alt + esc	Strg + ⇧ + Esc (im Task-Manager beenden)
CD, DVD oder externes Medium auswerfen	Symbol markieren, dann command + E	–
Geöffnete Fenster auf dem Schreibtisch ausblenden	command + F3	⊞ + D
Suchen	command + F	F3 (im Explorer) oder Strg + F (in Programmen)
Hilfe	command + ?	F1
Beim Systemstart	**Mac**	**Windows-PC**
Startvolume wählen	option	–
Im abgesicherten Modus starten	⇧	F8
Von CD/DVD starten	option oder C	CD/DVD vor Start einlegen
Neustart	control + command + ⏏ oder ⏻	⊞ (und dann im Startmenü **Neu starten** aufrufen)
System beenden	**Mac**	**Windows-PC**
Computer in Ruhezustand/Standby versetzen	command + option + ⏏ oder ⏻	⊞ (und dann im Startmenü **Energie sparen** aufrufen)
Ausschalten	control + option + command + ⏏ oder ⏻ 5 Sekunden lang drücken	⊞ (und dann im Startmenü **Herunterfahren** aufrufen)
Objekte markieren	**Mac**	**Windows-PC**
Ein Objekt einer Liste markieren	Mausklick	Mausklick
Mehrere Objekte in beliebiger Reihenfolge markieren	command + Mausklick	Strg + Mausklick
Objekte in Reihe markieren	⇧ + Mausklick	Strg + ⇧ + Mausklick
Alle Objekte markieren	command + A	Strg + A

Stichwortverzeichnis

B

C

D

E

F

K

L

M

T

U